기독교 신학

4

기독교 신학
4

– 하나님 나라의 메시아적 신학을 향해 –

교회론: 땅 위에 있는 하나님 나라의 메시아적 공동체
성례론: 하나님 나라를 앞당겨 오는 구원의 방편들

김균진 지음

발행인의 글

존경하는 은사이신 김균진 교수님의 저작전집을 발행할 수 있는 책무를 맡겨주신 하나님께 감사와 영광을 돌립니다.

이 저작전집은 한국이 배출한 걸출한 조직신학자인 김균진 교수님의 50년간에 걸친 신학 연구의 열매들을 하나로 집대성하는 작업입니다.

김균진 교수님께서는 신학 교수 세계에 발을 들여놓은 이래 헤겔과 칼 바르트 연구에서 시작하여 몰트만과 본회퍼와 틸리히의 신학을 비롯한 세계의 다양한 현대신학 사조들을 적극적으로 이 땅에 소개하는 한편, 역사적 예수와 하나님 나라, 죽음의 신학, 생명의 신학, 과학과 신학과의 대화 분야에 있어서 자기만의 고유한 신학의 세계를 개척하셨고, 무엇보다 방대하기 이를 데 없는 조직신학 분야의 전 주제에 대해서 두번에 걸친 조직신학 시리즈를 집필함으로써 대단한 학문적 성취를 이루셨다고 해도 과언이 아닙니다. 그러나 이러한 연구 결과물들이 아쉽게도 여기저기 흩어져 있었고, 일부 도서는 이미 절판되어 더 이상 구할 길이 없으며, 또 일부는 오래전의 개념과 표현으로 쓰인 까닭에 현대의 독자들에게 생소한 느낌을 주는 면이 없지 않아서, 이 모든 자료를 한데 모아 새로운 시대의 연구성과들을 추가하는 동시에 문장과 단어들을 현대적으로 개선하는 작업을 하기로 하였고 그러한 바탕 위에서 이 저작전집이 탄생하게 되었습니다.

특별히 『기독교 신학』 1-5권은 교수님의 일생의 신학적 작업들을 집대성하고 총정리하는 차원에서 근자에 새로이 집필하신 것이어서 그 의미가 남다르다 하겠습니다.

김균진 교수님의 제자이자 이 저작전집의 발행인으로서 제가 감히 교수님의 신학을 평가한다면 크게 다섯 가지로 요약을 하고 싶습니다.

첫째, 지난 100년간 서구 신학계를 관통했던 신학적 사조와 개념과의 부단한 대화와 함께 그것의 적용에 있어서 철저히 지금-여기서의 정황을 지향함으로써 한국적인 바탕 위에서 국제적인 신학적 토론에 참여하는 것의 가능성을 제시한 점. 둘째, 기존의 추상적이고 철학적인 조직신학적 진술이 아닌 성서내러티브적이고 메시아적 종말론에 입각한 독창적인 조직신학의 세계를 제시한 점. 셋째, 과학과의 대화, 신무신론과의 대화 등에 적극적으로 참여함으로써 조직신학의 과제와 외연을 지속적으로 확장한 점. 넷째, 급진적인 신학 이론의 소개뿐 아니라 칼뱅과 루터 등의 저작에서도 상당히 많은 부분들을 인용함으로써 소위 보수와 진보 신학 어느 한쪽에도 치우치지 않는 균형 감각을 견지하는 점. 다섯째, 특별히 인생의 후반기에 저술하신 책들의 경우 단순히 신학이론에 대한 비판적 소개나 분석에 머물지 않고 교회의 현실을 염두에 둔 목회적이고 경건주의적인 따스한 시선이 두드러지게 제시되는 점을 꼽을 수 있겠습니다.

다시 한번 이 저작전집을 낼 수 있는 사명을 맡겨주신 삼위일체 하나님과 교수님께 감사를 드리며, 모쪼록 이 귀한 책들이 한국의 많은 목회자들과 신학도들의 서재에서 오랫동안 신학 연구와 설교 준비의 벗으로 자리매김할 수 있기를 소망합니다.

김요한 목사

머리말

오늘 한국 개신교회는 위기에 처했다고 많은 분들이 염려하고 있다. 한국 개신교회는 거의 미래가 없다고 말하기도 한다. 세상을 염려해야 할 교회가 오히려 세상의 걱정거리가 되었다는 얘기를 자주 듣게 된다.

이러한 현실을 보면서, 필자는 교회 일반에 관한 이론들을 기술하기보다 한국 개신교회가 어떻게 변화되어야 하고 또 감당해야 할 사명과 과제가 무엇인지를 밝혀야겠다는 절실한 생각으로 이 책을 쓰게 되었다. 그래서 한국의 신학자들 및 목회자들과 함께 책을 쓴다는 마음으로, 이들의 신학적 통찰들을 반영하고자 했다.

이 책에서도 필자는 "하나님 나라의 메시아적 신학"을 전체 주제로 삼았다. 이 주제에 따라 교회의 핵심 본질을 "땅 위에 있는 하나님 나라의 메시아적 공동체" 및 "하나님 나라의 실재"로 파악하고, 교회가 존재하는 궁극적인 목적은 이 땅 위에 하나님 나라를 확장하는 데 있다는 전제에서 교회의 사명을 제시했다. "우리" 곧 성직자를 포함한 신자들이 곧 교회라는 사실을 드러내고, 먼저 교회의 신자들과 성직자들이 하나님 나라의 현실, 곧 세상의 빛이 되어야 함을 강조했다.

이 책에는 이전에 출판된 『기독교 조직신학』에 기술되지 않은 하나님 나라의 확장과 민족 공동체를 위한 교회의 사명, 국가교회와 자유교회 체제의 장단점, 450여 개의 교단으로 나누어진 한국 개신교회가 연합해야 할 당위성, 연합을 위한 보수 계열과 진보 계열의 신학적 대화 등이 첨가되었다. 개신교회를 450여 개의 교단으로 나누었고 교회의 사회적 신뢰도를 실추시킨 것은 우리 인간이 한 일이지 성령께서 하신 일이 아니므로, 따라서 한국 개신교회를 어떤 교회로 만드느냐의 문제는 우리 자신의 손에 달렸다. 이 책이 한국 개신교회의 위기를 극복하는 데 조금이나마 도움이 되기를 바랄 뿐이다.

필자의 부족한 문헌들을 전집으로 출판하기로 한 새물결플러스 출판사 김요한 대표님께 이 자리를 빌려 다시 한번 감사드리며, 거짓과 죄악이 난무하는 이 땅 위에 하나님의 정의로운 새 생명의 세계를 세우는 귀한 출판사가 되기를 앙망한다.

과거의 역사가 보여주는 것처럼, 우리나라는 지정학적으로 어려운 위치에 있다. 그러나 어떤 어려움이 있어도, 우리는 좌절하거나 포기할 수 없다. 우리 민족에게는 모든 어려움을 극복할 수 있는 저력이 있다. 모든 교회가 연합하여 간절히 기도하면 하나님이 우리를 도우실 것이다. 이 책이 출판되기까지 수고해 주신 출판사 모든 선생님들의 노고에 진심으로 감사드린다. 하나님의 축복이 항상 함께하시기를 기원한다.

김균진
2017년 6월 1일, 경기도 일산에서

| 차례 |

발행인의 글 4
머리말 6

제10부
교회론: 땅 위에 있는 하나님 나라의 메시아적 공동체

* 교회론을 시작하며, 17
  - 위기 속에 있는 한국 개신교회와 교회론의 과제

1. 역사의 예수가 교회를 세웠는가? 25
   - 예수와 교회의 관계
   A. 예수와 교회의 관계에 대한 토론들 25
   B. 하나님 나라 복음의 필연적 귀결로서의 교회 30
   C. 교회 공동체로 결속할 수밖에 없는 기독교 신앙 37

2. 교회의 역사적 생성 과정과 그 교훈 45
   A. 구약의 이스라엘 백성과 교회의 연속성 45
   B. 옛 하나님의 백성을 대신하는 새 하나님의 백성 51
   C. 유대교의 구시대적 제도들의 상대화 55
     - 하나님은 교회를 떠날 수 있다
   D. 복음의 박해자에서 복음의 선교자로 64
     - 바울의 회심 동기와 그 가르침
   E. 바울은 예수의 "하나님 나라"를 몰랐던가? 72

3. 신약성서의 다양한 교회 이해 75
   A. 사도행전: 온 세계를 향한 하나님 나라의 종말론적 공동체 75
   B. 제1 바울 서신: 모든 민족을 포괄하는 하나님 나라의 실재 78
   C. 제2 바울 서신: 만물의 머리 되신 그리스도를 향해 성장하는 새 사람 80

D. 목회 서신: 사도들의 전승 위에 세워진 하나님의 집 82
E. 공관복음서: 형제자매들의 메시아적 공동체 85
F. 요한 문헌: 하나님의 사랑 안에 있는 빛과 진리와 참 생명의 공동체 88
G. 히브리서, 베드로전후서, 야고보서, 요한계시록의 교회관 93

4. 땅 위에 있는 하나님 나라의 실재 103
   - 참교회의 본질에 대한 신학적 성찰
   A. 신자들과 성직자들이 곧 교회다 103
   B. 교회는 하나님 나라의 메시아적 공동요,
      희망과 기다림의 공동체다 108
   C. 교회는 거룩한 사람들의 공동체요,
      다시 태어난 빛의 자녀들의 공동체다 123
   D. 교회는 그리스도의 몸, 그리스도의 생명이요,
      새 인간, 하나님의 가족이다 130
   E. 교회는 그리스도의 형상이요, 땅 위에 있는 그리스도의 대리자다 143
   F. 교회는 새로운 하나님의 백성이요,
      세상의 짐을 짊어지는 왕과 같은 제사장이다 155
   G. 교회는 성령의 전, 하나님의 성전이다 173
   H. 맺는 말: 교회는 "기도하는 집"이다 186

5. 하나님 나라의 확장을 위한 교회의 사명 193
   A. 교회의 존재 목적은 하나님 나라의 확장에 있다 193
   B. 전도와 회개와 성화를 통한 하나님 나라의 확장 195
   C. 삶의 무거운 질고에서의 해방 207
   D. 기적에 대한 믿음과 기도는 무속신앙인가? 212
   E. 신자들의 인격과 가치관의 변화 220
   F. 올바른 영성과 지성을 갖춘 신자들 234
   G. 삶의 구체적 문제들에 대처하는 교회교육 257
   H. 하나님 나라를 향한 정치적·경제적 과제 266
   I. 사회, 문화, 자연의 영역을 위한 과제 277

6. 민족 공동체에 대한 교회의 사명 285
   A. 민족과 운명을 같이한 초기 한국교회 288
   B. 민족 공동체의 역사에 대한 교회의 사명 293
   C. 분단된 나라의 통일을 향하여 300
   D. 정의가 없는 나라는 망한다 305
   E. 자비와 정의의 하나님과 타종교의 신들 321
   F. 개방과 포용에 창조적 번영의 길이 있다 327
   G. 교회는 인적 자원을 길러야 한다 332

7. 세계 교회들의 기본 체제 337
   A. 로마 가톨릭교회의 기본 체제 338
   B. 정교회, 영국 성공회의 기본 체제 347
   C. 개신교회의 기본 체제 353
   D. 개신교회 교회관의 극단적 형태들 360

8. 국가교회 체제와 자유교회 체제 365
   – 교회와 국가의 관계 문제와 연관하여
   A. 국가교회 체제의 유래와 현황 365
   B. 국가교회 체제의 장점과 문제점 371
   C. 자유교회 체제의 장점과 문제점 377

9. 성직자 제도는 있어야만 하는가? 383
   A. 만인사제직의 성서적·신학적 근거 384
   B. 만인사제직의 교회론적·사회정치적 의의와 그 위험성 390
   C. 성직자 제도의 필요성과 교회 공동체와의 관계 398
   D. 만인사제직의 빛에서 본 여성 성직자,
      종신직 장로와 당회 제도, 원로목사 제도 408

10. 그리스도의 교회는 연합해야 한다 421
   A. 교회 연합의 성서적·신학적 필연성 423
   B. 세계교회 분열의 역사와 WCC의 연합운동 433

C. 연합을 위한 세계교회의 에큐메니칼 대화 438
D. WCC에 대한 한국 개신교회의 논쟁 446
E. 성서영감설과 성서비평의 대립을 넘어 455
  - 한국 개신교회의 보수와 진보의 화해를 위하여

11. 참교회의 표식은 무엇인가? 471
    A. 니케아-콘스탄티노플 신앙고백의 네 표식에 대한 토의 471
    B. 하나 된 세계를 앞당겨 오는 교회의 하나 됨 478
    C. 거룩한 세계를 앞당겨 오는 교회의 거룩함 483
    D. 분열된 교회들의 연합 속에 있는 교회의 보편성 489
    E. 사도들의 삶의 길을 따르는 교회의 사도성 494
    F. 그리스도의 사랑과 그의 뒤를 따르는 교회 497

* 교회는 끊임없이 개혁되어야 한다 507
  - 교회론을 맺으며

제11부
성례론: 하나님 나라를 앞당겨 오는 구원의 방편들

1. 구원의 방편들은 불필요한가? 519

2. 말씀과 성례의 관계 527
    A. 말씀과 믿음 없는 성례 자동주의는 있을 수 없다 528
    B. 회복되어야 할 성례의 중요성 538
    C. 성례의 종말론적·메시아적 의미 548

3. 구원의 본질적 방편인 하나님의 말씀 555
    A. 하나님 말씀의 특징 555
    B. 복음이란 무엇인가? 564
    C. 복음에 대한 다양한 이해들 572

4. 하나님 나라의 사건으로서의 세례 583

   A. 세례의 역사적 배경과 근원 584

   B. 세례는 무엇을 의미하는가? 590

   C. 세례는 구원의 자동기계인가? 600

   D. 유아세례의 문제 606

5. 하나님 나라의 현장인 성만찬 615

   A. 성만찬의 역사적 근원 616

   B. 성만찬에 담긴 의미들 620

   C. 가톨릭교회의 화체설과 종교개혁자들의 비판 627

   D. 미사의 속죄제물, 빵과 포도주에 대한 숭배 632
      - 평신도에 대한 분잔 거부의 문제와 함께

   E. 그리스도의 임재에 대한 종교개혁자들의 이해 640

   F. 일치를 위한 노력과 새로운 해석들 646

6. 새 시대의 새로운 구원의 방편에 대한 성찰 653

참고문헌 657

개념 색인 670

인명 색인 674

제10부

땅 위에 있는
하나님 나라의 메시야적 공동체

-교회론-

✱ 교회론을 시작하며
– 위기 속에 있는 한국 개신교회와 교회론의 과제 –

19세기 말 서구의 선교사들이 한국에 기독교 신앙을 전할 때, 한국 사회는 백성들의 무지와 미신, 가난과 굶주림과 질병, 관리들의 부패와 폭정으로 가득하였다. 흥선 대원군의 섭정과 통상 수교 거부 정책, 명성황후 일가의 세도정치, 대원군과 명성황후 사이의 권력 투쟁 속에서 일어난 임오군란(1882), 갑신정변(1884), 동학 농민전쟁(1894), 조선 주재 일본 공사 미우라 고로(三浦梧樓)가 지휘하는 일본 낭인들에 의한 명성황후 시해(1895), 매국노 이완용, 이근택, 이지용, 박제순, 권중현 등에 의한 을사늑약(1905)에 따른 조선의 외교권 상실 등의 격변 속에서, 조선 왕조는 풍전등화의 위기 속에 있었다. 한 선교사는 이 시대의 상황을 다음과 같이 증언한다.

1890년 홀 부인이 처음으로 조선에 도착한 날에도 대비 조씨의 상중이었다. 조 대비는 이희(고종황제)를 왕으로 세우고 이희의 아버지에게 대원군이라는 칭호를 주어 섭정하게 한 장본인이었다. 시아버지 대원군의 섭정과 며느리 명성황후 사이에는 계속하여 권력 쟁탈전이 있었다. 이 싸움은 1895년 10월 8일 며느리 명성황후가 일본인 살인 청부업자들에게 무참히 살해당할 때까지 계속되었다. 살인자들은 명성황후의 시체를 불태웠다. 어떻게 죽였는지 그 증거를 없애기 위한 짓이었다. 일본인들은 명성황후를 격하시키기 위해 황후가 매음녀였다는 거짓 칙령을 왕이 내린 것같이 조작하여 소문을 퍼뜨렸다.

이 사건이 있었던 뒤 여러 달 동안 왕은 생명의 위험을 느껴 미국 선교사들의 집에서 준비한 음식물 외에는 먹지 않고 모두 거절했다. 궁중에서도 자기를 독살하려는 음모가 있으리라 의심했다.…

왕과 왕세자는 1896년 2월 11일에 러시아 공사관으로 피신했다. 일본이 조선의 국정을 장악하려 했다면 이 사건은 일본의 계획에 막대한 지장을 초래한 것이 된다.…이들은 1897년 2월 20일까지 그곳에서 묵었다. 왕은 아직도 옥새를 가지고 있었으므로 국정은 왕의 손에 있었다.

1897년 10월 17일, 국왕의 칭호는 황제로, 조선은 대한제국으로 그 공식 명칭이 바뀌었다. 민비는 명성황후로 추서되었다. 전통적인 조선 관습에 의하면 왕비가 죽으면 그날로부터 100일이 지나서 국장이 있고 그 후 3년간은 전국적으로 상중이 된다. 그러나 명성황후의 경우는 시체를 찾을 수 없었고 이 사건 후의 정치적인 격동 때문에 장례일이 연기되었다가 1897년 11월 21일 비로소 거행된 것이었다(Hall 2009, 186-187).

위의 글은 1893년 한국에서 태어나 의사로 선교활동을 하다가, 1940년 일제 군부의 탄압에 의해 조선을 떠난 의사 셔우드 홀(Sherwood Hall, M. D.)의 기록으로 19세기 말 조선의 정치적 상황을 보여준다.[1] 이 시대 조선

---

1) 그는 1890년 10월 조선에 입국한 의료 선교사인 R. Sherwood Hall과, 이듬해 1891년 12월에 입국한 W. J. Hall의 아들로서, 1893년 한국에서 태어났다. 부모의 뒤를 이어 의사가 된 그는 조선으로 돌아와 황해도 해주에 조선 최초의 결핵환자 위생학교와 병원, 경성여자의학전문학교 등을 세우고, 결핵 퇴치운동을 위한 한국 최초의 크리스마스 씰을 발행한다. 일제의 지속적 감시와 탄압을 견디지 못해, 그는 1940년 11월 의사로 함께 일한 부인과 함께 한국을 떠난다. 1991년 4월과 9월, 부부가 심장마비로 세상을 떠나면서, 부모와 여동생이 묻혀 있는 한국 땅에 유해를 묻어달라고 유언을 남긴다. 이들의 유해가 서울 양화진에 묻혀 있다.

사회의 몇 가지 단면들을 살펴보기로 하자.

우리가 (제물포에서 서울로) 지나가는 길과 산에는 나무가 별로 없었다.…조선에서는 나무가 너무 자라면 거기에 혼(魂)이 생기기 때문에 미리 자르지 않으면 나중에는 나무를 죽일 수 없다고 믿는다. 자기 나라를 살지게 할 이 귀중한 나무들을 마구 베어 자기의 재산은 물론 후대에 물려줄 재산을 없애고 있으니 참으로 안타깝다. 다행히 석탄이 매장되어 있지만 아직은 이용 방법을 모르고 있다(74).

조선인들은 자기 주위의 많은 혼령이 여행길을 방해한다고 믿는다. 푸른 나무, 물방울을 튀기면서 흐르는 개울물, 초록색 언덕, 초가지붕, 벽이나 마루 등 모든 것에는 보이지 않는 혼령들이 있어서 사람의 여행길을 괴롭힌다고 생각한다. 우리는 신을 모신 작은 나무를 지나가게 되었다. 나무 밑에는 행인들이 하나씩 던지고 간 돌들이 쌓여 있고 돌무덤 위에는 종이와 헝겊 줄들이 매여 있었다. 짐꾼들은 이런 장소를 지날 때마다 머리를 숙여 절을 했다(120).

1900년 11월 어느 주일 오후, 우리는 첫 번째 일을 시작한 마을에서 그리 멀지 않은 두 마을을 방문했다.…한 마을에서는 사람들이 미친 여자를 고쳐달라고 간청했다. 이 불쌍한 여자는 34세의 미친 과부로 남편을 잃은 지 3년이 된 두 아이의 엄마였다. 사람들은 넉 달 전 평양을 다녀왔을 때부터 미쳤다고 주장했다. 그 후 석 달 반 동안 동네 사람들은 이 여자를 작은 방에 계속 가두었다. 단지 출입문 하나가 있을 뿐, 창이 하나도 없는 이 방은 도배도 하지 않은 흙벽 그대로였다. 가구라고는 아무것도 없는 방안에 동그라니 조롱박이 하나 있었는데 거기엔 돼지 먹이와 다름없는 음식물이 담겨 있었다. 이 방에서는 돼지우리보다 더 지독한 악취가 풍겼다.

이 여자가 병이 들었을 때 사람들은 무당을 불러 20일간 계속 떠들썩하게 굿을 했다고 한다. 그들은 귀신을 쫓아낸다고 여자를 때리기도 하고 여러 군데를 심하게 불로 지져 온몸의 상처가 헐어 있었다. 이렇게 해도 미친 증세가 낫지 않자 더러운 골방에 가둬놓았던 것이다.…나는 동네 사람들에게 "온전한 사람이라도 이런 형편없는 골방에 가두어두고 밤 동안 매일 뜨거운 불로 지져 댔으며 어쩌자고 머리 꼭대기와 뒤통수까지 지졌단 말인가?…"(216).

그 당시 결핵은 어떠한 방해도 받지 않고 전국으로 퍼져나가고 있었다. 다른 나라에서는 20명에 한 사람 꼴인 이 병이 이 나라에서는 5명 가운데 한 사람의 비율로 희생자가 생겼다.…일단 병균이 가정에 침투하면 조선인 가족들은 병을 피할 희망이 거의 없었다. 서민들의 주택은 대체로 불결하고 굴속 같이 막혀 있는 구조여서 햇볕이 들어올 틈이 없었다. 이 때문에 병균은 농부, 도시의 근로자, 교육받은 사람, 젊은이, 노인 등을 가리지 않고 더욱 널리 퍼져나갔다.
  결핵환자들 중에는 병균과 싸우다 죽는 사람만이 아니라 싸워보기도 전에 자살하는 환자들도 많았다. 폐병은 불치의 병으로만 알고 있었기 때문에 마음이 약한 많은 조선인들은 공포와 미신에 사로잡혀 죽음을 택하곤 했다. 그러니 요양소 건립은 치료만이 아니라 계몽과 교육이라는 목적에서도 절실히 필요했다(423-424).

희망이 보이지 않는 조선 땅에 들어온 기독교는 의료 사업, 교육 사업, 미신 철폐, 문맹 퇴치, 남녀평등, 민주주의 의식의 제고, 사회계급 장벽 철폐, 생활습관과 생활환경의 개선 및 합리화 등 한국 민족의 계몽과 발전에 크게 기여하였다. "서울 사대부 출신 그리스도인들은 사회정치적 기득권과 경제적 특권을 포기하고…국민 계몽운동, 사립 신학교 설립 운동, 민주 시민의식의 확산, 그리고 한글의 발전과 한글 성경 번역에 동참했다. 신앙과 나라 사랑이 이들에게는 이신동체(二身同體)였다"(임희국 2015, 240). 초기 한국교회가 급성장할 수 있었던 것은 절망 속에서 생명을 이어가는 민초들에게 새로운 희망의 가능성을 보여주었기 때문이다. 1907년에 일어난 대부흥운동 역시 이로 인해 가능하였다.

그러나 오늘날 한국교회는(이 책에서는 개신교회를 말함) 많은 사람에게 염려와 비판의 대상이 되고 있다. 심지어 "개독교"라는 조롱을 받는 실정이다. 김영한에 따르면 "내실 성장을 외면하고 외면적 성장과 물량적 축복만을 추구해 온 오늘날 한국교회의 행태는 양식 있는 지성인들로부터 비난과 우려의 대상이 되고 있다.…2011년 한기총(한국기독교총연합회) 금권 선거 폭로로 시작된 한국교회의 문제들은 번영주의적인 설교와 성직 매매, 목회자 성 윤리와 교회 재정 운영 문제, 담임목사직 세습 등 각종 비리와 타락으로 확대되고 있다. 그동안 숨겨졌던 치부(恥部)까지 드러나며 한국교회는 더 이상 피할 수 없는 개혁의 요구 앞에 직면해 있다"(김영한 2015, 73-74).

요즘 한국 기독교계에서는 "가나안 성도"란 말이 회자되고 있다. "가나안 성도"는 자기를 그리스도인으로 인식하지만, 교회에 "안 나가"는 그리스도인들을 말한다. "안 나가"를 거꾸로 하면 "가나안"이 되는데 이들을 가리켜 "가나안 성도"라 한다. 2013년 "목회사회학연구소"의 조사 결과에 따르면, 개신교회 신자들 중 26%가 교회에 출석하지 않으며, 가나안 성도는 100만 명이 넘는다고 한다. 이들 중 48.1%가 교회를 떠날 때 분명한 구원의 확신이 있었고, 교회를 떠나기 전에 6개월 이상 고민의 과정이 있었다고 한다(민경진 2015, 137-138).

"가나안 성도"의 증가에 비례하여 "해마다 문을 닫는 교회들이 기하급수적으로 늘어나고 있다." "계속되는 경기 침체에다 실업률이 상승하여 신도들의 생활고가 갈수록 심각해지다 보니 헌금이 확연히 줄어서 하루아침에 급매물로 전락하는 교회들이 속출하고, 무리한 금융권 대출로 파산당한 교회들이 경매시장에 쏟아져 나오고 있다. 더욱 참담한 현실은 이단 사이비 단체들이 경매시장에 나온 교회와 관련된 부속 시설에 눈독을 들이고 있거나, 실제로 교회들이 떠나버린 자리에 이단이나 다른 종파의 시설들이 들어서고 있는 일이다"(곽혜원 2015, 170).

이 같은 현실 속에서 교회의 신뢰도는 크게 실추하였다. "2012년 12월

9일자 「기독공보」는 기윤실(기독교윤리실천위원회)이 전국 성인 1,000명을 대상으로 교회의 공신력에 대하여 설문조사를 한 결과를 보도하였다. 천주교(로마 가톨릭교회) 61.8%, 불교 55.1%, 개신교 28.1%로 나타났다. ① 교회의 불투명한 재정 운영, ② 담임목사 1인 체제의 교회 운영, ③ 목사들의 부도덕성과 비민주성, ④ 교회의 지도자들과 신도들의 언행 불일치, ⑤ 목회자의 자질 문제, ⑥ 무분별한 전도 활동, ⑦ 타 종교에 대한 적대감 등이 교회의 신뢰도가 추락한 원인으로 나타났다"(김영한 2015, 74).

교회의 신뢰도를 실추시킨 또 한 가지 원인은, 끝없는 교단 분열과 타 교단 및 기독교 연합기관에 대한 비난에 있다. 현재 개신교회의 교단들은 450여 개로 분열되어 있다고 한다. 자신의 입장과 조금만 다르면, 상대방을 "이단"이라 비난하면서 자기의 정당성을 내세운다. 많은 교회들이 로마 가톨릭교회와 WCC(세계교회협의회)는 물론, 한동안 보수 계열의 간판으로 내세웠던 세계복음연맹(WEA)도 이단이라 비판한다.

또 한 가지 한국 개신교회의 심각한 문제는 교회의 노화, 교인 수의 감소 및 침체에 있다. 세계 최저의 출생률 속에서 세계 최고의 노령화를 맞고 있는 한국 사회의 현실이 교회에도 나타난다. 대부분의 교회에서 청소년 및 청장년들의 수가 감소하는 반면, 노인의 수는 현저히 증가하고 있다. 노년층의 교인들이 교회를 주도하기 때문에, 시대의 변천을 따라가지 못하고, 개혁할 점을 개혁하지 못하는 교회 구조, "교회에 십일조가 아니라 십의 이조를 바친다"는 얘기가 들릴 정도의 헌금에 대한 강조가 교인 감소와 교회 침체를 부채질한다. 이는 교회의 재정 감소로 직결된다. 더 심각한 문제는 주어진 상황에 목회자와 신자들이 체념하고 안주한다는 데 있다.

한국 개신교회의 이 같은 모습을 보면서 우리는 재차 질문하지 않을 수 없다. 대관절 참교회란 무엇인가? 교회가 존재하는 목적은 무엇인가? 교회가 감당해야 할 사명은 무엇인가? 오늘 한국 개신교회는 어떻게 개혁되어야 하는가? 침체되고 노화되어 가는 교회를 그대로 보고만 있을 것인가?

이 책에서 필자는 영원히 불변하는 교회의 "근본 진리"를 서술하기보다 오늘날 한국 개신교회의 상황을 직시하면서 참교회의 본질과 사명을 밝히고, 교회가 나아가야 할 방향을 모색하고자 한다. "교회가 점점 신앙인들의 게토(ghetto)로 축소되고 변질"되며(박성권 2014, 230), 세상 사람들의 외면 속에서 선교가 거의 불가능하게 된 오늘 한국교회가 직면한 현실의 타개책을 찾아보고자 한다. "불변의 형이상학적, 존재론적 체계로서의 교회론은 존재하지 않는다. 교회론은 세상의 지속적인 변화에 필연적으로 예속되기 때문에 항상 새롭게 시도되어야 한다"(김영선 2009, 6).

1
역사의 예수가 교회를 세웠는가?
– 예수와 교회의 관계 –

A. 예수와 교회의 관계에 대한 토론들

1) 오늘날 많은 사람들이 예수와 교회를 구별한다. 그 대표자들이 "가나안 성도"다. "예수는 좋지만, 교회는 아니다", "현실의 교회는 예수와 무관하다", "교회가 예수를 믿는다 하지만, 예수는 교회 안에 계시지 않는다"고 이들은 생각한다. 그래서 "교회에 가서 샤머니즘과 자본주의 방식에 물들기보다는 내 자신을" 지키는 "가나안 성도"가 된다(김웅교 2013, 175).

예수와 교회의 구별은 기독교 역사에서 오랫동안 논의되어왔다. 최초의 사례는 초기 교회 시대의 수도원 운동이다. 수도사들은 신앙의 순수성을 상실한 채 세속의 부와 권세를 탐하는 현실의 제도교회를 거부하고, 오직 예수만을 바라보며, 무소유와 청빈, 금욕과 고행, 찬양과 기도와 공동의 예배, 침묵과 노동과 공동의 식사를 통해 참 경건을 회복하고자 하였다. 이 운동은 교회의 타락에 실망하여 "교회에 대해 거리를 둔 그리스도인의 존재"(das kirchlich distanzierte Christsein)의 한 형식이었다(Pannenberg 1993, 144).

12세기 프랑스에서 시작된 왈도파 역시 현실의 교회와 청빈의 삶을 살았던 예수를 구별하면서 일어났다. 리옹의 부호였던 피에르 발데스(Pierre Valdès)에게 제도교회는 예수와 별개의 것이었다. "금이나 은을 소유하지 말 것이며, 내일을 걱정하지 말라"(마 10:9-10)는 그리스도의 말씀에 깊은 감명을 받은 그는 가난한 사람들에게서 받은 이자는 물론 자기의 소유도 나누어주었다. 그는 자기 딸들을 수녀원에 보내고, 자신은 무소유의 청빈한 생활을 하면서 하나님의 말씀을 전파하였다. 많은 사람이 그의 뒤를 따랐다.

이렇게 시작된 왈도파 운동은 사도적 청빈과 참회를 주장하며, 제도교회의 교리적 권위, 위계질서, 전통과 성례전, 성인(聖人) 숭배, 연옥과 연옥에 있는 죽은 자들을 위한 기도, 죄의 면제 등을 거부하며, 죄를 지은 사제들이 집행하는 미사, 성례, 죄 용서 등은 구원의 효력을 갖지 못한다고 주장하였다. 왈도파 운동이 크게 확산되자, 1184년 교황 루치오 3세(Lucius III, 1181-1185)는 이 운동을 금지하고 왈도파 신도들을 추방한다. 이리하여 왈도파는 독일, 보헤미아, 폴란드, 헝가리, 스위스, 이탈리아 남부 등 유럽 각지로 확산된다. 하지만 로마 가톨릭교회의 잔인한 종교재판(Inquisition)과 박해로 인해 왈도파는 1330년 이후 알프스 산악(Savoyen, Piemonte)으로 피신한다. 12세기의 "교회 개혁 운동"이었던 왈도파는 16세기의 "종교개혁에 합류하면서 칼뱅의 교회정치 구조를" 선택한다. 계속되는 박해에도 불구하고 왈도파 교회는 지금도 유럽, 미국, 남미 우루과이, 아르헨티나에 산재한다(손은실 2016, 73).

12세기 피오레의 요아힘(Joachim von Fiore, 1135-1202)은 교회가 세속의 부와 권력을 포기하고 청빈한 교회, 성직자의 중재가 없는 "영적 교회"로 개혁될 것을 요구하였다. 아시시의 프란체스코(Francis von Assisi, 1181/2-1226)의 뒤를 따라 무소유의 철저한 청빈 생활을 했던 프란체스코파의 영성주의자들도 제도교회의 세속화를 거부하고 청빈과 겸손 및 참 경건의 회복을 제도교회에 요구하였다. 근대에 일어난 개신교회 교단들의 분열과 신앙을 개인의 사적인 일로 간주하는 사조 역시 예수와 교회의 구별 속에서 일어났고, 제도교회를 떠나서 "개인주의적 예수의 경건"을 장려하는 동인이 되었다(Pannenberg 1993, 144-145).

프랑스의 가톨릭 신학자 루아지(A. Loisy)는 예수와 교회를 구별한 20세기의 대표적 인물로 알려져 있다. 그는 "예수는 하나님 나라를 선포하였으며 그다음에 온 것은 교회였다"라고 말했다. 이 말과 함께 루아지는 예수가 선포한 하나님 나라의 복음을 새로운 역사적 상황에서 전하기 위해 교회가 등장할 수밖에 없었던 필연성을 진술하고자 했다. 그러나 그의 의도와는 달리, 이 말은 "예수는 하나님 나라를 선포했지만 유감스럽게도 교회가 왔다"라는 의미로 이해되었다(윤철호 2006, 93). 이리하여 루아지는 결국 성직을 박탈당하고, 20세기 로마 가톨릭교회의 개혁 운동 곧 "현대주의" 운동을 일으키는 계기를 마련하였다.

바르트(K. Barth)도 예수 그리스도의 계시와 종교, 예수와 교회의 구별을 강력히 요구하였다. 예수 그리스도의 계시는 "인간에게 일어나는 하나님의 주권적 행동"인 반면, 종교는 "인간의 삶의 표현이자 행동"이다(Barth 1938, 322, 324). 전자에서는 하나님이 인간을 찾는 반면, 후자에서는 인간이 하나님을 찾는다. 따라서 하나님을 계시하는 예수와 종교적 제도로서의 교회는 구별되어야 한다. 심지어 바르트는 양자의 관계를 "모순"으로 파악한다.

일본의 우치무라 간조(內村鑑三)가 제창하였고 우리나라의 김교신, 함석헌 등에게 영향을 준 무교회주의는 지금 우리가 경험하는 제도교회와 예수를 구별한다. 제도교회는 역사의 예수와 무관하다는 것이 이들의 기본 신념이다. 이런 점에서 무교회주의자들은 "가나안 성도"의 선배들이라고 말할 수 있다.

필자가 신학대학 4학년 때, 서울 청파동에서 약 15명이 모인 가정 공동체를 몇 개월간 인도하였다. 본래 이들은 기성 교회에 열심히 다녔는데, 교회에 실망하여 교회를 떠나 가정 공동체를 만들었다고 하였다. 이들 역시 예수와 교회의 관계성을 부인하는 "가나안 성도"였다. 예수의 말씀은 진리지만, 현실의 교회는 예수의 진리에서 너무도 동떨어진 하나의 타락한 종교기관이라는 것이 이들의 지론이었다.

사실 복음서에는 교회를 가리키는 "에클레시아"(*ekklesia*)란 단어가 단 2번 등장한다. 그것도 성서 주석가들 사이에 큰 논쟁을 일으킨 마태복음 16:18과 18:17, 두 구절에만 기록되어 있다. 그 반면 "하나님 나라"(*basileia tou theou*)는 공관복음서에 약 100번 정도 나타난다. 그러므로 많은 학자는 역사의 예수와 교회를 구별한다. 오늘 우리가 경험하는 교회는 정말 예수께서 세운 것인가? 그가 목적한 것은 교회를 세우는 것이 아니라 하나님 나라를 세우는 일이 아니었던가?

2) 많은 신학자들은 역사의 예수와 교회의 관계를 부인하는 입장에 반대하여 예수가 교회의 창시자 내지 확립자라고 주장한다. 교회는 "하나님께서 자기 아들의 피로 사신" 것이다(행 20:28). 예수는 교회의 "머리"요 "모퉁이 돌"이다. 이들의 주장에 따르면, 예수와 교회의 직접적 관계는 다음의 말씀에 있다. "너는 베드로다. 나는 이 반석 위에다가 내 교회를 세우겠다.…내가 너에게 하늘나라의 열쇠를 주겠다. 네가 무엇이든지 땅에서 매면 하늘에서도 매일 것이요, 땅에서 풀면 하늘에서도 풀릴 것이다"(마 16:18-19). 이에 근거하여 기독교의 전통 신학은 역사의 예수가 교회를 세웠다고 주장한다. 로마 가톨릭교회는 본문에 근거하여 베드로에게서 시작하는 사제들의 "사도계승"(*successio apostolica*)을 주장하며, 베드로가 첫 주교였던 로마 가톨릭교회야말로 "어머니 교회"요, 가톨릭 교황이 모든 교회의 수장(首長)이요, "교회는 하나다. 그 하나인 교회는 로마 가톨릭교회다. 따라서 로마교회 밖에는 구원이 없다"고 주장한다(김재준 2014, 511).

그러나 현대의 성서 주석은, 이 구절이 과연 지상의 예수가 하신 말씀인가를 의문시한다. 가장 큰 이유는, 이 구절은 전후 문맥과 전혀 조화되지 않을 뿐 아니라, 베드로 위에 교회를 세워야 할 논리적 근거를 전혀 제시하지 않는다는 점에 있다. 예수의 부활과 승천 이후 기독교 선교에 획기적 공헌을 한 인물은 베드로가 아니라 바울이었다. 기독교는 바울의 선교로 말미암아 팔레스타인의 좁은 지역을 벗어나 소아시아와 그리스, 로마, 스페인 등 로마 제국 전체로 확장되고, 388년 로마 제국의 공식적인 국교가 될 수 있었다. 신약성서의 서신들 중 바울 서신은 기독교 선교에 압도적인 영향을 끼쳤다. 이에 비해 베드로는 예수가 체포당하던 날 밤 예수를 세 번이나 부인한 인물이었다.

그러므로 유명한 신약학자 바이스(J. Weiß)는, 마태복음 16:18-19은 "예수가 말한 것일 리가 없으며, 이 말은 훨씬 후대의 정신과, 형성 과정에 있는 보편적 교회의 정신을 지니고 있다"고 말한다(Kreck 1977, 57). 이 구절은 로마에 중심지를 둔 서로마 제국의 기독교(오늘의 로마 가톨릭교회)와 콘스탄티노플에 중심지를 둔 동로마 제국(비잔틴제국)의 기독교(오늘의 동방 정교회) 사이의 대립 관계에서 유래했을 가능성이 크다는 것이다.

여하튼 마태복음 16:18-19을 제외하고, 우리는 지상의 예수가 오늘 우리가 경험하는 교회를 세우고자 했다는 직접적 근거를 신약성서에서 발견하기 어렵다. 예수 당시 이스라엘에는 세속으로부터 자기를 구별하는 특별한 종교적 공동체들이 있었다. 그 대표적인 것이 사해(死海) 서북쪽의 쿰란 지역에 기거하던 "쿰란 공동체"였다. 이 공동체는 엄격한 상하 계급 질서에 기초한 조직체로서, 세속을 등지고 금욕과 고행의 생활을 하고 있었다. 이들은 부패하고 타락한 이스라엘의 지배층에 대한 실망과 민족의 미래에 대한 절망 속에서 임박한 대파멸과 종말을 기다리고 있었던 것으로 보인다. 또 이스라엘의 독립을 꿈꾸는 열심당원들과 에세네파도 자신의 조직과 공동체를 가지고 있었다.

그러나 예수는 쿰란 공동체나 에세네파처럼 세속과 구별된 특별한 집단이나 공동체를 세우려는 의도를 전혀 보이지 않는다. 그는 당시 유대교 내의 다양한 집단들에 추가하여 "아무 새로운 집단을 추가하지 않았다. 그는 자기를 이스라엘 전체를 향해 파송된 것으로 이해하였다"(Schlink 1983, 562).

더구나 오늘의 제도교회와 유사한 종교기관을 예수가 만들었다는 기록은 복음서에 전혀 없다. 물론 예수는 한 무리의 제자들을 데리고 있었다. 그러나 예수의 관심은 하나님 나라를 세우는 데 있었지, 제자들을 중심으로 새로운 종교 단체를 세우는 데 있지 않았다. 그래서 김재준은 다음과 같이 말한다. "그리스도께서 육신으로 세상에 계실 동안에는 교회가 없었고 교회를 세우지도 않았습니다. 교회를 세워야겠다고 말씀하시지도 않았습니다"(김재준 2014, 506). 해방신학의 입장에서는 "예수는 교회의 창립자로 제자들을 부른 게 아니라 새로운 이스라엘의 상징으로 그들을 불렀다. 교회는 오직 예수의 죽음과 부활 이후 존재하게 되었다"고 말한다(장윤재 2009, 399).

B. 하나님 나라 복음의 필연적 귀결로서의 교회

그럼 교회는 지상의 예수와 전혀 무관한가? 그것은 하나님 나라를 세우고자 했던 예수의 관심에 역행하는 것인가?

1) 예수가 공적 활동을 시작하기 전, 분봉왕 헤롯 안티파스(Herod Antipas)가 이복동생 빌립의 아내 헤로디아를 자기의 처로 취하자, 세례자 요한이 이를 비판하였다. 평소 요한의 회개운동을 위험시하였던 헤롯은 이를 빌미로 요한을 체포하였다. 그러자 예수가 갈릴리에 와서, 임박한 하나님 나라의 기쁜 소식 곧 복음을 선포하며 회개를 요구하였다고 마가복음은 보도한다. "요한이 잡힌 뒤에, 예수께서 갈릴리에 오셔서…"(막 1:14-15).

그 당시 로마 제국의 식민지였던 이스라엘은 정치적·사회적·종교적 위기 속에 있었다. 이 위기 속에서 이스라엘 백성은 새로운 하나님의 통치를 기다리고 있었다. 바리새인들의 개혁 운동, 열심당원들의 폭력적 저항 운동, 하나님의 미래 통치에 대한 에세네파와 쿰란 공동체의 묵시사상적 기다림과 폐쇄된 공동체 운동이 하나님의 통치에 대한 기다림 속에서 일어났다.

이와 같은 역사적 상황 속에서 예수는 임박한 하나님 나라와 회개를 선포한다. 그의 모든 말씀과 활동은 임박한 하나님의 통치와 참하나님의 백성으로서 이스라엘의 회복을 목적으로 한다. 하나님의 궁극적 통치가 언제 올 것인지 그 시간을 아버지 하나님께 맡기고, 예수는 이스라엘의 "잃어버린 자들"을 찾고, 병자와 장애인들의 치유, 귀신을 내쫓는 표징적 행위들을 통해 하나님 나라를 앞당겨 온다. 이와 동시에 그는 각 사람에게 회개와 믿음의 결단을 요구한다. 이방인들도 여기에 초대된다.

병들었고 굶주리고 소외된 많은 군중이 예수의 뒤를 따라다니면서 그의 말씀을 청종한다. 이 과정에서 그는 제자들을 부르신다. "나를 따르라!" 예수는 그의 뒤를 따르는 제자들과 함께 하나님 나라 운동을 전개하며 그들과 삶을 함께 나눈다. 이리하여 하나의 공동체가 이루어진다. 곧 "그리스도 예수의 부르심이 그의 뒤를 따르는 사람들의 공동체를 세운다." 이 공동체가 오늘 우리가 경험하는 교회라고는 말할 수 없다. 그러나 부활 이전에 있었던 예수의 공동체는 부활 이후에 생성된 "교회의 시작"(*initium ecclesiae*)이 된다(Kraus 1983, 493). 달리 말해 "제자들의 무리"가 "교회의 첫 씨앗"(erster kirchlicher Kern)이라 말할 수 있다. 교회는 "이미 예수의 역사적 활동 속에 그 뿌리를 가지며, 제자들의 무리 속에서 형성되기 시작한다. 예수의 말씀들과 행위들은 이미 교회적 의미가 있고, 제자들은 장차 있게 될 교회의 첫 씨앗이다. 이들이 가진 속성들의 몇 가지가 나중에 나타난 교회 기능들의 성격을 결정한다"(Hoffmann 1989, 51).

예수가 하나님 나라를 선포하고 회개를 요구할 때, 그의 말씀을 믿고 복종하는 사람들과 이를 거부하는 사람들로 나누어진다. 믿고 복종하는 사람들은 대개 하층민으로서 예수의 뒤를 따라다니며, 예수의 하나님 나라 운동에 동참한 것으로 보인다. 오병이어(五倂二魚), 곧 빵 다섯 개와 생선 두 마리로 5천 명을 먹였다는 복음서 보도가 이를 증명한다(마 14:13-

21). 5천 명의 장정들 외에 노인들과 여자들, 청소년 및 어린이들을 합하면 적어도 1만 명은 되었으리라 추측된다. 2천 년 전 이스라엘의 인구 숫자를 고려할 때, 이것은 매우 큰 숫자였다. 여기서 우리는 이스라엘의 옛 "하나님 백성"으로부터 구별되는 새로운 하나님의 백성 곧 교회의 모체를 볼 수 있다.

2) 그러나 지상의 예수의 활동으로 인해 형성되기 시작한 공동체는 예수의 체포와 십자가의 죽음과 함께 흩어져버린다. "유대인의 왕 나사렛 예수"의 제자였다는 죄목으로 로마 주둔군에 의해 체포되어 십자가의 형벌을 받지 않을까 두려워 한 제자들은 모두 달아나버린다. 그들은 예루살렘을 떠나 과거의 생업으로 돌아간다(요 21:1-3). 여성 제자들이 십자가에 달려 죽은 예수의 부활을 증언하지만, 그들은 이를 믿지 않는다(막 16:11).

과거의 생업으로 돌아갔던 제자들이 어떤 동기로 예루살렘으로 돌아와 공동체를 이루게 되었을까? 죽음에 대한 두려움 때문에 십자가에 달린 주님을 내버려 두고 달아나버린 겁쟁이들이 어떻게 해서 고난과 죽음을 두려워하지 않는 복음의 증인들이 되었을까?

신약성서에 따르면, 제자들에게 일어난 획기적 변화의 동기는 부활하신 예수와의 만남과 성령의 부으심에 있었다. 제자들은 부활하신 주님과의 만남과 성령의 감화 감동 속에서 다음의 사실을 깨닫는다. 곧 죄와 죽음의 세력이 승리하는 것 같지만, 하나님의 능력은 죄와 죽음의 세력보다 더 강하다. 그는 "죽은 사람들을 살리시며 없는 것들을 불러내어 있는 것이 되게 하시는 하나님"이다(롬 4:17). 그러므로 하나님은 죽은 예수를 다시 살리셨다(고전 15:4; 갈 1:1). 예수의 부활과 함께 죽음의 세력은 사실상 깨어졌다(고전 15:55). 새로운 생명의 세계가 시작되었다. 예수는 새로운 생명의 세계의 "첫 열매"다(고전 15:20).

예수의 부활에 대한 이 같은 깨달음 속에서, 제자들은 예수의 죽음이 단지 한 인간의 죽음이 아니라 "많은 사람"의 죄를 용서하고 "악에서 돌아서게 하셔서 여러분에게 복을 내려주기" 위한 하나님의 아들의 죽음이었음을 깨닫는다(행 3:26). "많은 사람을 위하여 흘리는" 예수의 피, 곧 "계약의 피"를 통해 하나님은 "새 계약(언약)"(고전 11:25)을 세우셨다. 예수는 "계약의 보증"이요 "계약의 중재자"다(히 7:22; 8:6). "하나님께서는 여러분이 십자가에 못 박은 이 예수를 주님과 그리스도(Christos, 메시아)가 되게 하셨다"(행 2:36; 참조. 17:3).

이 같은 깨달음은 성령의 오심을 통해 주어진 것으로 보인다. "성령을 받아라"(요 20:22). 성령 안에서 제자들은 부활하신 주님께서 그들과 함께 계심을 경험한다. "보아라, 내가 세상 끝날까지 항상 너희와 함께 있을 것이다"(마 28:20). 이 같은 내적 인식과 체험 속에서 제자들은 죽음의 위험을 각오하고 예루살렘으로 돌아와 새로운 공동체를 이룬다. 이렇게 모여든 제자들과 신도들의 수는 약 120명이었다(행 1:15). 이들을 하나의 교회 공동체로 결속한 결정적 사건은 오순절 성령강림이었다. 따라서 예수의 부활과 오순절 성령강림이 "교회의 근원"이었다(Wiedenhofer 1992, 63).

이렇게 시작된 예수의 공동체는 이스라엘 백성에 제한되지 않고, 모든 민족을 아우르는 초민족적·범세계적 공동체로 발전한다. 아람어를 구사하는 유대 지역의 유대인들과 그리스 말을 하는 디아스포라 유대인들(행 6:1), 그리고 예루살렘에 머물고 있던 로마 제국 각 민족의 이방인들이 개종하여 공동체를 이룬다(행 6:5). 이방인 출신 그리스도인의 대표 인물은 순교를 당한 그리스인 스데반이었다. 이렇게 시작된 교회 공동체는 바울의 선교를 통해 로마 제국에 거주하는 모든 민족의 세계로 확장된다.

예수의 "하나님 나라"의 기쁜 소식(복음)을 전하는 최초의 기독교 공동체(행 8:12; 19:8; 23:23, 31)는 이스라엘 백성의 옛 공동체로부터 구별되는 새로운 형태를 보인다. 이 공동체는 예수를 그리스도 곧 메시아라 부르며, 남녀와 사회계급과 민족의 차이를 초월하여 함께 성만찬과 소유를 나누고 주님을 찬양하며 하나님 나라의 복음을 증언하며 기적을 행한다(행 3:1-10). 따라서 "엄밀한 의미에서 교회는 예수의 부활 내지 오순절 후에 존재한다"(Wiedenhofer 1992, 56). 사도행전은 이 공동체의 모습을 다음과 같이 보도한다. "그들이 기도를 마치니…그들은 모두 성령으로 충만해서 하나님의 말씀을 담대히 말하게 되었다. 많은 신도가 다 한마음과 한 뜻이 되어서 아무도 자기 소유를 자기 것이라고 하지 않고 모든 것을 공동으로 사용하였다.…그들 가운데는 가난한 사람이 한 사람도 없었다"(행 4:31-34).

3) 지금까지 기술한 바를 종합하여 말한다면, 지상의 예수는 교회라고 하는 하나의 특별한 종교기관을 세우는 데 관심이 없었다. 그의 관심은 "하나님 나라와 하나님의 정의"를 세우는 데 있었다. 따라서 지상의 예수가 오늘 우리가 경험하는 교회를 직접 세웠다고 말할 수 없다. 사도행전 2장이 보도하는 것처럼, 교회는 예수의 부활과 승천, 오순절의 성령강림을 계기로 존재하게 되었다.

그러나 교회는 지상의 예수의 하나님 나라 운동 속에 정초되어 있었다. 예수의 메시아 되심을 거부하는 옛 하나님의 백성 혹은 옛 계약의 백성에 반하여, 그의 메시아 되심을 인정하는 새로운 하나님의 백성 혹은 새로운 계약의 백성이 생성될 수밖에 없었다. 이것을 가능하게 한 것은 예수의 부활과 오순절 성령강림이었다. 교회는 성령의 오심을 통해 생성된 새 창조의 종말론적 공동체였다.

궁극적으로 교회는 온 세계를 구원하고자 하는 삼위일체 하나님의 구원 의지에 근거한다. 그것은 하나님의 구원사적 의지로 말미암아 필연적으로 생성될 수밖에 없었다. 이스라엘 백성은 하나님의 구원 역사를 이루는 데 실패하였다. "강도의 소굴"처럼 되어버린 예루살렘 성전과 속죄제물, 구약의 율법과 율법 해석(할라카와 미쉬나)은 더 이상 구원의 길이 될 수 없었다. 이제 하나님은 십자가에 달려 돌아가시고 부활하신 예수 그리스도를 통하여, 그리고 성령의 능력 속에서 구원의 역사를 새롭게 시작한다.

새로운 구원의 역사와 함께 새로운 하나님의 백성 곧 교회가 생성된다. 죄와 죽음의 세력에 묶여 있는 세계로부터 새로운 출애굽이 일어난다. 그러나 교회는 지상의 예수와 삶을 함께 나누던 제자들의 공동체의 연장이 아니라, 예수의 부활과 승천, 오순절의 성령강림을 통해 시작된 새로운 종말론적 공동체였다. 그것은 과거에 있었던 제자들의 공동체가 연장된 것이 아니라, 부활하셨고 미래에 오실 주님을 통하여 이루어진 하나님 나라의 새로운 생명 공동체였다. 그것은 "새 술에 취한" 새 공동체였다(행 2:13).

이것은 예수가 교회를 직접 세웠다, 교회를 세우라고 명령했다는 것보다 훨씬 더 깊은 뜻을 가진다. 만일 지상의 예수가 자기의 뒤를 따르는 한 무리의 유대인들과 함께 또 하나의 종교 단체 곧 교회를 만들었다면, 이 단체는 우두머리가 되는 예수의 죽음과 함께 끝났을 것이다. 이 위험성은 부활하신 예수를 만난 제자들의 질문에 나타난다. "사도들이 한자리에 모였을 때에 예수께 여쭈었다. '주님, 주님께서 이스라엘에 나라를 되찾아 주실 때가 바로 지금입니까?'" 여기서 예수는 이스라엘의 주권을 회복할 민족운동의 영도자로 이해된다. 이 질문에 대해 예수는 다음과 같이 대답한다. "성령이 너희에게 내리시면, 너희는 능력을 받고…땅끝까지 이르러 내 증인이 될 것이다"(행 1:6-8).

결론적으로 교회의 현실적 출발점은 유대 지역에 제한되어 있었던 예수의 제자들의 공동체에 있는 것이 아니라, 지상의 모든 한계를 벗어난 예수의 부활과 성령의 오심에 있다. 이로 인해 교회는 다음과 같은 성령론적·종말론적 특성을 갖게 된다.

a. 만일 교회의 궁극적 출발점이 지상의 예수의 제자들의 공동체에 있다면, 교회는 죽은 예수에 대한 회상과 추모 속에서 그의 유지를 보존하고 또 그의 가르침에 따라 살고자 하는 사람들의 종교적 모임으로서 과거 지향성을 벗어날 수 없었을 것이다. 그것은 시대에 뒤처진 유대교의 낡은 전통과 폐쇄성을 극복할 수 없었을 것이다. 만일 교회가 이 같은 성격의 것이라면, 예수는 이 교회 안에 계시지 않을 것이다. 그는 십자가에 달려 죽었기 때문이다.

이에 반해 신약성서는 죽은 예수의 부활과 성령강림을 통한 새로운 공동체의 생성을 보도한다. 죽음에서 다시 살아나신 예수와 성령이 이 공동체 안에 계신다. 교회는 죽음에서 부활하신 예수께서 성령을 통해 그 안에 현존하는 예수 그리스도의 공동체다. 교회는 장차 오리라 약속하신 예수 그리스도께서 그 속에 현존하는 종말론적 공동체다.

b. 교회는 죽은 예수를 회상하면서 슬픔에 잠긴 공동체가 아니라, 새로운 희망의 미래를 내다보는 "새로운 하나님의 세계의 시작"이다(Bornkamm 1963, 114). 그것은 성령의 "새 술에 취한" 사람들의 공동체, 곧 성령을 통하여 앞당겨 오는 하나님 나라의 현실이요, "만물의 회복"을 향한 하나님의 새 창조의 시작이다. "마지막 때"에(요일 2:18) 옛 세계는 끝나고, 하나님의 새로운 세계가 그리스도 안에 나타난다. "누구든지 그리스도 안에 있으면, 그는 새로운 피조물입니다. 옛것은 지나갔습니다. 보십시오, 새것이 되었습니다"(고후 5:17).

c. 오순절에 내린 성령은 창조자 하나님의 영이요, 모든 사람을 구원하고자 하는 그리스도의 영이다(딤전 2:6). "하나님은 모든 사람이 다 구원을 얻고 진리를 알게 되기를 원하신다"(딤전 2:4). 그러므로 교회는 모든 민족과 피조물의 구원, 곧 그리스도 안에서 만물의 "통일"(엡 1:10)과 "만물의 회복"(행 3:21)을 지향하는 종말론적 특성을 가진다.

d. 교회와 함께 일어난 하나님 나라의 새 창조는 시작에 불과하다. 지금 공동체 안에 계신 주님을 "얼굴과 얼굴로" 볼 수 있을 때, 새 창조는 완성될 것이다. 그러므로 교회는 다시 오실 주님을 기다린다. "마라나 타, 우리 주님, 오시옵소서"(고전 16:22). "그렇다. 내가 곧 가겠다. 아멘, 오시옵소서, 주 예수님!"(계 22:20).

성령의 능력 안에 있는 부활의 공동체는 주님의 다시 오심과 새 창조의 완성을 지향한다. 그것은 과거에 있었던 주 예수의 사건을 회상하는 동시에 그분의 다시 오심과 새 창조의 미래를 기다리고 희망한다. 그것은 회상의 공동체인 동시에 기다림과 희망의 공동체다. 그것은 "눈에 보이는 것"을 희망하지 않고, 아직 눈에 보이지 않는 것, 곧 하나님의 자비와 정의가 충만한 하나님 나라를 희망하는 종말론적 공동체다. "교회(ekklesia)는 주님의 부활과 다시 오심 사이의 문턱 위에서 산다. 그것은 하나님 나라와 그 완성을 기다린다. 그러나 성령의 다스림과 부활하신 그리스도의 생동적 현존으로 말미암아 교회는 장차 올 세계의 힘으로 미리 충만케 되고 살아 움직인다"(히 6:5, Kraus 1983, 494).

C. 교회 공동체로 결속할 수밖에 없는 기독교 신앙

1) 역사적으로 교회는 이루 말할 수 없이 많은 실수와 범죄를 저질렀다. 교황을 위시한 기독교 성직자들이 세속의 정치권력과 부를 탐하고, 정치권력의 편에 서서 민중에 대한 억압과 착취를 방조했으며, 여성에게 교육의 기회를 주지 않고(여성 교육은 루터의 종교개혁으로 말미암아 가능하게 되었다), 무죄한 여성을 마녀로 정죄하여 불에 태워 죽이며, 심지어 "종교재판"(Inquisition)의 이름으로 사람의 몸의 가죽을 벗겨 죽인 중세 로마 가톨릭교회를 회상할 때, 또 오늘날 한국 개신교회의 수많은 분열과 거짓을 생각할 때, 우리는 교회를 부인하고 교회를 떠나는 사람들을 이해할 수 있다.

그러나 사도행전은 그리스도인들의 신앙이 처음부터 교회 공동체와 함께 있다는 사실을 우리에게 보여준다. 예루살렘에 모여 있던 첫 그리스도인들의 신앙은 개인적·사적 신앙이 아니라 공동체적 신앙이었다. "오순절이 되어서 그들은 모두 한곳에 모여 있었다. 믿는 사람은 모두 함께 지내며…날마다 한 마음으로 성전에 열심히 모이고…"(행 2:1, 44-47).

물론 교회 공동체는 오늘 우리가 경험하는 제도교회만을 뜻하지 않는다. 그것은 국가의 박해를 받는 지하의 가정 공동체일 수도 있고, 선교지의 선교 공동체, 민중들이 모인 바닥 공동체, 소규모 공산사회 형태를 가진 형제자매들의 주거 공동체일 수도 있다. 기독교 최초의 교회는 가정 공동체 곧 "집에 모이는 교회"였다(참조. 행 2:46; 롬 16:5; 고전 16:19). 여하튼 어떤 형태의 것이든 기독교 신앙은 그 시작에서부터 공동체와 함께하는 공동체적 신앙이었음을 사도행전은 보여준다.

  2) 기독교 신앙의 공동체성은 하나님 자신이 공동체적 존재라는 특성에 뿌리를 둔다. 기독교가 믿는 하나님은 천상천하 유아독존의 개체적 존재가 아니라, 성부·성자·성령의 공동체적 존재, 곧 삼위일체의 존재다. 삼위일체 하나님은 "결코 홀로 거하시는 고독한 존재가 아니라, 사랑을 그 본질로 가지는 사귐의 존재, 곧 관계적·공동체적 존재다. 하나님은 결코 자신에게만 관심을 기울이는 폐쇄적 존재가 아니라, 다른 위격들과 끊임없이 상호 교류하시고 관계를 맺으시는 열려 있는 사회적·대화적 존재다"(곽혜원 2009, 178). 하나님의 "삼위일체론적 교제는 교회 공동체성의 원형"이다(최승태 2003, 269). 따라서 삼위일체 하나님을 믿는 그리스도인들의 신앙은 공동체성을 자신의 본성으로 가진다.

  "삼위일체론적 교제" 속에 있는 하나님을 가리켜 성서는 "사랑"이라고 말한다. "하나님은 사랑이다"(요일 4:8, 16). 하나님의 삼위일체는 "하나님은 사랑이다"라는 성서의 증언을 교리적으로 나타낸 것이다. 사랑은 관계성 내지 공동체성이다. 그것은 삶을 함께 나누고, 삼위일체 하나님을 믿는 기독교 공동체적인 신앙으로 드러날 수밖에 없다. 그것은 형제자매의 공동체적 삶 속에서 생성되고 유지되며 또 전수된다.

  3) "그리스도의 몸"은 교회 공동체로 결집될 수밖에 없는 기독교 신앙의 공동체성을 상징적으로 보여준다(고전 10:16; 12:27; 엡 4:12). 모든 그리스도인은 그리스도의 한 몸에 속한 지체들이다. 그들은 종족과 나라와 언어를 달리하지만 그리스도의 한 몸, 곧 공동체를 이룬다. 몸은 하나이지만 많은 지체를 가진다. 지체들은 유대 사람이든지 그리스 사람이든지, 종이든지 자유인이든지, 모두 한 성령으로 세례를 받아서 한 몸이 되고 또 모두 한 성령을 마신다(고전 12:12-13). "온몸은 머리이신 그리스도께 속해 있으며, 몸에 갖추어있는 각 마디를 통하여 연결되고 결합된다. 각 지체가 맡은 분량대로 활동함을 따라 몸이 자라나며 사랑 안에서 한 몸이 된다"(엡 4:16).

"하나님의 백성", "하나님의 소유된 백성"도 기독교 신앙의 공동체성을 시사한다(롬 9:26; 고후 6:16; 히 4:9; 벧전 2:9; 계 21:3). "하나님의 백성"은, "하나님과의 관계는 개인적 혹은 사적으로 이루어지지 않고 공동체적으로 이루어졌다는 사실을" 분명히 보여준다(최승태 2003, 264). 옛 하나님의 백성 이스라엘이 계약 공동체를 이룬 것처럼, 새로운 하나님의 백성이 된 그리스도인들은 "새 계약"의 공동체를 이룬다.

4) 성만찬은 공동체로 결집될 수밖에 없는 기독교 신앙의 특성을 가시적으로 보여준다. 한 주님의 살과 피를 받음으로써, 신자들은 그리스도의 한 몸에 참여한다. 그들은 한 몸이 된다. "우리가 축복하는 축복의 잔은, 그리스도의 피에 참여함이 아닙니까? 우리가 떼는 빵은, 그리스도의 몸에 참여함이 아닙니까? 빵이 하나이므로, 우리가 여럿일지라도 한 몸입니다. 그것은 우리가 모두 그 한 덩이 빵을 함께 나누어 먹기 때문입니다"(고전 10:16-17).

성만찬을 통하여 신자들은 "그리스도와 연합할 뿐 아니라 성령의 사역으로 그분 안에서 상호 연합"된다. 따라서 교회는 "성만찬적 공동체"라 부를 수 있다. "성만찬에 참여한다는 것은 그리스도와 연합할 뿐 아니라 성령의 사역으로 그분 안에서 상호 연합됨을 의미한다"(최승태 2003, 276). 성만찬의 빛에서 볼 때, 공동체를 떠난 개체적 신앙, 공동체 없는 "예수에 대한 개인주의적 경건"은 기독교 신앙의 본성에 어긋난다. 기독교 신앙은 어디까지나 공동체적 신앙이다. 모든 그리스도인은 한 포도나무에 속한 가지들이요(요 15:5), 한 몸에 속한 지체들이기 때문이다.

하나님은 인간을 공동체적 존재로 창조하였다. 그는 남자와 여자가 공동체를 이루어 살도록 창조하였다. 공동체성은 "인간의 본성에 속한 성향" 이다(Pannenberg 1993, 129). 따라서 하나님의 자녀들은 신앙의 공동체 안에서 더불어 살아야 한다. 그것은 하나님의 창조질서에 속한다. 그러므로 자연의 거의 모든 생물도 공동체를 이루어 상부상조하며 살아간다.

물론 우리 주변에 자기 홀로 신앙생활을 유지하는 사람들이 있다. 그러나 이것은 하나님이 원하는 바가 아니다. "인간에게 있어서 가장 불행한 일은 고독"이다(이병주 2006a, 296). 하나님은 그의 자녀들이 고독하게 살지 않고, 하나님의 사랑 안에서 이웃과 더불어 살기를 원한다. 바로 여기에 하나님 나라가 있다. 그러므로 하나님의 아들 예수도 제자들과 공동체를 이루어 함께 살고 활동한다. 그는 "두세 사람이 함께 있는 곳", 곧 공동체가 있는 곳에 "내가 함께하리라"고 약속한다.

공동체를 떠난 개체적 신앙은 흐지부지되기 쉽다. 그것은 죄악의 유혹 앞에서 쉽게 무너질 수 있다. 물론 현실의 교회 속에 많은 문제점이 있지만, 교회 바깥의 세상에는 더 무서운 죄와 죽음의 세력들, 곧 사탄이 "우는 사자처럼" 횡행하고 있다. 그러므로 "교회의 교제권 밖에 있는 자는 스스로 성도이기를 포기한 자"라는 바르트의 말을 우리는 진지하게 생각해 볼 필요가 있다(박성권 2014, 212).

그리스도인들의 신앙이 공동체로 결집되지 않을 때, 기독교 신앙은 공공성을 띠지 못하고, 세상을 향한 공적 활동을 하지 못하며, 개인의 사적 현상으로 끝난다. 하나님의 구원은 공공의 차원을 상실한다. 예수가 목적한 하나님 나라도 개인의 사적 영역에 머물게 된다.

하나님의 구원은 개인의 사적 영역에서는 물론 공적 영역에서도 이루어져야 한다. 온 세계 속에 하나님 나라가 세워져야 한다. 그러므로 그리스도인들의 신앙은 교회 공동체로 결집되어 공공성을 가져야 할 것이다.

5) 에베소서에 의하면, 그리스도인들은 "하나님의 가족"이다(엡 2:19). 그들은 "함께 한 몸이 되고, 약속을 함께 가지는 자가" 되어야 한다(3:6). 그들은 모두 "그리스도께 속한 사람들"이요(갈 3:29), 하나님 나라의 약속을 상속받은 공동 상속자들이다(고전 6:9; 갈 3:29; 5:21; 엡 1:11; 약 2:5). 이 같은 신약성서의 말씀들은 그리스도인들의 신앙이 사실상 하나의 공동체로 결집되어 있음을 증언한다. 교회를 통해 전수된 말씀과 성례전을 통해 그들은 신앙을 배운다. 교회가 그들의 신앙을 불러일으키고 유지한다. 이런 점에서 교회는 각 그리스도인보다 우위에 있다고 볼 수 있다.

물고기가 연못 안에 있을 때 자신의 생명을 유지할 수 있듯이, 신자들의 신앙도 교회의 울타리 안에 있을 때 유지될 수 있고 하나님의 구원 역사에 참여할 수 있다. 신자들이 교회를 이루지만, 교회는 신자들에게 신앙을 전수하고 유지하는 신앙의 기초가 된다. 하나님 나라의 현실은 신자들의 삶 속에 현존하는 동시에 교회 안에도 현존한다. 후자는 전자를 가능케 하고, 이를 공적으로 대변한다.

인간이 있는 곳에는 언제나 문제가 있기 마련이다. 둘에서 하나가 된 부부 사이는 물론, 부모와 자녀 사이에도 대립과 마찰이 일어난다. 교회도 마찬가지다. "교회는 인간들의 공동체이고, 따라서 그 안에는 여전히 갈등과 모순이 상존한다.…그러나 이와 같은 불완전성에도 불구하고, 교회는 근본적으로 그리스도께서 자신의 생명을 희생하여 세운 공동체다.…그러므로 교회 공동체에 속한 모든 구성원은 그리스도 안에서 성령을 통해 주시는 하나님의 은혜로 자신들의 불완전성을 극복하면서 그리스도의 몸을 충만하게 해야 할" 것이다(최승태 2003, 283-284).

6) 여기서 우리는 사도신경의 중요성을 발견할 수 있다. 사도신경의 고백을 통해 세계의 모든 그리스도인은 하나로 결속된다. 그들은 공동의 믿음을 가진 "형제자매들"이다. 그들은 "거룩한 공회" 안에서 모든 "성도의 친교"(communio sanctorum)에 참여하고 있음을 인정한다. 성부·성자·성령에 대한 고백 바로 다음에 "거룩한 공회"(sanctam ecclesiam catholicam, 거룩한 보편적 교회)와 "성도의 친교"(sanctorum communionem)를 고백하는 사도신경의 구조는, 삼위일체 하나님에 대한 믿음 속에서 모든 신자는 "거룩한 보편적 교회" 안에서 "성도의 친교"를 나누고 있음을 시사한다.

"기독교의 신앙고백은 언제나 예수 그리스도와 그 안에서 계시되는 하나님에 대한 인격적 참여를" 내포한다(Pannenberg 1993, 133). 교회에 나가든지 나가지 않든지, 창조자 아버지 하나님과 그의 아들 예수 그리스도와 성령을 믿고 이를 고백하는 모든 사람은, 이 믿음과 고백을 통해 형제자매들의 범세계적·보편적 친교에 참여한다. 성만찬은 모든 그리스도인의 범세계적 결합과 친교를 가시적으로 나타낸다.

현대사회의 특징은 "극단적 개인주의와 이기주의로 인한 이웃과 공동체성의 상실"에 있다(곽혜원 2009, 181). 더 큰 힘과 더 높은 지위와 더 많은 소유를 향한 경쟁과 투쟁이 현대 사회의 특징이기도 하다. 경쟁은 개인주의와 이기주의, 사회 분열과 사회 양극화를 초래한다. 그러나 약한 자들이 사회 변두리로 내몰릴 때, 강한 자들도 안전하지 못하다. 사회 전체가 불안에 빠지고, 감시용 무인 카메라가 증가한다.

하나님은 경쟁과 투쟁 대신에 사랑과 나눔이 있는 하나님 나라의 공동체로 그의 자녀들을 부르신다. 그러나 이 공동체는 언제나 불완전하다. 그 공동체는 천사들이 모인 곳이 아니라 흠집투성이의 인간들이 모인 곳이기 때문이다. 그러므로 공동체가 불완전하다 하여 공동체를 버리는 것은 하나님의 뜻이 아니다. 사랑의 하나님은 비록 불완전하고 실수가 있어도, 이 공동체가 유지되고 성장하기를 바란다. 그러므로 히브리서는 다음과 같이 말한다. "우리는 모이기를 그만하지 말고, 서로 격려하여…더욱 힘써 모입시다"(히 10:25).

결론적으로 기독교 신앙의 공동체성은 포기될 수 없다. 공동체성은 기독교 신앙의 본성에 속한다. 공동체를 포기하고 개체화하는 것은 사멸의 시작이다. 자연의 생물계에서도 공동체를 떠난 개체화는 죽음을 뜻한다. 공동체를 떠나 혼자 배회하는 짐승은 곧 다른 포식자의 먹잇감이다. 그러므로 공동체성과 상부상조는 생물계의 보편적 법칙이요, 하나님의 창조질서다. 이 질서는 그리스도인들에게도 해당한다. 교회 공동체를 떠난 그리스도인들은 사탄의 먹이가 되기 쉽다.

그러나 교회는 "가나안 성도"를 정죄하거나 배타해서는 안 될 것이다. 이들도 하나님의 사랑 안에 있기 때문이다. 교회는 이들을 관용하면서, 그들이 교회 출석을 거부하는 이유가 무엇인지 파악하면서 자기 자신을 성찰해야 할 것이다. 더 많은 헌금에 대한 요구 때문에, 교회 내의 분열과 싸움 때문에, 목사의 유치한 설교 때문에 교회에 못 나가겠다거나 설령 교회에 다녀도 기독교 진리가 무엇인지 모르겠다는 얘기를 들었다면, 교회는 이를 진지하게 받아들이고 자기를 개혁해야 할 것이다. "가나안 성도"는 참교회를 찾아 지금도 이 교회 저 교회를 배회하고 있을지도 모른다.

2
교회의 역사적 생성 과정과 그 교훈

교회는 "하나님의 소유가 된 백성"이요(벧전 2:9), "하나님께서 자기 아들의 피로 사신" 것이며, 하나님이 그 안에 계신 "하나님의 집"이라고 신약성서는 말한다(행 20:28; 참조. 벧전 1:19; 고전 3:9). 그렇다면 교회가 아무리 타락해도 여전히 "하나님의 소유된 백성"이요, "하나님의 집"인가? 교회는 영원히 흔들릴 수 없는 "구원의 방주"라 장담할 수 있는가? 여기서 우리는 교회가 생성·발전된 과정을 관찰하고, 이 과정이 오늘날 우리의 교회에 시사하는 바가 무엇인지 살펴보고자 한다.

A. 구약의 이스라엘 백성과 교회의 연속성

1) 예수의 부활과 승천 후에 예루살렘에 모인 약 120명의 신자들은 거의 모두 유대인이었다(행 1:15). 오순절 성령강림으로 이방인(외국인)들도 그리스도를 믿는 신앙으로 개종했지만(행 2:9-11), 초기 기독교 공동체를 구성한 대부분의 사람은 자기를 "하나님의 백성"으로 인식하는 유대인들이었

다. 그중에는 로마 제국과 여러 지역에서 온 "경건한 유대인들" 곧 디아스포라 유대인들도 있었다(행 2:5). 그러므로 초기 기독교 공동체는 자기를 "하나님의 백성"이라 불렀다(히 4:9; 벧전 2:10). "하나님의 백성"은 교회를 가리키는 가장 오래된 개념으로 보인다(Küng 1981, 145).

"하나님의 백성"은 구약에서 유래한다. 시내산 계약(언약)을 통해 이스라엘 백성은 하나님의 백성 혹은 하나님의 소유된 백성이 된다. "내가 세워 준 계약을 지키면…너희는 내가 선택한 백성이 되고, 너희의 나라는 나를 섬기는 제사장 나라가 되고, 너희는 거룩한 민족이 될 것이다"(출 19:5-6).

왜 초기 기독교 공동체는 "하나님의 백성"이란 구약의 개념을 수용하였을까? 그 이유는 먼저 제자들을 위시한 최초의 유대인 그리스도인들이 조상들의 전통에서 끊어지지 않기를 원했기 때문이다. 이것은 모든 인간의 공통된 심리다. 따라서 최초의 그리스도인들은 처음부터 조상들의 종교에서 분리된 새로운 종교를 세우려는 의도를 갖지 않았던 것으로 보인다.

그러므로 최초의 기독교 공동체는 처음에 성전을 중심으로 활동하며(행 2:46), 구약의 율법을 부인하지 않는다(참조. 마 5:17-19; 롬 3:31; 7:12). 그들은 성전에 속한 속죄제물과 세금을 바친다(참조. 마 5:23; 17:24-27). 이들은 하나님의 창조, 인간의 죄로 인한 타락, 하나님의 선택과 계약, 장차 오실 메시아에 대한 이스라엘 백성의 신앙을 수용한다. 그러므로 최초의 기독교 공동체는 유대교 안에 있는 하나의 새로운 "종파"(행 28:22)나 "이단"(행 24:14) 혹은 "나사렛 당"(행 24:5)이라 불리었다.

바울도 이스라엘 백성과 그리스도인들의 연속성을 유지하고자 하였다. 우리는 이것을 벨릭스 총독에 대한 바울의 진술에서 볼 수 있다. 바울은 "'우리 조상의 하나님을 섬기고, 율법과 예언서에 기록되어 있는 모든 것을 믿으며', 이스라엘 백성처럼 '하나님께 희망을 두고' 있으며, '제물을 바치는 절차로 성전에서 정결 예식을' 행하였다"라고 진술한다(행 24:14-18). 심지어 바울은 이스라엘 백성과 그리스도인들의 관계를 "본래의 가지"와 이에 "접붙인 가지"의 관계에 비유한다(롬 11:17-21). 그러므로 최초의 기독교 공동체는 자신을 가리켜 "하나님의 백성" 혹은 "그의 백성"이라 부른다.

2) 초기 기독교 공동체가 "하나님의 백성"이란 구약의 칭호를 사용한 더 깊은 이유는 하나님의 구원 역사에 대한 새로운 통찰에 있었다. 이스라엘 백성과 함께 시작된 하나님의 구원 역사는 율법과 성전의 희생제물이 아니라 구원자 예수 그리스도를 통해 이루어진다. 하나님은 이것을 이스라엘 백성에게 이미 약속하셨다. "하나님은 약속하신 대로 다윗의 후손 가운데서 구주를 세워 이스라엘에게 보내셨으니, 그가 곧 예수입니다"(행 13:23; 참조. 행 2:16-36; 3:12-18; 7:1-53; 히 11장). 따라서 이스라엘 백성을 통한 구원의 역사와 기독교 공동체를 통한 구원의 역사는 연속성을 가진다. 이 공동체에 속한 그리스도인들은 이스라엘 백성과 동일한 조상을 가진다. 그들도 "아브라함의 자손"이다(갈 3:7, 29; 히 2:16). 이 같은 구원사적 통찰에 기초하여 초기 기독교 공동체는 자기를 새로운 하나님의 백성으로 이해한다(골 3:12; 딛 1:1; 벧전 1:1; 2:9).

이 연속성을 바울은 올리브 나무에 비유한다. 이스라엘 백성은 "참 올리브 나무"요, 기독교 공동체는 이에 접붙여진 "돌 올리브"와 같다. 돌 올리브는 참 올리브의 "뿌리에서 올라오는 양분을 함께" 받는다. 이스라엘 백성의 뿌리가 이 공동체를 "지탱한다"(롬 11:17-18). 따라서 기독교 공동체는 하나님의 백성인 이스라엘을 계승한다. 이스라엘 백성의 역사는 기독교 공동체의 "전(前)역사"다(Vorgeschichte, Kraus 1983, 498).

이것은 교회의 뿌리가 이스라엘 백성과 함께 시작된 하나님의 구원 역사에 있음을 보여준다. 교회는 이 뿌리를 잊어서는 안 될 것이다. 자기의 뿌리를 망각할 때, 교회는 정체성을 상실할 수 있다. 교회와 이스라엘 백성은 동일한 하나님에 관한 신앙, 동일한 하나님의 약속을 공유한다.

3) 지금까지 신학은, 초기 기독교 공동체가 "하나님의 백성"이란 칭호를 수용한 것을 대수롭지 않은 일로 여겨왔다. 그러나 당시 로마 제국의

상황에서 이것은 매우 위험스러운 일이었다. 유대 지역을 정복한 로마 제국은 이스라엘 백성과 좋은 관계를 맺기 원했다. 그래서 아우구스투스 황제의 양아버지 카이사르는 그들에게 종교의 자유를 부여하였다. 곧 율법과 성전 제의, 회당 건축, 공동 식사, 절기와 안식일을 허용하였다. 그는 안식일에 로마시 주민들에게 곡식이 배급될 경우, 디아스포라 유대인들에게는 안식일 다음 날에 받아가는 것을 허락하였다(Dahlheim 2013, 112). 심지어 오직 유대인들에게만 황제숭배를 면제해 주었다.

이 같은 관용에도 불구하고 유대인들은 로마 제국의 국가종교인 황제숭배를 끝까지 거부하였다. 로마 제국은 이것마저 수용하였다. 유대인들에게만은 자신의 종교적 관습을 지키도록 허용하였다. 그러나 유대 땅의 이스라엘 백성은 끊임없이 반란을 일으키고, 로마 제국의 주둔군을 습격하며, 로마 제국에 협조하는 민족 배신자들을 살해하였다. 열심당원들이 그 중심이었다. 그들은 로마 황제의 상이 새겨진 동전을 예루살렘 성전 안에서 사용하는 것을 거부하고, 두로에서 만든 반세겔 동전을 사용할 정도로 로마 제국에 대해 배타적·적대적 태도를 보였다. 그러므로 유대인들은 로마 제국에게 눈엣가시와 같은 존재였다.

로마 제국에 대한 이스라엘 백성의 적대적 태도는 기원후 66-70년의 제1차 반로마 혁명과 132-135년의 제2차 반로마 혁명을 통해 정점에 도달한다. 이것은 달걀로 바위를 치는 것과 같은 무모한 일이었다. 135년 "많은 늑대와 하이에나가 울부짖으며 도시로 들어올 정도로" 예루살렘을 다시 초토화시킨 하드리아누스(Hadrianus) 황제는, 도시 이름을 "*Colonia Aelia Capitolina*"(천한 족속의 식민지 수도)라 개칭하고, 로마 제국의 한 도시로 만들어버린다. 그리고 그는 유대인들의 땅 "유대아"(*Judaea*)를 시리아의 팔레스티나(*Palaestina*)로 지명을 변경한다. 그는 유대 땅에 살고 있던 이스라엘 백성을 추방하고 그 땅으로 다시 돌아오는 자들과 할례를 행하는 자들을 사형에 처한다고 선언한다. 이리하여 이스라엘 백성은 나라와 땅이 없는 백성이 되어 로마 제국의 여러 속주로 흩어진다. 그 후 가는 곳마다 멸시와 박해를 받고, 살해와 강제 추방을 당한다. 이 같은 이스라엘 백성에게 생존을 위해 중요한 것은 쉽게 지니고 떠날 수 있는 돈과 값비싼 보석이었다. 생명을 유지하기 위해 그들은 경제 활동에 열중할 수밖에 없었다. 이로 인해 유대인들은 돈밖에 모르는 인색한 민족으로 더욱 미움을 받게 된다. 이 같은 절망적 상황을 빗대어 구약 외경은 다음과 같이 말한다.

> 무엇 때문에 이스라엘은 이방인들에게 넘겨졌고,
> 당신의 사랑하는 백성은 하나님 없는 족속들에게 수욕을 당하게 되었습니까?
> 우리 조상들의 율법은 폐기되었고,
> 글로 기록된 규례들은 없어져 버렸습니다.
> 우리는 메뚜기 떼처럼 세상에서 사라지고 있습니다.
> 우리의 생명은 연기와 같습니다(제4에스라서 4:23 이하).

이 같은 상황 속에서 초기 기독교 공동체가 자기를 "하나님의 백성"이라 부를 때, 기독교 공동체는 유대인들과 동류의 집단이란 혐의를 받을 수 있었다. 기독교 공동체가 로마 제국의 극심한 박해를 당한 이유는 유대인들처럼 자신을 "하나님의 백성"이라 부르면서 로마 제국의 황제숭배를 거부하였기 때문이다.

신약성서는 로마 제국의 박해를 다음과 같이 묘사한다. "어떤 이들은 조롱을 받기도 하고, 채찍으로 맞기도 하고…, 감옥에 갇히기까지 하면서 시련을 겪었습니다. 또 그들은 돌로 맞기도 하고, 톱질을 당하기도 하고, 칼에 맞아 죽기도 하였습니다. 그들은 궁핍을 당하며, 고난을 겪으며, 학대를 받으면서, 양과 염소의 가죽을 입고 떠돌았습니다.…그들은 광야와 산과 동굴과 땅굴을 헤매며 다녔습니다"(히 11:36-40). 우리는 로마의 카타콤, 터키의 카파도키아 동굴에서 히브리서의 이 증언이 사실이었음을 볼 수 있다. 이 같은 박해와 고난에도 불구하고 초기 기독교 공동체가 자기를

"하나님의 백성"이라 부른 것은 놀라운 일이다.

4) 여기서 다음과 같은 질문이 제기된다. 고난과 박해를 당하던 초기 기독교 공동체가 로마 제국의 공인을 거쳐 국가교회로 발전한 원인은 무엇일까? "황제의 집안에 속한 사람들"마저(빌 4:22) 그리스도의 복음을 믿게 된 원인은 무엇일까? 정치적 혁명이나 해방을 꾀하였기 때문일까? 아니면 돈이나 권력이 있었기 때문일까?

그 원인은 사회적 소외와 가난과 박해와 순교에도 불구하고 끝까지 지킨 순수한 믿음과 어려운 이웃을 위한 헌신적 봉사에 있었다. "수치의 감각을 잃고, 자기들의 몸을 방탕에 내맡기고 탐욕을 부리며 모든 더러운 일을" 하는(엡 4:19) "구부러지고 뒤틀린 세대"로 불리는 로마 제국의 "풍조를 본받지 않고"(빌 2:15; 롬 12:2), "빛의 자녀"로서 "성령 안에서" 기도하고, "선과 의와 진실"의 "빛의 열매"를 맺으며(엡 6:18; 5:8-9) 주님의 오심에 대한 기다림 속에서(고전 16:22) 모든 시련을 인내하는 신실하고 순결한 믿음 때문이었다. 그리스도인들의 이 믿음과 사랑과 그리스도의 다시 오심에 대한 기다림이 초기 기독교 공동체를 국가교회로 발전시킨 내적 동인이었다.

여기서 우리는 다음의 사실을 볼 수 있다. 교회의 힘은 돈이나 권세에 있지 않다. 도리어 그것은 박해와 순교를 받아들일 수 있는 신실하고 순결한 믿음과 사랑, 하나님 나라에 대한 기다림에 있다. 성직자들이 돈과 권력 맛에 빠지면 교회는 반드시 타락한다. 십자가에 달린 예수를 보지 않고 만유의 통치자인(Pantokrator) 그리스도만 보게 된다. 중세 가톨릭교회의 역사는 16세기 종교개혁이 일어나기까지 전체적으로 성직자들의 탐욕과 타락의 역사였다. 심지어 사제들의 혼외 자녀들을 양육하는 고아원을 세워야 할 정도였다. 개혁의 시도가 있었지만, 가톨릭교회 전체를 개혁하기에는 역부족이었다. 그래서 중세 시대를 가리켜 역사가들은 "암흑기"라 부른다. 이 같은 역사를 반복하지 않기 위해, 모든 종교 지도자들은 돈과 권력을 경계해야 한다. 세속적 욕심을 끊고, 청빈을 삶의 이상으로 삼아야 한다.

B. 옛 하나님의 백성을 대신하는 새 하나님의 백성

1) 자기를 "하나님의 백성"이라 부르는 그리스도인들의 작은 공동체는 유대교 지도자들에게 크게 위협적이지 않았다. 그것은 하나의 새로운 "종파" 내지 "나사렛 당"으로 보일 정도였다(행 28:22; 24:5). 그러나 시간이 흐르면서 그리스도인의 공동체는 유대교와 충돌하게 된다. 이 충돌은 결국 유대교와 기독교 공동체의 분리로 발전한다.

충돌의 근본 원인은 "그리스도의 죽음과 부활의 종말론적 성격 내지 그리스도 고백과 결단에 대한 기독교 공동체의 요구"에 있었다(Wiedenhofer 1992, 67). 달리 말해 그것은 하나님이 보이신 구원의 길에 대한 인식의 차이에 있었다. 유대교는 두 가지 구원의 길을 가르쳤다. 첫째는 율법을 지켜 하나님 앞에 설 수 있는 의로운 사람이 되는 길이었다. "율법을 행한 사람은 그것으로 살 것이다"(롬 10:5; 참조. 레 18:5). 구원의 둘째 길은 성전에서 하나님께 속죄의 제물(혹은 희생제물, 레 1:4)을 바치고, 죄의 용서(속죄)를 받는 데 있었다. 그러나 계속되는 강대국의 식민지 신세를 벗어나지 못하는 고난의 역사 속에서 이스라엘 백성은 그들을 구원할 메시아를 기다리고 있었다.

그런데 그리스도인들은 십자가에 달려 죽은 나사렛 예수가 메시아(그리스도)라 증언한다(행 5:42). 나사렛 예수는 "율법주의를 반대하였기 때문에 종교적 결벽주의자들의 분노와 항의를" 받았고, "장차 유대주의를 위협하는…급진적 위험인물이며, 또 종교적 현상유지를 수용하지 않았고, 가난한 자, 못 가진 자, 깨끗지 않은 자, 또 이방인까지, 심지어는 로마인까지 하나님의 사랑과 연민으로 감싸는 것을 주장하는 혁명적인 사람"이었다(Willoughby 2013, 91). 그는 마지막에 아무 힘도 없이 로마 제국의 극형에 해당하는 십자가 처형을 당한다. 그리스도인들은 이 나사렛 예수가 하나님의 약속된 메시아라고 증언한다.

이들의 주장에 따르면, 나사렛 예수의 삶의 역사는 하나님이 약속하신 일이었다. "하나님께서는, 모든 예언자의 입을 빌려서 그리스도가 고난을 받아야만 한다고 미리 선포하신 것을…이루셨다"(행 3:18). 하나님은 "정하신 계획을 따라", "약속하신 대로"(행 13:23) 그의 아들을 십자가의 죽음에 내어주시고 다시 살리시며 "높이 올리셔서 자기의 오른쪽에 앉히셨다"(행 2:23-33). 그는 이 예수를 "영도자와 구원자로 삼으셔서, 이스라엘이 회개하고 죄 사함을 받게 하셨다"(행 5:31). 모든 사람에게 하나님의 영 곧 성령이 내릴 것이라고 말한 예언자 요엘의 예언이 예수를 통해 성취되었다(행 2:16).

그리스도인들의 증언에 따르면, 하나님은 메시아 예수를 통해 그의 구원의 역사를 새롭게 시작하였다. 그는 예수 안에서 "새 계약"을 맺었다. 이로써 "첫 번째 계약"은 "낡은 것"이 되었다(히 8:13). 메시아 예수는 "새 계약의 중재자"요(8:6; 9:15), 새 계약을 "보증하시는 분"이다(7:22). 그의 죽음과 부활을 통해 "만물이 회복"이 시작되었다(행 3:21, 25). 이제 구원의 길은 유대교의 율법과 예루살렘 성전 제의에 있는 것이 아니라, "예수는 주님이라고 입으로 고백하고 하나님께서 그를 죽은 사람들 가운데서 살리신 것을 마음으로 믿는"(롬 10:9) 믿음에 있다.

당시 유대교 지도자들은 비천한 나사렛 사람 예수가 하나님의 메시아라는 그리스도인들의 증언을 도저히 수용할 수 없었다. 그를 통하여 하나님의 옛 계약이 폐기되고 "새 계약"이 체결되었다면, 이제 구원의 길이 예수에게 있다면, 유대교는 존재할 이유가 없어진다. 성전 제의와 제사장도 필요 없고 율법학자도 불필요하게 된다. 이것은 유대교 지도자들의 "철밥통"이 깨어지는 것을 뜻한다. 종교 지도자들에게도 "밥통"은 매우 중요하다. 그러므로 이들은 어리석은 민초들을 충동하여 곳곳에서 그리스도인들과 충돌을 일으킨다.

2) 또 한 가지 중요한 원인은 이방인들에 대한 그리스도인들의 개방적 태도에 있었다. 그 당시 유대교는 할례 받지 못한 이방인들을 철저히 배격하였다. "유대 사람으로서 이방 사람과 사귀거나 가까이하는 일"은 "불법"

으로 간주되었다(행 10:28). 이방인이 유대교로 개종한다는 표식으로 할례를 받을 때만, 그들과의 친교가 가능하였다. 그런데 그리스도인들의 공동체는 로마 군단의 백부장 고넬료와 같이 할례를 받지 않은 이방인들과 친교하며, 그들에게 하나님의 말씀을 전하였다. 할례를 받지 않은 이방인들도 성령을 받고 구원을 얻었다(참조. 행 10장). 그리스도인들은 구원받은 하나님의 백성을 나타내는 외적 표징으로 할례가 아닌 세례를 베풀었다. 세례는 유대인과 이방인, 남자와 여자, 주인과 노예를 포함한 "모든 사람을 '하나님의 아들들'로 만들었고, 신자들과 불신자들을 나누었다"(Dahlheim 2013, 113).

유대인들에게 이것은 민족 공동체를 깨뜨리는 행위였다. 남자와 여자, 자유인과 노예 모두 하나님의 자녀들이고 하나님의 백성이라는 점에서 차이가 없다는 그리스도인들의 증언은 당시 유대교의 사회체제를 뒤흔드는 혁명과 같은 것이었다. 할례 받지 않은 이방인들도 하나님의 백성이 된다는 것을 유대교 지도자들은 도저히 용인할 수 없었다.

유대교 지도자들을 더욱 분노케 한 것은 "아브라함의 후손" 혹은 "하나님의 백성"에 대한 그리스도인들의 새로운 해석이었다. 할례 받았다 하여 참하나님의 백성이 되는 것은 아니다. 하나님의 백성은 할례 받은 유대인에게 제한될 수 없다. 예수를 메시아(그리스도)라 믿는 사람은 누구나 하나님의 백성이다. 이방인을 포함한 그리스도인들의 공동체야말로 "새 계약"의 백성, "더 좋은 계약"의 백성이다(히 8:8; 7:22; 참조. 고전 11:25; 롬 11:27). 이방인이든 유대인이든, 모든 민족이 "믿음을 통하여 예수 그리스도 안에서 하나님의 자녀"요, "그리스도 예수 안에서 하나"다(갈 3:26, 28). "참 이스라엘"은 혈통을 통해 이스라엘 백성이 된 사람들이 아니라 "그리스도를 믿는 자들이다. 그들이 바로 아브라함의 자손이요 약속의 후예들이다(갈 3:29)"(유해무 1997, 548). 바울은 다음과 같이 말한다. "그리스도는 우리의 평화이십니다. 그리스도께서는 유대 사람과 이방 사람이 양쪽으로 갈라져 있는 것을 하나로 만드신 분이십니다. 그분은 유대 사람과 이방 사람 사이를 가르는 담을 자기 몸으로 허무셔서, 원수 된 것을 없애시고,…이 둘을 자기 안에서 하나의 새 사람으로 만들어서 평화를 이루시고…"(엡 2:14-15).

유대교 지도자들은 민초들의 이 같은 증언을 도저히 받아들일 수 없었다. 이들의 증언은 유대교의 해체와 이스라엘 민족 공동체의 해체를 뜻하였기 때문이다. 그러므로 초기 기독교 공동체는 유대교 지도자들과 충돌할 수밖에 없었다. 유대교 지도자들에 의해 처형된 나사렛 예수를 추종하는 것 자체가 이미 이들과의 충돌을 뜻하였다.

3) 로마 제국에 대한 유대인들의 혁명은 초기 기독교 공동체와 유대교를 분리시킨 결정적 요인이 되었다. "66년 로마 총독이 성전 금고를 강탈한 것을 계기로 일어난 폭동은 유대 전쟁으로 확대되어 70년 예루살렘 함락과 대학살, 성과 성전의 완전한 파괴를 가져왔다. 당시 어린 예루살렘 교회는 68년경 예루살렘 성을 빠져나와 요단 강 동편의 펠라(Pella)로 이주함으로써 참사를 피할 수 있었다"(이오갑 2012, 335). 끝까지 싸운 유대인들은 이집트의 광산 노동자로 팔리거나 검투사로 끌려갔고, 여자와 어린이들은 노예 시장으로 끌려갔다. 그리스도인들은 기원후 73년 4월 마사다 요새의 함락으로 끝난 이 반란에 참여하지 않았다. 이리하여 그들은 민족 배반자로 간주되어 유대인들의 저주를 받았다.

그런데 그리스도인들은 70년의 대재난을 가리켜, 예수와 그의 제자들을 죽인 유대인들의 범죄에 대한 하나님의 심판이라 말하였다. 베스파시아누스 황제의 아들 "티투스를 통한 예루살렘 성과 성전의 파괴는 유대 백성에 대한 하나님의 심판의 가시적 표징"이요, 예루살렘 성과 성전에 대한 예수의 예언의 성취였다(막 13:1-4; 눅 19:43-44; Pannenberg 1993, 515). 초기 교회의 역사가 유세비우스(Eusebius)에 따르면, "하나님의 심판의 벌이 유대인들에게 내렸고, 그리스도와 그의 사도들에게 행한 그들의 범죄를 벌하였다"고 그리스도인들은 유대인들을 비난하였다(Dahlheim 2013, 114).

그리스도인들은 132년에 일어난 제2차 혁명에도 참여하지 않았다. 이로 인해 유대교와 교회는 완전히 나누어지고 말았다. 2세기 말 테르툴리아누스(Tertullianus)는 예수에 대한 유대인들의 모욕을 다음과 같이 소개한다. "한 목수와 창녀의 아들, 안식일을 지키지 않은 자, 사마리아인이요, 귀신 들린 자, 유다의 제사장들에게 매수되었고, 쇠 파이프로 얻어맞고, 뺨을 맞고, 침 뱉음을 당하고, 쓸개를 탄 포도주를 마신 자, 그의 제자들이 시체를 무덤에서 치워버린 다음 부활하였다고 말하거나 호기심에 들뜬 군중들이 짓밟아버리지 않도록 정원지기가 그 시체를 치워버린 자…." 예수는 "판테라(Panthera)라 불리는 한 군인의 사생아"요, "이집트에서 임금 노동자로 일하다가 요술을 배운 자"(115)라는 한 유대인의 모욕적 발언은 당시 유대교와 초기 기독교 공동체의 갈등상태를 반영한다.

이 같은 갈등으로 말미암아 초기 기독교 공동체는 "하나님의 백성"이란 칭호를 차츰 사용하지 않게 된 것으로 보인다. 바울 서신도 로마서 9:25, 고린도후서 6:16에서만 이 개념을 사용한다. "하나님의 백성"이란 개념은 약 5세기 이후부터 사라졌다(Pannenberg 1993, 504). 로마 제국의 반역자로 낙인찍힌 유대인들에게 사용된 "하나님의 백성"이란 칭호는 로마 제국의 국가종교로 승격된 기독교에 더는 적절하지 않았다. "하나님의 백성"으로서 유대인들은 가는 곳마다 미움 받고 박해를 당하게 되지만, 기독교 성직자들은 로마 제국의 세속적 영광과 특권을 누리게 된다.

C. 유대교의 구시대적 제도들의 상대화
- 하나님은 교회를 떠날 수 있다

1) 고대의 로마 제국은 헬레니즘의 뛰어난 문화를 가지고 있었다. 세계적 수준의 철학, 논리학, 법학, 수학, 천문학, 건축술 등을 가진 아테네, 로마, 알렉산드리아, 안디옥 등은 헬레니즘 문명권의 중심지였다. 약 500만 인구를 가진 알렉산드리아는 "70만 권"의 책을 소장하였고, "지리학

자, 수학자, 천문학자, 의사, 시인 등의 학자들을 전 세계로부터 불러들였다"(Clévenot 1993, 102).

이 같은 새로운 상황 속에서 유대인들은 유대교 제도의 절대성을 요구할 수 없었다. 종교적 제도의 절대성은 고대의 유목 시대에서 유래하는 것이었다. 그 가운데 대표적인 것은 모세율법과 성전의 속죄제물 제도였다.

사도행전의 보도에 따르면, 초기 기독교 공동체에는 두 가지 계열이 있었다. 첫째 계열은 유대 지역 출신의 유대인들이요, 둘째 계열은 디아스포라 유대인 및 이방인들이었다. 그리스인 스데반을 포함한 일곱 집사가 후자의 대표자였다(행 6:1-5). 이 두 계열은 그리스에서 온 디아스포라 유대인 과부들이 "날마다 구호 음식을 받는 일에 소홀히 여김을 받는" 문제로 충돌을 일으킨다(6:1). 전자의 본토 유대인 계열은 매일 성전을 중심으로 활동하며(3:1; 5:12), 할례, 안식일, 예루살렘 성전을 향한 기도 등 유대교의 관습과 율법을 지켜야 한다고 주장하였다. 이에 반해 후자의 계열은, 하나님은 "사람의 손으로 지은 건물 안에 거하지 않는다"고 주장하면서 성전 중심의 활동을 가리켜 "성령에 대한 거역"이라고 주장하였다(7:48-51).

두 계열의 핵심 문제는 율법 문제에 있었다. 본토 유대인 그리스도인들에게 모세율법은 이스라엘 백성에게 생명과 같은 것이었다. 그러므로 이들은 "이방 사람들에게도…모세의 율법을 지키도록 명하여야 한다"고 주장하였다(행 15:5). 이에 반해 헬레니즘 문화 세계를 경험한 디아스포라 유대인과 이방인 그리스도인들에게 구약의 율법은 고대 유목민 시대의 것으로서 헬레니즘의 새로운 문화권 속에서 지킬 수 없는, 또 지킬 필요도 없는 구시대의 계명들을 포함하고 있었다. 할례와 음식물에 관한 계명들, 눈은 눈으로, 이는 이로, 화상은 화상으로 갚아야 한다는 계명(출 21:24-25), 동성애자를 사형에 처하는 계명(레 20:13) 등이 이에 속한다. 그러므로 디아스포라 유대인들과 이방인 계열은 율법의 상대화를 주장하면서, 본토 유대인들과 갈등을 일으킨다.

제1차 예루살렘 회의에서 베드로는 후자의 입장을 두둔한다. 그리하여 "우리 조상들이나 우리가 다 감당할 수 없던 멍에를" 이방인들에게 메우지 말아야 한다고 말한다(행 15:10). 그러나 베드로는 그의 초기 입장을 버린 것으로 보인다. 그래서 약 14년 후 제2차 예루살렘 회의를 거쳐 안디옥에서 바울과 베드로가 다시 만났을 때, 베드로는 "당신은 유대 사람인데도 유대 사람처럼 살지 않고 이방 사람처럼 살면서 어찌하여 이방 사람더러 유대 사람이 되라고 강요합니까"라는(갈 2:14) 바울의 비난을 받게 된다.

바울은 초지일관 율법의 상대화를 주장한다. "율법은 그리스도께서 오실 때까지" 하나님 앞에 설 수 있는 의를 얻게 하기 위한 "개인교사 역할을 하였다"(갈 3:24). 그러나 "율법을 행하는 행위로는 아무도 의롭게 될 수 없다"(갈 2:16; 참조. 롬 3:28; 빌 3:9). 하나님의 자비하심을 의지하지 않고, 율법의 명령에 복종하는 자신의 "행위에 근거하여 의에 이르고자" 하기 때문이다(롬 9:31-32). "그들은…자기 자신들의 의를 세우려고 힘을 씀으로써, 하나님의 의에는 복종하지 않게 되었다"(롬 10:3). 그리스도는 자기 몸으로 "여러 가지 조문으로 된 계명의 율법을 폐하셨다"(엡 2:15). 이제 우리는 율법을 행하는 행위가 아니라, 그리스도를 믿는 믿음으로 의롭다 하심을 받을 수 있다. 그러므로 우리는 더 이상 율법의 "개인 교사 아래에 있지 않다"(갈 3:25). 율법으로 말미암은 "종살이의 멍에를" 다시 메지 말고(갈 4:9; 5:1), "분파를 일으키는" 무익한 "율법에 관한 싸움"을 피해야 한다(딛 3:9).

이 문제는 초기 교회에서 거듭 논쟁의 대상이 되었다. 예수의 신적 본성을 거부하는 에비온파는 율법을 주장하였다. 이들은 "마태의 복음만 믿었고, 예수의 동정녀 수태를 부인했으며, 율법을 배반한 바울을 경멸하였다." 이에 반해 안디옥의 주교였던 이그나티우스(Ignatius)는 "그리스도를 주님으로 고백하면서 유대교적으로 살려고 하는 것은 적절하지 않다"고 주장하였다(Dahlheim 2013, 127).

2) 율법 논쟁의 중심 문제는 할례에 있었다. 유대인들에게 할례는 하나님 계약의 백성에 속하게 되는 입례식이었다. 그러므로 유대인 그리스도인들, 특히 "바리새파에 속하였다가 신도가 된 몇 사람"은 "이방 사람들

에게도 할례를" 행해야 한다, "할례를 받지 않으면, 구원을 받을 수 없다"고 고집하였다(행 15:1, 5). 갈라디아서는 이방인 개종자들이 이들의 주장에 따라 "할례를 강요받는 일이 있었다"고 보도한다(갈 2:4).

헬레니즘 세계를 경험한 디아스포라 유대계 그리스도인들과 이방인 그리스도인들에게 구약의 할례는 구시대의 제도였다. 의료 기술이 원시 상태에 있었던 고대에 성인 남성의 성기 껍질을 잘라내는 것은 신체적 고통은 물론, 출혈과 상처 부위의 감염으로 생명을 잃을 수 있는 매우 위험한 일이었다. 이런 할례를 강요하면서 로마 제국의 이방인들에게 그리스도의 복음을 전하는 것은 사실상 불가능하였다.

사실 할례는 하나님의 구원 자체와 무관한 것이었다. 중요한 것은 할례가 아니라 하나님의 법을 지키는 일이었다. 그러므로 이미 구약시대에 할례는 상대화된다. 남자 성기에 할례를 받은 출애굽 제1세대가 모두 죽은 다음, 출애굽 제2세대는 "마음에 할례를" 받아야 한다(신 10:16). 하나님은 "당신들의 마음과 당신들 자손의 마음에 할례를 베푸셔서 순종하는 마음을 주실 것이다"(30:6). 하나님이 원하시는 것은 "마음의 포피"를 잘라내는 것, 곧 마음의 할례다(렘 4:4; 겔 44:7). 남성 성기의 할례가 참 할례가 아니라 "귀"의 할례가 참 할례다(렘 6:10). "몸에만 할례를" 받고, "마음에 할례를 받지 않은" 자들은 하나님의 벌을 받을 것이다(9:25-26).

이에 근거하여 제2차 예루살렘 회의에서 사도들은 "하나님께로 돌아오는 이방 사람들을 괴롭히지 말자"고 결정한다(행 15:19). 즉 이방인 개종자들에게 할례를 요구하지 말자는 것이다. 이 회의에서 베드로는 할례 받은 유대인들에게 복음을 전하고, 바울은 할례 받지 않은 이방인들에게 복음을 전하기로 결정함으로써, 서로 화해한다(갈 2:1-10).

그럼에도 불구하고 초기 기독교 공동체 안에는 할례를 주장하는 신자들이 계속 있었던 것으로 보인다. 그러므로 바울 자신은 "난 지 여드레 만에 할례를" 받았지만(빌 3:5) "(생)살을 잘라내는 할례를 주장하는" "개들을 조심하라"고 경고한다(3:2). 이들을 가리켜 그는 "다른 복음"을 전하는 "거짓 신도들", "우리를 (할례의) 노예로 만들고자 하여, 그리스도 예수 안에서 누리는 우리의 자유를 엿보려고 몰래 끼어든 자들"이라 규정한다(갈 2:4). "율법을 지키면 할례를 받은 것이 유익하지만", 율법을 지키지 않으면 이미 받은 할례는 받지 않은 것으로 되어버린다. 할례를 받지 않았을지라도 율법을 지키면 할례를 받은 것과 마찬가지다. 따라서 "겉모양으로" 남자의 성기에 할례를 행하는 것이 참 할례가 아니다. "율법의 조문을 따라서 받는 할례가 아니라 성령으로 마음에 받는 할례가 참 할례다"(롬 2:25-29). "할례를 받는 사람 자신도 율법을 지키지 않으면서" 이방인에게 "할례를 받게 하려는 것은, 여러분의 육체를 이용하여 자랑하려는 것"이다(갈 6:13).

바울의 가르침에 따르면, 하나님은 "사람을 겉모양으로 판단하지 않으신다"(갈 1:6). 곧 남자 성기의 포피를 잘라냈느냐 잘라내지 않았느냐에 따라 구원의 여부를 판단하지 않는다. "그리스도 예수 안에서는 할례를 받거나 안 받는 것이 문제가 되는 것이 아니다. 가장 중요한 것은 믿음이 사랑을 통하여 일하는 것이다"(갈 5:6). 할례가 아니라 "새롭게 창조되는 것"(6:15), "하나님의 계명을 지키는 것이 중요하다"(고전 7:19). "거기에는 그리스인과 유대인도, 할례 받은 자와 할례 받지 않은 자도,…종도 자유인도 없다"(골 3:10-11). 이들은 모두 "손으로 행하지 않은 할례" 곧 "육신의 몸을 벗어버리는 그리스도의 할례"를 받는다(2:11). 참신자임을 확증하는 외적 표식은 할례가 아니라 세례다.

할례의 장애를 폐기함으로써, 초기 기독교 공동체는 로마 제국 전체를 향한 세계종교로 발전할 수 있게 된다. 비로소 "모든 민족이 너로 말미암아 복을 받을 것이다"(갈 3:8; 창 12:3; 18:18; 22:18)라는 아브라함의 약속이 성취될 수 있는 길이 열린다. 그러므로 막스 베버(Max Weber)는 할례의 폐기가 확정된 "안디옥의 날"을 가리켜(갈 2:11 이하) "유럽의 역사를 여는 열쇠의 날"(Schlüsseldatum)이라 부른다(Dahlheim 2013, 102).

3) 율법과 더불어 구원의 방편이 되는 것은, 성전에서 바치는 속죄제물 혹은 희생제물이었다. 그런데 초기 기독교 공동체는 속죄제물을 상대

화시킨다. 이 문제 역시 초기 기독교 공동체의 선교 상황과 직결되어 있었다. 헬레니즘의 문명권에 복음을 전하면서, 구약의 속죄제물을 바치라고 요구하는 것은 불가능한 일이었다. 인구가 많지 않았던 이스라엘의 공동체에서는 가능했지만, 로마, 아테네, 안디옥과 같은 로마 제국의 거대한 도시에서 그것은 실행되기 어려웠다. 제물로 바칠 그 많은 짐승의 조달도 어려운 일이지만, 짐승을 죽여 그 피를 제단 둘레에 뿌리는 것은 전염병을 유발할 수 있었다. 짐승의 고기 껍질 및 내장과 함께 "제단에서 기름 타는 지독한 냄새"는 "향료들과 계수나무 껍질의 짙은 향내를 가지고도…덮어 버릴 수가 없을 정도였다"(Clévenot 1993, 40).

초기 기독교 공동체는 단호하게 속죄제물을 거부한다. 히브리서는 그 신학적 필연성을 다음과 같이 논증한다. "황소와 염소의 피가 죄를 없앨 수 없다"(히 10:4). "많은 사람의 죄를 짊어지시려고, 단 한번 자기 몸을 제물로"(9:28) 바친 대제사장 그리스도를 통해 모든 사람의 속죄가 이미 이루어졌다. "그는 염소나 송아지의 피로써가 아니라, 자기의 피로써 우리에게 영원한 구원을 이루셨다"(9:12). "죄와 불법이 용서되었으니, 죄를 사하는 제사가 더 이상" 필요하지 않다(10:18). 하나님은 "율법을 따라 드리는" "제사와 예물과 번제와 속죄제를 원하지도 기뻐하지도 않으셨다"(10:8). 이제 죄를 용서받고 하나님과 화해될 수 있는 길은 그리스도의 구원을 믿는 믿음에 있다.

사실 속죄제물 혹은 희생제물은 이미 구약에서 상대화되었다. 예언자들에 따르면, 구원의 길은 희생제물이 아니라 하나님을 알고 그의 율법을 지키는 데 있다. 하나님이 "바라는 것은 변함없는 사랑이지, 제사가 아니다. 불살라 바치는 제사보다 하나님을 알기를 더 바라신다"(호 6:6). "희생제물을 바친다고 해서 재난을 피할 수" 없다(렘 11:15). 그러므로 "다시는 헛된 제물을 가져오지 말아라. 다 쓸모없는 것"이라고 예언자들은 말한다(사 1:13). 구약의 지혜문학도 희생제물을 상대화시킨다. "주님께서는 정의와 공평을 지키면서 사는 것을 제사를 드리는 일보다 더 반기신다." 하나님의 법을 지키지 않는 "악인의 제물"은 하나님께 "역겨운 것"이다(잠 21:3, 27). 예수는 구약의 이 전통을 계승한다. "너희는 가서, '내가 바라는 것은 자비요, 희생제물이 아니다'라고 하신 말씀이 무슨 뜻인지 배워라"(마 9:13).

희생제물이 상대화될 경우, 성전은 존재할 필요가 없게 된다. 희생제물과 성전의 폐기는 성전 제사장들과 레위인들에게 "구조 조정"을 뜻하였다. 성전의 환전상들과 제물 판매자들에게는 생업이 끊어지는 일이었다. 그러므로 이들은 합세하여 그리스도인들을 핍박하지 않을 수 없었다.

4) 논쟁의 대상이 된 또 하나의 문제는 음식물에 관한 구약의 계명이었다. 레위기 11장과 신명기 14:3-21의 계명 중, 훨씬 더 상세한 레위기 11장의 계명이 본래의 것으로 보인다. 이 본문에 따르면, 부정한 짐승을 먹거나 만지기만 해도 부정하게 된다. 부정한 짐승의 시체와 접촉된 모든 것이 부정하다. 정하다고 규정된 짐승만을 먹어야 하나님의 거룩한 백성이 될 수 있다.

유대 지역 출신의 유대인 그리스도인들은 음식물 계명을 지키고자 했던 것으로 보인다. 베드로도 그렇게 하고자 했다. 그래서 부정한 짐승들을 "잡아먹어라"는 하나님의 음성을 듣고, 베드로는 "주님, 절대로 그럴 수 없습니다.…"라고 대답한다(행 10:14). 그러나 하나님은 음식물 계명을 상대화시킨다. "하나님께서 깨끗하게 하신 것을 속되다고 하지 말아라"(10:15).

바울의 가르침에 의하면, 무엇을 먹느냐 먹지 않느냐가 중요한 것이 아니라 하나님의 뜻에 따라 사는 것이 중요하다. "땅과 거기에 가득 찬 것들이 다 주님의 것"이다. 따라서 "모든 것이 다 깨끗하다." "무엇이든지 그 자체로 부정한 것은 없고, 다만 부정하다고 여기는 그 사람에게는 부정한 것이다"(롬 14:14, 20). 그러므로 "시장에서 파는 것은…무엇이든지 다" 먹어도 좋다(고전 10:25-26). "하나님께서 지으신 것은 모두 다 좋은 것이요, 감사하는 마음으로 받으면, 버릴 것이 하나도 없다"(딤전 4:4). 예수도 음식물 계명을 상대화시킨 것으로 전해진다. "모든 음식은 깨끗하다. 사람의 몸속으로 들어가는 것이 사람을 더럽히는 것이 아니라 사람에게서 나오는 것,

그것이 사람을 더럽힌다"(막 7:18-23).

5) 이같이 초기 기독교 공동체는 유대교의 낡은 종교 제도를 상대화 내지 폐기하고, 율법의 근본정신, 곧 하나님에 대한 경외와 경건과 이웃 사랑을 실천하고자 한다. 바울은 이웃 사랑이 "율법의 완성"이라 가르친다 (롬 13:8). 그 당시 로마 제국 사회에서 기독교 공동체는 많은 사람에게 "세상의 빛"으로 보였다. 그래서 "부, 권력, 문화의 엘리트 집단"을 포함한 많은 이방인이 기독교로 개종하여, 교회가 빠르게 팽창되었다. 1세기 말경, "로마 제국 내의 40-50개의 작은 도시들에 (대략 6천만 명의 인구 중) 약 5만 명 정도의 그리스도인들이 거주했던 것으로" 추산된다. 교회가 급속하게 "팽창한 제도적 장치는 유대교 디아스포라 회당들의 네트워크였다"(Hunter 2014, 84-87).

로마 제국에서 기독교 공동체가 빠르게 팽창한 또 하나의 원인은 가난한 사람들에 대한 돌봄에 있었다. 일부 주교들은 개종하기 전에는 철학자였는데, 이들은 자기를 "가난한 자들의 연인"이라 선언하였다. 그들은 "하층계급의 보호자"가 되었고, 교회는 "가난한 자들을 위한 교회"가 되었다. 이로써 "교회는 뜻밖에도 사회의 새로운 모델을 제공"하면서, "사회질서의 주변인들에게" 다가갔다. 카이사레아의 주교였던 바실리우스(Basilius, 329-379)는 "기근 희생자들을 위해 구호 사업을 조직하고, 나병 환자들을 위한 병원을 설립하며, 가난한 자들을 위해 음식을 제공하였다." 배교자 율리아누스는 당시 교회의 단면을 다음과 같이 보도한다. "이 불경한 갈릴리인들은 자신들의 가난한 사람들을 먹일 뿐만 아니라 우리의 가난한 자들도 먹인다.…이교 사제들이 가난한 자들을 무시하는 동안, 그렇게 미움을 받던 갈릴리인들이 자선사업에 헌신한다.…그들의 애찬식을 보라. 그들의 식탁이 가난한 자들에게도 전달된다"(Hunter 2014, 93-94).

가난한 사람들에 대한 헌신적 돌봄 속에서 교회는 로마 제국의 국가 교회로 발전하는 데 반해, 폐쇄적 민족종교로서의 유대교는 성전과 나라를 잃어버리고 사실상 폐기된다. 그것은 각지로 흩어진 유대인들의 회당

(synagogue)을 통해 명맥을 유지할 뿐이다. 하나님의 구원의 길은 유대교를 떠나, 세계종교로 발전한 교회로 옮겨진다.

초기 기독교의 이 같은 발전 과정을 보면서 우리는 다음과 같이 질문할 수 있다. 유대교에 일어난 일이 오늘의 한국교회에도 일어날 수 있지 않을까? 유대교를 버린 하나님은 한국 개신교회도 버릴 수 있지 않을까? 예루살렘 성전처럼 교회가 "강도의 소굴"처럼 되어버릴 때, 하나님은 교회를 떠날 것이다. 바울은 이것을 올리브 나무 비유를 통하여 설명한다. 이스라엘 백성이 하나님의 구원 역사를 이루는 데 실패했을 때(롬 10:3), 하나님은 "참 올리브 나뭇가지들 가운데서 얼마를" 잘라버렸다(11:17).

이같이 "하나님께서 본래의 가지들을 아끼지 않으셨으니, 접붙인 가지도 아끼지 않으실 것이다." "하나님의 인자하심에 머물러" 있지 않으면, 너희도 "잘릴 것이다"(롬 11:21-22). 요한계시록과 히브리서도 이 가능성을 분명히 말한다. "회개하지 않으면, 내가 가서 네 촛대를 그 자리에서 옮기겠다"(계 2:5). "나는 너를 내 입에서 뱉어버리겠다"(계 3:16). "그러나 가시덤불과 엉겅퀴를 내면, 그 땅은 쓸모가 없어지고, 저주를 받아서 마침내는 불에 타고 말 것이다"(히 6:8).

어떤 사람은 다음과 같이 항변할 수 있을 것이다. 교회는 "하나님께서 자기 아들의 피로 사신" 것이다(행 20:28). 교회는 하나님의 마지막 구원의 방주다. 그러므로 하나님은 결코 교회를 버리지 않을 것이다! 그러나 유대교의 역사는 하나님께서 교회도 버릴 수 있다는 것을 보여준다. 기원후 70년 로마의 티투스(Titus) 장군이 예루살렘 성전을 파괴할 때, 하나님은 성전 파괴를 중단시키지 않았다. 기원후 135년에 나라를 잃어버리고 세계 각국으로 추방을 당한 유대인들을 내버려 두신 하나님은 교회가 망할 때도 내버려 두실 것이다. 한국 개신교회의 성전 파괴는 이미 일어나고 있다. 사람들이 교회에 등을 돌린 "가나안 성도"는 성전 파괴와 마찬가지다. 교회 건물이 경매에 넘어가는 것도 성전 파괴와 마찬가지다. 하나님이 경매 현장에 나타나서 교회 경매를 중단시키지 않는다.

이 같은 현실을 극복하고자 한다면, 한국교회는 옛것을 개혁하고, 올바른 길을 걸어야 한다. "교회는 중산층들이 모이는 중산층 교회다", "돈 때문에 교회 다니기 어렵다"는 얘기가 들리지 않도록 해야 한다. 도리어 초기 기독교 공동체처럼 가난한 사람들을 돌보는 교회가 되어야 한다. 신자들에게 "회개하라"고 외치기 전에, 먼저 성직자 자신이 회개해야 한다. 돈과 명예와 권세에 대한 욕심에서 자유로운 존경받는 목회자가 되어야 한다. 교회를 통하여 민족의 회개가 일어나야 한다. 회개하지 않고 계속 부패하고 타락하면 나라는 망할 수밖에 없다. 나라가 망할 때, 하나님이 갑자기 나타나 이를 중단시키지 않을 것이다. 북이스라엘이 앗시리아의 식민지가 되고, 또한 바빌론 왕이 남유다 왕 "시드기야가 보는 앞에서 그의 아들들을 처형하고, 시드기야의 두 눈을 뺀 다음에, 쇠사슬로 묶어서 바빌론으로" 끌고 갈 때(왕하 24:7), 하나님이 갑자기 나타나서 그 과정을 중단시키지 않았던 역사를 잊지 않아야 한다.

D. 복음의 박해자에서 복음의 선교자로
- 바울의 회심 동기와 그 가르침

초기 기독교 공동체의 발전에서 바울은 중요한 위치를 차지한다. 그의 선교활동을 통해 기독교 공동체는 이스라엘 백성의 민족종교의 틀을 벗어나 로마 제국의 세계종교로 확장된다. 본래 유대교 지도자였던 바울은 유대교를 지키기 위해 열심을 다하였다. 그는 "집집마다 찾아 들어가서 남자와 여자를 가리지 않고 끌어내서 감옥에 넘겼다"(행 8:3). 그는 그리스도인들을 "박해하여 죽이기까지" 하였고(22:4), 스데반의 처형에도 참여하였다(7:58-8:1; 22:20). "회당마다 찾아가서 여러 번 그들에게 형벌을 내리면서 강제로 신앙을 부인하게" 했고, "분노가 극도에 다다랐고 심지어 외국의 여러 도시에까지 박해의 손을 뻗쳤다"(26:11). 그는 교회를 "아주 없애버리려고 하였다"(갈 1:13; 빌 3:6). 이 같은 바울이 어떻게 그리스도의 복음을 전하는 선교사로 180도 변신하였을까? 이것은 너무도 극적인 사건이 아닐 수 없다.

대다수의 사람들은 바울에게 일어난 놀라운 변신의 이유를 매우 간단하게 생각한다. 곧 바울이 다메섹으로 가는 도중 부활하신 그리스도를 만남으로써 회심하게 되었다고 간단히 처리한다. 그 뒤에 숨어 있는 역사적 배경들과 내적 동인에 대해서는 별로 관심이 없다. 여기서 우리는 바울이 유대교를 버리고 기독교로 회심하게 된 동인을 파악함으로써 교회의 생성 과정을 한 걸음 더 깊이 살펴보고, 바울의 회심이 오늘날의 교회에 무엇을 말하는가를 고찰해보기로 하자.

바울의 본래 이름은 히브리어로는 "사울"(Saul), 라틴어로는 "파울루스"(Paulus), 그리스어로는 "파울로스"(Paulos)였다. 그는 지금 터키 영토인 소아시아의 타르수스(Tarsus)에서 태어난 디아스포라 유대인이었다(행 21:39). 로마 군단의 천부장이 "돈을 많이 들여서" 로마 시민권을 얻었던 것에 반해, 바울은 태어나면서 로마 시민권을 가지고 있었다(22:28). 이 사실은 바울의 가정이 로마 제국의 특권층에 속했음을 나타낸다. 선교활동 마지막에 예루살렘에서 체포당했을 때, 바울은 "나는 로마의 시민입니다"(civis Romanus sum)라고 밝힌다. 이리하여 그는 당시 로마법에 따라 로마 황제에게 재판을 받을 것을 요구할 수 있었다. 재판을 받기 위해 황제 부대의 백부장 율리우스가 바울을 로마로 호송하였다(25:11; 27:1).

어릴 때 바울은 예루살렘에서 자랐고, 유대교 석학이었던 가말리엘의 문하에서 "율법의 엄격한 방식에 따라 교육을 받았다"(행 22:3). 그는 "태어난 지 여드레 만에 할례를 받았고, 이스라엘 민족 가운데서도 베냐민 지파요, 히브리 사람 가운데 히브리 사람이요, 율법으로는 바리새파 사람"으로, "율법의 의로는 흠 잡힐 데가 없는 사람이었다"(빌 3:5-6). 아테네 아레오바고 법정에서 행한 그의 연설(행 17:22-31)과 구약의 율법에 관한 설명은 바울의 깊은 학식과 통찰력을 보여준다.

이 같은 배경을 지닌 바울이 갑자기 조상들의 종교를 버리고 그리스도에 대한 신앙으로 개종할 때, 어떤 고난이 기다리고 있는지, 그는 잘 알고 있었을 것이다. 그 자신이 그리스도인을 박해하는 데 참여하였기 때문이다. 그는 "배교한 유대인"으로서 모든 사회적 지위와 생계 수단을 상실하고 박해와 죽음의 위험을 벗어날 수 없다는 것을 알고 있었다(Witherington III, 2016, 393). 실제로 그는 개종과 함께 보장된 미래를 버리고, 천막 제조로 생계를 이어가는 신세로 전락하였다(행 18:3). 한 마디로 그는 "그리스도 때문에 모든 것을 잃었다"(빌 3:8). 그는 "수고하고 고생하면서 밤낮으로 일하였다"(살후 3:8). "수고도 더 많이 하고, 감옥살이도 더 많이 하고, 매도 더 많이 맞고, 여러 번 죽을 뻔하였다. 유대 사람들에게서 마흔에서 하나를 뺀 매를 맞은 것이 다섯 번이요, 채찍으로 맞은 것이 세 번이요, 돌로 맞은 것이 한번이요, 파선을 당한 것이 세 번이요, 밤낮 꼬박 하루를 망망한 바다를 떠다녔다.…수고와 고역에 시달리고, 여러 번 밤을 지새우고, 주리고, 목마르고, 여러 번 굶고, 추위에 떨고, 헐벗었다"(고후 11:23-27; 참조. 고전 4:9-13). 에베소 원형경기장에서 그는 맹수와 싸웠던 것으로 보인다(고전 15:32). 그리스도의 복음을 위해 그는 "이 세상의 쓰레기처럼 되고,…만물의 찌꺼기처럼 되었다"(4:13).

이 같은 고난이 기다리고 있었음에도, 바울이 회심하게 된 이유는 무엇일까? 모든 소유와 사회적 명예와 특권을 잃어버리고 결혼도 하지 못한 무일푼의 복음 선교자의 길을 걷게 된 원인은 무엇일까? 왜 그의 눈이 갑자기 멀게 되었을까? 아무것도 보이지 않는 3일 동안 그는 무슨 생각들을 했을까?

1) 눈먼 3일 동안 바울의 머릿속에는 수많은 생각이 교차하였을 것이다. 먼저 그는 유대교에 대한 자신의 입장을 정리한 것으로 보인다. 그는 유대교 지도자로서 당시 유대교의 현실을 잘 알고 있었다. 회개하라고 가르치면서 정작 자신은 회개하지 않고, 율법을 가르치면서 자신은 율법을 지키지 않는 유대교 지도자들의 거짓과 위선, 백성들이 바친 속죄제물을

빼돌리고 예루살렘 성전을 "강도의 소굴"(마 21:13)처럼 만들어버린 성직자들의 부패, 성전 안에서 간음하여 사생아를 낳는 성전 내의 타락, 로마 제국의 통치권력과 결탁하여 사회적 특권을 누리는 산헤드린의 최고 의장인 대제사장의 거짓과 위선 등을 그는 잘 알고 있었다. 당시 이스라엘의 종교 지도자들은 "회칠한 벽"처럼 보였다(행 23:3).

이에 바울은 다음과 같이 말한다. "그대는 남을 가르치면서도, 왜 자기 자신은 가르치지 않습니까?…"(롬 2:21-24). "남을 심판하는 사람이여,…그대는 완고하여 회개할 마음이 없으니…자기가 받을 진노를 스스로 쌓아 올리고 있는 것입니다.…"(2:1-12). "겉모양으로" 할례를 받았을 뿐, "이기심에 사로잡혀서 진리를 거스르고 불의를 따르는"(2:8, 28) 유대교 지도자들의 거짓을 보면서, 바울은 더는 유대교에 희망을 품을 수 없었다. 하나님의 선민이요 거룩한 백성으로 자처하는 유대인들은 바울이 아는 이방인들에 비해 나을 것이 없었다. "우리 유대 사람이 이방 사람보다 낫습니까? 전혀 그렇지 않습니다. 유대 사람이나 그리스 사람이나, 다 같이 죄 아래에 있습니다"(3:9). 이 같은 유대교에 바울은 이제는 희망이 없다고 결론을 내리고, 그리스도에 대한 신앙을 갖기로 결단한다.

2) 그 당시 로마 제국은 헬레니즘의 뛰어난 문화와 우수한 법체계를 가지고 있었다. 로마 제국의 시민권 소유자였던 바울은 로마 제국 전체에 대한 안목을 가지고 있었다. 아테네 아레오바고 법정에서 행한 연설(행 17:16-31)을 위시한 바울의 말씀을 읽어볼 때, 그는 그리스-로마의 법과 학문에 깊은 조예와 함께 상당한 자존감이 있는 인물이었음을 알 수 있다. 이에 비해 이스라엘 백성은 문화적으로 미개한 상태에 있었다. 바울은 정당한 법적 절차 없이, 군중들이 "죽이라" 소리 지른다 하여, 사람을 돌로 쳐 죽이는 유대교의 미개함을(참조. 행 19:21-41) 개종 이전에 보았을 것이고, 그 자신의 몸으로 체험하였다.

지금의 프랑스, 스페인, 영국(스코틀랜드 제외), 그리스, 터키, 이집트, 에티오피아, 동유럽 등 수많은 나라를 속주로 거느린 거대한 로마 제국의 헬레니즘 문화권 속에서, 유대교는 민족주의적 배타성과 폐쇄성으로 말미암아 세계종교로 발전하지 못하고 유대 지역의 한 작은 민족종교로 머물러 있었다. 구약의 많은 계명과 율법학자들의 율법 해석은 헬레니즘의 문화로 둘러싸인 세계 속에서 구시대적 성격을 벗어나지 못했다. 바울은 힘없는 민초들에게서 각종 헌물과 세금을 착취하고 세속의 영광과 특권을 누리는 유대교 지도자들을 보면서 회의를 갖지 않을 수 없었을 것이다. 이에 바울은 유대교를 버리고 그리스도의 복음으로 회심하기로 결단한다.

3) 바울은 3일 동안 눈먼 상태에서 율법의 순기능과 역기능, 그리고 인간의 죄된 본성을 깊이 성찰하였던 것으로 보인다. 바울은 ① 하나님을 경외하고, ② 연약한 생명을 보호하며, ③ 하나님의 자비와 정의가 다스리는 세계를 이루기 위한 율법의 순기능을 잘 알고 있었다. 그래서 율법은 본래 "영적"이며 "거룩한" 것이라 말한다(롬 7:12, 14).

그러나 바울은 율법의 역기능을 간파하였다. 율법을 지킴으로써 하나님 앞에 설 수 있는 의를 얻을 경우, 인간은 하나님 앞에서 자기를 주장할 수 있게 된다. 그는 하나님을 신뢰하지 않고, 자신의 업적을 신뢰한다. 그의 구원은 하나님의 선물이 아니라, 자신이 자기의 업적을 통해 얻을 수 있는 것이 되어버린다. 이리하여 인간은 하나님 앞에서 교만하게 된다. 교만은 사실상 불신앙이다. 그러므로 율법을 온전히 지킬지라도, "율법을 행하는 행위로는 아무도 의롭게 될 수 없다"(갈 2:16; 롬 2:20). 또 "율법에 기록된 모든 것"을 하나도 빠짐없이 지킨다는 것은 사실상 불가능하다.

인간에게는 깊은 죄의 본성이 숨어 있다. 그는 율법이 명령하는 선을 행하고 싶지만, 자기 안에 있는 죄의 본성 때문에 그것을 행하지 못한다. 그는 "하나님의 법"을 알지만, "육신으로는 죄의 법을 섬긴다"(롬 7:14, 25). 본래 하나님의 자비와 정의가 다스리는 새로운 생명의 세계를 이루고자 하였던 율법은 이제 인간에게 죄가 무엇인가를 알게 하고 그를 고발하며 저주하는 기능을 갖게 된다. 그러므로 "율법의 행위에 근거하여 살려고 하는 사람은" 율법의 "저주 아래"(갈 3:10) 있게 된다. 율법의 이 같은 역기능에 대한 깊은 번민 속에서 바울은 회심을 결단한다.

4) 로마 제국의 시민권을 보유한 바울은 당시 로마 제국의 밑바닥 현실을 잘 알고 있었다. 수많은 속주를 거느린 로마 제국의 패권주의·제국주의·식민주의, 원로원을 중심으로 한 사회 지배층의 특권과 권력 암투, 노예와 검투사들의 무자비한 죽음, 원형경기장에서 이들의 처절한 죽음에 열광하는 로마 시민들의 잔인함과 타락상을 보면서, 바울은 로마 제국에 희망을 품을 수 없었다. 그래서 바울은 로마 제국을 가리켜 "어둠의 세계"(엡 6:12), "구부러지고 뒤틀린 세대"라 부른다(빌 2:15). 그는 "음행과 더러움과 정욕과 악한 욕망과 탐욕"으로 가득하고(골 3:5), "온갖 정욕과 향락에 종노릇하며, 악의와 시기심을 가지고 살고,…서로 미워하면서" 사는(딛 3:3) 로마 제국의 "마지막은 멸망"일 수밖에 없다는 것을 내다보았다(빌 3:19).

또한 바울 자신에 의한 그리스도인들의 죽음이 그의 마음을 아프게 했던 것으로 보인다. 억울한 죽음을 맞이하면서도, "주님, 이 죄를 저 사람들에게 돌리지 마십시오"라고 기도하는 스데반의 모습이 그의 마음을 찔렀을 것이다(행 7:60). 스데반의 모습에 비해 "살기를 띠고"(행 9:1) 그리스도인들을 박해하는 자신의 모습은 결국 자기 자신에 대한 화살로 되돌아 왔다. 그리스도인들을 박해할수록 마음의 고통은 더 커졌다. "가시 돋친 채찍을 발길로 차면, 너만 아플 뿐이다"라는 말은, 회심 이전 바울의 마음 상태를 묘사한다(행 26:14).

회심의 가장 직접적 동기는 그리스도와의 만남에 있었다. 그는 "사울아, 사울아, 너는 어찌하여 나를 핍박하느냐?"는 주님의 음성에 무너져버린다. 주님과의 만남은 너무도 놀라운 것이었기에, 그의 눈이 멀어버린다. 3일간의 노심초사 끝에 회심하기로 결단하면서, 그의 눈은 다시 밝아진다. 옛 사람 사울은 죽고, 새 사람 바울로 태어난다. 그는 로마 시민권자로서, 또 유대교 지도자로서 그에게 주어진 "금수저"를 "오물"처럼 버리고(빌 3:8), 박해를 당하는 "흙수저들"의 공동체에 속하기로 결심한다. 그는 "일어나서 세례를 받고, 음식을 먹고 힘을" 얻는다(행 9:19). 세상의 영광과 특권을 버리고, "그분의 고난에 동참하여, 그분의 죽으심을 본받는"(빌 3:10) 삶의 길을 걷게 된다.

당시 유대 지역의 많은 민초는 바울과 비슷한 심리 상태에 있었던 것으로 보인다. 그들 역시 유대교의 부패와 타락, 로마 제국에 협조하는 유대교 지도자들의 배신과 비리를 잘 알고 있었다. 그래서 많은 유대인이 사실상 유대교에 등을 돌리고 있었다. 이들에게 성령이 내릴 때, 120명밖에 되지 않던 공동체가 삽시간에 성인 남자만 "약 5천 명이나" 되는 공동체로 발전한다(행 4:3). 남녀노소를 모두 합하면, 최소한 1만 명은 되었을 것이다. 2천 년 전 이스라엘의 인구수에 비추어볼 때 이는 큰 수치였다. 종교와 정치가 결합되어 있었던 당시 이스라엘의 사회체제에서 이것은 기적이라 말할 수 있다. 이 같은 일련의 사건을 통해 우리는 다음과 같은 사실을 볼 수 있다.

a. 어느 종교를 막론하고 민초들의 지지를 받지 못하는 종교는 오래 가지 못한다. 유대교처럼 교회가 형식화·제도화되고 거짓과 위선에 빠질 때, 교회는 민초들에게 외면을 당한다. 돈 때문에 교회에 못 나가겠다는 얘기가 오래전부터 들리고 있지 않은가! 한국교회가 살아남을 수 있는 길은, 교회 지도자들이 거짓과 위선을 버리고, 민초들의 신뢰와 존경을 회복하는 데 있다. 그래서 한 평신도는 이렇게 말한다. "목사님들이 해야 할 가장 중요한 일은 자신이 먼저 회개하는 것이라고 생각해요"(양민철·김성률 2016, 162).

b. 기술한 바와 같이, 당시 유대교는 문화적 후진성에 빠져 있었다. 이로 인해 유대교는 세계종교로 발전할 수 없었고, 하나님의 보편적 구원을 이루는 데 실패하였다. 할례, 속죄제물, 음식물 계명 등은 유목민 시대의 후진적 제도였다. 초기 기독교 공동체는 이 같은 후진성을 극복함으로써 로마 제국의 보편적 종교가 될 수 있었다.

한국의 개신교회도 살아남고자 한다면, 시대적 후진성을 극복해야 할 것이다. 종신직 장로제도와 당회 제도, 세금 거부, 여성을 배제한 남성 중심주의, 교회의 기존 질서나 특정 신학이나 교리를 "우리 교회의 전통이다"라고 고집할 것이 아니라 시대의 문화적 발전에 비추어 새롭게 개혁해야 한다. 개혁하지 않을 때, "교회는 가장 보수적 집단이다"라는 비판을 면할 수 없다. "칼뱅 신학이 우리 교단의 신학이다"라고 주장만 할 것이 아니라, 이 땅 위에 하나님 나라의 신정(神政)을 세우고자 했던 칼뱅의 정신을 실천해야 한다. "교회가 세상을 바꾸려면…교회가 먼저 바뀌어야 한다", 교회가 세상을 변혁시키는 동시에, "세상과 만나 자신을 변혁시키고…새롭게 거듭나야 한다"(장왕식 2009, 379, 374)는 예언자적 음성에 교회는 귀를 기울여야 한다.

c. 거대한 성전은 종교 본래의 정신을 상실하고 부패와 타락에 빠진다는 것은 역사의 진리에 속한다. 유대교의 예루살렘 성전은 물론, 중세 가톨릭교회의 거대한 성전도 마찬가지였다. 그 원인은 세속적 권세와 명예에 대한 성직자들의 욕망에 있다. 그러므로 16세기의 종교개혁은 불가피하였다. 하나님은 성전 건물 안에 계시지 않는다고 성서는 분명히 말한다(행 7:48). "'이것이 주님의 성전이다, 주님의 성전이다…'라고 속이는 말을" 믿지 말아야 한다(렘 7:4). 헌금에 헌금을 모아 제2성전, 제3성전을 지어 자신의 소왕국을 만드는 것은 하나님의 뜻이라 말할 수 없다. 거대한 성전이 세워지고 돈이 쌓이는 곳에는 세속 권세와의 타협과 권위 의식, 그릇된 가치관과 불의와 타락이 숨어들게 마련이다.

결론적으로 한국교회가 어떤 교회가 되느냐의 문제는 성직자들과 신자들의 손에 달려 있다. 하나님이 직접 개입하여 당회, 제직회, 교회를 만들어주시지 않는다. 청렴한 교회가 되느냐, 아니면 부패하고 타락한 교회가 되느냐는 우리의 손에 달려 있다. 종교 지도자들의 부패와 타락으로 말미암아 구약의 유대교는 멸망하였다. 더불어 나라도 망하고 말았다. 하나님이 망하게 한 것이 아니라 그들의 죄악이 그들을 망하게 하였다. 곧 자신이 행한 죄악으로 말미암아 받을 수밖에 없는 "불의의 대가"를 받은 것이다(골 3:25). 부패하고 타락하면 망할 수밖에 없다. 기독교도 예외가 아니다. 망하지 않으려면 회개하고 자기를 바로 세워야 한다. 각 교단의 성직자들은 패권 다툼을 중단하고 본연의 사명에 충실해야 한다.

E. 바울은 예수의 "하나님 나라"를 몰랐던가?

바울의 서신에서 하나님의 구원은 각 사람 곧 개인의 칭의로 이해된다. 칭의가 바울의 모든 말씀의 중심이 된다. 그러므로 많은 신학자는 바울이 하나님 나라의 총체성을 개인구원적인 측면에서의 칭의 개념으로 축소했다고 주장하면서, 예수와 바울 및 하나님 나라와 칭의를 대립시킨다.

그럼 "바리새인들 가운데 바리새인"이었던 바울은 메시아 왕국에 대한 구약의 약속을 몰랐을까? 필자는 그렇지 않다고 생각한다. 유대교에 관한 큰 학식을 가지고 있었던 바울은 구약의 메시아 왕국 곧 하나님 나라의 전통을 잘 알고 있었다. 그래서 바울은 그의 서신 곳곳에서 "하나님 나라" 혹은 "나라"에 관해 언급한다(롬 4:20; 고전 6:10; 갈 5:21; 살전 2:12 등). 사도행전은 바울이 "하나님 나라"에 대하여 가르쳤다고 거듭 보도한다(행 19:8; 20:25; 28:23, 31). 유대인으로서 구약의 전통을 잘 알고 있었던 바울은 하나님 나라가 온 땅 위에 세워지는 데 하나님의 구원이 있다는 사실을 잘 알고 있었을 것이다.

그럼에도 불구하고 바울이 각 사람의 칭의를 전면에 내세우는 이유는 무엇일까? 그 이유는, 메시아 왕국 곧 하나님 나라가 먼저 한 인간의 칭의와 함께 시작한다고 보았기 때문이다. 온 세계가 하나님의 의로운 세계가 되기 위해서는 먼저 한 인간이 의로운 사람으로 변해야 한다. 만물의 회복(행 3:21)과 만물에 대한 하나님의 통치는 먼저 한 인간에게서 시작되어야 한다. 만물의 파괴가 인간의 타락으로 말미암아 시작하였다면, 만물의 회복도 인간의 구원과 함께 시작되어야 한다. 요한복음의 표현에 의하면 각 사람이 다시 태어나야 한다(요 3:3, 5). 곧 "하나님 나라에 합당한 사람"이 되어야 한다(살후 1:5). "하나님 나라에 합당한 사람"이 없는 하나님 나라는 하나의 사회적 제도가 될 수는 있다. 그러나 이 사회는 오래지 않아 부패하고 타락해버린다. 하나님 앞에 바로 선 사람들이 없는 하나님 나라는 허구에 불과하다. 그러므로 바울은 먼저 각 사람의 칭의와 성화를 강조한다.

그러나 바울이 말한 칭의는 예수가 선포한 하나님 나라와 별개의 것이 아니다. 바울에게 있어 각 사람의 칭의는 하나님 나라에 들어가는 관문으로 이해된다. "우리가 하나님 나라에 들어가려면…"(행 14:22), 회개하고 하나님의 의롭다 하심 곧 칭의를 얻을 때 하나님 나라의 자녀가 되어 "하나님 나라를 상속"받는다(고전 6:9; 갈 5:21). 그러므로 바울은 "회개"를 요구한다. "하나님께서는…이제는 어디에서나 모든 사람에게 회개하라고 명하십니다"(행 17:30). 성화는 칭의를 통해 각 사람 안에 자리를 잡은 하나님 나라가 성숙하게 됨을 말한다. 성화되지 못하고 죄 가운데 사는 자, 곧 "음행하는 자나 행실이 더러운 자나 탐욕을 부리는 자는…그리스도와 하나님 나라를 상속받을 몫이 없다"(엡 5:5).

바울은 하나님 나라의 메시아적 비전을 잘 알고 있었다. 그러므로 예수를 가리켜 "메시아"(그리스도)라고 고백하는 그리스도인들의 증언에 동의하고, 이들의 편에 선다. 아래의 말씀들은 바울이 가진 하나님 나라의 비전을 분명히 보여준다. 모든 피조물이 신음하면서 하나님의 구원을 기다리고 있고(롬 8:18-20), 마지막에 하나님과 만물이 화해될 것이며(골 1:20), "그리스도 안에서, 그분을 머리로 하여" 하나로 통일될 것이다(엡 1:10). 하나님이 "모든 것 안에서 모든 것"이 되실 것이며, 모든 것이 하나님의 통치 안에 있을 것이다(고전 15:28).

바울의 말씀에서 하나님 나라는 자유의 나라로 이해된다. 그리스도인들이 하나님의 칭의를 받을 때, 성령이 그들 안에 거하게 된다. "성령이 여러분 안에 거하신다는 것을 알지 못합니까?"(고전 3:16). 성령은 사랑의 영이다. 사랑의 영이 있는 곳에는 자유가 있다. 거기는 인간에 의한 인간의 억압과 착취가 있을 수 없다. 그러므로 "주님의 영이 계신 곳에는 자유가 있다"고 바울은 말한다(고후 3:17). 하나님 나라는 자유가 있는 곳이다. 민초들의 착취 수단이 되어버린 율법에서의 자유, 할례를 위시한 각종 불필요한 계명에서의 자유, 죄에서의 자유, "썩어짐의 종살이에서"의 자유(롬 8:21), 자발적 사랑과 봉사의 자유가 있는 곳이다. 그러므로 바울은 이렇게 말한다. "형제자매 여러분, 하나님께서는 여러분을 부르셔서 자유를 누리게 하셨습니다. 그러나 여러분은 그 자유를 육체의 욕망을 만족하게 하는 구실로 삼지 말고, 사랑으로 서로 섬기십시오"(갈 5:13). 이 같은 의미를 포함한 자유의 쟁취가 루터의 종교개혁의 출발점이 된다. "그리스도인은 모든 사물 위에 있는 자유로운 주인이요, 그 누구 아래에도 있지 않다. 그리스도인은 모든 사물을 위해 봉사해야 할 종이요, 모든 사람 아래에 있다"(Luther 2012b, 117).

바울에 따르면 그리스도인들은 하나님 나라를 이 땅 위에 세우고자 하시는 하나님의 부르심을 받았다. 그들은 "하나님 나라의 유산"(고전 15:50)을 받은 "하나님의 동역자"요(고전 3:9), "하나님 나라를 위하여 일하는… 동역자"다(골 4:11). 하나님과 화해된 그리스도인들은 하나님과 만물 사이에 이루어져야 할 "화해의 직분"을 받은 사람이요(골 1:19-22; 고후 5:18), 그들이 상속받은 하나님 나라를 확장해야 할 "하나님의 일꾼(봉사자)"이다(*diakonos theou*, 고후 6:4). 그들은 신음하는 피조물들을 "썩어짐의 종살이에서" 해방시켜야 할 "하나님의 자녀들"이다(롬 8:19-21). 여기서 칭의는 하나님 나라의 시작인 동시에, 하나님 나라를 이 땅 위에 이루기 위한 하나님의 부르심을 뜻한다. 이 부르심에 응답하여 바울은 자기의 모든 것을 "오물로" 여기고, 자기의 삶을 바친다(빌 3:8). 그는 "배를 자기네의 하나님으로 삼고, 자기네의 수치를 영광으로 삼고, 땅의 것만을 생각"하는 사람들의 "마지막은 멸망"이란 사실을 통찰하면서, 하나님 나라의 "목표 지점을 바라보고 달려가는" 사람이 된다(빌 3:19, 14).

3
신약성서의 다양한 교회 이해

오순절 성령강림과 함께 시작된 최초의 기독교 공동체는 바울의 선교를 통해 로마 제국 전체로 확산되었다. 지금의 소아시아와 그리스 지역은 물론 로마와 스페인 등 로마 제국 각지에 기독교 공동체들이 생겼다. 신약성서는 이 공동체들 속에 전승되던 문헌들을 편집한 책으로, 그 속에는 초기 "교회의 삶의 다양한 형태들"이 나타난다(Schlink 1983, 556). 여기서 우리는 로마 제국 시대 기독교 공동체들의 다양한 자기 이해의 주요 면모를 개관하고자 한다.

A. 사도행전: 온 세계를 향한 하나님 나라의 종말론적 공동체

부활하신 예수께서 아버지 하나님께로 올라가신 후, 예루살렘에 모인 120명의 그리스도인들은 거의 대부분 유대인들이었다(행 1:15). 이들은 "다락방"에 모이거나(1:13) 예루살렘 "성전"에 모여 기도에 힘쓰고, "하나님 나라와 예수 그리스도의 이름에 관한 기쁜 소식"을 증언하였다(8:12). 우리는 이 공동체의 중요한 모습을 다음과 같이 기술할 수 있다.

1) 사도행전의 공동체는 조상들이 전해준 신앙과 선민의식을 버리고 이방인들과 어울리는 민족 배반자들의 공동체였다. 이 공동체는 주어진 체제를 버리고, 내일이 어떻게 될지 모르는 불확실성 속으로 뛰어든 출애굽의 공동체였다.

2) 사도행전의 공동체는 하나님 나라의 종말론적 공동체였다. 그것은 "새 술"에(행 2:13) 취한 새로운 생명 공동체였다. 예언자 요엘이 예언한 하나님의 영, 곧 종말에 모든 사람에게 내릴 성령이 이 공동체에 내린다. "마지막 날에 나는 내 영을 모든 사람에게 부어주겠다.…"(2:17). "마지막 날"에 올 하나님의 영이 내렸다는 것은, 미래에 올 하나님 나라가 앞당겨 오기 시작하였음을 말한다. 예수가 전한 하나님 나라의 기쁜 소식(복음)을 전하기 위해, 이 공동체는 미움과 소외를 당하며 순교를 당하기도 한다. "에베소에서 맹수와" 싸워야 했던(고전 15:32) 바울은 결국 로마로 압송되어 사형을 당한 것으로 전해진다.

3) 사도행전의 종말론적 공동체는 새 창조자이신 성령으로 충만하다. 성령으로 말미암아 죄인들이 회개하고, 하나님 나라의 백성으로 새롭게 창조된다. 하나님 나라의 새 창조가 성령을 통하여, 성령 안에서 일어나기 시작한다. 성직자는 물론 모든 신자가 성령을 받는다. "그들은 모두 성령으로 충만하게 되어서…"(2:4). 만일 성령으로 충만하지 않았다면, 그들은 자신의 동족으로부터 소외되는 정신적 어려움과 사회적 차별과 불이익, 복음의 증언으로 말미암은 고난을 견디지 못했을 것이다.

4) 사도행전의 공동체는 국가와 민족과 인종을 초월한 범세계적·보편적 교회(ecclesia katholica)로 발전한다. 그 원인은 하나님 나라의 특성에 있다. 하나님 나라는 땅 위의 모든 민족을 포괄한다. 모든 인류는 "한 혈통으로" 창조되었기 때문이다(17:26). 하나님은 "모든 사람에게 생명과 호흡과 모든 것을" 주신다(17:25). 그러므로 사도행전의 교회는 소외와 박해에 굴하지 않고, "하나님 나라와 예수 그리스도의 이름에 관한 기쁜 소식"을 이

방인들에게도 증언한다(8:12). 그들은 자신들이 당하는 환난을 "하나님 나라에" 들어가기 위해 겪어야 할 것으로 여긴다(14:22). 사도 바울은 "하나님 나라"를 전하고, "그리스도에 관한 일들"을 이방인들에게도 가르친다(20:25; 28:23, 31). 이를 통해 하나님이 베푸시는 새로운 생명의 세계가 이방 민족들에게 열려진다.

사도행전에 의하면 "우주와 그 안에 있는 모든 것"이 하나님의 피조물이요, 하나님은 "하늘과 땅의 주님"이다(17:24). 따라서 하나님 나라는 궁극적으로 "만물의 회복"을 목적으로 한다(3:21). 교회는 미래에 일어날 "만물의 회복"이 앞당겨 일어나는 현장이다. 교회가 존재하는 궁극적인 목적은 예수 그리스도의 죽음과 부활을 통해 시작된 만물의 회복에 있다. 사도행전의 공동체는 만물의 회복을 향한 구원사의 전망 속에서 모든 민족을 포괄하는 보편적 교회였다.

5) 사도행전의 공동체는 성도의 공동체 혹은 성도의 친교였다. 그것은 "집집이 돌아가면서" 음식을 함께 나누고 하나님을 찬양하는 식탁 공동체의 형태를 가지고 있었다(2:46). 사도들이 그 중심이 되었지만, 거기에는 특별한 성직자 계급이 없었고, 고정된 교회 건물과 예배의식이 없었다. 순교자 스데반처럼 일반 신자들도 복음을 증언하였다. 설교권, 성만찬권, 축복권이 성직자에게만 있다는 얘기를 우리는 사도행전의 공동체에서 발견할 수 없다.

이 공동체는 "모두 함께 지내며, 모든 것을 공동으로 소유하였다. 그들은 재산과 소유를 팔아서, 모든 사람에게 필요한 대로 나누어주었다"(2:44-45). 한 마디로 이 공동체는 모든 신자가 자기의 소유를 자발적으로 내어놓고 함께 나누는 나눔의 공동체, 소유를 공유하는 소규모 공산 체제였다. 여기서 하나님 나라는 영적·정신적 차원에서는 물론 물질적 차원에서 현재화된다.

B. 제1 바울 서신: 모든 민족을 포괄하는 하나님 나라의 실재

1) 제1 바울 서신으로 분류되는 로마서, 고린도전후서, 갈라디아서에 의하면, 한편으로 교회는 이스라엘 백성과 연속되어 있다. 교회는 하나님이 "참 올리브 나무 가지들 가운데서 얼마를 잘라 내시고서, 그 자리에다" 접붙여 주신 "돌 올리브 나무"다. 교회는 "참 올리브 나무의 뿌리에서 올라오는 양분을 함께 받아" 유지된다. 교회가 "뿌리를 지탱하는 것이 아니라, 뿌리가 그대(교회)를 지탱한다"(롬 11:17-18). 교회는 이스라엘 백성에게 접붙여진 "아브라함의 자손"이요 "약속의 자녀"다(롬 9:7-8; 갈 3:29).

다른 한편으로 교회는 이스라엘 백성과 비연속적이다. 그것은 그리스도의 피를 통하여 세워진 "새 계약"의 백성이다(고전 11:25). 구원의 길은 율법이 아니라 십자가에 달린 예수 그리스도의 자기 희생과 그에 대한 믿음에 있다(롬 10:9-10). 가시적으로 그것은 할례가 아니라 세례에 있다(롬 6:3-5).

여기서 교회는 그리스도의 십자가에 정초된 것으로 나타난다. 교회는 "하나님의 능력이요 하나님의 지혜"(고전 1:24)이신 그리스도의 피를 통하여 세워진 "하나님의 밭이며, 하나님의 건물이다"(3:9). 그리스도가 교회의 "기초"혹은 "모퉁이돌"이다(3:11). 교회는 그리스도를 머리로 모시는 "그리스도의 몸"이요 그리스도의 통치 영역이다(10:16; 12:27). 이 같은 관점에서 제1 바울 서신은 그리스도론적 교회관을 보여준다.

2) 제1 바울 서신은 성령론적 교회관을 보인다. 교회는 성령이 그 안에 계시며, 성령의 새 창조가 일어나는 "성령의 전"이다(고전 6:19). 그것은 성령의 은사를 받은 신자들의 자발적 봉사와 헌신을 통하여 유지된다. 신자들이 받은 성령의 은사는 제각기 다르지만, 이들은 성령을 통하여 한 몸을 이룬다(12:13). 그들은 한 몸에 속한 지체들로서, 삶을 함께 나누는 유기체적인 관계에 있다(12:26-27). 성령의 능력을 통하여 죄와 죽음의 세력에서 벗어난 이 교회는 성령의 새 창조의 현장이다. 그것은 하나님의 진리가

그 안에 있는 "하나님의 성전"이다(6:14-16).

3) 제1 바울 서신에서도 교회는 모든 민족을 아우르는 보편적 공동체로 나타난다. 교회 안에는 "유대 사람도 그리스 사람도…없다." 모든 민족이 그리스도 안에서 "하나"요, "아브라함의 후손이요, 약속을 따라 정해진 상속자들"이다(갈 3:28-29; 참조. 롬 1:16; 10:12; 고전 1:23; 12:13). 이런 점에서 교회는 세계교회이자 보편교회다. 그것은 마지막 원수인 죄와 죽음의 세력이 그리스도에게 복종하고, 하나님이 모든 것 안에 계시는(고전 1:25-28) 보편적 구원의 세계를 지향한다.

4) 제1 바울 서신은 삼위일체론적이고 종말론적인 교회관을 보여준다. 교회는 성부·성자·성령 삼위일체 하나님이 그 안에 거하는 "하나님의 집"이다(고전 3:9). 이 땅 위에 하나님 나라를 세우고자 하는 삼위일체 하나님의 새 창조가 교회를 통하여 이루어진다. 그것은 삼위일체 하나님의 친교와 구원의 역사에 참여하는 "성도"의 공동체다(고전 1:2; 롬 1:7).

이 공동체에서 가장 중요한 것은 그리스도 안에서 계시되는 하나님의 사랑이다. 천사의 말을 하고, 예언의 능력과 모든 비밀과 지식을 가질지라도, 또 산을 옮길만한 믿음이 있고 자기의 모든 소유를 나누어줄지라도, "사랑이 없으면 아무것도 아닙니다"(고전 13:1-3). "사랑은 율법의 완성이다"(롬 13:10). 사랑이 있는 곳에 하나님 나라가 있다. 모든 은사들 중에서 가장 큰 은사는 사랑이다.

교회는 그리스도의 오심을 기다리는 기다림의 공동체다. "여러분은… 우리 주 예수 그리스도의 나타나심을 기다리고 있습니다"(고전 1:7), "마라나 타, 우리 주님, 오십시오"(16:22). 주님의 오심에 대한 간절한 기다림이 교회의 생명을 구성한다. "주님께서 오실 때까지"(4:5) 교회는 모든 시련을 견디며, "말에 있지 아니하고, 능력에 있는" "하나님 나라"를 나타낸다(4:20). 그것은 주님의 오심과 함께 이루어질 삼위일체 하나님의 구원 역사의 완성을 기다리는 종말론적 공동체다.

종말론적 공동체로서 교회는 "이 시대의 풍조"를 역행한다(롬 12:2). "어둠의 행실을 벗어버리고, 빛의 갑옷을" 입고 있다. "낮에 행동하듯이 단정하게" 행하며, "호사한 연회와 술 취함, 음행과 방탕, 싸움과 시기에 빠지지" 않으며, "주 예수 그리스도로 옷을" 입는다. 이 공동체의 신자들과 성직자는 "정욕을 채우려고 육신의 일을 꾀하지" 않는다(롬 13:12-14). 그들은 "우리 주 예수 (그리스도)께서 나타나실 날에…흠잡을 데 없는 사람들"로서, "그리스도를 본받는 사람"이 되고자 한다(고전 1:8; 11:1).

지금까지 기술한 제1 바울 서신에서 교회는 "하나님 나라의 실재"라고 요약될 수 있다. "그리스도의 몸", "성령의 전", "하나님의 집"은 하나님 나라를 가리킨다. 그러므로 제1 바울 서신은 곳곳에서 "하나님 나라"에 대하여 말한다. "하나님 나라는…성령 안에서 누리는 의와 평화와 기쁨이다"(롬 14:17). "하나님 나라는 말에 있지 아니하고 능력에 있다"(고전 4:20). "음행과 더러움과 방탕" 등 "육체의 행실"을 버리지 못하는 자들은 "하나님 나라를 상속받지 못할 것이다"(갈 5:19-21).

C. 제2 바울 서신: 만물의 머리 되신 그리스도를 향해 성장하는 새 사람

제2 바울 서신으로 분류되는 에베소서, 빌립보서, 골로새서는 제1 바울 서신의 기본 교회관을 계승한다. 그리하여 "그리스도의 몸", "교회의 머리", "하나님이 성령으로 거하실 처소" 등 제1 서신들에 나오는 개념들이 다시 나온다(엡 1:22-23; 4:12; 골 1:18). 또 이스라엘 백성과 교회를 구별하는 동시에, "공동 상속자", "약속을 함께 가지는 자" 등 양자의 연속성을 강조한다(엡 3:6). 제1 서신의 보편주의적 교회관을 계승하여, 교회를 이방인들을 포함한 "하나님의 가족"으로 이해한다(엡 2:19; 골 3:11).

제1 바울 서신에 대한 제2 바울 서신의 교회론적 특징은 만물의 통일과 화해를 향한 구원사적 교회관이라 말할 수 있다. 교회는 하나님의 구원의 예정 내지 계획으로 말미암아 생성되었다(엡 1:5, 11). 그것은 구원의 계획에 따른 "하나님의 작품"이다(2:10). 교회가 존재하는 목적은 "그리스도 안에서 그분을 머리로"하여 만물이 하나로 통일되며, "하나님의 형상"이요 공동창조자인 그리스도를 통해 만물이 하나님과 화해될 구원사를 이루는 데 있다(엡 1:10; 골 1:15-20).

제1 바울 서신은 십자가에 달려 죽은 그리스도를 강조하는 반면, 제2 바울 서신은 그리스도를 "만물보다 먼저 나신" 만물의 "근원"이자 가장 먼저 부활하신 만물의 화해자로 이해한다. 그는 교회의 머리인 동시에 만물의 머리요 "으뜸"이다(골 1:15-20; 엡 1:22). 그는 "모든 통치와 권세의 머리다"(골 2:10). "때가 차면" 모든 것이 "그분을 머리로 하여" 하나로 통일되고 화해될 것이다(엡 1:10). 그리스도는 만물의 근원인 동시에 하나님의 구원사의 목적이다. 하나님은 십자가에 달린 그분을 "모든 정권과 권세와 능력과 주권 위에, 그리고…모든 이름 위에 뛰어나게 하셨다"(1:21). 그는 "만물 안에서 만물을 충만케 하시는 분"이다(1:23).

그리스도에 관한 이 같은 진술을 바탕으로, 교회는 그리스도를 머리로 하여 만물의 통일과 화해가 앞당겨 일어나는 곳으로 이해된다. 그것은 만물 안에서 완성될 그리스도의 "충만함"이 앞당겨 일어나는 현실이다. 즉 "만물 안에서 만물을 충만케 하시는 분의 충만함"이다(엡 1:23). 그것은 역사의 종말 곧 만물 안에 계신 그리스도의 충만함을 나타내는 전조다.

첫 신자들의 2-3세대가 지나면서 각종 이단적 가르침들, 곧 "철학이나 헛된 속임수", "사람들의 전통과 세상의 유치한 원리"가 교회 안에 침투한다(골 2:8). 주님의 재림이 지연되면서 교회 안에 시기와 다툼이 일어난다(빌 1:17). 이 같은 상황에서 제2 바울 서신은 교회의 사도적 기초를 강조한다. 교회는 "사도들과 예언자들이 놓은 기초 위에 세워진 건물"이다.

사도적 기초 위에서 교회는 세상의 죄와 죽음의 세력에 대적해야 한다. "악한 자가 쏘는 모든 불화살을 막아 꺼버릴 수" 있어야 한다. 당시 로마 제국의 군단(Legion)처럼 "믿음의 방패"를 손에 들고, "구원의 투구"를 쓰고, "성령의 검 곧 하나님의 말씀"으로 무장해야 한다. 언제나 성령 안에서 기도하며, 끝까지 참으면서 "모든 성도를 위하여 간구해야 한다"(엡 6:11-18). 교회는 "새 사람"이다(골 3:5, 10). 새 사람으로서의 교회는 항상 죄의 유혹을 물리쳐야 한다. "땅에 속한 지체의 일들, 곧 음행과 더러움과 정욕과 악한 욕망과 탐욕"을 죽여야 한다. 새 사람은 끊임없이 성장해야 하며(엡 2:20-22), 앞에 있는 "목표점을 바라보고" 달려가야 한다(빌 3:12-14). 곧 이미 받은 구원을 이루어나가야 하며(빌 2:12), "새 사람"으로 성장하기 위해 교회는 자기를 종의 형태로 낮추신 그리스도를 바라보아야 한다. 세상에 속한 것을 "오물로" 여기며(빌 2:6-8; 3:8), "그리스도의 남은 고난"을 감당해야 한다(골 1:24). "그리스도를 알고, 그분의 부활의 능력을 깨닫고, 그분의 고난에 동참하여, 그분의 죽으심을" 본받아야 한다(빌 3:10).

D. 목회 서신: 사도들의 전승 위에 세워진 하나님의 집

목회 서신으로 분류되는 데살로니가전후서, 디모데전후서, 디도서, 빌레몬서는 첫 사도들이 세상을 떠난 지 상당한 시간이 지난 후에 일어난 교회의 특수한 상황을 보여준다. 특징적인 것은 제1 바울 서신에 나타나는 임박한 그리스도의 다시 오심에 대한 기다림이 약화되었다는 점에 있다. 이로 인한 긴장감이 사라지면서, 신자들의 타락 현상이 교회 안에 일어난다(살전 4:3-8). 이에 대해 목회 서신은 "주님의 날이 밤에 도둑처럼 온다는 것을" 상기시키면서, 주께서 오실 때까지 "빛의 자녀요 낮의 자녀"로서 "깨어 있으며, 정신을 차립시다"라고 경고한다(살전 5:2; 참조. 딤후 3:1-9).

또 처음 세대의 신자들이 세상을 떠나면서, "불법자" 혹은 "멸망의 자식"이 나타나 "자기가 하나님이다"라고 주장하고, "온갖 능력과 표징과 거짓 이적을 행한다. 온갖 불의한 속임수로 멸망을 받을 자들을" 속이며(살후 2:1-10), "다른 교리", "신화와 끝없는 족보 이야기", "저속하고 헛된 꾸며낸 이야기들", "속이는 영과 악마의 교훈"이 그리스도인들의 신앙을 미혹하고 (딤전 1:3, 4; 4:7; 딤후 4:1), "배우기는 하지만" 진리를 전혀 깨닫지 못하고, 하나님의 법을 지키지 않으며(딤후 3:7; 딤전 1:7-10), "쓸데없는 토론"과 "논쟁과 말다툼"에 빠져 "시기와 분쟁과 비방과 악한 의심이" 일어나며(딤전 1:4; 6:4), "아무에게나 경솔하게 안수"하고 "자기를 깨끗하게 지키지" 못하며 (5:22), "진리를 배반하는 사람들"이 나타나 신자들을 미혹하며(딛 1:14), "선한 양심을 버리고, 그 신앙생활에 파선을 당하며"(딤전 1:19), "마음이 부패한 사람들"과 "믿음에 실패한 사람들"(딤후 3:8)이 나타난다. "경건을 이득의 수단으로 생각하는 사람 사이에 끊임없는 알력이 생긴다"(딤전 6:5). 특히 신자들 가운데 많은 "다툼"과 "분파" 혹은 "율법에 관한 싸움"이 일어난다(딤후 2:14, 24; 딛 3:9-10). 이리하여 "신앙생활에 파선을" 당한 신자들이 생긴다(딤전 1:19). 이들은 "건전한 교훈을 받으려 하지 않고, 귀를 즐겁게 하는 말을 들으려고 자기네 욕심에 맞추어 스승을" 모아들이며, "진리를 듣지 않고, 꾸민 이야기에 귀를" 기울인다(딤후 4:3-4).

이 같은 혼란 속에서 신자들을 "거짓 지식"(딤전 6:20)과 세상 유혹에서 보호하고, 교회의 "전통"을 지키기 위해, 교회는 직제를 가진 제도로 발전하기 시작한다. 자유로운 성령의 은사를 통하여 유지되는 카리스마적 공동체의 모습은 약화되고, "위엄 있는 태도"를 보이며 "책잡힐 데가 없는"(딛 2:7-8) 감독(딤전 3:2; 딛 1:7), 장로(딤전 5:17; 딛 1:6), 집사(딤전 3:8), 율법 교사(딛 3:13)의 직제를 가진 제도교회의 모습이 나타난다. "장로들의 안수"를 통해 주어진 성령의 은사는(딤전 4:14; 딤후 1:16; 참조. 행 14:23; 20:28) 직분자들에게 사도의 권위를 부여한다. 이를 통해 그들은 선포자, 사도, 복음의 교사가 된다(딤전 2:7; 딤후 1:11). 직분자들은 사도들이 전한 복음의 전승(*paradosis*)과 참된 교훈(*didaskalia*)을 가르칠 책임을 진다(딤전 4:16; 6:20; 딤후 1:12; 딛 1:9). 여기서 사도들이 전해 준 전승을 지키고자 하는 관심이 강하게 나타난다. 안수를 통해 사도들의 전승에 참여하는 직분자들은 "그리스도 예수의 좋은 일꾼들"로서(딤전 4:6), 신자들에게 삶의 모범이 되어야 한다(딤전

4:12; 딛 2:7). 이들은 "혼인을 금지하고, 어떤 음식물을 먹지 말라고" 가르치며, "저속하고 헛된 꾸며낸 이야기들을" 전하는 거짓 교사들과 분파주의자들의 "속이는 영과 악마의 교훈"으로부터 교회를 지켜야 한다(딤전 4:1-10; 딛 1:9; 2:7; 3:8-11).

"하나님의 기초는 이미 든든히 서 있다"(딤후 2:19). 교회는 이 기초를 잘 지켜야 한다. 곧 "진리의 말씀을 올바르게" 가르쳐, "악마의 올무에서" 벗어나게 해야 한다(딤후 2:15, 26). "진리의 기둥과 터"로서 "하나님의 교회"는 신자들을 "참된 생명"으로 인도해야 한다(딤전 3:15; 6:19). 여기서 교회는 주변 세계의 "다른 교리"(6:3)에 대해 그리스도의 복음과 신자들의 믿음을 지키기 위해 애쓰는 모습을 보인다. 그리스도는 "죽음을 폐하시고, 복음으로 생명과 썩지 않음을 환히 보이셨다"(딤후 1:10).

그리스도의 다시 오심에 대한 기다림이 약화되면서, 교회는 주변 세계의 질서에 순응하고 평화를 유지하고자 하는 모습을 보인다. 그리스도인들은 "왕들과 높은 지위에 있는 모든 사람을 위해 기도"해야 한다. 그래서 "경건하고 품위 있게, 조용하고 평화로운 생활을" 할 수 있어야 한다(딤전 2:2). 교회는 "신도를 일깨워서 통치자와 집권자에게 복종하고 순종하며, 모든 선한 일을 할 준비를 갖추게" 해야 한다(딛 3:1). 신자들은 "선한 일에 전념"해야 한다(3:8). 종은 주인을 존경함으로써 사회질서를 유지해야 한다(딤전 6:1). 그러나 주인은 종을 "종으로서가 아니라…사랑 받는 형제로" 대해야 한다는 혁명적 교훈을 목회 서신에 첨가한다(몬 1:16).

또한 목회 서신에서 교회는 남성 중심의 사회구조를 따른다. "여자가 가르치거나 남자를 지배하는 것을 나는 허락하지 않는다. 여자는 조용해야 한다…"(딤전 2:12). 말씀의 선포는 권위와 책임을 지는 남성 지도자들, 곧 감독과 장로의 전유물이 된다. 신자들의 자유로운 예언이 배제되고, 복음의 선포 대신에 전승과 교훈이 강조된다. 교회는 사도적 기초 위에서 가부장제를 가진 "하나님의 집"이요(딤전 3:15), 감독은 하나님의 집을 지키는 "하나님의 청지기"다(딛 1:7). 신자들은 "갑옷"과 "투구"를 착용하고 "규칙대로" 싸우며, 고난을 달게 받는 "군사"에 비유된다. 로마 제국의 개선장군이 개선 행진 때 쓰는 "월계관"이 그들을 기다리고 있다(딤후 2:3-5). 잘 무장된 6천 명의 군단 조직을 거느린 로마 제국의 역사적 배경이 여기서 다시 나타난다(살전 5:8; 참조. 엡 6:11-17).

목회 서신에서 교회는 먼저 *ekklesia*, 곧 개체 교회를 뜻한다(딤전 3:5; 5:16). 개체 교회는 "진리의 기둥과 터" 곧 범세계적이고 보편적인 교회가 구체화되는 장소다(딤전 3:15). 개체 교회가 존재하는 목적은 중재자 그리스도 안에서 종말론적으로 현재화되었고 성령 안에서 계시된(딤전 2:4; 3:16) 하나님의 보편적 구원 의지를 증언하는 데 있다(딤후 1:6-14). 그런데 이 증언은 전혀 새로운 것이 아니라, 전해 받은 가르침 혹은 "교훈"(*didaskalia*, 딤전 1:3 이하 15번 사용됨)과 "맡긴 것"(딤전 6:20; 딤후 1:12, 14)이다. 사도의 사명은 "하나님의 택하심을 받은 사람들의 믿음을 일깨워 주고 경건함에 딸린 진리의 지식을 깨우쳐" 주는 데 있다(딛 1:1).

E. 공관복음서: 형제자매들의 메시아적 공동체

공관복음서는 기원후 1세기 말경의 교회 상황들을 반영한다. 예수 그리스도에 대한 최초의 목격자들인 사도들과 교회의 시간적 차이가 점점 더 벌어진다. 이로 인해 교회에 대한 사도들의 권위와 가르침이 약화된다. 이방 세계의 다양한 문화적 영향 속에서 영지주의적 가르침이 교회 안에 침투하기 시작한다. 이와 동시에 교회가 제도화되는 현상도 나타난다.

공관복음서의 기자들은 예수의 삶과 가르침을 기술함으로써 이 상황에 응답한다. 예수가 인간의 육을 입고 이 세상에 왔다는 것을 부인하는 영지주의에 반하여, 마태복음서 저자는 예수의 인간적 족보를 기술함으로써, 예수가 한 인간으로 왔음을 강조한다. 기독교가 이 세상의 물질적 현실을 떠난 신비적 구원의 종교로 변질하는 현상이 나타나는 데 반해, 공관복음서 저자들은 하나님 나라가 예수의 가르침과 활동의 주제였음을 강조한다. 또한 교회의 첫 인도자였던 사도들은 예수의 제자들이었음을 드러냄으로써, 교회는 사도적 전통에 서 있어야 함을 암시한다. 교회 안에서 윗자리를 얻기 위한 자리다툼에 대해, 공관복음서 기자들은 예수의 가르침을 증언한다(마 20:20-21; 막 10:35-45). 이 같은 증언들을 통해 공관복음서는 다음과 같은 교회의 자기 이해를 보여준다.

교회의 궁극적 뿌리는 예수 그리스도에게 있다. 교회는 예수 그리스도에 근거한 예수 그리스도의 교회다. "너는 베드로다. 나는 이 반석 위에다가 내 교회를 세우겠다"(마 16:18). 여기서 교회는 예수 자신이 원한 것으로 정당화되며, 사도들의 대표자인 베드로 위에 세워진 것으로 나타난다. 이로써 사도들의 권위가 강화된다. 구원의 길은 예수께서 원하셨고 사도들의 전통 위에 서 있는 교회에 있다. 그러므로 교회는 강력한 권위를 지닌다. 구원의 열쇠가 교회에 있다. "교회의 말조차 듣지 않거든, 그를 이방 사람이나 세리와 같이 여겨라.…무엇이든지 너희가 땅에서 매는 것은 하늘에서도 매일 것이요, 땅에서 푸는 것은 하늘에서도 풀릴 것이다"(마 18:17-18).

공관복음서에 따르면, 교회의 머리 되신 주 예수 그리스도는 하나님 나라와 하나님의 정의를 선포하고 이를 세우는 메시아로 부각된다(막 1:15; 참조. 마 6:33). 예수가 행한 기적들은 하나님 나라의 오심을 나타낸다. "내가 하나님의 손으로 귀신들을 내쫓으면, 하나님 나라가 너희에게 이미 온 것이다"(눅 11:20). 이 예수가 교회의 주님이라면, 교회는 하나님 나라와 하나님의 정의를 선포하고 이를 앞당겨 세우는 메시아적 공동체다. 교회가 존재하는 목적도 여기에 있음을 공관복음서 저자들은 상기시킨다.

교회가 있는 곳, 곧 "두세 사람이 모인" 거기에 예수가 계시고, 예수가 계신 곳에 하나님 나라가 있다면, 교회가 있는 거기에 하나님 나라가 있다. 교회는 어둠의 세상에 대해 하나님 나라를 비추어주는 세상의 빛과 소금이요 등불이다(마 5:13-15). 교회는 예수의 뒤를 이어 "모든 백성에게 큰 기쁨이 될 소식"(눅 2:10)을 전하고, "어둠 속과 죽음의 그늘 아래에 앉아 있는 사람들에게 빛을" 비추어야 한다(1:79).

십자가에서의 예수의 죽음으로 인해 하나님 나라의 역사는 실패로 끝난 것처럼 보인다. 그러나 예수의 부활을 통해 그것은 땅 위의 모든 제한성을 벗어나 새롭게 시작된다. "그의 죽음과 그의 부활을 통해 공동체는 그의 파송에 참여하며, 장차 올 하나님 나라와 인간 해방의 메시아적 공동체가 된다." 그의 파송에 참여함으로써 공동체는 예수의 운명과 연관되고, "'그의 고난과의 교통' 속에서 '그의 부활의 힘'을 경험한다"(Moltmann 1975, 101).

부활의 공동체로서 교회는 인종과 민족, 남자와 여자의 장벽을 넘어선 보편적 세계 공동체임을 공관복음서는 천명한다. 그 교회에 폐쇄적 민족주의, 남성중심주의, 인종차별주의는 있을 수 없다. 하나님 나라는 로마 주둔군의 백인대장과 같은 이방인들(마 8:5-13)과 여자들도 포괄한다(막 5:25; 눅 7:48 등). 소외된 여자들도 예수의 제자로서 함께 봉사한다. 교회의 보편성과 세계성은 부활하신 주님의 선교 명령에 근거한다. "너희는 가서 모든 민족을 제자로 삼아서, 아버지와 아들과 성령의 이름으로 세례를 주고…"(마 28:19).

공관복음서는 교회가 힘없고 약한 사람들과 함께하는 인간성 있는 교회가 되어야 함을 강조한다. 공관복음서는 이에 대한 근거를 예수의 삶을 통해 제시한다. 교회의 주인이신 예수는 "세리와 죄인들의 친구"였다. 그는 거룩한 종교 지도자들과 권력자들보다 세리와 창녀들이 "먼저 하나님 나라에 들어간다"고 말한다(마 21:31).

이러한 예수의 인간적인 모습에 근거하여 공관복음은 다음의 사실을 시사한다. 교회는 예수의 인간성을 보여야 한다. 한 마디로 교회는 "그리스도로 옷을 입은 사람들"이어야 한다(롬 13:14). 예수는 지금도 이 세상의 "작은 형제들" 가운데 계시며, 이들과 자기를 동일시하신다(마 25:31-46). 따라서 교회도 자기를 이들과 동일시해야 한다. 교회를 유지하는 분은 부활하시고 승천하신 그리스도시다. 그는 "세상 끝 날까지" 교회의 지도자, 선생님, 세상의 심판자로서 교회와 함께 계신다(28:20).

교회가 점차 제도화되는 상황을 보면서 공관복음서는 교회의 세속적 위계질서를 거부한다. 아버지 하나님과 지도자와 선생은 "한 분뿐이다". 모든 그리스도인들은 "형제자매들이다". 교회 안에서 높다는 사람은 낮아져야 한다(마 23:8-12). "윗자리"(상석)에 앉아 있는 사람은 "섬기는 사람" 혹은 다른 사람들을 위한 "종"이 되어야 한다(20:26-27). 예수도 세상을 섬기러 오셨다. "인자는 섬김을 받으러 온 것이 아니라 섬기러 왔으며, 많은 사람을 위하여 자기 목숨을 몸값으로 치러 주려고 왔다"(20:28).

이로써 공관복음은 교회가 추구해야 할 참 가치가 무엇인가를 보여준다. 교회의 참 가치는 섬김을 받는 데 있는 것이 아니라 섬기는 데 있다. 또한 자기 영광에 있는 것이 아니라 자기 희생에 있다. 따라서 교회는 세상을 섬기는 교회가 되어야 한다. "너희 가운데서 위대하게 되고자 하는 사람은 누구든지 너희를 섬기는 사람이 되어야 하고…"(20:26-27).

이로써 교회는 세상의 통치자들에게 새로운 질서를 보여준다. "참 통치는 타인을 종으로 만드는 데 있지 않고 타인을 위한 종이 되는 데 있다. 폭력을 행하지 않고 사랑을 행하는 데 있다. 섬김을 받지 않고 자발적으로 섬기는 데 있다. 예속된 자들을 희생시키지 않고 자기를 희생하는 데 있다"(Moltmann 1983, 122).

F. 요한 문헌: 하나님의 사랑 안에 있는 빛과 진리와 참 생명의 공동체

요한복음과 요한 서신은 공관복음서와는 매우 다른 역사적 배경을 보여준다. 공관복음서의 교회는 이스라엘 백성의 헤브라이즘의 문화적 배경을 나타낸다면, 요한 문헌의 교회는 헬레니즘의 문화적 배경을 보여준다. 헬레니즘의 새로운 문화 속에서 요한 문헌은 예수를 창조 때부터 있었던 영원한 로고스(*logos*: 말씀, 이성, 우주의 질서)가 인간의 육을 입은 분으로 이해하며, 빛과 어둠, 거짓과 진리, 생명과 죽음, 영과 육 등 헬레니즘의 이원론적 용어들을 통해 복음의 진리를 증언한다.

유대 땅에서 하나님 나라와 하나님의 정의를 선포하고 이를 세우고자 한 인간 예수는 지상에서 구원의 역사를 완성하고 아버지 하나님과 함께 계신 "참하나님"으로, 세상 짐을 지고 가는 "하나님의 어린 양"으로 부각된다(요 1:2, 29). 공관복음서의 예수는 이스라엘 백성 안에 하나님 나라를 세우고자 하였던 "사람의 아들"(인자)로 부각되는 반면, 요한 문헌의 예수는 로마 제국의 모든 민족에게 길과 진리와 생명이 되신 보편적 구원자로, 어둠의 세계를 비추는 빛으로 나타난다.

요한 문헌은 외적으로 교회가 로마 제국의 박해를 받는 상황에 있음을 암시한다. "세상이 너희를 미워하거든…"(15:18), "사람들이 나를 박해했으면 너희도 박해할 것이요…"(15:20). 또한 내적으로 교회는 예수의 그리스도 되심과 "육신을 입고 오셨음"을 부인하는 적그리스도로 인해(요일 2:22; 4:2), 또 거짓된 삯꾼 목자들로 인해(요 10:1-18) 분열의 위험 속에 있는 상황을 보여준다.

이 같은 내우외환의 상황에서 요한 문헌은 교회 공동체의 일치를 강조한다. 외적 박해와 내적 분열을 극복할 수 있는 길은 보혜사 성령 안에서 이루어지는 사랑의 일치에 있다. "우리가 하나인 것 같이, 그들도 하나가 되게 하여 주십시오"(17:11). 그리스도가 그들 안에, 아버지가 그리스도 안에 계신 것은 "그들이 완전히 하나가 되게 하려는 것이다"(17:23). 성부·성자·성령이 한 몸을 이루고 있는 것처럼, 참교회는 모든 신자가 한 몸을 이루는 교회다.

사랑의 일치에 이를 수 있는 길은 성만찬을 통하여 그리스도와 연합하는 데 있다. 성만찬의 빵은 영원한 생명을 주는 "생명의 빵"이다(6:35). "하늘에서 내려온"(6:58) 이 빵을 먹고 그리스도의 피를 마실 때, 신자들이 그리스도 안에, 그리스도가 신자들 안에 있다(6:56). 교회는 성만찬을 통하여 그리스도와 연합하는 동시에 내적으로 하나가 된다.

그리스도에게는 영원한 생명이 있다. 그는 "참하나님, 영원한 생명이다"(요일 5:20). 그는 "영원한 생명에 이르게 하는 샘물"이다(요 4:14). 그는 영원한 생명을 주기 위해 이 세상에 오셨다(3:16; 17:2). 영원한 생명을 얻을 수 있는 길은 "오직 한 분이신 하나님을 알고, 또 아버지께서 보내신 예수 그리스도를 아는" 데 있다(17:3). "그 아들을 모시고 있는 사람은 생명을 가지고" 있다(요일 5:12).

영원한 생명을 얻을 수 있는 길은 성만찬에서 그리스도의 살을 먹고 그의 피를 마시는 데 있다. "내 살을 먹고, 내 피를 마시는 사람은 영원한 생명을 가지고" 있다(요 6:54, 58; 6:48-51; 3:16). 죄와 죽음이 가득한 이 세상에 대해 교회는 영원한 생명의 공동체다. 그리스도께서 주시는 하나님의 영원한 생명 속에서 공동체는 아버지 하나님과 아들과 성령의 삼위일체적 친교에 참여한다. "아버지께서 내 안에 계시고, 내가 아버지 안에 있는 것과 같이, 그들도 하나가 되어서 우리 안에 있게 하여 주십시오"(17:21; 참조. 14:16, 23, 26; 요일 1:3; 4:13-16).

그리스도는 어둠의 세상을 밝게 비추는 "세상의 빛", "생명의 빛"이다(요 8:12). 그 안에는 죄와 어둠이 없다. 또 그리스도는 하나님의 "진리"다(14:6). 보혜사 성령은 "진리의 영"이다. 성령은 "진리" 자체다(요일 5:6). 따라서 교회는 빛과 진리의 공동체다. 그것은 죄와 죽음의 세력에서 자유로운 공동체다. "진리가 너희를 자유롭게 할 것이다"(요 8:32).

참 생명과 빛과 진리의 교회가 될 수 있는 길은 신자들과 성직자들이 죄를 짓지 않는 데 있다. 죄를 짓는 자는 "죄의 종"이 된다(요 8:34). 죄는 생명을 파괴하는 죽음의 세력이요, 이 세상을 거짓되고 어두운 세상으로 만드는 거짓과 어둠의 세력이다. 그러므로 신자와 성직자들은 먼저 자기의 죄를 자백해야 한다. 교회 안에는 끊임없는 죄의 자백이 있어야 한다. "우리가 죄가 없다고 말하면, 우리는 자기를 속이는 것이요, 진리가 우리 속에 없는 것이다"(요일 1:8).

우리가 죄를 자백할 때, 하나님은 "우리 죄를 용서하시고, 모든 불의에서 우리를 깨끗하게" 해주신다(요일 1:8-9). 죄의 용서를 받고 하나님의 계명을 지킬 때, 교회는 참 생명과 빛과 진리의 공동체가 될 수 있다. 하나님의 계명을 지키지 아니하고 죄를 짓는 교회는 거짓말쟁이요, 그 속에는 진리가 없다(2:4). 그것은 거짓과 어둠의 세상과 다를 바가 없다.

하나님의 계명의 핵심은 사랑에 있다. "계명은 다름이 아니라…사랑 안에서 살아가야 한다는 것"을 말한다(요이 1:6). "내 계명은 이것이다. 내가 너희를 사랑한 것과 같이 너희도 서로 사랑하여라. 사람이 자기 친구를 위하여 자기 목숨을 내놓는 것보다 더 큰 사랑은 없다"(요 15:12-13).

사도 바울이 사랑을 가장 중요한 것으로 생각한 것처럼(고전 13:13), 요한 문헌도 사랑을 가장 중요시한다. 교회가 예수의 제자임을 보여줄 수 있는 길은 사랑에 있다. "너희가 서로 사랑하면, 모든 사람이 그것으로써 너희가 내 제자인 줄을 알게 될 것이다"(요 13:35). 교회가 참 생명과 빛과 진리의 교회임을 증명할 수 있는 길도 사랑에 있다(요일 2:10; 3:14).

요한 문헌에서 교회의 본질은 사랑에 있다. 그것은 사랑의 공동체여야 한다(요일 4:12). 사랑이 있는 거기에 참 생명과 빛과 진리가 있다. 바로 거기에 하나님 나라가 있다. 사랑이 없는 교회는 "죽음에 머물러 있다"(3:14).

요한 문헌은 교회의 위계질서를 반대한다. 사랑 안에 위와 아래, 명령과 복종의 위계질서는 있을 수 없다. 교회의 성직자들과 신자들은 그리스도의 "친구"다(요 15:15). 그들은 동일한 포도나무에 달린 가지들이다. 그 누구도 다른 사람 위에 있지 않다. 이 공동체 안에는 "친구를 위하여 자기 목숨을 내놓을" 수 있는 사랑이 있다(요 15:13). 교회는 예수의 뒤를 따라 "서로 남의 발을 씻겨주는" 공동체가 되어야 한다(13:14).

물론 교회의 양들은 사도의 가르침과 인도가 필요하다. 그러나 "내 어린 양 떼를 먹여라"(요 21:15)는 구절은, 가톨릭 신학자들이 주장하듯이 교회의 위계질서나 계급제도를 뜻하지 않는다. 이 구절은 로마 제국의 박해를 당하는 초기 기독교 공동체의 위기 상황에서 이해되어야 한다. 그것은 박해와 순교의 위험 속에 있는 신자들을 지키다가, 그 스스로 순교자가 될 수 있는 사도의 사명을 뜻한다(참조. 요 21:18-19).

요한복음은 그리스도와 교회의 관계를 포도나무와 나뭇가지의 관계에 비유한다(요 15:1-10). 그리스도와 교회는 모든 것을 함께 나누는 유기체적 관계에 있다. 그들은 분리될 수 없이 하나로 결합되어 있다. 그리스도의 생명은 교회의 생명으로 실재하며, 교회의 생명은 그리스도의 생명을 구체화한다. 나뭇가지는 나무와 결합되어 있어야 한다. 그래야 좋은 영양분을 얻어 좋은 열매를 맺을 수 있고, 하나님을 영광스럽게 할 수 있다. 그리스도와 결합되어 있지 않을 때, 교회는 아무 열매도 맺지 못하는 "쓸모없는 가지처럼 버림받아서 말라버린다. 그 결과 사람들이 그것을 모아다가 불에 던져서 태워버린다"(15:6). 이것은 하나님께서 교회를 버릴 수도 있음을 말한다. 나뭇가지들, 곧 교회의 신자들 역시 유기체적 관계에 있다. 그들은 한 나무에 속한 지체들로서 공동의 삶을 나눈다. 이것을 가능케 하는 것은 사랑이다.

요한복음은 포도나무이신 그리스도와 교회의 관계를 목자와 양 그리고 "양이 드나드는 문"에 비유하기도 한다(10:1-18). 그리스도는 그의 양들을 지키는 "선한 목자"요, 양들이 안전하게 드나드는 "문"이다. 그러나 문으로 들어오지 않고 "다른 데로 넘어 들어가는" 삯꾼 목자들은 "훔치고 죽이고 파괴하려고" 하는 "도둑이요 강도"다. 그러므로 포도나무와 나뭇가지들이 결합되어 있듯이, 교회는 선한 목자와 결합되어야 하며, 그의 인도를 따라야 한다.

요한 문헌은 빛과 어둠, 죽음과 생명, 거짓과 진리의 이원론적 표현을 통해 교회와 세계의 관계를 나타낸다. 이 세상은 한 마디로 어둠이다(1:5). 그 속에는 거짓과 하나님의 심판과 죽음이 있다(5:24). 예수는 어둠의 세상을 밝게 하는 세상의 빛이요, 길과 진리와 생명이다(1:4; 14:6). 예수의 제자들의 공동체 곧 교회는 세상의 어둠에 대칭하는 "생명의 빛"이다(8:12). 그러므로 세상은 교회를 미워하고 박해한다(15:18-23). 세상 사람들은 "자기들의 행위가 악하므로" 빛을 미워하고 어둠을 더 좋아한다(3:19). 여기서 요한복음은 세상과 교회의 구별을 강조한다. 하나님의 아들이 세상에 속하지 않은 것처럼, 교회는 세상에 속하지 않는다. 그러므로 세상은 교회를 미워한다(8:23; 17:14). 그러나 교회는 이에 굴복하여 세상의 일부가 되어서는 안 된다. 교회는 어두운 세상을 닮아서는 안 된다.

그러나 교회는 세상을 등진 폐쇄적 공동체가 되어서는 안 된다. 요한복음은 오히려 교회가 세상을 위해 하나님의 파송을 받는 공동체가 되어야 함을 강조한다. "아버지께서 나를 보내신 것 같이, 나도 너희를 보낸다. 아버지께서 나를 세상에 보내신 것과 같이, 나도 그들을 세상으로 보냈습니다"(20:21; 17:18). 파송의 목적은 생명의 빛이신 그리스도를 증언하면서 어둔 세상을 빛의 세상으로, 죽음 가운데 있는 세상을 참 생명이 있는 세상으로, 거짓과 미움이 가득한 세상을 진리와 사랑이 있는 세상으로 변화시키는 데 있다. 그리스도께서 오신 목적도 여기에 있다.

요한복음도 교회를 보편적 세계교회로 이해한다. 구원은 유대인으로부터 온다(4:22). 그러나 예수는 단지 유대인의 구원자가 아니라 "세상의 구원자"다(4:42; 3:17). 그는 온 세상을 위한 "세상의 빛"이요, 그를 통해 창조된(1:3) 모든 피조물을 위한 길과 진리와 생명이 되신다. 영원한 생명 곧 구원을 얻을 수 있는 길은 혈통적으로 아브라함의 자손이라는 점에 있지 않다. 그 길은 말씀이 육신이 되신 하나님의 아들 예수를 믿고, 성만찬에서 예수의 "생명의 빵"을 먹는 데 있다(요 6:54). 이 생명의 빵은 유대인은 물론 땅 위의 모든 사람에게 열려 있다.

G. 히브리서, 베드로전후서, 야고보서, 요한계시록의 교회관

1) 히브리서: 신약성서의 다른 문헌들처럼 히브리서 역시 로마 제국의 박해를 당하는 초기 기독교 공동체의 상황을 보여준다. "또 그들은 돌로 맞

기도 하고, 톱질을 당하기도 하고, 칼에 맞아 죽기도 하였습니다. 그들은 궁핍을 당하며, 고난을 겪으며, 학대를 받으면서, 양과 염소의 가죽을 입고 떠돌았습니다"(히 11:37), 그들은 "모욕과 환난을 당하여, 구경거리가 되기도 하고", "자기 소유를 빼앗기는 일"을 당하기도 하였다(10:33-34). 이 같은 고난으로 인해 "하나님의 아들을 짓밟고, 자기를 거룩하게 해 준 언약의 피를 대수롭지 않게 여기며, 은혜의 성령을 모욕"하고, "하나님을 떠나는" 신자들이 생긴다(10:29; 3:12).

이 같은 고난의 상황에서 히브리서는 먼저 교회의 정체성을 밝힌다. 교회는 옛 하나님의 백성 이스라엘을 대신하는 새로운 "하나님의 백성"이다(4:9; 11:25). 그것은 옛 계약의 백성을 대신하는 "새 계약"의 백성 혹은 "더 좋은 계약"의 백성이다. 새로운 계약은 "염소나 송아지의 피로써가 아니라 자신의 피로써 우리에게 영원한 구원을"(9:12) 이루신 예수 그리스도를 통하여 세워졌다. 예수 그리스도는 "새 계약의 중재자" 혹은 "더 좋은 계약의 중재자"시다(9:15; 8:6). 그는 언제나 다시금 짐승의 피로써 죄를 대속하는 이스라엘 백성의 대제사장들과는 달리, "단 한번 자기 몸을 제물로" 바침으로써(9:28), "단 한번의 희생제사로 영원히 완전하게 하셨다"(10:14). 곧 "영원한 구원"을 이루었다. 교회는 이 예수 그리스도를 대제사장으로 섬기는 새 계약의 백성이다.

박해와 순교를 당하는 상황 속에서 히브리서는 "하늘의 "고향"(11:16)을 약속하면서, 이 고향을 향한 순례자의 길을 끝까지 걸어갈 것을 권면한다. 이 세상과의 타협을 통해 얻을 수 있는 안식을 권면하지 않고, 하늘에 있는 영원한 안식을 약속하면서, 이 안식에 들어가기를 힘쓰라고 권면한다. "우리는 이 안식에 들어가기를 힘씁시다"(4:11). 영원한 안식에 들어갈 수 있는 길은 "흔들리지 말고 우리가 고백하는 희망을 굳게" 지키며 "서로 마음을 써서 사랑과 선한 일을" 하는 데 있다(10:23-24).

교회는 세상과 타협하면서 세상의 영광을 누리는 종교가 되어서는 안 된다. 오히려 고난 속에서 하늘의 고향을 바라보며 이를 향해 나아가는 순례자의 공동체 혹은 고난의 공동체이어야 한다. 신자들이 영원한 안식을 누리며 머물 수 있는 곳은 이 땅이 아니라 하늘의 고향에 있다. 이 세상의 모든 것은 하나님에 의해 흔들리고 폐기될 수 있다. 그러나 신자들에게는 하늘의 고향 곧 "흔들리지 않는 나라"가 기다리고 있다(12:26-28). 그러므로 교회는 "흔들리지 않는 나라" 곧 하나님 나라를 바라보며 나아가야 한다. "살아 계신 하나님을 떠나는 사람이 아무도 없도록" 조심해야 한다(3:12).

흔들리지 않는 하나님의 영원한 나라는 아직 우리에게 보이지 않는다. 그러나 그것은 신자들의 믿음 속에 현존한다. "믿음은 바라는 것들의 확신이요, 보이지 않는 것들의 증거다"(11:1). 많은 신앙의 조상이 약속된 이 나라를 "받지는 못했지만, 그것을 멀리서 바라보고 반겼으며, 땅에서는 길손과 나그네 신세임을 고백하였다"(11:13). 구름떼처럼 많은 신앙의 증인들이 우리를 둘러싸고 있다. 그러므로 교회는 "갖가지 무거운 짐과 얽매는 죄를 벗어버리고, 우리 앞에 놓인 달음질을 참으면서" 달려가야 한다. "믿음의 창시자요 완성자이신 예수를" 바라보면서, 모든 박해를 인내하며 미래를 향해 나아가는 순례자의 공동체가 되어야 한다(12:1-2).

2) 베드로전후서: 베드로전후서 역시 로마 제국에 의한 박해의 상황을 전제하고 있다. "여러분을 시험하려고 시련의 불길이 여러분 가운데 일어나더라도…놀라지 마십시오. 그만큼 여러분은 그리스도의 고난에 동참하는 것이니…", "그리스도인으로서 고난을 당하면, 부끄러워하지 말고, 도리어 그 이름으로 하나님께 영광을 돌리십시오"(벧전 4:12-13, 16), "여러분의 원수 악마(혹은 훼방자)가 우는 사자 같이 삼킬 자를 찾아 두루 다닙니다.…여러분도 아는 대로, 세상에 있는 여러분의 형제자매들도 다 같은 고난을 겪고 있습니다"(5:8-10).

또 "교묘하게 꾸민 신화"를 가르치며(벧후 1:16), 방탕과 탐욕 속에서 신자들을 착취하는 "거짓 교사들"로 인해 교회는 시련을 당한다(2:1-3). 그리스도의 다시 오심이 지연되자, 교회는 그의 오심을 부인하고 자기 욕망대로 사는 자들의 조롱으로 인해 어려움을 당하기도 한다. "그리스도가 다시 오신다는 약속은 어디 갔느냐? 조상들이 잠든 이래로, 만물은 창조 때부터 그러하였듯이 그냥 그대로다"(3:4).

베드로전후서는 박해와 시련 속에서 고난의 교회론을 제시한다. 교회는 고난을 두려워하거나 고난을 피하지 말고, 오히려 고난을 견디어야 한다. "정의를 위하여 고난을 받으면, 여러분은 복이 있습니다. 그들의 위협을 무서워하지 말고, 흔들리지 마십시오"(벧후 3:14). 교회는 "믿음에 굳게 서서 악마에 맞서" 싸워야 하며(벧전 5:8). "억울하게 고난을 당하더라도 하나님을 생각하면서 괴로움을" 참아야 한다(벧전 2:19). 박해와 시련에도 불구하고 "모든 악의와 모든 기만과 위선과 시기와 온갖 비방하는 말"을 버리고 "영적 젖"을 "먹고 자라서 구원에" 이르러야 한다(2:1-2).

고난 속에서 교회는 그리스도의 다시 오심을 기다리는 종말론적 공동체가 되어야 한다. "만물의 마지막이 가까이 왔다"(벧전 3:7). "주님의 날은 도둑같이 올 것이다." 지금 보이는 세계의 기초는 녹아 없어지고 "새 하늘과 새 땅"이 올 것이다(벧후 3:10-13). 마지막 때에 신자들을 위해 나타나신 예수는 다시 나타나실 것이다(벧전 1:13, 20). 교회는 이 세상에서의 영광을 추구하지 않고, 다시 오실 그리스도와 함께 이루어질 "새 하늘과 새 땅"을 기다린다.

그리스도의 다시 오심을 알지 못하고, 마치 이 세상이 전부인 것처럼 생각하는 세상 사람들은 "방탕과 정욕과 술 취함과 환락과 연회와 가증스러운 우상숭배에 빠져" 살고 있다(벧전 4:4). 그들은 "대낮에 흥청대면서 먹고 마시는 것을 낙으로 생각한다.…그들의 눈에는 간음할 상대자들밖에 보이지 않는다. 그들은 죄를 짓기를 그치지 않는다. 그들은 들뜬 영혼들을 유혹하며, 그들의 마음은 탐욕을 채우는 데 익숙하다. 그들은 저주받은 자식들이다"(벧후 2:13-14). "그들은 사람들에게 자유를 약속하지만, 자기들은 타락한 종이 되어 있다"(2:19).

이에 반해 교회는 "거룩한 행실과 경건한 삶 속에서 하나님의 날이 오기를 기다리고, 그날을 앞당기도록"(벧후 3:11) 준비하는 공동체이어야 한다. "모두 한 마음을 품으며, 서로 동정하며, 서로 사랑하며, 자비로우며, 겸손해야" 한다. "악을 악으로 갚거나 모욕을 모욕으로 갚지 말고, 복을 빌어" 주어야 한다(벧전 3:8-9). "세상에서 정욕 때문에 부패하는 사람이 되는 것이 아니라, 하나님의 성품에 참여"해야 한다(벧후 1:4).

베드로서에 의하면 교회는 "택하심을 받은 족속이요, 왕과 같은 제사장들이요, 거룩한 민족이요, 하나님의 소유가 된 백성"이다(벧전 2:9). "예수 그리스도의 영원한 나라에 들어갈 자격을 충분히 갖춘"(벧후 1:11) 교회는 장차 올 "새 하늘과 새 땅"이 그 속에 미리 앞당겨 오는 현실, 곧 하나님 나라의 실재다. 그것은 하나님이 그 안에 계시는 "영적인 집"이다(벧전 2:5). 그러나 그것의 완성은 미래에 있다. 교회는 그리스도의 영원한 나라의 미래를 향한 "나그네와 거류민"의 공동체다(2:11). 세상 사람들로부터 구별되는 거룩한 "하나님의 백성"이다(2:10).

베드로서는 주어진 사회 질서에 순종할 것을 교회에 권면한다. 아내는 남편에게 순복해야 한다. 사치와 허영에 빠지지 말고, "썩지 않는…속사람을 단장"해야 한다(3:1-4). 신자들과 교회는 "인간이 세운 모든 제도에 주님을 위하여" 복종해야 한다. "주권자인 왕에게나 총독들에게" 그렇게 해야 한다. 그들은 "악을 행하는 사람에게 벌을 주고, 선을 행하는 사람에게 상을" 주는 사람들이기 때문이다(벧전 2:13-14; 참조. 롬 13:1-7). 또 하인은 주인에게 복종해야 한다(벧전 2:18).

그러나 교회는 "자유인"의 공동체다. 그 안에 있는 모든 신자는 자유롭다. 그러나 "그 자유를 악을 행하는 구실로 쓰지 말고, 하나님의 종으로" 살아야 한다. 힘없는 검투사들의 생명을 장난감처럼 여기는 로마 제국과는 달리, 교회는 "모든 사람을 존중하며, 믿음의 식구들을 사랑하며, 하나님을 두려워하는"(2:16-17) 새로운 삶의 공동체 곧 "하나님의 소유된 백성"이 되어야 한다.

3) 야고보서: 야고보서에 의하면, 당시 교회는 부유한 사람들이 부를

누리면서 안정된 삶을 누리며, 믿음은 있지만 행함이 없는 상황에 있었던 것으로 보인다. 그 속에는 "내일 일"을 알지 못하고 부의 축적에 골몰하며 가난한 이웃을 차별하는 신자들이 있었다(참조. 약 1:10-11; 2:1-4; 4:13-5:6). 일꾼들에게 품삯을 제대로 지불하지 않는 부자들도 있었던 것으로 보인다(5:4). 또 믿음은 있지만 행함이 없는 신자들, "입에 재갈을" 물리지 않고, 혀 하나로 교회에 "싸움이나 분쟁"을 일으키는 신자들이 꽤 많았던 것으로 보인다(3:3; 4:1).

그러므로 야고보서의 공동체는 믿음을 강조하는 바울 서신의 교회와는 달리 행함을 강조한다. 교회는 말씀을 듣기만 하는 교회가 아니라 행하는 교회가 되어야 한다. "영혼이 없는 몸이 죽은 것과 같이, 행함이 없는 믿음은 죽은 것이다"(2:26). 율법의 역기능을 강조하는 바울 서신에 반해, 야고보서는 율법의 순기능을 강조한다. 교회는 "완전한 율법 곧 자유를 주는 율법을 잘 살피고 끊임없이 그대로 사는 사람들"의 공동체가 되어야 한다(1:25).

특별히 야고보서는 인간을 차별하지 않는 교회상을 강조한다. 교회는 부자와 가난한 자, 힘 있는 자와 힘없는 자를 차별해서는 안 된다. "여러분이 사람을 차별해서 대하면 죄를 짓는 것이요, 여러분은 율법을 따라 범법자로 판정을 받게 됩니다"(2:9). 교회가 설교하는 사랑은 말로 끝나서는 안 된다. 사랑은 구체적으로 행해져야 한다. "평안히 가서 몸을 따뜻하게 하고, 배부르게 먹으십시오 하면서, 말만 하고 몸에 필요한 것들을 주지 않는다고 하면, 무슨 소용이 있겠습니까?"(2:17).

야고보서 역시 주님의 다시 오심을 기다리는 종말론적 교회관을 보여준다(5:7). "주님께서 오실 때가 가까웠다"(5:8). 주님의 오심과 함께 마지막 심판이 있을 것이다. 교회는 이에 대비하는 삶을 살아야 한다. 교회의 부자들은 불의한 방법으로 재산을 증식해서는 안 되며 "사치와 쾌락"에 빠져서도 안 된다(약 5:1-6). 썩어질 재물을 쌓는 일을 중단하고, 사치와 쾌락을 멀리하며(5:3-5), 손을 깨끗이 하고, "주님 앞에서 자신을 낮추어야 한다"(4:8, 10). "입에 재갈을" 물리고, "육신의 욕심"과 간음과 시기심과 경쟁심을 버리며, 순결한 마음으로 죄를 고백하고 서로를 위해 기도하며, "정의의 열매"와 "평화"를 이루는 성도들의 공동체로서 주님의 오심을 예비해야 한다(3:3, 13-18; 4:1, 8; 5:16).

4) 요한계시록: 요한계시록은 로마 제국의 극심한 박해 속에서 배교자가 생기고, 신자들의 믿음이 식어지는 상황에 처한 교회의 모습을 보인다. "너는 참고, 내 이름을 위하여 고난을 견디어냈으며, 낙심한 적이 없다. 그러나 너에게 나무랄 것이 있다. 그것은 네가 처음 사랑을 버린 것이다"(2:3-4), "너는 차지도 않고, 뜨겁지도 않다"(3:15).

또 "사도가 아니면서 사도라고 자칭하는 거짓말쟁이들"(2:2)이 교회 지도자들과 신자들을 잘못 인도하며, 이세벨이란 거짓 여자 예언자가 "내 종들을 가르치고, 그들을 미혹시켜서 간음하게 하고, 우상의 제물을 먹게 하는" 등의 혼란을 일으킨다(2:10).

이 같은 상황 속에서 요한계시록은 교회를 신정론의 세계사적 지평 속에서 그리스도의 오심을 기다리는 종말론적 공동체로 파악한다. 교회는 하나님의 어린 양이신 그리스도께서 자기를 희생함으로써 얻은 하나님의 "나라"요, "아버지 하나님을 섬기는 제사장"이다(basileian, biereis toi theoi kai patri autou, 1:6; 5:10). 그러므로 교회는 박해와 고난을 견디며 처음 신앙을 유지해야 한다. 끝까지 충성하는 교회는 "생명의 면류관"을 얻을 것이다(2:10). 로마 제국의 박해에 굴복하지 않고 순교를 당한 성도들이 "그리스도의 제사장이 되어서 천 년 동안 그와 함께 다스릴 것이다"(20:6).

천 년이 지난 후 사탄의 세력이 세계를 지배하는 것처럼 보일 것이다. 그러나 세계사의 주인은 결국 하나님과 그의 아들이다. 이들이 "알파와 오메가, 곧 처음이며 마지막이요, 시작과 끝이다"(1:8; 21:6; 22:13). 따라서 세계사는 하나님이 목적하는 바를 향해 진행된다. "음녀" 혹은 "바빌론"에 비유되는 로마 제국은 멸망할 것이며(20:9-10), 불의한 자는 그 행위에 따라 하나님의 심판을 받을 것이다. 하나님이 "왕들의 왕, 군주들의 군주"로서

"모든 민족을 다스리실" 것이다(19:16-17). 이리하여 세계사는 하나님의 옳으심 곧 신정(Theodizee)을 나타낼 것이다.

세계사의 마지막(eschaton)은 하나님이 모든 사람 가운데 계시고, 모든 사람이 "하나님의 백성"이 되는 "새 하늘과 새 땅" 혹은 "새 예루살렘"에 있다. 바로 여기에 세계사의 목적(telos)이 있다. 이 목적은 주님께서 다시 오실 때 이루어질 것이다. "보아라, 내가 곧 오겠다"(22:7, 12). 교회는 다시 오실 주님을 기다리면서 박해와 고난을 이겨내야 한다. 세계를 지배하는 악의 세력은 결국 꺾어질 것이며, 하나님이 모든 것을 다스리는 "새 예루살렘"이 오리라는 믿음과 기다림 속에서 교회는 악의 세력과 타협하지 않아야 한다.

하나님의 구원 역사가 완성될 때, 성전 곧 교회는 더 이상 있지 않을 것이다. "전능하신 주 하나님과 어린 양이 그 도성의 성전이시기 때문이다"(21:22). 따라서 교회는 영원히 지속되어야 할 제도가 아니라 구원 역사의 완성과 함께 사라지게 될 잠정적 조치에 불과하다고 요한계시록은 말한다.

지금까지 우리는 신약성서 문헌들의 다양한 교회관을 개관하였다. 이 문헌들은 기원후 1세기에서 4세기 사이, 로마 제국의 여러 속주들 안에 흩어져 있던 기독교 공동체들의 삶의 정황, 믿음에 관한 다양한 이해와 꿈과 희망을 반영한다. 어떤 문헌들은 기독교 공동체가 로마 제국의 박해를 받던 상황을 나타내고(특히 히브리서, 베드로전후서, 요한계시록), 어떤 문헌들은 로마 제국과 화해된 상황을 반영한다(롬 13:1-7). 제도화되지 않은 공동체의 모습을 보이기도 하고(사도행전), 감독직과 장로제를 가진 제도교회로 발전한 모습을 보이기도 한다(딤전 3-5장). 그 속에는 헬레니즘의 문화적 배경과 헤브라이즘 전통이 교차하기도 한다. 헬레니즘 배경은 특히 요한복음과 후기 바울 서신에 강하게 나타난다.

신약성서의 문헌들은 다양한 배경 하에서 참교회가 무엇인지, 곧 교회의 참 본질을 체계적으로 기술하는 데 관심을 갖지 않는다. 단지 특수한 상황에 처한 공동체의 자기 이해를 간접적으로 나타낼 뿐이다. "가장 교회적인 복음"이라 불리는 마태복음마저 참교회의 본질이 무엇인가를 체계적으로 이야기하지 않는다.

그러므로 신약성서는 단 하나의 교회상을 보이지 않는다. 그 속에는 다양한 역사적·문화적 상황에 처한 교회들의 다양한 상들이 있을 뿐이다. 그 속에 공통성이 있다면, 그 공통성은 하나님의 아들이신 메시아 예수를 주님이라 고백하는 신자들의 믿음과 사랑, 새로운 생명의 세계를 향한 희망과 세상을 향한 파송에 있다.

4
땅 위에 있는 하나님 나라의 실재
- 참교회의 본질에 대한 신학적 성찰 -

A. 신자들과 성직자들이 곧 교회다

도대체 교회란 무엇인가? 참교회의 본질은 무엇인가? 교회론의 가장 중요한 문제는 여기에 있다. 이 문제는 교회가 어떤 교회가 되어야 하는지 그 방향을 제시하는 동시에, 교회가 감당해야 할 사명을 시사한다. 따라서 "교회란 무엇인가?"의 질문은, "교회는 어떤 교회가 되어야 하는가?", "교회는 어떻게 변화되어야 하는가?", "교회가 수행해야 할 사명은 무엇인가"에 대한 질문이기도 하다.

   1) 전통적으로 기독교 신학은 이 문제를 "교회의 본질"이란 제목으로 다루어왔다. 그런데 많은 사람에게 "본질"이란 말은 생소하게 들릴 수 있다. 도대체 "본질"이란 무엇을 뜻하는가?

   "본질"이란 "현상"에 대칭하는 개념이다. 현상이 밖으로 나타나는 어떤 사물의 외적 모습을 가리킨다면, 본질은 그 사물 속에 숨어 있는 그 사물의 참된 내적 모습을 가리킨다. 본질이 해당 사물의 본래 모습 내지 본래성을 가리킨다면, 현상은 본래성에서 이탈한 사물의 비본래적 실존을 가리킨다.

　이 세계의 모든 사물의 현상 속에는 본질적 요소와 비본질적 요소가 섞여 있다. 본래성이 있는 동시에, 본래성을 파괴하는 비본래성이 내포되어 있다. 그러므로 본질과 현상은 구별된다. 이 세계에 실존하는 어떤 사물도 자신의 본질과 일치하지 않는다. 우리가 눈으로 볼 수 있는 현상의 어떤 교회도 교회의 본질 자체와 동일하지 않다.

　교회의 본질과 현상의 구별은 첫째, 땅 위의 어떤 교회도 완전하지 못하며, 그러므로 절대성을 주장할 수 없다는 사실을 시사한다. "역사적 실존으로서의 교회는 신학적 본질과 역사적 실존 사이의 괴리로 인한 모호성에서 결코 완전히 벗어날 수" 없다(윤철호 2006, 105). 로마 가톨릭교회도, 동방 정교회도, 개신교회도, "순복음", "보수", "정통", "보수 정통", "정통 보수"를 내세우는 교회도 완전한 교회, 참 본질의 교회라 말할 수 없다. 모든 교회 속에는 알곡과 가라지가 섞여 있다.

　교회는 예수 그리스도로 말미암아 있게 되었지만, 특수한 역사적·문화적 전통 속에서 형성된 인간적 기관이기도 하다. 그것은 그가 속한 지역과 사회의 역사적·문화적 전통의 영향을 받지 않을 수 없다. 그러므로 각 지역의 교회마다 다른 형태를 보이게 된다. 또 교회는 천사들이 모인 곳이 아니라, 천사의 모습을 닮아야 할 불완전한 죄인들이 모인 곳이다. "성도의 모임"(communio sanctorum)인 동시에 "죄인들의 모임"(communio peccatorum)이다. 그러므로 어떤 교회도 절대 진리가 자기에게만 있다고 주장할 수 없다. 땅 위에 있는 어떤 교회도 "순"(純), "정통"이란 말을 사용할 수 없다. 이 세상 그 어디에도 완전한 "순", 완전한 "정통"은 없다.

　둘째, 교회의 본질과 현상의 구별은 현상의 교회들이 참 본질의 교회를 향해 끊임없이 변화되고 개혁되어야 함을 시사한다. 땅 위에 있는 모든 교회는 참 본질의 교회, 자신의 본래성과 일치하는 교회를 향해 끊임없이 변화되고 개혁되어야 한다. 그래야 교회다운 교회의 모습에 더 가까이 접근할 수 있다. 김영선에 의하면 "교회가 세속적인 영광과 호사를 누리고,

세속적인 명예와 훈장을 수여하는 것이 옳은 일이 될 수 있는가? 교회가 필요 이상의 재물을 축적하는 것이 바람직한 일인가? 교회가 세속의 권력과 결탁해 그 어떤 세속적 단체나 정당, 문화 단체나 사회경제적 권력 집단으로 전락하는 것이 과연 옳은 일인가? 한스 큉의 지적과 같이 교회의 형태는 변화할 수 있으나 교회의 본질은 변할 수 없다. 오늘날 여러 측면에서 변질된 교회의 모습과 교회의 위기를 말하고 있다. 우리는 무엇이 변질되었으며 그 위기가 구체적으로 무엇인지를 물어야 한다. 그리고 답을 찾아야 한다. 이러한 작업은 다시 세상에서의 교회의 진정한 본질이 무엇인지 묻는 작업이 될 것이다"(김영선 2009, 7).

2) 위에서 우리는 신약성서 문헌들에 나타난 다양한 교회관을 개관하였다. 그런데 이 교회관은 약 2천 년 전 로마 제국 각지에 산재하던 기독교 공동체들의 자기 이해를 반영한다. 이제 우리는 오늘의 시대적 상황 속에서 참교회의 본질이 무엇인지 파악하고자 한다.

그런데 세계의 많은 신학자는 구원의 중재자, 카리스마적 공동체, 삼위일체적 친교 공동체, 성장하는 새로운 창조, 성례적 교회, 십자가 아래 있는 고난의 공동체, 땅 위에 있는 하나님 나라의 전위대 등 다양한 신학적 명제들을 통해 교회의 본질을 설명한다. 또 많은 신학자들은 신약성서의 몇 가지 개념들을 통하여 교회의 본질이 무엇인가를 해명한다. 그 가운데 가장 대표적인 것은 "신학적 기본 유형"(Grundtyp)이라 불리는 "하나님의 백성", "그리스도의 몸", "성령의 전"이란 세 가지 개념이다(Wiedenhofer 1992, 65). 필자 역시 이전에 집필한 『기독교 조직신학』 제4권에서는 이 개념들을 중심으로 교회의 본질을 기술하였다. 개신교회의 많은 신학자는 종교개혁의 전통에 따라 "성도의 친교" 혹은 "신자들의 모임"을 교회의 중심적 본질로 파악하기도 한다(예를 들어 Barth 1964b, 725, Härle 2007, 570).

그러나 신약성서에는 교회의 본질을 가리키는 수많은 개념들이 발견된다. 이 개념들은 너무도 다양하기 때문에 단지 몇 가지 범주에 따라 엄격히 분류되기도 어렵다. 그러나 시각적 편리를 위해 중요한 개념들을 대략 다음과 같이 분류해 볼 수 있다.

　　a. 옛 계약의 백성에서 유래하는 개념들: 하나님 나라, 하나님의 이스라엘(갈 6:16), 아브라함의 자손(롬 9:6 이하), 하나님의 백성, 하나님의 소유가 된 백성(히브리서 4:9; 11:25; 벧전 2:9-10; 롬 9:25; 고전 6:16), 거룩한 제사장, 거룩한 나라, 택하심을 받은 족속, 왕과 같은 제사장(벧전 2:5, 9), 남은 자(롬 9:27; 11:6), 돌 감람나무(롬 11:17-24), 약속의 자녀(갈 4:28), 유대인들과 공동상속자, 약속을 함께 가지는 자(엡 3:6).

　　b. 그리스도론적 개념들: 그리스도의 몸(고전 12:12-26; 엡 1:23; 2:16; 4:4, 12; 골 1:18), 그리스도의 신부(엡 5:25-26, 32; 계 21:2), 포도나무와 가지(요 15:1-11), 양과 우리(요 10:1-18; 벧전 5:2), 그리스도의 공동 상속자(롬 8:17), 그리스도의 형상, 아들의 형상(갈 4:19; 롬 8:29), 그리스도의 향기(고후 2:15), 그리스도의 편지(고후 3:3), 그리스도의 사절(고후 5:20), 그리스도의 영광스러운 몸과 같은 모습(빌 3:21), 예수의 생명(고후 4:10-11).

　　c. 하나님, 성령과 관계된 개념들: 하나님의 밭, 하나님의 집, 하나님의 성전(고전 3:9-17), 하나님의 교회(고전 11:22), 하나님의 소유(엡 1:14), 성령의 전(고전 6:19), 하나님이 성령으로 거하실 처소(엡 2:22), 영적인(신령한) 집(고전 1:2), 하나님의 가족(엡 2:19), 하나님의 동역자(고전 3:9).

　　d. 그 밖의 개념들: 교회(ekklesia, 마 16:18; 행 8:1, 3; 갈 1:13; 엡 1:22; 3:10; 5:23-32), 반석 위의 건물(마 16:18), 성도(벧전 1:15 등), 새로운 피조물(고후 5:17), 새 사람(엡 4:24), 빛의 자녀(엡 5:8), 진리의 기둥과 터(딤전 3:15), 세상의 빛과 소금(마 5:13-14).

　　여기서 우리는 신약성서에 기록된 교회론적 개념들의 풍요로움을 발견한다. 이 풍요로움을 인식할 때, 우리는 오늘 우리의 상황에 절실한 교회의 참 본질에 보다 더 가까이 접근할 수 있을 것이다. 이 풍요로움을 무시하고, 이른바 "신학적 기본 유형"이나 특정한 교의학적 도식에 묶일 때, 우리는 오늘 우리에게 필요한 성서의 말씀들을 놓치고, 매우 그럴듯하게 들리지만 교회의 현실에 별로 도움이 되지 않는 얘기들을 늘어놓을 수 있다.

3) 그런데 위의 개념들은 거의 모두 그리스도인들을 가리킨다. 교회론의 "신학적 기본 유형"이라 불리는 하나님의 백성, 그리스도의 몸, 성령의 전, 이 세 가지 개념도 그리스도인들의 존재를 가리킨다. "여러분이…지금은 하나님의 백성이요"(벧전 2:10; 참조. 고전 5:19; 12:10). 우리는 이와 같은 인간학적 개념들을 어떻게 교회론적 개념이라 말할 수 있는가?

이 질문에 대해 우리는 다음과 같이 대답할 수 있다. 교회는 사람 없는 건물이나 제도가 아니라 그리스도를 믿는 사람들의 모임이다. 그리스도인들이 곧 교회다. 거꾸로 말해, "교회 자체가 사람들이다"(이오갑 2015, 19). "각 그리스도인이 있는 바로 거기에…공동체가 있고, 공동체가 있는 거기에 각 그리스도인이 있다(Bonhoeffer 1969, 129). 그러므로 각 그리스도인에 관한 진술은 교회에 관한 진술이요, 교회에 관한 진술은 각 그리스도인에 관한 진술이다.

따라서 교회의 본질에 관한 진술은 신자들과 성직자들과 관계없는 단지 공적 단체로서의 교회에 관한 진술에 불과하지 않다. 그것은 교회에 관한 진술인 동시에, 신자들과 성직자들에 관한 진술 곧 우리 자신에 관한 진술이기도 하다. 예컨대 "교회는 하나님의 백성이다, 새 사람이다"라고 할 때, 그것은 공적 단체로서의 교회는 물론 모든 신자와 성직자 각 사람이 하나님의 백성이요, 새 사람이요, 따라서 하나님의 백성으로, 새 사람으로 변화되어야 함을 말한다.

거꾸로 그리스도인들에 관한 진술은 교회에 관한 진술이기도 하다. 그리스도인들은 "그리스도의 형상이 되어야 한다"고 말할 때, 그것은 교회가 그리스도의 형상이 되어야 함을 말한다. 그러므로 그리스도인들에 관한 성서의 개념은 교회의 본질에 관한 개념으로 수용될 수 있고 또 수용되어야 한다. 그래야 우리는 교회의 본질을 더욱더 넓고 풍요롭게 파악하는 동시에, 교회를 구성하는 성직자들과 신자들의 삶이 어떻게 변화되어야 하는가를 볼 수 있다.

물론 위에 제시된 모든 개념을 개진하는 것은 불가능하다. 여기서 우리는 신학적 특정 도식을 벗어나, 신약성서의 풍요로운 통찰들을 수용하고, 오늘 우리의 상황이 요청하는 참교회의 본질을 파악하고자 한다. 이를 통해 위기에 처한 오늘의 한국교회가 어떤 방향으로 개혁되어야 할 것인지 그 방향을 모색하고자 한다.

B. 교회는 하나님 나라의 메시아적 공동체요 희망과 기다림의 공동체다

1) 예수 그리스도(메시아)께서 이 세상에 오신 궁극적인 목적은 이 땅 위에 하나님 나라를 세우는 데 있었다. 그러므로 "하나님 나라"가 참교회의 본질을 가리키는 가장 중심적 개념이라 말할 수 있다.

예수는 하나님 나라와 회개를 선포하면서 그의 공적 생활을 시작한다. "때가 찼다. 하나님 나라가 가까이 왔다. 회개하여라"(막 1:15). 부활 이후에도 예수는 제자들에게 "하나님 나라에 관한 일들을 말씀하셨다"(행 1:3). 그는 하나님 나라를 가르칠 뿐 아니라, 그 자신이 "하나님 나라 자체"였다(*autobasileia*, Origenes).

어떤 의미에서 예수는 "하나님 나라 자체"인가? 요한복음의 증언에 의하면, 아버지 하나님이 예수 안에, 예수가 아버지 하나님 안에 있었다(요 14:10-11; 17:21-23). 그가 하는 일은 곧 아버지 하나님이 그 안에서 하는 일이었다. 아버지 하나님과의 완전한 일치 속에서 예수는 그의 아버지 하나님이 다스리는 존재, 곧 하나님 나라 자체였다.

교회는 그리스도로 말미암아 있게 되었다. "그리스도는 교회 존립의 유일한 기초이고, 역사적 '공동생활'을 가능하게 한 현실이다"(이신건 2009, 245). 그리스도가 교회의 터전이요 머릿돌이다. 두세 사람이 모인 거기에 그리스도께서 함께 계신다. 그리스도께서 그들 안에, 그들이 그리스도 안에 있다. 그들은 빵과 포도주를 받음으로써 그리스도의 몸에 연합된다. 하나님 나라는 바로 이들 가운데 있다. "보라, 하나님 나라는 너희 가운데에 있다"(눅 17:21). 따라서 그리스도인들의 공동체 곧 교회는 땅 위에 있는 하나님 나라의 현실 혹은 실재(Realität)다.

여기서 우리는 교회의 가장 깊은 본질을 발견한다. 교회는 "하나님 나라의 장(場)"이요(이종성 1992, 346), "공동체로서 실존하는 하나님 나라"다. 성령의 능력을 통하여 하나님 나라는 "교회 공동체의 형태 속에서 이 땅 위에, 시간 속에, 역사 속에 있다"(Barth 1964b, 742). 칼뱅에 의하면 "교회는 그리스도의 나라다"(Inst. IV.2.5).

본회퍼가 그의 박사학위 논문에서 말하는 "공동체로서 실존하는 그리스도"(Christus als Gemeinde existierend)는 참교회의 본질을 가리킨다 (Bonhoeffer 1969, 92, 138, 218 등). 본질적으로 교회는 "그리스도의 현재"요, "공동체로서 실존하는 그리스도"다. 사도 바울은 여러 번 교회 공동체와 그리스도를 동일시한다(고전 12:12; 6:15; 1:13). "그리스도의 몸이 있는 그곳에 그리스도가 있다. 교회 공동체가 그리스도 안에 있는 것처럼, 그리스도가 교회 공동체 안에 있다(고전 1:30; 3:16; 고후 6:16; 13:5; 골 2:17; 3:11). '그리스도 안에 있다'는 것은 '공동체 안에 있다'는 것과 동일한 의미다"(91-92). 본회퍼는 『나를 따르라』(Nachfolge)에서 그리스도와 교회를 거의 동일시한다는 인상을 줄 정도로, 양자를 긴밀하게 결합시킨다. "예수 그리스도는 그 자신인 동시에 그의 공동체다(고전 12:12). 오순절 이후 예수 그리스도는 그의 몸, 그의 공동체의 형태로 땅 위에서 산다.…그러므로 그리스도 안에 있다는 것은 공동체 안에 있다는 것을 뜻한다." "교회는 현재적 그리스도 자신이다"(Bonhoeffer 1967, 212).

그런데 본회퍼는 칼뱅처럼 교회를 "그리스도의 나라"라고 부른다. "그리스도의 나라"가 역사의 종말 이전의 "나라"를 가리킨다면, "하나님 나라"는 역사의 종말에 완성될 "나라"를 가리킨다. 종말에 "그리스도의 나라는 하나님 나라가 될 것이다"(218). 그리스도께서 "그의 나라를 아버지 하나님께" 넘겨드리고, "하나님이 모든 것 안에서 모든 것이 되실 것이다"(고전 15:24, 27). 이때 "그리스도와 성령과 말씀의 활동"이 끝나고, "회개와 믿음은 더 이상 필요하지" 않으며, "오직 섬김과 바라봄이 있을 따름이다"라고 본회퍼는 말한다(이신건 2009, 251).

그러나 그리스도께서 계신 거기에 삼위일체 하나님이 함께 계신다. 따라서 교회는 성부·성자·성령이신 삼위일체 하나님의 현실이라 말할 수 있다. 지상의 그리스도는 "그리스도의 나라"를 선포하지 않고 "하나님 나라"를 선포한다. 그는 사탄의 세력을 물리칠 때 "하나님 나라가 너희에게 이미 온 것이다", 하나님 나라가 지금 이 역사 속에서 "너희 가운데" 있다고 말한다(눅 11:20; 17:21). 따라서 교회가 있는 거기에 하나님 나라가 실재한다.

하나님 나라는 무엇인가? 하나님 나라는 "왕에 의해 다스림을 받는 백성"을 가리킨다(McKnight 2014, 144). 그러나 그것은 "백성" 곧 "사람들"로 축소되지 않는다. 그것은 구약의 메시아 약속에서 유래하는 메시아적 개념으로(사 11:1-9), 하나님이 다스리는 삶의 세계를 가리킨다. 그것은 땅을 포함한 자연의 모든 피조물과 사회구조를 포함하는 매우 포괄적 개념이다. 그것은 "하나님의 통치", "하나님의 주권"으로 표현될 수도 있다.

종합적으로 말한다면, 하나님 나라는, 하나님이 다스리기 때문에, 불의와 사회 양극화와 굶주림이 없으며, 인간에 의한 인간의 차별, 인종의 차별, 인간에 의한 자연의 파괴가 없으며, 모든 피조물이 평화롭게 더불어 사는 새로운 생명의 세계, 하나님의 자비와 정의와 평화가 충만한 메시아적 나라, "죽음과 슬픔과 고통과 울부짖음"이 없는 "새 하늘과 새 땅"을 가리킨다. 마태복음은 하나님 나라를 "하늘나라"라 부르고, 바울은 "아들의 나라"라 부르기도 한다(골 1:13). 교회는 이 같은 하나님 나라의 현실이 앞당겨 일어나는, 그리고 이 현실을 희망하고 기다리는 사람들의 종말론적 공동체다.

2) 그러나 교회가 하나님 나라 자체는 아니다. 그 까닭은 교회 공동체 안에 혹은 교회 공동체로서 실존하는 그리스도는 교회 공동체와 구별되기 때문이다. 교회 공동체 안에 혹은 교회 공동체로서 실존하는 그리스도

는 하늘로 올라가셔서 하나님과 함께 계시며, 우리는 아직도 그분의 오심을 기다린다(엡 4:8 이하; 살전 4:16; 빌 3:20; 고전 15:23). 그러므로 땅 위에 있는 어떤 교회도 하나님 나라와 동일시될 수 없다.

또 교회 공동체는 의로운 사람들이 모인 공동체인 동시에 죄인들이 모인 공동체다. 그러므로 교회는 결코 하나님 나라 자체일 수 없다. 우리가 친구를 위하여 목숨을 내어준다 할지라도(요 15:13), 그것은 불가능하다. 그러므로 교회 안에 실존하는 하나님 나라는 교회와 구별된다. "하나님 나라 자체"와 "하나님 나라의 현실" 혹은 "하나님 나라의 실재"는 혼동될 수 없다.

바르트에 따르면 교회는 "그의 지상적·역사적 실존 형식 속에 있는" 하나님 나라이지만, 완성된 형태의 "하나님 나라가 아니다"(Barth 1964b, 742). 그리스도께서 교회 안에 현존하는 동시에 "교회의 머리"로서 교회로부터 구별되듯이, 하나님 나라는 교회 안에 현존하는 동시에 교회로부터 구별된다. 교회는 하나님 나라의 표징 내지 표지(signum)일 뿐이다.

표징은 대상을 가리키지만, 대상 자체는 아니다. 교회는 이 대상 곧 "자신의 배후에 있는 실재를 환히 드러내주는 표지에 불과하다. 그 실재는 물론 하나님 나라다. 그리고 이 실재를 드러내주는 표지로서의 교회는 언제나 '잠정적'일 수밖에 없다"(장윤재 2009, 399). 교회는 장차 올 하나님 나라가 부분적으로 그 안에 현존하여 미리 앞당겨 경험되는 "하나님 나라의 선험적(先驗的) 공동체"일 뿐이다(이종성 1992, 353).

예수의 겨자씨 비유에 따르면, 교회 안에 있는 하나님 나라는 작은 겨자씨와 같다(마 13:31-32). 겨자씨는 매우 작지만, 자라서 큰 나무가 될 잠재성을 가지고 있다. 그러나 겨자씨 자체는 너무도 작고 불완전한 상태에 있다. 교회 안에 있는 하나님 나라는 겨자씨에 비유될 수 있다. 그것은 겨자씨처럼 매우 작고 불완전하다. 그것은 "이미-그러나 아직 아님"의 종말론적 갈등 속에 있다. 그것은 현재적인 것인 동시에 미래적인 것이요, 미래적인 것인 동시에 현재적인 것이다. 그러므로 교회는 하나님 나라의 불완전한 현실일 뿐이지, 하나님 나라 자체가 아니다. 하나님의 아들만이 "하나님 나라 자체"다.

3) 교회가 하나님 나라의 현실이 될 수 있는 길은 무엇인가?

첫째, 그 길은 먼저 각 사람의 회개에 있다. 하나님 나라는 회개하고 하나님의 새로운 피조물로 다시 태어난 사람들, 곧 "너희들 가운데서" 시작된다. 각 사람의 회개와 다시 태어남이 없는 하나님 나라는 있을 수 없다. 각 사람, 곧 성직자들과 신자들이 회개하고 다시 태어나야, 교회는 하나님 나라의 현실이 될 수 있다. 그러므로 지상의 예수는 하나님 나라를 선포하면서, 각 사람에게 회개를 요구한다. "하나님 나라가 가까이 왔다. 회개하여라"(막 1:15).

회개(*metanoia*)는 삶의 방향을 바꾸는 것, 곧 삶의 전향을 말한다. 하나님 없이 욕심과 욕정의 노예가 되어 죄에 끌려다니며 살던 삶의 길을 버리고, 하나님의 계명을 지키며 사는 삶의 길을 취하는 것을 뜻한다. 옛날의 죄인인 내가 십자가에 달린 예수와 함께 죽고, 부활하신 예수와 함께 다시 살아나는 것을 말한다. 바울은 이것을 다음과 같이 말한다. "우리의 옛 사람이 그리스도와 함께 십자가에 달려 죽은 것은, 죄의 몸을 멸하여서, 우리가 다시는 죄의 노예가 되지 않게 하려는 것임을 우리는 압니다.⋯우리가 그리스도와 함께 죽었으면, 그와 함께 또한 우리도 살아날 것을 믿습니다"(롬 6:6-8). 옛날의 죄인 된 "자기를 죽임"(*mortificatio*)을 통해, 부활하신 그리스도와 함께 "살아남"(*vivificatio*)을 통해 "새로운 피조물"로 다시 태어남이 각 사람에게서 일어날 때, 교회는 하나님 나라를 상속받게 된다(빌 5:5).

일반적으로 우리는 하나님 나라가 "이 땅 위에" 곧 이 세상 안에서 이루어져야 한다고 생각한다(참조. 마 6:10). 따라서 교회는 이 세상을 위해 무언가를 해야 한다고 생각한다. 그러나 세상에 대해 무언가를 하기 전에, 먼저 성직자와 그리스도인들 자신이 하나님 나라의 현실로 변화되어야 한다. 성직자와 그리스도인들을 보면, "아, 여기에 하나님 나라가 있구나"

라고 말할 수 있어야 한다. 그래서 예수는 다음과 같이 기도한다. "아버지, 아버지께서 내 안에 계시고 내가 아버지 안에 있는 것과 같이, 그들도 하나가 되어서 우리 안에 있게 하여 주십시오"(요 17:21). 사람들이 하나님 안에 있고 하나님이 그들 안에 있는 그런 사람들이 모인 공동체 안에 하나님 나라가 실재한다. 하나님 나라는 여기에 혹은 저기에 있는 것이 아니라, 바로 이들 가운데 있다(눅 17:21).

둘째, 교회가 하나님 나라의 현실이 될 수 있는 길은 성직자들과 신자들이 하나님 나라의 백성답게 사는 데 있다. 그들은 이 세상 안에 있지만, "사랑하는 아들의 나라로" 옮겨졌다(골 1:13-14). 이제 그들은 하나님의 자녀답게, 곧 하나님 나라에 속한 사람답게 살아야 한다. "구부러지고 뒤틀린 세대 가운데서 하나님의 흠 없는 자녀"가 되어야 한다(빌 2:15). 이때 교회는 하나님 나라의 현실이 될 수 있다.

이를 위해 성직자들과 신자들은 죄를 짓지 않아야 한다. 그들은 "죄의 법"에서 해방되어야 한다(롬 7:23). 죄는 죽음의 그늘이자 죽음의 현실이다. 죄를 지을 때, 우리는 하나님의 영역에 속하지 않고 죽음의 영역에 속하게 된다. 빛의 세계에 속하지 않고 어둠의 세계에 속한다. 하나님이 우리를 다스리지 않고 사탄이 우리를 다스린다. 그러므로 죄인의 얼굴은 어둡게 보인다.

바울은 이것을 다음과 같이 말한다. "여러분이 아무에게나 자기를 종으로 내맡겨서 복종하게 하면, 여러분은 여러분이 복종하는 그 사람의 종이 되는 것임을 알지 못합니까?" 죄를 짓는 사람들은 "죄의 종이 되어 죽음에" 이르게 된다(롬 6:16). "그들은 수치의 감각을 잃고, 자기들의 몸을 방탕에 내맡기고, 탐욕을 부리며, 모든 더러운 일을 한다"(엡 4:18-19). 그들은 예수 그리스도의 구원을 통해 얻은 "하나님 나라를 상속"받지 못한다. "음행하는 자나 행실이 더러운 자나 탐욕을 부리는 자는 우상숭배자여서, 그리스도와 하나님 나라를 상속받을 몫이 없다"(5:5).

바울은 "죄의 법"을 다음과 같이 말한다. "자기를 사랑하며, 돈을 사랑하며, 뽐내며, 교만하며, 하나님을 모독하며, 부모에게 순종하지 아니하며, 감사할 줄 모르며, 불경스러우며, 무정하며, 원한을 풀지 아니하며, 비방하며, 절제가 없으며, 난폭하며, 선을 좋아하지 아니하며, 배신하며, 무모하며, 자만하며, 하나님보다 쾌락을 더 사랑"한다(딤후 3:2-4). 갈라디아서 5:19-21에 나오는 "육체의 행실"에 관한 목록도 죄의 법을 나타낸다. 죄의 법을 따르는 자는 "하나님 나라를 상속받지 못할 것이다"(갈 5:21).

일반적으로 죄는 금지된 것을 범하는 것으로 이해된다. 그러나 성서는 죄를 더욱 깊이 파악한다. "사람이 해야 할 선한 일이 무엇인지 알면서도 하지 않으면, 그것은 죄가 된다"(약 4:17). 이 말씀에 따르면, 많은 재산을 소유하면서, 세상의 고난 받는 사람들에 대해 무관심한 것도 죄다. 무관심은 우리를 투명인간으로 만든다. 이웃이 억울하고 고통스러운 일을 당해도 마음에 아무런 동요가 없고, 나하고 상관없는 일엔 눈 하나 깜빡하지 않는다. 피조물들의 고난에 대해 마음의 문을 닫고, 자기 자신만을 추구한다. 무관심은 나와 이웃, 나와 하나님을 단절시키는 마음의 벽이다. 선한 사마리아 사람처럼 무관심의 벽을 허물고 어려운 이웃에게 선을 행할 때, 교회는 하나님 나라의 현실이 된다.

셋째, 교회가 하나님 나라의 현실이 될 수 있는 길은 교회의 목회자들과 신자들이 "하나님의 법"을 지키는 데 있다(롬 7:23). 구약의 십계명은 하나님의 법의 모체라 말할 수 있다. 목회자와 신자들 곧 교회는 ① 출애굽의 하나님, 예수 그리스도 안에서 자기를 계시하는 삼위일체 하나님 외에 다른 신들을 섬기지 않고, ② 돈과 권세와 명예와 명품 등의 헛된 우상을 섬기지 않으며, ③ 하나님의 이름을 함부로 부르지 않고, ④ 안식일에 연약한 생명을 보호함으로써 안식일을 거룩히 지키며, ⑤ 부모를 공경하고, ⑥ 자신의 자녀를 포함한 이웃의 생명에 해가 되는 일(살인)을 하지 않고, 도리어 그들의 생명을 보호하고 장려하며, ⑦ 간음하지 않고, ⑧ 도둑질하지 않으며, ⑨ 이웃에게 거짓 증언을 하지 않고, ⑩ 이웃의 아내와 남편을 포함한 이웃의 소유를 탐내지 않아야 한다(출 20:1-17). 목회자와 신자들이 이 하나님의 계명을 지킬 때, 교회는 하나님 나라의 현실이 될 수 있다.

신약성서의 수많은 계명은 그리스도인들과 그들의 공동체가 지켜야 할 "하나님의 법"을 보여준다. 그들은 서로 한 마음이 되고, 교만한 마음을 품지 않으며, 비천한 사람들과 함께 사귀고, 스스로 지혜가 있는 체하지 말아야 하며, 아무에게도 악을 악으로 갚지 말고, 모든 사람이 선하다고 생각하는 일을 해야 한다(롬 12:16-17), 낮에 행동하듯이 단정하게 행하며, 호사한 연회와 술 취함, 음행과 방탕, 싸움과 시기에 빠지지 않아야 한다(롬 13:13). 허망한 욕정을 따라 살다가 썩어 없어질 옛 사람을 벗어버리고, 하나님의 형상을 따라 참 의로움과 거룩함으로 지으심을 받은 새 사람을 입어야 한다(엡 4:22-24). 음행과 온갖 더러운 행위와 탐욕을 버려야 한다(엡 5:3). 술에 취하여 방탕에 빠지지 않아야 하며, 성령의 충만함을 받아야 한다(엡 5:18). 참된 것, 경건한 것, 옳은 것, 순결한 것, 사랑스러운 것, 명예로운 것, 덕이 되고 칭찬할 만한 것을 행해야 한다(빌 4:7). 갈라디아서 5장의 "성령의 열매"는 그리스도인들이 지켜야 할 하나님의 법의 목록이라 말할 수 있다.

하나님의 법은 먼저 교회 공동체 안에서 실천되어야 한다. 교회 내의 형제자매들을 헐뜯지 않고 도리어 좋은 이야기를 하며, 마음에 상처를 주는 말을 하지 않으며, 세속의 가치관에 따라 형제자매들을 차별하지 않으며(약 2:1) 서로 격려하고 용서해야 한다. 이해인 수녀의 「10월의 기도」는 이에 대한 가르침을 준다. "언제나 향기로운 사람으로 살게 하소서. 좋은 말과 행동으로 본보기가 되는 사람 냄새가 나는 향기를 지니게 하소서. 타인에게 마음의 짐이 되는 말로 상처를 주지 않게 하소서. 상처를 받았다기보다 상처를 주지는 않았나 먼저 생각하게 하소서.…나보다 남을 먼저 생각하게 하시고, 마음에 욕심을 품으며 살게 하지 마시고, 비워두는 마음 문을 활짝 열게 하시고, 남의 말을 끝까지 경청하게 하소서."

넷째, 하나님의 법의 핵심은 하나님 사랑과 이웃 사랑에 있다(마 22:37-40). "남을 사랑하는 사람은 율법을 다 이룬 것이다"(롬 13:8). "네 이웃을 네 몸과 같이" 사랑하는 것이 율법의 완성이다(롬 13:9-10). 이웃 사랑은 하나님의 사랑에 그 뿌리가 있다. 우리를 사랑하여 자신의 아들마저 희생시킨 하나님처럼, 우리도 우리의 이웃을 자기 자신처럼 사랑해야 한다. 자기를 비우시고 자기의 목숨을 희생하신 그리스도처럼, 자신의 이웃을 사랑해야 한다. "그리스도께서 여러분을 사랑하셔서 우리를 위하여 하나님 앞에 향기로운 예물과 제물로 자기 몸을 내어주신 것과 같이, 여러분도 사랑으로 살아가십시오"(엡 5:2).

하나님이 명령하는 사랑의 심각성은 십자가에 달린 그리스도처럼 이웃을 사랑하는 데 있다. 니체가 말하듯이, "오로지 그리스도교적 실천만이, 즉 십자가에서 죽었던 그가 살았던 것처럼 사는 것만이 그리스도교적이다"(박만 2015, 271에서 인용). 교회가 하나님 나라의 현실이 될 수 있는 궁극적 길은 우리를 위해 자기의 목숨을 버린 예수처럼 이웃을 사랑하는 데 있다. "사랑 안에서 인간은 인간에게 하나님이 된다"(Bonhoeffer, Welker 2016, 28에서 인용).

다섯째, 예수는 이웃 사랑을 구체적으로 행할 것을 명령한다. 교회가 하나님 나라의 현실이 될 수 있는 길은, 이웃 사랑을 구체적으로 실천하는 데 있다. "네가 완전한 사람이 되려고 하면, 가서 네 소유를 팔아서 가난한 사람에게 주어라"(마 19:21). 하나님 나라에 들어갈 수 있는 길은 가난한 사람들에게 소유를 나누어 주는 데 있다. 자기의 재물을 자기의 것으로 생각하지 않고, 하나님께서 그에게 주신 "하나님의 소유"로 생각하고, 그것을 나누는 것이 "하나님의 법"이다. "어리석은 부자의 비유"에 의하면(눅 12:13-21), 부자는 자기의 재물을 "하나님의 소유"로 생각하지 않고, "자신의 모든 재물이 자신만의 소유이며, 그것을 사사로이 사용할 목적으로 보관할 권리도 자신에게 있다고 생각했다. 그는 절박한 처지에 있는 이들에게 자기의 부를 나눠주어야겠다는 생각은 조금도 하지 않았다." 그러나 "많은 재물을 얻고 더욱 많은 재물을 쌓음에서 안전과 멋진 삶을 찾을 수 있다고 믿는 사람은 미안하지만 잘못 생각한 것이다"(Bailey 2016, 478). "풍족한 삶은 자신을 위해 쌓는 삶이 아니라 '하나님을 위하여 쌓는 삶'에" 있다(479).

소유의 기쁨은 자신만의 기쁨으로 끝나지만, 나눔의 기쁨은 두 배 이상으로 늘어난다. 소유의 기쁨은 금방 사라지지만, 나눔의 기쁨은 사람들의 마음속에 깊이 새겨진다. 소유의 축적은 이웃과의 관계를 단절시키지만, 소유의 나눔은 이웃과의 아름다운 관계를 회복시키고 삶의 기쁨과 보람을 선사한다. 소유가 쌓일수록 마음이 무거워지고 근심이 느는 반면, 소유의 나눔은 웃음을 가져온다.

소유는 물론 우리의 생명도 하나님이 빌려주신 하나님의 선물이다. 그것은 우리의 권리가 아니다. 하나님이 우리의 생명을 되찾으실 때, 우리의 소유가 어떻게 될지 사실 아무도 모른다. 후손에게 물려준 소유는 방탕한 삶과 도박으로 하루아침에 사라질 수 있다. 하나님 나라는 안개와 같은 재물을 쌓아놓고 "마음 놓고 먹고 마시고 즐기는"(눅 12:19) 데 있는 것이 아니라, 가난한 이웃에게 재물을 나누어주는 데 있다. 그러므로 예수는 이렇게 말한다. "네게 달라는 사람에게 주고, 네게 꾸려고 하는 사람을 물리치지 말라"(마 5:42). "너희는 자기를 위하여 보물을 땅에다가 쌓아 두지 말라.⋯너희를 위하여 보물을 하늘에 쌓아 두어라. 거기에는 좀이 먹고 녹이 슬어서 망가지는 일이 없고, 도둑들이 뚫고 들어와서 훔쳐가지도 못한다. 너의 보물이 있는 곳에, 너의 마음도 있을 것이다"(마 6:19-21). "하늘나라"에 들어갈 수 있는 길은 "하늘에 계신 내 아버지의 뜻을 행하는" 데 있다(마 7:21). 교회와 신자들과 성직자들이 하나님 나라의 현실이 될 수 있는 길은 예수의 이 말씀을 행하는 데 있다.

여섯째, 교회의 머리 되신 그리스도 안에서 하나님의 사랑은 "타자를 위한 존재"(Sein für die anderen, Bonhoeffer)로 나타난다. 복음서가 증언하는 그리스도는 "타자를 위한 존재"였다. 죄 없으신 분이 세상의 모든 죄짐을 짊어지고 십자가에서 죽으셨다. 바로 그분이 "하나님 나라 자체"다. 교회가 하나님 나라의 현실이 될 수 있는 길은 "하나님 나라 자체"이신 그분의 뒤를 따라 "타자를 위한 존재"가 되는 데 있다. 또한 이 세상을 위한 책임적 존재가 되는 데 있다. 교회는 세상의 불의와 비인간성에 대해 하나님의 정의와 인간성을 증언해야 한다. 세상의 거짓에 대해 하나님의 진리를, 인간에 의한 인간의 차별에 대해 모든 인간의 평등한 존엄성을 증언해야 한다. 세상 짐을 짊어지신 예수의 뒤를 따라 신음하는 피조물들의 고난에 참여해야 한다.

한국의 많은 식자들은 교회가 사랑을 말하지만 행함이 없다고 비난한다. 그러나 이 비난은 개신교회의 현실을 객관적으로 파악하지 못한 매우 일방적 비난이다. 국내 사회복지 시설 및 단체 중 60% 내지 70%가 개신교회 계통인 것으로 추산된다. 중국에서 탈북자를 돕는 거의 모든 성직자들은 개신교회 성직자들이다. 한 가지 실례를 든다면, 충남 천안의 갈렙선교회 김성은 목사는 2015년 어머니가 평생 모은 돈과 자신의 전 재산, 은행 대출 등을 합하여 3층짜리 교회 건물을 세웠다. 건물 1층 점포에서 보증금 및 권리금 각 1억 원, 월세 120만 원을 내고 장사하겠다는 사람이 있었지만, 그는 이를 거절하고 건물 1층 전체를 3년 동안 탈북자를 위한 무료 점포로 내주었다. 3년 동안 점포 임대료는 물론 전기료도 낼 필요가 없지만, 사업 노하우를 터득하여 남한 사회에서 자립할 수 있는 경쟁력을 얻도록 하기 위함이다. 김 목사는 건물 2-3층을 탈북 고아와 청소년을 위한 공간으로 꾸미고, 탈북자의 북한 내 가족을 금전적으로 돕기도 하고, 중국 교도소와 태국 수용소 등에 갇힌 탈북자에게 생필품을 보내기도 한다. 이 같은 사랑이 있는 곳에 하나님 나라의 현실이 있다.

4) 교회 안에 하나님 나라가 실재하지만, 세계는 죄악으로 가득하다. "아직도 인간의 역사 안에는 불의가 너무 강하다. 불신자들이 세계를 정치적으로 경제적으로 지배하고 있다.…비극적인 사건, 원인도 모를 사건, 용납될 수 없는 사건들이 너무나도 많이 일어난다.…인간의 교만과 무지가 사회와 역사를 어지럽게 만들고 있다"(이종성 1992, 354).

그러므로 교회 안에 있는 하나님 나라는 교회로부터 구별되는 동시에,

세계로부터 구별된다. 그것은 현존하는 교회와 세계의 현실에 대립하는 하나님의 "새로움"이다. 그것은 세계 속에는 물론 교회 안에도 있는 어둠에 대립하는 빛이요, 거짓에 대립하는 진리요, 죄와 죽음에 대립하는 생명이다. 그것은 세계에 속한 "비슷한 것들", "동일한 것들"에 대하여 "전적으로 다른 것"(totaliter aliter), 곧 타자다. 그것은 이 세계와 관계없이, 이 세계 바깥에 머물러 있다는 뜻에서 타자가 아니라, 이 세계를 새로운 생명의 세계로 상대화시키는 미래라는 뜻에서 타자다.

예수가 선포한 "하나님 나라"는 본래 불의한 세계를 거부하는 묵시사상의 개념으로, 당시 로마 제국에 사실상 매우 위험한 것이었다. 하나님의 진리와 자비와 정의가 다스리는 "하나님 나라"는 하층민들과 노예에 대한 억압과 착취와 잔인함으로 가득한 로마 제국의 현실에 대한 부정이요, 그것의 폐기를 요구하는 현실 변혁적 의미를 담아내고 있었다.

이 의미는 요한계시록에 극단적 형태로 나타난다. 요한계시록에서 로마 제국은 "음녀"(계 17:1), "바빌론"(계 17:5; 벧전 5:13), "땅이 음녀들과 가증한 것들의 어미"(계 17:5) 등으로 묘사된다(이병학 2016, 381 이하). 그것은 "억압과 불의로 오염된 세계이고, 성도와 약자들이 소외되고 차별당하고 착취당하며 박해당하고 심지어는 죽임을 당하는 세계다"(474). 이 세계는 그 죄악으로 인해 하나님의 심판을 받고 멸망할 수밖에 없다. 세계는 이제 "죽음과 슬픔과 고통과 울부짖음"이 더는 존재하는 않는 "새 하늘과 새 땅"으로, "특권계층이 없고 모든 사람이 부를 공유하고, 억압과 빈곤과 기아가" 없는 "새 예루살렘"으로(499) 바뀌어야 한다. 언젠가 흔들릴 수밖에 없는 이 세계는 "흔들리지 않는 나라"(히 12:27-28)로 변혁되어야 한다. 여기서 말하는 "새 하늘과 새 땅", "새 예루살렘", "흔들리지 않는 나라"는 하나님 나라를 가리키는 묵시사상적 상징들이다.

묵시사상에 그 뿌리를 둔 하나님 나라는 세계에 대하여 변혁을 요구하는 종말론적 현실이다. 그것은 현재적인 동시에 미래적 현실로서, 세계를 변혁하고자 하는 변증법적 힘이다. 이 힘이 세계 속에 작용하는 종말론적 공동체로서 교회는 장차 올 하나님 나라의 새로운 생명의 세계를 동경하며 기다린다. 교회는 하나님 나라의 현실인 동시에, 아직 주어지지 않은 하나님 나라의 미래를 기다리는 희망과 기다림의 공동체다. 그것은 새로운 미래를 기다리는 메시아적 공동체다. 메시아성이 교회의 본질을 구성한다.

메시아성이란 무엇인가? ① 메시아성은 눈에 보이는 현실에 안주하지 않고, 하나님이 약속하신 메시아의 세계, 곧 하나님 나라의 미래를 향한 동경과 기다림을 말한다. ② 메시아성은 이 기다림과 희망으로 말미암아 필연적으로 일어날 수밖에 없는, 거짓되고 불의한 현실에 대한 부정과 저항의 정신을 말한다. ③ 메시아성이란 현실의 불의와 거짓을 극복하고 하나님의 메시아적 세계를 앞당겨 오고자 하는 정신을 말한다. 곧 하나님 나라와 하나님의 정의를 구하며(마 6:33), 하나님의 뜻을 이 땅 위에서도 이루고자 하는(마 6:10) 정신을 말한다. 이 같은 의미를 지닌 메시아성이 교회의 기본 정신이다. 교회의 기초와 머릿돌 되신 그리스도는 바로 이 정신의 소유자였다. 그래서 그는 메시아 곧 "그리스도"(*Christos*)라 불리었다. 메시아적 정신이 없는 교회는 이빨 빠진 호랑이와 같다.

메시아성의 뿌리는 하나님의 사랑에 있다. 사랑은 생명을 파괴하고 죽이는 죄악과 불의를 거부한다. 그것은 불의와 죄악을 부정하고, 죽음과 슬픔과 울부짖음과 고통이 없는 새로운 생명의 세계를 구현하고자 한다. 하나님의 사랑은 메시아성을 지닌다. 그것은 메시아적 사랑이다. "하나님은 사랑이다"라는 요한1서의 말씀(요일 4:8, 16)은 "하나님은 메시아적 하나님이다"라고 풀이될 수 있다. 만일 하나님의 사랑이 메시아성을 갖지 않는다면, 그것은 참 사랑이 아닐 것이다. 참으로 이웃을 사랑하는 사람은 메시아성 곧 메시아적 정신을 갖지 않을 수 없다. 교회는 메시아적 하나님을 믿는 메시아적 백성이다. 그것은 "더 이상 죽음과 슬픔과 울부짖음과 고통이 없는" 메시아 왕국 곧 하나님 나라가 온 땅 위에 오기를 바라고 기다리며, 또 이를 위해 헌신하는 메시아적 공동체다.

5) 성서의 하나님은 "더 이상 죽음과 슬픔과 울부짖음과 고통이 없는"

"새 하늘과 새 땅"을 약속하는 하나님이다. 그리스도인들은 이 약속을 받은 "약속의 자녀들"이요(갈 4:28), "유대인들과 공동 상속자, 약속을 함께 가지는 자"(엡 3:6), "약속을 상속받는 사람들"이다(히 6:17). 따라서 교회는 약속의 자녀들이 모인 약속의 공동체다. 약속을 받은 사람은 약속이 이루어질 미래를 바라본다. 그는 과거와 현재를 보고 낙심과 좌절에 빠지지 않는다. 오히려 그는 하나님의 약속에 대한 믿음 속에서 약속된 미래를 향해 나아가고자 한다. 따라서 교회는 하나님의 약속된 미래를 바라보며, 그 미래를 지향한다.

교회의 미래지향성은 하나님의 약속에 대한 믿음에 근거한다. 구약의 역사에서 하나님은 먼저 아브라함에게 땅과 많은 후손, 큰 민족, 하나님의 특별한 보호와 축복, 아브라함으로 말미암은 모든 민족의 축복을 약속한다(창 12:1-4). 그는 모세에게 "젖과 꿀이 흐르는 땅"을 약속하며(출 3:8), 안전하고 평화로운 국가와 영원히 튼튼한 왕조를 다윗에게 약속한다(삼하 7:8-16). 이스라엘 백성의 위기 속에서 하나님은 예언자들을 통해 민족의 해방과 회복을 약속한다. 또한 하나님은 메시아 왕국의 구원을 약속한다(사 11:1-9; 65:17). 하나님의 약속은 "새 하늘과 새 땅"의 창조에 대한 약속에서 정점에 도달한다. "보아라, 내가 새 하늘과 새 땅을 창조할 것이니…"(사 65:17; 또한 66:22).

신약성서는 구약의 약속을 계승하지만, 이를 그리스도론적으로 수정한다. 십자가에 달려 죽으시고 부활하신 그리스도를 통하여 하나님은 새로운 생명의 세계를 약속한다. 이 세계를 신약성서는 "만유의 회복"(행 7:21), 그리스도를 머리로 한 "만유의 통일"(엡 1:10), "하나님의 집이 사람들 가운데" 있고, 사람들이 "하나님의 백성이" 되며, "다시는 죽음이 없고, 슬픔도 울부짖음도 고통도 없을" "새 하늘과 새 땅"(계 21:1-4), "새 예루살렘"(계 21:9-22:5) 등의 다양한 은유로 나타낸다. 그리스도인들은 이 약속을 유업으로 받은 "약속의 자녀들"이요, "그리스도와 함께 하는 공동 상속자들"이다(롬 8:17).

교회는 이 약속을 물려받은 약속의 상속자요, 약속의 성취를 기다리는 기다림의 공동체다. 교회는 만유 안에 계신 하나님의 자비와 정의 속에서 모든 피조물이 더불어 평화롭게 공존하는 새로운 생명의 세계를 꿈꾸며 이를 간절히 기다리는 꿈의 공동체, 기다림의 공동체다.

6) 아직 주어지지 않은 것에 대한 기다림과 희망은 이미 주어진 것에 대한 불만족을 전제한다. 그러므로 교회는 주어진 현실에 안주하지 않는다. 교회는 자본주의 체제의 밥상 밑에 떨어진 떡 조각이나 주워 먹는 공동체가 아니다. 그것은 이 세상에 속한 것, 눈에 보이는 것에 눈이 멀지 않고, 하나님이 약속하는 새로운 생명의 세계를 바라며 기다린다. 참교회, 곧 약속의 자녀들의 공동체 혹은 기다림의 공동체는 이 세상의 것에 현혹되지 않고, 아직 오지 않은 하나님의 약속된 미래를 바라고 희망한다. 이 미래는 그리스도의 오심과 함께 올 것이다. 그러므로 신약성서는 곳곳에서 그리스도의 오심을 기다린다. "마라나 타, 우리 주님, 오십시오"(고전 16:22), "'그렇다, 내가 곧 가겠다.' 아멘, 오십시오, 주 예수님!"(계 22:20).

하나님의 약속을 받은 아브라함은 주어진 현재에 머물지 않고, 아직 주어지지 않은 미래를 바라보며 나아간다. "젖과 꿀이 흐르는 땅"을 약속받은 이스라엘 백성은 이집트의 고기 가마를 버리고, 하나님의 약속된 땅을 향해 나아간다. 본질적으로 하나님의 백성 이스라엘은 하나님이 약속하신 새로운 생명의 세계를 바라며 나아가는 "출애굽의 백성"이다. 교회는 구약의 이 전통을 계승한다. 그것은 주님의 다시 오심과 함께 도래할 "새 예루살렘"을 향해 나아가는 "나그네"의 공동체 곧 순례자의 공동체다(히 11:13; 벧전 1:17). 이 공동체의 본향은 목적 없이 이리 부딪치고 저리 부딪치며 표류하는 지금의 세계에 있지 않고, "흔들리지 않는 나라"(히 12:28) 곧 장차 올 하나님 나라에 있다.

"몸이 다시 사는 것과 영원히 사는 것(resurrectionem carnis et vitam aeternam)을 믿습니다"라는 사도신경의 마지막 구절은, 교회가 무엇을 바라고 무엇을 향해 나아가야 하는가를 시사한다. 교회는 죄와 죽음의 세력에 묶여 죽어가는 생명들이 믿음 속에서 다시 살아나는 세계 곧 하나님의 참 생명이 있는 세계를 바라고 또 이를 향해 나아가야 한다. 다음과 같은 대림절(강림절) 찬송가 역시 교회가 지향해야 할 바를 보여준다. "곧 오소서 희망의 주, 만 백성 한 맘 이루어, 시기와 분쟁 없애고, 참 평화 채워주소서. 기뻐하라 이스라엘, 곧 오시리라 임마누엘"(새 찬송가 104장). "오랫동안 기다리던 주님 강림하셔서, 죄에 매인 백성들을 자유 얻게 하시네. 주는 우리 소망이요 힘과 위로되시니, 오래 기다리던 백성 많은 복을 받겠네"(새 찬송가 105장).

주어진 세계에 만족하지 않고 새로운 생명의 세계를 바라고 기다리는 그리스도인들의 공동체가 존재한다는 것, 그것은 주어진 세계에 대한 새로움이다. 그것은 세계에 대한 부정성(Negativität)이다. 하나님 나라의 새로운 세계를 바라고 기다리는 교회가 이 세계 안에 "있다"는 것, 그 자체가 이 세계에 대한 부정성이요, 저항이다. 한 목회자에 따르면, "부정성이 곧 저항입니다. 우리가 다른 가치를 갖고 다르게 살아가는 것, 다르게 말하고 행동하는 것이 곧 부정성이고, 그 부정성을 만들어가는 것 자체가 저항이란 뜻입니다. 어떤 특정한 타깃을 정해놓고 공격하는 것이 저항이 아니라, 기존의 체계와 질서에 맞서 이질적인 행위를 하는 사람들과 그들의 삶 자체가 저항적 함의를 지니고 있다는 것입니다.…초기 교회 공동체의 삶 자체가 로마 제국의 렌즈로 볼 때는 일종의 저항으로 받아들여지는 것과 같은 이치입니다"(양민철·김성률 2016, 233).

C. 교회는 거룩한 사람들의 공동체요, 다시 태어난 빛의 자녀들의 공동체다

1) 신약성서는 교회를 가리켜 성도의 공동체, 곧 "거룩한 사람들의 교회" 혹은 "거룩한 민족"이라 부른다(벧전 2:9). 이 개념은 본래 구약성서에서 유

래한다. 구약성서는 하나님이 자기 백성으로 선택하신 이스라엘 백성을 "거룩한 사람들" 곧 성도라 부른다. 하나님이 거룩하신 것 같이, 이스라엘 백성은 "거룩한 사람" 혹은 "거룩한 백성"이 되어야 한다(출 19:6; 22:31).

신약성서는 이 전통을 수용하여 그리스도인들을 "성도"(hagioi) 곧 "거룩한 사람들" 혹은 "거룩한 사람들로 부르심을 받은 사람들"(kletois hagiois, 고전 1:2; 롬 1:7)이라 부른다. 신약성서의 많은 구절은 교회 곧 "에클레시아"를 "거룩한 사람들"이라 부른다. 예를 들어 "에베소 교회", "골로새 교회"라 부르지 않고 "에베소에 있는…거룩한 사람들"(hagiois…en Efesoi, 엡 1:1), "골로새에 있는 거룩한 사람들"(en Kolossais hagiois, 골 1:2)이라 부른다.

거룩한 사람들 곧 "성도의 공동체" 개념은, 신약성서가 정경으로 확정되기 이전인 기원후 2세기의 로마교회의 세례식 신앙고백에서 사용된 것으로 보이는데, 이 신앙고백이 나중에 "사도신경"으로 확정된다. 이리하여 사도신경은 교회를 "거룩한 사람들의 친교" 내지 "거룩한 사람들의 공동체"(communio sanctorum)라 부른다. 한국교회는 사도신경의 라틴어 원문 "communio sanctorum"을 "거룩한 사람들이 서로 교통하는 것"이라 번역하는데, 원문을 글자 그대로 따를 경우 "거룩한 사람들의 친교", "거룩한 사람들의 공동체"로 번역된다.

라틴어 소유격 복수형 sanctorum은 "거룩한 사람들"(sancti)의 소유격이기도 하고, "거룩한 일들, 사물들"(sancta)의 소유격이기도 하다. 바르트에 의하면, 거룩한 사람들의 친교 혹은 거룩한 사람들의 공동체로서의 교회는 이 두 가지 의미를 함께 포함한다. 교회는 sancti 곧 성령에 의해 거룩하게 된 사람들, 모든 시대, 모든 장소에 있는 그리스도인 전체의 친교 내지 공동체다. 이와 동시에 교회는 sancta 곧 "그리스도인들이 거룩한 자로서 맺는 모든 거룩한 관계들, 그들이 참여하는 거룩한 은사들, 그들이 부름을 받아 수행해야 할 거룩한 과제들, 그들이 받아들이는 거룩한 지위, 그들이 행해야 할 거룩한 기능 등에 있어서의 교제"이기도 하다(Migliore 2012, 434).

2) 성도의 공동체 내지 친교는, 교회를 법적 제도로 보는 로마 가톨릭교회의 교회관을 거부하는 "종교개혁의 교회 개념"의 기초이고 특징이다(Pannenberg 1993, 117). 「아우크스부르크 신앙고백」은 사도신경의 *communio*를 *congregatio*로 대체하여, 교회를 "거룩한 사람들과 (참으로 믿는 사람들의) 모임"(*congregatio sanctorum vere credentium*)이라 규정한다. 교회는 신자들로부터 분리되어 있는 객관적, 법적 제도가 아니다. 신자 없는 교회는 생각될 수 없다. 그것은 신자들을 떠나 독립적으로 존재하는 사제들의 위계체제(Hierarchie)가 아니다. 교회법과 교회 건물이 있고 성직자가 있을지라도, 성도들이 없다면, 교회는 있을 수 없다. 성도들이 곧 교회다. "교회는 건물이나 제도, 기관 그 자체가 아니라 성도들의 교제다"(박성권 2014, 203). 교회는 하나님께 예배드리고 친교하며, 세상을 위해 봉사하는 "신자들의 모임"이요(*congregatio fidelium, societas fidelium*), "진실한 신자들의 공동체"다(이범배 2001, 731).

로마 가톨릭교회의 제2차 바티칸 공의회(1962-1965)는 개신교회의 교회관을 수용하여 교회를 "성도의 친교" 내지 "성도의 공동체"로 파악한다. 친교(*communio*)의 교회관은 "교회에 관한 제2차 바티칸 공의회 이론의… 핵심"이다(Ratzinger 1986, 44). 이와 동시에 "성도의 친교"는 교회론에 관한 에큐메니칼 대화의 "기본 모델"로 수용된다(Wittstadt 1988, 469). 에큐메니칼 대화의 중요한 과제는 이 교회관을 "완전히 실현하는 데" 있다(Kasper 1986, 64).

바르트는 성도들의 친교 내지 공동체로서의 교회를 "사건"(Geschehen, Ereignis)으로 파악한다. 이로써 그는 개신교회의 교회관을 확립한다. 교회는 하나의 고정된 제도나 건물이 아니라, 믿음과 희망과 사랑 속에서 세워지고(Erbauung), 성도들의 친교 속에서 성장하며(Wachstum) 유지되는(Erhaltung) "사건" 자체다(박성권 2014, 203). 성도들의 친교는 "감사와 감사를 말함의 친교", "참회와 기쁨 가운데 있는 친교", "기도의 친교", "투쟁의 친교", "봉사의 친교", "희망과 예언의 친교", "복음 선포의 친교", "예배의 친교", "경배와 하나님 찬양의 친교"로서 "일어난다"(Barth 1964b, 709, 725-728).

3) 교회를 거룩한 사람들의 친교 내지 공동체라 생각할 때, 교회는 하나님을 믿는 사람들이 자신의 결단과 행위를 통해 구성한 하나의 인간적 단체라고 생각하기 쉽다. 곧 교인들이 세우고 유지하며 다스리는 단체, 인간이 주인이 되는 단체라고 생각할 수 있다.

물론 교회는 성도 곧 거룩한 사람들을 통해 구성되는 인간적·주관적 측면이 있다. 이와 동시에 교회는 신적·객관적 측면도 있다. 교회가 생성된 것은 인간의 결단과 행동에 있는 것이 아니라, 예수 그리스도를 통하여 이 땅 위에 하나님 나라를 세우고자 하는 하나님의 결단과 이 결단에 따른 예수의 사건과 성령의 부르심으로 말미암은 것이었다. 교회는 하나님의 자비로 말미암아 가능케 되었다.

궁극적으로 교회는 창조 이전에 있었던 하나님의 영원한 "선택"으로 소급된다. "하나님은 세상 창조 전에 그리스도 안에서 우리를 선택하시고 사랑해 주셔서, 하나님 앞에서 거룩하고 흠이 없는 사람이 되게 하셨습니다"(엡 1:4). 이런 점에서 교회는 궁극적으로 성부·성자·성령 삼위일체 하나님이 세운 것이라 말할 수 있다. 루터에 따르면 교회는 사람이 만든 것이 아니라 "복음의 피조물"이다(Luther, WA 2,430,6). 그것은 하나님의 부르심으로 말미암아 있게 되었다. 그러므로 교회는 "예수 그리스도의 부르심을 받은 사람들", "부르심을 받은 거룩한 사람들"(롬 1:6; 고전 1:2), 하나님의 "자비를 입은 사람들"(벧전 2:10)의 공동체라 말할 수 있다.

4) 하나님이 이스라엘 백성을 그의 백성으로 택하신 것은 단지 이스라엘 백성을 위함이 아니라, 이스라엘 백성을 통해 모든 민족을 구원하고 그의 나라를 세우기 위함이었다. 이와 마찬가지로 하나님이 교회를 세우신 목적은 교회 자체를 위한 것이 아니라, 교회와 함께, 교회를 통하여 죄와 죽음의 세력에서 온 세계를 해방하고, 하나님의 뜻이 모든 것을 다스리는 거룩한 하나님 나라를 세우는 데 있다. 이 목적 때문에 하나님은 "죄의 세력에서 해방된" 하나님의 "새로운 피조물" 곧 "그리스도 예수 안에서 거룩

하여지고 성도(거룩한 사람들)로 부르심을 받은"(고전 1:2) 사람들의 공동체를 세우신다.

이 목적은 먼저 교회 안에서 이루어져야 한다. 교회를 볼 때, 하나님의 거룩한 나라가 바로 교회 안에 있다고 말할 수 있어야 한다. 이를 위해 성직자들과 신자들이 하나님의 "거룩한 사람들"로 다시 태어나야 한다. "옛 아담"을 버리고 "새 아담"으로 다시 태어나야 한다. 교회가 "성도의 친교" 곧 "거룩한 사람들의 공동체"가 될 수 있는 길은 여기서부터 시작된다. 따라서 성도의 공동체로서의 교회는 거룩한 사람들로 "다시 태어난 사람들의 공동체"(communio regenitorum)다. 교회는, 성서와 신학과 교리에 관한 지식은 있지만 신앙의 인격적 체험과 결단이 없는 형식적 교인들, 이른바 "교회 다니는" 사람들의 공동체가 아니라 예수 그리스도 안에서 거룩한 사람으로 다시 태어난 사람들의 공동체다.

경건주의의 영향을 받은 슐라이어마허에 의하면, 교회는 "다시 태어난 각 사람들의 모임"이다(Schleiermacher 1884, 227). 그것은 교회에 다닌다 하지만 옛 사람의 모습을 벗어나지 못한 사람들의 공동체가 아니라, 그리스도와 함께 죽고 새로운 사람으로 다시 태어난 "새로운 피조물"의 공동체(고후 5:17) 혹은 "새 사람"의 공동체다(골 3:10). 이 세상 안에 살지만, 이 세상의 가치관을 따르지 않고 하나님의 가치관을 따르는 사람들의 공동체다. "여러분은 이 시대의 풍조를 본받지 말고, 마음을 새롭게 함으로 변화를 받아서, 하나님의 선하시고 기뻐하시고 완전하신 뜻이 무엇인지를 분별하도록 하십시오"(롬 12:2).

교회는 문화 활동을 할 수도 있고, 세상의 불의에 저항할 수도 있다. 그러나 교회의 삶의 밑바닥에는 그리스도와 함께 우리의 옛 사람이 죽고, 부활하신 그리스도와 함께 새 사람으로 다시 태어나는 경험이 있어야 한다. 교회가 세상을 위해 무엇을 하기 이전에, 성직자와 모든 교인들이 하나님의 거룩한 자녀로 새롭게 태어나야 한다. 그래야 교회는 "거룩한 사람들의 공동체"가 될 수 있다. 교회는 그리스도께서 그의 피로 사신 거룩한 사람들이 모인 "거룩한 나라"다(벧전 2:9). 그것은 어두운 곳에서 "어두움의 일"을 행하는(엡 5:11) "어두움의 자녀들"의 공동체가 아니라 빛 가운데서 행하는 "빛의 자녀들", "낮에 속한 사람들"(엡 5:8; 살전 5:15, 8; 요일 1:7), 곧 거룩한 사람들의 공동체다.

5) 교회는 거룩한 사람들로 다시 태어난 사람들의 공동체다. 그러나 이것은 시작에 불과하다. 거룩한 사람들 곧 성도의 공동체는 성화를 통해 성장해야 한다. 누구보다 먼저 성직자들이 성화되어야 한다. 성직자들이 죄에 빠지지 않아야 하며, 돈과 세속적 힘과 명예에 대한 욕심을 버려야 한다. 힘없는 여자 전도사에게 성관계를 요구하거나 여신도와 음란에 빠지지 않아야 하며, 교회 내의 각 단체들로부터 "당회장님 생일 축의금"을 위시한 경조사비를 받지 말아야 한다. 교회를 팔아먹는 일이 없어야 한다. 교인들의 헌금을 총회장이나 노회장 선거에 사용하지 말아야 하며, 교회 재정을 사취하거나 유용하지 말아야 한다. 진실하고 정직해야 하며, 자기에게 주어진 사명에 살고 죽는 사람이 되어야 한다. 성도들은 목사를 닮는다는 것을 유념해야 한다.

성화는 먼저 성직자와 교인들이 기독교적 성품과 미덕을 갖추는 데 있다. 거짓된 인간성이 신실한 인간성으로, 시기하고 미워하는 인간성이 자비롭고 사랑하는 인간성으로, 교묘하게 자기의 유익을 탐하는 이기적 인간성이 전체의 유익을 소중하게 생각하는 인간성으로, 잔인한 인간성이 자비로운 인간성으로, 뇌물을 받는 더러운 인간성이 청렴하고 의로운 인간성으로 변화되어야 한다. 성서는 이에 대해 다음과 같이 말한다. "너희는 씻어라. 스스로 정결하게 하여라. 내가 보는 앞에서 너희의 악한 행실을 버려라. 악한 일을 그치고, 옳은 일을 하는 것을 배위라. 정의를 찾아라. 억압받는 사람을 도와주어라. 고아의 송사를 변호해 주고, 과부의 송사를 변론하여 주어라"(사 1:16-17). "너희에게 정해 준 것보다 더 받지 말아라.… 아무에게도 협박하여 억지로 빼앗거나, 거짓 고소를 하여 빼앗거나, 속여서 빼앗지 말고, 너희의 봉급으로 만족하게 여겨라"(눅 3:11-14).

참으로 "거룩하신 분"은 십자가에 달린 예수 그리스도시다(막 1:24). 그분의 거룩하심은 세상을 위해 자기를 비우고 자기의 목숨을 내어주는 사랑에 있다. 십자가에 달린 그분 안에서 하나님의 사랑이 계시된다. 따라서 성도의 공동체 곧 거룩한 사람들의 공동체는 그리스도처럼 자기를 비우고 자기를 희생하는 사랑의 공동체이어야 한다. 이 공동체는 이 세상의 헛된 가치관을 따르지 않고, 하나님의 사랑과 정의와 나눔과 공생의 거룩한 가치관을 따른다. 돈과 위용을 사랑하지 않고, 오히려 청빈과 자기 비움을 자랑스럽게 생각한다. "교회의 본질은 그리스도의 '비움'이며, 교회의 능력은 바로 그리스도의 비움의 능력이다"(신준호 2005, 121).

현재 아프리카 모잠비크에서 수천 명의 고아를 돌보며 복음을 전하는 미국인 선교사 하이디 베이커(Heidi Baker)는 교회의 성화에 대해 다음과 같이 말한다. "거룩함과 사랑은 나와 밀접하게 결합되어 있다. 거룩함은 열매를 가져온다. 이 열매들 가운데 하나가 사랑이다." "거룩함은 깨끗한 마음을 지닌 사람들의 사는 방식이다. 이들은 남의 것을 훔치지 않으며, 간음하지 않으며, 그 누구의 것도 도적질하지 않으며, 술 취하지 않으며, 마약을 복용하지 않는다. 깨끗한 마음을 지닌 사람은 이 같은 일을 하지 않는다. 우리의 옷차림도 이에 속한다(이웃을 성적으로 자극하지 않도록 옷을 입어야 한다-필자)." "자기의 이웃을 사랑하는 사람은, 굶주리는 이웃에게 먹을 것을 줄 것이다. 자기의 배우자를 사랑하는 사람은 외도하지 않을 것이다. 사람을 사랑하는 사람은 그를 존경스럽게 대할 것이다. 거룩함은 마음속에서 일어나야 한다." "성서 도처에서 하나님은 그의 백성들에게 가난한 사람들, 과부들과 고아들과 나그네를 도우라고 명령한다. 예수는 이와 같은 사람들을 돌보시고, 병자들을 고쳐주었다. 우리는 예수처럼 살아야 한다"(Nissen 2016, 125-126, 144). 이에 더하여 교회가 "거룩한 사람들의 공동체"가 되는 길은, 거짓된 현실에 대해 진리를 증언하고, 불의가 있는 곳에 하나님의 정의를 세우는 데 있다.

D. 교회는 그리스도의 몸, 그리스도의 생명이요, 새 인간, 하나님의 가족이다

바울은 하나님 나라의 메시아적 공동체로서의 교회를 "그리스도의 몸"(soma Christou, 고전 12:27)이란 매우 독특한 개념으로 묘사한다. 이 개념은 "헬레니즘의 사회학적 개념"으로, 많은 지체로 구성된 인간의 육체를 가리키기도 하고, 국가와 우주를 가리키기도 한다(Schlink 1983, 580). 그것은 성만찬에서 신자들이 받는 "그리스도의 몸"을 뜻하기도 하고(고전 10:16), 그리스도인들의 존재와 그들의 공동체를 나타내기도 한다(고전 12:13, 27 등).

"그리스도의 몸"은 바울 서신에는 물론(고전 10:16; 12:27; 롬 12:5; 엡 1:23; 5:30; 골 1:24) "포도나무와 가지"에 관한 요한복음의 비유와 그 밖의 문헌에도 나타난다(요 15:1-5; 마 26:26; 막 14:22; 눅 22:19; 히 10:5; 벧전 2:24). 그러므로 이 개념은 로마 제국 안에 산재한 초기 기독교 공동체들 사이에 널리 퍼져 있었던 개념으로 보인다.

바울이 "몸"이란 유기체적 개념을 도입하여 교회를 "그리스도의 몸"으로 표현한 것은 중요한 신학적 기여라 말할 수 있다. "그리스도의 몸은 교회의 본질을 가장 깊이 나타내는 개념이다"(Pannenberg 1993, 469). 그것은 종교개혁자들이 바라본 교회관의 원리가 된다. 루터는 "그리스도의 몸"에 근거하여 가톨릭교회의 평신도 없는 사제직으로서의 교회관을 거부하고, 만인사제직을 주장한다. "우리 모든 사람은 예수 그리스도를 머리로 가진 한 몸이요, 각 사람은 다른 사람의 지체다." 그러므로 "우리 모두가 사제들이요…하나의 믿음과 하나의 복음과 동일한 성례를 가진다"(Luther 2012a, 12, 18). 칼뱅의 교회론은 "그리스도의 몸"이 말하는 교회의 "유기체적 구조"를 "가장 핵심적 내용"으로 삼는다(정미현 2009, 420).

1) 일반적으로 기독교 신학은 인간을 설명할 때, 영(pneuma)과 육(sarx)의 이분설, 아니면 "영과 혼과 육"(pneuma, psyche, sarx, 살전 5:23)의 삼분설로 설명한다. 그런데 바울은 "몸"(soma)이라는 독특한 개념을 사용한

다. 바울이 말하는 "몸"은 인간의 한 부분이 아니라 영과 육을 포함한 인간의 삶, 인간의 생명을 가리킨다. "몸"은 삶의 과정 혹은 생명의 과정으로 실존한다. 따라서 교회를 "그리스도의 몸"이라 할 때, 그것은 교회의 어떤 한 부분, 곧 교회의 영적·정신적 요소들만 가리키는 것이 아니라, 영과 육과 물질을 포함한 교회의 삶, 교회의 생명을 가리킨다.

부활하신 예수 그리스도는 하나님의 오른편에 계신 동시에 성령을 통해 교회 안에, 교회의 삶의 형태로 현존한다. 따라서 교회의 삶은 땅 위에 있는 그리스도의 현존, 곧 그리스도의 몸이다. 본회퍼에 따르면 "예수 그리스도는 그 자신인 동시에 그의 교회 공동체다(고전 12:12).…교회는 현존하는 그리스도 자신이다." 교회는 "성령 안에 현존하는 그리스도다. 그리스도의 몸의 삶이 우리의 삶이 되었다. 그리스도 안에서 우리는 더 이상 우리의 삶을 살지 않고, 도리어 그리스도께서 우리 안에서 그의 삶을 산다. 교회 공동체 안에 있는 신자들의 삶"은 "사실상 그들 안에 계신 예수 그리스도의 삶" 곧 "그리스도의 몸"이다(갈 2:20; 롬 8:10; 고후 13:5; 요일 4:15; Bonhoeffer 1967, 212, 215). 교회는 땅 위에 있는 "예수의 생명"이다(고후 4:10).

그리스도인들은 "그리스도 안으로"(eis Christon) 세례를 받는다(롬 6:3; 갈 3:27). 그들은 "한 몸 안으로"(eis hen soma) 세례를 받는다(고전 12:13). 이제 그들은 "그리스도와 함께", "그리스도 안에" 있다. 그들은 "죄에 대해서는 죽은 사람"이요, "하나님에 대해서는 그리스도 예수 안에서 살고 있는 사람"이다(롬 6:11). "예수의 생명"이 그들 안에 있다. 교회는 그리스도가 그 안에 계셔서 그것을 통해 나타나는 "그리스도의 몸"이요 그의 "생명"이다. 그리스도의 생명은 오순절 이후 이 땅 위에서 교회의 형태로 실존한다. 따라서 교회를 볼 때, 그리스도의 생명을 볼 수 있어야 한다.

그러므로 "교회는 그리스도께서 나타나는 역사적 현상 형태다. 이 형태를 통해 머리가 되신 그리스도는 역사 속에서 활동하고 현존한다(엡 1:22 이하; 4:7-16; 5:21-33; 골 1:18; 2:19). 교회는 하나님 오른편으로 올라가신 그리스도의 지상적 몸이다"(Wiedenhofer 1992, 66). "교회는 현존하는 그리스도 자신"이요(Bonhoeffer 1967, 212), 그리스도의 "지상적-역사적 실존 형식"이다(Barth 1964b, 716).

2) 그리스도는 "둘째 사람" 혹은 "마지막 아담"으로 이 세상에 오셨다 (고전 15:45-47). "첫째 사람" 아담은 하나님의 형상으로 창조되었으나, 죄의 타락으로 인해 그 형상을 잃어버렸다. "둘째 사람"은 하나님의 형상으로 이 땅에 오셨다. 그가 곧 예수 그리스도다. 옛 사람 아담은 우리에게 죄와 죽음을 가져왔지만, 새 사람 그리스도는 우리를 하나님 앞에서 의롭게 하며 "생명으로" 인도한다(롬 5:17-18).

교회는 새 사람이신 그리스도의 몸이다. 따라서 교회는 "새 인간"이다 (*kainos anthropos*, 골 3:10). 새 인간으로서의 교회는 "하나님을 따라 정의와 진리의 거룩함으로 지으심을 받은"(엡 4:24) 사람들, 곧 "옛 사람과 그 행위를 벗어버리고 새 사람을 입은" 사람들의 공동체다. 이 공동체는 "창조자의 형상을 따라 지식에까지 새롭게 하심을 받는다"(골 3:9-10).

세례는 그리스도로 옷 입는 것을 뜻한다. "세례를 받은 사람은 그리스도로 옷 입었다"(갈 3:27). 곧 옛 사람을 벗어버리고 새 사람을 입는다. 새로운 사람이 되는 길은 그리스도의 몸의 지체가 되어 그리스도를 입는 데 있다. 교회 안에서, 곧 그리스도의 몸 안에서 우리는 새로운 인간, 새로운 피조물이 된다. "새 인간인 교회 바깥에는 찢어진 옛 인간이 있을 뿐이다"(Bonhoeffer 1967, 213). 죄와 죽음의 마귀들이 거기서 우리를 노리고 있다.

3) "교회는 그리스도의 몸이다"라는 말은 그리스도와 교회의 신비로운 연합을 말한다. 그리스도와 연합할 때, 교회는 그리스도의 몸이 된다. 교회의 삶은 땅 위에 계신 그리스도 자신의 삶이다. 교회의 기쁨은 그리스도 자신의 기쁨이요, 교회의 슬픔은 그리스도 자신의 슬픔이다. 교회가 박해와 고통을 당할 때, 그리스도께서 박해와 고통을 함께 당한다. 교회가 세상 사람들의 존경을 받을 때, 그리스도 자신이 존경을 받는다. 교회가 세상 사람들의 욕을 먹을 때, 그리스도 자신이 욕을 먹고 눈물을 흘린다.

이 땅 위의 교회는 이루 말할 수 없이 많은 문제를 안고 있지만, 그럼에도 그리스도는 이 교회를 자신의 몸처럼 사랑하신다. 건강하지 못한 교회가 건강해지고, 힘을 잃고 시들어진 교회가 생동케 되며, 세상의 비난을 받는 교회가 아닌 세상의 존경을 받는 교회가 되기를 기다리신다. 미래의 꿈을 잃어버린 교회가 꿈을 다시 찾고, 교회답지 못한 교회가 교회다운 교회가 되기를 기다리신다. 더 많은 소유를 최고의 가치로 생각하는 자본주의 사회의 풍조를 따라가지 않고, 그리스도의 생명을 나타내는 교회가 되기를 기다리신다. 하나님을 부끄럽게 하는 교회가 아니라, 하나님을 영광스럽게 하는 교회가 되기를 기다리신다.

교회는 땅 위에 있는 그리스도의 몸이다. 교회는 땅 위에 있는 그리스도의 현존이다. 2천 년 전 과거에 오신 그리스도, 또한 미래에 다시 오실 그리스도는 지금 성령을 통해 교회 안에, 교회의 형태로 현존한다. 그는 교회가 자신의 몸이 되기를 기다린다. 2천 년의 역사에서 저지른 인간적 탐욕과 죄악으로 인해 교회는 만신창이가 되었지만, 그럼에도 그리스도는 이 교회를 포기하지 않으며 이 교회 때문에 고통을 당한다. 교회는 하나님께서 "자기 아들의 피로 사신"(행 20:28) 그리스도의 몸이기 때문이다.

그리스도께서 교회를 사랑한다면, 교회도 그리스도를 사랑해야 한다. 신랑이 신부를 사랑하듯이, 교회는 신랑 되신(눅 5:35) 그리스도를 사랑해야 한다. "세상이나 세상에 있는 것들"을 사랑하지 않고, 십자가에 달린 그리스도를 사랑해야 하며, 작은 형제자매들을 사랑해야 한다. 교회는 그리스도처럼 자기를 비워야 한다. "교회는 예수 그리스도의 복음과 계시의 빛 아래에서 자아를 비운 사람들이 구성하는 믿음의 공동체이며, 비움의 자아를 통하여 그리스도의 영적인 몸을 형성하는 공동체다." 교회는 자기 비움을 통해 "그리스도의 몸이 되는 유기체적 공동체로 성장한다"(신준호 2005, 121).

그러나 교회는 그리스도와 동일시될 수 없다. 그리스도는 교회의 몸으로 계신 동시에 교회의 "머리"로서 교회로부터 구별된다. "그는 몸인 교회의 머리시다"(골 1:18; 참조. 엡 1:22; 4:15). 몸은 머리로 말미암아 유지되고 성장한다(골 2:19). 그는 교회의 머리인 동시에 모든 "왕들의 머리"다(계 1:5). 교회는 그의 영양분을 머리 되신 그리스도로부터 받는다. 성령 안에 계신 그리스도가 교회가 취해야 할 영양분의 원천이다. 교회는 그리스도로부터 생명의 힘을 얻어 완전한 "새 인간"으로 성장한다. 곧 "머리이신 그리스도로부터 각 마디와 힘줄을 통하여 영양을 공급받고, 서로 연결되어서 하나님께서 자라게 하시는 대로" 자라난다(골 2:19).

교회의 머리로서 그리스도는 그의 몸인 교회와 대칭적이며, 교회에 대해 자유롭다. 그리스도의 승천과 다시 오심(재림)은 교회에 대한 그리스도의 대칭과 자유를 드러낸다. 교회 안에 계신 그리스도는 하나님의 오른편에 계시며, 하늘로부터 장차 오실 분이기도 하다. 그러므로 땅 위의 어떤 교회도 자기를 그리스도 자신과 동일시할 수 없다.

여기서 우리는 그리스도와 교회의 연합과 구별의 변증법을 볼 수 있다. 그리스도는 교회의 몸으로서 교회와 연합하는 동시에, 하나님 오른편에 계시며 장차 오실 분으로서 교회로부터 구별된다. 그러므로 "교회는 땅 위에 계신 그리스도다", "그리스도는 교회의 형태로 실존한다"고 말할 수 있지만, "교회가 곧 그리스도다"라고 해서 교회와 그리스도를 동일시할 수는 없다. 따라서 땅 위의 모든 교회는 그의 머리 내지 머릿돌 되신 그리스도 앞에서 자기를 비판적으로 성찰해야 한다. 비판적 자기성찰이 없을 때, 교회는 부패하고 타락한다.

4) 로마서 12장과 고린도전서 12장에 의하면 그리스도의 몸은 많은 지체로 구성된 하나의 유기체다. 모든 지체는 그 모양과 기능에 있어 다르지만, 그럼에도 하나로 결합되어 있다. 결합 속에서 그들은 삶의 모든 것을 함께 나눈다. 한 지체가 기쁨과 슬픔, 행복과 불행과 고통을 당할 때, 모든 지체가 그것을 함께 당한다. 몸의 아주 작은 한 부분이 통증을 느끼면, 온 몸이 통증을 느낀다. 몸의 아주 작은 한 부분이 기분이 좋으면, 몸 전체가 기분이 좋다. "한 지체가 고통을 당하면, 모든 지체가 함께 고통을 당합니다. 한 지체가 영광을 받으면, 모든 지체가 함께 기뻐합니다"(고전 12:26). 이

렇게 모든 지체가 삶의 모든 것을 함께 나누면서 "그리스도 안에서 한 몸"을 이룬다(고전 12:5).

"그리스도의 몸"으로서의 교회는 삶을 함께 나누는 사랑의 공동체다. 모든 지체가 구별되지만, 사랑의 영 안에서 결합되어 있다. 모든 것을 공유하며, 몸을 유지하기 위해 헌신한다. 이 공동체에 속한 모든 지체는 "마음을 같이"하며(고후 13:11), "주님 안에서 같은 마음을" 품는다(빌 4:2). 이 공동체를 가리켜 바울은 "하나님의 가족"이라 부른다(엡 2:19; 딤전 3:15). 가족은 사랑으로 얽혀 있는 사랑의 공동체요, 운명을 함께 하는 운명 공동체(Gemeinschaft)다. 각 지체의 다름은 타 지체들에 대한 방해물이 아니라, 몸의 유지를 위한 다양성으로 인정된다.

사랑은 모든 생물들의 삶의 법칙이다. 사랑이신 하나님이 그들을 지으셨기 때문이다. 물론 자신의 생명을 유지하기 위한 이기성과 투쟁과 피 흘림이 있기도 하다. 그러나 우리는 상호부조와 공생이 삶의 법칙임을 많은 생물에게서 볼 수 있다. 자연 생물의 이기성과 투쟁은 순간의 굶주림을 채우고 자신의 종(種)을 유지하기 위한 생물적 본능으로 매우 제한되어 있다(Kropotkin 2005 참조). 이 본능은 인간의 본능에 비해 매우 단순하다. 그러므로 이 본능은 자연의 생명계를 파괴하지 않는다.

그리스도의 몸인 교회에서도 사랑이 생명의 법칙이다. 사랑이 "공동체적 삶의 원리"다(Welker 2016, 28). 그리스도의 사랑의 영이 모든 신자들을 하나로 결속시킨다. 사랑이 사라질 때, 교회는 모래알 같은 개인으로 환원된다. 그리스도의 사랑이 있을 때만, 교회는 땅 위에 있는 "그리스도의 몸" 혹은 "하나님의 가족"이 될 수 있다. 사랑이 있는 곳에 하나님 나라가 있다. 웅장한 교회 건물, 몇 억 원짜리 전자 오르간, 경건한 분위기의 예배, 체계화된 교회교육, 많은 헌금과 봉사 활동이 있을지라도, 진실한 사랑이 없는 교회는 그리스도의 몸이 아니라 인간의 모임이 되고, 종교적 사업장이 된다. 참교회를 판가름하는 마지막 기준은 사랑에 있다. 본질적으로 교회는 "사랑의 공동체"다(28).

자본주의 사회는 진화론이 말하는 경쟁과 투쟁을 그 특징으로 한다. 경쟁과 투쟁에 능한 자만이 살아남을 수 있고, 더 많은 이익과 소유 및 더 높은 지위를 얻을 수 있다. 옆에 있는 사람들은 삶을 함께 나눌 수 있는 이웃이 아니라 경쟁과 투쟁의 상대로 간주된다. 그래서 학교 친구나 직장 동료들에게 정보를 주지 않으려 한다. "너를 꺾어야 내가 진급할 수 있다", "네가 죽어야 내가 살아남을 수 있다"는 의식 속에서 치열하게 경쟁하고 투쟁하며 상대방을 경계한다. 동지 의식과 동료 의식은 사라지고, 이기성과 개체화가 사회적 에토스를 형성한다. 같은 아파트에 사는 이웃을 만나도 인사를 나누지 않고, 도둑놈 쳐다보듯이 힐끗 훔쳐본다.

이와 같은 사회에서 "그리스도의 몸"은 새로운 사회 형태를 제시한다. 우리 사회는 모든 개체가 하나로 결합되어 있는 유기체적 공동체, 삶의 행복과 불행 및 기쁨과 고통을 함께 나누는 사랑의 공동체가 되어야 한다. 이를 위해 정부는 부유층의 과도한 부를 최대한 사회로 환원케 하는 조세정책을 시행해야 할 것이다. 부유층은 세금 내는 것을 "내 돈 빼앗긴다"라고 생각하는 대신 "받은 것을 돌려준다"라고 생각해야 할 것이다. 대기업들은 "구조조정"이란 미명으로 근로자를 해고하기 전에, 고위직 임원들의 연봉부터 하향 조정해야 할 것이다. 현재 유럽에서는 소비자 기업평가 단체들이 기업을 평가할 때, 기업의 생산성, 상품의 품질과 경쟁력, 순이익 액수만을 기준으로 삼지 않고, 그 기업이 얼마나 인간성 있게 기업을 운영했는가를 중요한 기준으로 삼고 있다.

5) 오늘날 누가 우리의 교회를 다스리는가? 그리스도께서 교회를 다스리는가, 아니면 당회장이나 총회장, 아니면 교회의 힘 있는 장로나 부자가 다스리는가? 아니면 국가 통치자의 의지가 교회를 다스리는가? 이 질문은 "하나님 나라의 증인"이라 불리는 아들 블룸하르트(Christoph Blumhardt, 1842-1919)의 질문이기도 했다. 1888년 독일 황제 빌헬름(Wilhelm) 1세의 장례식에서 그는 이렇게 질문하였다. "도대체 교회를 다스리는 자가 누구인가, 예수 그리스도인가 황제인가 혹은 교회의 감독인

가?"(임희국 2006, 179).

교회가 그리스도의 몸이고, 그리스도께서 몸의 머리라면, 그리스도께서 교회를 다스려야 한다. 교회는 그리스도의 주권 아래 있어야 한다. 교회의 모든 일은 그리스도의 뜻에 따라 이루어져야 한다. "그리스도만이 다스리고, 그의 음성만을 들을 때에만, 교회는 자기의 진리에 이르게 된다. 세상 속에서 자유롭게 되고, 해방하는 힘이 될 수 있다"(Moltmann 1975, 18-19). 그리스도께서 다스리지 않고, 특정한 인간이 지배하는 교회는 그리스도의 몸이 아니다. 그것은 참교회가 아니다.

바울은 예수 그리스도를 교회의 "모퉁잇돌" 혹은 "머릿돌"이라 부르기도 한다(엡 2:20; 벧전 2:7). 또 바울은 예수 그리스도를 교회의 "기초"라 부른다(고전 3:11). 그리스도가 교회의 기초와 머릿돌이라면, 그리스도가 교회의 존재와 삶을 결정한다. 교회는 그리스도께서 이루고자 하는 일을 이루어야 하며, 그리스도께서 희망하신 바를 희망해야 한다. 그리스도께서 희망하신 바를 희망하지 않고, 세상의 것을 희망하는 교회는 참교회가 아니다.

6) 교회가 그리스도의 몸이요, 그리스도가 교회의 머리라고 할 때, 우리는 모든 신자가 똑같은 양식으로 행동하고 살아야 한다고 생각할 수 있다. 실제로 획일적 옷 모양과 행동 양식을 가지며, 획일적 삶의 질서에 따라 공동생활을 하는 소규모 기독교 공동체들도 있다. 수도원에서도 우리는 이와 비슷한 획일성을 볼 수 있다. 토마스 모어가 묘사하는 『유토피아』도 이 같은 획일성을 보여준다.

하지만 바울이 말하는 그리스도의 몸은 획일성 대신에 다양성을 보여준다. 몸의 지체들은 다양한 위치에서 다양한 형태와 기능을 가진다. 그들은 다양성 속에서 한 몸을 이룬다. 따라서 그리스도인들의 하나 됨은 획일성이 아니라, 다양성 안에 있는 하나 됨을 뜻한다. "몸은 하나이지만 많은 지체가 있고, 몸의 지체는 많지만 그들이 모두 한 몸이듯이, 그리스도의 몸도 그러하다"(고전 12:12). 다양성 안에서 모든 지체는 "한마음과 한 뜻이"

되며(행 4:32), "한 몸과 한 영이" 된다(hen soma kai hen pneuma, 엡 4:4). 획일성은 사고를 경직시키는 반면, 다양성은 생동성과 창조성과 새로운 발전을 가능케 한다. "교회는 그리스도의 몸의 다양성 안에서 생동한다"(Welker 1995). 그리스도의 몸 안에서 각 지체가 받은 "은사들의 다양성은 폐기되지 않는다.…성령의 은사들은 다양하게 분여된다"(Calvin, Inst. IV,1,3).

그런데 다양성을 지닌 지체들이 "한 몸과 한 영"이 된다는 것은 쉬운 일이 아니다. 각 사람의 생각과 취향이 다르기 때문이다. 이로 인해 교회 안에 의견 대립이 일어나고, 그런 의견 대립은 교회 내의 파당과 교회 분열로 확대되기도 한다. 초기 기독교 공동체에도 상황은 비슷하였다. "나는 여러분 가운데 분쟁이 있다는 것을 알게 되었습니다"(고전 1:11), "여러분 가운데에서 시기와 싸움이 있으니, 여러분은 아직도 육에 속한 사람이고, 인간의 방식대로 사는 것이 아닙니까?"(고전 3:3)라는 바울의 말씀은 이를 시사한다.

교인들의 다양성 속에서 하나 됨을 이루는 길은 무엇일까? 이 문제에 관한 몇 가지 제안을 한다면, 첫째, 이웃과 내가 다르다는 사실을 관용하고, 이웃의 주장을 받아줄 수 있는 마음이 필요하다. 성서도 관용을 명령한다. "여러분의 관용을 모든 사람에게 알리십시오"(빌 4:5; 참조. 딤전 3:3). 특히 노년층은 청년층을 관용하여야 할 것이다. 그렇지 않을 때, 교회는 시대에 뒤처진 노후화된 집단으로 변하게 된다. 이를 견디지 못한 청년들이 교회를 떠나게 된다. 청년들이 없는 교회는 미래가 없다.

둘째, 교회의 모든 일을 내 뜻대로 결정하고자 하는 태도를 버리고, 나를 낮추고 비우는 마음이 필요하다. 자기 생각을 양보하고 이웃의 생각을 수용할 수 있는 사람, 자기를 비울 수 있는 사람이 큰 사람 곧 대인(大人)이다. 으뜸이 되는 사람은, 자기가 머리가 되어 모든 것을 결정하려는 사람이 아니라, 그리스도처럼 자기를 비우고(빌 2:7) 다른 사람을 섬기는 사람이다.

셋째, 민주주의 원칙에 따라 다수의 의견을 따르는 일이 필요하다. 내 생각이 관철되지 않았다 하여 모멸감을 느끼고, "다음에 두고 보자!"라고 앙심을 품을 필요가 없다. 다수의 의견을 따른다고 생각하면 그만이다.

넷째, 모든 교인이 자기의 감정을 조절하고, 형제자매의 마음에 상처를 주는 말을 하지 않는 기본적 교양과 예의를 갖추는 일이 필요하다. 제직회에서 고함을 질러대면서 삿대질을 하고, 목사님의 설교가 틀렸다고 교인들 앞에서 면박을 주고, 피아노 반주를 잘못했다고 반주자에게 무안을 주는 일들을 하지 않아야 한다. 뒤에서 흉을 보고 험담하지 않아야 한다. 이런 일은 교회를 깨뜨리려는 사탄의 사역이다.

성서는 우리의 입과 혀를 다스리라고 명령한다. "입과 혀를 지킬 수 있는 사람은, 역경 속에서도 자기의 목숨을 지킬 수 있다"(잠 1:23), "누가 스스로 경건하다고 생각하면서도, 혀를 다스리지 않고 자기 마음을 속이면, 이 사람의 신앙은 헛된 것입니다"(약 1:26). 근본적으로 우리의 마음을 다스려야 한다. "입에서 나오는 것들은 마음에서 나오는" 것이기 때문이다(마 15:18). "그 무엇보다도 너는 네 마음을 지켜라. 그 마음이 바로 생명의 근원이기 때문이다"(잠 4:23), "노하기를 더디 하는 사람은 용사보다 낫고, 자기의 마음을 다스리는 사람은 성을 점령한 사람보다 낫다"(16:32).

근본적으로 필요한 것은 자기를 비우고 상대방을 품어주는 사랑과 겸손이다. 벼가 익을수록 자기를 낮추듯이, 자기를 비우고 자기를 낮추는 사람이 큰 사람이다. 독사가 머리를 꼿꼿이 치켜들듯이, 자기 머리를 치켜들고 거듭 자기를 주장하는 것은 소인배의 태도다. "자기를 비워서 종의 모습을 취하신"(빌 2:7) 그리스도의 뒤를 따라, 신자들은 자기를 비우고 자기를 낮추어야 한다. 분열을 피하고 하나로 뭉쳐야 한다. "여러분은 모두 같은 말을 하며, 여러분 가운데 분열이 없도록 하며, 같은 마음과 같은 생각으로 뭉치십시오"(고전 1:10).

다섯째, 실수와 잘못을 용서하고 화해할 때, 다양성 안에서 하나 됨을 이룰 수 있다. "일곱 번만이 아니라, 일흔 번을 일곱 번이라도 (용서)하여야 한다"(마 18:22). 곧 무한히 용서해야 한다. "주님께서 여러분을 용서하신 것

같이, 여러분도 서로 용서하십시오"(골 3:13). 용서할 때 화목하게 된다. "여러분은 서로 화목하게 지내십시오"(살전 5:13). 예수의 말씀에 따르면 예배를 드리기 전에 먼저 형제자매와 화목해야 한다. "네 형제나 자매가 네게 어떤 원한을 품고 있다는 생각이 나거든, 너는 그 제물을 제단 앞에 놓아두고, 먼저 가서 네 형제나 자매와 화해하여라. 그런 다음에 돌아와서 제물을 드려라"(마 5:24). 형제자매와 화해할 때, 우리는 하나님과 화해할 수 있다.

여섯째, 궁극적으로 필요한 것은 기도다. 끓어오르는 미움과 분노의 마음을 다스릴 수 있는 길은 기도에 있다. "여러분은 같은 생각을 품고, 같은 사랑을 가지고, 뜻을 합하여 한마음이 되어서, 내 기쁨이 넘치게 해 주십시오"(빌 2:2)라는 말씀을 실천케 해달라고 기도해야 한다. 기도하지 않으면, 귀로 들은 지식은 있지만, 옛 인간성이 없어지지 않는다. 기도 속에서 옛 인간성이 죽고 "새 사람"으로 변화될 수 있다.

7) 그리스도의 몸 안에는 상하의 계급적 차별이 있을 수 없다. 어느 지체는 높고 귀하며, 어느 지체는 낮고 천하다고 말할 수 없다. 어느 지체는 더 요긴하고, 어느 지체는 덜 요긴하다고 말할 수 없다. 어느 한 지체에 장애가 생기면, 몸 전체가 제 기능을 수행할 수 없다. 그러므로 모든 지체는 똑같이 귀하고 중요하다. "눈이 손에게 말하기를 '너는 내게 쓸 데가 없다' 할 수가 없고, 머리가 발에게 말하기를 '너는 내게 쓸 데가 없다' 할 수 없다. 그뿐만 아니라, 몸의 지체 가운데서 비교적 더 약하게 보이는 지체들이 오히려 더 요긴하다"(고전 12:21-22).

그러므로 교회 안에서 누가 높고, 누가 낮다고 말할 수 없다. 목사, 장로, 총회장, 노회장을 포함한 모든 그리스도인은 그 존재 가치에 있어 동등한 형세자매들이다. 단지 그들의 기능이 다를 뿐이다. "그리스도만이"(Solus Christus) 교회의 머리다. 그리스도 외의 모든 사람은 그리스도를 머리로 둔 "한 몸의 지체들이다"(엡 4:25). 루터의 만인사제설은 바로 이것을 말한다.

그러므로 교회 안에서 누구를 특별히 높이고 우대하는 일이 없어야 한다. 만일 교회 안에서 누구를 우대한다면, 장애인들, 가난하고 힘없는 사람들을 우대해야 할 것이다. 그리스도께서는 바로 이들을 자기 자신과 동일시하기 때문이다 "너희가 여기 내 형제자매 가운데 지극히 보잘것없는 사람 하나에게 한 것이 곧 내게 한 것이다"(마 25:40). 높다는 사람을 우대하는 세상 질서에 반해, 그리스도의 "형제자매"를 우대하는 그곳에 하나님의 사랑이 있고, 하나님의 사랑이 있는 곳에 하나님 나라가 있다.

8) 끝으로 바울은 "그리스도의 몸"을 완성된 것으로 보지 않고 "교회의 머리" 되신 그리스도를 향한 성장의 과정으로 이해한다. 교회는 "모든 면에서 자라나서, 머리가 되시는 그리스도에게까지 다다라야 한다. 온몸은 머리이신 그리스도께 속해 있으며, 몸에 갖추어져 있는 각 마디를 통하여 연결되고 결합된다. 각 지체가 그 맡은 분량대로 활동함을 따라 몸이 자라나며 사랑 안에서 몸이 건설된다"(엡 4:15-16). 교회의 성장은 이미 얻은 구원을 "이루어 나감"으로써 이루어진다(빌 2:12). 또 그것은 섬김을 통하여(막 10:45), 곧 "그리스도의 남은 고난을 그분의 몸 곧 교회를 위하여 내 육신에" 채움으로써 이루어진다(골 1:24). 교회는 성장하기 위해 그리스도에게 순종해야 한다. 교회는 "그리스도께 순종함으로 성장한다. 머리와 그의 말씀에 순종하지 않는 교회에는 성장이 아닌 타락만 있을 뿐이다"(유해무 1997, 550-551).

성장은 미성숙을 전제한다. 교회는 완전히 성숙한 사람들의 모임이 아니라 "머리가 되시는 그리스도에게까지" 성숙해야 할 미성숙한 사람들의 모임이다. 그것은 "머리가 되시는 그리스도"를 향해 "성장하는 그리스도의 몸"이다(Schlink 1985, 581).

성장의 과정 속에는 언제나 미완성의 요소들이 있다. 알곡들이 있는가 하면, 가라지들도 있다(마 13:25 이하). 교회에 자기의 전 재산을 바치는 목사가 있는가 하면, 교회를 팔아먹는 목사도 있다. 그러므로 우리는 교회에 대해 너무 크게 기대할 필요도 없고, 반대로 너무 크게 실망할 필요도 없다. 단지 완성을 향해 나아가야 한다. 그리스도의 생명, 그리스도의 몸이 그 안에 더욱더 분명히 나타나도록 노력해야 한다. "그리스도의 마음"을 가지고 "그리스도를 닮아야" 한다(고전 2:16). "죽은 자들로부터 부활하신" 그리스도가 성장의 "근원"인(골 1:18) 동시에 성장의 목적이다. 교회는 천사들이 모인 공동체가 아니라 그리스도를 닮기 위해 끊임없이 자기 자신과 "투쟁하는 교회"(ecclesia militans)다.

아우구스티누스(Augustinus) 이후 기독교 신학이 "가시적 교회"(ecclesia visibilis)와 "비가시적 교회"(ecclesia invisibilis), 또한 교회의 "현상"과 "본질"을 구별하는 까닭이 여기에 있다. 비가시적 교회란 정말 존재하는 실체가 아니라, 현상의 가시적 교회에 대한 개념적 대칭에 불과하다. 칼 바르트에 의하면 "오직 보이는 교회만이 진실하고 참된 교회다"(박성권 2014, 228). "사람들이 곧 교회다. 그런데 사람들은 비가시적이지 않다"(Lochman 1972, 57). "신약성서에…비가시적 교회란 없다. 단 하나의 가시적 교회가 있을 뿐이다. 참으로 믿는 사람들의 모임(coetus vere credentium)으로서 눈에 보이는 교회가 있을 뿐이다"(Pöhlmann 1973, 241).

개념적 대칭으로서 비가시적 교회는 현상의 가시적 교회들을 상대화시키고, 눈에 보이지 않는 자신의 참 본질을 향해 끊임없이 자기를 개혁할 것을 요구한다. 그것은 "가시적 교회 위에 혹은 그 뒤에 초자연적·영적 교회"가 있다는 것을 말하는 것이 아니라(Barth 1964b, 747), 땅 위의 모든 가시적 교회는 불완전하기 때문에 본래의 모습으로 성장해야 함을 말한다.

성장의 과정을 통해 신자들 곧 교회는 "살든지 죽든지…그리스도께서 존귀함을" 받도록 해야 한다(빌 1:20). 그리스도는 우리를 위해 고난을 겪으셨지만, 자신의 몸 된 교회가 감당해야 할 "남은 고난"을 남겨두셨다(골 1:24). 신자들과 그들의 공동체는 그리스도의 "남은 고난"을 짊어져야 한다. 그들은 "그리스도의 몸의 능력 속에서 '공동체를 위하여, 예수의 몸을 위하여 고난을 겪는다." "우리는 그리스도 때문에 어리석은 사람이 되었지만, 여러분은 그리스도 안에서 지혜 있는 사람이 되었습니다. 우리는 약

하나, 여러분은 강합니다. 여러분은 영광을 누리고 있으나, 우리는 천대를 받고 있습니다.…"(고후 4:10-12; 참조. 1:5-7; 13:9; 빌 2:17, Bonhoeffer 1967, 216-217).

E. 교회는 그리스도의 형상이요, 땅 위에 있는 그리스도의 대리자다

"그리스도의 형상", "아들의 형상", 그리스도의 "영광스러운 몸과 같은 모습"은, 우리 인간이 그것을 향해 변화되어야 할 종말론적 미래를 나타낸다. 그런 점에서 이 개념들은 인간학적이고 종말론적인 개념이다. 바울은 이것을 다음과 같이 말한다. "하나님께서 미리 아신 사람들을 택하셔서, 자기 아들의 형상과 같은 모습이 되도록 미리 정하셨으니…"(롬 8:29). "나는 여러분 속에 그리스도의 형상이 이루어지기까지 다시 해산의 고통을 겪습니다"(갈 4:19). "우리의 비천한 몸을 변화시키셔서, 자기의 영광스러운 몸과 같은 모습이 되게 하실 것입니다"(빌 3:21).

"그리스도의 형상"은 "하나님의 형상"에서 유래하는 개념이다. 하나님은 인간을 그의 형상으로 지으셨다. 그는 인간 안에서 자신의 형상을 발견하고 이를 기뻐한다. 이제 인간은 하나님과의 친교 속에서 하나님을 닮은 존재가 되어야 한다. 그러나 뱀은 인간을 유혹한다. 하나님과의 친교를 외면하고 하나님 없이 살 때, "너는 하나님처럼 될 것이다"라는 유혹에 넘어간 인간은 하나님 없이 "하나님 같은 인간"(*homo sicut deus*)이 되고자 한다. 그러나 하나님 없는 인간은 이웃에게 "하나님 같은 인간"이 아니라 "늑대 같은 인간"(*homo sicut lupus*)이 된다. 그 결과를 오늘 우리는 죄와 죽음의 지옥과 같은 이 세계 속에서 눈으로 보고 있다.

그런 이 세계와 인간을 구원하기 위해 하나님은 그의 아들을 보내신다. 모든 인간이 잃어버린 하나님의 형상이 그의 아들 그리스도 안에 있다. 그는 "참하나님"이다. 그러므로 그는 "참인간" 곧 "하나님의 형상"이다.

그리스도인들은 참하나님의 형상을 계시하는 그리스도의 형상을 닮아야 한다. 거기에 구원의 길이 있다. "그리스도의 형상"이라는 인간학적 개념은 교회론적 개념이기도 하다. 교회는 그리스도의 형상을 닮는 사람들이 모인 공동체다. 하나님 나라의 메시아적 공동체로서 교회는 그리스도의 형상이다. 교회 안에 그리스도의 형상이 있다. 그리스도의 형상이 나타나는 거기에 하나님 나라가 있다.

위에 기술한 "그리스도의 몸"은 "그리스도의 형상"이라 말할 수 있다. 그러나 두 개념에는 차이가 있다. 그리스도의 몸은 하나의 유기체로서 교회의 내적, 구조적 측면을 강조한다면, 그리스도의 형상은 세계를 향한 교회의 외적 기능과 사명을 강조한다. "그리스도의 향기"(고후 2:15), "그리스도의 편지"(고후 3:3)란 개념도 교회의 외적 기능과 사명을 가리킨다. 그렇다면 교회가 그리스도를 나타내는 "그리스도의 형상", "그리스도의 향기", 그리스도의 편지가 될 수 있는 길은 무엇인가?

1) 교회가 그리스도의 형상을 나타낼 수 있는 길은, 세상을 위해 선한 일을 행하는 데 있다고 우리는 생각하기 쉽다. 그러나 선한 일을 행하기 전에, 먼저 신자들의 존재가 변화되어야 한다. 존재의 변화가 없을 때, 교회가 하는 선한 일들은 진실성이 없는 위선으로 보이게 된다. 한국 개신교회가 많은 선한 일을 행하면서도 세상 사람들의 멸시를 받는 이유가 여기 있다. 그러므로 먼저 신자들의 존재가 변화되어야 한다. 그들의 품성과 인간성이 그리스도의 형상으로 변화되어야 한다. 우리 주변의 불신자들이 우리의 품성과 인간성에서 그리스도의 형상을 볼 수 있어야 한다.

그렇게 될 수 있는 길은 무엇인가? 그것은 먼저 그리스도와 연합하는 데 있다. 신자들이 그리스도와 연합하여 그리스도께서 신자들 안에, 신자들이 그리스도 안에 있을 때, 그들의 품성과 인간성이 그리스도의 형상으로 변화될 수 있다. 아무리 설교를 많이 들어도 그리스도와 연합하지 않으면, 고약한 품성과 이기적 인간성이 변화되지 않는다.

신자들이 그리스도와 연합할 수 있는 길은 무엇인가? 그 길은 먼저 자기의 죄를 뉘우치고 그리스도를 우리의 구원자로 영접하는 데 있다. 악하고 이기적인 옛날의 내가 십자가에 달린 그리스도와 함께 죽고, 부활하신 그리스도와 함께 "새로운 피조물"로 다시 태어나는 데 있다.

세례는 이것을 가시적으로 보여준다. 세례를 통하여 우리는 "그리스도와 함께 죽었다"(롬 6:8), "함께 십자가에 달렸다"(롬 6:6; 골 2:20), "함께 장사되었다"(롬 6:4; 골 2:12), "우리는 그의 죽음에 함께 심어졌다"(롬 6:5). 그리스도와 함께 죽음으로써 우리는 그와 함께 새 피조물로 다시 살아난다(롬 6:8; 고후 7:3; 엡 2:5; 골 12:12; 딤후 2:11). 이를 통해 우리는 그리스도의 몸에 접합된다. 우리는 "그리스도 안으로 세례를 받았다"(eis Christon ebaptisthete, 갈 3:27; 롬 6:3). 우리는 그의 "한 몸 안으로"(eis hen soma) 세례를 받는다(고전 12:13).

교회가 그리스도의 형상을 드러내지 못하는 원인은 성직자들과 신자들의 "옛 사람"이 십자가에 달린 그리스도와 함께 완전히 죽지 못하는 데 있다. 비록 그리스도와 함께 죽는 내적 경험이 있을지라도, 사탄의 유혹에 빠져 "옛 사람"으로 되돌아가는 데 있다. 이리하여 입으로는 그리스도를 주님이라 고백하지만, 그리스도 없이, 하나님 없이 살기 때문이다.

교회가 그리스도의 형상을 나타내고자 한다면 먼저 우리의 죄된 자아가 십자가에 달린 그리스도와 함께 철저히 죽어야 한다. "새 사람", "새 아담"으로 다시 태어나야 한다. 이때 "예수를 죽은 사람들 가운데서 살리신 분의 영" 곧 성령이 우리 안에 계시고(롬 8:9, 11), 또 우리가 "성령 안에" 있게 된다(롬 8:9). 성령을 통하여 그리스도께서 우리 안에 계신다. 이제 우리는 "그리스도와 함께", "그리스도 안에" 있다. 우리는 그리스도와 하나로 연합하게 된다.

또 우리는 성만찬을 통해 그리스도와 연합하며 그와 한 몸을 이룬다. 그의 몸을 나타내는 빵을 먹고, 그의 피를 나타내는 포도주를 마실 때, 우리는 그리스도의 몸에 접합되며 그와 신비적 연합을 이룬다. 그리스도가 우리 안에 계시고 우리가 그리스도 안에 있다. 그리스도와 우리는 하나가 된다.

"그리스도 안에"(*en Christo*)라는 개념은 그리스도와 그리스도인들의 신비적 연합과 친교를 나타내는 바울 서신의 중요 개념이다. 그리스도인들은 "그리스도 안에" 있는 사람들이다. "그리스도 예수 안에서" 그들은 "한 몸을" 이룬다(롬 8:1; 12:5). 그들은 "그리스도 안에서" 생명을 누리며(롬 8:2) "거룩하여진다"(고전 1:2). 그들은 성령 안에서, 성령을 통하여 그리스도와 연합되어 있는 사람들, 곧 그리스도의 친교 안에 있는 사람들이다(롬 6:5).

여기서 "친교"는 영적으로 한 몸이 되어 삶을 함께 나누는 깊은 사랑과 일치의 관계를 말한다. 그리스도의 사랑과 깊은 친교 안에서 그들은 하나님의 아들 그리스도를 통하여 "하나님의 아들들"(롬 8:19), 그리스도의 "형제들"이 된다(고전 8:11). "누가 우리를 그리스도의 사랑에서 끊을 수 있겠습니까?"(롬 8:35), "죽음도, 삶도…어떤 피조물도 우리를 우리 주 예수 그리스도 안에 있는 하나님의 사랑에서 끊을 수 없습니다"(롬 8:39)라는 말씀은 그리스도와 그리스도인들의 끊을 수 없는 연합 및 한 몸의 관계를 나타낸다.

우리의 허물과 죄를 짊어지고 십자가에 달린 그리스도와 연합하여 그와 하나가 될 때, 신자들은 그리스도의 형상을 닮게 되고, 그의 형상을 나타내게 된다. 그들의 표정과 몸가짐과 삶 속에서 그리스도의 형상이 나타난다. 그들에게서 "그리스도의 향기"가 풍긴다. 그리스도의 생명이 신자들 자신의 생명이다. 그들은 "살아도 주님을 위하여 살고, 죽어도 주님을 위하여 죽는다"(롬 14:8). 그들은 "예수의 죽으심을" 자신의 "몸에 짊어지고 다닌다." "예수의 생명"이 그들 안에 나타난다. "그것은 예수의 생명도 또한 우리의 죽을 육신에 나타나게 하기 위함이다"(고후 4:10-11). 예수의 죽으심을 자신의 몸에 짊어지고 다니는 그리스도인들의 생활 속에서 그리스도가 나타난다.

결론적으로 교회가 그리스도를 나타내는 "그리스도의 형상"이 될 수 있는 길은 교회가 무엇을 행하기 전에 먼저 성직자들과 신자들이 그리스도와 하나가 되어 그의 성품과 모습을 닮는 데 있다. 곧 교회가 "보이지 않는 하나님의 형상"이신(골 1:15) 그리스도를 닮아야 한다. 이때 교회는 세상을 향한 "그리스도의 향기" 및 "그리스도의 편지"가 될 수 있다.

2) 교회가 그리스도의 형상을 나타낼 수 있는 두 번째 길은 교회의 모든 신자가 한 몸을 이루는 데 있다. 그리스도와 연합하여 그와 하나가 될 때, 그들은 포도나무의 가지들처럼 서로 연결되고 하나로 연합된다. 각 사람 안에 그리스도가 계시고 각 사람이 그리스도 안에 있다면, 그들은 하나로 연합될 수밖에 없다. 그리스도와의 연합과 교통은 형제자매들의 연합과 교통의 근거요, 필연성이다.

일반적으로 우리는 교회를 가리켜 신자들이 모인 장소 혹은 건물이라 생각하기 쉽다. 그러나 그 본질에 있어 교회는 모래알 같은 개인들의 집합체가 아니다. 교회는 모든 개인이 하나로 결합되는 유기체적 공동체다. 이 공동체의 지체들은 나누어져 있는 개체로 보이지만, 실제로는 그리스도 안에서 하나로 연결되어 "한 몸을 이룬다"(롬 12:5). 어떤 근거에서 이렇게 말할 수 있는가?

첫째, 우리가 그리스도와 함께 죽고 새로운 사람 혹은 거룩한 사람으로 다시 태어날 때, 성령이 우리에게 부어진다. 그리스도인들은 "한 성령"(고전 12:13)을 마신 사람들이다. 그들은 그리스도와 "한 영이 된다"(고전 6:17). "우리 안에 거하시는 성령으로 말미암아"(딤후 1:14) 그들은 하나로 연결되고 한 몸을 이룬다.

둘째, 그리스도인들은 그리스도 안에 있다. "여러분은 예수 그리스도께서 여러분 안에 계시다는 것을 알지 못합니까?"(고후 13:5; 롬 8:10). 성만찬에서 그리스도의 살을 먹고 그의 피를 마시는 모든 신자는 그리스도 안에 있고, 또한 그리스도께서 그들 안에 계신다(요 6:53-56). 그리스도의 친교 안에서 그들은 "서로 한 마음이" 된다(롬 13:16).

셋째, 그리스도인들은 한 아버지, 한 주님, 한 성령을 믿는다. 그들은 한 아버지 "하나님의 자녀들"이요(롬 9:8), 한 주님의 "친구"이자 "형제"다(눅

12:4; 요 15:14-15; 롬 8:29). 그들은 "모두 한 성령으로 세례를 받아서 한 몸이" 되었다(고전 12:13). "신자 한 사람이 괴로우면 신도 모두가 괴롭고, 교회가 전체적으로 괴롭고, 그리스도 자신이 괴로운 것입니다"라는 말은, 그리스도인들의 내적 하나 됨을 가리킨다(김재준 2014, 514).

넷째, 그리스도인들은 성만찬을 통해 하나로 결합된다. 한 분 그리스도의 몸과 피를 같이 먹고 마심으로써 그들은 그리스도와 하나로 연합하는 동시에 함께 먹고 마시는 형제자매들과도 하나가 된다. 포도나무 가지들이 포도나무에 접합되어 있듯이(요 15:4), 그들은 그리스도의 몸에 접합된다. "성만찬 참여는 교회가 그리스도의 몸에 참여함으로써 하나 됨을 보여준다(고전 10:17). 각각의 지체들은 다양성을 지니면서도 연합됨이 표현된다(골 2:19)"(유해무 1997, 550). 그러므로 바울은 이렇게 말한다. "우리가 축복하는 잔은 그리스도의 피에 참여함이 아닙니까?…빵이 하나이므로, 우리가 여럿일지라도 한 몸입니다.…"(고전 10:16-17).

바울은 그리스도인들의 하나 됨의 근거를 다음과 같이 요약한다. "성령이 여러분을 평화의 띠로 묶어서 하나가 되게 해 주신 것을 힘써 지키십시오. 그리스도의 몸도 하나요, 성령도 하나입니다.…부르심의 목표인 희망도 하나였습니다. 주님도 한 분이시요, 믿음도 하나요, 세례도 하나요, 하나님도 한 분이십니다. 하나님은 모든 것의 아버지시요,…모든 것 안에 계시는 분이십니다"(엡 4:3-6).

참교회는 모든 신자가 그리스도의 한 몸을 나누는 형제자매들의 공동체다. 그것은 사랑 안에서 삶을 함께 나누는 "하나님의 가족"이다. 신자들이 하나님의 가족으로 연합하고 삶을 함께 나눌 때, 교회는 그리스도의 한 몸이 되어, 그의 형상을 나타낸다. 각박하고 냉정한 세상 속에서 그리스도의 냄새를 풍기는 "그리스도의 향기"가 되며, 그리스도의 메시지를 전하는 "그리스도의 편지"가 될 수 있다.

3) 교회가 그리스도의 형상을 나타낼 수 있는 또 하나의 길은, 그리스도께서 하신 일을 행하는 데 있다. 그리스도의 형상으로서 "교회의 할 일

은 그리스도의 유훈을 지켜 그의 일을 이 세상에서 계승·진전시키는" 것(김재준 2014, 514), 곧 그리스도의 길을 따르는 데 있다. 성직자와 신자들이 아무리 좋은 말을 할지라도 그리스도의 길을 따르지 않고 세상의 길을 따를 때, 교회는 그리스도를 나타내는 "그리스도의 형상"이 아니라 세상을 나타내는 "세상의 형상"이 되어버린다.

그리스도는 누구인가? 그는 어떤 삶의 길을 걸었는가? 그는 아버지 하나님과 철저히 하나가 된 존재였다. 아버지 하나님의 뜻이 곧 그의 뜻이요, 그의 뜻이 아버지 하나님의 뜻이었다. 그는 바로 아버지 하나님의 "아들"이었다. 그는 아버지와 하나였지만, 자기를 높이지 않고 자기를 낮춘다. 하늘의 영광을 버리고 "종의 모습"을 취한다(빌 2:7). 그는 종처럼 사는 사람들의 친구가 된다. 종처럼 사는 사람들과 친구가 된 그의 삶은 십자가에서 종결된다. 공관복음서가 묘사하는 예수의 삶은 한 마디로 십자가를 향한 길이었다.

교회가 그리스도의 형상이 될 수 있는 길은 그리스도처럼 자기를 낮추고 이 세상의 작은 형제들의 고난에 참여하는 데 있다. 교회는 말로만 사랑을 외칠 것이 아니라, 고난 겪는 사람들의 삶의 현실로 들어가야 한다. 이때 "예수의 생명"(고후 4:10)이 교회에 나타난다. "우리는 언제나 예수의 죽임 당하심을 우리 몸에 짊어지고 다닙니다. 그것은 예수의 생명도 또한 우리 몸에 나타나게 하기 위함입니다. 우리는 살아 있으나, 예수로 말미암아 늘 몸을 죽음에 내어 맡깁니다. 그것은 예수의 생명도 또한 우리의 죽을 육신에 나타나게 하기 위함입니다"(고후 4:10-11).

그리스도는 세상의 희생자가 되심으로서, 세상의 승리자가 되셨다. 그는 "희생자이기 때문에 승리자"가 되셨다(*victor quia victima*). 십자가에 달린 그분의 "약함"이 로마 황제의 "강함"보다 더 강하다(고전 1:25). 교회가 그리스도의 형상을 나타낼 수 있는 길은 거대한 건물을 지어 로마 황제처럼 높아지는 것이 아니라 "세상 죄를 짊어지신 하나님의 어린 양"의 고난에 참여하는 데 있다. "예수의 상처 자국"(갈 6:17)과 함께 그의 "죽음을 우리 몸에 항상 지니고" 다니는 데 있다(고후 4:10).

신약성서가 보여주는 초기 기독교 공동체는 그리스도의 고난에 참여하는 공동체였다. "누가 우리를 그리스도의 사랑에서 끊을 수 있겠습니까? 환난입니까, 곤고입니까, 박해입니까, 굶주림입니까, 헐벗음입니까, 위협입니까, 또는 칼입니까?···'우리는 종일 주님을 위하여 죽임을 당합니다. 우리는 도살당할 양과 같이 여김을 받았습니다'"(롬 8:35-36). 이 같은 고난과 낮아짐을 통해 초기 기독교 공동체는 로마 제국의 국가교회가 되는 영광을 얻었다. 그러나 성직자들이 낮은 곳으로 내려가지 않고 국가교회의 정신적 지도자로서 세속의 권력과 결탁하여 세속의 특권과 풍요에 눈이 어두워졌을 때, 민초들은 교회로부터 등을 돌렸다. 부패한 교회에 대한 민초들의 분노의 폭발을 우리는 프랑스 혁명에서 볼 수 있다. 수천 개의 교회와 수도원들이 파괴되고, 성직자들의 사회적 특권이 폐기되는 수모를 당해야만 했다.

4) 그리스도의 "친구", 그리스도의 "형제자매"(눅 12:4; 요 15:14-15; 롬 8:29), "그리스도의 사절", "그리스도를 대리하는 자들"(hyper Christou presbeuomen, 고후 5:20) 등의 개념들도 위의 내용을 말한다. 우리가 정말 그리스도의 친구이자 그의 형제자매라면, 우리는 그가 가신 길을 따를 수밖에 없다. 그가 가신 길을 따르지 않고 그가 얻은 부활의 영광만을 얻고자 한다면, 우리는 그의 친구가 아니며 또한 그의 형제자매가 아닐 것이다. 따라서 참교회는 그리스도의 뒤를 따라 세상의 짐을 짊어지는 교회, 세상을 책임지는 교회다(Bonhoeffer). 그것은 땅 위에 있는 그리스도의 대리자다.

교회가 "예수의 죽음을 몸에 짊어질" 때, "예수의 삶"이 교회의 "몸에 나타난다"(고후 4:10). 참교회는 이 세상을 대리하여 십자가의 고난을 당하신 그리스도의 뒤를 따라 그의 "남은 고난"(골 1:24)을 짊어지는 그리스도의 친구요, 그의 동역자다. 함께 고난당하는 성령의 능력 속에서 그리스도는 우리에게 남은 고난을 당할 수 있는 은혜를 주신다. 우리를 위해 고난당하신 그리스도의 몸은 고난과 죽음 속에서도 "그를 위해" 살도록 우리에게 힘을 주신다.

이것은 그리스도의 친교 속에서 일어나는 기적이요, 하나님의 크신 은혜다. 그것은 강제적인 것이 아니라 하나님의 구원의 은혜에 대한 감사에서 나오는 자발적인 것이다. 그러므로 그리스도인들과 그들의 교회는 고난을 괴로워하지 않고 오히려 기뻐한다. "이제 나는 여러분을 위하여 고난을 받는 것을 기쁘게 여기고 있으며, 그리스도의 남은 고난을 그분의 몸 곧 교회를 위하여 내 육신으로 채워가고 있습니다"(골 1:24; 참조. 빌 2:16-17). 그리스도의 고난에 참여하는 삶을 통해 "그리스도께서 존귀함을" 받게 된다(빌 1:20). 그리스도의 대리자로서 이들이 당하는 고난의 대리행위는 그들 속에서 형태를 얻고자 하는 그리스도 자신의 삶이다.

본회퍼에 의하면, 고난당하신 "그리스도의 뒤를 따름"(Nachfolge)이 없는 은혜, 죄의 용서, 구원, 믿음, 성례는 시장 바닥의 "싸구려 상품"과 같다(Schleuderware, Bonhoeffer 1967, 13). 고난당하신 "그리스도의 뒤를 따름"이 없는 교회, 세상의 힘과 영광을 추구하는 교회도 마찬가지다. 그것은 "살아 계신 그리스도가 없는" 교회다(30). 오늘날 한국의 많은 교회와 성직자가 "싸구려 상품"과 같은 것으로 인식되고 있다. 이 부끄러운 상황을 벗어나는 길은 세상 짐을 짊어지신 그리스도의 뒤를 따르는 데 있다. 곧 "그리스도의 법"을 성취하는 데 있다. "여러분은 서로 남의 짐을 져 주십시오. 그렇게 하면 여러분이 그리스도의 법을 성취하실 것입니다"(갈 6:2). 그리스도의 대리자(vicarius christi)는 목사나 교황이 아니라, 그리스도의 뒤를 따라 세상의 짐을 지는 교회다. 이 교회 속에 "그리스도의 형상"이 나타난다.

5) 한국 개신교회는 돈 문제로 인해 큰 진통을 겪고 있다. 교회 헌금이나 선교비의 불의한 유용과 사취, 교회 재산과 관련된 불의(목회자 명의의 교회 부동산 등기, 교회 판매, 각종 사업의 수입금 사취 등), 교단 총회장과 노회장의 금품 선거, 교회와 기독교 기관의 이권 분쟁(지적재산권 등) 등의 문제들이 끊임없이 일어난다. 이런 문제로 장로가 목사를, 목사가 장로를, 목사

가 목사를, 교단이 기독교 기관을 법정에 고소·고발한다. 교회 분열과 교단 분열이 일어나기도 한다. 바울에 따르면 교회의 분열은 그리스도의 몸을 찢는 행위다(고전 1:13). 이것은 그리스도의 형상에 먹칠하는 것과 마찬가지다.

교회는 이 같은 현실을 극복하기 위해, 돈 문제, 재산 문제에 있어 투명해야 할 것이다. 교회의 헌금과 재산 등이 투명하게 관리되고 공개되어야 할 것이다. 이것을 이미 실천하는 교회도 있다. 서울 서대문구의 어느 교회는 모든 수입과 지출을 인터넷에 공개하고 있다. 한 마디로 말하자면, 교회는 청렴해야 한다. 교단 총회장이나 감독 선거 및 목사 청빙 때 금품이 오가는 경우, 교회는 연관된 자들을 모두 추방해야 할 것이다. 뇌물을 주는 자는 물론, 받은 자도 추방해야 할 것이다. 교단 총회도 교단의 재산 상황을 인터넷에 공개해야 할 것이다.

어느 종교를 막론하고 돈이 많아지면, 그 종교는 타락한다. 교회에 돈이 쌓일 때, 반드시 욕심과 부패와 불의가 생긴다. 성직자들은 본연의 사명을 망각하고 세속적 명예와 권세를 탐하며, 외국에 원정 도박을 나가기도 한다. 교인들이 하나님께 바치는 헌금이 정의로운 것인지, 아니면 불의한 것인지 가리지 않는다. 뇌물이나 공금횡령을 통해 얻은 불의한 돈을 교회에 헌금하는 것은, 더러운 똥을 하나님께 바치는 것과 마찬가지다. 하나님은 이 똥을 "너희 얼굴에 칠할 것"이라 예고한다(말 2:3). 돈이 많은 교회의 목사들은 "그리스도의 형상"이어야 할 교회의 얼굴에 스스로 똥칠을 하고 있지 않은지, 자신을 성찰해야 한다.

예수는 청빈하였다. 따라서 교회도 청빈해야 한다. 그래야 청빈한 "그리스도의 형상"을 보일 수 있다. 교회 헌금은 최대한 이 세상의 "작은 형제들"을 위해 사용되어야 한다. 초기 교회에 관한 다음의 보도는 오늘의 한국 개신교회가 지향해야 할 바를 보여준다.

예수의 정신을 이어받은 초대 기독교의 많은 설교자는 부정한 방법으로 부자가 된 사람들을 호되게 책망하고, 이들로 하여금 약탈자의 삶으로부터 돌아설 것을 단호하게 설교하였다. 그러면서 그들은 재산을 교회에 바치지 말고, 가난한 사람들에게 나누어줄 것을 설교하였다. 특히 초대 기독교의 대표적인 교부 아우구스티누스는 교회가 교인들이 바친 재산을 관리하는데 너무 많은 시간과 정열을 빼앗기지 않도록 하기 위해 교회에 대한 기부를 거절하고, 대신 가난한 사람들에게 기증할 것을 권고하였다(곽혜원 2008, 160).

이 같은 이야기는 목회 현장을 알지 못하는 한 신학자의 이상적 이야기로 들릴지 모른다. 그러나 이를 실천하는 교회도 있다. 바로 서울 노원구 상계동에 있는 "서울광염교회"인데, 교회가 수락산 입구 근처에 세 들어 있을 때에 1층 감자탕 가게의 큰 간판에 비해 교회 간판이 너무 작아서 눈에 잘 띠지 않았다. 그래서 이 교회가 일명 "감자탕교회"로 불리게 되었다. 교회 개척 10년 후 청장년 교인만 900명이 넘는 교회를 이룬 조현삼 목사는 지금도 상가건물 셋방살이를 고집하고 있다. 그는 "통장 잔고를 100만 원만 남기고 나머지 예산 전부를 집행하는" 것을 "재정관리 원칙"으로 삼고 있다. "교회는 이익을 창출하는 곳이 아니라 성도가 천국을 경험하는 곳"이라는 그의 목회철학 때문이다. 그는 "교회 재정을 분기별로 100% 공개하는 투명 경영도 실천하고 있다. 신속한 의사결정을 통해 빠른 시일에 재정을 집행해 잔고를 일정하게 유지하는 것이 비결인데, 이 원칙을 철저히 지키면서도 돈 때문에 어려움을 겪은 적은 한번도 없었다고 한다"(김형석 2015, 71).

6) 어느 한 교단에 속한 모든 목회자는 그리스도의 한 몸에 속한, 한 하나님의 자녀들이다. 그러므로 목회자들 사이의 극심한 급여 차이는 극복되어야 한다. 그래야 교회는 그리스도의 형상을 나타낼 수 있다. 교회가 이 문제를 해결하지 못하면서, 사회의 빈부격차와 양극화의 개선을 요구하는 것은 불가능하다.

물론 대형교회와 중소교회 목회자들 사이에 급여의 차이는 있을 수 있다. 그러나 교단 총회는 목회자 급여의 상한선과 하한선을 합리적으로 정하고, 이를 지키도록 명령해야 할 것이다. 미자립 교회를 위시한 작은 교회들이 하한선을 지킬 수 없을 때, 지교회들의 총회 상납금, 신자들의 기부금 및 교단 수익 사업 등을 통해 하한선을 지킬 수 있도록 도와야 할 것이다. 그리하여 교단의 모든 목회자가 생활에 필요한 기본 급여를 받을 수 있도록 배려해야 할 것이다.

또 목회자들의 연금 문제를 해결하기 위해, 대형교회는 교회 재정을 대폭 내어놓는 관대함을 보여야 할 것이다. 그래야 교회는 그리스도를 나타내는 그리스도의 형상이 될 수 있을 것이다. "내 능력껏 교회 성장시켜 헌금 많이 벌어들이고, 내 능력대로 월급을 받는데, 너희들이 무슨 상관이냐"는 식의 태도는 존경받을 만한 성직자의 태도가 아니다. 그것은 소인배의 태도다. 교회가 세상에 대해 그리스도의 형상을 나타내고자 한다면, 큰 교회들과 작은 교회들 사이에 나눔이 있어야 한다. 그러나 이 나눔은 큰 교회 목회자가 작은 교회의 목회자들에게 은혜를 베푸는 방법으로 이루어질 것이 아니라, 교단 전체의 제도적 차원에서 이루어져야 할 것이다. "돈을 사랑하지 말라"(히 13:5; 딤전 3:3)는 하나님의 명령이 재정이 풍부한 대형교회들이 먼저 지켜야 할 것이다.

또한 교회가 그리스도의 형상을 나타내려면 목회자들이 엄격한 도덕성을 갖추어야 한다. 자신의 자녀와 배우자에 대한 목회자들의 폭력 행위, 부적절한 성적 관계, 사기 행각, 헌금 유용, 교단 내의 파벌 싸움 등은 그리스도의 형상을 훼손한다.

교회 문제로 세속의 법정에 고소나 고발할 때, 그리스도의 형상이 사회적으로 크게 훼손된다는 사실도 유의해야 하겠다. 교회 문제로 인한 법적인 고소나 고발은 세속 사회에 대한 교회의 패배를 뜻한다. 교회가 세속 사회를 지도하지 못하고, 도리어 세속 사회가 교회를 지도하는 꼴이 되어버리기 때문이다. 그러므로 교회는 자신의 문제들을 자체 내에서 해결하는 것을 원칙으로 삼아야 할 것이다. 이 문제에 대해 바울은 다음과 같이 말한다. "여러분 가운데서 어떤 사람이 다른 사람과 소송할 일이 있을 경우에, 거룩한 사람들 앞에서 해결하려 하지 않고 불의한 자들 앞에 가서 재판을 받으려 한다고 하니, 그럴 수 있습니까?…신도가 신도와 맞서 소송을 할 뿐만 아니라, 그것도 믿지 않는 사람들 앞에 한다는 말입니까? 여러분이 서로 소송을 제기하는 것부터가 벌써 여러분의 실패를 뜻합니다. 왜 차라리 불의를 당해 주지 못합니까? 왜 차라리 속아 주지 못합니까?"(고전 6:1-7)

이단 시비로 인한 고소나 고발도 그리스도의 형상을 사회적으로 크게 훼손하는 결과를 초래한다. 이단 시비가 일어났을 때, 상대방의 기를 꺾기 위해 "무조건 고소해 놓고 보자"는 식의 태도는 옳지 않다. 신학을 알지 못하는 법관들에게 신학적 문제에 대한 판결을 맡기는 것은 도대체 말이 되지 않는다. 이러한 분쟁은 법관들의 판결이나 주먹 싸움으로 해결할 것이 아니라 신학적 토의를 통해 평화롭게 해결해야 할 것이다.

결론적으로 한국 개신교회는 목회자들과 신자들의 도덕성을 회복해야 한다. 건전한 교양과 올바른 판단력을 갖도록 해야 한다. 최소한 우리 사회의 상식선에서 행동할 수 있어야 한다. 그래야 사회적 신뢰도를 회복할 수 있고, 그리스도의 형상을 나타낼 수 있다. 우리는 그리스도의 형상을 나타내지 못하는 교회, 사회적 신뢰를 받지 못하는 교회는 실패한 교회임을 우리는 유념해야 하겠다.

F. 교회는 새로운 하나님의 백성이요, 세상의 짐을 짊어지는 왕과 같은 제사장이다

1) "하나님의 백성"은 하나님과 이스라엘 백성의 계약(언약)에 그 뿌리를 둔다. 계약을 통해 하나님은 이스라엘 백성의 하나님이 되고, 이스라엘 백성은 "하나님의 백성"이 된다(출 6:7; 레 26:12). 초기 기독교 공동체는 구약

의 이 개념을 수용하고 자기를 "하나님의 백성"으로 인식한다. 신약성서에서 이 개념은 초기 문헌에 속한 히브리서 4:9, 11:25과 베드로전서 2:10, 제1 바울 서신으로 분류되는 로마서 9:25, 고린도후서 6:16에서만 사용된다. 이 사실은 기독교가 로마 제국 각지로 선교하기 전, 유대계 그리스도인들이 사용했던 "가장 오래되었고 기본적인 개념"이었음을 시사한다(Küng 1981, 145).

"하나님의 백성"은 "하나님의 소유된 백성"(벧전 2:9), "나의 백성"(행 18:10; 롬 9:25; 고후 6:16), 소유격이 없는 "백성"(히 9:7)으로 나타나기도 한다. "택하심을 받은 족속", "거룩한 제사장"(벧전 2:5), "왕과 같은 제사장들", "거룩한 민족", "하나님의 양떼"(벧전 5:2), 약속의 자녀(갈 4:28), "약속을 함께 가지는 자"(엡 3:6), "상속자"(롬 8:17), "영원한 기업의 약속을 상속받는 사람들"(히 6:17; 9:15) 등은 "하나님의 백성"과 함께 히브리적 전통에 속한다.

신학의 역사에서 "하나님의 백성"은 중요한 의미를 지닌다. 종교개혁자 루터는 성직자의 계급제도를 교회로 보는 로마 가톨릭교회의 교회관에 반하여, "하나님의 백성"(*populi dei*)이 교회라고 선언한다(Luther 2016, 33). 이리하여 "하나님의 백성"은 "성도의 공동체"와 함께 종교개혁의 "교회론적 기본개념"이 된다(Pannenberg 1993, 505). 루터의 뒤를 이어 「아우크스부르크 신앙고백」은 교회를 "신자들의 모임"으로 규정한다. 칼뱅은 교회를 "하나님이 선택한 사람들의 모임"으로 규정한다.

"하나님의 백성"은 "성도의 친교"와 함께 20세기 에큐메니칼 대화의 중요한 주제가 되었다. 이에 상응하여 로마 가톨릭교회의 제2차 바티칸 공의회(1962-1965)는 교회를 하나님의 "메시아적 백성", "성부와 성자와 성령의 하나 됨에 의하여 하나가 된 백성"이라 정의한다(Birmele 1988, 46). 이 공의회는 "교회를 '하나님의 백성'(People of God)으로 재정의함으로써 전통적인 성직자 계급제도의 교회를 넘어섰다"(장윤재 2009, 393).

1981년에 이루어진 성공회와 로마 가톨릭교회의 대화는 오해의 위험성을 띤 "백성"이란 개념 대신, 신약성서의 다양한 교회관의 기초가 되는

"친교"(koinonia)의 개념을 채택한다. "백성"이란 개념은 성직자와 신자들의 관계를 위-아래의 위계질서로 오해할 수 있는 위험성을 갖는 반면, "친교"는 신자들 상호간의 관계 및 그리스도와의 관계를 나타낼 수 있기 때문이다. 정교회는 친교의 개념을 살아 있는 사람들은 물론 믿음 속에서 죽은 사람들을 포괄하는 모든 거룩한 사람들의 친교로 이해해야 한다고 제의한다. 해방신학은 "하나님의 백성으로서의 교회도 보편주의적 오류에서 근본적으로 벗어나지 못했다고" 비판하고, 참하나님의 백성으로서의 교회는 "가난한 자의 교회"이어야 한다고 주장한다(장윤재 2009, 393-394).

"하나님의 백성"이 교회라면, 교회를 신자들이 없는 하나의 독립된 실체로 보는 것은 불가능하다. 교회는 "하나님의 백성"이요, 또한 "하나님의 백성"이 곧 교회다. 물론 공동체로서의 교회는 신자들의 총화 이상의 것이다. "그럼에도 불구하고 그것은 하나님이 자기 백성으로 불러 모은 신자들의 공동체이고 또 언제나 그렇게 존속한다. 이러한 신자들이 없을 때, 교회는 아무것도 아니다.…우리 없이, 우리 바깥에 그리고 우리 위에 교회는 존재하지 않는다"(Küng 1985, 157).

2) 본래 "하나님의 백성"은 유대인들의 민족 공동체를 가리키는 칭호였다. 예수 시대에도 유대인들은 자기를 하나님의 선택을 받은 "하나님의 백성"으로 인식하였다. 그런데 초기 교회 시대에 유대인들은 로마 제국의 미움과 저주의 대상이었다. 그들은 135년 유대 땅에서 추방될 때까지, 끈질기게 로마 제국에 저항한 독종들이었다. 신약성서에 기록된 열심당원들이 그 대표자들이었다. 이들은 평소에 단검 곧 "시카"(sica)를 지니고 다녔기 때문에 "시카리"라 불리기도 하였다. 따라서 초기 기독교 공동체가 자신을 가리켜 "하나님의 백성"이라 부를 경우, 로마 제국의 의심의 눈초리를 피할 수 없었다. 하지만 이 같은 위험에도 불구하고 초기 기독교 공동체는 "하나님의 백성"으로 자처하였다. 그 까닭은 무엇일까?

그 까닭은, 하나님의 구원 역사에 대한 그리스도인들의 새로운 인식에 있다. 하나님은 이스라엘 백성을 통해 구원의 역사를 이루고자 하였다. 그러나 이스라엘 백성은 하나님의 법을 지키지 않고 우상을 섬겼다. 이리하여 이스라엘 백성을 통한 하나님의 구원 역사는 중단되고 말았다. 이에 하나님은 그의 아들 메시아 예수를 통해 구원의 역사를 새롭게 시작한다. 구원의 역사는 이제 예수를 하나님의 아들 메시아로 고백하는 그리스도인들의 공동체 곧 교회를 통하여 이루어진다.

그러나 이 공동체는 단순히 옛 하나님의 백성의 연장(延長)이 아니다. 그것은 "그리스도의 영을 통하여 모든 민족으로부터 소집되는, 새 계약의 하나님의 백성"이다(Pannenberg 1993, 472). "새 계약의 하나님의 백성"을 통해 이제 하나님의 구원은 이스라엘 백성의 민족주의적 폐쇄성을 벗어나 모든 민족의 세계로 확장된다. 하나님의 구원은 모든 민족의 세계로 확대되어야 한다. 구원에 대한 이 같은 이해 속에서 초기 기독교 공동체는 로마 제국에 의한 박해의 위험을 무릅쓰고, 자기를 "하나님의 백성"이라 부른다. 이로써 기독교 공동체는 스스로를 로마 제국에 대항하는 이스라엘 백성과 연속선상에 세우고, 로마 황제 숭배를 거부한다. 그리고 이로 인해 로마 제국의 박해를 받게 된다.

그러나 "박해의 공동체"가 로마 제국의 공인종교로, 나아가 공인종교에서 제국교회로 격상되면서 "하나님의 백성"의 칭호는 서로에게 껄끄러운 것이 되어버린다. 이리하여 이 칭호는 차츰 사라지고, 교회는 로마 제국의 평화(Pax Romana)와 질서를 추구하는 국가교회로서의 지위를 차지한다. 그리고 교회는 로마 제국의 반유대인주의(Antisemitismus)를 따른다. 로마 제국의 정치권력에 의해 십자가에서 죽은 예수의 모습은 약화되고, 만유의 통치자 되신 그리스도의 영광스러운 모습이 부각된다.

이 같은 초기 교회의 역사는 다음의 내용을 시사한다. 교회는 국가의 정치적 관심에 봉사하는 국가의 종교기관이 아니라, 하나님께 속한 "하나님의 백성"이다. "하나님의 백성"으로서 교회는 불의하고 타락한 통치권력에 대립한다. 교회는 통치권력의 시녀가 될 수 없다. 오히려 불의한 통치권력에 대해 하나님의 정의를 선포하고, 하나님 나라의 새로운 삶의 현실을 보여야 한다.

3) 하나님의 구원 역사는 구체적으로 어떻게 이루어질 수 있는가? 구약성서에 따르면 그것은 하나님의 율법을 지키는 데 있다. 곧 ① 출애굽의 하나님만을 참신으로 경외하며, ② 이 하나님의 법을 지키며 그가 명하는 자비와 정의를 행하는 데 있다. 신약성서에 따르면 ① 각 사람이 하나님의 아들이신 메시아 예수의 구원을 믿고, ② 하나님의 새로운 피조물로 다시 태어나며, ③ "새 인간", "빛의 자녀"로 변화되는 바로 거기에 구원의 역사가 시작된다. 그러나 구원의 역사는 개인의 구원에 머물지 않는다. 그것은 하나님이 지으신 세계 전체가 하나님이 다스리는 세계로 변화되는 데 있다. 온 세계가 하나님의 것이기 때문이다.

이를 위해 먼저 죄에 빠진 영혼들이 죄를 자백하고, 예수 그리스도를 자기의 구원자로, 또한 자기의 주님(통치자)으로 믿어야 한다. "당신이 만일 예수는 주님이라고 입으로 고백하고…마음으로 믿으면 구원을 얻을 것입니다. 사람은 마음으로 믿어 의에 이르고, 입으로 고백해서 구원에 이르게 됩니다"(롬 10:9-10). 십자가에 달린 예수와 함께 "옛 사람"은 죽고, 부활하신 그리스도와 함께 "새 사람"으로 다시 살아나야 한다. 그리스도께서 내 안에, 내가 그리스도 안에 있어야 하며, 살아도 그리스도를 위해 살고, 죽어도 그리스도를 위해 죽어야 한다. 우리의 거짓되고 악한 성품이 하나님의 성품을 닮아야 한다. 이때 우리는 "하나님의 거룩한 분"이신 그리스도의 뒤를 따라 하나님의 "거룩한 백성"(출 19:6) 곧 "거룩한 민족"(벧전 2:9)으로 변화된다. 이를 통해 하나님의 구원 역사가 구체적으로 시작된다.

그러므로 성직자들과 신자들은 그들의 "지체를 의의 종으로 바쳐서 거룩함에 이르도록" 해야 한다(롬 6:19). 바울에 따르면, "나는 너희의 아버지가 되고, 너희는 내 자녀가 될 것이다"라는 "약속"이 그리스도인들에게 주어져 있다. 이 약속의 성취를 위해 그리스도인들은 "육과 영의 모든 더러움에서 떠나서, 자신을 깨끗하게 하며, 하나님을 두려워하는 가운데 온전히 거룩하게" 되어야 한다(고후 6:18-7:1).

여기서 우리는 교회의 중요한 본질을 발견한다. 교회의 본질은 거룩함에 있다. 참교회는 거룩한 교회다. 그럼 어떻게 교회가 거룩하게 될 수 있는가? 교회의 성직자들과 신자들이 "육과 영의 모든 더러움에서 떠나서…거룩하게" 변화될 때, 교회가 거룩하게 된다. 세상을 거룩하게 변화시키겠다고 무엇을 하기 전에, 성직자들과 신자들이 먼저 하나님의 "거룩한 백성"이 되어야 한다. 타락한 "이 시대의 세상의 풍조"를 본받지 않고 "마음을 새롭게 함으로 변화를 받아서, 하나님의 선하시고 기뻐하시고 완전하신 뜻이 무엇인지를" 분별하고(롬 12:2), 이 뜻을 행해야 한다. 바로 여기에 참교회가 있다. 세속의 풍조를 따르는 교회, 신자들의 헌금을 총회장 선거비용으로 사용하며 교인들이 나누어져 서로 싸우는 교회는 거룩하지 못한 교회다. 거룩하지 못한 교회는 참교회가 아니다. 그것은 실패한 교회다.

구약의 말씀에 의하면, 하나님은 "은혜로우시고 자비로우신 분"이요(대하 30:9), "고아들의 아버지요 과부들을 돕는 재판관"이다(시 68:5). 그는 "사람을 차별하여 판단하시거나, 뇌물을 받으시는 분이 아니시며, 고아와 과부를 공정하게 재판하시며, 나그네를 사랑하셔서 그에게 먹을 것과 입을 것을 주시는 분"이다(신 10:17-18). 그는 연약한 생명을 보호하며, "고아와 과부를 배불리 먹게" 한다(신 14:29). 이 하나님의 뜻을 따라 연약한 생명을 보호하며, 이들에게 자비를 베푸는 데 구원의 길이 있다.

또한 하나님은 "공의의 하나님"이다(사 30:18; 말 2:17). 이 하나님의 뜻에 따라 하나님의 공의와 정의가 다스리는 세계를 이루는 데 구원의 길이 있다. "너희는 다만 공의가 물처럼 흐르게 하고, 정의가 마르지 않는 강처럼 흐르게 하라"(암 5:24). 하나님의 뜻에 따라 정의로운 세계, 공의가 살아 있는 세계가 이루어지기를 기도하고 이를 위해 노력할 때, 교회는 참 "하나님의 백성"이자 "거룩한 백성"이 될 수 있다.

4) 베드로전서 2:9는 하나님의 백성을 "왕과 같은 제사장들"이라 부른다(벧전 2:9). 본래 신약성서는 그리스도를 왕 혹은 제사장이라 부른다. 그

리스도는 "만왕의 왕, 만주의 주"시다(딤전 6:15; 계 17:14; 19:16). 그는 하나님의 영원한 "제사장" 혹은 "대제사장"이다(히 2:17; 5:6). 신약성서는 그리스도에 대한 이 칭호를 그리스도인들과 그들의 공동체에 부여한다. 그리스도인들과 그들의 공동체 곧 교회는 "왕과 같은 제사장"이다.

이 칭호는 교회의 역사에서 성직자 계급의 세속적 힘과 권위를 정당화시키는 개념으로 사용되었다. 1311년에 교황 클레멘스 5세가 비엔나 공의회에서 결정한 교회법은 세속의 황제 위에 있는 성직자의 힘과 권위를 다음과 같이 규정한다. "의심의 여지 없이 우리는 황제보다 우월한 권세를 가지고 있다. 왜냐하면 우리는 만왕의 왕 그리스도의 권세에 복종하기 때문이다"("제국의 황제는 임기를 마칠 때까지 교황의 목회를 받아야 한다고 엄중히 선언하는 바이다", 옥성득 2015, 64).

고대에 왕은 정치권력의 대변자요, 제사장은 종교권력의 대변자였다. 그런데 지상의 예수를 가리켜 제사장 혹은 왕이라 부르는 것은 매우 역설적이다. 지상의 예수는 왕도 아니고 제사장도 아니었다. 그는 아무런 권력도 갖지 않았다. 도리어 그는 이 세상에서 아무런 힘도 없는 인물이었다. 그는 정치권력과 종교권력에 저항 한번 하지 못하고 십자가에서 죽으셨다. 그는 지배하는 자가 아니라 섬기는 분이었다. 그는 백성들을 위해 자기의 목숨을 내어주었다. 그는 자기 자신을 위한 존재가 아니라 타자를 위한 존재였다.

이 예수가 만왕의 왕, 만주의 주, 영원한 대제사장이라면, 그의 왕권과 대제사장직은 세상적 의미의 권세에 있는 것이 아니라, 세상을 위한 섬김과 자기 희생에 있다. 그것은 "타자를 위한 존재"에 있다. 이 예수의 길을 따르는 한에서 교회는 "왕과 같은 제사장"이라 불릴 수 있다. "거룩한 제사장", "왕과 같은 제사장"(벧전 2:5, 9)이란 칭호는, 그리스도의 뒤를 따라 "그분의 고난에 동참하여, 그분의 죽으심을 본받는"(빌 3:10) 교회가 참교회임을 시사한다.

교회가 "왕과 같은 제사장"이 될 수 있는 길은 거대한 부와 세속적 힘과 위용을 과시하는 데 있지 않다. 목사와 장로들이 기독교 정당을 세워 세속의 정권을 쥐는 데 있지 않다. 참교회는 세속적 힘과 위용을 자랑하는 교회가 아니라, 십자가에 달린 예수의 뒤를 따라 힘없는 사람들의 고난에 참여하며 하나님의 정의가 다스리는 세상을 바라고 희망하는 교회다. 교회가 그리스도의 뒤를 따르지 않고 세속적 부와 힘과 위용을 가질 때, 교회는 반드시 타락하고 부패한다. 이것은 세계사가 증명하는 사실이다.

하나님은 아무 힘없이 십자가에 달려 죽은 그분을 "모든 힘과 권세의 머리"(골 2:10)로 높이 들어 올리셨다. 따라서 교회가 참된 힘과 위용을 얻을 수 있는 길은, 십자가에 달려 죽은 예수처럼 자기를 비우고 자기를 낮추며 예수의 고난에 참여하는 데 있다. 이때 교회는 "왕과 같은 제사장"으로 인정받게 될 것이다. 그동안 "많은 한국교회 지도자들이 정교분리라는 미명 아래 사회정의를 무시하고, 세속 권력과 야합해 정직하지 못한 방법으로 교세를 확장했다. 그러나 이 모든 것은 비바람 앞의 모래성처럼 한순간에 무너지고 말 것이다"(옥성득 2015, 65). 마귀는 교회가 세속적 부와 권세와 위용을 갖기를 원한다. 그래야 교회가 세상 사람들의 비웃음을 당하는 신세로 전락하기 때문이다.

아직도 한국의 많은 교회와 그리스도인들은 참된 의미의 "왕과 같은 제사장"의 모습을 보여주기도 한다. 세계 각국의 오지에서 이름 없이 헌신하는 선교사들, 제3세계에서 무료봉사하는 의사들과 간호사들, 극빈자, 노숙자, 외국인 근로자들에게 무료진료와 숙식을 제공하는 서울 영등포 성요셉병원의 의사들, 이 병원이 매달 필요로 하는 6-7천만 원의 예산을 감당하는 후원자들, 매년 연말 구세군의 자선냄비에 거액의 돈을 익명으로 희사하고 자취를 감추는 독지가들, 거리의 노숙자들에게 음식을 제공하는 교회들, 베이비 박스를 설치하여 유기된 영아를 거두고 장애 아동을 입양하는 서울 관악구 난곡동의 주사랑공동체교회(이에 관해 이영란 2014, 122-135), 약한 자들의 편에 서서 세상의 불의를 비판하는 로마 가톨릭교회의 프란치스코 교황, 사회 각 영역에서 정의를 위해 노력하는 그리스도인들, 바로 이들이 "왕과 같은 제사장"이다.

5) "하나님의 백성"이란 개념에서 소유격 "하나님 의"는 하나님께 속한 백성, 하나님의 소유가 된 백성을 말한다. 따라서 성서는 일찍부터 하나님의 백성을 하나님의 "소유" 혹은 "하나님의 소유가 된 백성"이라 부른다(출 19:5; 시 135:4; 벧전 2:9). "하나님의 백성"으로서의 교회는 하나님의 "하나님의 소유가 된 사람들"의 공동체다. 교회는 이 세상에 속한 사람들의 공동체가 아니라, 하나님이 세상으로부터 불러내어 하나님의 소유가 된 사람들의 공동체다. 이 공동체는 세상 안에 있지만, 세상에 속하지 않고 하나님께 속한다.

그런데 구약에서 하나님의 백성은 하나님의 기선적 행위, 곧 하나님의 부르심과 계약을 통해 이루어진다. 하나님께서는 이집트에서 노예생활을 하고 있던 이스라엘 백성을 불쌍히 여기시고, 출애굽 할 때에 이스라엘 백성과 계약을 맺음으로써 이스라엘 백성은 "하나님의 백성"이 된다. "너희를 나의 백성으로 삼고, 나는 너희의 하나님이 될 것이다"(출 6:7). 따라서 새로운 하나님의 백성으로서의 교회는 하나님의 조건 없는 은혜와 기선적 부르심을 통해 이루어진다. 그것은 하나님의 아들이 "자기의 피로 사신" 것이다(행 20:28). 그러므로 교회는 사람의 것이 아니라 하나님의 소유다.

이것을 분명히 나타내는 교회론적 개념은 "에클레시아"(*ekklesia*)다. 신약성서에서 에클레시아는 복수형과 합하여 약 100번 정도 사용되는데, 대부분 사도행전과 바울 서신에서 사용된다. 또한 "하나님의" 혹은 "그리스도의"라는 소유격과 결합되어 "하나님의 에클레시아"로 10번(고전 1:2; 10:32 등), "그리스도의 에클레시아"로 단 한번(롬 16:16) 사용된다. "그리스도 예수 안에 있는 하나님의 에클레시아"(살전 2:14), "그리스도 안에 있는 에클레시아"로 사용되기도 한다.

에클레시아는 고대 그리스의 폴리스에서 발생한 법적 문제를 다루기 위한 시민들의 "모임" 혹은 "회중"을 뜻하는 것으로, "…으로부터 불러내다"를 뜻하는 *ekkalein*에서 유래한다. 70인역(Septuaginta)은 이 개념을 구약성서의 히브리어 "카할"(*qabal*, 부르다, 모으다), 곧 하나님이 세상으로부터 불러내신 "하나님의 백성"이라는 단어를 그리스어로 번역할 때 사용한다. 따라서 에클레시아 곧 교회는 하나님께서 불러내시고 이루신 "하나님의 소유"를 뜻한다. 하나님이 그 안에서 말씀하시고 다스리신다. 교회는 하나님의 기선적 부르심을 통해 이루어진 "하나님의 종말론적 백성"이다(Küng 1985, 101).

교회는 인간의 소유도 아니고, 국가와 민족의 소유도 아니다. 그것은 하나님의 소유다. 그러므로 교회의 모든 일은 하나님의 뜻에 따라 이루어진다. 국가의 정치적 관심이나 인간의 욕망이 교회를 지배하지 않고, 하나님의 뜻이 교회를 지배한다. 세속의 가치관이 지배하지 않고, 하나님의 가치관이 교회를 지배한다. 참교회는 하나님의 뜻과 하나님의 가치관을 따르는 교회다.

교회는 하나님의 소유이기 때문에, 교회에 속한 모든 사람은 하나님의 계명에 복종해야 한다. 그들은 하나님의 자비와 정의를 행하며 살아가는 "빛의 자녀들"이 되어야 한다(살전 5:5). "하나님의 백성"으로서의 교회는 "빛의 자녀들"이 모인 공동체다(엡 5:9; 살전 5:5). 그것은 어둠 속에 있는 "빛"이다(마 5:14; 행 13:47).

신약성서의 이 말씀들은 오늘 우리에게 너무나 익숙하여, 그 중요성이 별로 느껴지지 않을 정도다. 그러나 고대 로마 제국의 상황에서 이 말씀들은 혁명적 의미가 있었다. 이 말씀들은 로마 제국을 "삶의 자리"(Sitz im Leben)이자 역사적 배경으로 가지고 있다.

신약성서는 로마 제국을 "어둠", "어둠과 죽음의 그늘", "무덤" 등의 상징언어로 묘사한다. 당시 기독교 공동체들에게 로마 제국은 한 마디로 "어둠" 혹은 "어둠과 죽음의 그늘"이었다(요 1:5; 눅 1:79). 마태복음 기자에 의하면 그것은 귀신 들린 자들이 모여 사는 "무덤"과 같은 세계였다(마 8:28). 그러므로 마가와 누가는 귀신을 "레기온"(Legion) 곧 로마 제국의 "군단"이라 부른다(막 5:9; 눅 8:30). 요한계시록은 로마 제국을 성욕에 굶주린 "음녀"(계 17:1), 멸망할 수밖에 없는 "바빌론"이라 부른다(14:8).

왜 신약성서는 로마 제국을 이렇게 묘사하는가? 당시 로마 제국은 세계를 지배하고자 하는 군국주의·팽창주의·제국주의·식민주의 세력의 대명사였다. 그것은 원로원과 황제 사이의 갈등과 투쟁, 원로원 의원 상호간의 권력 투쟁, 사회 지배층의 특권과 치부, 속주민에 대한 차별과 착취, 사회적 약자에 대한 억압, 음란과 쾌락, 심각한 빈부격차 등으로 점철되어 있었다.

우리는 로마 제국의 원형경기장을 보면서 고대 로마인들의 건축술에 감탄한다. 그러나 한 역사학자에 의하면 원형경기장은 "피의 향연"의 현장이요, 그리스도인들의 "순교 장소인 동시에 이교도들의 퇴폐와 타락의 장소, 잔인성을 표출하는 장소"였다. 그것은 "음탕한 장소, 인간을 야만적으로 만드는 곳"이었다. 상대를 죽이든지 아니면 상대에게 죽임을 당할 수밖에 없는 검투사들이 처절하게 싸우다가 비참하게 죽어가고, 반란을 일으킨 모반자들과 도주하다 붙들린 노예들과 그리스도인들을 십자가에 못 박아 불에 태워 죽이는 처형이 여기서 집행되었다. 또 로마 제국 시민권을 갖지 못한 죄수들에게 굶주린 맹수를 풀어 물어뜯어 죽이는 것을 보고 열광케 함으로써, 사회의 부조리와 불의를 망각케 하는 곳이 로마 제국의 원형경기장이었다(배은숙 2013, 512).

오래전에 필자는 시칠리아에 있는 로마 제국 시대의 원형경기장을 관람한 적이 있다. 이 경기장 앞쪽에는 폭과 깊이가 약 2미터 정도 되는 십자가형의 구덩이가 길게 패여 있었다. 고고학을 전공한 안내자의 설명에 의하면, 로마인들은 이 구덩이에 물을 채우고 악어를 집어넣었다. 쉽게 미끄러지도록 기름칠을 한 널빤지를 구덩이 위에 걸쳐놓고, 양편에 세워 둔 검투사들이 그 널빤지 위에 올라와 싸웠다. 싸우다가 구덩이 안으로 미끄러진 검투사는 악어 밥이 될 수밖에 없었다. 관중들은 악어에게 물어 뜯겨 죽는 검투사들의 처절한 죽음을 바라보면서 열광하였다는 것이다. 민중들의 정치적·사회적 불만을 해소하기 위해 이같이 잔인한 일을 행한 로마 제국은 신약성서의 표현대로 마귀요 어둠이었다.

시오노 나나미는 그녀의 역사소설 『로마인 이야기』에서 고대 로마의 노예들의 삶이 그렇게 비참하지 않은 것처럼 미화시킨다(그녀는 이 책에서 그리스도인들의 박해와 순교도 매우 약하게 묘사한다). 그러나 역사가 배은숙에 의하면 당시 노예들의 삶은 매우 비참하였다. 이를 증명하는 대표적 사건이 스파르타쿠스(Spartacus)의 노예혁명이다. 이 혁명은 그리스 트라키아 출신의 스파르타쿠스가 기원전 73년 중부 이탈리아 카푸아의 노예 검투사 양성소에서 70여 명의 동료와 탈출함으로써 시작된다. 삽시간에 목동, 농노, 빈농들이 이에 규합하여 로마 제국의 2개 군단 12,000명을 격파하고, 12만 명에 달하는 군세(軍勢)로 남부 이탈리아를 장악할 정도로 큰 세력을 이룬다. "이래 죽으나 저래 죽으나 죽는 건 마찬가지"라 생각했던 거지들과 도적 떼들도 그 대열에 합세하였다.

그러나 이들은 고도로 훈련된 조직과 기병대, 우수한 무기와 전략, 수많은 전투 경험과 조직화된 군수물자 지원 체제를 보유한 로마 군단의 적수가 될 수 없었다. 그들은 이 모든 것을 제대로 갖지 못한 오합지졸이었다. 결국 이들은 기원전 71년 원로원에서 파견한 크라수스(Marcus Lucinus Crassus) 군단에 패하고 만다. 약 6천 명의 포로가 로마에서 카푸아에 이르는 200Km의 아피우스 가도(Via Appia)에 열을 지어 십자가에 못 박혀 죽는다. 이로써 스파르타쿠스의 노예혁명은 슬프게 끝난다. 이 사건은 절망 속에서 겨우 생명을 이어가던 노예들과 빈농들, 도시 빈민층, 거지 떼와 도적 떼가 반란을 일으킬 수밖에 없었던 로마 제국의 밑바닥 현실을 반영한다.

이 같은 로마 제국의 현실 속에서 바울은 초기 그리스도인들을 향해 이렇게 말한다. "밤이 깊고, 낮이 가까이 왔습니다. 그러므로 우리는 어둠의 행실을 벗어버리고, 빛의 갑옷을 입읍시다. 낮에 행동하듯이 단정하게 행합시다. 호사한 연회와 술 취함, 음행과 방탕, 싸움과 시기에 빠지지 맙시다.…정욕을 채우려고 육신의 일을 꾀하지 마십시오"(롬 13:11-14). "여러분이 전에는 어둠이었으나, 지금은 주님 안에서 빛입니다. 빛의 자녀답게 사십시오. 빛의 열매는 모든 선과 의와 진실에 있습니다. 주님께서 기뻐하시는 일이 무엇인지 분별하십시오"(엡 5:8-10). 이로써 바울은 사실상 로마 제국의 군국주의·팽창주의·제국주의·식민주의와 세계화(Globalisierung) 그리고 계급사회를 거부한다.

초기 기독교 공동체에 주어진 이 말씀은 오늘 우리에게 주시는 하나님의 말씀이기도 하다. 오늘 우리 사회도 한 마디로 어둠의 사회요, 악한 영에 붙들린 자들이 어둠 속에서 암약하는 무덤과 같은 사회다. 고대 로마 제국과 마찬가지로 오늘 우리 사회도 "호사한 연회와 술 취함, 음행과 방탕, 싸움과 시기", 욕심을 채우기 위한 "육신의 일"로 가득하다. 불의와 부패와 타락이 사회 곳곳에 만연하다. 돈을 하나님처럼 모시는 악성 자본주의는 부와 가난의 양극화, 사회의 비인간화, 자연의 파괴와 생태학적 위기를 초래하고 있다.

이 같은 세계 속에서 교회는 "하나님의 백성" 혹은 "하나님의 소유가 된 백성"이어야 한다. 곧 하나님의 통치 안에 있는 사람들의 공동체, 하나님의 계명을 지키며 사는 공동체이어야 한다. 세계를 지배하고자 하는 군국주의·패권주의·세계화를 통한 세계적 기업들의 자본주의적 식민주의를 거부해야 한다. 한 마디로 교회는 "세상의 소금"과 "세상의 빛"이 되어야 한다. 바로 여기에 참교회의 본질이 있다. "너희는 세상의 소금이다. 소금이 짠맛을 잃으면, 무엇으로 그 짠맛을 되찾게 하겠느냐?…너희는 세상의 빛이다.…너희 빛을 사람에게 비추어서, 그들이 너희의 착한 행실을 보고, 하늘에 계신 너희 아버지께 영광을 돌리게 하라"(마 5:14-16).

6) 구약에 따르면 구원의 길은 하나님의 율법을 지키는 데 있다. 신약성서에 따르면 그것은 먼저 예수 그리스도를 우리의 구원자로 믿고 회개하는 데 있다. 그럼 예수 그리스도를 믿는 그리스도인들에게 구약의 율법은 불필요하게 되는가?

판넨베르크는 구약의 율법이 그리스도인들에게 필요하지 않다고 말한다. 그리스도의 구원을 완성하기 위해서는 신약성서에 기록되어 있는 계명으로 충분하다는 것이다. 많은 목회자와 신학자가 이와 비슷하게 생각한다. 율법은 물론, 율법이 기록되어 있는 구약성서도 기독교 신앙에 필요하지 않다는 것이다. 그래서 많은 목회자가 구약성서의 본문을 가지고 설교하는 것을 피한다. 그러나 구약의 "십일조" 계명(민 18:26; 신 26:12)은 반드시 지켜야 한다고 강조하며, 십일조를 바치지 않는 것은 "하나님의 것을 도적질하는 것"이라는(말 3:9) 말라기의 말씀을 즐겨 인용한다.

물론 예수와 바울은 율법을 상대화한다. 율법이 인간의 생명을 위해 있는 것이지, 인간의 생명이 율법을 위해 있는 것은 아니기 때문이다. 그러나 예수와 바울은 율법을 폐기하지 않는다. 오히려 예수는 율법을 "폐하러 온 것이 아니라 완성하러 왔다"고 말한다(마 5:17). 바울의 가르침에 의하면, 하나님의 구원 역사는 율법의 본뜻을 완성하는 데 있다(참조. 롬 13:8-10). 따라서 그리스도인들도 율법의 본뜻을 지켜야 한다. 그의 본뜻에 있어 "율법은 거룩하며, 율법의 계명도 거룩하고 의롭고 선한 것"이라 바울은 말한다(롬 7:12).

예수의 말씀에 따르면 율법의 본뜻은 하나님 사랑과 이웃 사랑에 있다(마 22:37-40). 율법을 완성하는 길 곧 구원의 길은 하나님 사랑 안에서 이웃을 사랑하고 하나님의 자비와 정의가 충만한 세계를 이루는 데 있다. 신음하는 피조물들의 생명을 보호하고, 모든 피조물이 하나님의 평화 속에서 더불어 사는 세계를 이루는 데 있다.

참교회는 그리스도의 말씀을 따라 구약 율법의 본뜻을 행하는 교회, 이를 통해 하나님의 구원 역사를 이루는 하나님의 백성이다. 구약의 율법을 외면하는 교회, 피조물의 신음에 귀를 막아버리고 민족의 운명이 위험해도 교세 확장에만 열심인 교회는 참교회가 아니다. 교회가 세상 사람들의 존경과 신뢰를 회복할 수 있는 길은 율법의 참뜻을 행하는 데 있다. 하나님을 경외하면서 이웃에게 자비를 행하고, 하나님의 정의를 세우는 데 있다. 바로 여기에 참교회와 참 그리스도인들의 모습이 있다. 의롭고 선한 행위와 삶에 대해 침묵하면서 "오직 믿음을 통한" 구원만 강조하는 것이 적절하지 않은 것처럼, 하나님의 정의에 대해 침묵하면서 하나님의 사랑에 대해서만 설교하는 것 역시 적절하지 않다.

7) 이스라엘 백성은 본래 고대 중동의 빈민층에 속한 하비루들이었다. 이스라엘 백성을 가리키는 "히브리"는 "하비루"에서 파생된 단어다. 그런데 하나님은 하비루에 속한 히브리인들을 택하시고, 이들을 자기의 백성 곧 "하나님의 백성"으로 삼는다. 복음서에 따르면 예수는 주로 하비루들의 친구로 활동한다. 그는 차별과 소외를 당하는 "세리와 죄인들의 친구"였다. 그가 만난 대부분의 사람은 가난과 질병으로 신음하는 하비루들, 사회의 차별과 소외 속에서 죄인 취급을 당하는 "땅의 사람들"이었다. 광야에 이르기까지 그의 뒤를 따라다니던 수많은 사람은 먹을 것이 없는 하비루들이었다("오병이어의 기적" 참조). 열두 제자도 대부분 하비루 계층에 속한 사람들이었다. 예수는 바로 이들을 "나의 형제자매"라 부른다(마 25:40).

물론 예수는 부유한 사람들, 권력층에 속한 사람들을 배타하지 않는다. 그는 로마 주둔군의 백인대장의 종을 고쳐주기도 한다. 그는 부자 청년과의 만남과 대화를 거부하지 않는다. 그들도 하나님이 창조한 하나님의 자녀요, 구원의 대상이기 때문이다. 그러나 "그는 인간들 중에서도 죄인, 세리, 윤락하는 사람들, 가난한 자, 병든 자, 인간들 측에서 쫓겨난 나환자, 불구자 등등 소외된 인간들을 더 많이 찾아 그들을 새 인간으로 변혁시키는 일을 하였다.…그런데 한국교회는 어떠한가? 교회에 빈민, 윤락 여성, 거지, 부랑소년, 실직자, 노동자 등등이 들어올 수 있게 되었는가? 남루한 의복을 입은 사람이 안심하고 예배에 자리를 같이할 수 있게 되었는가? 이름 높은 명사들이 우리 교회원이 되어 있다는 자랑은 들을 수 있어도 가난뱅이들이 드나드는 것을 좋아하는 교회는 그리 있는 것 같지 않다"(김재준 2014, 431).

해방신학이 주장하는 것처럼, 참교회는 가난한 사람들이 "교회의 기초를 이루는 교회"다(장윤재 2009, 395). 그것은 이 세상에서 위로받을 데가 없는 사람들이 그 안에서 위로와 삶의 새로운 희망과 힘을 얻는 교회요, 하나님의 명령에 따라 "고아와 과부"를 돌보며 그들의 권익을 옹호하는 교회다(신 10:18; 약 1:27). 구약의 히브리인들은 물론, 최초의 기독교 공동체의 신자들 대부분도 가난한 사람들이었다.

따라서 참교회는 중산층과 부유층만 모인 교회가 아니라 가난한 사람들이 있는 교회다. "가난한 자가 교회를 교회답게 한다"(김재준 2014, 395). 그러나 이것은 부유한 사람들에 대한 배타성을 뜻하지 않는다. 참교회는 사회의 모든 계층에 속한 사람들이 함께 모여 그리스도의 친교를 나누며, 하나님 나라의 사명을 감당하는 공동체다. 사실 초기 기독교 공동체 안에는 부유한 주인들(자유인)도 있었고, 소유가 없는 종들도 있었다(고전 12:13).

8) 예수 당시 이스라엘의 종교 지도자들은 이방인들에 대해 철저히 배타적 태도를 보였다. 그들은 "이방 사람과 사귀거나 가까이하는 일은 불법이라"(행 10:28) 규정하였다. 그리스도 신앙으로 개종한 유대계 그리스도인들마저 이방인들에게 배타적 태도를 보였다. 그래서 이들은 이방인들에게도 성령이 부어졌다는 얘기를 듣고 매우 놀라며(행 10:45), 베드로가 할례 받지 않은 이방인들의 집에 들어가 그들과 함께 음식을 먹은 것을 비난한다(행 11:3). 베드로가 "이방 사람들과 함께 음식을 먹다가…할례 받은 사람들(유대계 그리스도인들)을 두려워하여 그 자리를" 떠날 정도로(갈 2:12), 유대계 그리스도인들은 이방인들을 배타하였다.

그러나 바울의 소신에 의하면 하나님의 백성은 이스라엘 백성에 제한될 수 없다. 땅 위의 모든 민족이 하나님의 구원을 받고, 하나님의 백성이 되어야 한다. 하나님은 "우리를 부르시되, 유대 사람만이 아니라 이방 사람도 부르셨다"(롬 9:24). 그리스도를 주님으로 고백하는 모든 사람은 하나이다. 거기에는 "유내 사람도 그리스 사람도" 없다(갈 3:28). "이스라엘에게서 태어난 사람이라고 해서 다 이스라엘 사람이 아니고, 아브라함의 자손이라고 해서 다 그의 자녀가 아니다"(롬 9:6-7). 그리스도를 믿는 모든 민족이 참 이스라엘이요(갈 6:16), 아브라함의 후손이다(롬 4:16). 그러므로 바울은 이렇게 말한다. "유대 사람이나 그리스 사람이나 차별이 없습니다. 그는 모든 사람에게 똑같이 주님이 되시고, 그를 모르는 모든 사람에게 풍성한 은혜를 내려주십니다. '주님의 이름을 부르는 사람은 누구든지 구원을 얻을 것입니다'"(롬 10:12-13). 하나님 나라에는 "유대 사람도 그리스 사람도 없으며, 종도 자유인도 없으며, 남자도 여자도 없습니다. 여러분 모두가 그리스도 예수 안에서 하나이기 때문입니다"(갈 3:28).

바울은 이 같은 소신에 따라 로마 제국 전역에 복음을 전했다. 그 결과 로마 제국 곳곳에 기독교 공동체가 세워졌다. 바울이 로마로 압송되었을 때, 거기에도 이미 기독교 공동체가 있었다(행 28:14-15). 이리하여 초기 기독교 공동체는 유대교의 민족적 한계를 벗어나, 땅 위의 모든 민족을 아우르는 범민족적·범세계적 에큐메니칼 공동체로 발전한다. 사도행전의 누가는 이에 대한 신학적 근거를 하나님의 창조에서 발견한다. "그분(하나님)은 인류의 모든 족속을 한 혈통으로 만드셔서, 온 땅 위에 살게 하셨으며…"(행 17:26).

모든 민족과 인종을 포괄하는 범민족적·범세계적 교회는 구약의 예언의 성취라고 바울은 이해한다. "하나님께서는 우리를 부르시되 유대 사람 가운데서 만이 아니라, 이방 사람 가운데서도 부르셨습니다. 그것은 하나님이 호세아의 글 속에서 하신 말씀과 같습니다. '나는 내 백성이 아닌 사람을 내 백성이라 하겠다. 너희는 내 백성이 아니다라고 말씀하신 그 곳에서, 그들은 살아 계신 하나님의 자녀라고 일컬음을 받을 것이다'"(롬 9:25-26; 참조. 호 2:23). 사도행전의 누가도 이렇게 생각한다. "그래서 남은 사람이나 주를 찾고, 내 백성이라는 이름을 받은 모든 이방 사람이 나 주를 찾게 하겠다"(행 15:17; 참조. 암 9:12). 사실 구약도 모든 민족이 하나님의 백성이 될 것이라 말한다. "그날에 많은 이방 백성이 주님께 와서 그의 백성이 될 것이다"(슥 2:11), "만군의 주님께서 이 세상 모든 민족을 여기 시온산으로 부르셔서, 풍성한 잔치를 베풀 것이다"(사 25:6; 참조. 19:21-25).

초기 기독교 공동체는 구약의 이 예언이 예수에게서 성취되었다고 본다. 예수는 이스라엘 백성만이 아니라 땅 위의 "모든 백성에게 큰 기쁨이 될 소식을"(눅 2:10) 가지고 이 세상에 오셨다. 그는 "모든 사람을 비추는" 빛이다(요 1:9). 그는 아담의 범죄로 인해 죄의 노예가 된 모든 인류에게 하나님의 의롭다 하심과 생명을 주기 위해 이 세상에 오셨다(롬 5:17-19). 그러므로 지상의 예수는 이방인들에게도 구원을 베푼다. 그는 그리스 시로페니키아 여인의 귀신들린 딸(막 7:24-30), 중풍에 걸린 로마 백인대장의 종(마 8:5-13), 귀신들린 가나안 여인을 치유한다(15:21-28). 하나님의 구원은 유대인에게 제한될 수 없다. 그것은 세계 모든 민족을 아우른다.

그러므로 예수는 이렇게 말한다. "복음이 모든 민족에게 전파되어야 한다"(막 13:10), "하늘나라의 복음이 온 세상에 전파되어서 모든 민족에게 증언될 것이다"(마 24:14), 마지막 때에 사람의 아들은 천사들을 보내어 "땅끝에서 하늘 끝까지, 사방에서 선택된 사람들을 모을 것이다"(막 13:27), "많은 사람이 동과 서에서 와서, 하늘나라에서…잔치 자리에 앉을 것이다"(마 8:11). 새로운 하나님의 백성은 혈통과 민족과 인종을 초월한다. "하늘에 계신 내 아버지의 뜻을 따라 사는 사람이 곧 내 형제요 자매요 어머니다"(마 12:50). 세계의 모든 민족과 인종이 하나님의 백성으로 초대를 받았다. "너희는 네 거리로 나가서 아무나 만나는 대로 잔치에 청해 오너라"(마 22:9).

여기서 우리는 교회의 참 모습을 다음과 같이 요약할 수 있다. 첫째, 참 교회는 모든 민족과 인종을 아우르는 범세계적 에큐메니칼 교회다. 어떤 민족과 인종도 이 공동체에서 제외되지 않는다. 문명인은 물론 미개인도 하나님의 백성이요, 남자는 물론 여자도 하나님의 백성이다. 따라서 배타적 민족주의와 인간 차별이 있을 수 없다. 참교회는 남녀노소, 빈부귀천, 피부 색깔의 차별이 없는 공동체요, 위아래 계급이 없는 공동체다. 카를 마르크스가 말한 "계급 없는 사회"(klassenlose Gesellschaft)는 당원과 인민의 엄격한 계급이 있는 공산주의 사회가 아니라, 그리스도의 사랑 안에서 한 몸을 이룬 그리스도인들의 공동체 안에 있다.

둘째, 참교회는 땅 위의 다른 교회와 하나가 되고자 노력하는 교회다.

그것은 다른 교회를 배척하고 분열하는 교회가 아니라 서로 관용하고 연합하는 교회다. 자기만이 정통이고 타 교단은 이단이라 정죄하는 교회가 아니라, 타 교단을 형제자매로 인정하고 친교를 나누는 교회다.

셋째, 사회주의는 물론 오늘 우리가 경험하는 악성 자본주의도 하나님의 궁극적 질서가 아니다. 그러므로 참교회는 이데올로기를 달리하는 지역의 교회들과 교통하며 서로 돕는 교회다. 이 교회는 모든 민족과 인종을 구원하고자 하는 하나님의 구원 역사를 위해 협동한다. 사도신경이 고백하는 "거룩한 공교회"(sancta ecclesia katholica)는 이데올로기를 초월하여 세계 모든 나라에서 교회의 연합과 협동을 요구한다. 이 연합과 협동은 이데올로기의 장벽을 허물어버릴 수 있다.

G. 교회는 성령의 전, 하나님의 성전이다

교회는 경직되었고 형식화된 제도가 아니라 새 창조의 영, 생명의 영이 창조적으로 활동하는 장이어야 한다. 그것은 성령의 역사 속에서 새 시대의 새로운 상황에 대처하는 교회가 되어야 한다. 죽었던 영혼들이 믿음 속에서 다시 살아나며 형제자매들의 사랑과 우정이 몸으로 느껴질 수 있는 형제자매들의 공동체가 되어야 한다. 또 교회는 성직자들의 위계체제가 아니라 모든 신자 각자가 받은 성령의 은사(charisma)에 따라 봉사하고 헌신하는 형제자매들의 공동체가 되어야 한다. 신음하는 생명을 구하고, 하나님 나라를 앞당겨 오기 위해 성령의 새 창조에 참여하는 종말론적·메시아적인 교회가 되어야 한다. 이 같은 취지에서 현대의 많은 신학자는 "성령론적 교회론"을 주장한다. "현대의 중요한 신학적 방향은 성령론(pneumatology)에 입각한 교회론(ecclesiology)의 정립이다"(황승룡 1991, 95).

신약성서가 말하는 "성령의 전"(고전 6:19)은 성령론적 교회론의 근거가 된다. 그러므로 현대의 많은 신학자는 그들의 교회론에서 "성령의 전"을 중요한 개념으로 다룬다. 교회는 새 창조자이신 성령께서 살아 움직이는 "성령의 전"이어야 한다는 것이다.

1) "교회는 성령의 전이다"라는 말은 무엇을 뜻하는가? 먼저 그것은 "교회가 성령께서 세우신 것"임을 뜻한다. 본회퍼에 의하면 "교회는 (사람들의) 만남으로 인해 생겨나는 것이 아니라 교회 안에서 활동하는 영으로 인해 존립한다"(이신건 2009, 246). 비록 인간의 계획과 노력을 통해 교회가 세워지고 유지된다 할지라도, 그 계획과 노력은 성령의 작용으로 말미암아 일어난다. 이런 점에서 교회는 "인간이 완성해야 할 업적이나 인간이 일으켜야 할 사건이 아니라 성령의 은사요 사건이다"(Kraus 1983, 505).

그런데 교회 옆에 교회가 서 있고, 한 상가건물 안에 두세 개의 교회가 서 있는 것도 성령의 사역인가? 주민 50명도 채 안 되는 시골 마을에 두세 개의 교회가 서 있는 것도 성령께서 하신 일인가? 오히려 인간적인 동기로 말미암아 또 교세를 확장하고자 하는 교단 정책으로 말미암아 교회가 세워지는 경우가 허다하지 않은가? 또 성령이 교회를 유지하고 교회를 성장시키는가? 그것은 결국 사람이 하는 일이 아닌가? 돈벌이를 목적으로 하는 빵집이나 편의점도 최소한의 간격을 두고 세워지는데, 교회 바로 옆에 교회를 세우는 것은 너무하다고 동네 사람들이 수군댄다.

교회가 "성령의 전"이란 말은, 교회는 성령으로 말미암아 세워지고, 성장하고, 유지되어야 한다는 당위성을 가리킨다. 참교회는 인간이 아니라 성령으로 말미암아 세워지고 성장하고 유지되어야 한다. 교회의 설립과 성장과 유지에 있어 어떤 인간적인 동기나 세속적인 동기가 개입되어서는 안 된다. 교회는 그 시작에서부터 성령의 인도하심을 받아야 한다.

2) 성령은 자유롭다. 그가 어디에 계신지, 어디로 옮겨갈지, 보증할 수 있는 사람은 아무도 없다. 우리는 성령이 "어디서 와서 이디로 가는지 모른다"(요 3:8). 성령은 인간의 기대와 추측에서 자유로운 하나님의 영이기 때문이다. 하나님의 영은 인간의 기대와 추측과 계산을 넘어선다. 그는 이 모든 것들로부터 자유롭다. 그러므로 성령이 계신 곳에는 "자유가 있

다"(고후 3:17).

성령은 자유롭기 때문에 과거의 것에 묶이지 않는다. 과거의 교회 제단, 과거의 예배의식, 과거의 찬송가, 수억 원대의 전자 오르간에 묶이지 않는다. 그는 새로운 창조자다(시 104:30). 성령을 통해 하나님은 "모든 것을 새롭게 한다"(계 21:5). "새 포도주는 새 가죽 부대에 담아야" 한다(마 9:17). 그러므로 교회는 언제나 다시금 새롭게 변화되고 개혁되어야 한다. 교회가 과거의 것을 고집하는 것은 타당하지 않다. 그것은 성령의 새 창조의 역사를 방해한다.

물론 새것이라 하여 모두 좋은 것은 아닐 것이다. 새것은 혼란과 무질서를 초래할 수도 있다. 그래서 노년층은 새것을 위험시하는 경향이 있다. 그러나 위험하다 하여 새것을 배격하고 옛것에 머물면 발전할 수 없게 된다. 그래서 "이것이 우리 교회의 전통이다"라고 옛것을 고집하는 교회는 경직되고 발전이 없는 경우가 많다. 일반적으로 이런 교회는 생동성이 없고, 빠르게 노화한다.

성령은 자유롭다. 따라서 비록 성령을 통해 교회가 세워졌다 할지라도, 성령이 그 교회 안에 항상 머물러 계신다는 보장은 없다. 성령은 인간이 소유할 수 있고 지배할 수 있는 보증수표와 같은 것이 아니다. 하나님의 자비와 정의와 진리의 영이 사라지고, 위선과 거짓 속에서 교회가 하나의 제도로 경직될 때, 성령은 교회를 떠난다. 웅장한 교회 건물, 수억 원짜리 전자 오르간, 화려한 오케스트라를 동반한 성가대가 있다 할지라도, 신음하는 생명을 살리려는 하나님의 영이 약동하지 않는 교회, 세상의 불의로 인해 수많은 생명이 고통을 당해도 하나님의 정의에 대해 침묵하고 달콤한 사랑의 찬가만 노래하는 교회 안에는 성령이 계시지 않는다. 성령은 "진리의 영"이요(요 14:17; 요일 4:6), 글자 그대로 거룩하신 하나님의 "거룩한 영"이기 때문이다.

교회는 모든 것을 새롭게 창조하고자 하는 성령이 활동하는 곳이 되어야 한다. 인간적 욕구가 다스리는 곳이 아니라 하나님의 사랑의 영, 정의의 영이 다스리는 곳이어야 한다. 구시대의 전통과 형식 속에서 굳어지지 않고 새 창조의 영, 사랑과 정의의 영이 살아 움직임을 느낄 수 있는 곳이 되어야 한다. 노인층은 뒤에서 기도하고 격려하고, 새 시대의 젊은이들이 전면에 나서 봉사하는 교회가 되어야 한다. 그래야 교회가 쇄신될 수 있고, 생동할 수 있다. 그러므로 교회는 성령의 오심을 간구해야 할 것이다. 새 창조자 성령이여, 오시옵소서! 우리 교회를 새롭게 변화시키소서!

3) "성령의 전"은 "하나님의 성전"(고전 3:16-17; 고후 6:16), "하나님의 집"(고전 3:9; 엡 2:22)과 동일한 개념이라 말할 수 있다. 성령이 계신 곳에 하나님이 계시기 때문이다. 따라서 "성령의 전"으로서의 교회는 "하나님의 성전" 혹은 "하나님의 집"이라 말할 수 있다.

"하나님의 성전"은 구약에서 유래한다. 첫 성전은 다윗의 아들 솔로몬에 의해 건축되었다. 그러나 이 성전은 참하나님의 성전이 아니었다. 그것은 사람의 손에 의해 건축되었기 때문이다. 인간의 손으로 지은 성전에는 인간적인 것이 스며들 수밖에 없다. 성전 건축을 통해 자기의 능력과 힘을 과시하고 권력을 유지하려는 통치자의 정치적 관심도 숨어 있고, 세속적 명예와 특권을 누리고자 하는 종교 지도자들의 관심이 숨어 있을 수 있다. 하나님께 바치는 제물을 도적질하는 범죄도 일어난다. 오죽하면 성전이 "강도의 소굴"이 되었다고 예수께서 말씀하셨겠는가!

그러므로 예루살렘 성전은 참하나님의 성전이 아니다. 솔로몬 왕이 건축한 예루살렘 성전이 기원전 587년 바빌론에 의해 파괴되고, 이스라엘 백성이 바빌론과 페르시아에서의 포로생활에서 귀국하여 건축한 제2성전도 기원후 70년 로마 제국에 의해 또다시 파괴된 사실이 이를 증명한다.

참 성전은 하나님 자신만이 지을 수 있다. 참 성전은 인간이 되신 하나님의 아들 예수 그리스도다. 그가 하나님이 그 안에 계신 참하나님의 성전이다. 요한복음의 예수는 이것을 다음과 같이 말한다. "예수께서 그들에게 말씀하셨다. '이 성전을 허물어라. 그러면 내가 사흘 만에 다시 세우겠다.' 그러자 유대 사람들이 말하였다. '이 성전을 짓는 데에 마흔여섯 해나

걸렸는데, 이것을 사흘 만에 세우겠다고요?' 그러나 예수께서 성전이라고 하신 것은 자기 몸을 두고 하신 말씀이었다"(요 2:19-21).

마태복음은 예수를 가리켜 "성전보다 더 큰 분"이라 말한다(마 12:6). 이 말은 예수가 참 성전임을 말한다. 참 성전은 인간의 손으로 만든, 그러나 "강도의 소굴"로 변할 수 있는 건물이 아니라, 부활하신 하나님의 아들 예수 자신이다. 그가 참하나님의 성전이다. "이스라엘이 기다리는 성전은 그리스도의 몸이다. 구약의 성전은 그의 몸의 그림자일 뿐이다(고전 12:17; 히 10:1; 8:5)"(Bonhoeffer 1967, 218).

예수께서 부활하여 하나님의 오른편에 계신 후, 참하나님의 성전은 사람이 손으로 만든 건물이 아니라 예수 그리스도와 그에게 속한 사람들, 곧 그리스도인들과 그들의 공동체다. 그것은 건물이 아니라 그리스도인들의 예배와 친교와 봉사의 사건이다.

4) 교회가 "성령의 전", "하나님의 성전"이 될 수 있는 길은 무엇인가? 그것은 먼저 성직자들과 신자들이 성령을 받고, 성령이 그들 안에 거하는 데 있다. 성령이 그들 안에 계실 때, 그들의 공동체 곧 교회는 성령의 전, 하나님의 성전이 될 수 있다. 그럼 어떻게 성령을 받을 수 있는가?

그 길은 먼저 죄를 깨닫고 회개하는 데 있다. 옛날의 자기는 죽고 "새 사람"으로 태어나야 성령이 그 안에 자리를 잡을 수 있다. 나를 비우고 나의 빈자리를 그리스도께서 채우실 때, 그리스도의 영 곧 성령이 우리 안에 오셔서 우리 안에 거하게 된다. "더러운 영"(계 16:13; 18:2), "세상의 영"(고전 2:12)이 물러나고, "그리스도의 영"(롬 8:9; 벧전 1:11)이 우리의 생각과 행동과 삶을 결정한다. 이때 교회는 옛 아담들이 그 안에 모여 "육의 열매"를 맺는 인간적인 모임이 되지 않고, "성령의 열매"로 가득한 성령의 전 곧 "영적인 집"이 될 수 있다(벧전 2:5).

예수의 지상의 삶에서 성령께서 행한 가장 기본적인 일은 아버지 하나님과 그의 아들 예수를 하나로 결합시키는 일이었다. 성령을 통하여, 성령 안에서 예수는 그의 아버지 하나님과 하나였다. 아버지가 그 안에, 그가 아버지 안에 있었다. 그가 하는 말은 아버지 하나님의 말이었고, 그가 행하는 일은 아버지 하나님이 행하는 일이었다(요 14:10-11; 17:21).

이에 상응하여 성령은 하나님과 신자를 결합한다. 신자들은 성령을 통하여, 성령 안에서 삼위일체 하나님의 친교에 참여한다. 성령이 그들의 생활을 인도한다. 성령 안에서 신자들은 "육(sarx)에 속한 것"을 생각하지 않고 "성령(pneuma)에 속한 것"을 생각하며, "육에 따라 살지 않고 성령을 따라" 산다(롬 8:4-5). 죽음으로 인도하는 "몸의 행실을" 죽이고(8:13), "하나님을 '아빠, 아버지'라고" 부르는 "하나님의 자녀"로서 살게 된다.

얼마 전 필자는 한 자동차 영업 사원과 대화를 나눌 기회가 있었다. 이 사원은 학생 시절 때 교회를 열심히 다녔다고 한다. 그런데 그 교회의 교인들이 교회 안에서는 좋은 사람으로 보이는데, 교회 바깥 동네에서는 예수 믿지 않는 사람들과 다를 바 없는, 아니, 이들보다 더 추하게 살아가는 모습을 보고 교회를 출석하는 것을 중지하였다고 말했다.

교회에 다니는 사람이라면 성령을 받아야 한다. 그래야 신자들이 세상 사람들과는 다르게 살 수 있고, 곁에 있는 이웃을 실망시키지 않을 수 있다. 성령을 받아야 위선자가 되지 않고, 하나님의 신실한 자녀로서 살 수 있다. 목회자는 교회의 신자들이 성령을 받도록 인도해야 한다.

성령은 "생명과 평화"를 선사한다(롬 8:6). 죄와 죄책감, 삶의 불안과 허무와 우울증 속에서 살던 사람들이 성령을 통하여 "정의와 평화와 기쁨"을 얻게 된다(14:17; 15:13; 갈 5:22). "죄의 몸"이 멸하고, 더는 "죄의 노예"가 되지 않는 "새 생명"으로 창조된다(롬 6:6-11; 6:4). "지난날의 생활 방식대로 허망한 욕정을 따라 썩어 없어질 그 옛 사람을 벗어버리고, 마음의 영을 새롭게 하여, 하나님의 형상을 따라 참 의로움과 참 거룩함으로 지으심을 받은 새 사람"(엡 4:22-24)으로 변화된다. 곧 "하나님을 본받는 사람"이 된다(*mimetai tou theou*, 5:1). 이 같은 성령의 새 창조가 일어나는 곳에 "성령의 전"이 있다.

5) 종합적으로 말해, 교회가 성령의 전, 거룩한 하나님의 성전이 될 수

있는 길은 성직자와 신자들이 성령을 받고 거룩하게 사는 데 있다. 세상을 위해 교회가 어떤 프로그램을 실천하기 전에, 먼저 교회의 성직자와 신자들이 거룩하게 살아야 한다. 먼저 그들의 몸과 마음이 성령의 전이 되어야 한다. "세상의 영"에 끌리지 않고 "하나님께로부터 오신 영", 곧 성령께서 인도하는 대로 살아야 한다(고전 3:12; 갈 5:16, 25).

특히 신자들을 대표하는 성직자들은 성령께서 원하지 않는 일을 하지 않아야 한다. 교회를 세속적 명예와 출세의 수단으로 삼지 않아야 한다. 교회의 헌금을 유용하거나, 카지노 도박이나 주식 투자에 사용해서는 안 된다. 자신의 힘과 능력과 영광을 과시하기 위해 대형교회를 만들고, 백화점과 같은 교회 체인을 만들려고 하는 마음을 버려야 한다. 모든 인간적인 욕심을 버리고 "하나님의 종"답게 목회를 해야 한다.

특히 성서는 음행을 엄중히 경고한다. 음행은 구약시대부터 심각한 문제였다. 이스라엘 백성은 출애굽 이전 "이집트 땅에서" 음행을 하였다고 에스겔서는 보도한다(겔 23:19, 27). 구약성서는 이웃 간의 음행 및 딸, 이모, 고모, 며느리, 계모 등 가까운 인척과 동성 간의 음행, 짐승과의 음행, 바알 종교를 모방한 성전에서의 집단 음행 등이 있었던 것으로 보도한다. 그러므로 율법과 예언자들은 음행을 엄중히 경고한다(신 18장, 겔 23장).

초기 기독교 공동체 안에서도 음행은 심각한 문제였던 것으로 보인다. "이방 사람들 가운데서도 볼 수 없는 것" 곧 "자기 아버지의 아내를 데리고 사는 일까지 있다"고 바울은 개탄한다(고전 5:1). 이에 바울은 음행을 엄중히 경고한다(갈 5:19; 엡 5:3 등). "음행하는 자와 간음하는 자는 하나님의 심판을 받을 것이다"(히 13:4).

고린도전서 6:15-20은 특별히 창녀와의 음행을 경고한다. 그리스도인들의 몸은 "그리스도의 지체"다. 창녀와 음행할 때, 그들은 "그리스도의 지체를 떼어다가 창녀의 지체"로 만든다. 창녀와 음행하는 사람은 창녀와 한 몸이 되기 때문이다. 음행은 "자기 몸에다가 죄를 짓는 것이다." 그리스도인들의 몸은 자기의 것이 아니라 그리스도의 것이다. 그것은 "여러분 안에 계신 성령의 전"이다. 음행은 "성령의 전"을 더럽히는 것이다. 교회가 "성령의 전" 혹은 "하나님의 성전"이 되도록 하기 위해, 교회의 성직자와 신자들은 음행하지 않아야 한다. 그들은 자기의 몸을 깨끗하게 지켜 "하나님을 영화롭게" 해야 한다(6:20).

일반적으로 음행은 자신의 성적 욕망을 제어하지 못함으로 인해 일어난다. 성적 욕망을 제어하지 못한다는 것은 자기 자신을 제어하지 못함을 말한다. 성적 욕망은 물질적 소유욕과 더불어 인간의 가장 깊은 본성을 구성한다. 사탄은 이 본성을 이용하여 인간을 자신의 노예로 만들고자 유혹한다. 특히 공동체의 대리자요 인도자인 성직자를 집요하게 공격한다.

성직자가 무너지면, 공동체 전체가 사탄의 지배 아래 있게 된다. 그러므로 특별히 성직자들이 사탄의 유혹에 넘어가지 않도록 조심해야 한다. 또한 모든 신자가 "절제하는 힘이 없는 틈을 타서" 사탄의 유혹에 넘어가지 않도록 유의해야 한다(고전 7:5). "육과 영의 모든 더러움에서 떠나서, 자신을 깨끗하게 하며, 하나님을 두려워하는 가운데 온전히 거룩하게" 살아야 한다(고후 7:1). 이를 위해 신자들은 "술에 취하지 말아야" 한다. "거기에는 방탕이 따르기" 때문이다(엡 5:18).

사탄의 유혹에 넘어갈 때, 우리는 사탄의 지배 아래 있게 된다. 하나님이 우리를 다스리지 않고, 사탄이 우리를 지배한다. 절제하고 수신(修身)할 수 있는 능력을 상실하고, 사탄이 이끄는 대로 끌려가는 사탄의 노예가 되어 무절제하고 방탕하게 살아간다. "그들의 눈에는 간음할 상대자들밖에 보이지 않는다. 그들은 죄를 짓기를 그치지 않는다. 그들은 들뜬 영혼들을 유혹하며, 그들의 마음은 탐욕을 채우는 데에 익숙하다. 그들은 저주받은 자식들이다"(벧후 2:14). 그들은 "어두움"이다(엡 5:8). 성서는 이 같은 결과를 초래하는 음행을 금할 것을 거듭 경고한다. "간음하지 말라"(출 20:14), "음행하는 자나 행실이 더러운 자나 탐욕을 부리는 자는 우상숭배자여서, 그리스도와 하나님 나라를 상속받을 몫이 없다"(엡 5:5).

6) 그리스도의 몸이 바로 성전이다(요 2:21). 그렇다면 교회가 성령의

전, 하나님의 성전이 될 수 있는 길은, 그리스도인들과 교회가 그리스도께서 행한 일을 뒤따라 행하는 데 있다. 그리스도의 "친구"로서 그리스도의 뒤를 따라야 성전이 될 수 있다.

복음서에 따르면, 지상의 예수는 아버지 하나님과의 연합 속에서 세상의 낮은 자들과 연합한다. 예수는 차별 속에서 살아가던 "세리와 죄인의 친구"가 된다(눅 7:34). 그는 이들과 함께 식탁을 공유한다(막 2:16). 또 예수는 거룩하다는 종교 지도자들보다 "세리와 창녀들"이 "먼저 하나님 나라에 들어간다"라고 선언한다(마 21:31).

이를 통해 예수는 높은 사람들을 낮추고, 낮은 사람들을 들어올린다. 그는 "지혜 있는 자들을 부끄럽게 하시려고 세상의 어리석은 것들을" 택하고, "잘났다고 하는 것들을 없애시려고 아무것도 아닌 것들을" 택한다(고전 1:27-28). 물론 이것은 지혜 있는 자, 높은 자를 제거하려는 것이 아니다. 오히려 높은 자들은 낮추고 낮은 자들은 높임으로써, 하나님 앞에서 동등하게 하기 위함이다. "종이나 자유인이나" 모두 그리스도 안에서 하나가 되게 하려는 것이다(고전 12:13; 갈 3:28; 엡 6:8).

교회가 "성령의 전"이 되는 길은, 예수께서 행하신 바로 그 일을 행하는 데 있다. 높은 사람이나 낮은 사람이나 가릴 것 없이 한 형제자매가 되며, 낯을 들지 못하는 사람들도 낯을 들 수 있는 차별 없는 공동체를 이루는 데 있다. "나의 형제자매 여러분, 여러분은 영광의 우리 주 예수 그리스도를 믿고 있으니 사람을 차별하여 대하지 마십시오"(약 1:27).

세상의 높다고 하는 사람들은 자기의 낮음을 인식해야 한다. 공직자들의 높은 자리는 국민의 세금이나 공공요금으로 유지되며, 기업인들의 높은 자리는 소비자들의 주머니에서 나온 돈으로 유지되는 것임을 인식하고, 자기를 낮추는 겸손의 미덕을 갖추어야 한다. 부모의 유산을 통해 부를 소유하게 된 사람들 역시 자기를 낮추어야 한다. 그것은 자신의 땀과 노력으로 얻은 것이 아니기 때문이다. 목사, 감독, 노회장, 총회장도 매달 받는 월급 외에 도서구매비, 목회활동비, 자동차 유지비 등의 각종 특별수

당이 교인들의 헌금에서 나온 것임을 인식하고 자기를 낮추어야 한다. 많은 지식을 가진 사람들은 자기가 아는 것보다 모르는 것이 더 많다는 사실을 인식해야 한다. 장관이나 청와대 비서 한번 했다고 어깨에 힘주는 유치한 일을 하지 말아야 한다. 그가 받은 월급은 국민의 세금에서 나온 것임을 의식해야 한다.

그러므로 예수는 이렇게 말한다. "누구든지 자기를 높이는 사람은 낮아지고, 자기를 낮추는 사람은 높아질 것이다"(눅 18:14). 자기를 낮추지 않는 교만한 자는 하나님께서 언젠가 낮추실 것이다. "그날에 인간의 거만한 눈초리가 풀이 죽고, 사람의 거드름이 꺾이고, 오직 주님만 홀로 높임을 받으실 것이다. 그날은…모든 교만한 자와 거만한 자, 모든 오만한 자들이 낮아지는 날이다"(사 2:11-12). 교회가 "성령의 전", "하나님의 성전"이 되고자 한다면, 성직자와 신자들이 하나님의 이 진리를 깨닫고 계급과 차별이 없는 공동체를 이루어야 한다.

7) 요한복음 14:10-11, 17:21에 따르면, 예수는 하나님의 "자기 계시"였다(K. Barth). 그는 성령 안에서 아버지 하나님과 하나인 하나님의 아들이었다. 그의 말씀은 하나님의 말씀이요, 그의 행위는 하나님의 행위였다. 그는 땅 위에서 하나님을 대리하는 자, 곧 하나님의 대리자였다. 이와 동시에 그는 이 세상의 대리자였다. 그의 십자가의 죽음은 하나님을 대리하는 죽음인 동시에 이 세상을 대리하는 죽음이었다. 세상의 대리자로서 그는 세상의 죄악을 계시하고, 하나님의 대리자로서 그는 세상이 그 자신의 죄악 때문에 스스로 당할 수밖에 없는 하나님의 심판과 용서를 계시한다. 이 예수가 "하나님의 성전"이다.

교회가 하나님의 성전이 될 수 있는 길은 예수의 뒤를 따라 세상에 대해 하나님을 대리하고 또한 하나님에 대해 세상을 대리하는 데 있다. 하나님 앞에서 세상의 짐을 짊어지고, 세상 앞에서 하나님의 심판과 구원을 증언하는 데 있다. 그들은 예수의 "친구"요, "형제"이며(눅 12:4; 요 15:14-15; 롬 8:29), "하나님의 동역자"이기 때문이다(고전 3:9).

예수가 이 세상에 오신 궁극적인 목적은 이 땅 위에 하나님 나라를 세우는 데 있었다. 따라서 교회가 성령의 전, 하나님의 성전이 될 수 있는 길은, 예수의 뒤를 따라 하나님 나라를 확장하는 데 있다. 이를 위해서는 먼저 교회 자신이 하나님 나라의 장(場)이 되어야 한다. "교회는 예수 그리스도 안에서 종말론적 하나님 나라의 구원을 선취적으로 경험하는 공동체다. 그리스도인은 성령의 능력 안에서 이미 지금 여기에 현존하는 하나님 나라의 새로운 질서 안에 산다. 예수를 믿고 교회의 일원이 되는 것은 하나님 나라의 시민이 되는 것을 의미한다"(윤철호 2006, 92).

이에 대한 근거를 우리는 성령론과 그리스도론에서 발견할 수 있다. "성령"(pneuma hagion)을 글자 그대로 번역하면 "거룩한 영"을 뜻한다. 신약성서에서 그것은 "하나님의 영"(마 3:16; 고전 3:16; 빌 3:3)이라 불리기도 한다. "하나님의 영" 혹은 "주의 영"이란 개념은 창세기 1:2에서 시작하여 구약성서 전체에서 사용된다. 하나님의 영은 하나님의 생명의 힘(ruah)으로서, 피조물 안에 계시면서 생명의 힘을 부여한다. 그는 모든 피조물이 평화롭게 살아가는 새로운 생명의 세계를 창조하고자 한다. 그는 죽어가는 생명을 살리는 "생명의 영"이요, 세계를 새롭게 창조하고자 하는 "새 창조자"다.

그런데 성령은 예수와 하나로 결합되어 있었다. 예수가 성령 안에, 성령이 예수 안에 있었다. 예수의 삶은 한 마디로 성령 안에서, 성령과 하나가 되어 이루어진 삶이었다. 그러므로 신약성서는 성령을 "하나님의 영"이라 부르기도 하고, "그리스도의 영"이라 부르기도 한다(롬 8:9; 빌 1:19; 벧전 1:11).

그리스도 안에서 성령이 행하고자 했던 가장 본질적 일은 하나님이 예언자들을 통해 약속한 메시아의 세계, 곧 하나님 나라를 세우는 일이었다. 따라서 교회가 성령의 전, 하나님의 성전이 될 수 있는 길은 그리스도 안에서 계시되는 성령의 새 창조의 역사에 참여하는 데 있다. 죄와 죽음의 세력을 물리치고, 하나님의 자비와 정의의 거룩한 영이 모든 것을 결정하는 새로운 생명의 세계, 곧 하나님 나라를 확장하는 데 있다. 성령의 전, 하나님의 성전은 교회 건물을 말하는 것이 아니라 교회 안에 있는 하나님 나라, 새로운 생명의 세계를 가리킨다.

8) 고대로부터 오늘에 이르기까지 권력자들은 거대한 건축물을 세우려는 습성이 있다. 그래서 거대한 궁전, 경기장이나 기념관, 개선문 등을 세운다. 거대한 건축물들은 권력자들의 공적과 힘을 과시하는 선전물의 역할을 한다. 종교 지도자들도 이와 비슷한 습성을 가진다. 그들은 웅장한 신전과 사찰과 교회를 세운다. 구약의 솔로몬 왕도 웅대하고 호화스러운 궁전과 성전을 건축하였다.

그러나 성서의 하나님은 건축물로서의 성전에 대해 아무런 가치도 두지 않는다는 사실을 한국교회는 유의해야 한다. 하나님에게 중요한 것은 거대한 성전을 짓는 것이 아니라, 통치자들과 백성이 하나님의 법을 지키는 데 있다고 하나님은 말한다. "주님께서 솔로몬에게 말씀하셨다. 네가 내 법도와 율례를 따르고, 또 나의 계명에 순종하여 그대로 그것을 지키면, 내가 네 아버지 다윗에게 약속한 바를 네게서 이루겠다"(왕상 6:12). 이 말씀에 따르면, 하나님의 약속이 이루어질 수 있는 길은 건축물로서의 성전에 있는 것이 아니라 하나님의 법도와 율례, 곧 하나님의 법을 행하는 데 있다.

이에 대해 솔로몬은 다음과 같이 응답한다. "하나님, 하나님께서 땅 위에 계시기를 우리가 어찌 바라겠습니까? 저 하늘, 저 하늘 위의 하늘이라도 주님을 모시기에 부족할 터인데, 제가 지은 이 성전이야 더 말하여 무엇하겠습니까?"(왕상 8:27). 여기서 솔로몬은 자기가 지은 성전 안에 하나님이 계시기를 바랄 수 없음을 인정한다. 그는 하나님께서 성전 건물 안에 계시지 않고 "하늘에" 계신다고 고백한다(8:30, 32, 34, 43). 성전은 하늘에 계신 하나님을 향한 기도의 장소로 생각된다(8:28-30).

출애굽 이야기에 따르면, 하나님은 그의 신음하는 백성들과 함께 계시며, 광야에서 그들을 인도한다. 그는 인간이 자기의 능력과 손으로 지은 건물 안에 머물러 계시고자 하지 않는다. 그는 신음하는 피조물들과 함께 역사의 현장 한가운데 계시고자 한다. 그는 특정한 공간에 머물러 있는 "정착의 신"이 아니라, 역사의 과정에서 "이동하는 신"이다. 그러므로 하나님은 다윗에게 이렇게 말씀한다. "내가 살 집을 네가 지으려고 하느냐? 그러나 나는 이스라엘 자손을 이집트에서 데리고 올라온 날로부터 오늘에 이르기까지 어떤 집에서도 살지 않고, 오직 장막이나 성막에 있으면서, 옮겨 다니며 지냈다"(삼하 7:5-6). 하나님의 이 말씀에 반하여 솔로몬은 거대한 하나님의 집을 지었지만, 그가 죽자마자 나라가 양분되고, 결국 멸망하고 말았다.

이 같은 역사적 사실은 성전이 하나님의 구원에 대한 보증이 될 수 없다는 사실을 보여준다. 사도행전의 저자인 누가도 이것을 간파하였다. 그래서 그는 다음과 같이 말한다. "우주와 그 안에 있는 모든 것을 창조하신 하나님께서는 하늘과 땅의 주님이시므로, 사람의 손으로 지은 신전에 거하지 않으신다"(행 17:24).

그러나 이것은 교회 건물을 지어서는 안 된다는 것을 뜻하지 않는다. 교회는 예배와 교육과 친교 및 교회 행정과 각종 회의를 위한 공간이 필요하다. 공간을 갖기 위해 교회는 건물을 갖지 않을 수 없다. 그런데 교회 건축은 교회의 위용과 목회 성공의 자랑을 목적으로 삼아서는 안 된다. 오히려 교회가 수행해야 할 기능이 주요 목적이 되어야 한다. 웅장하게 보이는 건물은 건축비와 유지비만 많이 들고 기능성이 떨어지기 쉽다. 그러므로 요즘 유럽의 교회들은 웅장한 건물을 짓지 않고, 매우 검소하고 실용적인 작은 규모의 건물을 짓는다. 필자가 본 어떤 교회는 창고 건물을 개조하여 사용하면서, 신자들의 영성 훈련, 빈민 구제, 아프리카 고아 양육, 여성 인권 보호, 반(反)유대주의 거부 운동 등의 선교 사업에 열심을 내고 있다.

물론 교회 건물의 예술성도 중요하다. 예술성이 전혀 없는, 네모 난 성냥갑처럼 보이는 건물은 사람의 정서를 메마르게 한다. 따라서 건물의 기능성과 예술성이 조화되는 것이 금상첨화일 것이다. 그러나 하나의 예술

작품을 만드는 것이 교회 건축의 주 목적이 될 수는 없다. 예술 작품과 같은 서구의 많은 교회 건물이 옛 시대의 유물로서 관광 상품처럼 되거나 심지어 부유한 외국인에게 판매되는 경우도 있다.

하나님은 인간의 능력을 자랑하는 예술 작품과 같은 교회 건물보다 하나님의 구원 역사를 위해 다양한 기능이 있는 건물을 선호하실 것이다. 예술 작품처럼 아름답지만 기능성이 없는 교회 건물은 관광 상품으로서의 가치는 가질 수 있지만, 새 창조의 역사를 이루고자 하는 성령의 도구로 충분히 기능할 수 없을 것이다. 솔로몬 왕이 예술성이 뛰어난 웅장한 성전을 지었지만, 통치자들과 백성이 하나님의 법을 지키지 않음으로 인해 성전이 파괴되고(왕하 25:9), 결국 나라가 멸망하였다. "죄 없는 사람을 죽여 예루살렘을 죄 없는 사람의 피로 가득 채운 그의 죄를, 주님께서는 결코 용서하실 수 없으셨기 때문이다"(왕하 24:4). 한국교회는 구약의 이 역사를 잊어서는 안 될 것이다.

H. 맺는 말: 교회는 "기도하는 집"이다

1) 지금까지 우리는 참교회의 본질을 고찰하였다. 그러나 목회 현장에 있는 목회자의 입장에서 볼 때, 이것은 목회 현실과는 너무도 거리가 먼 하나의 이상으로 보일 수 있다. 사실 위에 기술한 참교회의 본질은 하나의 이상이다. 그것은 교회가 도달해야 할 미래의 목적이다. 그럼 목회 현실과 너무도 멀어 보이는 이 목적에 접근할 수 있는 길은 무엇인가?

무엇보다 먼저 그 길은 기도에 있다. 신학적 지식과 교육도 필요하고, 하나님이 우리에게 주신 이성과 지혜를 동원하여 현실의 교회와 사회를 개혁하려는 노력도 필요하다. 그러나 그 밑바닥에는 신자들과 성직자들의 기도가 있어야 한다. 교회가 "강도의 소굴"이 되지 않으려면 "기도하는 집"이 되어야 한다(마 21:13; 사 56:7). 교회가 교회다운 교회가 될 수 있는 길은 먼저 기도에 있다.

예배와 교육, 친교와 봉사, 말씀의 올바른 선포와 성례의 합당한 집행, 이 모든 활동이 교회의 삶을 구성한다. 그러나 이 모든 활동의 밑바닥에는 기도가 있어야 할 것이다. 무엇을 하기 전에 기도가 있어야 한다. 그래야 시기와 미움 대신에 사랑이, 정죄와 배타 대신에 용서와 포용이, 불평과 불만 대신에 감사와 기쁨이 교회 안에 있고, 하나님의 진리를 따르는 삶이 있게 될 것이다.

교회가 "기도하는 집"이 되어야 한다는 말은 "기도만 하면 된다"는 것을 뜻하지 않는다. 교회는 자신의 목적에 도달하기 위해 끊임없이 노력해야 한다. 목회자와 신자들은 교회다운 교회를 이루기 위해 지혜를 모아야 한다. 그러나 그 밑바닥에는 기도가 있어야 한다. 교회는 "기도하는 공동체"이어야 한다.

2) 왜 교회는 기도하는 공동체가 되어야 하는가? 그 이유는, 기도는 각 신자가 하나님과 소통할 수 있는 길이요, 모든 거짓과 가면을 벗어버리고 하나님과 직접 대면할 수 있는 길이기 때문이다. 기도 속에서 각 신자는 자기 자신으로 돌아와, 자기 자신을 볼 수 있다. 하나님 나라는 모든 가면을 벗어버리고, 하나님 앞에서 벌거벗은 자기를 보는 데서부터 시작한다. 하나님 나라를 위해 무엇을 행하기 전에 먼저 자기 자신으로 돌아와서 자기 자신이 존재인가를 보아야 한다.

기도는 "하나님과 인간의 교통"이다. "하나님은 기도를 통해 우리와 사귐이 있기를 원하시며, 기도를 통해 우리에게 더 가까이 오기를 원하시며, 기도를 통해 우리에게 더 풍성한 은혜를 주기를 기뻐하신다. 그러므로 성도는 쉬지 말고 기도해야 한다"(살전 5:7). 키르케고르는 '나는 죽지 않으려고 숨을 쉰다. 기도도 마찬가지다'라고 말했다. 영적으로 죽지 않으려면, 쉬지 말고 기도해야 한다"(이신건 2016, 172). 기도를 통하여 "인간은 하늘의 성소에 들어가며, 하나님으로 하여금 그의 약속들을 회상케 한다.…기도는 우리의 믿음이 주님의 복음 안에서…보았던 보물들을 파낸다"(Calvin,

Inst. III,20,2).

기도는 산모의 탯줄과 같다. 산모의 뱃속에 있는 태아가 탯줄을 통해 산모와 결합되고 영양분을 공급받듯이, 그리스도인들은 기도를 통해 하나님과 결합되고, 생명에 필요한 영양분을 공급받을 수 있다. 그리하여 하나님의 자녀다운 삶을 살게 되고, 교회는 교회다운 모습을 가질 수 있다. 기도가 없을 때, 평신도는 물론 신학자들과 목회자들마저 세상 사람들과 별다를 바가 없게 되고, 교회는 하나의 인간적인 집단으로 변모한다.

그러므로 사탄은 하나님의 자녀들이 기도하는 것을 막아버리고자 한다. 기도를 막아버림으로써, 하나님과 우리의 교통을 단절시키고, 우리를 하나님의 통치 영역에서 빼내어 자신의 지배 영역으로 끌어들인다. 곧 죄와 죽음의 세력이 다스리는 영역으로 끌어들인다. 그러므로 우리는 기도의 문을 닫아버리려는 사탄을 물리쳐야 한다. 기도하다가 졸거나 잡생각이 들면 "사탄아, 물러가라"고 외쳐야 한다.

3) 기도에는 먼저 죄에 대한 참회와 회개가 있어야 한다. 참회와 회개가 없으면, 기도는 쓸모가 없다. 그것은 하나님께 전달되지 않는 "중언부언"의 기도가 되어버린다. "중언부언"의 기도는 하나님과의 관계가 끊어지게 하는 죄를 제거할 수 없다. 그러므로 기도할 때, 우리는 먼저 죄를 고백하고 참회하며 하나님의 용서를 빌어야 한다. 이것을 우리는 다윗의 기도에서 볼 수 있다. "내가 젊은 시절에 지은 죄와 반역을 기억하지 마시고, 주님의 자비로우심과 선하심으로 나를 기억하여 주십시오", "내 괴로움과 근심을 살펴 주십시오. 내 모든 죄를 용서하여 주십시오"(시 25:7, 18).

죄의 고백과 회개를 통하여 하나님의 관계가 회복된다. 하나님과의 관계가 회복될 때, 하나님은 우리의 기도를 듣게 된다. 죄의 고백과 회개가 없는 기도는 하나님의 응답을 얻지 못한다. 기도를 통해 하나님과의 관계가 회복될 때, 우리는 "수치의 감각을 잃고, 자기들의 몸을 방탕에 내맡기고, 탐욕을 부리며, 모든 더러운 일을" 행하는 "불순종의 자식"(엡 4:19; 2:2)이나 "멸망의 자식"(요 17:12) 혹은 "마귀의 자식"(행 13:10)으로 살지 않고,

하나님에게 속한 "빛의 자녀"(엡 5:8)로 살게 된다. 우리는 사탄의 나라에 속하지 않고, 하나님 나라에 속한 하나님의 백성이 된다. 신자들과 성직자들이 이 같은 사람으로 변화될 때, 교회가 교회다운 교회로 변화될 수 있을 것이다. 이것을 가능케 하는 관문은 기도에 있다.

4) 기도는 하나님의 말씀과 교육을 필요로 한다. 신자들은 말씀을 통해 하나님의 뜻을 바르게 깨닫고, 교육을 통해 올바른 사고력과 판단력과 인격을 기를 수 있다. 하나님의 말씀과 교육이 없을 때, 신자들은 무지 가운데 머물게 된다. 그러므로 종교개혁자들은 하나님의 말씀과 교육을 매우 중요시하였다. 성서를 자국어로 번역하여 모든 신자가 성서를 직접 읽게 하고, 곳곳에 학교를 세워 신자들의 교육을 장려하였다. 한국에 온 선교사들도 교육을 중요시하여 많은 교육기관을 세웠다.

그러나 성서를 많이 읽고 수준 높은 교육을 받는다 하여 반드시 사람의 마음이 변화되는 것은 아니다. 성서에 대한 지식도 많고 수준 높은 교육을 받았지만, 성령의 감화가 없고 굳어진 마음으로 하나님 없이 살아가는 신학자들과 성직자들 그리고 신자들도 있다.

요즘 유럽의 국민교회 내지 국가교회는 매우 피폐한 상태에 있다. 주일 예배시간에 예배실이 거의 텅 빈 상태에 있고, 전자 오르간 소리만 요란하다. 그래서 어떤 지역은 지교회를 폐쇄하거나, 두세 개의 교회를 하나의 교회로 통합시키기도 한다.

그 원인은 유럽의 국가교회 제도에 있는 것으로 보인다. 국가교회의 성직자는 자기가 담당하는 교구 주민의 유아세례, 매주 약 6시간의 학교 성서교육 내지 기독교교육, 견신례교육과 견신례, 결혼식, 장례식 업무를 처리하며, 그 지역 교회의 대표로서 각종 회의와 행사에 참여해야 할 종교 공무원의 성격을 갖는다. 독일 어떤 교구의 성직자는 한 달에 28번의 장례식을 치렀다고 한다. 그러므로 국가교회의 성직자에게는 기도할 수 있는 시간이 별로 없다.

현재 독일에서 한인 교회를 섬기는 한 한국인 목회자에 의하면, 독일

교회가 쇠퇴하는 근본 원인은 성직자들의 기도 생활의 결핍에 있다고 한다. 기도 생활을 하지 않고 죄에 대해 말하지 않는 목회자의 설교는 설교가 아니라 교양 강좌와 비슷하다. 교회만이 할 수 있는 얘기는 들을 수 없게 되고, 교회 바깥에서 들을 수 있는 사회참여, 사회정의, 인간 심리분석 등에 관한 이야기를 설교 시간에 듣게 된다. 이 같은 이야기는 신자들의 마음에 감동을 주지 못하며, 반드시 교회에 가야 할 필요성을 느끼지 못하게 한다. 이런 이유로 교회는 공동화된다. 이 같은 상황을 극복할 수 있는 길은 성직자와 신자들의 기도 생활에 있다고 그 목회자는 역설하였다. 사실 우리는 기도를 통해 하나님과의 인격적 관계를 회복하고, 하나님께서 지금 나에게 주시는 뜻을 깨달을 수 있다.

그러나 교회가 "기도의 집"이라 하여, 교회 내의 불의하고 불합리한 일들이 묵과되어서는 안 될 것이다. "좋은 것이 좋다"는 비합리적인 생각이 허용되어서는 안 된다. 기도가 신자들의 합리적 사고를 마비시키고, 교회 내의 불의하고 불합리한 일들을 방치하도록 하는 도구가 되어서는 안 된다. 오히려 더 많이 기도할수록, 불의하고 불합리한 일들을 냉정하게 볼 수 있어야 한다. 이를 위해 건전한 지성과 교육이 필요하다. 그러므로 교회의 기도 프로그램은 교육 프로그램과 병행해야 할 것이다. 하나님은 비합리와 비진리의 하나님이 아니다. 그는 "진리의 하나님", "공의의 하나님", "무질서의 하나님이 아니라 평화의 하나님"이다(사 65:16; 30:18; 고전 14:33).

예수도 기도를 중요시하였다. "시험에 빠지지 않도록, 깨어서 기도하라"(마 26:41), "기도하면서 늘 깨어 있어라"(눅 21:36). 예수 자신도 수시로 조용한 곳에서 기도하였다(마 14:23; 26:36; 막 1:35; 6:46; 눅 5:16; 9:18 등). 마귀를 쫓아낼 수 있는 길도 기도에 있다(막 9:29). 모세, 사사, 예언자, 시편 저자 등 구약의 중요한 인물들도 모두 기도하는 사람들이었다(출 8:28-30; 삿 13:8; 왕하 4:33; 시 4:1 등). 사도 바울도 항상 기도에 힘쓸 것을 부탁한다(롬 12:12; 골 4:2; 살전 5:17).

동방 정교회의 사막의 수도자인 에바그리우스에 따르면, 기도는 "하나님 앞에서의 영의 상승"이요, "영의 끊임없는 하나님과의 연대"다(McGuckin 2016, 64, 66). "성공적인 기도를 위한 가장 중요한 두 개의 필수 요건"은 "분노의 억제"와 "온유함" 그리고 "자선행위"다(62). 신자들은 때로 "참회의 눈물"로 기도함으로써, "영혼의 정원의 잡초를 뽑고, 사악한 욕구의 잡초와 가시나무"를 제거해야 한다. 바리새인처럼 기도하지 않고 통회하고 자복하는 세리처럼 기도해야 한다. 하나님에 대한 완전한 순종의 표시로 바다에 몸을 굽혀 기도할 수 있다(68-74).

결론적으로 교회는 "하나님 나라의 메시아적 공동체"다. 이 공동체는 "기도하는 집"이어야 한다. 기도는 교회를 활성화하고 신자들에게 삶의 힘을 줄 수 있다. 아무리 교회 봉사를 많이 하고 사회 개혁에 앞장선다 할지라도, 기도하지 않는 신자는 형식적 신자가 되어버리고, 기도하지 않는 성직자는 직업적 성직자로 변질한다. 교회는 일종의 사회운동 기관이 되어버린다. 성직자와 신자들이 하나님 앞에서 무릎 꿇고 기도할 때, 교회는 교회다운 교회가 될 수 있다.

5
하나님 나라의 확장을 위한 교회의 사명

A. 교회의 존재 목적은 하나님 나라의 확장에 있다

교회는 무엇 때문에 존재하는가? 교회의 존재 목적은 무엇인가? 교회는 무엇을 하기 위해 존재하는가? 그가 감당해야 할 과제 내지 사명은 무엇인가?

일반적으로 기독교 신학은 말씀의 선포(Kerygma), 신자들의 교육과 친교(didache, koinonia), 세상을 위한 봉사(diakonia)에 교회의 목적과 사명이 있다고 말한다. 또 칼뱅이 밝힌 그리스도의 세 직분, 곧 예언자, 제사장, 왕의 직분의 교의학적 공식에 따라, ① 말씀의 선포, ② 세상을 위한 봉사, ③ 하나님의 주권을 세우는 데 교회의 목적과 사명이 있다고 설명한다. 이 도식에 따라 교회는 "세상 속으로 파송된 예언자적·제사장적·왕적 백성"으로 파악된다(Schlink 1983, 571).

말씀의 선포, 교육, 친교, 봉사는 교회가 감당해야 할 사명임이 틀림없다. 그러나 우리는 예수 그리스도로부터 출발하여 교회의 사명을 파악해야 할 것이다. 본래 교회는 역사의 예수 그리스도로 말미암아 있게 되었고, 예수 그리스도가 "교회의 머리"이기 때문이다. 교회의 목적과 사명은 교회의 머리 되신 그리스도께서 무엇 때문에, 무엇을 위해 이 세상에 오셨는가, 그가 무엇을 이루고자 했는가에 따라 설명되어야 한다.

지상에서 행하신 예수가 하신 모든 일의 중심은 하나님 나라에 있었다. 그는 하나님의 메시아적 왕국, 곧 하나님 나라를 세우기 위해 이 세상에 오셨다. 따라서 교회가 존재하는 궁극적인 목적과 사명은 예수께서 시작하신 하나님 나라를 이 땅 위에 확장하는 데 있다. 바로 여기에 교회의 존재 이유가 있다. 교회는 결코 "자기 목적"이 아니다"(Weber 1962, 752). 교회는 "이 땅에 하나님 나라를 건설하고 확장시키기 위하여 존재"한다(윤철호 2003, 217). "만일 교회가 이를 위해 봉사하지 않는다면, 그것은 아무것도, 전혀 아무것도 아닐 것이다"(Barth 1964b, 743).

교회는 본질적으로 땅 위에 있는 하나님 나라의 실재다. 그러므로 교회의 주요 사명은 하나님 나라의 확장에 있다. "교회의 본질을 벗어난 교회는 더 이상 교회가 아니다. 교회는 하나님 나라를 추구해야 한다. 말로만 그러하지 말고 실제 삶에서 하나님 나라를 추구해야 한다.…"(임현준 2015, 211). "교회는 예수 그리스도의 복음을 전파하고 하나님 나라를 이 땅에 구현하도록 부름을 받은 현실 변혁적 선교 공동체"요(윤철호 2006, 92), "교회 안에만 머무르지 않고 하나님 나라의 지평에서 정치·경제·사회·문화·생태의 영역에 이르기까지 능동적으로 참여할 책임과 과제를 지니고 있는 공적 신앙 공동체"다(신옥수 2009, 322).

앞서 기술한 바와 같이, 교회의 본질에 관한 진술은 신자와 성직자에 관한 진술이기도 하다. 마찬가지로 지금부터 기술하게 될 교회의 사명 역시 신자와 성직자의 사명이기도 하다. 성직자를 포함한 신자들이 바로 교회이기 때문이다. 그러므로 아래 기술된 교회의 사명은 공동체로서의 교회의 사명인 동시에, 신자들이 사회 각 분야에서 감당해야 할 사명이기도 하다.

B. 전도와 회개와 성화를 통한 하나님 나라의 확장

1) "지난(2015년 10월) 24일 밤 유흥가가 밀집한 마닐라 말라떼 지역의 한 유흥 주점에서 만취한 한국인 손님 4명 중에 한 명이 여종업원에게 한국말로 '이 ㅇㅇ년, 왜 (2차) 안 나가? ㅇ테 둘렀냐?'고 목소리를 높였다. 이곳은 여종업원들이 '2차'를 가지 않는 업소인데도 호텔 동행을 요구하는 것이었다. 소란해진 테이블로 필리핀 지배인이 다가오자 일행 중 다른 한 명이 대뜸 '야, 넌 뭐야. 원숭이 ㅇ들이 왜 이리 뻣뻣해'라고 소리를 질렀다. 결국 이들은 주점 보안요원들에게 끌려나갔다. 주점 여종업원은 '가끔 보는 일'이라며 어깨를 으쓱했다."

2015년 10월 31일 모 일간지에 보도된 이 실화는, 하나님 없는 타락한 인간의 모습을 보여준다. 인간이 이렇게 타락한 모습을 보이는 까닭은 무엇일까? 무엇이 인간을 이렇게 타락한 존재로 만드는가? 단지 잘못된 성격과 가정 교육과 사회적 관습 때문일까? 아니면 유전자가 그렇게 되어 있기 때문일까?

근원적 뿌리를 찾는다면, 우리는 하나님을 떠난 인간의 타락에서 찾을 수밖에 없다. 하나님 없는 인간에게는 더 많은 소유가 그에게 하나님이 된다. 자신이 생명을 유지할 수 있는 수단이 소유이기 때문이다. 인간은 삶과 죽음에 대한 불안 때문에 더 많이 소유하고자 욕망한다. 이 세계의 모든 죄악과 부패와 타락의 근본 원인은 하나님 없는 인간의 소유욕에 있다.

그런데 인간의 소유욕에는 끝이 없다. 그것은 아무리 채워도 채워지지 않는 "밑 빠진 독"과 같다. "불확실한 미래를 대비해서 아무리 많이 쌓아 놓아도 불충분해 보이며, 그래서 더 쌓으려는 욕망에는 끝이 없다"(Gilkey 2014, 219). 왜 인간의 소유욕에는 끝이 없을까? 그 원인은 죽지 않고 살아 남기 위해, 또 자신의 생명을 이어갈 후손들의 생명을 유지하고자 하는 원초적 욕구에 있다. 이 욕구로 인해 인간은 아무리 채워도 채워지지 않는 끝없는 욕망의 쇠사슬에 붙들린다. 한 마디로 그는 욕망의 노예가 된다.

일반적으로 자연의 생물들은 배가 부르고 자신의 생존에 필요한 삶의 영역을 확보하면, 더 이상의 욕심을 부리지 않는다. 그런데 인간은 아무리 배가 부르고 넓은 땅을 가져도 이에 만족하지 않는다. 그래서 인간은 생물들 가운데 가장 이기적이고 가장 잔인한 생물로 변질된다.

그런데 인간에게는 또 하나의 끝없는 욕망이 있다. 그것은 성적 쾌락에 대한 욕망이다. 자연 생물들은 종(種)의 유지를 위한 발정기에만 성관계를 가진다. 그런데 인간은 종의 유지와 관계없이 수시로 성적 쾌락 자체를 추구하는 특이한 본성을 가진다. 따라서 생물들 가운데 성욕이 가장 강한 생물은 인간이다. 성적 쾌락을 극대화하기 위해 갖가지 약물과 도구를 사용하는 것도 인간뿐이다. 소유욕과 마찬가지로 인간의 성욕 역시 아무리 채워도 채워지지 않는 "밑 빠진 독"과 같다. 그것은 국경과 생물의 종의 차이도 초월한다.

2) 인간의 이 특이한 소유욕과 성욕은 어디서 오는 것일까? 그것은 단지 자기의 생명과 종(種)을 유지하기 위한 인간의 본능 때문에 생기는 것일까? 궁극적 원인은 하나님이 있어야 할 자리에 하나님이 없기 때문이다. 절대자가 있어야 할 자리가 비어 있기 때문에, 인간은 아무리 많이 소유하고 성적 쾌락을 누려도 내적 공허와 불안과 고독을 느낀다. "비어 있는 본성을 상실한 자아는 불안을 이기기 위하여 소유에 집중하며 쾌락을 추구한다. 쾌락을 추구하는 심리 작용은 불안을 잊기 위한 것이며, 부와 권력, 명예, 인기 등을 소유하려는 욕망은 불안을 벗어나 더 큰 안정을 찾으려는 시도다"(신준호 2005, 228).

그러나 더 많은 소유와 쾌락이 하나님의 자리를 대신 채울 수 없고, 불안과 고독을 극복할 수 없다. 그래서 인간은 더 많은 소유와 쾌락에 끌려다니는 노예가 되어버린다. 그가 추구하는 "쾌락은 두뇌를 점점 손상시키고, 마침내 정신과 육체에 질병을 야기한다"(228). 그는 하나님께 속하지 않고, 사탄의 지배 영역에 속한다. 이 같은 인간 실존의 현실을 길키는 다음과 같이 설명한다.

교외에 근사한 집이 있고 차도 두 대나 소유하고 에어컨도 있고 서랍마다 명품 옷이 가득한 부유한 계층을 떠올려보자. 일단 부를 얻은 이런 사람들은 삶에 흥미와 열정과 즐거움을 줄 다른 무엇을 끊임없이 찾아 나서게 된다. 누군가는 잃어버린 열정을 술집에서 찾기도 하고, 누군가는 이웃의 아내를 유혹하면서 찾기도 한다. 또 다른 사람은 계절마다 유명한 리조트를 돌아다니며, 또 다른 사람은 더 높은 성공과 권력을 위해 분투한다.…이런 시도와 노력에는 한 가지 공통된 요소가 있다. 자신의 일이 더는 중요한 의미를 주지 못하고, 자신의 삶에서 어떤 열정도 흥미도 찾지 못할 때, 사람들은 이 목적 없는 지루함에서 탈출하려고 미친 듯 노력한다는 사실이다. 영적 성장이 없이 물질적 성장만 추구하는 사회에는 이와 같은 경향이 널리 퍼질 수 있다(Gilkey 2014, 392-393).

만약 하나님 나라가 이 땅 위에 세워져야 한다면, 그것은 먼저 한 인간으로부터 시작되어야 한다. 그것은 먼저 부패하고 타락한 인간 안에 세워져야 한다. "우리" 곧 사람들이 먼저 하나님 나라가 되어야 한다(엡 5:5; 계 1:6). 하나님 나라는 하나님의 다스림을 받는 "백성" 곧 "사람들"이다(McKnight 2014, 144).

혁명의 신학, 해방신학, 정치신학, 민중신학 등 20세기의 상황신학은 인간의 문제보다 사회구조, 세계의 문제를 중심 과제로 삼는다. "'개인의 회심'이 아니라 '구조의 변혁'이 교회가 더 많은 관심을 가지고 추구해야 할 선교적 전략이라고 제안"한다(장윤재 2009, 408). 사회와 세계의 구조적 변혁을 통해 하나님 나라를 세우는 것이 이들 신학의 주요 관심사다.

그러나 사회구조가 아무리 변해도, 인간은 본질적으로 자기중심적이며 이기적인 존재다. 한 마디로 그는 죄인이다. 해방 운동, 민중운동을 한다면서 명예욕과 권세욕에 빠지고, 사회주의 국가를 세우려고 하면서 그 자신이 부패와 타락에 빠지는 것이 바로 인간이다. 문제의 뿌리는 죄의 세력에 붙들린 인간에게 있다. "우리가 문제다"(Schneider 2010, 9). "현대 세계가 당면

하고 있는 고통과 불행의 원인은…인간이 본질적으로 존재하지 않기 때문이다.…시간이 아무리 흘러도 인간의 영혼은 정욕, 쾌락, 걱정, 욕망, 갈망, 빛과 어둠 사이의 투쟁 속에 갇혀 있기 때문이다"(박효섭 2015, 40).

3) 20세기 공산주의의 위대한 실험이 실패한 궁극적인 원인은 "늘 필요보다 더 많이" 갖고자 하며 "이웃이 가진 것보다 더 많이" 갖고자 하는, 그래서 "만족할 줄 모르고 다른 사람을 착취하는"(Gilkey 2014, 267) 인간의 타고난 죄성을 보지 않은 데 있다. 모든 사람이 모든 소유를 공유하려고 하며, 모든 인간의 자유와 평등이 있는 지상 낙원을 이루기 위한 사회제도적 차원의 혁명은 있었지만, 죄된 본성을 지닌 인간의 혁명은 없었다. 공산주의 혁명을 일으킨 지도자들 자신이 권력욕에 사로잡혀 정적을 무참히 제거하였고, 무수한 인민의 생명을 목적을 위한 수단으로 희생시켰다.

그러므로 공산주의는 실패로 돌아갈 수밖에 없었다. 우리가 경험한 20세기의 모든 공산주의 사회는 마르크스가 예언한 "계급 없는 사회", 모든 재산을 공유하는 지상 낙원이 아니라, 당(黨)과 인민의 철저한 계급사회요, 부패한 독재로 끝나고 말았다. 심지어 6.25전쟁 전후의 남한 빨치산 조직 속에도 이남 출신과 이북 출신, 군사 일꾼과 정치 일꾼 사이의 세력 다툼이 있었고(조정래 1996, 133-34 참조), 결국 남한 공산당 곧 남로당은 북한에서 숙청당하고 말았다. 다음의 기사는 공산당원들이 모든 공직을 차지한 공산주의 체제의 단면을 보여준다.

중국 지방 정부의 청장급 간부 사무실로 기업인이 찾아왔다. 청장과 안면이 없던 기업인은 자신이 추진하는 사업을 승인해 달라고 부탁했다. 청장은 고개를 가로저었다. 그러자 기업인이 백지 한 장을 꺼내 '3,000萬(만)'이라고 쓰고 청장의 책상 위로 내밀었다. 3,000만 위안(55억원)을 내가로 주겠다는 의미였다. 청장은 가로졌던 고개를 아래 위로 끄덕였다. 그러자 기업인은 백지를 들어 입에 넣더니 삼켰다. '증거 한 점 안 남길 테니 믿어 달라'는 뜻이었다. 청장은 '믿음직스러운 사람'이라고 생각했다. 기업인은 뜻대로 일을 이뤘고 약속한 돈은 청장의 손으로 건너갔다(중앙일보 2016. 3. 8. 14쪽).

공산주의 체제의 이 같은 현실은, 모든 문제의 뿌리(radis)가 인간에게 있음을 보여준다. 따라서 문제를 "철저하게"(radis-radikal) 해결하고자 한다면 뿌리에서부터, 곧 인간의 문제로부터 시작해야 한다. 아들 블룸하르트가 확신한 것처럼, "사회구조의 변화는…'사람의 새로움(갱신)'을 통해서만 가능하다"(임희국 2006, 190). 따라서 "교회론은…교회를 구성하고 있는 인간이 어떻게 변혁되어야 할지, 그리고 그것을 통해서 교회는 어떻게 변혁되어야 할지 등등의 실천적인 문제를 다루어야 한다.…한 마디로 교회론은 교인을 변혁하는…문제에 관점이 맞추어져야 한다"(장왕식 2009, 361).

4) 20세기 후반의 상황신학이 말하는 "종말론적 해방 공동체", "가난한 자의 교회", "역사적 해방의 성사(聖事)", "기초교회 공동체", 세상을 향해 "흩어지는 교회", "십자가 아래서 고난당하는 교회" 등은 교회의 중요한 사명들을 시사한다(류장현, 장윤재 2009, 444, 398 이하). 전현식의 "생태 해방 공동체"는 오늘 우리 시대의 절실한 문제인 "생태정의"에 대한 교회의 사명을 강조한다(전현식 2009, 469 이하). 그런데 이 사명들을 감당하기 위해서는 사람이 있어야 한다. 사람이 없을 때, 이 같은 신학적 이상들은 이상으로 머물게 된다. 교인들이 몇 명 모이지도 않는데, "교회가 흩어지는 교회가 되어야 한다"고 말하는 것은 헛소리나 마찬가지다. 그러므로 먼저 사람들이 교회에 모여야 한다. 죄를 통회하고 자복하며, 하나님의 의롭다 하심(칭의)을 받은 사람들이 교회에 모여야 한다. 그리고 이들이 사회 각 영역으로 파송되어 하나님 나라의 사업을 구체적으로 실천해야 한다.

물론 하나님의 구원은 "단순히 개인의 영혼 구원만도 아니며, 반대로 단순한 윤리적 사회 실천 운동도 아니다." 그것은 "양자를 모두 아우른다." 그러나 여기서 "분명한 논리적 순서와 질서가 확립되어야 한다. 즉 윤리적인 실천보다 칭의의 은혜가 앞선다"(박성규 2015, 37). 그렇지 않을 때, 하나님 나라를 위해 일한다는 이른바 기독교 사회운동가들이 자신의 세속적 명예와 영광을 탐하는 추한 모습들을 보이게 된다.

그러므로 지상의 예수는 하나님 나라를 먼저 사람들 가운데 세우신다. "내가 하나님의 능력을 힘입어(*en daktylo*, 손가락으로) 귀신들을 내쫓으면, 하나님 나라가 너희에게 이미 온 것이다"(눅 11:20). 하나님 나라는 먼저 개인을 통해 이루어져야 한다(막 9:47; 10:14, 25 등). 각 사람이 먼저 하나님의 통치 안에서 살아가는 하나님 나라의 백성으로 다시 태어나야 한다. 그러므로 바울도 사람들에게 하나님 나라를 가르쳤다고 사도행전은 보도한다.

그럼 한 인간 안에서 하나님 나라가 이루어질 수 있는 길은 무엇인가? 그 길은 먼저 각 사람이 자기의 죄를 참회하고 회개하는 데 있다. 죄를 참회하고 회개할 때, 사탄의 지배 영역을 벗어나 하나님의 영역에 속하게 된다. 참회와 회개는 하나님 나라가 이 세상 속에 자리를 잡게 되는 첫 관문이다. 그러므로 예수는 이렇게 선포한다. "때가 찼다. 하나님 나라가 가까이 왔다. 회개하여라. 복음을 믿어라"(막 1:15). 각 사람이 회개하고 그리스도의 복음을 믿는 그곳에 하나님 나라가 자리를 잡는다. 따라서 교회의 일차적 사명은 각 사람을 향한 전도와 회개에 있다.

하나님 나라는 먼 곳에 있지 않고, 한 사람이 회개하고 하나님의 "새로운 피조물"로 사는 데 있다. 병든 몸과 마음이 그리스도의 치유를 받고, 좌절과 절망 속에 살던 사람이 삶의 새로운 용기와 희망을 얻으며, "음행과 더러움과 방탕과 우상숭배와 마술과 원수맺음과 다툼과 시기와 분냄과 분쟁과 분열과 파당과 질투와 술 취함과 흥청망청 먹고 마시는 놀음과 그와 같은 것들"에 사로잡혀 살던 인간이 "사랑과 기쁨과 화평과 인내와 친절과 선함과 신실과 온유와 절제"(갈 5:19-23; 고후 5:17) 속에 살아가는 하나님의 "새로운 피조물"로 변화되는 바로 그곳에 하나님 나라가 있다. "예수 따라가며 복음에 순종"하고, "해를 당하거나 우리 고생할 때, 주가 위로해" 주시며, "남의 짐을 지고 슬픔 위로"하며, "우리 받은 것을 주께 다 드리고", "주를 힘입어서 말씀 잘 배우고, 주를 모시고 살아"가는(새 찬송가 449장) 그리스도인들의 구체적인 삶 속에서 하나님 나라가 자리를 잡기 시작한다.

그리스도는 우리의 죄를 용서하고, 우리를 끝없는 소유욕과 쾌락의 욕구에서 참 자유로 해방한다. "아들이 너희를 자유롭게 하면, 너희는 참으로 자유롭게 될 것이다"(요 8:36). "그리스도께서 우리를 해방시켜주셔서, 자유를 누리게 하셨습니다. 그러므로 굳게 서서, 다시는 종살이의 멍에를 매지 마십시오"(갈 5:1). "주님은 영이시다. 주님의 영이 계신 곳에는 자유가 있다"(고후 3:17).

참 자유란 무엇인가? 참 자유는 마음대로 소유할 수 있고, 쾌락을 누릴 수 있고, 원하는 대로 행동할 수 있는 것이라 생각하기 쉽다. 그러나 이 같은 의미의 자유는 인간을 타락시키고 삶의 공허와 불안을 증가시킬 뿐이다. 그래서 끝없는 쾌락과 마약, 자살 충동에 빠지게 한다. 참 자유는 선과 악을 알게 하는 나무, 곧 하나님이 우리에게 부여하신 법을 지키면서 이웃을 사랑하고 정의롭게 사는 데 있다. 더 많이 소유하는 데 있지 않고 더 많이 베푸는 데 있다.

우리는 이 말이 진리라는 사실을 일상의 경험을 통해 쉽게 알 수 있다. 우리는 무엇을 소유하게 될 때 기뻐한다. 자동차가 없던 사람이 자동차를 갖게 되면 기뻐한다. 그러나 이 기쁨은 금방 지나간다. 이미 얻은 것을 당연한 것으로 여기고 더 좋은 것을 소유하고자 하기 때문이다. 또 의롭지 못한 돈으로 얻은 소유는 우리의 마음을 무겁게 할 뿐이다. 그러나 우리의 손을 펴서 소유를 나누어줄 때, 우리는 마음의 시원함을 느낀다. 자유로움과 기쁨을 느낀다. 왜 그럴까? 소유욕 속에 숨어 있는 사탄의 지배를 벗어나 하나님의 통치 안에 속하게 되기 때문이다. 어둡고 침침해 보이던 얼굴 표정이 밝아진다. 왜 얼굴 표정이 밝아질까? 욕심과 욕정, 사탄의 지배에서 벗어나 자유로운 사람이 되었기 때문이다.

예수의 말씀에 의하면 먼저 종교 지도자가 회개해야 한다. 위선과 거짓과 죄를 깨닫고 하나님의 의롭다 하심을 받은 "새로운 피조물"로 다시 태어나야 한다(고후 5:17). 사탄의 영역에 속했던 사람이 "하나님 나라에 합당한 사람", "하나님 나라의 상속자"가 되는(살후 1:5; 고전 15:50) 바로 거기에 하나님 나라가 있다.

5) 해방신학, 정치신학, 민중신학, 생태신학 등 현대의 상황신학은 인간의 죄가 불의한 사회구조 때문에 발생한 것으로 간주한다. 그러므로 이들은 모든 인간의 본성 깊이 뿌리박고 있는 보편적 죄성에 대해서는 별로 말하지 않는다. 그 대신 사회구조의 변혁에 관심을 가진다. 예수께서 선포한 하나님 나라는 불의한 사회구조의 변혁과 사회적 해방에 있는 것으로 생각된다. 그러나 이들 신학들은 "인간이 이웃을 희생시켜서라도 이웃보다 더 많이 갖기를 바라는 죄인"이며, 사회가 민주화되어도 "늘 같은 도덕적 문제"(Gilkey 2014, 273, 445)가 생긴다는 사실을 충분히 고려하지 않는다.

물론 잘못된 사회구조로 말미암아 죄를 짓지 않을 수 없는 경우도 있다. 가난을 견디지 못해 윤락행위를 하는 여성도 있고, 빚 때문에 공금을 횡령하는 사람도 있다. 그러므로 불의한 사회구조는 변혁되어야 한다. 그런데 예수의 하나님 나라 운동은 불의한 사회구조의 변혁과 죄의 문제가 별개의 것이 아니라 하나로 결합되어 있다는 사실을 보여준다. 그가 선포한 하나님 나라는 구약의 메시아 약속에서 유래하는 것으로, 사회변혁의 차원을 내포하고 있었다. 그런데 예수는 하나님 나라를 선포하고 이를 앞당겨 오는 동시에, 죄의 문제를 가르친다. 죄의 용서에 대한 그의 가르침(마 6:14-15; 18:21, 35; 막 11:25; 눅 6:37; 17:3-4)은 죄의 용서가 그의 하나님 나라 사역에 속하였음을 보여준다. 하나님 나라를 선포하는 예수는 "땅에서 죄를 용서하는 권세를" 가진 분, "자기 백성을 그들의 죄에서 구원하실" 분이다(막 2:10; 눅 5:24; 마 1:21).

예수 당시 유대인 사회에서 질병과 장애와 정신 질환은 죄 때문인 것으로 생각되었다. 따라서 예수가 행한 치유의 기적은 신체적 치유에 불과한 것이 아니라 죄의 용서를 내포한다. 그러므로 그는 병을 치유할 때, "네 죄가 용서 받았다"고 말한다(마 9:2; 막 2:5; 눅 5:20). 병의 치유와 죄 용서, 그리고 하나님 나라가 결합되어 있다. 바울도 죄의 문제와 하나님 나라가 서로 결합된 것으로 보았다(행 13:38; 17:30; 20:25).

사회구조의 변혁과 죄의 문제가 결합되어 있음을 보여주는 또 하나의 중요한 사건은 구약의 출애굽이다. 출애굽은 사회구조적 대변혁의 사건이요, 위대한 해방의 사건이었다. 그러므로 20세기의 상황신학은 출애굽을 사회변혁과 해방의 근거로 제시한다. 그런데 출애굽은 시내산 계약과 결합되어 있음을 우리는 유의해야 한다. 계약을 맺을 때, 이스라엘 백성은 자신을 "성결하게" 하고 "옷을 빨아" 입어야 했다(출 19:10). "옷을 빨아 입는다"는 것은 "하나님의 이름"마저 잊어버리고 죄 가운데 살던(참조. 출 2:13; 3:13) 과거의 죄에 대한 하나님의 용서와 하나님의 "거룩한 백성"으로서 새로운 출발을 상징한다(출 19:6). 한 마디로 출애굽은 불의한 정치적·사회적 구조에서의 해방인 동시에 죄에서의 해방을 포함하는 총체적 구원의 사건이었다.

그러므로 구약성서는 사회정의를 중요시하는 동시에 모든 인간의 보편적 죄를 중요한 문제로 다룬다. 모든 인간은 "죄 중에 태어났고, 어머니의 태중에 있을 때부터 죄인"이다(시 51:5). 죄를 고백하지 않을 때, 그는 "온종일 끊임없는 신음으로 내 뼈가 녹아"내리는 것 같은 고통을 당한다(32:3). 구약에서 하나님은 사회정의를 요구하는 동시에 우리의 모든 "죄를 용서해 주시는 분"으로 이해된다(103:3).

죄를 짓는 순간, 우리는 하나님이 다스리는 영역을 떠나 사탄이 지배하는 죽음의 영역에 속하게 된다. 우리는 "죄의 종"이 되며(롬 6:13), 양심의 고발과 율법의 저주 속에서 살게 된다(갈 3:10). 또 우리는 자기 밖에 모르는 개체적 존재가 되어 이웃의 생명과 공동체를 파괴한다. 뿐만 아니라 단 한번밖에 없는 우리의 귀중한 생명을 무가치하고 죄 가운데서 저주받은 생명으로 만들어버린다. 그는 해서는 안 될 일을 행하기 때문에 마음의 고통을 당한다. 그러므로 죄 가운데 사는 사람은 어둡고 침울하며 평화롭지 않은 얼굴 표정을 보이게 된다. 만일 죄가 인간의 본성에 맞는 것이라면, 죄를 지을수록 얼굴이 더 밝아지고 평화롭게 보여야 할 것이다.

얼굴은 몸의 한 부분이다. 따라서 표정이 평화롭게 보이지 않는다는 것은 영혼과 육체를 포함한 몸 전체가 평화롭지 않음을 말한다. 몸 전체가 평화롭지 못하면 건강도 나빠진다. 곧 생명이 훼손된다. 죄는 이웃과 공동체의 생명을 훼손함은 물론, 죄를 짓는 사람 자신의 생명을 훼손한다. 그래서 계속 죄를 짓는 사람은 자기의 수(壽)를 다하지 못한다. 한 마디로 죄를 짓는 사람은 죄와 죽음의 세력에 묶여 "죄의 종노릇"을 하면서 죽음의 그늘 속에서 살아간다. 죄에 대한 후회와 양심의 가책, 한번밖에 없는 자신의 삶의 무의미함, 공허감, 고독감이 그의 마음을 괴롭게 한다. 이를 벗어나려고 알코올중독, 마약중독, 쾌락의 중독에 빠지기도 한다. 많은 재산과 여성들이 있음에도 불구하고 마음의 괴로움을 견디지 못해 자살을 꾀하는 사람들도 있다.

메시아 예수는 인간의 죄를 용서한다. 죄의 용서를 통해 인간은 수치와 부끄러움, 양심의 가책에서 해방된다. 그는 죄와 죽음의 세력에서 해방되어 하나님 나라에 속한 하나님의 자녀로서 살게 된다. 하나님 나라가 그의 인격과 삶 속에 자리를 잡는다. 그러므로 교회는 사람들에게 그리스도의 죄의 용서를 전하며, 회개와 구원으로 인도해야 한다. 바로 여기에 하나님 나라를 위한 교회의 기본적 사명이 있다.

6) 그러나 죄의 용서를 받고 구원을 얻었다 할지라도, 인간의 죄의 본성은 없어지지 않는다. 또 과거의 잘못된 성격과 습성도 여전히 숨어 있다. 이로 인해 그는 끊임없이 죄의 유혹을 받는다. 그러므로 매일의 생활 속에서 끊임없이 옛날의 자기를 죽이고, 하나님의 새로운 피조물로 성화되도록 신자들을 양육하는 것이 교회의 중요한 사명에 속한다. "한국교회의 가장 심각한 문제점은…'성화의 공백'에 있다"(장현승 2013, 43).

교회는 신자들을 어떻게 양육해야 하는가? 먼저 신자들의 성품이 하나님의 성품으로 변화되어, 하나님의 형상이 그들 안에 나타나도록 양육해야 할 것이다. 거칠고 이기적인 성품이 온유하고 이웃을 배려하는 성품으로, 불의하고 간사한 성품이 정의롭고 정직한 성품으로, 방탕하고 타락한 성격이 절제 있고 어려운 이웃을 돌보는 성품으로, 교회 안에서 지배자가 되려는 못된 성품을 버리고 자기를 비우며 낮추는 사람으로 성화되도록 양육해야 할 것이다. "부정함과 음란함과 방탕함"을 버리고(고후 12:21), "그리스도화"하도록(장현승 2013, 43) 가르쳐야 한다. 하나님 나라는 하나님의 성품으로 변화되는 한 사람의 삶에서 시작된다. "온전한 성화는 예수님을 본받는 것이다. 이것이 곧 십자가의 길이다. 이 길에는 성공과 번영이 보장되어 있지 않다." "온전하게 되려면, 자신을 비우고 예수를 따라가야 한다. 이것이야말로 이 땅에서 우리가 추구해야 할 성화의 목표이다"(이신건 2016, 86).

신자들의 성화를 위해 교회는 일일 예배서와 기도문, 제자 훈련, 사경회, 금식, 침묵과 명상의 시간 등 다양한 프로그램을 실시할 수 있다. 그중에서도 가장 중요한 것은 신자들의 기도 생활이다. 기도를 통해 우리는 하나님과 인격적으로 교통하며, 옛날의 자기를 죽이고 하나님의 성품으로 변화될 수 있다. 기도 속에서 하나님은 우리의 통치자가 되신다. 성서가 "끊임없이 기도하라"(살전 5:17)고 가르치는 이유가 여기에 있다.

개인 전도는 신자들 자신의 성화에 도움이 될 수 있다. 개인 전도를 할 때, 우리는 하나님의 통치 영역과 세속의 경계선에 서게 된다. 이 경계선 앞에서 우리는 하나님의 자녀답게 살아야 할 우리 자신의 정체성을 보게 된다. 그러므로 개인 전도는 전도를 받는 사람에게는 물론, 전도하는 사람 자신의 성화에 도움이 된다.

또한 영성에 관한 독시, 하나님의 진리에 관한 교육이 성화에 도움이 될 수 있다. 성서에 대한 교육은 물론 교회의 교리 내지 신앙의 진리에 관한 교육 및 일반교양을 위한 강좌를 병행할 때, 교회는 신자들의 더 성숙한 성화를 기대할 수 있다.

7) 하나님 나라는 인간의 몸도 포함한다. 몸과 영을 포함한 인간 전체가 하나님 나라의 장(場)이다. 그러므로 인간의 몸도 성화되어야 한다. 곧 청결하고 건강한 몸을 갖도록 해야 한다. 몸이 건강하고 깨끗할 때, 그 안에 있는 하나님 나라도 건강하고 깨끗한 형태를 가진다. 따라서 건강한 식

습관, 적당한 운동, 절제 있는 생활습관이 필요하다. 과음과 과식, 과도한 음주와 흡연과 음란을 피해야 한다. 술에 취하여 비틀거리고 먹은 것을 길바닥에 토할 때, 또 담배 연기가 몸 안으로 들어갈 때, 몸 안에 있는 하나님 나라도 괴로울 것이다. 알코올중독, 마약중독, 음란은 자신의 몸 안에 있는 하나님 나라를 파괴하는 행위다. 구약의 율법이 음식물과 몸의 정결, 건강 유지와 성관계에 관한 엄격한 계명들을 말하는 이유가 여기에 있다 (레 11-15, 18, 19, 22장 등).

나의 몸을 귀중하게 생각하는 동시에 가족과 이웃의 몸도 귀중하게 여겨야 한다. 그러므로 신자들은 가족과 이웃의 몸에 폭행을 가하거나 학대하지 않아야 한다. 자신의 딸과 손녀와 처제를 포함한 여성에 대한 성폭행은 그들의 생명을 파괴하는 행위다. 이웃에 대한 폭행과 무례한 행위는 자신의 존재를 하찮게 만든다. 기침이나 재채기를 할 때 이웃의 건강을 위해 소매나 손수건으로 입과 코를 가려야 하며, 입속에 음식을 문 채 이야기하는 것을 피해야 한다. 이웃의 몸과 건강을 귀중히 여기는 곳에 하나님 나라가 있다.

생활환경도 하나님 나라의 현장이다. 그러므로 웨슬리와 한국의 초기 선교사들이 노력했던 것처럼, 생활환경의 성화도 필요하다. 비합리적이고 비위생적인 생활습관과 사고방식의 개혁, 가족과 친구 중심의 간소한 결혼식, 예단 폐지, 장례식의 합리화 및 간소화, 자녀와 아랫사람의 인격을 존중하기, 명절 때마다 택배로 직장 상사에게 보내는 뇌물성 선물 폐지, 근로자들의 비생산적인 초과근무 폐지, 근무시간에 성실히 일하기, 근로자의 건강과 가정생활을 위한 휴가 제도의 엄격한 시행, 옆에 있는 사람들을 고려한 조용한 대화, 회식할 때 술잔을 돌리거나 술 마시기를 강요하지 않기, 음식점에서 음식 남기지 않기, 예약을 반드시 지키기, 자동차를 운전할 때 예의 지키기, 자기의 쓰레기를 스스로 책임지기, 길거리에 침, 가래, 껌 등을 뱉지 않기, 길을 걸을 때 다른 사람의 어깨를 부딪치지 않도록 조심하고, 어깨를 부딪쳤을 경우 반드시 사과하기, 공공 기물을 자기 물건처럼 소중하게 사용하기, 이웃 사람들과 인사하기 등등 생활의 크고 작은 일들이 개선될 때 하나님 나라는 더욱 밝아질 것이다.

성령은 거룩한 영이다. 그러므로 성령은 우리의 영과 몸뿐만 아니라 생활환경도 성결하게 되기를 원한다. 그리고 더 밝고 합리적이며, 깨끗하고 예절과 질서가 있는 환경이 이루어지기를 원한다. 하나님은 "무질서의 하나님이 아니라 평화의 하나님"이다(고전 14:33; 빌 4:9). 아무 데나 쓰레기를 버리고 침과 가래를 뱉는 것은 하나님이 우리에게 주신 땅을 저주하는 것과 같다. 생활환경이 깨끗할 때, 우리의 정신도 맑아진다. 하나님 나라는 깨끗하고 예의와 질서가 있는 곳에 있다.

C. 삶의 무거운 질고에서의 해방

1) "아무리 성자 같은 사람도 식사다운 식사를 못하면, 죄인처럼 행동할 것이다"(Brecht, Gilkey 2014, 219에서 인용). 브레히트의 이 말은 굶주린 배를 채우는 것이 인간 생명의 가장 기본적 욕구임을 시사한다. 굶주린 배를 채워야 생명을 유지할 수 있기 때문이다. 따라서 하나님의 구원은 먼저 굶주린 배를 채우는 데 있다. 영혼이 구원을 받았다 할지라도, 굶주림을 위시한 삶의 고통과 질고가 있는 곳에 하나님 나라가 있다고 말할 수 없다. 아버지의 실직으로 월세방에서 쫓겨나게 되었고, 온 식구가 굶주림을 당하는 곳에 하나님 나라가 있다고 말할 수 없다. 그러므로 예수는 굶주린 사람들에게 먹을 것을 마련하며("오병이어의 기적" 참조), 질병과 악령에 붙들린 사람들을 치유한다. 하나님 나라는 모든 피조물이 삶의 질고에서 벗어나 행복하게 사는 곳, 곧 하나님의 "샬롬"에 있다.

하나님 나라에 대한 이 같은 이해는 구약의 총체적 구원관에 그 뿌리를 둔다. 시편의 탄원시에 의하면, 개인의 죄의 용서 및 참회와 회개는 물론, 생명을 위협하는 극심한 가난과 질병, 적대자의 모함과 억압 등 삶의 구체적 고난과 고통에서의 해방이 하나님의 구원으로 이해된다. 메시아 약속에서 하나님의 구원은 단지 영혼 구원에 불과한 것이 아니라 모든 피조물이 세상에서 하나님의 샬롬을 통해 행복하게 사는 데 있다.

이 같은 총체적 구원관은 하나님의 사랑에 근거한다. 하나님은 사랑이다(요일 4:8, 16). 그의 사랑은 단순히 영적·정신적 사랑에 불과한 것이 아니라 현실적이고 구체적인 사랑이다(참조. 약 2:15-16). 그러므로 하나님은 모든 피조물이 삶의 고통과 무거운 질고를 벗어나 행복하게 살기를 원한다. 바로 여기에 하나님의 구원이 있고 하나님 나라가 있다. 그러므로 교회는 신자들이 삶의 고통과 질고를 극복하고 행복한 삶을 사는 데 관심을 갖지 않을 수 없다. 물론 교회는 신자가 당면한 모든 현실적 문제와 고통을 해결해 줄 수 없다. 그렇다 하여 이러한 문제를 무시하는 것도 타당하지 않다. 참으로 사랑하는 사람은 상대방의 영적·정신적 문제는 물론, 그가 당하는 현실적 고통에 관심을 가질 수밖에 없기 때문이다.

2) 그럼 교회가 감당할 수 있는 사명은 무엇인가? 교회는 굶주린 형제자매에게 먹을 양식을 공급하고, 병든 사람들이 병원 진료를 받을 수 있도록 도울 수 있다. 청년 김진홍 목사처럼 환자를 등에 업고 병원을 찾을 수도 있고, 불우 이웃 시설을 세울 수도 있다. 이와 같은 사랑의 구체적 실천과 함께 교회가 수행해야 할 중요한 사명은 살아 계신 하나님의 능력에 대한 믿음과 복종 속에서 끝까지 희망을 갖고 스스로 각자의 문제를 해결해나갈 수 있는 힘과 지혜를 얻도록 돕는 데 있다.

이 힘과 지혜를 얻을 수 있는 길은 무엇인가? 그것은 하나님의 살아 계심과 성령의 능력에 대한 믿음과 기도에 있다. 하나님의 살아 계심과 성령의 능력을 믿는 믿음 속에서 무릎 꿇고 기도할 때, 하나님은 우리에게 삶의 무거운 질고를 극복할 수 있는 힘과 지혜를 주신다. 하나님은 성령을 통해 기적적으로 우리를 고통에서 구하신다. 그러므로 예수는 "구하라, 찾아라, 문을 두드려라, 구하는 사람마다 얻을 것이요, 찾는 사람마다 찾을 것이요, 문을 두드리는 사람에게 열어 주실 것이다"라고 말한다(마 7:7-8).

이에 대해 우리는 질문할 수 있다. 이것은 기독교의 탈을 쓴 미신이 아닌가? 만일 하나님이 우리를 기적적으로 우리를 도우실 수 있다면, 왜 하나님은 제2차 세계대전에서 수많은 젊은 군인들과 600만 명에 달하는 유대인들의 죽음을 내버려두었는가? "사랑의 하나님께서 어떻게 이런 고난을 두고 보시는가? 왜 아우슈비츠, 그리고 세상에서 발생하는 자연재해에 침묵하시는가?"(박영범 2012, 271).

제2차 세계대전의 참상을 보았던 현대의 많은 신학자는 하나님의 전능이 더는 세계의 모든 고난을 해결해주는 "통속적 의미의 만능"을 뜻하지 않는다고 생각한다. 그래서 예수의 십자가에서 함께 고난당하고, 우리와 함께 계시면서 우리의 고난을 함께 겪으며, 우리를 위로하시는 하나님의 사랑이 하나님의 전능이라고 설명한다. 본회퍼의 『옥중서신』에 따르면 "고난당하는 하나님만이 우리를 도우실 수 있다"고 말한다.

이에 대해 우리는 질문할 수 있다. 피조물의 고난을 함께 당하기만 하는 하나님이 어떻게 우리를 도울 수 있는가? 그는 고난의 문제를 해결하지 못하는 무력한 하나님이 아닌가? "무력하여 고난에 참여한 하나님이 (어떻게) 결국 고난을 이기고 악을 제거하실 것인가?"(박영범 2012, 271).

이 문제를 박영식은 다음과 같이 적절히 설명한다. 하나님의 전능은 "물리적인 초능력이나 초자연적 힘으로" 이해될 수 없다(박영식 2015, 179). 그것은 "통속적 의미의 만능"이 아니다. 그렇다 하여 하나님은 "창조한 피조물 세계에 대해 더는 아무런 힘이나 영향력을 가질 수 없다고 생각하고, 그런 의미에서 하나님의 무능과 약함을" 말해서는 안 될 것이다(173). 한마디로 하나님의 힘(*dynamis*, 능력)은 "통속적 만능"으로 이해되어서도 안 되지만, "무능과 관망과 방임"으로도 이해될 수 없다.

그리스도의 십자가에 계시되는 하나님의 힘은 무한한 "사랑의 힘"이다. 사랑의 힘으로서 하나님은 우리의 고난을 함께 당하시는 동시에 "고난당하는 자에게 그 고난을 극복할 수 있는 삶의 힘을 주신다"(174). 그의 전능하심은 "예기치 못하는 새로운 미래 현실을" 불러일으키며(177), "꽉 막혀 있는 절망적 현실 사이로 틈을 만들어 존재하지 않던 미래를 열어" 놓을 수 있는 "미래를 개방하는 힘"이다(177-178). "그렇기에 우리는 고난의 상황에서 여전히 그분(하나님)과 사귐을 갖게 되며, 결국 이런 악의 상황에 종지부를 찍으실 분이라는 희망을 갖게 된다"(박영범 2012, 272).

3) 이 문제와 연관하여 우리는 예수의 치유의 기적들을 고찰해보자. 일단의 신학자들과 목회자들은 예수의 질병 치유에 대해 반신반의하거나, 그 중요성을 인정하지 않는 입장을 보인다. 그들은 예수의 질병 치유를 하나님 나라의 복음에 관한 예수의 말씀을 장식하는 보조물로 간주하거나, 하나님의 구원 자체에 속하지 않은 변두리적인 문제로 간주하기도 한다.

그러나 성서에서 몸의 치유는 하나님이 행하신 중요한 구원의 사건으로 인정된다. 그 사건이 중요한 까닭은 영과 육을 포괄하는 하나님의 구원의 전체성에 있다. 하나님은 영의 하나님일 뿐 아니라 "모든 육의 하나님"이다(렘 32:27). 따라서 하나님의 구원은 영과 육을 모두 포괄하는 전체적 구원이다. 그것은 영적 구원은 물론 신체적 구원 곧 질병의 치유를 포괄한다. 그러므로 구약성서는 하나님을 "모든 병을 고쳐 주시는 분"이라 고백한다(시 103:3). 누가복음은 "모든 육이 하나님의 구원을 보게 될 것이다"라고 말한다(눅 3:6). "하나님은 우리의 육체가 병마와 죽음에서부터 해방되는 그 감격의 순간 속에서 참으로 경험"된다(김명용 2016, 191).

사도행전은 예수의 제자들, 바울과 바나바도 병자와 장애인을 고치고, 악령 곧 귀신을 쫓아냈다고 보도한다(행 5:16; 18:12; 20:12 등). 만일 이 기적들이 실제로 일어나지 않았다면, 신약성서의 기자들은 거짓말을 꾸며냈다고 보아야 할 것이다. 많은 선교사에 의하면 치유의 기적은 지금도 일어나고 있다. 웨슬리도 성령의 능력으로 복음이 전파되고 진실한 믿음이 있는 곳에는 언제나 성령의 기적적인 치유의 기적들이 일어난다고 믿었다.

하나님 나라를 증언하면서 가난한 자와 눌린 자의 권익을 위해 정치 현실에 뛰어든 아들 블룸하르트는, 1842년 아버지 블룸하르트의 노력으로 정신질환자 고트리빈 디투스(G. Dittus)가 치유되는 것을 보았다. 이 치유 사건에서 그는 하나님의 구원은 "소위 영혼에만 아니라 '육체'(몸)에도 일어나고,…특별히 약함과 고통과 고난이 있는 '일상(日常)의 현장'에서 일어남을 경험하였다." 이 경험에 근거하여 그는 "'통전적'(ganzheitlich) 치유를 강조하였다.…즉 기도로 병을 고치는 것은 단지 육신의 질병을 치유하는 것만이 아니라 병든 내면세계의 치유와 더불어 육신의 건강도 회복하는 것이다." "예수의 치유는 '죄에서 해방'되게 하사 '하나님과 올바른 관계를 회복'하게 하여 '영혼과 육체를 새롭게 갱신'한 것이다. 한마디로 전인(全人)의 치유이고 통전적 치유다"(임희국 2006, 177, 178).

복음서 기록에 의하면 예수의 질병 치유는 성령의 능력을 통하여 일어난다(참조. 막 5:30; 눅 11:20). 성령은 십자가에서 계시되는 무한한 사랑의 능력이다. "우리는 그의 상처를 통해 치유된다"(사 53:5). "그의 상처를 통해 치유된다"는 의미는 십자가에 계시되는 성령의 사랑의 능력을 통해 상처가 치유됨을 말한다.

그러나 질병의 치유에는 죄에 대한 고백과 믿음이 동반되어야 한다. 마음으로 자기의 죄를 통회하고 자복하며, 예수의 죄 용서와 죄를 치유할 수 있는 삼위일체 하나님의 능력을 믿을 때, 질병의 치유가 일어난다. 그러므로 예수는 "그들의 믿음을 보시고, 중풍병 환자에게 '이 사람아! 네 죄가 용서받았다!'"(막 2:5), "딸아, 네 믿음이 너를 구원하였다"(눅 8:48)고 말씀하신다. 바울은 "고침을 받을 만한 믿음이 그에게 있는 것을 알고" 지체장애인을 치유한다(행 14:8-10).

죄의 용서와 믿음은 하나님과 이웃과의 관계가 회복됨을 말한다. 따라서 질병의 치유는 하나님과 이웃과의 관계 회복과 함께 일어나는 전인적 치유다. "딸아, 이 병에서 벗어나서 건강하여라"고 말할 때, "건강"은 전인적 건강을 뜻한다(막 5:34). 전인적 치유와 건강이 있는 거기에 하나님 나라가 있다. 예수가 행한 치유의 기적은 "생명의 다시 태어남의 표징이요, 모든 사물들의 새 창조의 전조"이며, "죽음을 몰아내는 부활의 힘의 전령(Vorboten)이다". 무거운 질병이 "죽음의 전령"이라면, 질병의 치유는 부활의 생명의 전령이다(Moltmann 1997, 68).

D. 기적에 대한 믿음과 기도는 무속신앙인가?

1) 성서는 하나님이 일으키신 많은 기적에 대해 보도한다. 출애굽 직전의 열두 가지 기적들, 홍해의 갈대 바다에서 물이 갈라짐, 광야에 내린 만나와 메추라기, 죽은 사람을 살림, 병자와 장애자, 악령에 붙들린 자의 치유, 빵 다섯 개와 생선 두 마리로 장정만 5천 명을 먹인 기적 등이 이에 속한다. 현대의 과학적 사고에 익숙한 사람은 이 같은 기적을 믿지 않는다. 신학자들 중에도 이를 믿지 않거나 반신반의하는 신학자들이 있다. 기적에 관한 얘기는 비신학적·비학문적이라는 분위기가 신학계 일부에 퍼져 있다.

그러나 오늘날도 많은 신자들은 하나님의 놀라운 기적적 도우심을 바라며 믿음 속에서 애타게 기도한다. 어떤 교인은 울부짖으며 기도한다. 이를 가리켜 우리는 광신적 기도 혹은 "자기의 자질과 자격을 아랑곳하지 않고 신앙의 대상으로부터 무조건 복을 달라고" 비는 "주술적 신앙"의 단계라고 간단히 평가해서는 안 될 것이다(이신건 2016, 81-82). 얼마나 답답하면 울부짖듯이 기도하겠는가! 어머니가 길에서 어린아이를 잃어버렸을 때, 이 어머니가 하나님의 기적을 믿으면서 하나님께 울부짖으며 기도하는 것은 극히 자연스러운 일이다.

필자가 사는 지역에 위치한 대부분의 자영업은 음식점을 위시한 소규모 영세 상점들이다. 그런데 새로 개업한 상점 80%는 영업 부진으로 6개월 이내에 문을 닫고, 나머지 20%만 살아남는다. 덕분에 인테리어와 간판 업자들만 호황을 누린다고 한다. 퇴직금에 빚을 보태어 상점을 차렸는데, 상점 문을 닫게 되어 퇴직금을 날리고 빚을 짊어지게 된 사람들, 신용불량자로 전락한 사람들, 자녀교육은 시켜야 하겠는데 월세조차 낼 수 없어 길거리로 쫓겨나게 된 사람들의 답답함은 이루 말할 수 없을 것이다.

신학과 교회는 민초들의 이러한 처절한 삶의 현실을 보아야 할 것이다. 신학과 교회가 이들을 도울 수 있는 길은 무엇일까? 부익부, 빈익빈을 조장하는 사회구조의 개혁을 요구하는 것도 필요하겠지만, 먼저 하나님께 부르짖으라고 권유할 수밖에 없을 것이다. 하나님께 부르짖을 때, 하나님께서 응답하시리라고 성서는 말한다. "네가 살려달라고 부르짖을 때에…, 너에게 응답하실 것이다"(사 30:19), "가련하고 빈궁한 사람들이 물을 찾지 못하여 갈증으로 그들의 혀가 탈 때에, 나 주가 그들의 기도에 응답하겠고…"(사 41:17).

사탄은 하나님을 불신케 하고 우리를 좌절과 절망에 빠뜨리고자 한다. 좌절과 절망은 사탄의 역사다. 그것은 우리가 극복해야 할 가장 큰 적이다. 좌절과 절망에 빠지면 아무것도 할 수 없기 때문이다. 희망이 보이지 않는 절망적 상황에도 불구하고 끝까지 하나님의 도우심을 믿으며 기도할 때, 절망적 상황을 극복할 수 있는 힘과 지혜를 얻을 수 있다.

그동안 한국 개신교회의 많은 신학자들은 이를 가리켜 샤머니즘 혹은 무속신앙이라고 비판하였다. 샤머니즘은 고통스러운 삶의 현실에 대한 망각과 도피를 조장하며, 기독교를 기복종교로 전락시킨다고 이들은 주장한다. 이에 반해 그것을 옹호하는 입장에 의하면, 샤머니즘은 고난 속에서 신음하는 민초들에게 삶의 힘을 주고 그들의 생명력을 이어 온 귀중한 문화적·종교적 유산이라 높이 평가한다.

그러나 무속신앙을 "적극적인 문화사적 의미"를 지닌다고(유동식 1978, 4, 15) 높이 평가하는 것도 타당하지 않지만, 무속신앙의 요소를 기독교에서 완전히 배제하는 것도 타당하지 않다. 성서의 신앙에도 이른바 무속의 요소가 있기 때문이다. 어려운 일을 당할 때 하나님의 도우심을 간구하는 것은 하나님의 자녀들의 기본적인 삶의 태도에 속한다. 우리는 구약의 "한탄의 시편"에서 이러한 기도를 분명히 볼 수 있다. "내가 주님을 애타게 부를 때에 들어주십시오. 나를 물리치지 말아주십시오. 주님은 나의 도움이십니다"(시 27:7). "하나님, 내가 부르짖는 소리를 들으시고, 내 기도 소리를 귀담아 들어주십시오"(60:1). 예수도 하나님께서 그의 자녀들의 간구를 들어주실 것이라 말한다(눅 11:5-13).

    2) 기도에 대해 성서는 상반되는 것처럼 보이는 두 가지 가르침을 말한다. 첫째, 우리는 기도할 때 중언부언하지 말아야 한다고 가르친다. "하나님 너희 아버지께서는 너희가 구하기 전에, 너희에게 필요한 것이 무엇인지를 알고 계신다"(마 6:8). 그러므로 같은 말을 계속하면서 길게 기도할 필요가 없다는 것이다. 특히 "남에게 보이려고 길게 기도"하는 것을 예수는 금한다(막 12:40; 눅 20:47). 둘째, "구하라, 그리하면 하나님께서 너희에게 주실 것이다.…구하는 사람마다 얻을 것이요, 찾는 사람마다 찾을 것이요, 문을 두드리는 사람에게 열어 주실 것이다"라는(마 7:7-8) 예수의 말씀은, 우리가 구하는 것을 얻을 때까지 계속 기도해야 함을 시사한다. "기도하면서 늘 깨어 있어라"(눅 21:36), "끊임없이 기도하십시오"라는(살전 5:17) 말씀도 이를 암시한다.

    이 두 가지 말씀 중에 어느 것이 옳은가? 구하는 바를 간단히 기도하고 끝내는 것이 옳은가, 아니면 구하는 바가 이루어질 때까지 끊임없이 기도하는 것이 옳은가? 필자의 생각에 의하면, 후자가 옳다고 생각한다. 그 첫 번째 이유는, 우리는 세상에 속한 일을 한 가지 이루기 위해서도 꾸준히 노력해야 하기 때문이다. 대학교 입시를 위해, 대학 졸업 후 취업을 위해 학생들은 수년간 열심을 다해 준비를 한다. 모든 일에는 시간과 노력이 필요하다. 하물며 하나님의 마음을 움직이기 위해 우리가 장시간 간구해야 함은 다시 말할 필요가 없다. 그러므로 "우리는 기도가 응답되지 않는다고 실망해서는 안 된다. 한번의 기도로 포기하거나 안심해서도 안 된다. 기도가 응답될 때까지 지치지 말고, 더욱 간절하게 기도해야 한다. 실로 세상의 일도 마찬가지다.…둥지의 어린 새는 크게 소리를 지르고 목을 길게 내밀수록 어미가 물어주는 먹이를 더 많이 받아먹는다. 크게 울면서 보채는 아기일수록 엄마는 젖을 자주 물린다.…"(이신건 2016, 237).

    구하는 바가 이루어질 때까지 끊임없이 기도해야 할 두 번째 이유는 기도의 특성에 있다. 기도는 기도하는 사람이 구하면 금방 자동적으로 응답하는 자동기계와 같은 것이 아니다. 기도하는 사람이 구하는 바가 이루어지기 위해서는 먼저 기도하는 사람의 철저한 참회와 회개가 있어야 한다. 그의 옛 사람은 죽고 새 사람으로 다시 태어나야 한다. 지금까지 지은 죄를 하나님 앞에서 통회하고 자복하지 않으며 또 옛 사람의 모습을 버리지 못하면서, 기도의 응답을 얻는 것은 불가능하다. 자기는 변하지 않고 단지 자기가 바라는 것만 얻고자 하는 것은 신앙인의 올바른 자세가 아니다. 하나님은 이 같은 사람의 기도에 응답하지 않을 것이다.

기도의 응답을 얻으려면 철저한 회개와 자기 변화가 있어야 한다. 또 기도와 관계된 사람들과의 관계도 바르게 정립되어야 한다. 일반적으로 이것은 시간을 필요로 한다. 그러므로 기도하는 사람은 기도한다고 하여 금방 모든 것이 이루어지리라 기대해서는 안 될 것이다. 오히려 하나님과 이웃 앞에서 자기를 바르게 세우고, 제반 관계를 바르게 회복하면서, 기도하는 바가 이루어질 것이라 믿고 꾸준히 하나님께 기도해야 할 것이다. 빅토르 위고의 말처럼, "사랑은 아무리 해도 지나친 법이 없듯이, 기도 역시 아무리 많이 해도 지나친 법이 없다"(이신건 2016, 236에서 인용).

"중언부언 하지 말라"는 예수의 말씀은, 구하는 바를 하나님께 단 한번 간단히 말씀드리고 끝내야 한다는 뜻이 아니다. 이 말씀은 마음으로 정말 간절히 간구하지 않으면서 길게 늘어놓는 기도, 남에게 보이기 위한 외식적 기도, 하나님과 이웃 앞에서 철저한 자기 변화가 없는 기도를 하지 말라는 뜻이다. 이런 기도는 아무리 길게 해도 이루어지지 않는 중언부언이 되어버린다. "우리는 죄인이기 때문에 항상 기도해야 한다.…우리는 사는 동안 이렇게 기도해야 한다. 나를 불쌍히 여기소서. 우리는 '이기적인 존재' 곧 죄인이기 때문입니다."[2]

---

2) W. Bernet, Gebet, 146 f.: "...*semper orandum, quia semper sumus peccatores... Unser leben sol heissen: Miserere, quia sumus 'Mei', i.e. peccatores.*"

3) 기도하는 사람은 하나님의 살아 계심, 그리고 없는 것을 있게 할 수 있고 죽은 자를 살릴 수 있는 하나님의 능력에 대한 믿음을 가져야 한다. 하나님께서 자기의 기도에 응답하리라는 것을 믿어야 한다. 하나님은 먼저 우리의 믿음을 보시고자 한다. 세상의 그 무엇을 신뢰하기보다 하나님을 전적으로 신뢰하고, 하나님을 의지하며, 하나님 중심으로 살고자 하는 믿음의 자세를 기대한다.

"물론 간절한 기도라고 전부 응답을 받는 것은 아니다. 탐욕적인 기도와 하나님의 영광을 가리는 기도는 응답을 받지 못한다. 그러므로 기도하는 자는 먼저 자신이 하나님의 영광을 위해 기도하는지를 살펴보아야 한다"(이신건 2016, 239). 자기가 구하는 바가 하나님의 뜻에 맞지 않는 잘못된 것이 아닌지 성찰해야 한다. 야고보도 이렇게 말한다. "여러분이 얻지 못하는 것은 구하지 않기 때문이요, 구하여도 얻지 못하는 것은 자기가 쾌락을 누리는 데에 쓰려고 잘못 구하기 때문입니다"(약 4:2-3).

또 기도하는 사람은 하나님의 선하심을 믿어야 한다. 하나님은 선하신 분이므로, 나에게 좋은 것을 주시리라는 믿음 속에서 기도해야 한다. "너희 가운데서 아들이 빵을 달라고 하는데 돌을 줄 사람이 어디에 있으며, 생선을 달라고 하는데 뱀을 줄 사람이 어디에 있겠느냐? 너희가 악해도 너희 자녀에게 좋은 것을 줄줄 알거든, 하물며 하늘에 계신 너희 아버지께서 구하는 사람에게 좋은 것을 주지 아니하시겠느냐?"(마 7:11).

"기도하는 자는 하나님의 선하심을 믿어야 한다. 하나님의 응답을 확신해야 한다. 기도가 응답을 받지 못하는 중요한 이유 중 하나는 분명 의심이다. 하나님의 살아 계심과 선하심을 의심하는 자에게 하나님은 주시기를 기뻐하시지 않는다. '믿음이 없이는 하나님을 기쁘시게 하지 못하나니, 하나님께 나아가는 자는 반드시 그가 계신 것과 또한 그가 자기를 찾는 자들에게 상 주시는 이심을 믿어야 할지니라'(히 11:6)". "우리가 하나님의 살아 계심을 확실히 믿고 하나님의 말씀대로 살려고 노력한다면, 우리의 기도는 반드시 응답을 받는다. 왜냐하면 예수는 '너희가 내 안에 거하고 내 말이 너희 안에 거하면 무엇이든지 원하는 대로 구하라, 그리하면 이루리라'(요 15:7)고 약속하였기 때문이다"(239).

또 우리는 하나님께서 우리가 기대하는 것과는 다르게 우리의 기도를 이루어주실 수 있다는 것을 믿어야 한다. 나는 이렇게 되기를 기도했는데, 내 기도와는 달리 되는 경우가 많다. 이때 우리는 선하신 하나님께서 우리에게 결국 좋은 것을 주시리라는 믿음 속에서 자기에게 열려 있는 길을 따르는 지혜가 필요하다. 하나님의 길은 우리의 예측을 넘어선다. 이사야서가 말하듯이, "나(하나님)의 생각은 너희의 생각과 다르며, 너희의 길은 나의 길과 다르다.…하늘이 땅보다 높듯이, 나의 길은 너희의 길보다 높으며, 나의 생각은 너희의 생각보다 높다"(사 55:8-9). 그러므로 우리는 우리 자신의 기대에 어긋난다 하여 불평과 불만에 빠져서는 안 될 것이다. 하나님은 그를 의지하는 그의 자녀들을 결코 내버려두지 않고 그들을 돌보실 것이다. "오늘 있다가 아궁이에 들어갈 들풀도 하나님께서 이같이 입히시거든, 하물며 너희들을 입히시지 않겠느냐?"(마 6:30).

심지어 우리의 기도가 이루어지지 않는 경우가 있을 수도 있다. 이것을 우리는 사도 바울에게서 대표적으로 볼 수 있다. 바울은 "몸에 가시" 곧 지병을 가지고 있었던 것으로 보인다. 그는 "사탄의 하수인"이라 할 수 있는 이 지병을 고쳐달라고 하나님께 세 번이나 기도했지만, 하나님은 그의 기도를 들어주시지 않았다. 그는 이 지병을 안고 살아야만 했다. 그는 그것이 "나로 하여금 교만해지지 못하게 하시려는 것"이었음을 깨닫는다. 그 결과 그는 "내 은혜가 네게 족하다. 내 능력은 약한 데서 완전하게 된다"는 주님의 말씀에 복종한다(고후 12:7-9).

4) 기도는 아무것도 하지 않고 간구하기만 하면 된다는 것을 뜻하지 않는다. "구하라, 찾아라, 문을 두드려라"는 예수의 말씀에서, "구하라"는 것은 하나님께 "기도하라"는 말이다. 하지만 "찾아라"는 말은 기도에만 머물지 않고, 기도의 응답을 확신하는 가운데서 "찾기 위해 행동하라"는 말로 들린다. 얻지 못하는 것은 분명히 구하지 못하기 때문이다. 하지만 구

하여도 얻지 못하는 것은 찾지 않기 때문이다(237). "문을 두드려라"라는 말씀 역시 하나님께 구하는 것을 얻기 위해 "행동하라"는 것을 암시한다. 한 마디로 기도와 행동은 병행되어야 한다. 자기는 땀 흘려 노력하지 않으면서, 하나님께 이루어 달라고 간구만 하는 것은 게으름에 불과하다.

지혜 있는 부모는 자녀가 달라는 대로 주지 않는다. 자녀가 아무것도 하지 않고, 부모가 베푸는 것으로 평안하게 먹고 살도록 하지 않는다. 부모가 이렇게 하면, 자녀는 생활 무능력자가 되어버린다. 그러므로 미국의 지혜 있는 부호들은 자녀를 의도적으로 고생을 시킨다고 한다. 공장 밑바닥에서부터 일을 배우게 하고, 땀 흘리며 노동하여 돈을 벌어 노동의 기쁨을 맛보게 하여 생활력 있는 인물로 키운다고 한다. 하나님도 마찬가지다. 그는 우리가 스스로 땀 흘려 일하지 않고 기도의 열매만 따먹고 사는 무능력자가 되기를 원하지 않는다. 하나님은 우리가 열심히 노력하여 스스로 살 수 있기를 바란다. 우리 자신 안에 잠재되어 있는 가능성을 발휘하기를 기다린다.

주일 대예배 때마다 공중 기도 대표자가 국가와 민족을 위해 기도한다. 우리 자신도 개인적으로 기도할 때 그렇게 한다. 이 기도가 정말 진실하고 간절한 기도라면, 우리는 국가와 민족을 구하기 위한 길을 찾아야 하며, 이 길에 동참해야 한다. 물론 기도 자체는 필요하다. 그러나 자기가 하나님께 간구하는 것을 스스로 찾지 않으면서 기도만 하는 것은 그의 기도가 절실한 기도가 아님을 나타낸다. 절실히 바라지 않는데, 기도의 격식을 갖추기 위해 그저 한번 해보는 경우가 많다. 참으로 바라고 간구하는 자는 자기가 바라고 간구하는 바를 찾지 않을 수 없다. 아기의 건강 회복을 바라고 간구하는 어머니는 이를 위해 행동하지 않을 수 없다. 취업을 간구하는 사람은 취업 준비에 온 힘을 기울인다. 마찬가지로 참되고 절실한 기도에는 기도하는 바를 얻기 위한 노력이 반드시 뒤따른다. 그러므로 예수는 "찾아라", "두드리라"라고 명령한다.

현실을 살아가는 교인들은 갖가지 삶의 문제로 고통을 당한다. 부부 사이의 성격 차이와 생활 방식의 차이, 남편이나 아내의 외도, 가정 폭력, 고부 갈등, 부모와 자녀 사이의 갈등, 자녀의 컴퓨터 게임 중독, 사업 실패나 실직으로 인한 가정의 경제적 고통, 중년기의 삶의 좌절감, 무의미와 공허감으로 인한 정신적 고통과 우울증, 불면증, 무거운 질병, 노년기의 경제적 빈곤과 고독 및 치매 등 교인들이 처한 현실적 문제는 너무나 다양하다. 이러한 문제들을 해결하기 위해 먼저 하나님께 간절히 기도해야 한다. 이와 동시에 스스로 노력하고 문제를 해결할 수 있는 지혜를 얻는 일도 필요하다. 교회는 교인들이 믿음과 기도를 통해 문제를 극복할 수 있는 힘과 지혜를 얻도록 돕는 동시에, 어려운 문제들에 대한 상담과 교육을 실시하고 구역 예배 모임에서 서로의 문제를 얘기하고 서로 돕는 일을 권장할 수 있다. 비슷한 문제에 직면한 교인들로 이루어진 상조회를 구성할 수도 있다.

그런데 많은 개인적인 문제는 그들이 속한 사회의 구조와 맞물려 있다. 사회의 잘못된 제도와 문화, 사회적 관습, 조상들이 전해준 잘못된 생활습관, 자연 파괴와 오염 등으로 인해 수많은 문제가 일어난다. 2015년 봄 한국 사회를 불안에 몰아넣은 "메르스" 전염병도 손을 잘 씻지 않고, 입을 가리지 않은 채 기침과 재채기를 하며, 입 안에 음식을 씹으면서 침을 튀기고 이야기하며, 술좌석에서 술잔을 돌리는 등의 비위생적 생활습관, 소독과 감염 방지에 철저하지 못한 의료인들의 위생의식 결핍, 의료 쇼핑, 비위생적인 간병인 제도, 친척과 직장 동료들의 떼거리 환자 방문 등과 같은 잘못된 병원 질서에 기인한다.

이와 같은 습관과 사회구조를 방치한 채, 기도를 통해 개인의 문제를 해결하는 데 집중하는 것은 어리석은 일이다. 우리가 행할 수 있는 바를 행하지 않으면서 하나님께 모든 문제를 해결해 달라고 매달리는 것은 게으름과 무책임일 뿐이다. 그러므로 교회는 잘못된 사회구조 및 생활습관의 개선과 교육에 관심을 갖지 않을 수 없다. 교회는 신자들이 교육을 통해 삶의 지혜와 명석한 판단력을 얻도록 도와야 한다. 종교개혁자들과 웨슬리도 이를 위해 노력하였다. 하나님 나라는 잘못된 사회구조와 생활습관이 개선되며 우둔한 사람이 지혜로운 사람으로 변화되는 곳에 있다.

E. 신자들의 인격과 가치관의 변화

1) 오늘날 한국교회가 세인의 조롱거리가 된 원인으로, 교회가 "외적인 변화만 추구했지 교인의 내적이며 인격적인 변화는 간과한" 데 있다고 김득중은 말한다(2015, 278). 달리 말해, 뜨거운 믿음이 있다고 하지만 인격과 가치관이 변화되지 않는 데 있다. 김세윤에 의하면 "기독교를 과시적으로 표방하는 정치인들, 관료들, 기업가들이 더 늘었으나 그들로 인하여 자유와 정의와 평화가 확대되고 사회가 맑아지고 따뜻해지기는커녕, 도리어…부정부패가 더 악화되었으며, 불평등 구조가 고착되었고, 갈등이 증폭되어 기독교가 세상의 비난과 조롱의 대상이" 되어버렸다(김세윤 2013, 23).

왜 이 같은 일이 일어나는가? 첫째 원인은 목회자의 "자질 부족"에 있다(허호익 2009, 500-504). 오늘날 한국의 신학교들은 재정난 때문에 신입생을 엄격하게 선발하지 못한다. 가톨릭 대학이 실시하는 인성검사, 적성검사, 심리상태 검사, 가족관계와 신학교 지원 동기에 대한 엄격한 심사가 한국의 개신교 신학교에는 거의 없는 실정이다.

신학교육에도 문제점이 있다. 많은 신학교는 신학적 지식을 가르치는 교육에 편중하며, 목회자로서의 인격과 가치관은 학생 자신이 해결해야 할 문제로 맡겨버린다. 성령 충만과 영성을 강조하는 신학교 역시 목회자로서 가져야 할 건전한 상식과 올바른 인격 및 가치관을 충실하게 교육하지 못하는 문제점을 보인다. 1년, 심지어 6개월 짜리 성경학교에 다니면 목사고시 자격을 부여하는 교단도 있다.

처음에 하나님의 부르심을 체험하고 목회를 시작했지만, 반복되는 설교 및 기도와 심방 속에서 기계적으로 목회를 하게 되는 경우도 있다. 또 목회 현장의 어려움과 세속적 욕망의 유혹 때문에 처음의 소신을 버리고 하나의 직업 목사, 정치꾼 목사가 되어버리는 경우도 있다. 이리하여 목회자의 말과 인격, 그의 말과 삶이 괴리를 일으킨다. 이들을 가리켜 사도 바울은 "하나님의 말씀을 팔아서 먹고 살아가는 장사꾼"이라 부른다(고후 2:17). 이 같은 목회자에게서 믿음과 인격, 말과 삶이 일치하는 신자가 양육되기란 기대하기 어렵다.

말씀의 선포(kerygma), 친교(koinonia), 봉사(diakonia)도 교회의 중요한 사명이다. 그러나 목회자와 신자들의 인격과 가치관의 변화는 오늘날 한국교회에 주어진 긴급한 사명이다. 이 세상 속에 하나님 나라를 이루기 위해 성직자와 신자가 무엇을 하기 전에, 먼저 그들 자신의 인격과 가치관이 변화되어야 한다. 하나님의 말씀에 따른 올바른 인격과 가치관 속에 하나님 나라가 있다.

이를 위해 먼저 목회자와 신학자의 자질이 향상되어야 한다. 곧 목회자들의 목회와 신학자들의 신학 교육 사역이 자신의 인격 및 삶과 분리된 하나의 직업이 되어서는 안 된다. 그들이 설교하고 가르치는 바가 그들 자신의 인격과 가치관, 그들 자신의 삶을 구성해야 한다. 이를 위해 목회자와 신학자는 매일의 경건 훈련, 영성과 고행의 시간을 가질 필요가 있다. 혹여 세속의 욕심에 사로잡힌 하나의 직업인으로 전락하지 않았는지, "하나님의 말씀을 팔아서 먹고 살아가는 장사꾼"이 되지 않았는지, 자기 자신을 점검해야 한다.

신자들의 믿음이 그들의 마음과 인격과 가치관을 변화시키지 못하고, 양자가 분리되는 둘째 원인은 교세 팽창을 제1의 목표로 생각하는 목회자들의 목회 방침에 있다. 교회의 양적 팽창이 목회의 주요 목표가 될 때, 신자들의 인격과 가치관의 변화에 대한 관심이 희박해질 수밖에 없다.

물론 교인 수는 증가되어야 한다. "새 사람"이 되기로 결단한 새 신자들이 교회로 와야 한다. 이들을 통해 하나님 나라가 우리 사회의 모든 영역으로 확장되어야 한다. 그러나 교인 수의 증가는 교인들의 인격과 가치관의 성숙과 함께 이루어져야 한다. 교인들의 인격과 가치관의 성숙이 없는 교인 수의 증가는 "거품 교인"을 양산하게 되고, 교회를 사회적 불신과 조롱의 대상으로 만들어버린다. 그것은 결국 하나님 나라를 훼손한다.

따라서 몇만 명, 몇십만 명의 교인 수를 갖게 되었다 하여 반드시 "목회 성공"하였다고 말할 수 없다. 교인 머릿수를 목회 성공의 기준으로 삼을 경우, 예수는 목회에 완전히 실패한 분이었다. 목회자와 신자의 인격 및 가치관과 생활이 변화하지 않는 교회는 실패한 교회다. 그것은 목회 성공이 아니라 목회 실패다.

목회자와 신자의 성품이 하나님의 성품으로 변화되고, 그들의 인격과 가치관이 하나님의 말씀으로 인해 변화되는 곳에 하나님 나라가 있다. 비록 숫자가 많지 않을지라도, 아름다운 성품, 품위 있는 인격과 올바른 가치관을 따라 살아가는 교인들이 양육되는 바로 거기에 목회 성공이 있다.

2) 오늘 우리 사회는 마르크스의 물질주의와는 비교가 안 되는 더러운 물질주의적 가치관에 찌들어 있다. 물질, 곧 돈이 최고의 가치로 생각된다. 현대인의 가장 큰 가치, 곧 우상은 돈이다. 돈이 그들의 하나님이다. 돈은 곧 힘이다. 돈이 있으면 어디를 가도 대우를 받고, 돈이 없으면 어디를 가도 괄시를 당한다. 교회에 다니려고 해도 돈이 있어야 한다. 노년기에도 돈이 있어야 자녀들에게 무시당하지 않고 자존감을 지킬 수 있다. 그래서 돈 때문에 형제들 사이에 소송이 일어나고, 심지어 아들이 부모를, 부모가 아들을 죽이기도 한다. 국가의 미래를 책임진 국회의원들과 판·검사들, 국가의 재정수입을 책임진 세무직 공무원들, 심지어 군대 참모총장과 교수들, 노동조합 임원들마저 뇌물을 받는다. 기업은 망해도 기업가는 망하지 않는다.

논이 최고의 가치가 될 때, 어떤 결과가 일어나는가? 한 마디로 인간이 더러워지고, 사회 전체가 더러워진다. 검정색 양복에 최고의 인격을 갖춘 것처럼 보이는 사회 지도층 인물들이 돈에 눈이 멀어 자신의 인격을 내동댕이치고 파렴치한 인물로 전락하는 것을 지금 우리는 목도하고 있다. 돈이 최고의 가치가 될 때, 국민의 도덕성이 땅에 떨어지고, 사회 전체가 부정과 부패와 타락에 빠지며, 가진 것을 드러내면서 뽐내고 다니는 유치한 사회가 된다. 국가의 기강이 무너지고, 멸망이 도사리게 된다. 2016년의 "최순실 게이트"는 이를 적나라하게 보여준다.

청년 마르크스에 의하면 "돈이 이스라엘의 열정적 신(神)이다. 이 신 앞에서 어떤 다른 신들도 존재할 수 없다. 돈은 인간의 모든 신들을 굴복시키고…그들을 상품으로 변질시킨다.…돈은 온 세계와 인간의 세계와 자연의 모든 독특한 가치를 빼앗아버린다. 돈은 인간의 소외된 노동과 그의 현존의 본질이다. 이 낯선 본질이 인간을 지배하고, 인간은 그것을 숭배한다"(Marx 2004, 271).

왜 돈이 인간에게 최고의 신, 최고의 가치가 되어버릴까? 궁극적 이유는 참하나님에 대한 갈망에 있다. 본래 인간은 하나님의 형상으로서 하나님과의 교통 속에서 하나님의 본성에 따라 살도록 창조되었다. 그러나 타락한 인간은 하나님 없이 살고자 한다. 그 자신이 자기 삶의 주인이 되고자 하며, 자기 능력으로 자신의 생명을 지키고자 한다. 그러나 인간의 삶은 죽음으로 제한되어 있다. 죽음으로 말미암은 삶의 불안과 허무감이 그를 찾아온다. 이 불안과 허무감 때문에 그는 살아 있는 느낌을 더 깊이 갈망한다. 그는 이 갈망을 소유와 섹스가 주는 쾌락을 통해 해결하려고 한다. 더 많은 돈, 더 많은 권세와 명예, 더 새로운 섹스 대상에 대한 욕망이 그를 지배한다. 무한한 생명의 갈망 때문에 50세가 넘은 기업인들이 20대의 딸과 같은 연예인들과 관계를 맺고, 늙은 노인들이 윤락가의 젊은 여성을 찾는 추태를 보이기도 한다.

그러나 인간은 언젠가 죽을 수밖에 없다. 그러므로 그는 아무리 많이 소유하고 깊은 쾌락을 누려도, 삶의 불안과 공허감과 허무감에서 벗어날 수 없다. 거미줄에 걸린 벌레가 살아나려고 발버둥을 칠수록 거미줄이 그를 더 옥죄듯이, 불안과 공허감과 허무감에서 벗어나려고 발버둥을 칠수록, 더 큰 불안과 공허감과 허무감이 그를 사로잡는 악순환이 일어난다.

또 자기의 욕망을 채우기 위한 끝없는 소유와 문란한 섹스는 인간 안에 숨어 있는 본래의 신적 본성에 어긋난다. 그래서 죄책감이 쌓인다. 죄책감 때문에 얼굴 표정이 일그러진다. 탐욕과 죄책감과 공허감이 뒤섞여 있는 표정이 그의 얼굴에 나타난다. 이것이 하나님 없는 인간의 실존이다.

돈이 없으면 살 수 없지만, 그러나 돈이 삶의 최고의 가치가 될 때, 우리 인간은 비참한 존재가 된다는 사실을 우리는 아래 실화에서 볼 수 있다. 36세의 스웨덴 청년 마르쿠스 페르손은 어릴 때 매우 불우한 가정에서 성장하였다. 약물중독자이자 알코올중독자인 부모는 그가 12세 때 이혼했고, 절도죄로 감옥살이를 한 아버지는 결국 자살하였다. 여동생은 가출해 역시 약물중독에 빠졌고, 자신도 한동안 우울증에 시달렸다. 학교 친구들로부터 따돌림을 당한 그는 대부분의 시간을 컴퓨터 앞에서 쪼그리고 앉아 보내야 했다.

그렇게 익힌 컴퓨터 기술로 그는 컴퓨터 게임 "마인크래프트"를 개발하여 돈방석에 앉게 되었다. 그는 1억 명 이상이 다운로드한 마인크래프트를 미국의 마이크로소프트사에 매각하여, 25억 달러(약 2조 8,200억 원)를 벌었다. 미국 베벌리힐스에 있는 그의 저택은 7,000만 달러(약 790억 원)를 주고 산 것으로, 침실 8개, 욕실 15개, 차고가 16칸이나 있는 궁전과 같다. 그는 오랜 한(恨)을 풀기라도 하듯 돈을 물 쓰듯 하며 방탕한 생활을 했다. 하룻밤 파티에만 16만 달러(1억 8,000만 원)를 뿌렸다. 이렇게 호화스러운 생활을 하던 그가 트위터에 다음과 같은 글을 올린 적이 있다.

"엄청난 부가 나를 극도로 외롭게, 의욕도 없게, 의미 있는 관계도 맺지 못하게 만들었다. 계속 노력해야 할 이유들을 잃게 되었다. 파티를 벌이며 많은 시간을 보내는 등 뭐든지 할 수 있게 됐지만, 이렇게 외로운 적이 없었다. 사랑하는 여자를 만났지만, 내 삶이 두렵다며 평범한 사람에게 가버렸다. 결혼을 했으나 1년밖에 가지 못했다. 딸 양육비로 매달 6,000달러를 보내주며 떨어져 산다. 고립된 세상에 갇힌 나를 발견한다. 사람들이 내 호화 파티에 몰려드는 것은 머리가 벗어지기 시작한 뚱뚱보 괴짜를 보기 위해서가 아니다. 나와 친해지려는 사람을 믿을 수가 없다. 돈으로 친구나 행복은 살 수 없다는 걸 이제야 깨닫는다. 외롭다. 말할 수 없는 고통이다."

3) 그리스도인으로서 갖추어야 할 올바른 인격과 가치관은 무엇일까? 그리스도인의 올바른 인격과 가치관은 첫째, 하나님과 이웃 앞에서 정직하고 정의롭게 사는 데 있다. 공금을 사취하지 않고 뇌물을 받지 않으며 이웃을 속이지 않고 정당한 방법으로 자기의 수입을 얻는 데 있다. 공금을 사취하고 뇌물을 받으며 불의한 방법으로 부를 얻는 것은 자기의 인격을 내동댕이치는 일이다.

둘째, 그리스도인의 올바른 인격과 가치관은 지위의 높고 낮음, 소유의 많고 적음에 따라 인간을 평가하지 않고, 인간을 인간 자체로 존중하는 데 있다. 달리 말해 사람을 차별하지 않고, 모든 사람을 똑같이 대하는 정의롭고 겸손한 마음과 태도를 말한다. 당회장이 되었다고 해서 교회 관리 집사를 내려다보거나, 부목사나 여자 전도사에게 자기의 가방을 들고 따라다니게 하면서 거드름을 피우는 목회자는 목회자로서의 자격을 상실한 사람이다. 존경받는 지도자가 되려면 먼저 건물 청소부를 존중해야 한다.

셋째, 그리스도인의 올바른 인격과 가치관은 이웃을 배려하여 자기의 말과 행동을 절제하고, 기뻐하는 사람과 함께 기뻐하고, 슬퍼하는 사람과 슬픔을 함께 나눌 수 있는 따뜻한 마음에 있다. 고통을 당하는 사람들의 고통을 못 본 척하지 않고, 도리어 그 고통에 참여하는 거기에 그리스도인의 올바른 인격과 가치관이 있다. 이에 관한 문학가 이병주 선생의 실화를 들어보기로 하자.

시골에서 자라고 있던 어릴 때의 일이다. 우리 동네에 노인이 있었다. 송 노인과 선 노인이라고 불리었다. 송 노인은 자기 집 배 밭의 배를 훔쳐 따먹으러 울타리 사이를 비집고 들어간 아이들을 보고 "늘 그런 울타리 밑을 기어 다녀서는 안 된다. 운수 나쁘게 독사에게나 물리면 어떻게 하니. 배가 먹고 싶거든 나를 찾아오면 될 게 아니냐" 하며 배를 따서 아이들에게 주었다. 그때 "바늘도둑이 소도둑 된다고, 아이들의 버릇을 고쳐주어야 할 텐데 그렇게 순하게 취급하면 됩니까" 하고 그 집 며느리가 반발을 하자 송 노인은 "애들이 무슨 바늘도둑질이라도 했나 뭐? 조랑조랑 탐스럽게 배가 열려 있은께 따먹고 싶어졌다 뿐이지 안 그래?" 하며 아이들을 보고 싱긋 웃었다. 지금도 그 장면이 눈에 선한 것은 그 소년 가운데 나도 끼어 있었기 때문이다.

송 노인과 대조를 이룬 노인이 곧 선 노인이었다. 소치는 아이들이 어쩌다 선 노인의 밭 근처로 소를 몰고 지나가기만 해도 야단이었다. "이놈들이 우리 밭 콩을 절단 내려고 이리로 오는 거재. 고얀 놈들, 당장 저리로 소를 몰고 나가라"고 고함친 것이다. 사실 그리로 소를 몰고 가면 소가 지나가면서 길가의 콩을 한두 포기 뜯어먹기가 예사였다. 그러나 그리로 소를 몰고 지나지 말라는 말은 당연하기도 했지만 그 길을 지나지 않고 산으로 가려면 상당한 거리를 우회해야 했고, 누군가의 밭가를 지나야만 하게 되어 있었던 것이다.

뿐만 아니라 선 노인은 아이들만 보면 무언가 자기에게 손해를 입힐 가해자, 또는 도둑놈들로만 취급했다. 그런 때문인지 몰라도 선 노인의 집은 잘살고 송 노인의 집은 구차함을 면하지 못했다. 그래도 송 노인의 얼굴엔 언제나 웃음이 있었고, 선 노인의 얼굴은 언제나 찌푸려져 있었으니 송 노인의 생애가 선 노인의 생애보다 행복했던 것이 아닌가 하는 짐작을 했다(이병주 2006b, 128-129).

넷째, 예수의 십자가는 이웃을 위해 자기를 바치는 데 참 인격과 가치가 있음을 보여준다. 최고의 가치는 무한한 재산 축적과 무한한 성욕의 충족이 아니라, 사랑과 헌신에 있다. 소유욕과 성욕에 허덕이는 사람은 주인에게 절대 충성하는 개보다 나을 바가 없는 존재다. 그리스도의 뒤를 따라 자기를 희생하는 데 참 인격과 가치가 있다.

소유와 성적 쾌락이 주는 기쁨은 금방 사라진다. 오히려 그것은 공허함을 가져온다. 원하던 자동차를 갖게 되었지만, "가져 봤자 별 것 아니구나" 하고 허무감을 느낀다. 성적 쾌락이 끝나는 순간에도 공허감을 느낀다. 왜 충만함을 느끼지 못하고 공허감을 느끼는가? 그것은 우리의 마음 깊은 곳에 있는 참 생명의 갈망을 해소하지 못했기 때문이다. 그래서 우리는 또 다른 소유의 대상을 찾지만, 악순환이 반복될 뿐이다.

그러나 우리의 손을 펴서 어려운 형제에게 사랑을 베풀 때, 주는 사람과 받는 사람이 함께 기쁨을 느낀다. 그래서 기쁨은 배가 된다. 주는 사람과 받는 사람은 물론, 그러한 이야기를 듣는 사람에게도 삶의 참 가치와 의미를 선사한다. 그래서 영등포에서 극빈자들을 무료로 돌보는 요셉병원의 관리자들은 "이 구덩이에 빠지면, 다시 벗어나지 못한다"라고 얘기한다. 왜 그럴까? 이웃을 향한 사랑과 헌신이 참으로 가치 있는 일이고 참 생명을 향한 인간의 갈망을 해소하기 때문이다. 그래서 사랑을 행하면, 시원함을 느낀다.

우리가 예수의 제자라면, 예수의 인격과 가치관으로 변화되어야 한다. 교만하고 잔인한 성격이 겸손하고 자비로운 성격으로 바꾸어지며, 더러운 욕심으로 가득한 마음이 깨끗한 마음으로 바꾸어져야 한다("산상설교" 참조). "세상에서 주입하려는 가치관들, 문화들을 상대적으로 보고, 내려다 볼 줄 알아야 한다. 남들이 아무리 좋다고 해도 별 것 아닌 것으로 여길 줄 아는 주체성", "아무리 비싼 명품들이라고 해도 대수롭지 않게 볼 줄 아는 배짱과 자신감"이 있어야 한다(이오갑 2015, 38).

그리스도인들은 "최고의 영적 수준"에 이르기를 바란다. 최고의 영적 수준이란 무엇인가? 그것은 자기를 내어준 그리스도처럼, 자기의 소유와 생명을 내어주는 데 있다. 구체적으로 말해 그것은 자기의 소유를 베푸는 데 있다. 보물을 땅에 쌓아두지 않고, 하늘에 쌓아두는 데 있다(마 6:19-20). 바로 여기에 그리스도인의 참 인격과 최고의 가치가 있다. "가서 네 소유를 팔아서 가난한 사람에게 주어라. 그리하면 네가 하늘에서 보화를 차지하게 될 것이다"(마 19:21)라는 예수의 말씀은 그리스도인의 참 인격과 최고의 가치, 곧 "최고의 영적 수준"이 무엇인가를 제시한다. 왜 예수는 이것을 최고의 가치로 가르치는가?

이신건에 의하면, "첫째로 땅에 쌓은 물질은 덧없기 때문이다." 둘째 이유는 "선행은 사람의 인격을 환하게 비추기 때문이다.…이기적인 욕심과 인색한 물욕에 눈이 어두운 사람은 삶의 방향 감각과 목적을 잃고 허우적거리며 산다. 땅의 재물을 탐욕스럽게 모으는 자의 영혼은 온통 부패하게 된다." 이에 반해 "자신의 재물을 가난한 사람들에게 관대히 나누는 사람은 빛 가운데 있다. 그의 인격은 밝은 빛을 비추며, 아름다운 향기를 발한다." 셋째 이유는 "사람이 두 주인을 섬길 수 없듯이, 물질과 하나님을 동시에 섬길 수 없기 때문이다"(이신건 2016, 212-214). 이에 덧붙인다면, 모든 물질은 본래 하나님께서 모든 사람을 위해 있게 한 것이므로, 물질의 나눔은 하나님의 정의에 속하기 때문이다. 또 물질의 나눔은 모든 사람에게 유익하며, 자신의 삶을 가치 있고 아름다운 삶으로 만들기 때문이다.

칼뱅에 따르면, 하나님이 우리 모든 사람의 아버지요 그리스도는 모든 사람의 머리다. 우리는 형제자매의 사랑 안에서 하나로 연합되어 있다. 정말 연합되어 있다면, 우리는 소유를 나눌 수밖에 없을 것이다(Inst. IV.1.2). 그러나 사랑의 마음이 없는 단순한 나눔의 행위는 소용이 없다. 이와 동시에 나눔의 행위가 없는 말만 하는 사랑도 소용이 없다. "사랑에서 우러나지 않은 행위는 쓸 데가 없지만, 행동을 통해 증명되지 않은 사랑도 쓸 데가 없다"(Buntain 2014, 211).

4) 위에서 우리는 삶의 고통에서 해방되는 것이 하나님의 구원에 속한다는 점을 고찰하였다. 그러나 삶의 고통에서의 해방이 구원의 전부는 아니다. 예수를 믿지 않는 불신자도 자신의 노력이나 이웃의 도움을 통해 삶의 고통을 벗어날 수 있다. 하나님의 구원에서 중요한 것은, 십자가에 달린 주님과 함께 옛 사람은 죽고, 부활하신 그리스도와 함께 "새 사람"으로 다시 태어나는 데 있다. 새 사람은 어떤 사람을 말하는가? 새 사람은 "그리스도 예수의 마음"을 품은 사람을 말한다(빌 2:5). "그리스도 예수의 마음"을 품을 때, 우리는 "주님과 같은 모습으로"(고후 3:18) 변화된다. "예수의

죽임 당하심을 우리 몸에 짊어지고" 다님으로써, "예수의 생명도 또한 우리 몸에 나타나게" 된다(4:10)다. 바로 여기에 새 사람이 있다.

그러나 회개하고 새 사람으로 다시 태어난다 하여, 한 순간에 우리의 인격과 가치관이 완전히 바꾸어지고, 이기심과 교만이 없어지는 것은 아니다. 종교는 인간의 이기심과 교만이 자동적으로 해결되는 자동기계와 같은 것이 아니다. "오히려 종교는 인간의 교만과 하나님의 은혜가 충돌하는 궁극적인 전투지다"(Gilkey 2014, 379). 그러므로 우리는 그리스도인으로서 올바른 인격과 가치관에 이르기 위해 끊임없이 우리 자신과 싸워야 한다. "머리가 되시는 그리스도에게" 이르기 위해 매일 "사랑 안에서" 성장해야 한다(엡 4:15-16). "더욱더 순종하여서, 두렵고 떨리는 마음으로 자기의 구원을" 이루어가야 한다(빌 2:12). 우리가 올바른 인격과 가치관을 보일 때, 세상 사람들은 "나도 예수를 믿어야겠구나"라고 생각할 수 있을 것이다.

교회의 예배와 성만찬, 성도들의 공동생활은 이에 도움이 된다. 하나님의 말씀을 듣고 하나님을 찬양하며, 성만찬을 통해 곁에 있는 형제자매들과 하나로 연합되는 경험 속에서 신자들의 인격과 가치관이 변화될 수 있다. 여기서 기본적으로 필요한 것은 하나님의 말씀이다. 하나님의 말씀을 읽을 때, 우리는 지금 나를 향한 하나님의 말씀을 듣게 되고, 이 말씀 속에서 하나님을 만나며, 지금 나를 향한 하나님의 뜻이 무엇인가를 알게 된다.

그런데 성서를 통한 하나님과의 만남은 과거에 기록된 글자와의 매개로 일어난다. 그러므로 우리는 성서의 말씀을 읽지만, 글자 뒤로 숨어버릴 수 있다. 눈으로 성서를 읽지만, 우리의 마음이 하나님의 말씀을 만나지 못하게 된다. 특히 성서비평을 공부한 사람은 성서 본문을 분석하며 읽기 때문에, 성서 안에서 말씀하시는 하나님을 대면하지 못하며, 그의 말씀을 듣지 못하게 된다. 성서를 읽지만 하나님의 말씀을 듣지 못하기 때문에, 인격과 가치관과 생활이 변하지 않는다. 이리하여 말과 인격, 말과 생활이 일치하지 않는 이중인격자들이 나타나게 된다. 이들을 가리켜 성서는 "자기를 속이는" 사람, "회칠한 무덤"이라 말한다(갈 6:3; 마 23:27).

이것을 극복할 수 있는 길은 기도에 있다. 기도할 때, 우리는 하나님을 직접 대면하며, 우리의 모습을 있는 그대로 드러내게 된다. 기도는 하나님 앞에 서야 할 "인간의 기본 상황"을 가리킨다. 기도는 기도하는 사람을 "하나님 앞에" 세우기 때문이다(Bernet 1970, 145). 기도할 때 각 사람은 자기 홀로 하나님 앞에 선다. 모든 가식을 벗어버리고 벌거벗은 몸으로 하나님 앞에 선다. 이런 뜻에서 "기도는 개인의 일이다.…기도는 공적이거나 공동체적 사건으로 일어나지 않고, 철저히 '조용한 골방' 안에서 일어난다"(118). 하나님과의 일대 일의 대면 속에서 우리는 내 자신이 어떤 상태에 있는가를 바라보고, 하나님 앞에서 자기를 바로 세우게 된다. 기도하는 마음으로 성서를 읽을 때, 우리는 지금 우리를 향한 하나님의 세미한 음성을 직접 들을 수 있고, 글자의 중재 없이 하나님을 직접 만날 수 있다.

요즘 한국 개신교회에서는 통성기도를 많이 한다. 전자악기와 드럼의 격렬한 소리, 화려한 조명, 감미로운 코러스와 워십 댄서들의 자극적 몸짓 속에서 교회 천정이 무너질 정도로 고함을 지르며 기도한다. 마이크를 든 기도 인도자의 큰 기도 소리 때문에 내 자신의 기도를 제대로 드릴 수가 없다. 이 같은 감정적 흥분과 혼돈 속에서의 기도는 하나님과의 만남을 오히려 방해한다. 이 같은 기도보다는 침묵 속에서 "하나님 자체를 구하는" 관상기도, 곧 "침묵으로 하는 기도"가 더 큰 도움을 줄 수 있다. 관상기도는 "하나님과의 관계"를 심화시키고, "궁극적으로는 하나님과의 일치"로 나아가게 하기 때문이다(이민재 2015, 55). 관상기도를 통해 우리는 마음 속 깊은 곳에서 하나님의 음성을 들을 수 있다.

그러나 관상기도는 기도 내용의 모호성에 빠질 수 있고 졸음에도 빠질 수 있는 단점이 있다. 이에 반해 말로 하는 기도는 중언부언에 빠질 수 있는 단점이 있지만, 기도의 내용을 명료하게 나타내는 장점이 있다. 그러므로 관상기도와 말로 하는 기도 모두 필요하다. 정교회와 가톨릭교회의 수도사들처럼 땅바닥에 엎드려 기도할 수도 있다.

우리는 기도를 할 때 사도신경을 외우듯이 기계적으로 기도해서는 안 될 것이다. 오히려 주님 앞에서 우리의 마음을 열고, 있는 그대로의 내 모습을 주님께 드러내며, 자신의 그릇된 인격과 가치관을 참회해야 한다. 말씀과 기도 속에서 주님을 직접 만나며, 지금 나를 향한 주님의 말씀과 그의 음성을 들어야 한다. 나의 못된 성격과 습관을 고치며, 위선과 거짓을 버리고, "하나님의 법"(롬 7:22, 25; 8:7)을 지키겠다고 하나님께 약속해야 한다. 하나님이 원하시는 가치관에 따라 살겠다고 기도 속에서 결단해야 한다. 교회는 신자들을 이 같은 방향으로 양육해야 할 것이다.

5) 정교회와 가톨릭교회의 수도원은 명상을 매우 중요시한다. 명상은 그리스도인들의 인격과 가치관과 삶의 변화에 매우 큰 영향을 주기 때문이다. 이에 비해 개신교회는 명상 대신 말씀을 중요시한다. 믿음은 "말씀을 들음에서 온다"고 생각하기 때문이다(롬 10:17). 그래서 설교가 예배시간의 2/3를 차지하는 교회도 있다. 교회의 신앙수련회에서도 명상의 시간이 없는 경우가 많다. 신앙수련회 하러 왔는지 아니면 경치 좋은 곳에 놀러 왔는지, 분간하기 어려운 경우도 있다. 책은 읽지 않고 주로 설교 말씀을 통해 귀로 들은 지식은 좀 있지만, 인격과 가치관이 세상 사람들의 그것과 별로 차이가 없는, 심지어 세상 사람들보다 더 못한 신자들과 목회자들의 모습도 볼 수도 있다. 오늘날 한국 개신교회 안에서 일어나고 있는 목회자들의 금권 선거는 이를 증명한다.

종교개혁자들이 강조하듯이, 성서와 설교를 통한 말씀의 공급도 필요하다. 말씀이 없을 때, 신앙은 진리에 대한 지식을 결여한 무지한 신앙, 맹목적 신앙으로 전락한다. 그러나 기도와 명상이 없을 때, 지식은 메마른 "머리의 지식"으로 머물고, 신자들의 마음과 인격을 변화시키지 못한다. 신학교육도 기도와 명상의 훈련이 없을 때, 머리에 신학적 지식은 있으나 믿음의 깊은 확신과 영성과 인격적 변화가 없는 목사후보생들을 양산하게 된다.

우리가 얻은 지식이 단순한 지식으로 머물지 않으면서 우리 자신의 생명의 양식으로 승화될 수 있는 길은 기도를 동반한 명상에 있다. 우리는 명상 속에서 우리의 모든 지식과 소원과 기대를 내려놓고, 십자가에 달린 그리스도의 수난에 참여하며 그와 연합한다. 그의 고통이 우리 자신의 고통으로 느껴지는 경험 속에서, 나와 세상을 향한 그리스도의 사랑을 체험한다. "나" 아닌 나, 거짓된 나는 죽고, 하나님의 사랑 안에서 참 나를 발견한다. 곧 옛 사람은 십자가에 달린 그리스도와 함께 죽고, 부활하신 그리스도와 함께 새로운 피조물로 다시 살아나는 일, 곧 "죽음과 살아남"(mortificatio et vivificatio)이 일어난다. 그리스도와 함께 하는 "죽음과 다시 살아남" 속에서 "참된 자기를 발견한 사람만이 자기를 내어줄 수 있다. 자유롭게 된 사람만이…다른 사람을 자유롭게 할 수 있다"(Moltmann 1975, 313). 거짓된 자기를 버리고 그리스도 안에 있는 참 자기를 발견할 때, 우리의 인격과 가치관이 그리스도의 인격과 가치관으로 변화될 수 있다.

어떤 종교는 명상을 통해 참된 "나"를 발견하는 것을 최고의 목적으로 삼는다. 그러나 이 세상에 자기 홀로 존재하는 "나"는 없다. 공동체와 역사 속에 있는 "나"가 있을 뿐이다. 우리의 "나"는 어디까지나 공동체적이고 역사적인 "나"일 뿐이다. 그러므로 우리가 명상 속에서 참 나를 발견할 때, 공동체와 역사를 위한 하나님의 부르심을 받는다. 그리하여 예언자 이사야처럼 다음과 같이 응답하게 된다. "제가 여기 있습니다. 저를 보내어 주십시오."(사 6:8).

명상은 실천과 무관하다고 생각할지 모른다. 그러나 참 명상은 하나님의 구원 역사를 위한 삶의 실천과 분리되지 않는다. 오히려 양자는 동전의 양면처럼 서로를 보완한다. 우리는 이것을 아시시의 프란체스코에게서 볼 수 있다. 기도와 명상에 열심이었던 그의 삶은 가난한 사람들, 병든 사람들과 하나가 되며, 청빈 속에서 복음을 전하는 실천으로 이어진다. 그의 삶에서 기도와 명상 그리고 실천은 항상 결합되어 있었다.

임헌준 목사는 성직자를 포함한 그리스도인들의 인격적 성숙의 결핍을 강력히 비판하면서 "수련"을 요청한다. "성령의 충만하심과 인도하심을 강조하는 한국교회"가 "세상에서 비난거리가 되고 조롱거리가 된 것은 어제오늘의 일이 아니다. 그런데도 잘 고쳐지지 않고, 크고 작은 안 좋은 일들이 한국교회에서 끊임없이 일어나고 있다." 그 원인은 "그리스도인으로서의 수련"의 결핍에 있다. 한국교회는 인격적 수련을 강화해야 한다. 수련을 통해 인격이 성숙해지고, 그리스도인으로서의 품격이 다듬어져야 한다.

"수련의 시작은 자신과의 싸움에서 이기는 것이다.…자신의 삶에서 하나님 나라가 이루어지도록 힘써 수련해야 한다." "하나님 나라를 이루기 위해서 구체적으로 어떻게 수련할 것인가? 성서를 읽고, 묵상하며, 그것을 삶에서 실천하면서 육체의 욕망을 따르지 않고 성령의 인도하심을 따라야 한다.…악한 것을 멀리하고 선한 것을 가까이해야 한다. 악한 짓을 하였을 때는 지체하지 말고 그 잘못을 깨닫고 돌아서야 한다." "성령의 도우심을 받으면서 이 수련을 꾸준히 힘써 하면, 그 사람은 반드시 변화된다. 믿음이 자란다. 인격과 품위를 갖추어 간다. 그렇게 되면 세상에서 신뢰받고 존경받는 그리스도인과 교회가 될 것이다"(임헌준 2015, 216-218).

명상과 수련을 동반한 경건훈련과 더불어 그리스도인의 인격과 가치관에 대한 교회교육이 필요하다. 다음과 같은 실화가 이에 도움이 될 수 있을 것이다. 현재 생존 인물인 독일인 회계사 미하엘 호르바흐(Michael Horbach)는 30대에 자영 회사를 세우고, 수백 명의 직원이 근무하는 기업형 회사로 발전시킨다. 이 회사를 통해 그는 거대한 부를 얻게 되었다. 그러나 그는 50%의 인구가 99%의 재산을 소유하는 반면 나머지 50%의 인구가 1%의 재산을 소유하고 있는 독일 사회의 "불의"를 직시하고 50세에 회사를 팔아버린다. 그는 "정의로운 세계"를 목적으로 하는 공익 사업 기관(Michael Horbach Stiftung)을 세우고, 자기의 재산을 바쳐 빈민 자립 운동 및 사회의식을 지닌 예술가 지원 사업을 벌인다. 여기서 우리는 교회가 신자들에게 가르쳐야 할 그리스도인의 참 인격과 가치관이 무엇인지 볼 수 있다(인터넷 자료 참조).

F. 올바른 영성과 지성을 갖춘 신자들

오늘날 올바른 영성의 결핍이 한국교회의 중요한 문제점으로 지적되고 있다. 병든 사람을 고칠 정도의 뜨거운 믿음과 강한 영력을 가졌다는 목회자들이 범죄에 빠져 세속의 법정에 고소나 고발을 당하기도 한다. 거룩한 기도원에서 음란이 일어나고, 목사가 카지노에서 도박을 하며, 재혼한 부인과 합세하여 전 부인에게서 태어난 아이를 죽이는 일이 일어나기도 한다. 이리하여 교회의 위신이 땅에 떨어진 형편이 되었다.

이 같은 상황을 극복하기 위해 최근에 한국 개신교회는 영성에 큰 관심을 보였다. 기독교 영성에 관한 적지 않은 저서 및 번역서가 출판되었고, 영성 신학대학, 영성 훈련원, 영성 수련원이 곳곳에 세워지기도 하였다. 그런데 영성을 바로 잡아야 할 영성운동이 오히려 세간에 물의를 일으키는 부작용이 일어나기도 하였다. 부작용의 원인은 영성에 대한 올바른 이해의 부족에 있다. 우선 영성이란 개념 자체가 매우 모호하다.

도대체 영성이란 무엇인가? 학자에 따라 영성에 대한 정의가 다르지만, 영성이란 그리스도인의 삶을 이끌어가는 마음의 상태 혹은 "정신적 특성"이라 말할 수 있다(김영한 2014, 220). 우리가 성령을 받을 때, 성령이 우리의 마음과 정신을 새롭게 형성한다. 성령이 우리에게 주시는 마음의 상태와 기독교적 정신이 우리의 삶을 이끌어간다. 이 마음의 상태 혹은 기독교적 정신을 가리켜 우리는 영성이라 말할 수 있다.

오늘 한국 개신교회 영성의 심각한 문제점은 오순절 계열의 축복의 영성, 성공 지향주의의 영성에 있다. 곽혜원은 다음과 같이 말한다.

> 교회 안에 예수 그리스도의 십자가 영성이 사라진 가운데 복음을 사머니즘적으로 곡해하는 미신적 영성이 지배하고 있는 현실이다. 이러한 흐름 속에서 영적인 실용주의에 매몰된 십자가 없는 주술적, 상업적 성령 운동이 한국교회를 영적인 수렁으로 몰아넣고 있다. 이러한 성령 운동은…거룩한 성령을 동

원하여 인간의 세속적 탐욕을 채우고 헛된 영광을 부추기는 광적인 질주에 불과하다.

여기에 정체불명의 승리주의 이데올로기가 가세하여 한국교회의 영성을 더욱 혼탁하게 만들고 있다. 이 승리주의에 그림자처럼 따라다니는 것이 바로 축복 및 성공 지향주의, 성장 제일주의, 목표 달성주의 같은 지극히 세속적인 가치들인데, 그 중심점에는 맘모니즘(mammonism)이 자리하고 있다. 이들이 지배하는 교회는 결코 그리스도의 몸 된 교회가 아니라, 맘모니즘에 함몰된 세속적인 이익집단이다(곽혜원 2015, 174-175).

우리는 영성의 또 한 가지 문제점을 구원파의 구원관에서 대표적으로 볼 수 있다. 구원파의 구원관은 "한번 구원은 만 년 구원이다"라고 요약된다. "본인의 죄가 사해진 것을 깨달음으로 구원을 받으면 이후에는 죄를 지어도 아무 상관이 없고 생활 속에서 짓는 죄는 죄가 되지 않으며 구원받은 이후에는 회개할 필요는 없고 자백만 하면" 된다는 것이다(정동섭 2015, 98). 이로써 신자들은 구원받은 후, 죄책감 없이 쉽게 죄를 지을 수 있는 영성을 갖게 된다. 이것은 구원파의 문제점인 동시에 한국 개신교회 전체의 문제점이라 하겠다. 그럼 그리스도인의 올바른 영성 내지 기독교적 정신이란 무엇인가? 그것을 구성하는 요소는 무엇인가?

1) 기독교의 출발점은 예수 그리스도에게 있다. 따라서 기독교 영성은 예수 그리스도로부터 해명되어야 한다. 예수 그리스도가 기독교 영성의 뿌리다. 그럼 예수 그리스도는 어떤 영성을 가지고 있었던가?

먼저 예수 그리스도는 아버지 하나님과 성령 하나님과의 연합과 일치의 영성을 가지고 있었다. 성령 안에서 그는 아버지 하나님과 하나로 연합되어 있었다. 그가 아버지 하나님 안에, 아버지 하나님이 그 안에 있었다(요 14:10). 그러므로 그는 아버지 하나님의 자기 계시가 될 수 있었다. 그를 보는 자는 아버지 하나님을 보았다(14:9).

이 같은 예수 그리스도의 빛에서 볼 때, 올바른 영성의 가장 기본적 요소는 삼위일체 하나님과의 내적 연합과 일치에 있다. 우리가 회개하고 새 사람으로 다시 태어날 때, 성령이 우리에게 오신다. 우리는 성령에 붙들린다. 성령 안에서 우리의 영혼은 삼위일체 하나님과 연합한다. 성부·성자·성령 삼위일체 하나님이 우리의 영혼 안에, 우리의 영혼이 삼위일체 하나님 안에 있다. "우리는 하나님 안에서 살고, 움직이고, 존재한다"(행 17:28).

"그리스도께서 내 안에, 내가 그리스도 안에 있다"라는 바울의 말은 바로 삼위일체 하나님과의 연합과 일치를 가리킨다. 김영한이 말하듯이, 이 것은 그리스도의 존재와 우리의 존재가 하나가 되는 "존재적 일치"가 아니라, "나의 영 속에 내주하시는 그리스도의 영과의 일치", 나의 의지가 그리스도의 의지와 일치하는 "의지적 일치", 이 일치 속에서 "그리스도를 닮아감"(Christ conformity)을 말한다(김영한 2014, 237). 우리의 영혼 깊은 곳에서 그리스도와 연합하고, 그의 의지와 나의 의지가 일치함으로써 그리스도의 성품을 닮고, 그의 삶의 길을 따르는 것이 기독교 영성의 근본이라 말할 수 있다.

이것은 영과 육의 이원론에 근거한 "영혼의 영성"(Spiritualität der Seele)이 아닌가? 몰트만에 의하면 영과 육의 이원론에 기초한 "영혼의 영성"은 "너 자신 속으로 들어가라. 내면의 인간 속에 진리가 있다"고 보는 아우구스티누스의 전통으로 소급된다. 이 영성은 육을 떠난 영혼의 내면으로 들어가 거기서 진리를 찾는다. 이리하여 "몸과 감각들의 금욕적 부인"을 일으킨다. 이집트 사막의 금욕주의적 수도사들과 수도원 영성의 문제점은 여기에 있다(Moltmann 2014, 158-159).

그러나 필자가 말하는 우리의 영혼과 하나님의 신비적 연합은 영과 육의 이원론에 기초한 "영혼의 영성"을 뜻하지 않는다. 여기서 영혼은 인간의 육체로부터 분리된 인간의 한 부분을 말하는 것이 아니라, 영과 혼과 육이 하나로 결합되어 있는 인간의 자아를 가리킨다. 예수의 수태 소식을 들은 마리아가 "내 영혼(psyche)이 주님을 찬양하며"라고 말할 때(눅 1:46), "영혼"은 인간의 한 부분이 아니라 마리아의 존재 전체 곧 그녀의 온 자아가 주님을 찬양함을 말한다. 수도사들이 추구하는 바로 이 영혼과 삼위일체 하나님의 내적 연합과 일치의 경험이 기독교적 영성의 기초를 이룬다.

삼위일체 하나님과의 영적 연합을 위해 우리는 세속적·육적 욕망을 배제하는 훈련을 해야 한다. 소유와 권세와 명예와 간음의 유혹을 버려야 한다. 이 같은 욕망에 붙들린 채 하나님과 연합하는 것은 불가능하다. 여기서 우리는 초기 교회 시대에 오리게네스의 제자요 북아프리카의 사막 수도사였던 에바그리우스 폰티쿠스(Evagrius Ponticus, 345-399)의 가르침을 참고할 수 있다. "성스러운 문학작품 읽기, 철야기도, 동요하는 마음에 안정을 가져오기 위한 기도의 유지, 굶주림, 힘든 고행, 고독은 욕망의 불길을 끄는 수단들이다. 영혼을 어둡게 하는 분노는 찬송가를 부르는 것, 참회하는 것, 자선을 베푸는 것에 의해 진정시킬 수 있다"(McGuckin 2016, 59).

삼위일체 하나님과의 내적 연합 속에서 우리의 마음은 하나님의 마음을 닮는다. 동방 정교회의 "신성화"(*deificatio*) 개념이 말하듯이(장현승 2013, 88), 우리의 성품은 하나님의 성품을 닮는다. 우리는 하나님의 눈으로 사물을 보며, 하나님의 마음을 가지고 우리의 이웃을 대한다. 자연 만물 속에서 하나님의 사랑과 생명의 힘을 볼 수 있고, 타락한 인간 안에서도 하나님의 선한 마음을 볼 수 있다. 도스토예프스키에 의하면, "한 줄기의 풀잎, 한 마리의 곤충, 한 마리의 개미, 한 마리의 꿀벌, 이 모든 것이 지성을 갖지 못했으면서도 신기하리만큼 자기들이 가야 할 길을 알고 있고 하느님의 신비를 대변해 주고 있으며, 그들 자신이 끊임없이 그것을 수행하고 있는 것"을 볼 수 있다"(도스토예프스키 2001, 423).

우리의 세계는 죄악과 고통, 슬픔과 죽음 등 부정적인 것으로 가득하다. 기독교의 참 영성은 이 같은 부정적인 세계 속에서도 긍정적인 것을 볼 수 있고, 희망이 보이지 않는 현실 속에서 하나님의 약속을 기다릴 수 있다. "내 영혼아, 네가 어찌하여 그렇게 낙심하며, 어찌하여 그렇게 괴로워하느냐? 너는 하나님을 기다려라"(시 42:5). "우리가 보이지 않는 것을 바라면, 참으면서 기다려야 합니다"(롬 8:25). 참기독교의 영성은 부정적인 세상 안에서 긍정적인 것을 볼 수 있는 긍정의 영성이요, 절망을 이길 수 있는 희망과 기다림의 영성이요, 감사와 기쁨의 영성이다. "여러분도 이같이 기뻐하고, 나와 함께 기뻐하십시오"(빌 2:18). "항상 기뻐하십시오.…모든 일에 감사하십시오"(살전 5:16).

2) 우리가 하나님과 연합할 때, 우리는 하나님께 속하게 된다. 지상의 예수도 자기를 철저히 아버지 하나님께 속한 것으로 인식하였다. 따라서 참기독교의 영성을 가진 사람은 이 세상 안에 살지만, 이 세상에 속하지 않고 하나님께 속한다고 자기를 인식한다. 우리는 사나 죽으나 하나님의 것이다. "우리는 살아도 주님을 위하여 살고, 죽어도 주님을 위하여 죽는다"(롬 14:7). 더는 죄와 죽음의 세력이 우리를 지배하지 않고, 그리스도의 "영원한 생명"이 우리를 지배한다(롬 6:9, 23). 우리는 사탄의 명령을 따르는 사탄의 군사가 아니라, 하나님이 주시는 갑옷과 믿음의 방패와 구원의 투구와 성령의 검으로 완전 무장한 그리스도의 군사다(엡 6:11-17). 육체의 정욕과 세상 욕심이 우리의 마음을 지배하지 않고, 신실한 믿음과 신음하는 피조물에 대한 사랑과 하나님 나라의 미래에 대한 꿈과 희망이 우리의 마음을 지배한다. 세상의 헛된 사치와 허영의 풍조, 물질주의적 가치관이 우리를 지배하지 않고, 그리스도 안에서 계시되는 하나님의 자기 비움과 사랑과 정의의 가치가 우리를 지배한다. 우리는 "하나님을 본받는 사람", "그리스도를 본받는 사람"이 된다(엡 5:1; 고전 11:1).

그러나 삼위일체 하나님과 연합하고, 삼위일체 하나님께 속하게 됨은 저절로 주어지지 않는다. 거기에는 조건들이 있다. 먼저 "허물과 죄로 죽었던" 옛날의 나는 죽고(엡 2:1; 4:22), 그리스도의 죄의 용서를 통한 "새 사람"으로(엡 4:24), 하나님의 "새로운 피조물"(고후 5:17)로 다시 태어나야 한다. 죄의 세력에 끌려가는 "죄의 노예" 혹은 "어두움의 자식들"이 아니라(롬 5:16; 살전 5:4), 하나님의 "빛의 자녀"로서(엡 5:8; 살전 5:5) 빛의 자녀답게 살아야 한다(엡 5:8; 요일 1:7). "어두움의 자식"으로 살면서, 하나님과 연합하며 하나님께 속한다는 것은 불가능하다.

그렇다면 죄를 지을 때, 그리스도의 구원은 어떻게 되는가? 구원파가 이해하는 것처럼, 아무리 많은 죄를 지어도, 그리스도의 구원은 보증수표와 같은 효력을 가지는가? 필자는 그렇지 않다고 생각한다. 죄를 지을 때, 그리스도의 구원의 효력은 현실적으로 중지된다. 그리스도께서 그 효력을 중지하는 것이 아니라, 우리가 우리 자신의 죄를 통하여 그 효력을 중지시킨다. 하나님은 구원의 은혜를 거두시지 않지만, 우리는 우리 자신의 죄를 통해 구원의 은혜를 거부하고, 하나님과 우리 사이의 관계를 단절한다. 우리는 하나님께 속하지 않고, 사탄의 지배 영역에 속한다. 바울은 이것을 분명히 말한다. "여러분이 아무에게나 자기를 종으로 내맡겨서 복종하게 하면, 여러분은 여러분이 복종하는 그 사람의 종이 되는 것임을 알지 못합니까? 여러분은 죄의 종이 되어 죽음에 이르거나, 아니면 순종의 종이 되어 의에 이르거나, 하는 것입니다"(롬 6:16). 입으로 그리스도의 구원을 인정한다 할지라도, 죄 가운데 사는 "그러한 생활의 마지막은 죽음이다"(6:21). 하나님께 다시 속하고자 한다면, 죄의 생활을 청산하고 "하나님의 법도"(시 119:173)를 따라 살아야 한다.

3) 하나님은 사랑이다(요일 4:8, 16). 따라서 하나님과 이웃에 대한 사랑이 기독교의 영성을 구성한다. 주님을 사랑하는 사람은 주님이 사랑하는 피조물을 사랑한다. 이 세상 어디에 가도 환영받지 못하고 사랑받지 못하는 "작은 형제들", 인간의 탐욕으로 인해 신음하며 죽어가는 자연의 생명을 사랑하는 주님의 사랑의 영이 그를 지배한다. 그는 이 세상에 속한 것, 안개처럼 사라질 수밖에 없는 자기의 생명을 사랑하지 않고(요일 2:15; 약 4:14), 하나님이 사랑하는 생명의 세계를 사랑한다.

기독교의 영성은 본질적으로 사랑과 자비의 영성이다. "사랑하는 여러분, 서로 사랑합시다"(요일 4:7). 사랑의 영성을 가진 사람은 이웃 안에서 그리스도를 보고, 이웃은 그들에 대한 그리스도인들의 사랑 안에서 그리스도를 본다. 이웃을 향한 사랑 안에 하나님이 거하신다. 러시아의 대문호 도스토예프스키는 러시아 정교회의 사랑의 영성을 다음과 같이 소개한다.

형제들이여, 인간의 죄를 두려워 말라. 죄악에 물든 사람일지라도 그를 사랑하라. 그것은 이미 하느님의 사랑에 가까운 것으로 지상에서 가장 고귀한 사랑이기 때문이다. 그리고 하느님의 모든 창조물을, 그 전체와 모래 한 알 한 알에 이르기까지 사랑하라. 나뭇잎 하나, 빗방울 한 줄기라도 사랑하라. 동물을 사랑하고, 식물을 사랑하고, 모든 사물을 사랑하라. 여러분이 만물을 사랑한다면 그 만물 속에서 하느님의 신비를 발견하게 될 것이다. 한번 그것을 깨닫게 되면 시간이 더할수록 더 깊이 더 많은 것을 이해하기 시작할 것이다. 그리고 결국에 가서는 만물을 받아들이는 애정으로 온 세상을 사랑함에 이를 것이다. 동물을 사랑하라. 하느님께서는 그들에게 사랑의 근원과 평온한 기쁨을 주시지 않았는가. 동물을 괴롭히지 말고, 학대하지 말고, 그들의 행복을 빼앗지 말 것이며, 하느님의 뜻을 거역하지 말라. 인간들이여, 자신을 동물보다 우월하다고 자만하지 말라. 그들에게는 아무런 죄가 없지만, 인간은 탁월한 재능을 가지고 이 세상에 태어남으로써 대지를 더럽히고 후세에 더러운 발자취를 남기고 가기 때문이다. 유감스럽게도 우리는 거의가 다 그렇다! 그리고 특히 어린아이들을 사랑하라. 그들은 천사와 같이 순진무구하고 우리들의 마음을 감동시켜 깨끗하게 정화시켜 주기 위해 살고 있으며, 우리를 인도하는 지표가 되기도 하기 때문이다. 어린이들을 괴롭히는 자에게 화가 있을지어다(도스토예프스키 2001, 460).

예수 그리스도의 사랑은 먼저 자기 비움으로 나타난다. 그는 자기를 철저히 비운 분이었다(빌 2:7). 그는 자기 자신을 추구하지 않고 자기를 비움으로써 하나님과 하나로 연합한다. 하나님과 연합하고 하나님께 속하고자 한다면, 우리는 예수의 뒤를 따라 우리 자신을 비워야 한다. "온전한 구원을 열망하는 사람은 자신을 철저히 비워야 한다"(이신건 2016, 85). 자신의 생각과 가치관, 자신의 기준과 판단, 자신의 영광과 권세, 지적 교만, 못된 성격과 이기심, 세상 욕심과 정욕을 내려놓아야 한다. 육체적인 죄를 피하고 거룩해지려고 애쓰다가, 자기도 모르게 이웃에 대한 교만과 독선, 무관심과 냉담함의 영적인 죄에 빠지지 않도록 유의해야 한다.

우리가 참으로 우리 자신을 비울 때, 우리 자신에 대한 과도한 관심을 포기하게 된다. 남이 나를 어떻게 보는가에 관심을 두지 않고, 하나님이 나를 어떻게 보시는가에 관심을 둔다. 우리는 삶의 의미와 중심을 우리 자신의 생명에 두지 않고, 하나님의 능력과 사랑 안에 둔다. 하나님의 뜻과 이웃의 행복에 대한 배려가 우리의 삶에서 중요한 자리를 갖게 된다. "신앙은 내적으로 자기 자신을 내려놓는 것이고, 자기중심성을 포기하여 사랑할 수 있도록" 만든다(Gilkey 2014, 458).

4) 그리스도는 영적으로는 물론 물질적으로 자기를 비운 분이었다. 그는 머리 둘 곳조차 없는 청빈한 삶을 살았다. 그러므로 참기독교의 영성은 물질의 비움의 영성으로 발전해야 한다. 잔뜩 쌓아놓은 소유와 사치스러운 물건들을 비워야 한다. 죽을 때까지 써도 다 쓸 수 없는 액수의 돈, 은행에 보관시킨 금괴와 보석, 사치스러운 물건들을 잔뜩 쌓아둔 채 하나님과 연합한다는 것은 불가능하다. "네 이웃을 네 몸과 같이 사랑하라"는 하나님의 명령을 못 들은 체하고, 자기의 소유에 마음이 묶여 있기 때문이다. 그러므로 "부자가 하늘나라에 들어가는 것은 낙타가 바늘귀로 들어가는 것보다 더 어렵다"고 예수는 말한다.

일단의 개신교회 신학자들은 수도원의 영성을 이원론적이고 영혼주의적인 영성이라 비판한다. 수도원 영성은 육체와 육체적 감성을 천시하고 "영혼의 영성"에 집중하는 영과 육의 이원론, 물질의 현실을 초월하고자 하는 영혼주의에 빠져 있다는 것이다. 이 비판은 일면 타당성이 있다. 영의 정화에 집중한 나머지, 육체적 욕구와 육체적 감성 및 삶의 즐거움을 억누르며, 물질의 힘을 경시하는 측면이 있기 때문이다.

그러나 오늘 우리의 세계는 어떠한가? 그것은 육체의 감성적 즐거움과 쾌락, 퇴폐한 물질주의에 눈이 어두워진 세계가 아닌가! 어떤 사람은 길거리에서 노숙을 하고, 사채업자에게서 빌린 높은 이자의 사채 때문에 잠을 이루지 못하는데, 어떤 사람은 예쁜 얼굴과 S자 몸매, 아름다운 손톱 발톱 관리, 값비싼 화장품, 명품도 아닌 명품 구입에 막대한 돈을 지출한다. 썩어 없어질 육체의 쾌락을 누리기 위해 어린 여학생을 돈으로 유혹하여 저질러서는 안 될 죄를 저지른다. 학자들은 마르크스의 유물론(Materialismus, 물질주의)을 비판하지만, 현대사회야말로 물질과 쾌락이 하나님의 자리를 대신 차지한 천박한 물질주의적 사회요, 육적 쾌락주의의 사회다.

이 같은 사회에 대해 성서는 방탕한 육체의 정욕 그리고 사치와 쾌락을 버리며, 자기의 목숨을 위해 쌓아놓은, 그러나 안개처럼 사라질 물질을 나누어주라고 명령한다(약 5:1-5). 구약은 일정한 기간이 지나면 노예를 풀어주고 땅을 본래의 소유자에게 돌려주며, 가난한 사람들에 대한 채권을 포기하라고 명령한다. 야고보서는 "믿는다", "사랑한다"고 말하면서, 고통을 당하는 이웃을 구체적으로 돕지 않는 "행함이 없는 믿음"은 우리를 구원하지 못한다고 말한다. 그 믿음은 "죽은 것"이기 때문이다(약 2:26).

부자가 하나님 나라에 들어가려면 하나님과 자기 사이에 놓여 있는 장애물들을 치워야 한다. 곧 자기의 소유를 그리스도의 "작은 형제들"에게 나누어 주어야 한다. 물질을 비워야 마음을 비울 수 있고, 마음을 비워야 하나님 나라에 들어갈 수 있다. 그러므로 예수는 부자 청년에게 자기의 모든 소유를 팔아 가난한 사람들에게 나누어주라고 명령한다. 하나님 나라에 들어가지 못하게 하는 방해물을 치우라는 것이다. 우리가 정말 성령으로 충만하다면, 우리의 마음은 물론 우리의 욕심과 물질도 비우게 될 것이다. 최초의 그리스도인들이 성령으로 충만했을 때, 그들은 자신의 물질을 비웠다고 사도행전은 보도한다(행 4:32-37). "웨슬리의 말대로 호주머니의 회개가 없는 마음만의 회개는 없다"(이신건 2016, 85).

나눔과 비움이 없는 영성, 많은 소유를 쌓아둔 자기 비움은 하나님께는 위선과 거짓으로 보일 것이다. 하나님의 아들 예수는 자기의 목숨을 버리기까지 자기를 비우지 않았던가! 우리는 "생각과 입술로는 위대한 진리에 동의하고 행위로는 경건과 거룩함의 규칙을 지키면서도, 여전히 우리의 관심의 중심은 자아의 육체적이거나 영적인 복지에 이기적으로 집중할 수" 있다. "기독교의 옷으로 갈아입고도 계속해서 자기 숭배의 죄를 재연"할 수 있다(Gilkey 2014, 459, 460). 우리는 이 위선과 거짓을 버리고, 우리의 마음과 소유를 비워야 한다. 하나님이 기억하는 것은 "아멘", "믿습니다", "사랑합니다"라는 말이 아니라 우리의 "기도와 자선 행위"다(행 10:4).

그러나 이것은 우리의 모든 소유를 내어주고 거지처럼 살아야 함을 뜻하지 않는다. 거지처럼 사는 자만이 올바른 기독교적 영성을 가질 수 있다는 말도 아니다. 하나님께서도 이 세상 모든 사람이 거지처럼 살기를 원하지는 않을 것이다. 하나님이 원하는 것은 우리가 소유를 가지되 "거기에 마음을 두지 말고"(시 62:10), 성령께서 필요하다고 가리키는 곳에 그것을 쓰는 것이다. 그래야 마음이 편해진다. 우리의 소유는 "내 것"이라 아니라 "하나님의 것"이다. 그것은 하나님이 우리에게 당분간 맡긴 것일 뿐이다. 원 소유자는 하나님이다. 우리는 원 소유자 하나님이 우리에게 맡긴 것을 관리하는 청지기일 뿐이다. 청지기는 자기에게 맡겨진 것을 주인의 뜻에 합당하도록 관리해야 한다.

칼뱅도 재산의 소유를 인정한다. 각 사람은 시민사회의 질서에 따라 "자기만을 위해 자기의 특별한 재산을 소유할 수 있다." 각자가 자기의 재산에 대한 소유권을 가지는 것은 "평화의 유지를 위해 필요하다." 그러나 그리스도인들은 "한 몸과 한 영이어야 한다." "하나님은 그들 모두의 공동의 아버지요, 그리스도는 공동의 머리다." 그러므로 그들은 "형제자매의 사랑 안에서 하나로 결합되어 서로 소유를 나눌 수밖에 없다"(*Inst*. IV.1.3).

칼뱅에 의하면 우리는 소유의 나눔을 아까워하지 않아야 한다. 우리에게 소유를 "주시는 분은 하나님이기" 때문이다(III.7.9). 우리의 소유는 하나님께서 우리에게 "맡기신 것"이요, 우리는 이를 관리하는 청지기다. 언젠가 우리는 하나님이 우리에게 맡긴 소유를 얼마나 하나님의 뜻에 따라 사용했는지 마지막 결산 보고를 해야 한다. 그러므로 우리는 하나님의 뜻에 따라 "소유를 나누어 주어야 하며, '너의 가계를 청산하라'(눅 16:2, *apodos ton logon tes oikonomias sou*)는 말씀을 항상 주목해야 한다"(III.10.5). 하나님께 보여드릴 "회계장부에 유익한 열매가" 많아지도록 해야 한다(빌 4:17).

일단의 개신교회 신학자들은 수도원의 수도사들의 영성을 "세상을 등진 영성", "세상을 버리는 영성"이라 비판한다. 그러나 오늘 우리는 너무도 세상에 몰입해 있지 않은가? "세상과 세상에 속한 것을 사랑하지 말라"는 성서의 말씀을 듣지만, 하나님의 진리보다 세상과 세상에 속한 것을 더 사랑하고 그것에 집착하지 않는가! 물론 본연의 정신을 버린 수도사들도 있었지만, 대개의 수도사들은 세상적·물질적 비움을 글자 그대로 실천한 인물들이었다. 12세기의 영적 저술가 드 비트리(J. de Vitry)는 프란체스코 수도사들에 대해 다음과 같이 증언한다. "그들은 너무나 정성을 기울여 수도생활을 하면서 초기 교회의 가난과 겸손을 실천한다.…그들은 놀라운 방식으로 사도들의 삶을 모방한다. 그들은 그들이 소유한 모든 것을 포기한다. 그들은 자기를 버리고 그들의 십자가를 지고 헐벗은 그리스도를 헐벗은 몸으로 따라간다"(손은실 2015, 18에서 인용).

수도사들은 세상을 떠나 수도원으로 들어갔지만 결코 세상으로부터 자기를 단절하지 않았다. 그들은 수도원 안에서 세상과 타락한 제도교회를 위해 끊임없이 기도하였고, 가난한 사람들과 세계의 평화를 위해 봉사하기도 했다. 여성신학자들이 자랑하는 유명한 가톨릭 수녀 힐데가르트 폰 빙엔(Hildegard von Bingen, 1098-1179)은 일평생 가난한 사람들을 위해 봉사하였고, 이들의 생명을 구하기 위해 약초, 흙, 음악, 색채, 광석을 이용한 민간 치료법을 크게 발전시켰다. 그녀에게 수도원은 세상에서의 도피처가 아니라, 세상과 타락한 제도교회의 성직자들과 신학자들이 필요로 하는 참된 영성의 원천이었다.

20세기의 가톨릭 수도사 토마스 머튼(Thomas Merton, 1915-1968)은 수도원 생활에서 하루 일곱 번의 예배와 묵상과 기도를 통해 자신의 영성에 집중하였다. 그러나 그는 수도원을 "세상으로부터의 도피처"로 보지 않았다. 자신의 수도원 생활은 세상에서의 도피가 아니라 "세상에서 이루어지는 모든 투쟁과 고난"에 대한 참여였다고 그는 말한다(James 2015, 12). 그는 "이 세계에 살아 계신 하느님, 이 세계를 살아가는 하느님의 사람들, 세계가 지닌 아름다움과 그만큼의 문제를" 인식하고(14), 사회정의의 수호자로 활동하였다. 그리스도인들은 세상의 "악, 환상, 부정의를 고발하며 저항하는 소명"을 가진 동시에 "진정한 자신을 발견하기 위해 끊임없이 회심해야" 한다고 그는 가르쳤다(62).

이 같은 수도사들의 삶을 볼 때, 개신교회 신학자들이 수도원의 영성을 일방적으로 비판하는 것은 적절하지 않다. 오히려 수도사들이 실천한 세상적 욕심의 단절, 영적·물질적 자기 비움과 엄격한 경건, 세상을 위한 헌신을 배워야 할 것이다.

여기서 성서는 모순처럼 보이는 두 가지 것을 말한다. 즉 우리는 세상과 세상에 속한 것을 사랑하지 않아야 한다고 말하면서(요일 2:15), 하나님은 세상을 너무도 사랑하여 그의 외아들을 세상에 보내셨다고 말한다(요 3:16). 이 두 가지 말씀은 모순이 아니라 그리스도인의 영성의 진리를 말한다. 수도사들처럼 그리스도인들은 세상과 세상에 속한 것을 사랑하지 않아야 한다. 그들은 세상과 세상에 속한 것을 버려야 한다. 그래야 진정으로 세상을 사랑할 수 있다. 우리는 세상과 세상에 속한 것에 대해 죽고(mortificatio), 하나님 앞에서 다시 태어나야 한다(vivificatio). 세상과 세상에 속한 것을 "안개"와 같은 것으로 여겨야 한다(잠 21:6).

그러나 얼마나 많은 신자들이 세상 안에서 세상의 것을 버리며, 세상을 위해 자기의 삶을 바칠 수 있는가? 그것은 수도사들에게는 가능하지만, 세상의 현실을 살아가는 신자들에게는 불가능하지 않은가? 기초생활 보조금으로 간신히 살아가는 사람들, 어려운 봉급생활자로 살아가면서 자녀를 교육시켜야 하고 자녀 결혼 때 전셋방이라도 한 칸 마련해 주어야 할 세속의 신자들에게 자기를 비우는 것은 현실성 없는 얘기가 아닐까?

물론 생활이 어려운 사람들에게 이것은 꿈같은 얘기로 들릴 수 있다. 자기의 삶을 유지하기도 어려운데, 세상을 위해 자기의 삶을 바친다는 것은 목사나 신학자의 "좋은 말씀"으로 들릴 것이다. 그러나 부하든지 가난하든지 관계 없이 세상을 위해 섬기는 것이 그리스도인의 기본 영성에 속한다. 가난할지라도 이웃을 사랑하는 따뜻한 마음을 가지고 작은 것이라도 나누며 사는 것이 세상을 위한 섬김이다. 특히 성서는 부유한 사람이 자기의 부를 세상을 섬기는 일에 바칠 것을 강력히 요구한다. 그들은 부유할지라도 "교만해지지도 말고, 덧없는 재물에 소망을 두지도 말고", "재물이 늘어나더라도 거기에 마음을 두지 말아야" 한다. 도리어 "선을 행하고, 좋은 일을 많이 하고, 아낌없이 베풀고, 즐겨 나누어" 주어야 한다. "그렇게 앞날을 위하여 든든한 기초를 스스로 쌓아서 참된 생명을" 얻어야 한다(딤전 6:17-19; 시 62:10).

물론 현실의 삶을 위해 그리스도인들은 소유를 필요로 한다. 그러나 소유가 최고의 가치가 되어서는 안 된다. 소유가 최고의 가치가 될 때, 그들은 소유의 노예가 되어버린다. 오히려 소유에 대해 자유로운 주인이 되어야 한다. 그들은 세상에 속한 "모든 사물에 대해 자유로운 주인"으로서, 세상의 "모든 사물과 모든 사람을 섬기는 종"이 되어야 한다(Luther, 『그리스도인의 자유에 관하여』 제1조). 자기의 배와 소유를 하나님처럼 모시는 세상 속에서, 그리스도인들은 소유의 나눔을 가장 높은 가치로 여겨야 한다. 그들은 "세상 안에서 세상의 흐름을 거슬러야 한다"(Bonhoeffer 1967, 238). 그들은 세상 안에서 예수 그리스도의 뒤를 따라야 하며, "하나님 나라의 씨앗"이 되어야 한다(Bonhoeffer 1970, 9).

익명의 한 영성가는 다음과 같이 말한다. "자기 관심과 자기 보호는 인간의 첫째가는 본능입니다. 영적인 것을 추구한다고 하면서도 사실은 자기 자신을 위해서 무엇인가를 획득하려고 하는 경우가 대부분입니다. 당신은 몸이 치유되기를 바라고, 마음이 풍요로워지기를 바라고, 참된 생명을 획득하기를 바랍니다. 이것은 하나님께서 주신 본능입니다. 당신은 그런 것들을 얻게 되어 있지만, 얻기 위해서는 주어야 한다는 것을 배워야 합니다. 진정으로 준다는 것은 모두를 이롭게 하는 일이고, 그것은 당신의 본래 자아에 유익을 가져옵니다." "주는 것이야말로 받는 것이요, 진정한 치유입니다"(익명 2016, 159-160, 161).

5) 사랑은 불의를 싫어한다. 불의는 연약한 생명을 파괴하고, 강한 자의 불의한 힘과 소유를 증대시키며, 공동체를 와해시키기 때문이다. 한 마디로 불의는 하나님 나라를 파괴하는 죄와 죽음의 세력이다. 그것은 유(有)의 세계를 무(無)로 돌리고자 하는 "무의 세력"이다. 그러므로 사랑의 영으로 충만한 예수는 "하나님의 정의"를 구하라고 요구하면서(마 6:33), 스스로 하나님의 정의를 행한다. 그는 종교권력은 물론 정치권력을 소유한 바리새인들과 제사장들의 거짓과 불의를 비판하며(참조. 21:13; 23장), 이들에 의해 소외된 "땅의 백성들" 곧 "세리와 죄인들의 친구"가 됨으로써, 이들의 권리를 회복한다. 그는 하나님의 영으로 충만하였다. 그가 받은 하나님의 영 곧 성령은 신음하는 생명을 살리고자 하는 "생명의 영"이요, "새 창조의 영"이었다(Moltmann 1991, 54 이하). 이 영에 충만하여 예수는 불의한 세계 속에 하나님의 정의를 세우고자 한다.

그리스도인들이 이 예수를 주님이라 고백한다면, 그들은 예수의 뒤를 따라 하나님 없는 불의한 세상 속에 하나님의 정의를 세우고자 하는 정의의 영성을 가질 수밖에 없다. 참된 기독교적 영성은 불의한 세력과 타협하면서 사랑을 노래하는 감상적 영성이 아니라, 하나님의 정의를 구하는 정의의 영성이다. 사랑과 정의, 이 두 가지는 서로 분리될 수 없는 기독교 영성의 구성 요소다. 정의가 없는 사랑은 법질서가 결여된 사적(私的) 온정으로 변질할 수 있다. 황영익에 의하면, "사랑을 앞세우다 보면 정의가 희생될 수 있고, 정의를 앞세우다 보면 사랑이 훼손될 수 있습니다. 특별히 교회가 사랑과 용서를 앞세워 일방적으로 가해자 편을 들게 되면 피해자를 두 번 죽이는 결과를 초래합니다"(양민철·김성률 2016, 228).

그러므로 사랑은 정의를 동반해야 한다. 하나님의 정의가 결여된 사랑의 영성은 참기독교적 영성이라고 볼 수 없다. 그것은 수많은 사람의 생명을 희생한 가해자에게 무조건적인 용서를 선사하는 대신, 이들에 의한 피해자들을 두 번 죽이는 모순적이고 위선적인 것일 수 있다. 참으로 생명을 사랑하는 사람은 하나님의 정의를 구하지 않을 수 없다. 따라서 사랑의 영성은 "예수 그리스도께서 주시는 정의의 열매로" 가득 차야 한다(엡 1:11). 힘없는 생명과 공동체를 지킬 수 있는 길도, 어지러운 나라를 구할 수 있는 길도 정의의 영성에 있다. 정의의 영성은 힘없는 민초들의 생명과 그들의 공동체를 살릴 수 있는 "생명의 영성"이다.

성서는 곳곳에서 정의의 영성을 증언한다. 종의 눈을 때려 눈을 멀게 하거나 이를 부러뜨리면, 종을 풀어주어야 한다(출 21:26-27), "목숨은 목숨으로, 눈은 눈으로, 이는 이로…갚아야 한다"(21:25). 예수는 "하나님 나라와 하나님의 정의를 구하라"고 가르친다. 그는 죄인 취급을 당하는 민초들을 용서하며, 종교 지도자들보다 창녀가 먼저 하나님 나라에 들어갈 것이라 직설한다.

바울 서신은 하나님의 정의에 관해 별로 말하지 않는다. 바울의 이신칭의(以信稱義)의 교리는 인간의 정의로운 행동을 저해하는 것처럼 보인다. "오직 믿음으로" 하나님의 칭의와 구원을 얻을 수 있다면, 인간의 정의로운 행위는 불필요하게 된다. 그래서 요즘 일단의 개신교회 신학자들은, 바울의 이신칭의의 교리가 한국교회를 타락시켰다고 지적한다.

그렇다면 "히브리 사람 가운데서도 히브리 사람"으로(빌 3:5) 구약성서에 능통했던 바울은 하나님의 정의를 몰랐을까? 그렇지 않다. 바울의 이신칭의 교리 속에는 하나님의 정의에 관한 관심이 숨어 있다. 돈과 권세가 많은 사람들은 선한 업적을 많이 쌓을 수 있고, 금식과 고행의 시간을 가질 수 있다. 그러나 새벽에 나와서 밤늦게까지 일하는 가난한 민초들은 그럴 능력과 시간이 없다. 그들에게는 삶 자체가 고행이요, 시련의 연속이다. 다행스럽게도 하나님의 칭의는 부유층이 많이 쌓을 수 있는 공적이나 업적을 통해서가 아니라 "오직 믿음으로" 얻을 수 있다. 가난하여 공적을 쌓을 수 없는 사람들도 믿음을 통해 칭의와 구원을 얻을 수 있다. 이 점에서 하나님은 정의롭다! 루터의 이신칭의의 가르침은 하나님의 정의를 그 속에 담고 있다(이에 관해 김균진 2017, 84 이하).

사실 바울 서신을 조심스럽게 읽어보면 말씀 곳곳에 하나님의 정의에 대한 관심이 숨어 있다. 대표적인 것은 주인(자유인)과 종(노예)에 관한 바울의 가르침이다. 주인과 종은 주님 안에서 "한 몸"이다. 다만 한 몸의 "지체들"로 구별되어 있을 뿐이다(고전 12:13-14). 그러므로 주인은 종을 "정당하고 공정하게" 대우해야 한다(엡 6:9; 골 4:1). 주인과 종이 한 몸의 지체라면, 사실상 "종도 자유인도 없다"(갈 3:28). 바울의 이 말은 노예제도의 철폐를 뜻한다. 원형경기장에서 죽이고 또 죽임을 당하는 노예 검투사들은 바울의 이 말씀이 무슨 뜻인지 능히 짐작했을 것이다. "사랑은 불의를 기뻐하지 않으며, 진리와 함께 기뻐한다"라는 말씀에도 정의에 관한 바울의 관심이 나타난다(고전 13:6).

참으로 생명을 사랑하고, 생명을 사랑하기 때문에 하나님의 정의를 구하는 영성은 하나님 나라를 구하는 영성일 수밖에 없다. 하나님 나라에 대한 메시아적 희망과 기다림은 필연적으로 생명에 대한 사랑과 하나님의 정의에 대한 관심으로 귀결된다. 따라서 하나님의 사랑과 정의를 구하는 그리스도인들의 영성은 하나님 없는 세계 속에서 하나님 나라를 바라고 기다리는 메시아적 영성, 새 창조의 영성일 수밖에 없다. 예수는 바로 이 영성으로 가득하였다.

6) 현대사회에서 인간의 육체는 노동의 도구가 되어 혹사를 당한다. 매일 12시간, 15시간의 노동이 강요되는 직장생활 속에서 근로자들의 육체는 피곤에 지쳐 있다. 수면제를 복용해야 잠을 이룰 수 있고, 심지어 "퇴근이 무엇인지 모른다"는 근로자들도 있다. 생명의 기초가 되는 땅 역시 인간의 탐욕으로 인해 오염되고 파괴된다. 땅이 전쟁으로 인하여 초토화되고 화학비료의 사용으로 생명력을 상실한다. 땅은 그 자체로서 존중되어야 할 생명체가 아니라, 더 많은 지하자원을 캐내야 할 "물건"으로 보일 뿐이다. 그 마지막은 총체적 파멸과 죽음이란 사실을 지금 우리는 눈으로 보고 있다.

성령의 새 창조는 인간의 영은 물론 인간의 육체와 땅과 땅 위의 모든 생명을 포괄한다. 이 모든 것들이 신음하면서 성령의 새 창조와 구원을 기다리고 있다(롬 8:21). 하나님은 그가 지으신 모든 피조물을 사랑한다. 따라서 그리스도인들은 생명력을 잃어가는 육체와 땅과 땅 위의 모든 생명을 회복하고자 하는 "육체의 영성", "땅의 영성"을 가질 수밖에 없다(Moltmann 1991, 108). 인간의 육체 혹은 "신체는 하나님의 창조에서 나온 것으로 매우 선한 것이다."(김영한 2014, 228).

육체의 영성, 땅의 영성을 우리는 구약의 안식일과 안식년 계명에서 대표적으로 볼 수 있다. 6일 동안의 노동에 시달린 인간과 짐승은 안식일에 쉬어야 한다. 그래서 생명력을 회복해야 한다. 인간이 안식할 때, 자연도 안식할 수 있다. 안식년이 오면, 땅도 안식을 얻어 생명력을 회복해야 한다. 땅에서 저절로 자라는 것은 "가난한 사람들"과 "들짐승"이 먹고 생명을 유지하도록 해야 한다(23:10-12). 안식일을 거룩하게 지키는 길이 여기에 있다. 예수는 "안식일의 주인"이다(마 12:8).

그리스도인들의 영성은 세상을 도피하지 않는다. 그들은 세상 안에서 모든 생명의 회복을 위해 기도하며 각자의 능력과 방법에 따라 노력한다. 따라서 참기독교적 영성은 세상 도피의 영성이나 은둔의 영성이 아니라, 세상 안에서 하나님의 자비와 정의를 세우고 신음하는 생명을 회복하고자 하는 성령의 새 창조에 참여하며 이에 개입하는 참여와 개입의 영성이다.

일단의 신학자들은 가톨릭교회 수도사들의 영성이 세상 도피와 은둔의 영성이라 비판한다. 그러나 이 비판은 전적으로 타당하지 않다. 수많은 수도사가 세상을 위해 헌신하였기 때문이다. 그 대표적 인물이 아시시의 프란체스코다.

7) 지금까지 우리는 참기독교의 영성을 구성하는 요소들을 고찰하였다. 문제는 이 같은 요소로 구성된 영성을 어떻게 개발할 수 있는가에 있다. 영성 개발을 위한 다양한 방법들과 기술들은 이 책의 범위를 넘어선다. 다만 몇 가지 유의할 사항들을 언급한다.

a. 영성 개발의 가장 기본적 요소는 말씀을 통하여 영성에 관한 올바른 이해를 얻는 데 있다. 양질의 설교 말씀과 매일 성서를 읽는 것이 도움이 될 수 있다. 영성에 관한 좋은 책을 읽고, 신학적 교육을 받는 것도 필요하다. 특히 개신교회는 교회교육을 강화할 필요가 있다.

b. 올바른 신학적 지식과 더불어 성령에 의한 마음의 깊은 감화와 감동이 있어야 한다. 그래야 지식이 살아 움직이게 되고, 그 지식의 기초 위에서 영성이 형성된다. 말씀을 통하여, 신앙과 신학에 관한 책을 통하여, 또는 하나님의 진리에 관한 교육을 받는 중에 우리는 마음의 깊은 감화와 감동을 얻을 수도 있다.

c. 찬양과 기도는 영성 개발을 위해 매우 중요하다. 철야 기도회나 공동 기도회도 좋지만, 자신만의 조용한 공간에서 드리는 찬양, 기도, 말씀 속에서 성령의 깊은 감화 감동을 얻을 수 있다. 인위적인 기교(형형색색의 전깃불 번쩍거리기, 선율적 음악과 야릇한 조명을 이용한 감상적 분위기 조성 등)와 유치원 아이들의 율동 비슷한 몸짓 등을 통한 영성 훈련은 신자들의 영혼 깊숙이 파고들지 못하는 하나의 이벤트로 그칠 위험성이 있다.

d. 개신교회 신학은 수도원의 영성 훈련을 참고할 필요가 있다. 수도원은 본래 이집트 사막에서 시작되었다(손은실 2015, 12). 388년 교회가 로마 제국의 국가교회가 되면서, 교회는 믿음의 순수성을 상실하고 국가권력과 유착하여 세속의 부와 특권을 누리게 되었다. 로마 제국 전체의 종교적 업무를 담당할 막대한 수의 성직자를 확보하기 위해, 로마 제국은 성직자가 되는 사람에게 많은 특권을 주었다. 예를 들어 개인 사업체를 보유한 사람이 교회 성직자가 될 경우, 그 사업체를 계속 유지해도 좋고, 세금을 내지 않아도 좋다는 특권을 허락하였다. 그래서 세금을 내지 않기 위해 성직자가 되는 사람들이 있었다. 그 결과 교회는 믿음의 순수성을 상실하고 타락하였다. "이런 역사적 배경에서 신앙의 순수성을 회복하고, 하나님께 전적으로 헌신하기를 원했던 그리스도인들은 세속을 떠나 사막으로 가서 수도생활을 하게 되었던 것이다"(12).

오직 그리스도를 바라보며 세속으로부터의 은둔 및 청빈과 금욕과 고행과 명상의 생활을 했던 수도사의 길은 그리스도인들의 삶에 깊은 영향을 주었고, 타락한 교회의 개혁을 유발하는 동기가 되기도 하였다. "그들은 마치 하늘나라의 척후병들처럼 세상의 변방으로 물러나 경계를 서며, 교회와 세계를 향해 시대의 징조와 표식을 신호하면서, 교회와 세계로 하여금 제 모습을 비추어보게 하는 거울 노릇을 해왔다"(박효섭 2015, 45). 따라서 이러한 수도원의 영성을 비판하기 전에, 개신교회는 먼저 수도원 영성의 좋은 점을 배워야 할 것이다.

8) 언젠가 필자는 영성이 매우 강한 어느 신학교에서 강의를 한 적이 있다. 이 학교의 학생들은 거의 모두 방언으로 기도할 정도로 강한 영성을 가지고 있었다. 많은 학생들이 외국 선교사로 나가기를 희망하였다. 어느 날 중간고사 시험을 치르게 되었다. 그런데 시험이 시작되기 전 휴식 시간에 학생들이 10여 명 정도의 작은 그룹으로 원을 만들어 앉아 열심히 방언 기도를 하는 것이었다. 시험 시작 전에 조용히 시험 준비를 하지 않고 방언 기도를 하는 것은 필자에게 낯선 일이었다. 이윽고 시험이 시작되었다. 그런데 교수가 교탁 위에 서서 지켜보고 있음에도 불구하고, 많은 학생들이 옆에 있는 학우의 시험답안지를 넘어다보면서 그것을 베끼는 것이었다. 또 학생회 임원들에 의한 학생회비 유용으로 소요가 일어나기도 하였다. 여기서 필자는 뜨거운 믿음 내지 뜨거운 영성은 올바른 지성 및 도덕성과 결합되어야 한다는 것을 깨닫게 되었다.

그동안 한국의 많은 교회들은 "불 같이 뜨거운" 믿음은 강조하지만, 신자들의 지성의 향상에 별로 관심을 갖지 않았다. 도리어 "반지성주의적 경향을 나타내는" 교회들이 많았다. "교회의 설교단에서 흔히 언급되는, 머리로 하나님을 믿을 수 없고 가슴으로 믿어야 한다는 말은 지성을 버리고 감성으로 흘러야 한다는 말과 유사한데, 이것 역시 대단히 위험하다"(김명용 2009). 한동안 한국 개신교회에 큰 바람을 일으켰던 "경배와 찬양 역시 감성적인 측면을 강조한 것이다. 경배와 찬양이 과거의 부흥회의 기능의 상당 부분을 흡수해서 교회의 성장에 긍정적인 기여를 한 측면은 있지만, 한국교회를 더욱 감성적인 측면으로 달려가도록 만든 위험도 존재한다"(김명용 2015, 18-19).

영성이 지성을 결여할 때, 영성은 맹목성과 비합리성 및 비도덕성으로 발전하게 된다. 신앙의 진리와 교회의 사명에 대한 진지한 성찰을 비신앙적인 것으로 거부하고, "무조건 믿어야 은혜롭다"고 주장하는 반지성주의, 올바르지 못한 것을 밀어붙이는 맹목성, 사리에 맞지 않는 것을 옳다고 주장하는 비합리성, 신앙의 이름으로 정당화되는 비도덕성, 합리적·비판적 사고를 결여한 감상주의에 빠지게 된다. 따라서 한국교회의 중요한 사명은 신자들의 영성 회복과 더불어 지성을 회복하는 것이다. 여기서 말하는 지성은 단지 지적 능력 곧 지능을 뜻하는 것이 아니라, 원만한 인격과 성품, 건전한 상식, 올바른 판단력과 도덕성을 포함하는 매우 포괄적 의미를 지닌다. 그것은 성서가 말하는 "지식" 혹은 "지혜"에 가깝다.

물론 인간의 지성 및 도덕성이 세상을 구원할 수 없다. 인간 속에는 하나님의 선한 본성도 있지만 또한 이기적 본성이 뿌리박고 있기 때문에, 자신의 소유와 생명이 위험스럽게 될 때, 그의 지성과 도덕성은 쉽게 무너져 버린다. 그러므로 지성과 도덕성을 갖추었다고 하는 우리 사회의 많은 공직자들, 심지어 교육자들과 종교 지도자들과 법관들마저 뇌물과 부도덕과 타락에 빠진다. "과학 기술이 인류의 '진보'를 이끌 수 있으려면, 인간은 정말로 선하고 합리적이어야 한다. 하지만 이기심으로 움직이는 인간은 악하고 비열한 편견과 열정에 사로잡히는 존재이며, 자신의 안전이 위협받으면 쉽게 타인을 해하거나 죽일 수 있는 존재다"(Gilkey 2014, 189). 따라서 우리는 인간의 지성이나 도덕성을 믿기 어렵다. 타락한 인간의 지성이나 도덕성은 그의 이기적 욕망 앞에서 무력하다. 그것은 구원의 길이 될 수 없다.

그러나 도덕성을 갖춘 건강한 지성이 없이는 사회가 유지될 수 없고, 인간의 자아가 완성될 수 없다. 건전한 지성은 그 자체로 구원의 길이 될 수 없지만, 구원의 완성에 있어 필수적 요건이다. "성령은 지·정·의를 갖춘 인격적 신이시고 성령에 의해 감화된 지성은 마귀의 세력을 파괴하는 성령의 검이다"(김명용 2009, 220). 따라서 하나님은 인간의 지성을 반대하지 않고 오히려 이를 원하신다. 그러므로 시편 저자는 "내가 주님의 계명을 따르니, 올바른 통찰력과 지식을 주십시오"라고 간구한다(시 119:66). 미련한 자들은 지식을 싫어한다(잠 1:22). 바울에 따르면 그리스도인들의 사랑은 "지식과 모든 통찰력으로 더욱 풍성"해야 한다(빌 1:9). "그리스도 안에는 모든 지혜와 지식의 보화가 감추어져 있다"(골 2:3; 참조. 1:9). 그리스도인들은 "믿음에 덕을 더하고, 덕에 지식을" 더해야 한다(벧후 1:5).

여기서 성서가 말하는 지식은 하나님을 알지 못하는 단순한 지적 능력이나 이론적 지식이 아니라 "믿음을 일깨워 주고 경건함에 딸린 진리의 지식"(딛 1:1), 맹목적 "열성"에 반대되는 "올바른 통찰력"과 "올바른 지식"(롬 10:2), 곧 도덕성을 겸비한 지성을 뜻한다.

20세기 초 한국에 온 선교사 홀 박사는 지성의 필요성을 다음과 같이 말한다. "조선의 그리스도인들은 소리 내어 기도하기를 좋아했다.…그들 남녀의 가슴에서 터져 나오는 열렬한 간청의 기도 소리는 다른 사람들에게는 굉장히 시끄러운 소리로 들릴 것임에 틀림없었다. 아무튼 나는 기도의 응답을 많이 보아왔다. 나 자신도 기도 응답을 경험했기 때문에 기도의 힘을 틀림없이 믿었다. 또한 하나님께서는 우리 인간에게 각각 알맞은 지성을 주셨기 때문에 우리는 이 지성을 닦고 훈련시켜서 지혜롭게 써야 한다고 생각한다"(Hall 2009, 396).

종교개혁자들 역시 지성을 중요시하였다. 그들은 교육을 통해 신자들의 지성을 계몽하여 스스로 생각하고 "이해하는 신앙"(fides intelligens)을 얻도록 하였고 사회의 유능한 인재들을 배출하는 데 관심을 가졌다. 이를 위해 종교개혁자들은 성서를 각국의 언어로 번역하고 많은 교육기관을 세웠다. 루터의 동역자 멜란히톤(Ph. Melanchthon)은 대학과 학교를 개혁하여 "독일인들의 교사"라 불리었다. 1526년 그가 세운 뉘른베르크

(Nürnberg)의 "멜란히톤 김나지움"(Melanchthon Gymnasium)은 지금도 존속하고 있다. 에라스무스가 편집한 신약성서 원전을 읽기 위해 그리스어를 공부한 츠빙글리는 1510년 라틴어 학교를 세웠다. 개혁교회는 스위스 취리히, 제네바 등지에 수많은 교육기관을 세웠다. 1559년 칼뱅이 세운 제네바 아카데미는 이를 대표한다. 한국 개신교회의 초기 선교사들도 수많은 교육기관을 세웠다. 이와 같은 개신교회의 역사는, 교회가 신자들의 지성의 발전을 위해 교육에 관심을 가져야 함을 시사한다.

장왕식은 다음과 같이 말한다. "동양의 그리스도인은 서양인보다 합리성의 개념으로 사물을 이해하는 데 결함을 지니고" 있다. 한국 기독교에는 이성이나 지성의 측면이 매우 약하다. "우리가 우리의 교회를 변혁하는 데 있어서 먼저 해야 할 일은 우리의 지성을 회복하는 일이고,…평상시 우리가 얼마나 잘못된 습관과 관습을 따라서 사유하고, 따라서 감정적으로 혹은 비지성적으로 사유하는지 이해해야 한다. 교회론이든 무엇이든 하나의 이론과 관련된 변혁과 실천을 말하기 위해서 우리는 우선 교회 안에서 지성의 자리를 회복시켜 놓아야 한다. 이것이 선결되지 않고서는 교회를 살리는 데 있어 한 발자국도 앞으로 전진할 수 없을 것이다"(장왕식 2009, 382-383).

지성은 어떻게 갖추어질 수 있는가? 그것은 구원과 함께 저절로 주어지지 않는다. 또 열광적 믿음과 기도와 기적의 체험을 통하여 순식간에 갖추어지는 것도 아니다. 지성은 꾸준한 경건 생활과 더불어 성실한 교육을 통해 형성될 수 있다. 학교 교육이 중요한 이유가 여기에 있다. 그러나 한국 개신교회는 교회의 양적 팽창에 주요 관심을 갖기 때문에 교육을 등한시 하는 경향이 있다. 교회교육은 초등학생들과 중고등부 학생들, 곧 "주일학교"에만 해당하는 것으로 간주된다.

교육이 결여될 때, 그리스도인으로서 건전한 상식과 올바른 판단력, 존경받을 수 있는 원만한 인격과 도덕성이 결핍된 신자들이 양산된다. 심지어 일반 사회인도 행하지 않는 상식 이하의 일들을 성직자들이 행하는 경우도 있다. 그래서 한 언론인은 이렇게 말한다. "종교를 가진 사람들이 신비, 계시, 깨달음, 영성 같은 엄청난 것을 말하기 전에 먼저 상식이라도 좀 지켰으면 좋겠다!" 성직자들과 신자들이 상식 이하의 일들을 행하면서도 그것이 부끄러운 줄을 모를 때, 교회의 신뢰성이 떨어지고, 선교의 문이 닫히게 된다. 이 땅 위에 있는 하나님 나라가 어두워진다. 그러므로 한 목회자는 교육의 중요성을 강조한다. "교회는 하나님 나라를 추구해야 한다.…교인들의 감정을 부추기려고만 하지 말고, 교인들을 차분히 가르쳐야 한다. 성경 말씀을 가르쳐야 하고, 하나님 나라를 가르쳐야 한다. 그리스도인으로서의 도리를 가르쳐야 한다"(임헌준 2015, 211).

신자들의 지성을 회복하기 위해서는 먼저 목회자가 지성을 겸비해야 한다. 목회자의 수준이 교인들의 수준에 결정적 영향을 주기 때문이다. 설교 시간에 상식 이하의 말을 하고, 자기 마음대로 성서를 해석하고, 상식 이하의 행동을 하는 목회자에게서 우리는 영성과 지성을 겸비한 신자들을 기대하기 어렵다. 그러므로 엄격한 신학생 선발 및 영성과 지성을 겸비할 수 있는 충실한 신학교육이 필요하다. 목회자는 교세 팽창에만 열을 올릴 것이 아니라, 깊은 영성과 지성을 겸비한 "하늘나라의 씨앗들"을 양육하는 데 관심을 가져야 한다.

충실히 준비된 목회자의 설교는 신자들의 지성을 장려하는 데 기여할 수 있다. 또한 정치·경제·인문학 등에 관한 강좌 내지 세미나, 성경신학에 조예가 깊은 강사의 충실한 성경 세미나, 교인들의 독서회, 또 로마 가톨릭교회가 시행하고 있는 교리 교육도 필요하다. 기본적인 것은 목회자들과 신자들이 책과 신문을 읽는 것이라 생각된다. 성령 체험을 한 웨슬리도 책을 많이 읽었고, 평신도 지도자들의 훈련과정에서 매일 5시간씩 독서를 하게 했다. 장왕식에 의하면 "우리는…세상의 여러 양서들을 참고하면서도 얼마든지 성서 지상주의로 나아갈 수" 있다(장왕식 2009, 383).

또 교회는 기독교 성현들의 삶과 가르침, 인류의 위대한 문화와 사상, 우주의 생성에 관한 빅뱅이론 및 진화론과 기독교 신앙, 자연 생태계의 위기와 기독교 신앙, WCC의 교회 연합운동, 교회와 정치 등 특정 주제들에 대한 특강 시리즈를 개설할 수 있다. 전 교인을 대상으로 한 교회 전체의 행사로서 이를 실시할 수도 있고, 각 신도회 별로 실시할 수도 있다. 이런 행사를 이웃 교회와 연합으로 실시하는 것은 교회 연합에도 기여할 수 있다. 장왕식은 "세상의 여러 문화와 여러 사상 속에는 위대한 것이 많다. 모두 하나님의 위대한 작품으로서의 인간의 지혜와 경험이 만든 생산물이기 때문이다. 이런 위대한 인간의 작품들을 통해 그것과 대화하면서 교회는 더욱더 자신을 강화하게 된다"고 말한다(장왕식 2009, 378).

G. 삶의 구체적 문제들에 대처하는 교회교육

한국 개신교회의 한 가지 심각한 문제는 성서 공부, 철야 기도회, 경배와 찬양 등이 있지만, 교육이 매우 약하다는 점에 있다. 일반적으로 교회교육은 유치원, 초등학교, 중·고등학교, 대학교에 다니는 학생들에게만 해당하는 것으로 인식된다. 많은 교회에서 성인교육은 거의 없는 실정이다. 직장 생활, 결혼과 결혼생활, 자녀교육, 노화와 죽음 등 삶의 중요한 문제는 교인 스스로 처리해야 할 문제로 간주된다. 교인이 삶의 문제를 얘기하면, "기도하라", "하나님께 맡기라"는 대답이 돌아온다.

물론 기도하고 모든 것을 하나님께 맡기는 것도 필요하다. 이와 동시에 삶의 구체적 문제들을 예방할 수 있는 지혜와 지식도 필요하다. 성서도 지혜와 지식을 중요시한다. 지식이 없는 백성은 망한다(호 4:6). 하나님은 지혜와 지식과 명철을 주신다(잠 2:6). 이런 지혜와 지식은 교육을 통해 얻을 수 있다. 교육을 받지 않으면, 스스로 지혜와 지식을 얻기까지 수없이 많은 실수를 하게 되고 불필요한 고통을 당하게 된다. 하나님 나라는 신자들이 지혜와 지식을 얻어, 시행착오를 일으키지 않고 삶의 구체적인 문제들을 무난히 극복해 나가는 생활 속에 있다.

1) 오늘날 많은 청년들이 취업을 하지 못해 고통을 당하고 있다. 취업을 해도 동료들과의 경쟁, 상사의 억압과 모욕, 상급자의 성적 추행과 성적인 요구, 건강을 유지하기 어려울 정도의 과중한 업무, 언제 "해고될지" 모르는 불안으로 인해, 밤에 수면제를 복용해야 잠을 잘 수 있는 등 각종 어려움에 부딪친다. 그러므로 교회는 청년들의 취업과 원만한 직장 생활을 위한 교육을 실시함으로써 그들을 도와야 할 것이다.

결혼준비, 결혼식과 결혼생활, 졸혼, 이혼, 황혼, 재혼도 교인들의 중요한 삶의 문제다. 이 문제들에 대해 지혜롭고 합리적으로 대처할 수 있는 교육을 교회는 실시해야 할 것이다. 결혼식에 관해 필자는 아래 몇 가지 사항을 제의하고 싶다.

부모는 자녀의 배우자를 결정하겠다는 태도를 버리고, 자녀가 자기의 배우자를 스스로 선택할 수 있도록, 그래서 결혼생활에 대한 책임도 자녀 자신이 짊어지도록 자녀의 인격적 존엄성을 존중하고 자유를 허락해야 할 것이다. 결혼생활에서 경제적 조건을 무시할 수는 없지만, 오히려 부부의 사랑과 성격, 신뢰와 가치관이 매우 중요하다. 가장 중요하고 아름다운 것은 상대방을 위하는 사랑과 자기 희생의 마음이다.

사회 지도층 인사들은 자신과 이익관계에 있는 사람에게 무작위로 청첩장을 돌리지 않아야 할 것이다. 결혼식에서 신부와 신랑이 서로 끼워주는 결혼반지 외에 일체의 선물(예단)을 주고받지 않아야 한다. 예단에 사용되는 비용을 차라리 신부와 신랑이 집을 마련하는 일에 사용하게 하는 것이 실속 있는 일이다. 결혼식은 가까운 친구들과 친척들 중심으로 간소하고 품위 있게 치러야 할 것이다. 한 쪽에서는 결혼식을 진행하는데, 다른 한 쪽에서는 떠들면서 먹고 마시는 시장바닥 같은 결혼식을 피해야 할 것이다.

결혼생활을 시작할 때, 가정의 모든 제품(가구, 전자 제품 등)을 값비싼 새 것으로 완벽하게 구비하지 않고 중고품으로 구비하였다가 자녀들의 성장과 교육 문제, 직장 변경 등으로 인해 이사를 해야만 하는 과정 속에서 차즘 새 것으로 바꾸는 것이 실속 있는 일일 것이다.

아무리 사랑하는 사이일지라도 성격 차이, 생활습관 차이, 음식 차이 등으로 부부 사이에 끊임없이 갈등이 일어난다. 갈등은 폭행과 이혼으로 발전하기도 한다. 목사님이 부인과 자녀들에게 폭행을 가하고, 부인이 우울증으로 인해 자살의 충동을 받는 경우도 있다. 이런 문제들은 단지 기도와 "굳센 믿음"만으로 해결되기 어렵다. 오히려 이런 상황에서는 결혼생활과 이혼문제에 관한 전문가의 상담과 교육이 큰 도움을 줄 수 있다.

우리는 자동차 운전을 하기 위해 "운전면허증"을 발급받는다. 그러나 결혼생활, 자녀교육에 대해 우리는 아무런 면허증도 받지 않는다. 그 결과 수없이 많은 시행착오를 일으키게 된다. 유아 양육에 대한 사전 지식이 거의 전무한 젊은 부부가 신생아를 죽이는 일까지 일어난다. 특히 사춘기 자녀교육과 성교육은 심각한 문제다. 그러므로 교회는 결혼생활, 자녀교육에 관한 교육과정을 개설하여 "결혼생활 면허증", "자녀교육 면허증"을 사전에 받게 할 수 있다.

자녀교육에 대한 필자의 생각은 다음과 같다. 자녀는 부모의 소유물이 아니다. 그러므로 부모는 자녀를 존중해야 한다. 자녀를 부모의 생각대로 움직이는 로봇처럼 만들어서는 안 된다. "공부해라"는 말을 가급적 하지 않는 것이 좋다. 중요한 것은 공부하고자 하는 의욕이 있느냐 없느냐에 달려 있다. 공붓벌레가 되어 일류 대학에 입학한다 하여 반드시 행복하게 되는 것은 아니다. 책을 많이 읽고 친구들과 함께 놀아야 사회성과 창조적 투지력이 생기고 삶의 비전이 발전할 수 있다. 아이들을 "공붓벌레"로 만드는 것은 우리 사회의 창조성을 죽이는 일이다. 많은 천재적 인물과 큰 기업가들이 대학에 가지 못했거나 대학 중퇴자임을 참고할 필요가 있다.

따라서 자녀의 진로에 대해 자녀의 의사를 존중하는 것이 지혜롭다. 자기가 하고 싶은 일을 해야 삶의 기쁨이 있고 자신의 삶에 대한 책임의식도 생긴다. 부모는 자녀를 통하여 "신분 상승"을 얻고자 하는 이기심을 버려야 한다. 삶의 가장 큰 행복은 좋은 인격과 친구를 가지며, 자기가 하고 싶은 일을 하면서 이웃과 더불어 좋은 관계 속에서 사는 데 있다.

자녀교육의 지름길은 "잔소리"가 아니라 부모 자신의 생활에 있다. 자녀가 책을 읽도록 하려면 먼저 부모가 책을 읽어야 한다. 부모는 "아이가 자신을 비춰보고 자신의 모습을 경험하는 거울"이다. "거울을 통해 우리가 우리 자신의 모습을 인식하는 것처럼, 아이는 부모라는 거울을 통해 자신의 내면적 모습을 인식하게 된다. 따라서 부모는 아이의 마음을 읽어주고 긍정적인 모습을 비춰줌으로써, 아이가 자신을 소중하고 유능한 존재로 느끼도록 만들 수 있어야 한다"(권수영 2007, 58, 62).

잠자리에서의 방뇨, 학교폭력, 도벽과 가출, 성적 타락 등 자녀들이 겪는 문제의 원인은 대개 부모 자신에게 있다. 이런 문제들은 부모의 사랑과 관심과 대화가 부족할 때 일어난다. 자녀들의 나쁜 성격은 거의 부모로 말미암아 형성된다. "좋은 나무는 좋은 열매를 맺고, 나쁜 나무는 나쁜 열매를 맺는다"(마 7:17)라는 말씀은 삶의 보편적 진리다. 다행히도 "모든 사물은 결정되어 있지 않다"고 한 하이젠베르크(W. Heisenberg)의 "불확정성의 원리"는 우리에게 위안을 준다. 인간은 결코 유전자 기계가 아니다.

2) 한국 사회의 급속한 노화 현상에 직면하여 교회는 아래 두 가지 과제를 수행할 수 있다. 첫째, 노화에 대한 준비 교육을 시행한다. 은퇴로 인한 사회적 소외감과 경제적 능력의 현저한 감소, 노화로 인한 신체적·정신적 능력의 감소, 사회의 급격한 변천과 세대 차이로 인한 현실 적응력의 감소 등으로 인한 노인층의 정신적·심리적 고통과 생활의 불편은 매우 크다. 교회는 이 같은 문제들에 대한 교육을 실시할 수 있다.

한국 사회의 급속한 노화현상과 함께 등장하는 새로운 문제는, 노화를 거부하고 생물적 생명의 시간을 가능한 길게 연장시키려는 치열한 노력이다. "외형적인 젊음과 아름다움을 영원히 유지하려는 욕망, 무분별한 건강 집착증", "'안티에이징'(anti-aging) 기술을 통해 노화와 죽음을 자연계의 질서 저 너머로" 추방하려는 노력들이 사회 도처에서 발견된다. "오늘날 사람들은 이전 세대들이 상상도 할 수 없을 만큼 젊어지고 평균수명이 엄청나게 길어졌음에도 이에 만족하지 않고 끊임없이 젊음을 추구하면서 삶을 연장시킬 방법을 모색하는 것이다." 이 같은 욕구에 부응하여 성형외과를 중심으로 한 의료 사업, 화장품 산업, 건강 및 미용 관리 산업, 영양제와 건강 보조식품 산업, 아웃도어 용품 산업이 성업을 이루고, 질병의 극복을 위한 의료 기술 및 유전자 변형 기술 연구가 빠르게 발전하고 있다(곽혜원 2014, 452).

이러한 현실 속에서 교회가 감당해야 할 둘째 과제는 노화와 죽음에 대한 올바른 인식을 갖도록 돕는 데 있다. 물론 우리는 좀 더 길게 살고 싶은 인간의 욕망을 죄악시할 필요는 없다. 그것은 인간의 자연적 욕구에 속한다. 그러나 외적 아름다움과 젊음의 유지 및 수명 연장이 삶의 최고의 목적과 가치가 될 때, 인간은 생물적 존재로 전락한다.

노화와 죽음은 모든 생물에게 주어진 삶의 질서에 속한다. 그것은 생명의 세계를 유지하고 갱신하기 위한 길이기도 하다. 또 노화는 삶의 성숙에 이를 수 있는 길이기도 하다. 만일 우리 인간이 노화하여 죽지 않는다면, 이 세계는 인간의 무한한 욕망으로 인해 지옥보다 더 무서운 지옥이 될 것이다. 따라서 "생로병사에 순응하고 노화에 대해 열린 마음을" 가지며, 보다 더 높은 정신적 가치와 목적을 향해 살도록 돕는 것이 오늘날 교회의 중요한 과제다(곽혜원 2014, 456).

출생이 삶의 시작이라면, 죽음은 삶을 종결하고 완성하며 그 삶에 마지막 의미를 부여하는 삶의 마지막 사건이다. 어떻게 사느냐도 중요하지만, 어떻게 죽느냐의 문제, 곧 죽음의 문제도 삶의 중요한 문제다. 그러나 교회에서 죽음의 문제는 거의 금기시되고 있다. 각종 사고로 인한 갑작스러운 죽음이 매일 일어나고 교회의 노화 현상으로 인해 세상을 떠나는 교인의 수가 증가함에도 불구하고, 죽음의 문제는 교회에서 거의 다루어지지 않는다. 교회력에 죽은 이들을 회상하는 날이 제정되어 있지만, 죽음에 관해 한 마디 말도 없이 지나간다. 찬송가 뒤에 첨가된 교독문에도 죽음에 관한 교독문은 없다. 죽음은 우리가 말해서는 안 될 터부로 간주된다.

호스피스 봉사를 하는 한 지인에 의하면, 불교 신자들과 로마 가톨릭 교회 신자들은 비교적 죽음을 잘 받아들인다고 한다. 심지어 무신론자들도 마지막 순간에는 죽음을 받아들인다고 한다. 그런데 마지막 순간까지 죽음을 받아들이지 못하고 끝까지 사투하는 사람들 중에서 개신교회 신자가 가장 많다고 한다. 마지막 죽음의 순간에 자기를 구해주지 않는다고, 하나님을 원망하거나 부인하면서 죽는 목회자도 있다고 한다.

이 같은 현상의 원인은 무엇인가? 일차적 원인은 "삶이 너무나 귀중하기에 생명을 비생명으로 만드는 세력(곧 죽음)에 대한 저항심"과, 죽음을 "극복되어야 할 것"으로 보는 생각에 있다(김경재 2015b, 14). 그러한 생각에 대한 신학적 원인을 찾아본다면, "마태복음 22:32(비교·참조. 눅 20:38)에 근거하여 하나님을 주로 '산 자들의 주님'으로" 강조한 "서구 개신교 신학의 전통"(91)과 죽음을 "하나님과 죽은 자 사이의 '무관계성'"(E. Jüngel)으로 파악하고, 죽음의 영역을 "하나님의 통치 영역에서 제외된 곳"으로 인식하게 하는(92) 20세기 초반 신정통주의 신학자들의 전적 죽음설에 있다. 사회적 원인을 찾는다면 "유능한 사람이 이상적인 인간형으로 부각되는 능력 위주의 사회"에서, "죽음을 빨리 잊어버리는 편이 낫다"라는 인식이 죽음을 배제하는 결과를 유발한다(박형국 2015, 23).

이 같은 다양한 원인으로 인해 죽음의 문제가 배제되고, 신자들은 사전 교육 없이 죽음을 맞이한다. 마지막 임종의 시간에 어떤 태도로 죽음을 맞을 것인지, 장례식은 어떻게 치러야 할 것인지 준비 교육이 거의 없기 때문에 "마지막 순간에 유언 한마디도 남기지 못하고 허망하게 이 세상을 떠나는 경우가 많다." 마지막으로 장례는 상조업체에 맡겨진다. 장례식에서 유족은 "상조업체가 하라는 대로 움직이는 손님처럼 처신하게 된다.…개인의 죽음에 당사자는 없고 상조업체만 존재해버리고 마는 꼴이다"(곽혜원 2014, 438, 25).

교회는 죽음의 문제를 더는 신자들 각자가 알아서 처리해야 할 문제로 방치해서는 안 된다. 죽음을 어떻게 맞을 것인가에 대해서는 물론, 인공호

흡기 등의 의료장비를 통한 인위적 생명 연장의 문제, 임종할 장소 및 임종 시간에 유족들이 취해야 할 마음의 준비, 안락사 문제, 유산 처리 문제, 장례식 절차, 장례식이 끝난 후 배우자의 정신적 충격과 공허감에 대한 심리적 돌봄, 배우자 사망과 함께 부딪치는 경제 문제 등에 대한 사전 교육이 필요하다.

죽음에 관한 교육은 살아 있는 사람들에 대한 교육이기도 하다. 언젠가 죽을 수밖에 없다는 사실을 생각할 때, 삶의 귀중함을 깨닫고 한 번밖에 없는 나의 삶을 어떻게 살아야 할 것인지 생각하게 된다. 그러므로 시편 기자는 이렇게 기도한다. "우리에게 우리의 날을 세는 법을 가르쳐 주셔서, 지혜의 마음을 얻게 해주십시오"(시 90:12). 따라서 죽음에 대한 교육은 노년층에게는 물론 모든 신자에게 필요하다.

3) "잘 사는 것"도 중요하지만 "잘 죽는 것" 곧 "웰 다잉"(Well Dying)도 중요하다. 어떻게 좋은 죽음, 아름다운 죽음을 맞을 수 있을까? 이에 대한 몇 가지 생각을 제안한다.

a. 좋은 죽음, 아름다운 죽음을 맞기 위해서는 좋은 삶, 아름다운 삶을 살아야 한다. 품위 있는 삶이 품위 있는 죽음을 가능하게 하는 조건이다. 품위 있는 삶을 살기 위해서는 배고플 때 충분히 먹을 수 있고 건강을 유지할 수 있는 물질적·경제적 조건이 구비되어야 한다. "어떤 거창한 철학이나 신념보다도 가장 먼저 해결되어야 하는 것은 바로 이 물질적인 문제…다. 이런 부분들은 삶의 다른 부분들이 세워지기 위해 가장 기본직으로 필요한 기반이다"(Gilkey 2014, 145).

b. 그러나 풍족한 물질적·경제적 조건을 갖추었다 할지라도, 사람이 선한 마음과 도덕성을 갖추지 못하면 "짐승보다 못한 인간"이 되어 더럽게 살게 된다. 따라서 좋은 죽음, 아름다운 죽음을 맞을 수 있는 길은 선한 마음을 가지고 도덕적으로 사는 데 있다. "잘 됬겼다"는 얘기 대신, "죽어서는 안 될 분이 죽었다"는 얘기를 들을 수 있도록 살아야 한다. 자기에게 가장 가까운 이웃, 곧 가족과 친지들의 존경을 받느냐 못받느냐가 "좋은

죽음"에 대한 기준이 될 수 있다. 이를 위해 하나님의 말씀대로 살아야 한다. 그래야 좋은 죽음, 아름다운 죽음을 맞을 수 있다. 소유를 늘리고 갖가지 정력 보강제를 먹고 마시면서 정욕을 불태우는 삶의 길을 버리고 "하나님 나라와 하나님의 정의"를 위해 자기를 바치는 삶을 살 때, 좋은 죽음을 맞을 수 있을 것이다. 우리는 서울 양화진에 있는 선교사들의 묘지에서 이러한 삶의 진리를 확인할 수 있다.

c. 좋은 죽음, 아름다운 죽음을 맞고자 한다면, 자기를 비우고 자기의 생명과 모든 소유를 하나님에게 되돌려드려야 한다. 수많은 사람이 가난과 질병과 굶주림 속에서 고통을 당하며 살고 있는 세상 속에서 망자가 남긴 거대한 재산은 그의 삶과 죽음을 추한 것으로 만든다. 톨스토이처럼 자기의 재산을 가난한 사람들에게 나눠주고 죽는 죽음이 참으로 아름답고 품위 있는 죽음이다. 그러므로 돈을 쌓아두려 하지 말고, 좋은 일에 써야 한다.

d. 좋은 죽음, 아름다운 죽음은 마음의 원한을 푸는 데 있다. 곧 이웃을 용서하는 데 있다. 그래야 마음 편하게 죽을 수 있다. 또 자신이 살아온 삶과 하나님이 주신 모든 것에 대해 감사하는 마음이 필요하다. 비록 삶이 어렵고 고통스러울지라도, 생명의 시간과 이웃과 친구와 세계를 경험할 수 있다는 그 자체가 하나님의 선물이요 은혜다. 이 은혜를 깨닫고 감사할 때, 우리는 좋은 죽음, 아름다운 죽음을 맞을 수 있을 것이다.

e. 우리가 좋은 죽음, 아름다운 죽음을 맞이하려면 죽음에 대한 긍정적 인식이 필요하다. 첫째, "생명의 태어남이 자연스러운 일이듯이, 생명의 마침도 자연스러운 일"이라는 인식이 필요하다(정종훈 2007, 83). 둘째, 죄가 많은 인간의 세계 속에서 죽음은 하나님이 처방하신 하나의 임시방편일 수 있다는 점을 인식해야 한다. 쌀 9,999석을 가진 부자는, 쌀을 10석밖에 갖지 못한 사람에게서 한 석을 빼앗아 10,000석을 채우려고 한다. 그러한 존재가 인간이다. 이런 인간의 세계 속에 죽음이 없다면, 그래서 모든 사람이 무한히 산다면, 인간의 세계는 지옥보다 더 무서운 세계가 될

것이다. 아무리 살아도 끝나지 않는 삶의 지루함 때문에 온갖 광란이 일어날 것이다. 그러므로 죽음은 죄가 만연한 인간 세계를 유지하기 위한 하나님의 방편이라 말할 수 있다. 죽음에 대한 이 같은 긍정적 인식이 있을 때, 자기의 죽음을 순순히 받아들이는 것이 쉬워질 수 있을 것이다.

수단과 방법을 가리지 않고 생명의 시간을 최대한 연장하려다가 어쩔 수 없이 죽는 죽음, 미움과 저주 속에서 죽는 죽음은 좋은 죽음이 아니다. 좋은 죽음은 생명의 시간을 연장하고 싶은 욕심마저 내려놓고, 자기의 생명을 하나님께 맡기는 죽음일 것이다. 마지막 시간이 왔을 때, 하나님이 설정하신 질서에 복종하는 마음을 가질 때, 좋은 죽음, 아름다운 죽음이 가능할 것이다. 성서에 따르면 그리스도인들은 사나 죽으나 그리스도의 것이다. 죽음도 그들을 하나님에게서 분리시키지 못한다. 우리는 죽음 후에도 그리스도 안에 있을 것임을 믿고, 우리의 생명을 그리스도께 맡길 때, 아름다운 죽음이 가능할 것이다.

f. 마지막 임종의 순간 극도의 신체적 고통을 당하면 좋은 죽음이 아니다. 또 병원의 밀폐된 임종실에서 혼자 죽는 것도 비참한 죽음이다. 좋은 죽음, 존엄성 있는 죽음은 불필요한 "연명 의료"를 지양하고 통증 치료를 통해 신체적 고통을 완화하며, 호스피스 제도를 잘 운영하는 데 있다. 이를 위해 "적절한 의료 인프라가 구축되어야 한다"(곽혜원 2014, 444).

g. 좋은 죽음, 아름다운 죽음은 호화스러운 장례식에 있지 않다. 수많은 화환을 받고, 값비싼 수의를 입고, 좌청룡 우백호(左靑龍 右白虎)의 넓은 묘지에 고래등과 같은 무덤을 쓰고, 수천만 원짜리 수입 대리석 비석을 세운다 하여 좋은 죽음, 아름다운 죽음을 죽는 것이 아니다. 좋은 죽음, 아름다운 죽음은 간소하며 정성이 담긴 깨끗한 장례에 있다.

거액의 조의금은 사실상 망자의 죽음을 부끄럽게 만든다. 문상객들은 조의금을 내면서도 "죽어도 더럽게 죽었다"고 얘기할 수 있다. 그러므로 경제적 여유가 있는 유족들은 조의금을 사절해야 한다. 조의금을 받을 경우, 그 조의금을 자선사업 기관에 기부하겠다고 공적으로 알리고 이를 지키는 것이 망자의 죽음을 아름답게 만든다. 그것이 우리 사회를 깨끗하고 인간성 있는 사회로 만드는 데 기여한다. 깨끗하고 인간성 있는 사회가 세워지는 바로 그곳에 하나님 나라가 있다. 교회는 이 같은 내용들을 신자들에게 교육할 필요가 있다.

H. 하나님 나라를 향한 정치적·경제적 과제

지금까지 우리는 주로 인간의 삶에 대한 교회의 과제와 사명을 논의하였다. 그러나 하나님 나라 곧 하나님의 통치는 개인의 삶에서는 물론 세계 전체에 세워져야 한다. 온 세계가 하나님의 것이기 때문이다. 그러므로 성서는 곳곳에서 성령에 의한 세계의 새 창조를 증언한다. "주님께서 주님의 영을 불어넣으시면" 죽었던 생명이 살아나고, 땅의 모습은 새롭게 창조된다(시 104:30). 하나님의 영을 통해 "마른 뼈들"이 다시 살아나 새로운 생명의 세계를 이룬다(겔 37장). 하나님의 영으로 충만한 메시아는 모든 피조물이 평화롭게 사는 하나님의 왕국을 세울 것이다(사 11:1-9).

최초의 기독교 공동체는 구약이 약속하는 "메시아"(그리스도)가 바로 예수라고 고백한다(눅 2:11). 그는 죄와 죽음의 세력이 가득한 이 세계 속에 하나님 나라를 선포하며, "하나님 나라가 오게 하시며, (하나님의) 뜻이 하늘에서 이룬 것 같이 땅에서도 이루어지이다"라고 기도할 것을 가르친다. 온 세계를 지배하는 죄와 죽음의 세력이 그분의 십자가의 죽음과 부활을 통해 깨어지고 하나님의 새 창조의 역사가 새롭게 시작된다(고전 15:55-57).

헬레니즘의 거대한 이원론적 영향과 로마 제국의 박해에도 불구하고, 초기 기독교 공동체는 구약의 히브리 전통을 지키고자 노력하면서 성령의 새 창조에 참여해야 할 교회의 사명을 조심스럽게 시사한다. 그리스도는 어둠의 세계를 빛의 세계로 변혁하기 위해 오신 "세상의 빛"이요(요 1:4), "길과 진리와 생명"이다(14:6). 그리스도인들은 그의 뒤를 따라 어둠의 세계를 극복해야 할 그리스도의 "친구들"이요(15:15), "하나님 나라를 유산으로" 받은 하나님 나라의 상속자들이다(고전 15:50). 그리스도인들과 그들의 공동체는 이 유산을 온 땅에 확장시켜야 할 "하나님의 일꾼"이다(고후 6:4; 살전 3:2). 그들은 "공평과 정의", "자유와 해방", "평화와 생명의 세계", "창조세계의 유지와 구원", "건강한 육체와 정신", "하나님을 아는 지식의 확장", "사랑의 세계"를 이루고자 하는 성령의 새 창조에 참여해야 한다(김명용 1997, 41-60).

1) 그런데 오늘 우리의 세계는 "세계화"(Globalisierung)라 불리는 역사상 매우 독특한 시대적 흐름 속에 있다. 세계화는 지금까지 역사의 어느 시대에서도 볼 수 없었던 이 시대의 특징이라 말할 수 있다. 글자 그대로 오늘 우리의 세계는 정보과학기술을 통해 하나의 마을처럼 축소되었다.

"세계화"는 구슬이나 공을 뜻하는 라틴어 *globus*에서 유래한다. 17세기부터 *globus*는 공처럼 둥근 지구를 가리키는 단어로 사용되었다. 1964년 캐나다의 대중매체 철학자 맥루한(Marshall McLuhan)이 텔레비전을 시청하는 세계의 모든 사람을 가리켜 "global village"라 부른 이후 "세계화"는 전 세계의 유행어가 되었다(Schneider 2010, 357).

a. 세계화는 1492년 콜럼버스의 아메리카 발견, 포르투갈과 스페인에 의한 라틴아메리카의 식민지화와 경제적 착취, 그 뒤를 이은 영국과 프랑스 및 미국에 의한 지구 전체의 군사적·경제적 정복과 식민주의, 특히 라틴아메리카, 아프리카 대륙의 천연자원의 착취와 노예매매를 통한 교통과 경제의 세계화로서 시작되었다. 마르크스와 엥겔스에 따르면, 언제나 더 많은 이익을 얻고자 하는 근대 유산계급의 "세계시장"이 이미 1848년에 형성되었다.

b. 근대 산업혁명과 기술혁명은 세계화를 추진하는 토대가 되었다. 산업혁명은 자본과 경제와 분업의 세계화를 촉진하였고, 기술혁명은 증기선, 철도, 비행기, 전화와 전신, 세계 교통의 세계화, 금융시장의 세계화를 일으켰다. 또한 근대의 기술혁명은 원자폭탄과 같은 새로운 무기 개발을

통한 "전쟁의 세계화"와 전 세계의 "운명공동체화"를 초래하였다.

c. 제2차 세계대전 후 세계화는 급속도로 발전하였다. 국가의 간섭을 벗어난 자유로운 경제활동, 자본과 문화와 인적 자원의 범세계적 교류, 기술과 경제의 범세계적 그물망, 인터넷과 스마트폰을 통한 급속한 정보 전달, 국경을 초월한 금융시장과 상품시장의 형성 속에서 재래의 지역경제와 민족경제는 세계경제로 대체되지 않을 수 없었다. 지금 이 순간에도 지구 주위를 회전하는 인공위성은 글자 그대로 세계를 하나의 구슬(globus)로 만들고 있다. 이 혁명적 변화는 거부할 수 없는 시대의 흐름이다. 이를 거부하는 나라는 이른바 제3세계의 신분으로 전락하지 않을 수 없을 것이다.

세계화는 양면성을 지닌다. 한편으로 그것은 민족과 국경을 초월한 정보의 동시간적 공유, 문화의 교류, 삶의 상황의 공유, 삶의 영역과 활동 범위의 세계적 확대, 왜소한 지역주의와 배타적 민족주의의 극복, 국경을 초월한 인류 공동체 의식 등에 기여할 수 있는 긍정적 측면이 있다. 과학기술과 재화와 자본의 세계화는 개인의 생활 속에도 깊숙이 들어와 있다. 인공위성과 연결된 인터넷 및 스마트폰을 통해 세계의 중요한 사건들과 정보들이 동시적으로 전 세계에 전달되고, 국경을 초월한 거액의 투자가 눈 깜짝할 사이에 이루어진다. 경제적 후진국들은 자원과 임금과 생산품의 가격경쟁을 통해 선진국의 독점을 깨뜨리고 세계 시장에 참여하여 세계적 경제 강국으로 부상한다. 그 대표적 나라가 중국과 인도이다.

또 세계화는 과학 내지 학문의 세계화를 유발한다. 우주공학, 에너지 공학, 유전자 연구에 이르기까지 자연과학의 거대한 연구 프로젝트가 범세계적 차원에서 추진되고 있다. 인문과 사회과학의 영역에서도 세계적 교류가 이루어지고 있다. 오늘날 세계화는 독재자들의 독재를 점점 더 어렵게 만들고 있다. 세계화된 정보기술을 통해 독재자들의 범죄가 전 세계에 알려지고, 외부 세계의 정보 차단을 무력화시키기 때문이다.

이 같은 긍정적 측면과 함께 세계화는, 인류가 그 자신의 힘으로 극복하기 어려운 부정적 측면이 있다. 예컨대 살아남기 위한 범세계적 차원의 치열한 "경쟁의 세계화", 약소국의 값싼 노동력의 착취와 가격경쟁을 통한 생산 기반의 파괴, 국경을 초월한 사유재산의 극대화, 재산의 해외 도피와 세금 회피, 세계적 차원의 빈부격차와 제1세계에 대한 제3세계의 경제적·정치적 예속화, 자본주의적 신(新)식민주의, 지역 전통문화의 다양성의 파괴, 사고방식과 가치관, 삶의 양식과 문화의 획일화, 국경을 초월한 자연환경의 파괴와 생태학적 위기, 한 나라의 경제 위기가 전 세계에 파급 효과를 일으키는 경제 위기의 세계화, 조직 범죄단체의 세계화 등을 들 수 있다.

경제 영역에서 세계화는 지구촌 전체를 20대 80의 사회로 양분하고 있다. "세계의 모든 나라들 중 가장 부유한 5분의 1(20%)에 해당하는 나라들이 지구 전체 부의 생산 중 84.7%를 차지하며, 전체 무역량의 84.2%를 가지고 있다. 나아가 총 국내 저축액의 85.5%를 이들 5분의 1의 나라들이 가지고 있다. 이러한 수치들은 지구촌 범위에서의 '20대 80의 사회'를 분명히 알려주는 증거들이다. 1960년대 이후로 지구상에서 가장 부유한 20%의 나라들과 가장 가난한 20%의 나라들 사이의 격차는 두 배 이상 벌어졌다"(Martin/Schumann 2003, 324). 빈부의 경제적 차이는 오늘날 1% 대 99%의 양극화로 발전되고 있다. 한 마디로 경제의 세계화는 경제적 불평등의 세계화를 야기하고 있다.

그런데 경제의 세계화가 초래하고 있는 세계의 양극화는 국가 간의 양극화가 아니라, 사실은 다국적 기업들, 정확히 말한다면 국제 금융자본가들과 세계적인 빈곤 계층의 양극화다. 1996년 UN 개발계획의 보고서에 의하면, 세계 358명의 초특급 부자들이 소유한 재산은 지구 전체 인구의 약 절반에 해당하는 25억 명의 소유와 맞먹는다고 한다(62). 김성원에 의하면 "국가 간의 국경이 경제적으로는 무의미해진 오늘날, 세계화된 경제 전쟁에서 돈을 버는 이들은 국가가 아니라 국가 간의 경계를 넘나드는 다국적 기업들이다. 그중에서도 생산 판매를 통해 돈을 버는 하드웨어 기업

자본가들이 아니라 머니게임의 투자를 통해서 수익을 보는 금융자본가들이 바로 그들이다"(김성원 2013, 79).

1초 단위로 베팅하고 빠지는 거대 금융자본가들에 의해 약소국들이 금융위기와 국가부도의 위기에 빠지고, 기업합병으로 인해 노동자들이 해고되고, 경제난으로 인해 자살자 수가 증가한다. 돈에 대한 무한한 욕심으로 자연환경이 파괴되고, 파괴된 자연환경은 이제 복수의 칼날을 인간 자신에게로 향하고 있다. "경제발전"이란 귀신에 붙들린 세계 각국은 이들의 횡포 앞에서 아무런 힘도 쓰지 못하고, "마치 자기가 놓은 덫에 단단히 걸려든 듯, 일체의 진로 수정을 용납하지 않는 '정책'의 포로가 된 것처럼" 보인다(Martin/Schumann 2003, 213).

이 같은 현실은 우리의 힘으로 극복하기에는 너무도 어렵게 보인다. 그래서 거의 모든 교회는 침묵 속에서 이를 방관한다. 그러나 침묵과 방관은 사태를 악화시킬 뿐이다. 그렇다면 교회와 그리스도인들은 이에 대해 어떻게 대응할 수 있는가?

2) 먼저 필요한 것은 세계화의 과정 속에서 낙오된 사람들, 곧 경쟁사회의 희생물이 된 사람들에 대한 위로와 돌봄이다. 교회가 이웃을 사랑한다면, 교회 바깥에 있는 이웃의 삶의 무거운 질고에 관심을 갖지 않을 수 없다. 특히 장애인들의 고통은 말할 수 없다. 한 장애인은 자기의 심경을 다음과 같이 토로한다. "가족들부터 지치고, 장애인들은 마음 놓고 생활할 공간이 별로 없다. 모자라는 인간으로 업신여김을 받지 않는, 하나의 인간으로 공평하게 살 수 있는 사회가 필요하다고 느낀다"(이달영 2016, 52).

하나님은 "고아와 과부를 공정하게 재판하시며, 나그네를 사랑하셔서 그에게 먹을 것과 입을 것을 주시는 분이다"(신 10:19). 지상의 예수는 그 사회의 버림받은 사람들, 소외받은 사람들을 찾으시며, 그들의 친구가 되신다. 버림받은 사람들, 소외된 사람들에게 있어 가장 큰 위로와 기쁨은 그들을 위해 무엇을 해주기 전에, 먼저 그들 곁에 함께 있어주는 것이다. 하나님 나라를 향한 성령의 새 창조는 함께 있어주는 이웃의 사랑을 통해 마음의 위로를 받고, 삶의 힘을 회복하는 데서부터 시작된다. 어려운 사람들을 위한 교회의 봉사 활동에 대해 한 목회자는 다음과 같이 토로한다.

한국 사회에서 소외되고 그늘진 곳을 찾아 불박이로 봉사하는 기독교 단체들은 생각보다 많지 않다. 우리 사회에서 끊임없이 발생하는 수많은 문제를 일일이 쫓아다니며 챙기기에는 이 단체들이 갖고 있는 역량의 한계가 분명하다. 절대다수의 기독교 시민단체들은 거기 속한 소수 활동가들의 헌신으로 운영된다.…이에 비해 지역 교회들은 얼마나 많은가. 한국 사회 안에 개신교 교회는 모두 5만여 곳이 넘는다고 한다. 엄청난 숫자가 아닌가. 그렇지만 교회가 이 사회의 어두운 곳을 위해 어떤 일을 하고 있는가?…교회는 사회의 그늘진 영역을 위해 헌신해야 마땅하다.…어떤 면에서는 이미 준비된 교회들이 많다. 교회는 공동체 안에서 서로 사랑하고 섬기는 문화가 잘 발달된 곳이 아니던가? 이런 정서와 문화가 고난의 현장과 연결된다면 분명 엄청난 효과를 발휘할 수 있을 것이다.
　그렇다면 무엇이 문제인가? 우선 신학적 편협함을 지적하지 않을 수 없다. 담임목사가 교회와 사회를 이원론적으로 나눠놓고 신자들에게 세속의 일에는 관심을 끄고 오직 교회 일에만 힘을 쏟는 것이 신앙이라고 가르치는 것이 큰 문제다.…하지만 한국교회 안에 이런 교회만 있는 것은 아니다. 십자가에서 자신을 바친 그리스도의 마음으로 세상을 품고 하나님의 사랑을 흘려보내려는 교회도 많이 있다. 그들이 고난의 현장에 참여하지 못하는 것은 이곳에 대한 실질적인 '정보'가 없기 때문이다. 또한 이들에게 각 고난의 현장에 맞는 적절한 봉사 '방법'을 알릴 필요도 있다. 나는 이 두 가지가 해결되면 고난의 현장을 찾는 교회들이 지금보다 훨씬 더 많아질 것이라고 생각한다(양민철·김성률 2016, 114-115).

미국 필라델피아 노스 센트럴(North Central) 동네에 사는 이태후 목사는 고난의 현장 속에서 소외된 이웃에 대한 돌봄을 실천한다. 주민 94%

가 흑인이고, 이 중 45%가 절대 빈곤층인 이 동네는 대낮에도 차에서 내리기는커녕 차를 세우기도 무서워하는, 미국에서도 가장 범죄율이 높은 지역 중 하나다. 불법 거주자들이 활개를 치고, 마약 관련 사고와 총기 살인 사건이 끊이지 않는, "필라델피아의 할렘"으로 알려진 곳으로, 흑인 목사들조차도 살지 않는 곳이다. 그는 서울대 미학과를 졸업한 후 목사가 되어 2003년부터 이곳에 사는데, "곁에 있어 주는" 것을 목회의 중심이라고 생각하며 이를 실천한다. "특별한 건 없어요. 그냥 그곳 주민들과 어울려 살아요. 아침엔 커피 한 잔 들고 현관문 앞에 앉아 사람들과 말을 섞고, 여름엔 모여서 바비큐 해먹으면서 수다 떨고, 누가 죽으면 장례식 처리를 도와주고, 누가 법원에 가야 한다고 하면 같이 가서 대리인을 서주죠. 일 며칠 못해서 먹을 게 없는 사람에겐 라면 좀 챙겨주고, 세탁소에서 사람들이 안 찾아가는 옷을 받아다가 옷 없는 사람들한테 나눠주고, 그게 다예요." 마약 사범 한 명이 죽었을 경우, "보통 사람들 눈엔 그냥 범죄자겠지만, 이 동네에선 그도 누군가의 아들이거나 남편, 아버지예요. 그 시신을 처리하고, 그 죽음으로 충격과 상처를 받은 가족을 도와줄 사람이 필요하지 않겠어요? 그럴 때면 제가 이런저런 심부름도 해주고 그러는 거죠." 지금 이 지역의 모든 흑인들은 그를 "레버런드 리"(Reverend Lee, 이 목사님)라 부른다.

3) 그러나 개인의 위로와 돌봄만으로는 부족하다. 하나님 나라의 새 창조는 무엇보다 먼저 정치의 영역에서 일어나야 한다. 오늘날 우리의 운명을 결정하는 가장 중요한 요인은 정치에 있기 때문이다. 정치의 영역에 대해 교회가 관심을 가져야 할 사명을 기술한다면, 첫째, 세계화로 말미암아 강대국에 대한 약소국의 경제적·정치적 의존도가 심화되는 오늘의 상황에서, 교회는 강대국이 약소국의 존엄성과 자주권을 존중할 것을 요구해야 할 것이다. 영토와 군사력과 경제력이 크고 강하다 하여 이웃 약소국을 위협하거나 정치적·경제적 위기와 사회적 혼란을 이용하여 약소국을 침략하려는 야욕을 버리고, 도리어 서로 돕고 평화롭게 공존하려는 에토스를 요구할 수 있다.

둘째, 20세기의 사회주의는 실패로 끝나고 자본주의가 한판승을 거두었다. 그러나 우리는 자본주의가 어떤 폐해를 초래하는지 지금 눈으로 보고 있다. 따라서 인간의 어떤 이데올로기도 완전하지 못하다고 말할 수 있다. 그러므로 교회는 국가 이데올로기의 절대화를 반대하고, 적대시하는 이데올로기의 타당성을 수용함으로써, "하나님 나라의 완전성에 근사해 가도록" 권유해야 할 것이다. 또 각 정당의 정책에 있어서도 대립과 대결을 피하고 "서로의 장단점을 분별하여 최선을 추구하는 타협의 개방성"을 요구할 수 있을 것이다(정종훈 2007, 69-70).

셋째, 교회는 정의와 평화 유지의 이름으로 이루어지는 군비경쟁, 그리고 전쟁과 폭력을 거부해야 할 사명이 있다. 전쟁과 폭력에 대한 기독교의 전통적 입장은 ① "하나님의 이름으로 전쟁을 승인하는 성전(holy war)", ② "정당한 사유와 조건이 충족될 때에는 전쟁과 폭력을 마지막 수단으로 사용할 수 있다는 정의로운 전쟁(just war)", ③ "어떤 경우에도 폭력적인 수단을 용납하지 않으려는 평화주의(pacifism)"로 분류된다(71).

외세의 침략에 대한 방어전은 불가피하지만, 원칙적으로 교회는 전쟁을 인정할 수 없다. 일단 전쟁이 발발하면, 정의와 불의의 구별이 사라지고 살인과 파괴 자체가 목적이 되어버린다. 정의를 회복하기 위해 불의를 행하며 평화를 이루기 위해 평화를 상실하는 꼴이 되어버린다. 왜 전쟁을 해야 하는지 그 이유와 필요성을 알지도 못하는 수많은 젊은이들이 강제로 징집되어 죽음을 당한다. 살아남은 군인들은 전쟁의 트라우마에 시달리다가 자살하기도 한다. 모든 국민이 극도의 내핍생활을 해야 하고, 남편을 잃어버린 미망인들, 결혼을 하지 못한 독신녀들, 부모를 잃은 고아들, 가난을 이기지 못한 윤락녀들이 양산된다. 민간인의 대량학살, 사회 인프라 시설과 경제 기반의 파괴가 일어난다.

교회와 그리스도인은 이 같은 결과를 초래하는 전쟁에 반대하고, 외교적 대화를 통한 국가 간의 갈등 해소를 요구해야 한다. 특히 남한과 북한의 동족 간의 전쟁은 어떤 일이 있어도 피해야 하며, 상대방을 위협하는 행위를 중지해야 한다. 세계 교회는 세계 각 지역에서 일어나는 전쟁과 테러, 강대국의 영토 및 영해 분쟁과 긴장관계의 종식을 요구해야 한다.

넷째, 국가의 통치권은 국민에게 속한 국민의 것이다. 국민이 곧 국가다. 그러므로 국가의 통치권은 민주화되어야 한다. 공정한 선거제도, 입법·사법·행정의 삼권분립 원칙을 지켜야 한다. 대통령, 국회의원, 지방의회 의원 후보자는 정략적으로 결정될 것이 아니라 공정한 경선과 국민의 여론 수렴을 통해 결정되어야 한다. 또 "정치권력에 한계를 설정하고, 그 한계를 벗어난 정치권력에 대해서" 교회와 그리스도인들은 저항권을 행사해야 할 과제를 가진다(70). 모든 공직자는 국민의 세금에서 월급을 받는 국민의 공복이다. 그러므로 교회는 이들이 국민을 대신하여 나라를 책임 있게 관리할 것을 요구할 수 있다.

다섯째, 인간이 세운 모든 기관은 자신을 확대시키고 힘을 신장하려는 습성이 있다. 국가기관도 마찬가지다. 그러므로 시간이 지날수록 국가기관이 비대화하는 현상을 볼 수 있다. 국가기관의 비대화는 세금 낭비와 비능률로 직결된다. 이를 막기 위해 교회는 국가기관들의 "몸집 줄이기"를 요구할 수 있다.

여섯째, 국가의 통치권력을 행사하는 공직자는 항상 부패에 빠질 수 있는 위험성을 띤다. 이들은 아무리 법을 강화해도 법을 피해나갈 수 있는 구멍을 찾는다. 그러므로 교회는 공직자들에게 정의로운 통치를 요구하는 동시에 부패에 연루된 공직자의 처벌을 강력히 요구해야 한다. 또한 뇌물과 각종 이권을 얻은 공직자의 파면 및 형사처벌, 받은 뇌물의 반납, 뇌물 제공자의 처벌, 정실에 따른 공직 기관장의 낙하산 인사, 퇴임한 공직자들의 유관기관 재취업 금지를 요구해야 한다.

4) 하나님 나라를 향한 성령의 새 창조는 경제의 영역에서도 일어나야 한다. 첫째, 교회와 그리스도인은 선진국과 후진국 사이의 경제적 불의와 불균형을 극복하는 데 관심을 가져야 할 것이다. 신자유주의에 기초한 세계화는 세계의 경제적 불균형을 더욱 심화시킨다. 후진국의 값싼 노동

력을 이용하여 거대한 이익을 취하는 다국적 기업들, "자본을 산업에 건강하게 투자하기보다는 자본 증식을 보장할 만한 곳을 찾아서 카지노의 도박처럼 넣고 빼기를 수없이 하며 또 언제라도 경제 상황을 혼란에 빠뜨릴 수 있는 능력을 행사하는" 거대 자본가들은 세계의 부익부, 빈익빈 구조를 악화시킨다. 한 은행가는 약소국의 경제위기를 이용하여 "먹고 튀기"를 반복하는 "돈의 유목민들"(Geldnomaden)이 "한 나라를 떠날 때는 언제나 폐허를 남기고 떠난다"고 말한다(Schneider 2010, 359). 이에 대비하여 기독교는 후진국의 "부채 탕감"은 물론 "돈의 늑대들"의 비도덕성을 통제할 수 있는 새로운 경제질서를 모색해야 할 것이다.

둘째, 교회는 임금 격차의 문제에 관심을 가져야 할 것이다. 기업의 경제 활동은 고위직 경영자는 물론 기업에 참여한 모든 근로자를 통하여 이루어진다. 그러므로 과도한 액수의 임금 격차는 하나님의 정의에 모순된다. 그것은 공동체의 분열과 와해로 이어진다. 기업의 획기적 혁신가도 아닌 평범한 기업 경영진이 직원의 수백 배, 수천 배의 연봉을 받는 "죄악"을 극복해야 할 것이며, "일은 직원 몫, 돈은 회장 몫", "회사는 적자! 회장만 흑자!"라는 구호가 들리지 않도록 해야 한다.

2016년 3월 21일자 「워싱턴 포스트」는 뉴욕 주(州) 백만장자 51명이 "상위 1% 부자 증세"를 요구하는 청원서를 주 의회에 제출했다고 보도했다. 이들이 제안한 "백만장자세"(Millionaires Tax)는 1년에 66만 5천 달러(약 7억 6천만 원) 이상을 벌어, 미국 소득 상위 1%에 들어가는 부자들이 대상이다. 그들은 이 청원서에서 이렇게 말했다고 한다. "뉴욕 주 도심 일부 지역의 아동 빈곤율이 절반이나 되고, 뉴욕 주 전역에 8만 명 이상의 노숙자가 있을 정도로 빈곤이 심각하다", "이것은 우리에게 매우 부끄러운 일이다." 이 "부끄러운 일"을 시정하기 위해, 소액 주주도 동등한 발언권을 가진 주주총회의 의결을 통해 최고 경영자 및 기업 임원들의 연봉을 결정하도록 법이 제정되어야 한다. 이 같은 주장이 영국, 독일을 위시한 몇몇 선진국에서 제기되고 있다.

성서는 곳곳에서 부의 공평한 나눔을 가르친다. 하나님이 주시는 만나와 메추라기는 모든 사람에게 똑같이 나누어져야 한다(출 16장). 레위기 25장의 희년은 종의 해방, 토지 소유권의 회복, 가난한 사람들에 대한 채권의 포기를 통한 부와 빈곤의 극심한 양극화 해소, 가난한 자들이 처한 절대 빈곤의 극복을 명령한다. 그러므로 희년은 "주의 은혜의 해"라 불린다. 구약의 전통에 따라 예수는 "주의 은혜의 해" 곧 희년을 선포한다(눅 4:19). 하나님 나라에 들어가려면 부를 나누어야 한다고 그는 가르친다(참조. 18:25). "너희 소유를 팔아서 자선을 베풀어라"(12:33), "네가 완전한 사람이 되려면, 가서 네 소유를 팔아서 가난한 사람에게 주어라. 그리하면 네가 하늘에서 보화를 차지하게 될 것이다"(마 19:21).

셋째, 교회와 그리스도인은 기업의 윤리 경영을 주장해야 한다. 기업의 문어발식 확장, 순환출자, 친인척 계열사에 일감 몰아주기, 근로자들의 과도한 초과근무, 협력업체나 체인점에 대한 횡포, 기업 간의 가격 담합, 최고 경영자의 회사 돈 사취, 소액 주식투자자를 무시하는 관행의 시정을 요구하며, 거의 매년 구조조정과 희망퇴직의 이름으로 이루어지는 근로자 해고의 비인간성을 지적해야 할 것이다.

거의 고전이 되다시피 한 아서 밀러의 희곡 "세일즈맨의 죽음"은 기업의 비윤리성을 다음과 같이 고발한다. 한때 유능한 세일즈맨이었던 윌리 로먼은 나이가 들어 출장이 부담스럽게 되자, 사장에게 출장을 다니지 않고 뉴욕 사무실에서 일할 수 있게 해 달라고 간청한다. "저는 이 회사에서 34년을 봉직했는데 지금은 보험금조차 낼 수 없는 형편입니다! 오렌지 속만 까먹고 껍질은 내다버리실 참입니까! 관심을 좀 기울여 주세요.… 1928년에 저는 큰 성공을 거두었어요. 주당 평균 커미션만 170달러에 달했으니까요." 이렇게 간곡한 애원에도 불구하고, 윌리는 34년간 열정을 바쳐 일한 직장에서 쫓겨나고 만다. 그는 아버지의 뒤를 이어 사장이 된 젊은 사장 하워드에게 회사의 이익을 달성하는 수단일 뿐, 그 이상의 아무런 의미도 갖지 못했던 것이다.

기업가에게 가장 중요한 윤리는 회사의 이익을 자기의 것으로 생각하지 않고, 모든 근로자가 참여하여 얻게 된 이익을 공동의 것으로 생각하며, 자신은 검소하게 생활하면서 기업의 이익을 기업 활동에 참여한 근로자들에게 공평하게 분배하여 기업의 사회적 책임을 성실히 감당하는 데 있다. 이와 동시에 법인카드의 사적인 사용, 각종 뇌물수수, 근무 태만, 회사 돈 횡령 등에 대한 근로자들의 윤리의식도 요청된다.

I. 사회, 문화, 자연의 영역을 위한 과제

1) 현대 자본주의는 자신의 힘으로 극복하기 어려운 한계에 도달한 것으로 보인다. 수천 억, 수조 원의 재산을 소유한 재벌 및 그들의 친인척들과 거리의 노숙자 사이의 경제적 차이는 자본주의의 마지막 한계를 드러낸다. 대물림 되는 부와 가난의 천문학적 차이와 사회 양극화 현상은 공동체에 대한 신뢰를 파괴하며, 가난한 민초들의 집단적 좌절 의식과 "원한사회"를 초래한다. 이들을 더 크게 분노시키는 것은 거대한 부를 소유한 재벌 계층과 통치권력이 눈에 보이지 않게 불의와 부패로 연결되어 있다는 점이다. 미국 국민 가운데 국회를 신뢰하는 비율은 8%에 불과하며, 행정부와 사법부에 대한 신뢰 역시 이보다 높지 않다고 한다(Die Zeit 2016. 6. 3. 19쪽). 한국의 현실도 이와 크게 다르지 않을 것이다.

한 마디로 재벌 계층과 통치권자들은 한 통속이라고 서민들은 생각한다. 서로 주고받는 관계 속에서 사회의 부와 힘은 이들에게 집중되고, 서민들은 벗어나기 어려운 "흙수저" 신세로 전락한다. 이에 대한 분노로 말미암아 예측할 수 없는 사회범죄와 자살이 끊임없이 일어난다. 이에 편승한 일부 정치인들은 세계화, 자유시장 경제질서, 국제적 유대관계와 약소국 지원, 이민과 난민 유입을 반대하고, 지역 이기주의, 민족주의, 인종차별주의를 직설적으로 외치면서 대중의 인기에 영합한다. 도덕성과 사회적 책임을 우습게 여기고, 더 많은 돈과 경제적 발전의 찬란한 미래를 약속한다. 대중들은 이에 열광한다. "이렇게 부패하고 타락할 바에야 차라리 이를 제거할 수 있는 독재자가 낫지 않을까?"라고 생각하는 사람들도 생긴다. 최악의 경우, "다 무너져봤자 나는 잃을 것도 없다"는 절망 속에서, 사회체제를 전복시키려는 폭력 행위가 터질 수도 있다. 칼 마르크스는 바로 이것이 자본주의의 미래라고 그의 『공산당 선언』에서 예언한다.

마르크스의 이 예언을 극복할 수 있는 길은 무엇일까? 어떻게 하면 우리는 모든 사람이 공존하는 사회를 이룰 수 있을까? 교회와 그리스도인이 정말 이웃을 사랑한다면, 이 문제를 진지하게 고민해야 할 것이다. 자유방임 시장경제와 사유재산의 무한한 확대의 문제성을 지적하고, 정의로운 조세정책과 정의로운 법질서를 요구해야 할 것이다. "부가 사회에서 창조적인 역할을 하느냐 파괴적인 역할을 하느냐를 결정하는 것은, 단순히 부를 축적하는 문제가 아니라 도덕적으로 부를 사용하느냐 그렇게 하지 않느냐"에 달려 있다. "사회적 갈등을 막는 유일한 해답은…부를 공평하게 나누어 사회적 평화의 기반을 마련하고자 하는 도덕적 성품"(Gilkey 2014, 209)에 있다는 사실을 특히 부유층에게 주지시켜야 할 것이다.

2) 세계화는 물질주의적 가치관의 세계화로 나타나기도 한다. 어디를 막론하고 현대사회는 물질주의적 가치관으로 팽배하다. 국경을 초월하여 활약하는 선진국의 대기업들이 이를 부추긴다. 이들은 대중의 소비문화를 부추겨 물질주의적 가치관을 확장시키며, 이를 통해 막대한 부를 챙긴다. 소비자들은 무비판적으로 이들의 유혹에 넘어가 물질주의적 가치관의 노예가 된다. 더 많은 소유, 허영과 사치, 자기 과시의 욕구에 사로잡힌다. 어떤 사람은 값비싼 명품을 백화점에서 훔친 다음, 사용하지도 않고 자기의 방에 가득 쌓아둔다. 벽에 시계를 가득 걸어둔 사람도 있다.

참 가치가 아닌 것을 참 가치로 생각하는 사회, 참하나님을 버리고 하나님 아닌 우상을 하나님으로 섬기는 사회에 대해 교회와 그리스도인들은 진정한 가치가 무엇인지를 보여주어야 한다. 참 가치는 그리스도의 자기 비움에 있다. 그리스도의 뒤를 따라 하나님 나라와 하나님의 정의를 이 땅 위에 세우는 삶에 있다. 교회 지붕에 세워놓은 십자가는 이를 시사한다. 참 가치는 그리스도의 십자가에 있다.

아들 블룸하르트에 의하면 "예수는 빈곤, 죄악, 비참함에 저항하신다"(Ragaz 1922, 60). 한편에서는 일가족이 경제적 고통 때문에 자살로 생을 마감하는데, 다른 한편에서는 천문학적 액수의 부를 소유한다. 이것은 사회적 죄악이요, 결국 부유한 사람들을 무가치한 사람으로 만든다. 그들이 추구하는 물질주의적 가치 때문에 그들의 인생이 무가치하게 된다. 부유한 사람이 가치 있는 사람이 되고 싶다면, 예수의 뒤를 따라 자기의 소유를 비워야 한다. 진정한 가치는 억대가 넘는 수입 승용차를 타고 최고급 호텔과 레스토랑을 들락거리는 데 있지 않다. 수억, 수천만 원짜리 다이아몬드 목걸이, 승용차, 시계, 핸드백 등 사람이 만든 우상은 우리를 구원할 수 없다(사 42:17; 57:13). 오히려 우상은 우리를 천박한 사람으로 만들고 우리 사회를 물질주의에 찌든 천박한 사회로 만든다는 사실을 유의해야 한다. 교회와 그리스도인들은 세상의 어려운 형제들과 공동체를 위해 헌신하는 데 있다는 사실을 증언해야 한다.

3) 세계화는 문화의 세계화로 나타나기도 한다. 영화, 연극, 오페라, 대중음악, 인터넷 게임 등이 범세계적으로 전달되어 인간의 의식과 삶에 깊은 영향을 준다. 이들 문화 현상에는 인간의 의식과 삶을 고양시키는 고급문화가 있는가 하면, 그것을 비하시키는 저급문화도 있다. "어쩌다 현대 미술관이라도 들어갈 경우 우리는 어떻게 폐차장에서 공수되어 해독할 수 없는 '조각품'으로 용접된 폐품들이 예술로 불릴 수 있는지 의문을" 품는 때도 있다(Mathews 2016, 166). 그릇된 가치관, 생명 경시, 삶의 무의미와 절망, 성적 타락과 자살을 부추기는 문화 현상도 있다. 교회와 그리스도인들은 "건강한 문화"는 장려하되, "병든 문화"를 거부하는 "문화 소비자운동"에 관심을 가질 수 있다(정종훈 2007, 77).

4) 세계화는 여성의 성의 상품화, 인신매매의 세계화로 나타나기도 한

다. 이슬람권에서는 여성의 외출과 사회적 활동의 제한은 물론 "여성할례"로 인하여 여성들이 생명을 잃어버리기도 한다. 인도, 카메룬 등지에서는 성폭력이 거의 상습화되어 있다. 이 같은 현상들은 남성 우월주의, 남성 중심의 의식구조와 결합되어 있다.

남성 중심과 여성 비하의 문화 속에서 교회와 그리스도인은 남성 중심주의의 문화를 극복하고 남녀평등의 문화를 구축해야 할 과제를 가진다. "남성과 여성 모두가 동일한 하나님의 형상임을 강조하며, 주종 관계나 종속 관계 또는 위계질서 속에서 남성과 여성을 볼 것이 아니라 평등한 관계 속에서 남성과 여성을 이해하는" 문화를 만들어가야 할 것이다(78). 먼저 교회 자체 안에 남녀평등의 문화가 실현되어야 할 것이다(보다 상세한 내용에 관해 아래 6. D. 참조).

5) 현대 과학기술은 모든 인류의 삶 속에 깊숙이 들어와 있다. 오늘날 그것은 세계의 운명을 결정할 수 있는 힘을 가진다. 그것은 인류의 삶에 유익을 줄 수도 있고, 인류의 생명과 온 세계를 파괴할 수도 있는 양면성을 지닌다. 인공지능도 마찬가지다. 그러므로 우리는 과학기술의 발전을 과학자들에게만 내맡길 수 없다. "왜 그러한 과학기술을 개발하려고 하는지, 개발하려는 과학기술이 인간에게 해악을 끼치는 것은 아닌지, 개발된 과학기술이 진정 인간에게 유익을 가져올 수 있는 것인지" 우리는 질문해야 한다(정종훈 2007, 79).

6) 세계화를 통하여 세계의 민족들은 하나의 운명 공동체가 되었다. 정치적·경제적·문화적 교류와 상호의존, 자연 생태계의 위기가 점점 더 심화되면서, 모든 민족은 한 배를 타고 가는 꼴이 되었다. 이 같은 세계 속에서 혈연, 지연, 민족, 인종 등에 근거한 "집단이기주의", "자기 문화에 대한 근거 없는 우월감과 함께 타문화를 무시하는 문화우월주의", "자신의 종교만이 참 진리고 다른 종교는 열등하거나 구원이 없는 종교"라고 주장하는 종교적 배타주의, 특정한 인종에 대한 인종차별주의는 세계 인류의 평화로운 공존을 파괴하고 갈등과 투쟁을 초래한다. 이에 정종훈은 교회

와 그리스도인들에게 각 민족의 특징, 지역과 문화, 종교와 인종의 다양성을 인정하고 평화로운 "공존을 추구하는 세계윤리 구상의 과제"를 이행할 것을 주장한다(79).

7) 세계화는 자연의 오염과 파괴의 세계화, 이로 말미암은 지구 온난화, 자연 재난의 세계화로 나타나기도 한다. 이로 인해 자연의 생물은 물론 이제 인간 자신의 생명이 죽음의 위험 속에 있다. 이 위험은 국경을 초월한다. 이 같은 현실 속에서 교회와 그리스도인은 자연의 영역 속에서도 하나님 나라가 이루어지는 데 관심을 가져야 할 것이다.

전현식의 생태신학적 교회관은 오늘의 위기 상황을 극복하기 위한 교회의 사명을 제시한다. 교회는 억압당하는 여성과 생태계를 해방하는 "생태 해방 공동체", 창조 세계에 대한 "청지기적 책임"과 "생태 정의"를 수행하는 "하나님의 집", "모든 구성원들의 복지"와 "부족한 자원의 분배와 지구의 지속가능성"에 대해 관심을 갖는 "생태 경제 교회", 그리스도의 몸으로 이 세상에 오신 "하나님의 그리스도적 현존과 활동"을 체현하는 "성육신 교회"가 되어야 한다(전현식 2009, 465 이하). 이를 위해 필요한 자연 인식의 몇 가지 유의할 점을 제시한다면,

a. 자연의 세계는 생명이 없고, 또 언어가 없는 물질 덩어리가 아니다. 그 속에는 자신의 고유한 삶의 질서와 법칙이 있고, 자신의 고유한 언어와 삶의 지혜가 있는 하나의 생명체다. 숲속의 참새도 그들 자신의 언어를 가진다.

b. 자연은 인간의 소유가 아니다. "인간은 세계를 관리하는 청지기이지 결코 세계가 인간의 것은 아니다". 따라서 자연은 그 자체로서 존엄성을 가진다. "인간에게 인권이 있듯이 자연에게는 자연의 권리가 있다"(김명용 1997, 197-198). "인간만이 가치와 존엄성과 생명의 권리를 가진다고 생각하는 것은 인간의 오만에 불과하다"(곽혜원 2008).

c. 인간이 세계의 중심이 아니라 하나님이 세계의 중심이다. "만물의 척도"는 하나님이다. 물론 인간이 자연의 운명을 결정할 수 있는 힘을 가

지고 있음은 사실이다. 그러나 인간은 결국 "자연 안에" 있는 자연의 일부이다. 그의 몸 안에 이미 자연이 들어와 있다. 그러므로 자연은 인간 없이 살 수 있지만, 인간은 자연 없이 살 수 없다. 자연의 운명은 인간 자신의 운명과 직결된다. 자연에게 선을 행하면, 자신의 몸에 선이 돌아오고, 악을 행하면, 악이 돌아온다. "사람은 무엇으로 심든지, 심는 대로 거둘 것이다"(갈 6:7).

    d. 화석 에너지는 점차 자연 에너지로 대체되어야 한다. 원자력 에너지는 언젠가 대재앙을 초래할 수 있다. 개인과 산업시설의 에너지 절약은 물론, 전투기와 미사일 등을 동원하여 진행하는 대형 군사훈련으로 인한 대기오염에 대해서도 관심을 가져야 할 것이다.

    e. 어떤 학자는, 오늘의 생태학적 위기에 대한 책임은 현대의 과학기술에 있다고 말한다. 그러나 "자연파괴는 과학기술이 아니라 인간의 잘못 때문에 일어난다. 근본적으로는 인간의 탐욕이 원인이다"(이오갑 2015, 63). 아무리 많이 소유해도 만족할 줄 모르는 인간의 탐욕이 가장 근본적 문제다. 교회와 그리스도인들은 이 문제를 어떻게 해결할 수 있는가를 고민해야 할 것이다.

    성서는 곳곳에서 자연의 구원에 대한 비전을 제시한다. "광야와 메마른 땅이 기뻐하며, 사막이 백합화처럼 피어 즐거워할 것이다.…"(사 35:1-7). "새 하늘과 새 땅", "새 예루살렘"에 대한 요한계시록의 말씀도 자연을 포함한 하나님의 보편적 구원에 대한 비전을 제시한다(Middleton 2015, 233-257 참조).

    f. 모든 세대는 과거 세대와 미래 세대의 연결고리 속에 있다. 자연의 세계는 이 모든 세대를 위해 주어진 것이지, 오늘 우리의 세대만을 위해 주어진 것이 아니다. 그러므로 우리 세대는 다음 세대들이 살 수 있는 깨끗한 자연환경을 넘겨주어야 한다. 천연자원이 마치 우리 세대만을 위해 있는 것처럼 그것을 마음껏 소비해서는 안 된다. 또 현재 세대는 장차 올 세대에게 과도한 빚을 넘겨주어서도 안 된다.

요한복음이 말하는 빛과 어두움, 영과 육은 단순히 고대의 이원론적 개념이 아니라 오늘 우리 세계의 현실을 묘사한다. 오늘날 우리의 세계는 빛과 어두움, 영과 육의 세력이 대결하는 장(場)이다. 어둠의 세력은 인간의 이기주의와 탐욕, 도덕적 부패와 타락과 방탕, 타(他)를 거부하는 자기중심주의, 자본주의적 신식민주의, 군사주의, 팽창주의, 육적 쾌락주의 등 다양한 형태로 나타난다. 교회와 그리스도인은 이러한 어둠의 세력에 맞서 하나님의 빛을 증언해야 한다.

지금까지 우리는 교회가 감당해야 할 사명과 과제를 고찰하였다. 그런데 이 사명과 과제는 개교회의 능력에 비추어 너무도 방대하다. 그럼 우리는 어떻게 해야 하는가? 이 문제에 대해 이어지는 6장 마지막 부분에서 살펴보고자 한다.

6
민족 공동체에 대한 교회의 사명

사도신경은 교회를 가리켜 "거룩한 보편적 교회"(*sancta ecclesia katholica*)라 고백한다. "보편적 교회"란 온 땅 위에 있는 교회 전체, 곧 "그리스도의 몸"을 가리킨다. 땅 위에 있는 모든 교회는 그리스도의 몸의 지체들이다. 그런데 그리스도의 몸의 지체로서 교회는 언제나 특수한 민족 공동체 안에 있다. 현실적으로 민족 공동체를 떠난 교회는 어디에도 없다.

일반적으로 기독교 신학은 인간의 생명과 세계와 자연에 대한 교회의 책임과 사명에 관해서는 말하지만, 민족 공동체에 대한 책임과 사명에 관해서는 거의 말하지 않는다. 한국교회사 분야를 제외한 대부분의 신학 영역들은 "민족"이란 개념 자체를 금기시하는 경향을 띤다. "민족"에 관해 말할 때 "민족주의자"라는 의심을 받을 수 있기 때문이다.

현대사에서 그 원인은 히틀러의 나치 정권과 제2차 세계대전에 대한 독일 교회의 경험에 있다. 20세기 초 독일 중부 튀링언(Thüringen) 지역에서 생성된 "독일 그리스도인 운동"(Glaubensbewegung Deutsche Christen)은 독일 민족주의, 인종차별주의, 반유대주의를 주장하는 히틀러에 대한 지지 운동을 대대적으로 일으켰다. 그러나 마지막 결과는 민족을 달리하는,

그러나 동일한 신앙을 지닌 그리스도인들끼리 서로를 죽인 제2차 세계대전과 600만 명에 달하는 유대인 학살이었다(추태화 2012, 74 이하). 이를 계기로 "민족" 혹은 "민족주의"는 개신교회 신학에서 더는 말해서는 안 될 하나의 터부와 같은 것으로 간주된다.

그러나 자기가 속한 민족 공동체에 대한 교회의 책임과 사명을 외면하는 것은 타당하지 않다. 특히 이스라엘처럼 언제 강대국의 침략을 받을지 모르는 약소국의 경우, 신학은 민족 공동체에 대한 교회의 사명을 이야기해야 한다. 자기가 속해 있는 공동체의 운명을 외면하면서 세계에 대한 교회의 사명을 이야기하는 것은 모순이다.

한국의 역사는 전체적으로 외침의 역사라 말할 정도로 끊임없이 크고 작은 침략을 당하였다. 전란으로 인해 많은 건축 문화재가 소실되었고, 현재 남아 있는 것은 대부분 복원된 것이다. 경주 불국사도 복원물에 불과하다. 가장 대표적 외침은 6년에 걸친 임진왜란과 정유재란(1592-1598)이다. 임진왜란 때 일본에 끌려간 조선 도공들을 통해 일본은 뛰어난 도자기 문화를 일으켜 문화국가로 도약하였다. 1636년 병자호란 때 조선 왕 인조는 청나라 황제에 대한 항례(降禮)의 표시로 청나라 장수 앞에서 삼배구고두례(三拜九敲頭禮, 한번 절할 때 세 번 머리를 땅바닥에 부딪치는 것을 세 번 하는 것)를 해야만 하는 수욕을 당하였다.

1910년부터 1945년까지 35년에 걸친 일본 식민통치는 한 마디로 억압과 착취와 치욕의 역사였다. 토지조사로 땅을 빼앗긴 농민들이 정든 고향을 버리고 만주와 연해주로 떠나야 했고, 학병, 강제징용, 종군 위안부로 끌려간 수많은 한국인이 희생을 당하였다. 1923년 9월 1일 관동대지진 때에는 6천 명 이상의 한국인이 "조선인이 방화하였다", "우물에 독약을 집어넣었다"는 등의 누명을 쓰고 일본 군경과 자경단에 의해 학살당하였다. 지금도 일본은 미국에 의한 원폭 피해는 대대적으로 선전하지만, 자신이 행한 만행은 오히려 "현대화를 위한 도움"으로 미화하고 있다.

을사늑약 7개월 전인 1905년 4월 4일 인천항에서 1,033명의 한인이 4

년 계약으로 멕시코 행 배에 몸을 실었다. 도착 직후 그들은 농장주들에게 노예 취급을 당하였다. 그들은 토굴 등에 살면서 할당량을 채우지 못하면 굶고 채찍으로 맞았다. 계약 기간이 끝났지만 일제 치하에 들어간 조국으로 귀국하는 것이 허용되지 않자, 현지에 정착해 살면서 독립군을 양성하고 군자금을 보냈다고 한다.

일제의 압박과 착취를 견디지 못해 연해주로 이주한 30여만 명의 고려인들은 1937년 9월 스탈린의 지령에 의해 시베리아 횡단열차를 타고 약 6,000Km 떨어진 중앙아시아로 강제 이주를 당하였다. 그들에게 제공된 기차는 객차가 아니라 우마차나 화물을 싣는 화차(貨車)로, 나무판자를 덧이어서 만든 것이었다. 그 안에는 앉을 수 있는 의자, 난방장치, 취사시설은 물론 화장실마저 없었다. 20여일의 이동 기간 중 약 10만 명이 굶주림과 추위로 죽었다고 한다. 달리는 화차에서 장례식을 치를 수 없어, 시체는 기찻길 옆으로 버려질 수밖에 없었다. 목적지에 도착했을 때 숙소가 마련되어 있지 않았다. 그래서 이들은 땅바닥에 토굴을 파거나, 갈대와 나뭇가지를 이어 움막을 지어 월동을 하였다. 월동 중에 또 많은 사람들이 죽었다고 한다. 그 후 살아남은 한인들은 근면한 민족성을 발휘하여 성공한 소수 민족이 되었으나, 소련이 붕괴되면서 50만 고려인은 다시 유라시아 대륙을 떠도는 신세가 되었다.

1950년에서 1953년 사이에 일어난 6.25전쟁은 사실상 미국 대 소련·중국의 대리전이었다. 수백만 명이 죽음을 당하였고, 수많은 어린이들이 전쟁고아가 되었다. 가난과 굶주림을 견디지 못한 많은 여성들이 윤락가로 내몰렸고, 많은 가족들이 이산가족이 되었다. 한반도는 지금도 정전(停戰)이 아닌 휴전(休戰) 상태에 있으며, 연로한 이산가족들은 고향과 혈육에 대한 그리움 속에서 세상을 떠나고 있다.

교회와 그리스도인이 그리스도의 뒤를 따라 "세상을 위한 책임적 존재"가 되어야 한다면, 먼저 비극의 역사를 걸어온 이 작은 민족 공동체에 대한 "책임적 존재"가 되어야 할 것이다. 그들의 이웃 사랑은 수난의 민족 공동체에 대한 사랑으로 나타나야 할 것이다.

이오갑은 "강대국들의 민족주의는 위험하기 짝이 없다"고 서술한다. 그것은 약소민족에 대한 횡포와 침략으로 발전할 수 있기 때문이다. "그러나 강대국들의 경제적·문화적 침입에 맞서야 하는 상황이라면, 때로 직접적인 군사적 침략에 맞서야 한다면, 강한 민족의식과 주체의식이 있어야 한다. 그래야 강자들 앞에서 자신을 지키고 살아남을 수 있다"(이오갑 2015, 35).

A. 민족과 운명을 같이한 초기 한국교회

한국교회는 선교 초기부터 자신의 민족 공동체에 대해 책임을 지는 존재였다고 많은 교회사가들이 이야기한다. 김재준에 의하면, 기독교 선교 초기의 한국교회는 민족의 계몽과 국가의 회복을 위한 온상이 되었다. "1898년 조선말의 독립협회 주요 인물들인 서재필, 이상재, 남궁억, 윤치호, 이승만 등이 개혁과 그리스도인이었다." 이병도 박사의 『국사대관』 547면에는 다음과 같이 기록되어 있다. "독립협회의 중심 인물은 대개 진보적 자유주의 사상을 가진 영미 계통의 신교도 혹은 그 감화를 입은 이로 국가의 독립, 민족의 자립을 위한 사회운동, 정치운동과 자유주의적 혁명에서 자유적이고 독자적인 사상을 표명하여 자못 인기를 끌게 되고 많은 우수한 회원을 맞이하게 되었다"(김재준 2014, 471).

전병호에 의하면 "1894년 동학혁명이 실패로 돌아가자 상당수의 동학 교도들이 기독교로 개종"하였다. 그 원인은 "기독교의 교리가 자기들의 교리인 인시천(人是天), 사인여천(事人如天), 인시평등(人是平等), 차별철폐, 인상무인, 인하무인 등 다르지 않다고" 보았기 때문이었다(전병호 2015, 2440).

1910년 8월 29일 이후 일제 강점기에 한국교회는 저항운동의 중심이 되었다. "조선이 일본 제국주의의 강점으로 나라를 잃게 되는 마당에 있어서 기독교는 조국의 자주 독립과 민족의 해방과 자유를 위한 정신적 무기이며 교회는 그 정치 활동의 마당이 되었던 것이다"(서광선 2014, 323). 이장식에 의하면 "한국 초대 기독교의 기적적인 선교 성취의 두 가지 요인은 한국교회의 신앙과 애국심이었다"(이장식 2014, 11).

1919년에 일어난 3.1 만세운동의 중심이 된 것은 전국적 조직과 연락망을 구축한 교회였다. 독립선언문에 서명한 33명의 대표 가운데 16명이 그리스도인이었다. "1919년 3.1 운동에서 독립선언의 내용·정신·태도에 그리스도교적인 윤리가 다분히 반영되어 있다는 것은 각설하고라도 그 운동을 전개하는 데 주동적인 역할을 한 사람이 그리스도교인들이었다는 것은 사실이다. 그리고 천도교, 불교 등에서 동참동고(同參同苦)했지만, 그들의 민간 조직체가 교회와 같이 전국적으로 민중 속에 침투되지 못했기 때문에 각 지방에서 주로 교회가 그 운동의 기점이 되었다. 대외적인 선전의 차원에서 선교사의 공헌도 컸다. 특히 캐나다 선교사 스코필드 박사, 전 숭실대 학장으로 있던 매쿤 박사 같은 이는 드러나게 협력해준 인물들이었다"(김재준 2014, 473).

1918년에 평북노회로부터 분립한 의산(義産) 노회의 보고에 의하면 다음과 같다. "1919년(己未) 3월1일에 전 조선적으로 인심이 일전하여 ○○을(독립을) 선언하고 만세를 병창하다. 대저 차사(此事)는 전 조선민족이 동일한 사상과 동일한 기분으로 협력 공진한 것인데 특히 교회가 운동에 중심으로 착고되어 교역자와 유직자와 평신도에 이르기까지 혹 재감하고 혹 복역하며 혹 횡사하고 혹 유리하며 혹 거국(去國)하여 고통과 비운을 당한 자가 부지기수요, 또 각처에 예배당이 피소(被燒)한 곳 역시 불소(不少)하더라"(한국교회사학회 편 1968, 364).

1919년 3.1 운동을 계기로 일제는 무단정치의 한계를 인식하였다. 그리하여 동년 8월 12일에 사이토 해군 제독을 새 총독으로 임명하고 "문화정치"로 선회하였다. 헌병경찰 제도를 폐지하고 보통경찰 제도를 도입하였고, 약간의 출판과 언론의 자유를 허용하여 "동아일보", "서울", "개벽" 등의 잡지가 출판되었다. 사립중학교 설립이 인가되고, 1922년과 1923년 사립학교법 개정에 의해 학교에서 한글 교육이 부활하고 한글 사용이 재개되었다.

그러나 일본 군부가 일본의 정치권을 장악하면서 한국에 대한 문화정치는 무단정치로 급선회하였다. 1919년에서 1927년까지 조선 총독으로서 문화정치를 실시한 사이토 자작은 "그 후에는 일본 수상이 되었으나 나중에는 강력한 반 군부 인사가 되었다. 사이토 씨는 1934년 7월 3일 그의 각료 중 한 사람이 금전 스캔들에 관련되어 체포되자 수상직을 사임했고 1936년 2월 26일 암살되었다. 동경 주둔의 육군 2개 연대에서 자행한 저명한 정치가들에 대한 많은 암살 중 하나였다"(홀 2014, 695).

이 같은 역사 속에서 "한국교회는 민족주의, 자유 독립 운동자들의 은신처 또는 온상의 구실을 해왔다. 이동휘 선생 같은 이는 매서인(賣書人)을 겸한 순회 전도사가 되어 함경 남북과 간도, 연해주 등지를 전전하며 전도 겸 독립 운동에 종사하였고, 여운형 씨도 일시 승동교회 전도사로 지냈으며, 3.1운동 직후의 한국교회 강단에서 가장 총애를 받은 설교 본문은 주로 출애굽기에서 나왔다.…그리고 기독교청년회를 중심으로 이상재 옹, 윤치호 선생, 신흥후 박사 등이 대내외로 미래의 민주 대한을 위하여 숨은 유산이" 되었다(김재준 2014, 473 이하). "신앙과 나라 사랑이 이들에게는 이신동체(二身同體)였다"(임희국 2015, 240).

그 가운데 또 한 사람의 대표적 인물은 남강 이승훈(1864-1930) 장로다. 1864년 3월 25일 평북 정주에서 태어난 그는 근면함과 뛰어난 사업 수완을 통해 거상(巨商)이 되었다. 그러나 일제의 경제적 침략에 맞서다 사업에 실패한 그는, 1907년 평양에 왔다가, "나라가 없고서 한 집과 한 몸이 있을 수 없고, 민족이 천대받을 때 나 혼자만 영광을 누릴 수는 없소"라는 도산 안창호의 연설에 깊은 감명을 받고 도산의 신민회에 참여하여 민족 독립과 후세 교육에 헌신한다.

1910년 8월 29일 조선이 "한일병합" 체결로 주권을 강탈당한 지 한 달 뒤에 기독교로 개종한 이승훈의 가장 큰 공적은 1919년 3.1 만세운동이다.

그는 이 운동을 성사시키기 위해 "1919년 2월 10일부터 28일까지 19일 동안 서울과 평양, 선천을 오가며 총 24차례의 회합을" 통해, 민족 대표를 규합한다. "길선주 목사가 신병을 이유로 민족 대표로의 참여를 고사할 때는 '이름만이라도 서명하자'고 매달렸고, 천도교와 교의가 다른 것을 내세워 참여를 망설이는 목사들에게는 '나라 없는 놈이 어떻게 천당에 가! 백성들이 모두 지옥에 있는데 당신들만 천당에서 아래를 내려다보고 있을 거냐'고 호통을 쳤다"(김형석 2015, 166). 3.1운동으로 인해 그는 세 번째 징역형으로 3년형을 선고받고 옥고를 치른 후, 1930년 5월 9일 66세의 일기로 세상을 떠난다.

우리는 하나님 신앙과 민족 공동체에 대한 책임이 결합되는 사례를 성서에서도 발견한다. 구약의 모세와 예언자들이 그 대표자들이다. 지상의 예수 역시 먼저 자신의 민족 공동체 안에 하나님 나라를 앞당겨 오고자 하였다. "지상의 예수의 파송은 이스라엘 민족, 곧 과거의 모든 계약의 백성을 향한 것이었다"(Pannenberg 1993, 41). 세계 선교에 일생을 바친 바울도 자기 민족의 구원에 대한 희망을 포기하지 않는다(참조. 롬 11:31; 행 28:20).

본회퍼는 자신의 민족 공동체에 대한 책임을 다한 현대 신학계의 대표적 인물이다. 1939년 미국으로 건너간 본회퍼는 미국에서 교수 생활을 하라는 니버(R. Niebuhr)의 권유를 뿌리치고 전운이 감도는 독일로 돌아와 결국 교수형을 당하였다. 독일이 연합군에 항복하자 독일 교회는 즉시 "죄의 고백"을 함으로써 민족 공동체에 대한 책임을 감당하였다.

필자는 한국의 민족 공동체에 대한 뜨거운 관심을 2015년 7월 29일 새물결플러스 출판사 대표 김요한 목사의 "정기 독자님께 보낸 서신"에서 읽을 수 있었다.

저는 오래 전부터 오직 한 가지 화두만을 생각하고 있습니다. 바로 우리 자녀들의 미래입니다. 이 땅의 청년들과 청소년들이 행복하고 당당하게 살아가는 세상을 만드는 것, 오직 그것 하나만을 생각하고 있습니다. 모든 부모 세대는 자신들의 자녀 세대가 지금보다 더 나은 세상에서 살 수 있게 해주고 싶은 소망을 갖고 있습니다.…그러나 지금 이 땅의 다음 세대의 현실은 매우 끔찍하고 처참합니다. 오죽하면 얼마 전 어느 청년들이 이 나라에서 살아가는 젊은이들의 현실을 빗대어 '헬조선'(지옥같은 나라)이라는 표현을 사용하였겠습니까?

우리나라가 왜 이렇게 되었을까요? 저는 기성세대의 세속적 욕망, 즉 탐욕과 정의감의 상실이 가장 큰 원인이라고 생각합니다. 또 정실주의, 가족 이기주의 같은 문제도 빼놓을 수 없을 것입니다. 현세에서의 성공을 우상으로 삼고 숭배한 결과, 그 현세에서의 삶이 이 나라를 지옥 같은 수렁으로 만들어버린 것입니다.

그래서 저는 저의 남은 삶을 어떤 식이로든 이 나라의 상식을 회복하고 정의를 다시 일으켜 세우며 사회적 약자들이 보호받을 수 있는 세상을 만드는 일에, 그리고 교회가 교회다워지는 일에 헌신해야겠다는 다짐을 하곤 합니다. 그 길만이 우리 자녀들에게 행복하고 당당한 세상을 물려줄 수 있기 때문입니다. 그리고 그런 나라가 만들어져야 비로소 하나님께서 우리 민족에게 남북통일뿐 아니라 동아시아의 화해와 상생을 위한 기회들을 주실 것이라고 믿기 때문입니다.

서정민에 의하면 "그리스도교가 민족과 동류(同流)하거나 민족의 가치에 몰두하는 것 자체는 긍정적으로 평가할 수 없다." 그러나 "민족이 자신의 나라를 잃고, 특히 부당한 외세에 억압되어 고난의 상황에 처해 있을 때는 경우가 좀 다르다. 즉 민족 그 자체의 이름이 핍박을 받는 수탈 대상 공동체의 모습으로 존재하는 상황을 의미한다. 외세 침략, 특히 일본 제국주의에 의한 식민지 상황에서 한민족이 겪은 역사가 그것이다." 당시 "민족의 고난과 그리스도인의 존재 정체성을 일치시키는"(서정민 2014, 189) 길을 걸었던 한국교회의 역사는 자기가 속한 민족 공동체에 대한 교회의 책임성을 보여준다.

B. 민족 공동체의 역사에 대한 교회의 사명

"내 고생도 말 못하지만 자식들 굶긴 게 제일 힘들었어. 일 갔다 오면 갸들이 쪼그리고 앉아서 굶고 있고…." 경남 밀양이 고향인 박 할머니는 열네 살 때 아버지를 잃고 열일곱 살 때인 1941년 위안부로 끌려갔다. 큰 오빠가 보증을 잘못 서 집이 남의 손에 넘어갔을 때다. 가족들이 망연자실해 있을 때 할머니는 "바느질 공장에서 사람을 구한다"는 얘길 들었다. "한 동무가 바느질 공장에서 사람을 찾는다는데 거기 가자해서 갔지. 동무들이 다 가니까 나도 따라 갔지.…역전에 갔는데 무서워서 나는 아니 가겠다고 했는데 안 들어줘. 여자들이 다 벌벌 떨고 있고…"

기차와 트럭을 타고 할머니가 도착한 '공장'은 중국 헤이룽장성의 군부대였다. "여기가 뭐하는 곳인지 몰라 집으로 가겠다고 하니까 누가 '이게 공장이다'라고 하면서 발로 걷어차고…" 그렇게 할머니는 위안부로 4년을 생활했다. "그때 언은 허리 병 때문에 지금도 허리가 끊어질라카지. 그때 조선 여자들이랑 모여서 많이 울었다. 주인한테 맞은 거 생각하면 지금도 움찔하고…"

"해방되자 일본 사람들이 다 없어지고 소련 군대가 막 내려와. 동무들이랑 피란한다고 차에 탔는데 앞차에 포탄이 떨어지니까 사람이 다 죽었어. 내가 눈앞이 아찔해서 얼른 차에서 내려 막 뛰었어. 그 길로 헤어져 동무들이 다 어디 갔는지 모르지." 폭격을 피해 산속을 헤매다 박 할머니는 인근 마을에 정착했다. 이웃의 노부부가 "지금 조선에 가면 살기 어려우니 이곳에서 살라"고 권유하면서다. 헤이룽장성 무링, 이곳이 할머니의 제2의 고향이 됐다. 그래서 해방 후 국적도 얻지 못했다.

이듬해 상처한 남자와 결혼한 할머니는 한동안 그럭저럭 살며 세 자녀도 낳았다. 하지만 불행은 쉽게 비켜 가지 않았다. "내 얼마 잘 지내다가 우리 영감이 눈이 아니 보인다고 해 수술을 몇 번 하더니 상사 났어(죽었어). 그래 노니까 먹을 게 없어서 내가 대대(마을협동농장)에서 일했는데 3년 만에 큰아들이 아프기 시작해 10년을 앓다가 죽었어. 아파 노니까 병원비도 없고 빚이 늘고…. 둘째 아들이 죽을 고생을 했는데도 안 되는 기라."

고향을 떠난 지 60년 만인 2001년 할머니는 가족을 찾기로 했다. "둘째 아들이 '왜 엄마는 가족을 안 찾느냐'고 했어. 그래서 내가 마음 아파하다가 방송국에서 내가 아니 말하고 살았는 (위안부로서) 고통받은 걸 말하고 가족 좀 찾아달라고 했지."

한국으로 돌아와 밀양에서 살고 있던 동생을 만났다. 할머니가 사망한 것으로 돼 있던 호적을 되살리고 한국 국적도 취득했다. 그때부터 14년째 나눔의 집에서 살고 있다. 할머니에게 제일 힘든 게 뭔지를 물었다. "중국에 있는 자식들이 멀어서 못 오니까 안타깝고 보고 싶고 그렇지.…중국에 끌려간 거는 내가 복이 없어서 그런 건데, 자식들을 배곯게 한 거는 내 잘못이니까 그런 생각하면 자꾸 미안하고…"(중앙일보 2015. 9. 17. 20쪽).

이 이야기는 위안부로 끌려갔다가 간신히 목숨을 구한 박옥선 할머니의 실화다. 지면을 좀 차지하지만, 민초들의 생생한 증언을 좀 더 들어보기로 하자.

그때 저희는 짚신에, 변변한 옷 한 벌이 없을 정도로 궁핍한 생활을 해야 했습니다.…게다가 당시에는 한국인 학교에서도 한국말을 전혀 쓸 수 없었습니다. 월요일부터 토요일까지 하루에 하나씩 빨간 카드를 총 6개 주는데 한국어를 한 마디라도 하면 친구한테 하나를 뺏깁니다. 6개를 다 뺏기면 벌칙으로 그 다음 일주일 동안 화장실 청소를 해야 하고요. 그러다 보니 할 말이 있어도 일본어로 바꿔 생각하기가 번거로워 아예 말을 하지 않게 되었죠.…

일본인들이 아무 때고 동네를 돌아다니며 식량이나 식기들을 가져가는 일도 많았습니다. 그래서 엄마들은 아이를 낳으면 미음을 끓여 먹이려고 부엌 바닥에 땅을 파서 쌀을 푼 단지를 묻고 그 위를 다시 나무로 덮어놓아요. 일본인들이 긴 칼을 차고 다니며 여기저기 찔러보다가 소리가 나는 곳이 있으면 거기를 뒤져서 나오는 쌀을 전부 가져갔기 때문이죠. 그렇게 나라 잃은 설움을 고스란히 느끼며 자랐습니다(김순례 2015, 72-73).

일본은 우리가 농사지어놓은 곡식을 마음대로 빼앗아갔습니다. 집마다 일정량을 할당해주고 곡식을 공출해간 것입니다. 게다가 아무 집이고 무작정 쳐들어가 가져갈 게 없는지 집안을 함부로 뒤지곤 했어요. 그렇게 빼앗은 곡식은 모두 일본에 보내고 우리더러는 산에 가서 머루나 넝쿨, 송진 등을 따게 했습니다. 그뿐만이 아닙니다. 살림살이를 뒤져서 놋그릇 같은 것을 보면 죄다 가져가 버렸습니다.…어떤 때는 일본군을 피해 가족들 모두가 굴속으로 숨기도 했습니다. 당시에 여자들이 결혼을 빨리한 것도 다 일본군 때문이었습니다. 일본이 군위안부로 젊은 처녀들을 강제로 데려갔기 때문이죠(김금순 2015, 96-97).

필자는 수십 년 동안 교회 생활을 했지만, 교회에서 한번도 이런 실화를 들은 적이 없다. 중·고등학교와 대학의 역사 강의에서도 듣지 못했다. 신학교육도 구약의 역사와 교회의 역사는 자세히 가르치지만, 한국 민족의 역사에 대해서는 별로 관심을 갖지 않는다. 유명한 영화감독 스필버그는 나치의 홀로코스트를 고발하는 영화 "쉰들러 리스트"를 제작하고, 중국의 장이머우 감독은 무려 1천억 원의 제작비를 들여 1938년의 난징 대학살을 영화로 제작하여, 자기 민족의 고난의 역사를 전 세계에 알렸다. 그러나 한국에서는 일제의 강제 위안부, 학도병 강제징병, 노무자 강제징용 등 우리 민족의 고난의 역사에 관한 영화가 최근에야 몇 편 발표된 정도다. 더욱이 그러한 영화들은 큰 관심의 대상이 되지 못했다. 그만큼 우리는 우리 자신의 역사를 망각한 채 살아왔다. 가난 때문이기도 하지만, 중요한 내적 원인은 민족의식과 역사의식이 없는 친일분자들과 그 후손들이 해방 이후 한국의 통치자가 되었기 때문으로 보인다.

위에서 우리는 하나님 나라를 확장해야 할 교회의 사명을 고찰하였다. 이러한 교회의 사명은 민족 공동체에도 해당한다. 민족 공동체를 위한 한국교회의 몇 가지 사명을 제시한다면, 먼저 한국인의 역사망각증을 극복하는 것이 중요하다고 생각된다. "역사성이 없는 교회에는 미래가 없다"(김형석 2015, 210). 흔히 말하는 바와 같이, 자기의 역사를 망각한 백성은 현재를 바로 보지 못하며 미래에 대한 사명감도 느끼지 못한다. 과거의 역사를 기억할 때, 우리는 과거의 실패를 반복하지 않고 미래의 역사에 대한 사명감을 느낄 수 있다. 또 억울한 고난과 죽음을 당한 조상들을 기억하는 것은 후손들이 지켜야 할 최소한의 의무와 예의에 속한다.

구약의 역사 기록, 특히 신명기 역사서는 모세의 출애굽에서 시작하여 가나안 점령과 12지파의 영토 분할, 왕조의 건설과 분열, 앗시리아와 바빌론에 의한 국가의 몰락에 이르기까지 이스라엘 민족의 역사를 자세히 기록하여 후대에 남긴다. 이 역사는 신명기, 여호수아, 사무엘서, 열왕기서에 기록되어 있다.

포로기 예언서들도 민족 공동체의 역사를 남기기 위해 노력한다. 남북 왕조가 몰락하게 된 원인, 포로 생활에서 귀국한 자손들의 계보와 숫자, 하나님의 계약에 서명한 사람들의 이름, 제사장 가문의 우두머리들의 이름 등을 상세히 기록한다(스 2:1-65; 느 7:7-59; 10:1-27; 12:12-21). 중요한 인물들의 가계를 자세히 열거하기도 한다(스 7:1-5). 민족의 역사를 이어가기 위해 그들은 성전을 재건축하고 율법을 강화한다.

이 같은 성서의 전통에 따라 한국교회는 자신이 속한 민족 공동체의 역사의식의 회복에 관심해야 할 것이다. 우리가 "왜놈"이라고 부르던 "그들의 침략과 지배를 받던 쓰라린 역사를 생각"함으로써, 이 민족 공동체가 일본이나 중국에 강점당하는 일을 막아야 한다(이오갑 2015, 34). 이를 위해 우리는 아래에 기술된 몇 가지 사항을 제안할 수 있다.

1) 1945년 8.15 해방은 이스라엘 백성의 출애굽 해방에 맞먹는 중요한 역사적 사건이다. 그것은 한국민족이 일본에 동화되어 사라져버릴 위기에서 다시 살아난 사건이라 말할 수 있다. 그러나 대부분의 사람들은 이날을 그저 하루 쉬는 날로 여긴다. 어떻게 해서 1910년 일본에게 나라를 빼앗기게 되었는지, 35년 동안 어떤 치욕을 당했는지, 우리의 조상들이 해방을

위해 어떻게 싸웠는지, 8.15 해방이 어떤 의미를 가지는지에 대해 가정에서는 물론 교회에서도 침묵한다. 언론 보도에 따르면 많은 학생들이 이 날이 무슨 날인지조차 잘 모른다고 한다.

교회는 이 같은 역사 망각증을 극복하고 우리 민족이 "역사가 있는 민족"이 되도록 하는 데 앞장서야 한다. 1909년 봄, 조선의 친일파 송병준이 은밀하게 일본으로 건너가 당시의 수상이었던 가츠라에게 조선과 일본의 합병을 건의하고 "그 비용으로 1억 엔이 필요하다"고 흥정하자, "가츠라는 1억 엔에 조선을 사는 것은 너무 비싸니 값을 그 반으로 깎자고" 고집했다. 그러나 실제로 한국을 병합할 때는 "삼천리에 이르는 땅덩어리"와 "천만의 인구"를 오천만 엔에도 훨씬 못 미치는 삼천만 엔에 사들인 이 기막힌 역사적 사실을 우리는 우리의 후손들이 기억하도록 해야 한다(최인호 2003, 226).

2) 최소한 3.1절과 8.15 해방 기념일에는 교회 연합 기념예배를 드릴 것을 제안한다. 8.15 해방과 함께 남한과 북한이 분단되었기 때문에, 8.15 해방 기념예배는 통일을 위한 기도회와 함께 이루어질 수 있다. 전국 규모의 연합예배도 필요하지만, 여러 교단의 지역교회들이 연합하여 지역별 기념예배를 드리는 것도 좋겠다. 지역별 기념예배를 통해 그 지역의 그리스도인들이 교파를 초월하여 연대할 수 있고 또 연합정신을 함양할 수 있다. 교회학교 교사들은 구약의 출애굽과 연결하여 8.15 해방을 학생들에게 이야기할 수 있을 것이다.

3) 후손들에게 한민족의 역사에 대한 의식을 고취시킬 수 있는 프로그램을 개발할 것을 제안한다. 신학교육기관은 한국사 과목을 필수과목으로 개설하여 장래 목회자들의 역사의식을 장려해야 할 것이다. 국경일에 독립 기념관, 전쟁 기념관, 유관순 기념관, 일제 시대 서대문형무소, 경기도 화성 제암리교회 기념관, 남한산성, 행주산성, 강화도 덕포진, 경남 진주성과 논개 기념사당, 이순신 장군 박물관, 한산도 제승당 등 역사의 유적들을 탐방하는 프로그램도 도움이 될 것이다. 일부 교회에서 이미 행하는 것

처럼, 야외예배 행사를 역사 유적지에서 가지며, 교회 각 단체의 신앙수련회 때 역사 유적지 탐방 순서를 포함시킬 수 있을 것이다.

그러나 역사 의식은 조상들의 과거 역사에 대한 회상으로 그쳐서는 안 될 것이다. 오히려 과거의 불행한 역사가 왜 일어났는지, 그 배경과 원인, 그것이 초래한 불행한 결과를 극복할 수 있는 길에 대한 비판적 성찰이 동반되어야 할 것이다. 과거의 역사에 대한 기억을 회복하는 일과 더불어 한글, 조선왕조실록과 같은 한민족의 우수성과 박애정신을 증명하는 역사적 증거를 보여주어야 할 것이다.

이와 더불어 재야 역사가들이 주장하는 것처럼, 한민족의 본래 터전이 지금의 한반도에 있지 않고, 중국 북부에 있었음을 밝힐 필요도 있을 것이다.[3] 2011년 6월 30일자 「시드니 모닝 헤럴드」 지에 따르면, 상하이 소재 화둥사범대학교 선즈화 교수는 1964년 10월 7일 모택동과 북한 관리들의 대화록을 소련에서 확보하였다고 한다. 이 대화록에 따르면, 모택동이 "당신네 국경이 과거 요하였다"라고 북한 측에 말하자, 북한 측은 요하 동쪽

---

3) 제도권 사학자들은 이에 대해 침묵하지만, 재야 사학자들은 많은 증거를 제시한다. 예를 들어 진시황릉 병마용갱에서 상투를 한 신하들의 상을 볼 수 있는데, 그 당시 상투를 한 민족은 한(韓)족 뿐이었다고 한다. 고대의 삼한(마한, 진한, 변한)은 한반도 남쪽에 있었던 것이 아니라 요하 및 중원 북부에 있었다. 삼한이 한반도 남쪽에 있었다는 것은 식민통치를 정당화하기 위한 일제의 한국 고대사 왜곡 작업에 협조하다가 해방 후 서울대 교수가 되어 역사에 대한 해석권을 독차지 한 이병도의 일제 식민사관을 따른 것으로 보인다. 재야 사학자들은 이병도의 뒤를 이은 제도권 사학자들에게 고대 중국 역사서를 좀 읽으라고 조언한다. 이 역사서에서 한국의 뿌리를 발견할 수 있다는 것이다. 한양대 이희수 교수가 발견한 이란의 서사시집 "쿠쉬나메"에는, 멸망한 사산조 페르시아 왕자가 신라로 망명한 후 신라 공주와 혼인하여 왕자를 낳고, 나중에 귀국해서 폭정자를 물리쳤다는 이야기가 담겨 있다. 이것은 신라가 지금의 한반도가 아니라, 페르시아(지금의 이란)에서 멀지 않은 곳에 위치하였음을 시사한다. "신라"의 "라"(羅, 실크)는 실크로드가 신라에 위치했음을 암시한다. 중국을 가리키는 China 곧 "지나"는 오늘의 동지나해, 남지나해에 인접한 "지나"(支那) 곧 변방을 가리키며, 중국을 가리키는 "한"(漢)은 치한(癡漢), 괴한(怪漢)을 가리키는 글자다. 이것은 오늘 중국인들의 뿌리가 괴한, 치한들이 살던 변방에 있었음을 시사한다.

의 땅을 원치 않는다. 이미 갖고 있는 영토에 "매우 만족한다"라고 대답하였다. 이에 모택동이 "그래서 우리는 동북 지방을 전부 당신네 후방 지역으로 만들어주겠소. 요하 땅보다 더 큰 지역이오"라고 말하자, 북한 측은 "다시 정중하게 반대했다"고 한다(출처: http://cafe.daum.net/eomks40/JraS/68 창문문학). 참고로 로마 가톨릭교회의 사제들 가운데는 각 학문 분야의 뛰어난 학자들이 상당수 있다. 한국 개신교회도 한국의 역사적 뿌리를 찾는 학자 양성에 관심을 갖기를 기대한다.

4) 교회는 만주, 중국, 연해주 등지에 흩어져 있는 항일 독립운동가의 유적, 한국독립군과 의열단 등 수많은 독립운동 단체들의 역사적 흔적들, 중국 길림성 집안(지안)에 있는 광개토대왕비(높이 6.34m, 폭 1면은 1.53m, 2면은 1.15m, 비의 4면에 1,800여 자의 글자가 새겨져 있음)를 중심으로 한 옛 고구려 유적 등의 보존에 관심을 가져야 할 것이다. 나아가 교회는 이 지역에 흩어져 있는 고려인 후손들과 한국 문화의 보존에도 관심을 가져야 할 것이다. 1937년 스탈린에 의해 연해주에서 중앙아시아로 강제 이주를 당한 고려인 후손들의 공동체와 연합하여 이들의 눈물겨운 역사는 물론, 한국 언어와 문화 전통의 보존을 위해 노력할 수도 있을 것이다. 멀리 외국에 우물을 파주고 학교와 병원을 세워주는 것도 필요하지만, 자신의 역사적 유적을 잊지 않고 이를 되찾는 것도 필요하다.

5) 한산도의 거의 모든 지명은 임진왜란에서 유래한다. "창동"(蒼洞) 마을 이름은 삼도수군 통제영의 군량미를 위시한 군수물자 창고가 있었던 역사에서 오는 이름이다. "갯목"(개미목을 줄인 것임, 지금의 의항)은 한산대첩에서 패배하여 한산도에 상륙한 왜군들이 개미떼처럼 몰려든 곳이라 하여 갯목이라 불린다. "두억리" 마을은 일억 개의 머리(頭億), 곧 수없이 많은 왜군의 목을 벤 곳이라 하여 그렇게 불린다. 두억리 뒤를 감싸고 있는 "망산"(望山)은 일본군 함대의 동태를 감시하는 망루 역할에서 유래한다.

이 같은 이름들이 한산도에는 많이 있지만, 어느 한 곳에도 그 역사적 유래를 밝히는 안내판을 볼 수 없다. 이것은 우리의 역사에 대한 우리 자신의 무관심을 보여준다. 교회와 그리스도인은 이 무관심을 극복하는 데 앞장서야 할 것이다. 또한 유실되었거나 파괴되어버린 역사 유적 회복, 문화재 보존, 외국에 빼앗긴 문화재 회수에 관심을 가질 수 있을 것이다.

6) 교회는 한국의 춤, 음악, 미술, 요리, 의복 등 전통 문화의 보존과 발전을 위해 노력할 수 있다. 한국인의 문화적 전통은 그 자체의 특징과 가치를 갖는 동시에 한국인의 역사와 결합되어 있다. 많은 민속 가요에도 한국의 역사와 한국인의 얼이 그 속에 담겨 있다. "두만강 푸른 물에 노 젓는 뱃사공"이란 민속 가요는 일제에게 땅을 빼앗기고 착취와 만행을 견디지 못해 두만강을 건너 만주나 연해주로 피신했던 우리 조상들의 역사와 애환을 담고 있다. 교회는 문화적 전통에 관심이 있는 교인들의 모임을 만들어 이를 보존하는 일을 맡길 수 있다. 만주와 연해주, 중앙아시아에 흩어져 있는 고려인 후손들의 공동체와 연합하여 이를 함께 추진할 수도 있을 것이다.

C. 분단된 나라의 통일을 향하여

1) 1945년 일본의 태평양 전쟁 패전과 함께 일어난 한국의 영토 분리는 하나의 역사적 모순이었다. 전범국이었던 일본의 영토는 분리되지 않고, 도리어 전쟁의 희생자였던 한국의 영토가 남북으로 갈라진 것이다. 하나의 언어와 하나의 문화를 가졌으나 전쟁에 대해 아무런 책임도 없는 하나의 민족이 둘로 갈라져 지금도 서로 대립하는 것은 참으로 억울한 일이다. 교회가 정말 이웃과 세상을 사랑한다면, "민족의 아픔을 외면하지 않고 거기에 동참"하는 교회(김형석 2015, 256), 통일을 위한 준비에 기여하는 교회가 되어야 할 것이다.

물론 한반도의 통일은 매우 어려운 일이다. 공산주의와 자본주의의 이데올로기적 차이, 반민족 친일분자들이 세력을 장악한 남한 체제의 출발,

3년에 걸친 6.25전쟁과 전쟁 이후 끊임없이 일어난 충돌로 인한 감정적 대립 및 적대감은 쉽게 치유되지 않을 것이다.

그러나 통일을 어렵게 하는 가장 중요한 요인은 한반도와 연관된 강대국들의 긴장관계에 있는 것으로 보인다. 현재 남한은 미국과 군사동맹 관계에 있고, 미군이 남한의 전시작전권을 보유하고 있다. 이 같은 남한 체제가 유지되는 한, 중국은 한반도의 통일을 허용할 수 없을 것이다. 이것은 미군의 총부리를 중국의 턱 아래 갖다 대는 것과 마찬가지이기 때문이다.

약 25년간 미군 장교로 복무하다가 전역한 후 중국에서 몇 년 간 활동한 필자의 한 제자에 따르면, 중국은 거대한 병력을 북한에 즉시 투입할 수 있는 철도와 고속도로를 북한 국경선까지 건설해 두었다고 한다. 현재 중국은 압록강변의 단둥과 지안, 두만강변의 훈춘까지 고속철도를 완공하여 빠른 시간 내에 신의주-평양을 거쳐 개성까지 군대를 투입할 수 있다. 또한 창춘-평양, 훈춘-나선의 고속철도를 이미 계획하였고, 훈춘-나선을 연결하는 "신두만강 대교"는 20m가 넘는 폭에 왕복 4차로로 건설되고 있다. 이 대교는 "유사시에 중국군 탱크 2대가 나란히 통과할 수 있는 규모"라 한다.

언젠가 이 제자가 압록강에서 유람선을 타고 가는데, 옆에 있던 중국인들이 북한 땅을 가리키면서 "저 땅은 언젠가 우리의 땅이 될 것이다"라고 자기들끼리 말했다고 한다. 이 말은 중국인들 사이에 널리 퍼져 있는 한반도에 대한 인식을 반영한다. 북한의 권력자들은 북한 체제가 갑자기 붕괴할 경우 자신의 생명을 구하기 위해 북한을 중국에 넘길 수도 있다. 통일문제 연구자들은 중국 군대가 북한에 투입될 경우 미국의 동의 아래 일본이 한반도에 군대를 급파할 수 있다고 말한다.

지진과 쓰나미 공포증에 걸린 일본인들 역시 한반도를 쉽게 포기할 수 없을 것이다. 그들은 한반도 통치 시나리오를 벌써 준비해 두고, 한반도를 접수할 수 있는 기회만 노리고 있을 것이다. 1931년 9월 18일에 일어난 "만주철도 폭파"(만철사건) 사건에서 볼 수 있듯이, 밀정을 파견하여 한국에 거주하는 일본인 몇 사람을 살해한 다음 "자국민 보호"의 명목으로 일본 군대를 한반도에 파병하는 자작극을 또다시 획책할 수도 있을 것이다. 지금 일본은 수백 개의 원자폭탄을 제조할 수 있는 자재와 기술을 보유하고 있다.

그런데 통일된 한국은 일본에게 잠재력이 큰 경쟁 상대가 될 수 있다. 그러므로 일본 역시 한반도의 통일을 사실상 원하지 않을 공산이 크다. 실제로 일본이 한반도의 통일을 그렇게 열망할 이유가 없다. 미국도 한반도의 통일을 내심 원하지 않을 수 있다. 한반도 분단을 통해 미국은 중국과 러시아에 대한 전략적 완충지대를 확보하면서, 동북아시아에 대한 군사 거점을 유지할 수 있기 때문이다. 또 남북한의 긴장관계는 미국의 방위산업에도 도움이 되기 때문이다.

2) 이 같은 대내외적 어려움이 있지만, 우리는 통일을 포기할 수 없다. 남북한의 주민들은 동일한 언어와 문화를 지닌 한 민족이기 때문이다. 또 분단의 궁극적 원인은 미국과 소련을 축으로 한 동서 양 진영의 대립에 있기 때문이다. 남북한은 사실상 이들의 희생양이 된 것이다. "하나님의 뜻은 한민족이 통일된 땅에서 평화를 누리며 사는 것이다. 따라서 통일 준비는 한국교회가 실천해야 할 역사적인 과제다"(김형석 2015, 214). 그럼 통일 준비를 위해 한국교회가 할 수 있는 역할은 무엇인가?

통일 문제 전문가인 김형석에 의하면 첫째, 교회는 남한과 북한의 "화해자로서의 역할"을 감당할 수 있다(245). 그동안 쌓였던 서로의 잘못을 용서하고, 불신과 증오심을 풀어주며, 한 민족으로서의 동질성을 회복하는 데 교회가 기여할 수 있다. 북한 주민들 속에 지하교회 조직을 만들고, 인도적 차원의 지원을 통해 이 작업을 추진할 수 있을 것이다.

둘째, 교회는 "사랑의 실천자로서의 역할"을 감당할 수 있다(246). 북한의 핵무장으로 인해 남북의 관계가 급랭할지라도, 교회와 그리스도인들은 북한 의료체제 지원, 영·유아 영양실조의 극복을 위한 지원, 생필품 지원, 주택 및 생활환경 개량사업 지원, 교육시설 지원, 탈북자에 대한 돌봄 등 사랑의 실천을 통해 민족의 동질성을 회복할 수 있을 것이다.

그러나 "수십 수백만의 인민을 굶겨" 죽이는 "그 어려운 경제 사정에 값비싼 핵무기를 만들어 세상을 놀라게"(서광선 2014, 234) 하는 북한 체제에게 사랑을 행하는 것은 그 체제를 유지시키는 결과를 초래하지 않는가? 이것은 북한 권력자들의 배를 불리고 북한 군대를 강화시키는 결과를 초래하지 않겠는가?

2012년 11월 3일부터 2014년 11월 8일까지 735일 동안 북한에 억류됐던 재미교포 선교사 케네스 배 목사는 이 질문에 대해 "북한 주민과 정권"을 별개의 것으로 구별해야 하며, "어려움을 겪는 분들과 취약 계층을 위해서 평화통일의 그날까지 민간의 인도적 지원과 관심이 필요"하다고 말한다. 그런데 북한 주민에 대한 인도적 차원의 지원마저 북한 권력자들의 배를 불리고 그들의 체제 유지에 기여할 수 있다. 북한 주민에게 나누어준 물품들과 개성공단의 북한 노동자 임금 대부분을 북한 관리들이 수거해가기 때문이다. 그러므로 북한에 대한 인도적 차원의 지원은 북한 주민들이 지원받은 물품을 직접 소비하는 데까지 감시되어야 할 것이다. 그렇게 하지 못할 때, 북한 주민을 위한 인도적 차원의 지원은 또다시 북한 정권을 유지해주는 수단이 되어버릴 것이다.

셋째, 교회는 "통일의 지원자로서의 역할"을 감당할 수 있다(249). 통신 매체를 통해 세계의 정보를 북한 주민에게 전달하여 외부세계에 대한 정보를 얻게 하는 것도 한 가지 대책이 될 수 있을 것이다. 가장 큰 지원은 기도에 있다. "기도의 불씨가 확산될수록 통일은 점점 더 가까워질 것이다"(250). 기도하는 가운데서 통일 기금의 확보, 사회봉사(디아코니아) 활동망의 조직화, 북한 주민들의 복음화를 꾀할 수 있을 것이다.

3) 여기서 우리는 독일의 통일 과정을 참고할 수 있다. 통일 이전에 서독은 "통일하자"는 "거창한 구호보다 작은 일들을!" 쌓아가는 방법을 취하였다. 분단과 거의 동시에 동서독은 학술 교류와 같은 작은 일들로부터 시작하여 우편물 교환, 라디오 및 텔레비전 시청 개방, 일정한 조건과 기간

내에서의 친지 방문, 고속도로 건설 등으로 교류를 확대하였다. 베를린 장벽이 무너지고 동서독이 통일된 것은 당시 소련의 통치자인 고르바초프의 결단도 있었지만, 그럼에도 동서독의 통일은 양측의 지속적인 준비 작업의 마지막 열매였다.

물론 우리가 독일의 통일 과정을 반드시 따라야 할 필요는 없다. 그러나 거창한 통일 구호를 외치며 전시성 행사를 벌이고, 자기 얼굴이 크게 나오는 사진 몇 장 찍어 차기 선거를 준비하는 낯간지러운 일들을 하지 말아야 한다. 이것은 비웃음거리가 될 뿐이다. 오히려 민족의 화해와 동질성을 회복할 수 있는 작은 벽돌을 꾸준히 쌓고자 하는 성실한 마음을 가져야 한다. 남북한 그리스도인들의 공동 예배와 기도회, 학자들의 공동 연구와 학술 교류, 한국의 역사 찾기 운동, 예술과 체육 분야의 교류(전국체전의 공동 개최 등), 의료 지원과 교육 지원, 북한의 산림 회복 지원 등과 같은 "작은 벽돌"을 꾸준히 쌓을 수 있을 것이다. 여기서 한 걸음 더 나아가 이산가족 상봉의 정례화 및 화상 상봉, 남북한 주민들의 서신 교환과 자유로운 송금, 지상파 방송 및 이동통신 개방 등으로 점차 확대할 수 있을 것이다. 정부 차원에서 남북한 철도와 시베리아 횡단 철도의 연결, 남북한 주민 공동의 시장과 운동장 설치, 자유 수출입 특구 개설 등을 추진할 수 있을 것이다.

이와 연관하여 정치인들은 "통일을 '정치 상품'으로 삼지 말고, 실현 가능성도 없이 통일을 향한 희망을 남발하지 말아야 한다. 훗날 통일에 대비한 여건을 내밀히 쌓아나가되 말을 아끼고 유리한 상황을 기다릴 줄 알아야 한다"는 어느 언론인의 말을 참고할 필요가 있다. 또 북한 당국자의 자존심을 상하게 하는 말을 피해야 할 것이다.

그동안 남한의 일부 대형교회 목사들은 자신의 업적을 과시하기 위해 북한 돕기 운동을 경쟁적으로 벌이는 인상을 주었다. 자기가 북한에 몇 번 다녀왔고 북한에 무슨 도움을 주었는지 공적인 자리에서 자랑하는 목사도 있었다. 북한 권력자들이 그 말을 들을 때 어떻게 생각할까?

경쟁적으로 추진하는 사업은 상대방에게 농락당할 수 있다. 그러므로 개교회는 연합하여 일관성 있게 통일 준비작업을 추진해야 할 것이다. 영화배우 차인표의 신앙간증에 의하면 통일을 위한 개교회의 사업은 큰 바위에 달걀을 던지는 것과 같다. 연합하여 공동으로 일해야 효과를 얻을 수 있다. 한국교회의 고질병인 "주인공" 의식을 버리고 연합해야 한다. "목사님들은 회개해야 한다!"

신준호에 따르면, 교회가 가지고 있는 선교의 열정은 "그리스도의 '비움'으로부터가 아니라…'성취욕'으로부터 오는 것이 아닌가를 깊이 검증해야 한다.…선교하려는 사람의 무의식적인 성취욕이 하나님 나라의 선교 자체를 방해하는 경우가 얼마든지 일어날 수 있다. 거룩한 선교의 사업으로 부르심을 받은 사람은 반드시 자신의 비움의 삶을 성찰하고 검증해야 한다"(신준호 2005, 125).

그러나 현실적으로 많은 문제들이 산재해 있다. 북한이 핵무기를 가지고 남한을 위협하는 상황에서 이 모든 노력들이 타당한가? 민족 화해와 동질성 회복을 위한 "작은 벽돌"이 결국에는 북한 정권의 "시간 벌기"에 봉사하지 않겠는가? 오히려 북한의 군사적 위협에 대응하는 남한의 군비강화, 경제제재, 국제적 고립화 전략이 현실적이지 않은가? 다른 한편으로 한미 연합 군사훈련을 계속하면서 북한에게 핵무장 중단을 요구하는 것이 타당한가? 이러한 질문에 대한 논구는 지면상 다른 기회로 미룰 수밖에 없다.

D. 정의가 없는 나라는 망한다

1) 필자가 고등학교 3학년이었을 때, 어느 선생님은 "한국인은 어쩔 수 없어!", "우리는 안 돼!"라는 자학과 자조의 말씀을 수업 시간에 자주 하셨다. 그러나 지난 약 50년의 한국 역사는 선생님의 생각이 옳지 않았다는 것을

증명한다. 오히려 한국인에게는 포항 영일만의 뻘밭에 세계에서 다섯 번째 크기의 제철 회사를 세울 수 있는 강한 도전 정신의 DNA가 있다. 봅슬레이 빙상경기 시설이 없어서 아스팔트 도로에서 연습을 하고 외국에 가서 외국 시설을 빌려 선수 선발전을 치르다가, 세계선수권 대회에서 금메달을 따는 것이 한국인이다. 그러므로 "사회가 나쁘고 형편없다고 해도 포기하거나 체념하는 것은 옳지 않다. 이 사회도 비록 타락하고 불의하지만 원래는 창조주의 은혜이고 선물이다.…아무리 절망적인 상황에서도 은혜를 발견하면 다시 일어설 수 있다"(이오갑 2015, 142-143).

남한에는 천연자원이 거의 없다. 기름 한 방울 나오지 않는다. 과거의 역사는 침략과 굴욕과 고난의 역사였다고 해도 과언이 아닐 정도다. 이 같은 나라에서 교회의 과제는 주어진 현실에 좌절하지 않고 미래에 대한 긍정적 사고와 도전정신을 일으키는 것이라 하겠다. 주어진 환경이 좋아도 긍정적 사고와 도전정신이 없는 민족은 망한다. 이에 반해 주어진 환경이 극악해도 긍정적 사고와 강력한 도전 정신을 가진 민족은 다시 일어설 수 있다. "될 수 없다"고 생각하면 될 일도 되지 않게 되고, "될 수 있다"고 생각하면 안 될 일도 될 수 있다. "세상을 나쁘게만 보면" 내 자신도 거기에 속한 나쁜 사람이 되어버릴 수 있다. "더 심각한 문제"는 현실을 포기하고 세상에 등을 돌리는 데 있다. 이것은 "사회에 대한 책임감"의 상실로 이어진다(50-51).

그동안 한국은 선진국의 기술과 국내 값싼 노동력을 이용한 제조업을 통해 경제성장을 이루었다. 그러나 인건비 상승, 핵심 기술의 부재로 말미암아 제조업 중심의 경제성장은 한계에 도달하였다. 예를 들어 서울 잠실 롯데 월드타워는 지상 123층, 높이 555m인 국내 최고, 세계 5번째 높이의 건물이라 하지만, 75만 톤의 건물 무게를 견디기 위한 터파기(기반) 설계, 그 기초 위에 19만 5000㎡의 콘크리트와 4만 톤의 철골을 쌓아 올리는 빌딩의 설계, 초속 80m의 강풍도 견딜 수 있는 풍동(風洞) 설계, 총 2만 개의 유리벽을 붙이는 외벽 공사는 모두 선진국의 건설사가 담당했다고 한다.

한 건설업계 관계자에 따르면 "사실상 콘크리트와 철근만 우리 손으로 쌓아 올리는 셈"이라며, 국내 건설업체들이 해외에 지었던 수많은 고층 빌딩 공사에서도 "우리 건설사는 공사 인부 모아서 선진국 전문가들이 하라는 대로 한 것"이라고 한다. 인천대교도 "껍데기만 우리 것"이라고 한다.

우리는 이것을 비관적으로 생각할 필요가 없다. "뻐꾹새 울음이 배고파 죽은 자식들을 찾아다니는 어머니의 환생이라는 전설"이 생길 정도로, 한민족은 오랜 세월 동안 굶주림의 고통 속에서 살아 왔다(조정래 1996, 37). 6.25 전쟁 후 산업시설은 거의 전무했다. 전쟁 발발 직후 인민군의 남진을 저지하기 위해 한강에 하나밖에 없던 철교마저 폭파되었다. 이런 나라가 외국 기술을 도입하여 "껍데기"라도 만들어 오늘의 경제성장을 이룬 것만 해도 기적이라 하겠다.

그러나 지금까지의 노동 집약형 제조업 중심의 경제성장은 한계에 도달하였다. 노동 집약형 제조업은 후발국들에게 거의 다 빼앗겼고, 이제 남은 길은 최첨단 선진 기술을 통한 새로운 경제적 도약뿐이다. 그런데 선진국들은 최첨단 기술을 내어주지 않는다. 그러므로 이제 한국은 최첨단 기술을 스스로 개발하는 길밖에 없다. 이것은 한국 경제의 이미 예정된 최종 관문이다.

그런데 최첨단 기술의 개발은 장기간의 기초연구와 실패, 새로운 지식의 창출과 축적을 가능케 하는 사회구조를 필요로 한다. 이 같은 상황에서 한국인들에게 다시 한번 필요한 것은 "하면 된다"는 긍정적 사고와 도전 정신이다. 성서도 이를 가르친다. "문을 두드리라. 그리하면 하나님께서 너희에게 열어주실 것이다"(마 7:7), "조금도 의심하지 말고 믿고 구해야 한다. 의심하는 사람은 마치 바람에 밀려서 출렁이는 바다 물결과 같다"(약 1:6). 믿고 노력하는 사람에게 길이 열린다.

2) 2014년도 세계 가치관 조사에 따르면, 한국인은 불과 26%만 "다른 사람들을 믿는다"고 답했다. 경제협력개발기구(OECD) 회원국 가운데 꼴찌다. 스웨덴(60%)과 독일(45%)은 물론이고 중국(60%)에도 훨씬 못 미친다

고 한다. 다른 사람을 믿지 못하는 이유가 무엇인가? 그 이유는 사람들이 신실하지 못하기 때문이다. 예약을 해 놓고 예약을 지키지 않고, 거짓말을 능숙하게 하며, 남을 속이고, 사기를 치며, 불성실하고, 일을 공정하게 처리하지 않기 때문이다. 한 마디로 부패하고 타락하였기 때문이다.

부패하고 타락한 사람들의 공동체는 언젠가 망할 수밖에 없다. 2015년에 일어난 그리스의 국가 부도 위기는 이를 증명한다. 공직자들과 사회 부유층의 부패와 타락, 불의한 조세제도, 타락한 정치인들의 무책임한 포퓰리즘이 그리스 위기의 근본 원인이었다. 필자는 그리스의 어떤 공직자가 사무실에서 뇌물로 받은 현금 다발을 자신의 양복 주머니 안에 집어넣는 것을 텔레비전에서 직접 보았다. 이런 나라는 결국 멸망의 위기에 내몰릴 수밖에 없다.

한국 사회의 상황도 크게 다르지 않다. 사회 전체가 부패와 타락과 정신적 해이 속에 있다. 농민이 포클레인으로 검찰청사에 돌진한 사건은 (2016년) 법을 엄정하게 집행해야 할 검찰마저 부패와 타락에 빠져 있음을 시사한다. 군부의 부패로 말미암아 고가의 군사 무기가 제대로 작동하지 않는다. 군부의 부패는 "침수 전투화", "세균 수통", "불량 방탄복" 등 병사들이 먹고 입고 잠자는 물품에까지 확대되었다는 사실이 최근에 드러나고 있다. 사기로 보험금을 수령하는 자들이 있는가 하면, 보험회사는 정당한 보험금을 지급하지 않으려 하고, 고의로 자동차 사고를 내 차주나 보험회사로부터 부당한 돈을 취하며, 세금을 포탈하고, 아파트 관리비를 도둑질하며, 예체능계의 교수들이 부당한 레슨비와 사례비를 받고, 교수들이 연구비와 시간강사들의 강사료를 사취하며, 하청을 통해 가만히 앉아 떼돈을 벌고, 바가지 택시 요금을 요구하며, 힘없는 윤락녀들에게서 돈을 뜯는 등 이 나라의 부정부패는 이루 말할 수 없을 정도다.

지금 한국은 국제적으로 커닝 국가로 알려져 있다. 2016년 6월 미국 대학입학 자격시험(ACT) 문제가 유출되자, 시험 당일 한국 내 시험이 전격 취소되었다. 2013년에는 또 다른 미국 대입 시험(SAT)이 국내에서 취소되었다. 학원의 한 강사는 "문제만 빼주면 사례비는 얼마든지 주겠다는 학부모도 있다"고 전한다. 이같이 부패한 나라는 언젠가 망한다. 하나님이 우리를 벌하시는 것이 아니라, 우리가 행한 죄악이 우리를 벌할 것이다. "죄와 벌", 그것은 삶의 진리다.

따라서 미래의 역사를 위해 교회가 수행해야 할 가장 기본적 사명은 이 민족을 부패와 타락의 시궁창에서 건져내어 정의롭게 살도록 하는 데 있다. 이웃을 비방하거나 해치지 않고(렘 9:4; 슥 7:10), 거짓말과 거짓 증언을 하지 않으며(출 5:9; 20:16), 젊어서 결혼한 아내를 배신하지 않고(말 2:15), "공평한 저울과 공평한 에바(건량 단위)와 공평한 밧"(액량 단위)을 사용하며(겔 45:10), "이웃의 땅 경계석"을 옮기지 않고(신 27:17), 도둑질하지 않으며(렘 7:8), 이웃의 재산을 가로채거나 사기를 쳐서 재산을 증식하지 않고(출 22:11; 렘 6:13), 힘없는 사람들을 학대하거나 억압하지 않으며(출 22:21), 뇌물을 받지 않고(출 23:8), 불의한 이익을 탐하지 않으며(22:17), 가난한 근로자의 임금을 떼먹지 않고, 약한 자의 생명을 보호하며(안식일과 종의 생명에 관한 계명), 거짓 예언을 하지 않고(렘 5:31), 땅을 본래의 주인에게 돌려주며 빈부의 차이를 줄여야 한다(레 25장의 희년 계명). 땅을 쉬게 하라는 안식년 계명과 짐승을 돌보라는 하나님의 명령(잠 12:10)은 자연에 대해서도 자비와 정의를 행할 것을 시사한다.

이 같은 하나님의 계명을 지킬 수 있는 길은 무엇인가? 그것은 먼저 각 사람이 하나님 앞에서 자기 죄를 깨닫고 회개하며, 하나님의 말씀에 따라 성화되는 데 있다. 국민 각 사람이 회개하고 하나님의 "새로운 피조물"로 변화되어야 한다. 아무리 정권이 교체되어도 타락하고 부패한 국민성이 바꾸어지지 않으면 악순환은 계속될 것이다. 그러므로 교회는 개인 전도를 해야 한다. "이러다간 나라 망합니다"라고 외치면서 "회개하고 예수 믿어라"고 전도해야 한다. 젊은이를 교회 안에 유치해야 한다. "교회의 노화, 교인 수의 감소는 한국 사회의 산업화 과정에서 어쩔 수 없는 일이 아니냐"라고 체념하는 것은 마귀의 생각이다. 그것은 현실의 포기요, 책임

회피다. 전도가 안 되면 먼저 목회자는 매일 제단 위에서 무릎 꿇고 목숨을 걸고 기도해야 한다. 교인들과 함께 노방전도라도 해야 한다. 이것을 하지 못하겠다면 교회에 사표를 내야 한다.

한국인들에게 무엇보다 먼저 필요한 것은 하나님의 말씀이다. 하나님의 말씀이 없을 때, 사람들은 부패와 타락에 빠진다. 법질서가 문란해지고, 양심과 정의가 사라진다. "빵도 필요하고, 돈도 필요하다. 그러나 그것으로 충분한 건 아니다. 말씀이 있어야 한다. 바른 생각, 바른 정신을 일깨워주는 말씀이다. 바른 사람을 창조하는 말씀이다. 그 말씀이 없으면 돈이라든지 기술이라든지 인간이 가진 모든 문명이 도리어 인간을 파멸로 몰고 가는 흉기가 된다"(이오갑 2015, 221-222).

물론 교회는 예배 때마다 하나님의 말씀을 선포한다. 그런데 "축복의 메시지는 있는데 회개의 메시지는 없다.…현대 신학의 한 특징도 하나님의 자비를 지나치게 강조함에 비하여 하나님의 의는 너무 가볍게 다루어진다. 그러나 현실은 죄와 죄로 인한 저주의 고통이다. 이 현실을 타개하기 위해서는 자비만 가르쳐서는 안 된다. 하나님의 의와 그 기준에 따른 회개가 필요하다"(최태영 2015, 214).

3) 그러나 개인이 아무리 의롭게 살려고 해도 사회구조가 불의할 때 개인은 무력하게 된다. 따라서 정의로운 사회, 신뢰성 있는 사회를 세워야 한다. 우리는 조선 왕조가 일제의 식민지가 되어버린 중요한 내적 원인이 집권층의 부패, 정치인들의 당파싸움, 사회 전체의 구조적 타락에 있었음을 부인할 수 없다.

1960-70년대에 한국인들은 거의 모두 가난하였다. 자가용 승용차는 그림의 빵과 같은 것이었고, 많은 사람들이 굶주림을 벗어나지 못했다. 그럼에도 불구하고 사람들의 얼굴 표정에는 평화가 보였다. 그 당시 누가 자살하였다는 얘기는 거의 들어볼 수 없었다. 그 이유는 평등하게 가난했기 때문이라 생각된다. 그러나 경제 규모가 세계 13위에 도달한 오늘, 평온한 표정을 지닌 사람을 찾아보기 어렵다. 자살 수치도 세계에서 가장 높

다. 2016년 유엔이 발표한 "세계 행복 보고서"에 따르면, 157개의 조사 대상국 중 덴마크가 가장 행복한 나라로 선정되었고, 한국은 2015년 47위에서 11단계 하락한 58위에 그쳤다. 행복지수는 국내 총생산, 기대 수명, 부패 지수, 사회복지 수준 등에 따라 산정되었는데, 불평등이 덜한 나라, 곧 사회정의가 강한 나라일수록 행복한 것으로 나타났다.

정의가 없으면, 사람도 더러워지고, 사회와 땅도 더럽게 된다. "위에 있는"(?) 사람들의 탐욕과 부패에 실망한 서민들은 마음속으로 "더러운 놈의 세상"이라 욕하면서 땅에 침을 뱉고, 쓰레기를 아무 데나 버리고, 공공질서를 지키지 않는다. 마음속으로 "너희들 먼저 법 잘 지켜라"고 욕하면서 경찰 치안센터에서 난동을 부린다. 공공시설을 더럽게 사용하고, 괜찮게 보이는 물건만 있으면 떼어간다.

정의가 없는 민족은 미래가 없다. 불의하고 냉혹한 사회는 자신의 죄 때문에 하늘의 벌을 받는 것이 역사의 법칙이다(참조. 애 3:39). "가난한 사람들이 먼저 부르짖는 것은 복지가 아니라 정의이다. 우리가 편안하게 살지라도, 우리가 허용한 불의 때문에 우리 자신이 멸망한다"(Moltmann 1997, 108).

아름답고 질서가 있는 나라, 예의가 있고 깨끗한 나라, 외국 관광객들이 "다시 오고 싶은 나라"를 만들고 싶다면, 먼저 공직자들과 사회 지도층이 법을 지키고 정의를 행해야 한다. 그들이 먼저 사회적 책임을 져야 하며 "더러운 X들"이 되지 않아야 한다. "이익을 보거든 의를 생각하고 (나라가) 위험한 때를 당하거든 목숨을 내놓아야 한다"(見利思義 見危授命)는 공자의 말씀을 이들이 먼저 실천해야 한다. 정치와 경제의 유착 곧 정경유착은 엄벌되어야 한다.

지금 한국은 노동 집약형 경제에서 기술정보 집약형 경제로 도약해야 할 관문에 서 있다. 이 관문을 통과해야 선진국 대열에 오를 수 있다. 이 문제에 대해 2015년에 나온 『축적의 시간』이라는 책에서 26명의 서울대학교 공과대학 교수들은 근본적으로 "사회의 틀을 바꿔야 한다"고 말한다.

그럼 새로운 한국 사회의 틀은 무엇인가?

　어느 시대를 막론하고 "사회의 틀"의 가장 중요한 기초는 정의에 있다. 정의가 없는 나라는 언젠가 망하고 만다. 오늘의 한국 사회에 가장 필요한 것은 "정의로운 사회의 틀"을 만드는 데 있다. 이를 위해 먼저 공직자를 위시한 사회 지도층이 뇌물을 받지 않고 나라를 위한 사명감을 가지고 자기의 책임을 다해야 한다. 정직과 성실을 가문의 명예로 생각하고, 자기의 전문 분야에 자신의 전부를 거는 외골수들이 있어야 하며, 이들을 존경하고 지원하는 사회적 구조와 에토스가 조성되어야 한다. 노벨상은 이 같은 에토스가 있어야 받을 수 있다.

　"최근의 일본인 노벨상 수상자들은 학계에서는 업적과 성과를 인정받는 사람들이었지만, 일반인들에게는 수상 전까지 이름조차 들어본 적도 없는 생소한 인물들이었다. 언론에 얼굴을 내밀기보다는 오직 자기 분야에서 묵묵히 노력해온 사람들이었다." 한국의 지식인들은 이러한 이야기를 되새겨야 한다. 사회 곳곳에 만연한 순환 보직과 권력형 줄타기 인사, 퇴임 후 유관기관으로의 재취업, 전관예우, 을에 대한 갑의 횡포 등과 같은 불의를 제거하고 정의로운 사회적 틀을 이루어야 한다. "절대 빈곤" 속에 있을지라도, 정의가 있으면 불평이 없다. 그러나 절대 빈곤이 극복되어도 정의가 없으면 사회의 결속이 깨어진다. 사회의 결속이 깨어지면 사람들은 수단 방법 가리지 않고 자기의 몫을 챙기기에 바쁘다. 이것은 멸망의 길이다.

　그러므로 교회가 정말 이웃을 사랑한다면, 자신이 속한 민족 공동체 안에 하나님의 정의를 세우는 일에 관심을 갖지 않을 수 없다. 불의와 부패로 인해 공동체의 미래가 위험한데, 사랑만을 이야기하는 것은 낯간지러운 일이다. 성경 말씀에 의하면, "정의가 주의 보좌의 기초"다(시 89:14). "너희는 다만 공의가 물처럼 흐르게 하고, 정의가 마르지 않는 강처럼 흐르게 하여라"(암 5:24). 예수도 "너희는 먼저 하나님 나라와 하나님의 정의를 구하라"고 가르친다(마 6:33). "주님께서는 정의와 공평을 지키며 사는 것을 제사를 드리는 일보다 더 반기신다.…속여서 모은 재산은 너를 죽음으로 몰아넣고, 안개처럼 사라진다"(잠 21:3-6).

4) 2014년에 국제투명성기구가 조사한 한국의 부패인식 지수는 43위에, 경제협력기구(OECD)의 조사에 의하면 34개국 중 27위에 그친다. 이 같은 현실을 극복하기 위해, 교회와 그리스도인들은 먼저 정치계를 중심으로 한 공직 사회에 하나님의 정의를 세우는 일에 관심을 가져야 한다. 언론에 보도되는 한국 공직자들의 비리와 부패는 이루 말할 수 없을 정도이다. 조그만 공장 건축 허가 받는 데 무려 6개월 이상의 시간이 걸린다고 한다. 이 부처로 가면 "저 부처로 가라", 저 부처로 가면 또 "그 부처로 가라"고 "뺑뺑이"를 시킨다. 그러나 뇌물이 들어가면 문제가 쉽게 풀린다. 이 같은 현실을 극복하기 위해 거미줄처럼 짜인 각종 규제를 혁파하고 여러 부처에 흩어져 있는 업무를 한 부처에 집중시켜 해당 공무원의 책임 한계를 분명히 해야 하며, "작은 정부"를 만들어야 한다. 공직자들의 공적 자금 횡령과 세금 낭비를 방지하기 위한 행정 시스템의 완벽한 구축도 시급하다.

하나님의 정의는 국회의원 및 지방자치단체 의원의 영역에도 세워져야 한다. 먼저 국회의원 숫자와 세비와 각종 특혜를 줄여야 한다고 많은 사람들이 말한다. 국회의원의 특혜는 약 200종이 된다고 하는데, 그중 대표적인 것이 면책특권과 불체포특권이다. 지방자치단체 의원직은 보수가 없는 명예직으로 되돌려야 하고, 사모님 외출에 관용차를 사용하며, 공무를 위한 해외여행에 사모님을 동반하여 사모님 비용마저 국민 세금으로 지불하는 추태를 버려야 한다. 구의원과 시의원은 없애야 한다고 많은 시민들은 말한다. 근본적으로 국회의원 및 지방자치단체 의원들은 국민 위에 있는 계급에 속한 사람이 아니라, 국민의 세금에서 월급을 받는 국민의 봉사자일 뿐이다. 그러므로 모든 권위 의식을 버려야 한다. 국민 세금으로 금배지를 만들어 달고 다닐 필요가 없다. 국민 세금으로 유지되는 국회의원 및 공직자들의 휴양시설 및 골프장을 폐기해야 한다. 덴마크 국회의원들처럼 자전거를 타고 출근하는 평민의식을 배워야 한다.

모든 공직자와 정치인은 교묘한 형태의 뇌물(경조사비, 사모님 생일선물, 선물상자 속에 들어 있는 금일봉, 백화점 상품권, 고가 미술품, 출판기념회 축하비, 출장 지원비 등)을 받지 말아야 하며, 골프 접대 등 일체의 향응을 받지 않아야 한다. 정치권력자들과 기업가들의 정경 유착을 법으로 금해야 한다. 김영란 법에는 국회의원, 지방자치단체 의원들을 포함한 모든 공공기관의 근로자는 물론 대기업의 경영인들과 노동조합의 임원들도 포함되어야 한다. 나라 전체가 맑아져야 한다. 그래야 나라의 미래가 있다.

성서는 공직자들의 부패와 타락을 엄격히 금한다. 그들은 돈에 매수되어 사리사욕을 채우지 않아야 하며(미 7:3), 공권력을 이용한 불의한 이익을 탐하지 않아야 하며, 무죄한 사람의 피를 흘리게 하지 말아야 하며, 백성을 억압하고 착취하지 않아야 한다(렘 22:17).

법질서는 국가의 근간에 속한다. 그러므로 교회는 구약 예언자들의 뒤를 이어, 법조계에도 하나님의 정의를 요구해야 한다. 먼저 판·검사들이 뇌물을 받지 않아야 하며, 사람을 차별하지 않고 높은 사람, 낮은 사람 구별 없이 법을 엄격히 집행해야 한다. "유전무죄-무전유죄, 유권무죄-무권유죄"라는 말이 들리지 않아야 한다. 판·검사들의 전관예우를 철저히 막아야 한다. 힘없는 사람들의 소송을 정의롭게 판결하여 이들의 권리를 보호해야 하며(출 23:3; 신 24:17; 27:19; 암 5:12), 죄 없는 사람을 억울하게 하거나 죽이지 않으며(렘 7:6; 22:17), 독주를 마시지 않으며, 사치와 타락에 빠져서는 안 된다(6:6-7). 법질서가 무너지면 나라가 망한다.

현재 조지아(동유럽 국가)는 공직자 자신은 물론 배우자와 자녀의 재산 변동사항을 인터넷에 공개하며, 공직자 부패 감시기관을 세워 공직자들의 동태를 감시하고 있다. 모든 정치인과 공직자는 정약용 선생이 쓴『목민심서』를 정독하고, 그 가르침을 숙지해야 할 것이다.

5) 2016년 한국의 소득 불평등은 세계 최고 수준에 달한다고 언론은 보도한다. 전체 근로자 10%가 소득의 44.9%를 차지한다. 이는 아시아에서 가장 높고, 47.8%를 기록한 미국에 이어 전 세계에서 2위라고 한다. 한

마디로 소득의 약 절반이 부유층으로 쏠린다는 것이다. 이 같은 경제적 불평등은 한국 사회의 내적 결속을 와해시키고 붕괴로 내몰고 가는 암초라 말할 수 있다.

2014년 독일 메르세데스-벤츠 자동차 회사의 최고 경영자 연봉이 710만 유로, 한화로 약 95억 원임에 비해(Schwäbisches Tagblatt, 2015. 7. 23. 경제면), 한국 대기업의 일부 최고 경영자 연봉은 300-350억 원에 달한다. 공장 정규직 근로자의 연봉을 1억으로 가정할 때, 300-350배의 임금을 받는 것이다. 끊임없는 노사분규를 극복할 수 있는 길은 이 격차를 줄이는 데 있다. 미국 경제정책 연구센터(CEPR) 공동소장인 딘 케이커도 소득 불균형의 1차 주범으로 기업 경영자들이 누리는 초고액 연봉을 꼽는다.

어떤 기업의 고위직 임원은 한 해 연봉을 반납한다. 물론 이것은 감사한 일이지만, 사회적 비난을 면하려는 일회성 쇼의 성격이 강하다. 그러므로 한 은행 임원은 다음과 같이 말한다. "회장님들의 연봉을 반납할 게 아니라 삭감해야 합니다." "삭감은 근로계약서를 고쳐서 연봉 자체를 줄이는 겁니다. 반납은 연봉은 그대로지만, 일시적으로 덜 받겠다는 겁니다. 소나기를 피하고 보자는 데 불과해요."

물론 기업 경영은 매우 어려운 일이다. 수많은 기업이 부도로 문을 닫는다. 따라서 기업을 통해 고용을 창출하고 국가 경제의 기초를 닦는 기업인들의 노고는 정당한 대가를 받아야 할 것이다. 그러나 기업에도 하나님의 정의가 있어야 한다. 그래야 기업이 튼튼해질 수 있다. 능력이 증명되지 않은 친인척에게 기업을 맡겨 거액의 연봉을 받게 하고, 회사가 누려야 할 이익을 기업 총수와 그 친인척이 독점하며, 계열사를 친인척에게 맡긴 다음 부당하게 일감을 몰아주고, 회사의 이권을 친인척에게 헐값에 넘겨주며, 노동자들의 임금은 최대한 억누르면서 고위직 임원들의 연봉은 마음대로 올리고, 회사가 돈을 벌 때는 마음대로 회삿돈을 빼먹다가 회사가 위기에 처하면 국민 세금으로 위기를 막게 하는 불의가 계속된다면, 이 나라는 망할 수밖에 없다. 이 같은 불의를 막기 위해 주주가 정당한 권리를 행사함으로써 기업 총수의 전횡을 예방할 수 있는 법적 지침을 만들어야 한다. 한 마디로 교회가 이웃을 사랑하고 민족 공동체를 사랑한다면, 경제 영역에 하나님의 정의가 세워지도록 기도하고 관계기관에 건의하며, 기업인들에게 도덕성을 요구해야 한다.

시장의 소상인들도 암묵적으로 지키는 상도(商道)가 있다고 한다. 짐승들의 세계에도 서로의 영역을 침범하지 않는 삶의 질서와 도리가 있다. 대기업 일가는 이 도리를 지켜야 한다. 재벌들의 아들 딸, 손자 손녀, 삼촌, 조카들이 커피숍, 카페, 라면집, 카레 식당, 돼지구이집, 설렁탕집, 영화관의 팝콘 매장, 인쇄소까지 차지하는 졸부의 모습을 보이지 않아야 한다. 대기업의 문어발식 확장 대신, 독일처럼 세계적 기술과 경쟁력을 지닌 강소기업들이 생성되어야 한다.

기업의 돈은 공공의 것이다. 그것은 최고 경영인은 물론 근로자들의 노동과 정부 관계기관의 각종 지원으로 얻게 된 것이다. 그러므로 기업의 돈은 투명하게, 윤리적으로 사용되어야 한다. 재벌 총수가 등기이사 및 고문 등으로 이름만 걸어 놓고 매년 수십억 원의 급여를 받는 일을 법으로 금지해야 한다. 이들은 주식배당을 통해 자신의 소득을 취하면 된다. 회장이 수감 중인 때에도 수백억 원을 타가는 "옥중 연봉"은 세계 어느 나라에서도 볼 수 없는 한국 특유의 불의한 현상이다. 해외 원정 도박, 10대, 20대 연예인 지망생과의 성매매에 회사 돈을 유용하는 기업가는 기업가로서의 도리와 명예를 내팽개친 우리 사회의 밑바닥 저질들이다. 부를 이루었으면 이에 걸맞은 인격과 품위를 갖추어야 한다. 검소하게 생활하며 기업가로서 사회적 책임을 감당하는 품격을 보여야 한다.

2013년에 글로브스캔과 동아시아연구원이 실시한 미국, 중국 등 세계 14개 국가의 대기업 신뢰도 조사에서 한국은 꼴찌(36%)라고 한다. 국가의 경제가 어려울수록 기업 경영인들이 지켜야 할 금과옥조(金科玉條)의 경영 원칙은 윤리성·투명성·신뢰성에 있음을 유의해야 한다. 교회는 매우 검소한 생활을 하면서도 기업의 이익을 기업에 재투자하여 중소기업을 육성한 독일 경건주의자들의 정신을 널리 알릴 필요가 있다.

　2016년 스위스 국제경영개발연구원(IMD)이 발표한 국가 경쟁력 평가에 따르면, 한국 기업의 경영 관행은 조사 대상 61개국 중 61위라고 한다. 아시아 기업지배구조협회(ACGA)는 아시아 11개국 가운데 한국의 기업 지배구조 순위를 최하위권인 8위로 평가한다. OECD 34국 가운데 88%는 기업 지배구조 모범규준을 지키도록 법으로 강제하는데 반해, 한국, 멕시코, 스위스, 체코 4개국만 규준 준수 여부를 기업의 자율에 맡기고 있다. 그래서 1997년 외환위기 때 국제통화기금(IMF)의 권고로 만든 한국의 기업 지배구조 모범규준은 사문화된 상태에 있다고 한다. 선진국 대열에 들어가고자 한다면, 정부는 기업의 불투명한 지배구조를 개선하도록, 법적 장치를 강화해야 할 것이다. 분식회계를 위시한 기업의 범죄를 막을 수 있는 제도적 장치도 필요하다.

　자신이 세운 사회 공익사업 재단에 자기의 재산을 거의 모두 바친 유한양행 유일한 회장, 생명과학 기초연구에 사재 3천억 원을 기부한 서경배 아모레퍼시픽 회장은 존경받아야 할 한국 기업인들을 대표한다. "국민 조미료" 미원(味元)을 만든 임대홍 대상그룹 창업회장은 양복 세 벌, 구두 두 켤레 이상을 지닌 적이 없을 만큼 검소하였다고 한다. 남대문 시장의 설렁탕을 즐겨 먹었던 고인은 골프장에 단 한번 간 후 "내 분수에 맞지 않다"며 발을 끊었고, 임원들이 선물한 벤츠 승용차를 시승도 해보지 않고 환불했다고 한다. "국가와 민족을 위한 기업이 되려면 무엇보다 남을 먼저 생각하고 이해해야 한다. 궁극적으로 밝고 건강한 사회, 행복하고 희망찬 사회를 건설하는 데 기여해야 한다"는 것이 그의 경영철학이었다.

　근로자들과 노동조합의 영역에도 하나님의 정의가 세워져야 한다. 갖가지 방법으로 회사 돈을 사취하거나, 회사의 법인카드를 사용(私用)하거나, 협력업체로부터 뇌물을 받지 않아야 한다. 기업의 미래를 배려하지 않는 과도한 임금투쟁, 세계 어느 나라에서도 볼 수 없는 자녀에 대한 고용승계 보장, 기업 경영에 대한 무리한 간섭을 피해야 하며, 무노동·무임금 원칙을 지키고, 노동조합 임원들의 부패, 노동조합 계열 간의 경쟁적 투쟁 노선, 노동조합의 정치 세력화를 중단해야 할 것이다.

6) 특별히 성서는 가난하고 약한 사람들에게 정의를 행할 것을 강조한다. 성서가 거듭 이야기하는 출애굽의 하나님은 히브리 노예들을 불쌍히 여기시는 자비의 하나님이요(대하 30:9; 시 103:8), 이들의 생명의 권리를 회복하는 정의의 하나님, 공의의 하나님이다(신 32:4; 느 9:33).

사랑과 자비는 먼저 약한 자들을 향한다. 가해자를 향하기보다 희생자들을 향한다. 자비의 하나님은 힘 있는 이집트 백성에 관심을 갖기보다, 그들에게 굴욕을 당하는 희생자들, "아무도 원하지 않고 필요로 하지 않는 쓸모없는 '잉여 인간'(surplus people)으로" 전락한 사람들에게 관심을 가지며, 이들에게 정의를 행한 것을 요구한다(Moltmann 2011, 178). 그는 "비천한 자를 변호해 주시고 궁핍한 자에게 정의를 베푸시며"(시 140:2), "가난한 자를 먼지 더미에서 일으키시고 궁핍한 자를 거름 더미에서 들어 세우신다"(113:7). 예수는 약한 생명을 보호하고자 하는 구약의 전통에 따라 그 사회의 약한 자들, 곧 "세리와 죄인들의 친구"가 된다. 성서의 이 같은 가르침에 따라 한국교회는 약자에 대한 정의와 자비를 행할 것을 공직자와 경제인들에게 요구해야 한다.

지금 현대사회는 제4차 산업혁명을 맞고 있다. 인공지능, 사물인터넷, 빅 데이터와 같은 첨단 IT(정보기술)와 결합된 새로운 산업구조를 통해 과거의 일자리가 대부분 사라질 것이라 한다. 그러나 새로운 일자리가 어떻게 창출될지는 미지수다. 많은 사람들이 새로운 일자리를 얻기까지 실직할 수 있고 가정이 파탄에 빠질 수 있다. 국가는 이러한 상황을 미리 내다보고 사회적 안전망을 대비해야 한다. 이들의 생명과 존엄성을 보호하는 것이 하나님의 정의다. 마지막 심판 때 구원을 받느냐 못 받느냐의 문제는 우리 사회의 "작은 형제들"을 어떻게 대했느냐에 따라 결정된다(마 25:31-46). 민족 공동체의 존엄성은 모든 사람이 더불어 사는 사회를 이루는 데 있다.

7) 호주제가 폐지되었지만, 여성은 아직도 사회 모든 영역에서 불이익을 당한다. 교회에서도 마찬가지다. "기독교 내의 가부장적 전통과 한국 사회와 교회 안의 유교적 가부장적 자취가 한국교회의 제도화와 연동해서 여성에 대한 중층의 억압으로 작용하고 있다"(최유진 2013, 162). 이에 한국교회는 여성과 남성 사이에 하나님의 정의를 실현해야 한다.

성서 문자주의자들은 여성 비하적 성서 본문에 근거하여 남성 중심주의가 하나님의 뜻인 것처럼 가르친다. 그러나 성서에는 여성과 남성을 동등한 존재로 보는 본문들(참조. 창 1:26; 고전 3:9; 12:1-27; 갈 3:28)과, 남성 중심의 전통을 수용하되 이를 수정하는 본문들(참조. 고전 11:7-12)이 병행한다는 사실을 이들은 무시한다. 아내가 자기 몸을 마음대로 주장하지 못하고 남편이 주장하듯이, "남편도 자기 몸을 마음대로 주장하지 못하고, 아내가 주장한다"는 말씀은 후자의 본문에 속한다(7:3-4). "성경 전체 내용에는 관심이 없으면서 자신에게 유리한 부분만 확대해서 가공(架空)하는 것은 성경의 오·남용이나 악용에 해당합니다"라는 말은 이에 해당한다(정요석 2016, 25).

중동 지역에서 약 40년간 머물렀던 한 신학자는 여성에 대한 예수의 태도를 다음과 같이 소개한다. 예수께서 사마리아 수가 마을의 우물가에서 동네 여인과 대화를 나눈 것은, 2천 년 전 중동 지역에서는 상상할 수 없는 일이었다(요 4:5-26). 지금도 중동 지역의 "촌락 사회에서는 이방인이 공공장소에서 여자와 눈도 마주치지 못한다." 그런데 예수는 "특별히 사람도 살지 않고 아무 증인도 없는 곳에서 여자에게 말을 건네심으로써 사회의 금기를 깨뜨리신다"(Bailey 2016, 313-314). 예수는 여성을 한 인격으로 대하고 그와 친교한다. 이로써 그는 남성 중심주의를 깨뜨린다. 남성과 여성은 하나님의 피조물로서 동등하다. 그들은 "둘이 아니라 한 몸이다"(마 19:6; 막 10:8).

윤철호에 의하면 "남성 중심적인 이데올로기, 종교적·교회적 전통, 사회질서와 가치관은 인간 사이의 본질적 관계성을 왜곡시킴으로써 통전적이고 온전한 인간성의 실현을 방해하는 구조적인 악"이다. 그것은 "비판되고 변혁되어야 한다"(윤철호 2003, 165). "하나님의 능력은 세상의 축복을 위해 남성은 물론 여성에게도 주어졌다. 여성은 자신도 하나님으로부터 능력을 받았다는 사실을 알 필요가 있다.…여성은 자신에게 은사가 있으며 자신이 세상 속에서 그리스도와 타인을 섬길 수 있도록 강력한 하나님의 영이 자신 안에 거하고 계심을 알아야 한다. 그럴 때에만 이들은 자신의 힘을 다해 하나님을 사랑할 수 있을 것이다"(Mathews 2016, 256).

8) 또한 교회는 한국 사회에 깊이 뿌리 내리고 있는 상하 간 계급질서 내지 위계질서의 타파에 관심을 가져야 하겠다. 한국 사회의 계급질서 내지 위계질서는 유교의 영향이기도 하지만, 우리가 알고 있는 세계 모든 종교의 공통된 현상이다. 많은 지도자들은 한국의 경제적 발전을 저해하는 중요한 요소로 위계질서를 지적한다. 한 언론인의 보도에 의하면, 2016년 5월 중국계 은행 서울 지점의 한 30대 중국인 부장이 국내 은행 모 차장급 직원을 만났는데, "몇 살이냐? 이렇게 어린 나이에 어떻게 부장을 할 수 있느냐?"는 질문을 받았다고 한다. "나이 때문에 이런 불쾌한 일을 당할 때가 한두 번이 아니라고" 하면서 그는 "지나치게 엄격한 위계질서가 향후 한국의 성장을 가로막을 것이다"라고 말하였다.

위계질서의 파기는 먼저 교회 안에서 일어나야 할 것이다. 50-60대의 검은색 양복을 입은 남성들이 종신직 장로로서 당회원이 되어 교회를 다스리는 비민주적 제도는 철폐되어야 한다. 당회는 임기제 운영위원회 내지 임원회로 대체되어야 하며, 당회장 임기도 합리적으로 조정되어야 할 것이다. 일부 교회가 이미 당회장 임기제를 시행하고 있다(9. D. 참조).

결론적으로 모든 국민이 정의롭게 살아야 한다. 그렇지 않으면, 이 나라는 또다시 강대국의 밥이 될 수 있다. 불의와 부패와 타락 속에서 신음하는 한국 민족과 교회에 대해 하나님은 다음과 같이 말씀하신다. "이웃의 아내를 범하지 않고, 월경을 하고 있는 아내를 가까이 하지 않으며, 사람을 학대하지 않고, 빚진 사람의 전당물을 돌려주며, 아무것도 강제로 빼앗지 않고, 굶주린 사람에게 먹을 것을 주며, 헐벗은 사람에게 옷을 입혀 주고, 돈놀이를 하지 않으며, 이자를 받지 않고, 흉악한 일에서 손을 떼며, 사람과 사람 사이에서 공정한 판결을 내리고, 나의 모든 율례대로 살아가며, 나의 모든 규례를 지켜서 진실하게 행동하면 그는 의로운 사람이니 반드시 살 것이다. 나 주 하나님의 말이다"(겔 17:6-9).

E. 자비와 정의의 하나님과 타종교의 신들

고대 바빌론의 창조 신화인 에누마 엘리시(Enuma Elish)에 의하면, 여신 티아마트(Tiamat)는 애인 압수(Absu)와 결합하여 신들을 낳는다. 이 신들은 다시 자녀들을 낳는다. 자녀 신들이 소란을 피우자, 압수는 이들을 죽이려고 한다. 그러자 손자 되는 신 에아(Ea)가 압수를 죽이고 지배권을 장악한 다음, 아내 담키나(Damkina)와 합궁하여 아들 마르둑(Marduk)을 얻는다. 그 사이에 여신 티아마트는 새 애인 킹구(Kingu)를 얻고, 살해당한 옛 애인 압수의 보복을 그에게 부탁한다. 여러 신들과 싸워 이긴 킹구가 신들을 크게 위협하자, 신들은 폭풍과 바람의 신 마르둑에게 구원을 요청한다. 이길 경우 지배권을 얻는 조건으로 킹구와 싸운 마르둑은 화살로 티아마트의 심장을 쏘아 죽인다. 그는 "티아마트의 시체를 가른 뒤 그 반으로써 하늘을 만들고, 나머지 반으로써 산과 강과 들판 같은 땅을 만들었다"(이오갑 2015, 26-27). 마르둑의 이름은 구약성서에도 나타난다(참조. 렘 50:2; 사 39:1).

구약성서에 나오는 여신 아세라의 남성 애인 바알(Baal, 자연의 힘을 인격화한 것으로 풍요와 축복을 주는 신)은 죽음의 신 모트(Mot)와 싸우다가 죽임을 당하여 지하의 세계로 내려간다. 그의 죽음과 함께 우기(雨期)의 풍요가 끝나고, 건기가 시작된다. 이에 여신 아세라는 울면서 지하의 세계로 내려가 죽은 바알을 다시 살리고 그와 합궁한다. 이들의 합궁으로 인해 우기의 풍요가 다시 이루어진다. 건기와 우기의 주기에 따라 매년 반복되는 신들의 사건에 참여하여 땅의 더 큰 풍요를 이루기 위해 신전에서 집단 성관계가 거행된다(Noth 1962, 264). 이스라엘 백성도 바알과 아세라를 섬겨 음란에 빠졌다고 구약성서는 보도한다(삿 3:7 등).

고대 그리스 신화의 땅의 여신 가이아(Gaia)는 하늘의 신 우라노스 (Uranos, 하늘)와 합궁하여 얻은 아들 크로노스(Kronos, 시간)를 우라노스 모르게 숨겨 키우다가, 크로노스에게 낫을 만들어준다. 아들 크로노스는 이 낫을 가지고 아버지 우라노스를 죽이고 그의 성기능과 권력을 빼앗는다 (Dahlheim 2013, 318). 힌두교의 신 "쉬바는 불의 춤을 추면서 이 세계를 창조하고 난 연후에 춤추면서 다시 이 세계를 파괴한다." 쉬바의 아내 파르바티(Parvati)는 "생명의 어머니로서 등장하지만, 피에 굶주린 혓바닥을 내밀면서 자신의 자녀들을 잡아먹는다"(Moltmann 2011, 176).

몰트만은 언젠가 세계종교 회의에 전시된 신들을 다음과 같이 소개하였다. 많은 남신과 여신에 둘러싸여 미소년 가니메드(Ganymed)의 술시중을 받는 제우스(Zeus), 여신들과 매혹적 여인들과 함께 있는 힌두교의 세 주신(主神) 브라마(Brahma)와 비슈누(Vishnu)와 쉬바(Shiva), 메소포타미아의 남신 마르둑(Marduk)과 여신 이슈타르(Ishtar), 이집트의 하늘의 신 암몬(Ammon)과 여신 라(Ra), 심판의 신 오시리스(Osiris)와 그의 아내 이시스(Isis), 외눈박이지만 거대한 창을 가진 게르만 민족의 최고신 보탄(Wotan), 구름으로부터 번개를 내려치는 힘센 쇠망치를 손에 쥔 토르(Thor), 어린 아이들을 닥치는 대로 잡아먹는 페니키아의 몰록(Moloch), 청춘의 젊은이들을 좋아해 그들의 해골로 만든 목걸이를 매달고 다니는 캘커타의 칼리(Kali), 물욕과 흑암의 신 맘몬(Mammon)이 전시되어 있었다(Moltmann 2011, 170). 타종교들과 신화에 나타나는 이 신들은 다음과 같은 공통점이 있다.

1) 일반적으로 이 신들은 인간의 형태를 갖지만, 또한 새나 짐승의 형태를 갖기도 한다. 이들의 "의지와 행동은 대개 인간과 같은 방법으로 표상된다"(Noth 1962, 255). 그들은 인간과 비슷한 속성과 몸의 형태를 갖지만, 인간보다 더 큰 능력을 가진다. 그들은 영원히 죽지 않고 노화되지 않으며

영원히 젊음을 유지한다. 그러나 그들은 전지전능하지 못하며, 정의롭지도 않고 자비롭지도 않다. 그들은 인간과 다를 바가 별로 없다. 그들은 인간과 비슷한 감정과 지능을 가지며, 인간처럼 먹고 마시며, 사랑하고 질투하며, 증오하기도 한다. 대개 이들은 음란하다. 그래서 이 신들을 섬기는 사람들의 음란이 정당화된다.

2) 인간의 세계처럼 신들도 계급질서를 가진다. 그리스 신화의 프로메테우스는 최고의 신 제우스의 명령에 불복종한 죄로, 코카서스 산 위의 바위에 묶여 독수리에게 끝없이 그의 간을 파먹히는 벌을 당한다. 간을 파먹을 때마다 간이 새로 돋아나기 때문에, 독수리가 끝없이 간을 파먹게 된다.(Bulfinch 1996, 47). 상위의 신들의 횡포로 억압을 견디지 못한 하위의 신들이 반란을 일으키고 무서운 싸움이 일어나기도 한다.

3) 신들은 책임과 의무와 도덕을 알지 못한다. 다른 여신이나 여인의 아름다움을 질투하여 그들의 아름다움을 빼앗아버리기도 한다(예를 들어 아름다운 공주 프시케의 아름다움을 빼앗아버린 여신 아프로디테). 때로 기분 나는 대로 행동하고, 편을 나누어 싸우기도 하며, 다른 신의 눈을 빼기도 하고, 그를 죽이기도 한다. 선을 행할 때도 있고, 악을 행할 때도 있다. 서로 싸우면서 받는 고통으로 고함을 지르고 피를 흘리기도 한다. 그들은 왕성한 성욕을 보인다. 사람의 딸을 취하여 성욕을 채우는 신들도 있다.

4) 일반적으로 신들은 제물을 좋아한다. 바알과 아세라도 제물을 좋아하여 불에 태운 어린아이를 제물로 받았다. 이스라엘 백성도 그 영향을 받아 어린아이를 불에 태워 제물로 바치고 음란과 타락에 빠졌다고 예언자들은 비판한다(렘 2:20; 겔 16:20 등). 인간 제물은 현대에도 일어나고 있다. 2015년 10월 영국의 일간지 「텔레그래프」에 따르면, 4살 된 남자 아이의 머리를 여신 칼리에게 제물로 바치는 일이 인도 남부에서 일어났다. "그들은 썩어지지 않는 하나님의 영광을 썩어 없어질 사람이나 새나 네 발 짐승이나 기어다니는 동물의 형상으로 바꾸어 놓았다"(롬 1:23)는 바울의 말씀은 이 신들을 가리킨다.

5) 한 마디로 타종교의 신들은 사람의 상상력의 산물이다. 성서의 표현에 의하면, 이들은 "참신들이 아니라, 사람이 손으로 만든 것"이다(사 37:19; 2:8; 렘 1:6 등). 포이어바흐(Feuerbach)가 말하듯이, 신들은 인간이 실현해야 할 참 본질을 신적 대상으로 투영시킨 것에 불과하다. 따라서 이 신들의 삶의 모습은 사람의 그것과 다르지 않다. 오히려 사람보다 더 못한 모습을 보이기도 한다.

이에 비해 성서의 하나님은 전혀 다른 모습을 보인다. 그는 "아버지"라 불리지만, 사람이 아니다. 그는 피조물로부터 구별되는 "전적 타자"이므로, 이름을 갖지 않으며(창 32:29; 출 3:14; 삿 13:18), 자신에 대한 모든 형상을 거부한다(출 20:4). 그는 "형상이 없는 신"이다. 따라서 그는 다른 종교의 신들처럼 인간과 비슷한 삶의 형태를 갖지 않는다. 그는 인간에 의해 파악될 수 없고 묘사될 수 없는 "거룩한 분"이다(사 6:3).

또 성서의 하나님은 제물을 좋아하지 않는다(사 1:11; 렘 6:20). 그는 어린 자녀를 불에 태워 제물로 바치는 것을 저주한다. "그들은 자기들의 아들과 딸들을 불태워 제물로 바치려고…도벳이라는 산당을 쌓아 놓았는데, 그런 것은 내가 명하지도 않았고, 상상조차도 하여 본 적이 없다.…"(렘 7:31-33; 19:5-6). 하나님은 제물 대신에 가난하고 힘없는 사람들에게 자비와 정의를 행하라고 요구한다. 그는 자비와 정의를 행하지 않으면서 바치는 제물, 뇌물과 공금 횡령 등의 불의한 방법으로 얻은 불의한 제물은 역겨운 것이므로, 더는 가져오지 말라고 명령한다. "다시는 헛된 제물을 가져오지 말아라. 다 쓸모없는 것들이다"(사 1:13). 하나님이 좋아하는 것은 제물이 아니라, 악한 행실을 버리고 자비와 정의를 행하는 것이다. 그는 "긍휼과 공평과 공의를 세상에 실현하는 하나님"이다(사 9:24).

복음서의 예수는 구약성서의 전통을 따른다. "너희는 가서 '내가 바라는 것은 자비요, 희생제물이 아니다' 하신 말씀이 무슨 뜻인지 배워라"(마 9:13). "또 마음을 다하고 지혜를 다하고 힘을 다하여 하나님을 사랑하는 것과 이웃을 자기 몸같이 사랑하는 것이 모든 번제와 희생제물보다 더 낫다"(막 12:33). 이웃과 화해하는 것이 제물보다 더 중요하다(마 5:24).

또한 성서의 하나님은 상하 계급질서 내지 위계질서를 갖지 않는다. 그는 다른 신들처럼 "위에서" 섬김을 받는 자의 위치에 머물지 않는다. 오히려 그는 인간을 섬기는 자로 나타난다. 그는 자기를 인간의 육으로 낮추며, 자신의 아들을 제물로 내어준다. 성부·성자·성령 삼위일체 하나님은 명령과 복종의 위계질서 대신에, 서로 섬기며 모든 것을 함께 나누는 사랑의 관계를 보여준다.

김명용에 의하면 "성서의 하나님은 정의를 위해 일하시는 하나님이다." "구약성서의 계시의 중심을 이루고 있는 출애굽 사건"은 정의의 하나님을 증언한다. 그는 "약한 자를 티끌에서 끌어올리시고 가난한 자를 거름더미에서 끌어내시는(시 113:7) 분이시고 억울한 자에게 권리를 찾아 주시고 가난한 자에게 정의를 돌려주시는(시 140:12) 분이시다. 하나님은 가난한 사람의 송사를 떠맡으시고 어려운 사람을 등쳐먹는 자의 목을 조르시는(잠 22:23) 분이시다.…"(김명용 1997, 140-141).

복음서의 예수는 구약의 전통에 따라 "하나님 나라"를 "정의의 나라"로 이해한다. 그의 뒤를 따르는 자들은 "오직 그의 나라와 그의 정의를" 구해야 한다(마 6:33). "예수에 의하면 하나님의 정의를 위해 일하다가 고난을 당하는 자는 복이 있다. 의에 주리고 목마른 자는 복이 있나니, 저희가 배부를 것이다"(마 5:6), "정의를 위하여 핍박을 받는 자는 복이 있다. 하늘나라가 저희의 것이다"(5:10). "예수를 따른다는 것은 그의 나라를 위해 일하는 것이고 곧 그의 정의를 위해 일하는 것을 의미한다"(140).

예수 안에서 계시되는 하나님은 아름다운 여신들에 둘러싸여 천상의 향연을 즐기지 않는다. 그는 음란하지 않다. 그러므로 그는 성전에서 행하는 음란, 근친, 짐승, 동성(同姓), 이웃 아내와의 음란을 엄격히 금지한다(출 18장). 그는 세상의 높은 사람들을 찾지 않고 버림받은 사람들을 찾으시며(눅 15:1-10의 잃은 양과 되찾은 드라크마의 비유 참조), 이 땅 위에 정의를 세우고자 하신다. 그는 "가난한 자, 억압당하는 자들에 대한 사랑을 간직하시고 그들에게 법과 권리를 세우는 정의를 외치신다"(Moltmann 2011, 174). 세계의 모든 신들 가운데 어떤 신이 참된 신인가의 문제는, "어떤 신이 정의를 행하는지의 여부"에 달려 있다(179). 그렇다면 어떤 교회가 참 교회인지의 여부도 정의를 행하느냐 행하지 않느냐에 달려 있다. 참 교회는 이 땅 위에 하나님의 정의가 세워지기를 기도하며, 세속의 삶 속에서 하나님의 자비와 정의를 행하도록 신자들을 가르치는 교회다. 구약의 예언자들처럼 통치자들과 백성에게 정의를 요구한다.

교회 건물을 건축하면, 신자들은 "성전을 하나님께 바친다"고 말한다. 그리고 하나님은 이 성전을 기쁘게 받으신다고 생각한다. 이에 대한 근거를 그들은 솔로몬의 예루살렘 성전 봉헌에서 발견한다(왕상 8:22-66). 그러나 바빌론과 페르시아에서의 포로기 후에 기록된 이 본문에서 우리는 다음의 사실을 발견한다. 나라를 지킬 수 있는 것은 성전이 아니라, 하나님의 "율례와 규례를 온전한 마음으로 올바르게" 지키는 데 있다. 그러므로 하나님은 "내가 네게 준 율례와 규례를 온전한 마음으로" 지키면, 나라가 망하지 않을 것이요, 그렇지 않으면 이스라엘 백성을 끊어버리고 "성전을 외면하겠다"고 말한다(왕상 9:4-7). 거대한 성전을 지어 하나님께 봉헌할지라도 하나님의 법을 지키지 않으면 성전도 폐허가 된다는 사실을 이스라엘의 역사는 보여준다. 구원을 보장할 수 있는 것은 하나님을 경외하며 하나님의 법을 지키는 데 있다고 예언자들은 거듭 말한다(렘 11:15; 21:12-14; 암 5:14; 미 6:6-8).

이것은 역사의 법칙이기도 하다. 정의롭게 사는 민족은 "시냇가에 심은 나무"처럼 창성하고, 불의하고 부패한 민족은 그 불의와 부패로 말미암아 "바람에 흩날리는 쭉정이와 같이" 멸망한다(시 1:3-4). 하나님이 우리를 벌하시는 것이 아니라, "네가 저지른 악이 너를 벌하고…그 배신이 너를 징계할 것이다"(렘 2:19). "그는 자신의 악행 때문에 죽을 것이다"(겔 2:19). "너 자신의 몸으로 행한 모든 일에 따라 마땅한 보응을 받을 것이다"(고후 5:10).

김명용에 의하면 한국교회의 많은 목회자와 신자들은 "정의를 위해 일하는 것을 세속적인 가치로 생각하고 있다. 거룩하고 영적인 교회라고 자처하는 교회일수록 영적인 일과 세상적인 일을 구분하는 이원론적인 사고 때문에 정의를 위해 일하는 것은 영적인 영역이 아닌 세상적인 영역으로 판단하고 있다"(김명용 1997, 137). 그러나 "정의는 세속적인 가치가 아니다. 정의는 성서의 주제인 동시에 성서의 하나님이 인간에게 요구하고 있는 매우 영적인 가치를 지닌 것이다. 정의는 예배와 마찬가지로 성스러운 것이다." 그러므로 "하나님께 드리는 참된 예배는 정의를 위한 진지한 노력과 분리해서 생각할 수 없다.…예수의 정신 속에는 정의를 요청하는 철저한 예언자적 정신이 들어 있었다. 우리는 하나님께 예배와 십일조를 드려야 한다. 그러나 동시에 우리는 하나님 앞에서 정의를 세워야 한다. 이것이 참으로 하나님을 섬기는 것이다"(157-158). "너희는 먼저 하나님 나라와 하나님의 정의를 구하여라"(마 6:33).

정의는 우리가 실행해도 좋고 실행하지 않아도 좋은 문제가 아니다. 그것은 나라의 운명이 달린 문제다. 위로부터 아래에 이르기까지 도둑질하기에 바쁜 나라가 망하는 것은 시간문제일 뿐이다. 벌레들이 계속 파먹고 있는 나무 기둥은 언젠가 쓰러질 수밖에 없지 않는가! 정의를 세우지 못하면, 우리는 또다시 강대국의 노예가 될 수 있다. 구약시대 이스라엘의 역사가 보여주는 것처럼, 나라가 망하면, 하나님의 구원도 헛것이 된다. 그러므로 교회는 예수가 가르친 대로 "하나님 나라와 하나님의 정의"를 구해야 한다.

F. 개방과 포용에 창조적 번영의 길이 있다

위에 기술한 민족 공동체에 대한 교회의 책임과 사명에 관한 이야기들은 민족주의가 아닌가? 그러나 이 책에서 말하는 민족 공동체에 대한 교회의 책임과 사명은 민족주의와 무관하다. 일반적으로 민족주의는 다른 민족을 거부하거나 멸시하고, 자기 민족의 이익과 세력을 확장시키려는 이기성과 자기중심주의를 그 본질로 한다. 땅 위에 있는 하나님 나라의 현실인 교회는 이 같은 민족주의를 거부한다.

민족주의를 거부하는 신학적 이유는 하나님의 보편성에 있다. 하나님은 특정한 민족과 특정한 인종의 하나님이 아니라 모든 민족과 모든 인종의 하나님이다. 모든 민족과 모든 인종이 동일한 하나님의 피조물이요, 본래 한 하나님의 자녀들이다. 그러므로 "하나님 나라"는 땅 위에 있는 모든 민족과 인종을 포괄한다. 모든 민족과 인종이 한 "하나님의 가족"이 되어야 한다. 거기에는 "유대 사람도 그리스 사람도 없으며, 종도 자유인도 없으며, 남자와 여자가 없다. 여러분 모두가 그리스도 예수 안에서 하나다"(갈 3:28). 그러므로 교회는 "성별, 인종, 종족에 대한 차별과 성취적 편견, 불평등과 불의"를 거부한다(Willoughby 2013, 127). 폐쇄적이고 배타적인 민족주의와 인종차별주의는 모든 피조물에 대한 하나님의 사랑에 모순된다.

그러므로 한국 신학계 일각에서 이야기하는 이른바 "민족교회"란 개념은 적절하지 않다. 물론 교회는 그가 속한 민족 공동체의 운명과 연대하고, 이 공동체를 위해 헌신해야 한다. 그렇다 하여 우리는 교회를 "민족교회"라 말할 수 없다. 교회는 "민족교회"가 아니라 "예수 그리스도의 교회"다. 교회의 "근거와 힘과 희망"은 민족이 아니라 예수 그리스도다(Moltmann 1975, 19). 사도신경이 고백하듯이, 예수 그리스도의 교회는 모든 민족과 인종과 사회계층을 아우르는 "보편교회"(ecclesia katholica)다. 오직 예수 그리스도의 교회, 보편교회의 한 지체로서 교회는 자기가 속한 민족 공동체에 대한 책임과 사명을 감당할 뿐이다.

미국의 한 신학자는 미국교회의 민족주의와 인종차별주의의 오류를 다음과 같이 지적한다. "우주적 그리스도를 미국의 행운의 신으로 국한시켜 온 우리 그리스도인들은 인디언을 몰살시키고, 자기 나라 땅의 베트남인들을 학살하고, 인종차별주의자, 성별주의자…등 미국 교회에 가득찬 모든 미국인의 행동을 축복하는 허수아비 하나님으로 만들었습니다"(Willoughby 2013, 123).

이 문제와 연관하여 우리는 교회와 국가의 올바른 관계를 간단히 살펴보기로 하자. 국가가 존재하는 목적은 외세의 침략 및 폭력으로부터 국민을 보호하고, 국민의 안녕과 번영을 추구하며, 사회적 약자의 생명을 지키고 사회정의를 세우는 데 있다. 이를 위해 국민은 자신의 힘(권력)을 국가기관에 위임하고, 세금을 통해 통치에 필요한 경비를 부담한다. 국가기관의 공무원들은 국민의 세금에서 월급을 받고, 그들에게 위임된 국민의 권력을 국민을 대신하여 집행한다.

교회는 국민으로부터 권력을 위임받은 국가와 다음과 같은 관계를 맺어야 한다. ① 교회는 국가 안에 있고, 국가의 법을 지켜야 한다. 그리고 국가의 선한 목적을 위해 봉사해야 한다. ② 그러나 교회는 국가에 속한, 국가의 소유물이 아니다. 교회는 그리스도에게 속한, 그리스도의 소유다. 그러므로 그리스도만이 교회를 다스린다. 그것은 땅 위에 있는 그리스도의 몸이다. ③ 그러므로 교회는 국가로부터 자유롭다. 국가로부터 자유롭기 때문에, 교회는 국가권력의 불의와 부패와 비인간성을 비판할 수 있고, 하나님의 정의를 요구할 수 있다. 교회는 국가의 선한 목적에 협조하고 국가의 무거운 짐을 함께 지지만, 국가의 시녀가 될 수 없다. 그것은 민족의 "도덕과 애국심을 고양시키는" 하나의 국가기관이 아니다(김승철 2014, 109). 오히려 교회는 예언자의 위치에서 국가의 올바른 방향을 제시해야 할 책임이 있다.

교회와 국가의 관계는 교회와 민족 공동체의 관계에도 적용되어야 한다. 교회는 민족 공동체 안에서 민족 공동체의 역사를 위해 헌신하지만, 민족 공동체로부터 자유롭다. 그는 민족 공동체의 소유도 아니고, 민족주의적 관심에 봉사하는 기관도 아니다. 교회는 예수 그리스도에게 속한 예수 그리스도의 교회로서 자기가 위치한 민족 공동체를 위해 봉사할 뿐이다.

따라서 이 책에서 말하는 민족 공동체에 대한 교회의 사명은 배타적 민족주의나 인종차별주의와 무관하다. 그것은 1910년부터 1945년까지 36년 간 세계지도에 "JAPAN"으로 표기되었고, 자칫하면 또다시 지도에서 사라질 수 있는 한반도의 작은 공동체를 지키며, 모든 민족과 인종을 구원하고자 하는 하나님의 뜻을 먼저 이 공동체 안에서 이루기 위함에 불과하다. 온 땅 위에 이루어져야 할 "하나님의 뜻"(마 6:10)은 먼저 자신의 몸과 가정과 교회와 자신이 속한 공동체 안에서 이루어져야 한다. 하나님이 이스라엘 백성을 자신의 백성으로 선택한 것도 먼저 이 백성 안에서 그의 구원을 이루기 위함이요, 이 백성으로부터 시작하여 모든 민족을 구원하기 위함이었다.

한국인은 본래 배타적 민족주의와 인종차별주의를 갖고 있지 않았다. 고대시대로부터 그들은 국경과 민족과 인종을 초월한 "홍익인간"을 민족의 기본이념으로 가지고 있었다. 홍익인간의 이념은 성서의 인간관과 일치한다. 성서의 창조신앙에 의하면, 모든 인간은 본래 한 하나님의 피조물이다(사 45:12). 그러므로 그들은 한 형제자매로서 상부상조하며 공존해야 한다. 여기서 배타적 민족주의는 설 자리를 상실한다.

하나님이 약속하는 메시아 왕국은 모든 인간과 자연의 피조물이 공존하는 세계다(참조. 사 11:1-9, 65:25). 예수가 선포하는 하나님 나라, 하나님이 약속하는 "새 하늘과 새 땅"은 민족과 인종으로 나누어진 세계가 아니라, 땅 위의 모든 민족과 인종이 하나가 되어 상부상조하며 살아가는 세계다. 그것은 모든 민족과 인종을 포괄하는 보편적인 것이다. 그러므로 사도행전이 보도하는 최초의 기독교 공동체는 유대인은 물론 모든 이방인들을 포괄하는 에큐메니칼 교회로 발전한다. "그리스도 안에서" 모든 민족과 인종은 한 형제자매다. 성서의 이 같은 생각은 "홍익인간"의 이상과 일치한다.

그러므로 예수 그리스도의 교회는 배타적 민족주의와 인종차별수의에 저항할 수밖에 없다. 미국에서 일어나고 있는 흑인에 대한 차별, 아메리카 인디언의 대량학살, 살아남은 인디언의 후손들 및 여타 유색인종들에 대한 차별, 세계 각지의 원주민들에 대한 차별과 소외, 재일 한국인에 대한 일본의 차별과 우경화, 한국 안에 있는 외국 노동자들과 탈북자에 대한 차별을 교회는 하나님의 이름으로 비판해야 한다.

나아가 교회는 민족과 민족, 인종과 인종 사이에 하나님의 정의를 세우는 일에 관심해야 한다. 제1세계와 제3세계의 빈부격차와 양극화, 세계 금융자본의 횡포(힘없는 나라에서 엄청난 이익을 챙기고 빠지기), 국경을 초월한 인신매매, 어린이 유괴, 인간의 노예화, 원주민과 유색인종에 대한 차별과 사회적 소외, 반유대주의(antisemitism), 종족분쟁 및 종교갈등으로 인한 대규모 학살, 전쟁과 세계 문화재 파괴, 강대국들의 새로운 군국주의와 군비경쟁, 무기밀매, 사이버 테러, 약소국에 대한 유전자 변형 곡물 수출, 생활 쓰레기와 방사능 오염 물질의 제3세계로의 수출, 경제적 형태의 신제국주의와 식민주의, 세계 각처에서 일어나는 자연 파괴, 밀렵에 의한 생물들의 멸종 위기 등을 교회는 세계교회의 차원에서 비판하고, 하나님의 자비와 정의를 요구해야 한다.

온 세계가 하나님의 것이다(출 19:5). 따라서 온 세계가 하나님의 구원의 대상이다. 그러므로 교회는 이 세계에서 고난당하는 민족과 인종과 자연의 피조물에 대해 관심을 갖지 않을 수 없다. 생명을 사랑하는 자는 생명을 파괴하는 현실을 방관할 수 없다. 수많은 생명이 말없이 죽어가는 현실을 외면하면서, 하나님의 사랑을 이야기하는 것은 종교적 위선이다.

교회는 모든 민족과 인종의 친교와 협동과 일치를 장려하는 데 관심을 가져야 한다. 서로를 개방하고 포용하며, 사랑의 영 안에서 한 몸이 되는 세계를 지향해야 한다. "때가 차면, 하늘과 땅에 있는 모든 것"이 "그리스도 안에서 그분을 머리로 하여 통일"될 것이다(엡 1:10).

세계사를 회고할 때, 다른 민족과 인종에 대해 개방적이고 이들을 포용한 민족이 크게 번영하였다. 그 반면 배타적이고 폐쇄적인 민족은 멸망하였다. 고대 로마 제국이 1450년대까지 유지될 수 있었던 것은 전쟁에 패한 이방 민족들에게 로마 제국의 시민권을 얻을 수 있는 길을 열어주고 이들을 포용했기 때문이다. 10년 동안 주인에게 봉사한 노예는 자유민이 될 수 있었고, 그들의 자녀들은 로마 시민권을 얻을 수 있었다. 이들에게 로마 제국은 바로 자신의 조국이었기 때문에 그들은 전투에서 온 힘을 다해 싸웠다. 역사가들은 알프스 산맥을 넘어온 카르타고의 한니발 장군이 로마 군단을 대파하였음에도 불구하고 로마 연맹이 무너지지 않았던 이유는 포용 정책에 있었다고 말한다. 이에 반해 다른 종족과 민족들에게 배타적 태도를 취했던 그리스의 아테네와 스파르타는 로마 제국에게 멸망당하고 말았다.

칭기즈 칸이 대 몽골 제국을 이룰 수 있었던 것도, 정복당한 민족들과 인종들에 대한 포용과 그들의 문화와 종교에 대한 개방정책에 있었다. 역(驛)을 이용한 몽골 제국의 통신망을 통해 동서양의 문물이 교류할 수 있었다. 미국이 세계 강국이 될 수 있었던 것은 세계의 다양한 인종들과 문화들과 민족들이 뒤섞였기 때문이라고 학자들은 말한다. 창의적인 아이디어는 다양한 문화와 폭넓은 세계관이 공존할 때 나타난다. 창의적 아이디어가 있을 때, 민족의 번영이 가능하다. 이 사실을 주지시키는 것도 민족 공동체에 대한 교회의 사명에 속한다.

G. 교회는 인적 자원을 길러야 한다

1) 지금까지 우리는 하나님 나라의 확장을 위한 교회의 과제 내지 사명을 고찰하였다. 그런데 이 사명들은 지교회가 감당하기에는 너무도 규모가 큰 경우가 많다. 그래서 우리는 이를 외면하거나 "현실적으로 불가능하다"고 포기하기 쉽다. 사실 많은 교회들이 이를 외면한다. 그러나 "교회의 머리" 되신 예수는 세상 모든 영역에 들어가서 하나님 나라의 복음을 전하라고 명령하지 않았던가!(막 16:15)

물론 공적 기관으로서의 교회가 세계의 모든 문제 영역에 개입하는 것은 불가능하다. 그러나 교회의 대표자요, 교회의 리더인 목회자는 이 영역들에 대해 하나님이 바라는 바를 증언할 책임이 있다. 또 교회 안에 다양한 위원회를 구성하여 하나님 나라를 위한 교회의 사명을 감당케 할 수도 있다. 어떤 목회자는 몇 가지 "직능별 목장을 두어 교회가 사회선교적인 목적을 가지고 봉사하도록" 한다(양민철·김성률 2016, 122).

또 각 교단 지도자들은 지교회들과 노회들과 총회가 감당할 수 있는 과제들을 설정하여 배분할 수 있을 것이다. 특정 과제를 위한 태스크포스를 구성할 수도 있고, 그리스도인들이 주도하는 시민운동 단체를 만들어 이에 참여할 수 있다. 또 세계개혁교회 연맹, 루터교회 연맹, 세계교회협의회, 세계복음연맹 등 세계 연합기관들에 위임하여 추진할 수 있다.

2) 그런데 오늘 우리 사회는 너무도 세분화·전문화되어 있다. 따라서 교회가 관심을 가져야 할 문제 영역도 매우 세분화·전문화되어 있다. 세분화·전문화되어 있는 모든 영역에서 누가 교회의 사명을 감당할 수 있는가? 교회의 신자들이 교회의 사명을 감당할 수 있다. "신자들이 곧 교회다." 신자들이야말로 세분화·전문화된 사회 각 영역에서 하나님 나라의 현실을 이룰 수 있는 인적 자원들이다. 그러므로 교회는 "사람들"에게 전도하고, 이들을 길러 사회 각 영역으로 파송해야 한다. 여기서 중요한 것은 목회자의 의식과 목회철학이다.

예수는 그의 뒤를 따르는 사람들에게 "너희는 온 세상에 나가서 만민에게 복음을 전파하여라"고 명령한다(막 16:15). 여기서 "온 세상"은 공간적 의미로 해석될 수 있다. 즉 세계 여러 나라를 다니면서 복음을 전하고 제자를 삼으라는 뜻으로 해석될 수 있다. 이와 동시에 이 명령은 "사회구조적 차원에서 해석될 수도 있다"(Hunter 2014, 381). 즉 입법, 사법, 행정, 기업, 금융, 상업, 엔지니어링, 언론, 교육, 법, 예술, 국제 원조, 환경보호, 건강관리, 상담 등 사회와 세계의 모든 영역 속에서 "하나님의 동역자들"이 교회의 사명을 감당할 수 있다.

해방신학, 정치신학, 민중신학이 주장하는 것처럼, 불의한 사회구조의 변혁과 해방도 필요하다. 이와 동시에 사회 각 영역에서 개혁을 추진할 수 있는 신실하고 유능한 인적 자원을 준비하는 일 역시 교회의 중요한 사명에 속한다. 유능하고 신실한 인적 자원이 준비되지 않을 때, 사회가 또다시 부패와 혼란과 빈곤의 악순환에 빠진다는 것을 우리는 라틴아메리카의 역사에서 볼 수 있었다. 현실의 문제들을 극복하기 위한 노력도 필요하지만, 미래가 필요로 하는 인재들을 길러야 한다. 일제시대에 한국의 독립을 위한 정치적·군사적 투쟁도 필요했지만, 독립 후에 나라를 이끌어나갈 각 영역의 인재 육성 역시 필요했던 것과 마찬가지다.

교회는 장차 이 세상 모든 분야에서 일할 수 있는 "사람들을 훌륭하게 만들기 위해 신학적 자원들을 제공하면서 제자로 삼고, 그런 분야로 부름 받은 재능 있는 청년들에게 멘토링과 재정을 제공해야 한다. 교회가 사람들을 이런 분야로 파송하지 않을 때, 이 영역에서 사역과 참여를 이해하는 신학을 제공하지 않을 때, 교회는 '온 천하를 다니며'란 사명을 완수하지 못한다"(Hunter 2014, 382).

중요한 것은 목회자의 올바른 목회철학과 이에 대한 교회의 지지다. 모여서 예배드리고, 심방하고, 교회 신도회 별로 기도회·친목회 등을 하고, 장례식을 치르고, 목회자에게 사례하고, 교회 체제를 유지하는 "특징 없는 교회"를 만들 것인지, 아니면 하나님 나라의 확장을 위한 사명을 감당하는 자신의 특징을 지닌 교회를 만들 것인지, 결단해야 할 것이다.

3) 그런데 교회가 하나님 나라를 위한 사명들을 감당할 때, 교회로서의 특성을 잃어버리고 사회사업 기관처럼 되어버리지 않을까? 사실 이 염려 때문에 교회의 당회가 신도들의 사회봉사 활동을 저지하고, 당회원들이 목사의 정치적·사회적 활동을 반대하는 일이 일어나기도 한다. 이것은 필자가 직접 경험한 일이기도 하다.

물론 교회는 사회운동 단체가 아니다. 또 그렇게 되어서도 안 된다. 교회는 본질적으로 구원받은 성도들의 예배 공동체다. 올바른 복음의 선포와 성례가 바르게 시행되며, 성부·성자·성령 삼위일체 하나님을 향한 신자들의 찬양과 기도, 친교와 교육, 끊임없는 참회와 회개가 교회의 삶의 기초가 되어야 한다.

그러나 교회의 이 모든 실천은 하나님 나라와 하나님의 정의를 이 땅 위에 확장시키고자 하는 실천과 분리될 수 없다. 믿음과 삶, 믿음과 선한 행위가 분리될 수 없듯이, 예배와 사회적 봉사도 분리될 수 없다. "예배하는 교회와 사회적 참여를 실행하는 교회 사이에서 양자택일을 강요하는 것"은 "파괴적 결과를 가져올 수 있다"(Migliore 2012, 443). 삼위일체 하나님을 향한 기도와 찬양과 예배는 이 땅 위에 "하나님 나라와 하나님의 정의"를(마 6:33) 세우고자 하는 실천과 병행되어야 할 것이다. 그러나 먼저 예배가 있어야 한다. "정의와 공평, 사랑을 행할 줄 모르는 사람이 드리는 예배는 역겨운 제사일 뿐이다.…그러나 언제나 신자에게는…교회에서의 예배가 우선임을 기억해야 할 것이다"(김경열 2016, 545).

윤철호에 의하면 오늘날 "한국교회의 위기의 본질은 성장 저하나 침체에 있는 것이 아니라, 이 세상에서의 현실 변혁적 능력의 상실에 있다. 왜 한국교회가 현실 변혁적 능력을 상실했는가? 그것은 한국교회가 통전적인 종말론적 하나님 나라의 비전을 잃어버리고 제도화·세속화되었기 때문이다. 그러므로 한국교회가 위기를 극복하는 길은 통전적인 종말론적 하나님 나라의 비전을 회복함으로써 현실 변혁적 능력을 되찾는 데 있다"(윤철호 2006, 87). "현실 변혁적 능력"을 되찾기 위해, 교회는 먼저 예배를 드리고 기도해야 한다. 예배와 기도는 교회의 모든 실천의 기초이고 전제이다. 진심으로 드리는 예배와 기도가 없을 때, 교회는 사회운동 기관으로 전락하게 될 것이고, 하나님 나라를 위해 일한다는 "운동가들"이 오히려 세속적 명예욕과 권세욕에 사로잡힌 추태를 보이게 된다.

7
세계 교회들의 기본 체제

기독교는 크게 나누어 정교회(시리아 정교회, 그리스 정교회, 러시아 정교회 등), 콥트교회, 로마 가톨릭교회(구교, 천주교), 개신교회(신교, 프로테스탄트교회), 영국 성공회로 구성되어 있다. 그밖에 아르메니아교회, 야곱파 교회, 페르시아(지금의 이란)에서 중국에까지 퍼진 네스토리우스파 교회(景敎), 왈도파 교회 등이 있지만, 이들의 존재는 미미하다. 여하튼 이 전체를 가리켜 우리는 기독교라 부른다.

한국 기독교에서 교세가 가장 큰 교회는 개신교회와 가톨릭교회다. 정교회와 성공회의 교세는 미미한 수준이다. 그런데 오늘날 개신교회의 많은 신자들이 가톨릭교회로 옮겨가고 있다. 그 원인은 다양하지만, 핵심은 두 교회의 체제에 있다. 개신교회는 끊임없는 분열과 무질서의 체제를 보이는 반면, 가톨릭교회는 통일성과 질서가 잡힌 체제로 보인다. 심지어 어떤 사람이 개신교회를 가리켜 "개판"이라 말할 정도로 개신교회의 체제는 혼란스럽다.

그럼 개신교회는 자신의 교회체제를 버리고 가톨릭교회의 체제를 도입해야 하는가? 그러나 개신교회 신학의 입장에서 볼 때, 가톨릭교회의 체제를 결코 이상적인 것이라고 볼 수는 없다. 여기서 우리는 가톨릭교회, 정교회와 성공회, 그리고 개신교회의 기본 체제를 검토하고, 개신교회 체제의 타당성은 무엇이며 또 그 문제점을 극복할 수 있는 길은 무엇인가를 모색해 보기로 하자.

A. 로마 가톨릭교회의 기본 체제

사도행전이 보도하는 최초의 기독교 공동체는 하나의 조직화된 종교가 아니라 바리새인, 사두개인들과 같은 유대교 내의 한 종파로 인식되었다. 그래서 최초의 그리스도인들은 "나사렛 도당"이라 불리었다(혹은 나사렛 이단자들, 행 24:5, 14; 28:22). 그러나 이들의 공동체는 유대교의 가르침과 형태를 벗어난 하나의 독립된 형태를 갖기 시작하면서, 자유로운 시민들의 정치적 모임을 뜻하는 "에클레시아"(ekklesia)란 개념을 사용하였다. 이 개념과 함께 그리스도인들의 공동체는 유대교에서 구별되는 독립된 공동체로 등장하기 시작하였다. 그것은 유대교로부터 "이단"이라 배척을 받았고(행 24:5, 14), 로마 제국의 다른 민족들, 곧 이방인들로부터 무신론자라고 비난을 받았다.

주로 유대인들로 구성되었던 최초의 그리스도인들의 공동체는 점차 유대인과 이방인들의 교회로 발전하였고, 바울의 선교와 교회 확장을 통해 이방인들의 교회로 발전하였다. 오랜 박해의 기간을 거쳐 교회는 결국 로마 제국의 국가교회가 되었다. 박해를 받던 교회가 로마 제국의 유일한 국가종교가 된 것이다. 교회는 이제 로마 황제를 신으로 섬기는 황제숭배라는 국가종교의 자리를 대신 차지하고, 로마 제국의 질서와 평화(Pax Romana)를 위해 봉사하던 황제숭배 종교의 정치적 기능을 대신 감당하게 되었다. 이것은 교회의 국가화·정치화를 뜻하는 동시에 국가의 기독교화를 뜻한다. 로마 제국 내의 모든 다른 종교는 법적으로 금지되었고, 교회의 가르침에 어긋나는 신학적 입장들과 교회에 대한 비판도 국가의 처벌을 받을 수 있게 되었다.

로마 제국의 국가교회에서 교회의 머리는 황제였다. 최고의 결정권은 황제에게 있었다. 이것은 콘스탄티누스 황제 때부터 시작되었는데, ① 교회의 문제들, 특히 교리 문제를 결정할 수 있는 최고의 법적 권한, ② 교회의 법적 소송 문제를 치리할 수 있는 권한, ③ 주교의 선택을 확정하거나 스스로 주교를 임명하는 등의 교회 행정에 대한 마지막 결정권을 행사할 수 있는 권한이 주어졌다(Heussi 1971, 103-104). 나중에 이 권한들은 교황에게 넘어가게 되지만, 국가교회 초기에 이 권한들은 로마 황제에게 속하였다. 이것은 교회가 사실상 황제의 지배권에 속하였음을 말한다. 주교가 아니라 황제가 사실상 "교회 위에 있는 주"였다(Herr über die Kirche, Heussi, 1971, 124). 그러므로 초기 교회의 대표적 공의회들은 로마 황제에 의해 소집되었고, 결정된 신앙고백은 황제의 이름으로 공포되었다. 따라서 이 신앙고백은 로마 제국의 모든 교회가 수용해야만 할 법적 강제성이 있었다.

이같이 로마 제국은 교회의 질서와 통일성을 위해 봉사하고, 이에 대한 대가로 교회는 로마 제국의 질서와 통일성을 위해 봉사하게 되었다. 교회를 혼란시키는 이단설이나 이단적 종파는 로마 제국에 대한 범죄행위로 간주되었다. 교회의 분열과 혼란은 로마 제국의 내적 질서와 통일성을 훼손하기 때문이다.

국가교회가 되면서 교회는 사도행전에서 볼 수 있는 그리스도인들의 자발적이며 자유로운 친교의 형태 곧 "성도의 공동체"의 형태를 상실하고, 로마 제국의 법적 제도로서의 형태를 갖게 된다. 각 교회의 담당 구역 곧 교구는 로마 제국의 행정구역에 따라 결정되고, 성직자는 기독교적으로 유아세례·견신례·결혼·장례식 등 국민의 삶의 중요한 일들을 집행하는 로마 제국의 종교 공무원으로서의 성격을 갖게 된다. 이 같은 역사적 상황 속에서 일반 신자들로부터 구별되는 특별한 성직자 계급이 형성된다. ① 국가가 성직자들에게 여러 가지 특권을 부여하고, ② 성직자들의 생계를 책임지며, ③ 성직자들에게 독신생활을 요구하며, ④ 시민들의 법적 문제에 대한 세속적 사법권을 성직자에게 부여한다(Heussi 1971, 106). 근대에 이르기까지 계속된 마녀화형과 종교재판은 성직자의 사법권이 유지되었음을 보여준다.

일반 신자들로부터 구별되는 성직자 계급으로 인해, 교회는 자유로운 형제자매들의 자발적 공동체가 아니라, 성직자 계급에 의해 관리되고 지배되는 법적 제도 내지 법적 기관(Institution)의 성격을 갖게 된다. 성직자 계급은 신자들 위에 있고, 신자들은 성직자 계급 아래에 있는 것으로 설정된다. 본질적으로 교회는 베드로에게서 사도권을 계승받은 교황-주교-사제들의 위계질서 내지 계급체제(Hierarchie)라고 이해된다. 이리하여 교회는 신자들 이전에 신자들 위에 있는 성직자들의 계급체제로 이해하는, 정교회 및 로마 가톨릭교회의 독특한 교회관이 생성된다.

물론 이들 교회는 그리스도와 결합되어 있고, 그리스도를 통하여 하나로 결합된 신자들의 공동체임을 부인하지 않는다. 그러나 교회는 신자들의 공동체 그 이상의 것이다. 그것은 그리스도께서 원하셨고 세우신 기관으로 공동체 이전부터 있었고, 공동체 위에 있는 법적 기관이다. 이 기관을 통해 그리스도의 구원이 신자들에게 중재된다. 교회는 그리스도와 신자 사이에 있는 구원의 중재기관 내지 매개체다. 이 기관을 통해 그리스도는 신자들에게 현존하며 그의 공동체를 다스린다. 따라서 교회의 권위에 복종하는 것은 곧 그리스도의 권위에 복종하는 것이다. 신자들은 오직 교회를 통해, 다시 말해 성직자들의 매개를 통해 구원을 받을 수 있다.

로마 가톨릭교회가 지금도 포기하지 않는 "사도계승"(successio apostolica)은 이 같은 교회관을 정당화시키는 중요한 근거가 된다. 사도계승의 성서적 뿌리는 마태복음 16:18-19에 있다. 이 구절에 따르면 예수는 베드로 위에 교회를 세우고 베드로에게 "하늘나라의 열쇠"를 맡기겠다고 약속하면서, "네가 무엇이든지 땅에서 매면 하늘에서도 매일 것이요, 땅에서 풀면 하늘에서도 풀릴 것이다"라고 말한다. 이 베드로가 로마의 첫 주교가 된다. 교회의 모든 권한이 베드로에게 맡겨진다. 베드로는 땅 위에 있는 그리스도를 대변자다. 그의 말씀은 그리스도의 말씀이요, 그가 내리는 모든 결정은 그리스도의 결정이다. 그의 말씀과 결정에 복종하는 자만이 구원을 얻을 수 있다. "교황 무오설"의 뿌리는 여기에 있다.

베드로의 사도직은 그다음 주교로 계승되는데, 이 계승은 주교 서품식에서 안수를 통해 이루어진다. 곧 후임주교의 머리 위에 손을 얹고 주교 임명을 선언할 때, 성령이 선임주교에게서 후임주교에게 부어지며, 베드로의 사도직이 성령을 통하여 그에게 승계된다. 이리하여 베드로의 사도직이 계속 주교에서 주교로 계승되고, 주교는 베드로와 동일한 권한을 갖게 된다. 오직 선임주교의 안수를 통하여 서품을 받음으로써 사제는 법적 사제직을 얻게 되고, 사도직의 전권에 참여하게 된다.

여기서 "사도계승"은 베드로에게서 시작하여 끊어지지 않고 이어지는 성직자 서품의 고리(Kette der Ordination)를 뜻한다(Joest 1986, 524). 사도계승의 고리를 통해 교회는 베드로의 사도적 정통성을 계승한 "사도적 교회"라 주장할 수 있는 법적 정당성과 권위를 얻게 된다. "주교들의 사도계승은 교회의 사도성의 본질적 표징이다"(Wiedenhofer 1992, 134). 교회는 그 핵심에 있어 베드로의 사도직을 이어받은 주교 및 사제들, 곧 성직자들의 위계질서적 조직체로 이해된다(사도계승의 긍정적 의도와 그 문제점에 관해 김균진 1993, 172 이하).

종교개혁을 반대하여 열린 트리엔트 공의회의 결정에 의하면, "사도의 위치를 계승하는 감독들은 무엇보다도 먼저 이 위계제도적 질서에 속한다. 그들이 하나님의 교회를 통치하고 사제들을 감독하기 위하여 성령에 의해서 세워졌다." 1910년 가톨릭교회가 모든 성직자들에게 요구한 "현대주의자에 반대하는 서약"은 가톨릭교회의 기본 교회관을 다음과 같이 요약한다. "교회는 군주를 정점에 모시는 위계제도다. 즉 교회는 사도적 위계제도의 군주인 베드로 위에, 그리고 그의 모든 후계자들 위에 기초를 두고 있다"(이종성 1992, 115-116). 교황을 최고의 머리로 둔 성직자들의 위계질서 내지 계급체제 속에서, 교회의 신자들은 사실상 손님의 위치에 있다. 그러므로 신자들은 성직자들의 권위에 복종해야 한다.

가톨릭교회가 보이는 성직자 위계질서의 교회관은 북아프리카 카르타고(Karthago)의 주교 키프리아누스(Cyprianus, 210년 경 출생)의 위계질서적 교회관으로 소급된다. 그에 따르면, 교회는 "위계질서에 따라 조직화된, 외적으로 볼 수 있는 구원의 기관이다. 주교가 치리하는 교회에 속하는 것은 구원을 얻기 위해 반드시 필요한 선제 조건이다. 교회는 그만이 복을 내릴 수 있는 단 하나의 교회요, 그를 통해 신자들이 생명으로 태어나는 어머니다"(Heussi 1971, 83). 따라서 "교회 밖에는 구원이 없다"(*Extra ecclesiam nulla salus*). "어머니 교회를 갖지 않는 자는 아버지 하나님을 가질 수 없다"(*Habere non potest deum patrem, qui ecclesiam non habet matrem*). "주교들은 교회의 통일성의 보호자들이요, 교회가 그 위에 서 있는 기초다. 각 주교는 완전한 의미에서 사도의 후계자요 주교 베드로의 후계자다.…베드로는 주교가 치리하는 단 하나의 교회의 역사적 출발점이다"(84).

키프리아누스가 대변하는 주교체제(Episkopalismus)는 서로마 제국에서 교황체제(Papalismus, Kurialismus)로 발전한다. 게르만 족(신약성서의 "야만인들", 롬 1:14; 골 3:11)이 서로마 제국을 멸망시키는 대혼란기에 로마 주교는 알렉산드리아 주교, 콘스탄티노플 주교를 누르고 막강한 힘을 얻게 된다. 로마교회는 「니케아 신앙고백」의 "정통성의 담지자요 수호자"가 되며, 요한복음의 로고스-그리스도론을 관철시키는 데 앞장선다. 결국 로마의 주교는 "베드로의 후계자"(*vicarius Petri*)로서 교황이라 불리게 된다. 그는 서로마 제국교회의 수장일 뿐 아니라 알렉산드리아, 예루살렘, 안디옥, 콘스탄티노플의 네 주교를 포함한 로마 제국 전체의 교회들에 대한 보편적 권위와 수장직을 주장한다.

이를 위해 결정적으로 기여한 로마교회 최초의 교황은 뛰어난 지성과 정치적 수완을 가진 레오 1세(Leo I, 440-461)였다. 로마 교황의 수장 자리에 대한 정당성을 확보하기 위해 "로마 교회는 언제나 최고의 자리를 가진다"(Ecclesia Romana semper habuit primatum)는 「니케아 신앙고백」을 위시한 각종 문서들의 위조, 곧 순교자들에 관한 문서, 교회 회의들의 기록, 대림절 설화 등의 문서위조가 일어난다(Heussi 1971, 126-127). 교회사가 호이시에 의하면, 로마 가톨릭교회의 교황 제도는 "원시 기독교나 복음의 유산이 아니라, 가톨릭적 교회 체제 위에서 일어난 고대 로마 정신의 산물"이었다(124).

베드로에게서 계승된 성직자들의 전권은 크게 세 가지 권한으로 구성되는데 다음과 같다. ① 성례(성사, Sakrament)를 집행함으로써 죄를 용서하고 구원을 중재할 수 있는 성례권(Weihegewalt, 사제 서품을 받지 않은 사람은 성례를 집행할 수 없다[긴급한 상황에서 평신도를 통한 긴급 세례는 예외]). ② 교회의 삶을 법적으로 조정하고, 교회의 윤리적 가르침에 대한 위반을 재판할 수 있는 재판권(Jurisdiktionsgewalt). ③ 신적 계시에 근거한 진리와 그 실천적 의미를 가르칠 수 있는 교리적 권한(Lehrgewalt, 이 권한은 주로 주교단에 속하며, 최고의 권한은 전체 교회의 공의회에 있다).

제1차 바티칸 공의회(1869-1870)에서는 성직자들이 가진 모든 권한을 베드로의 후계자인 교황에게 집중시켰다. 교황은 "사도의 머리이신 성 베드로의 후계자이며, 그리스도의 참 대리인, 전 교회의 머리, 모든 신도의 아버지요 교사다." 모든 성직자와 신자는 교황의 통치권에 대해 "위계제도의 종속 의무와 참된 순종을 가지고 복종하도록 구속되어 있다"(이종성 1992, 117).

교황의 절대권을 강화하기 위해 제1차 바티칸 공의회는 "교황 무오성" 교리를 선언한다. 즉 신자들의 신앙과 윤리에 관한 신적 계시의 진리를 교황이 모든 신자에 대한 교리로 "제단에서 선언할 때"(dum ex cathedra loquitur), 교황의 그 선언은 오류를 가질 수 없다는 것이다. 주교들의 회의에서 결정된 교리는 교황의 승인을 통해서만 선포될 수 있다. 그 반면 교황은 "자기 자신으로부터"(ex sese), 곧 공의회의 소집이나 동의 없이 교리를 선언할 수 있다. 교황이 다스리는 교회는 하나님이 계시한 진리의 교사다. 교회는 교황의 모든 권한에 복종함으로써 내적 통일성을 가진다.

따라서 교황에 대한 복종은 교회의 통일성을 나타내는 가시적 표징이요, 포기될 수 없는 보증이다. "이 반석(베드로) 위에다가 내 교회를 세우겠다"는 예수의 말씀은 교황의 모든 전권에 대한 근거가 된다. 그러므로 가톨릭교회는 자신만이 참교회요, 그 외의 모든 다른 교회는 참교회가 아니며, 구원은 오직 가톨릭교회에만 있다고 주장하게 된다. "사도적 교회인 로마교회밖에는 아무도 구원을 얻을 수 없다. 이 교회야말로 구원의 유일한 방주다"(이종성 1992, 178). 최근에 이르기까지 가톨릭교회는 기독교의 다른 교단에 속한 신자들에게 성만찬 분여를 거부하고, 이들 교단에는 구원이 없다는 입장을 견지하였다.

제2차 바티칸 공의회는 개신교회의 기본 교회관을 수용하여 가톨릭교회의 전통적 교회관을 크게 수정한다. 이를 통해 교회론의 "획기적 전환"이 일어난다(Hoffmann 1989, 221). 교회는 단지 성직자들의 위계체제 내지 교직기구가 아니라, 성직자와 평신도를 포괄하는 "하나님의 백성"으로 정의된다. 교회는 그리스도와 결합되어 있는 사람들의 친교(*communio*)이며, 평신도는 "신자들의 공동 사제직"(*sacerdotium commune fidelium*)을 누린다. 성직자들의 위계체제는 공동체를 위한 봉사직으로 정의된다. 교황은 최고의 권한을 가지고 있지만, 전체 주교들과의 친교 속에서 이를 행사해야 한다.

전통적으로 가톨릭교회는 그 자신을 "그리스도의 교회"와 동일시하였다. 그러므로 가톨릭교회가 기독교 전체의 중심과 규범이 된다고 주장할 수 있었다. 기독교의 다른 교단들과 신자들은 그리스도의 구원의 은혜에 완전히 참여하지 못하는 것으로 간주되었다. 이에 반해 제2차 바티칸 공의회는 그리스도의 교회와 가톨릭교회의 완전한 일치를 부인한다. 그리스도의 교회는 가톨릭교회 안에 실현되어 있지만, 그렇다 하여 가톨릭교회가 그리스도의 교회"이다"(*est*)라고 말할 수 없다는 것이다. 그러므로 가톨릭교회에서 분리된 교회들 안에도 "성화와 진리의 다양한 요소들이 발견될 수 있다"(Hoffmann 1987, 231). 따라서 "기독교의 모든 교회들이 더 이상

이단으로 정죄되지 않고, 그들도 그리스도의 구원에 참여한다는 점이 인정된다"(김균진 1993, 136).

그러나 제2차 바티칸 공의회는 가톨릭교회의 전통적 기본 교회관을 포기하지 않는다. 그것은 모든 신자의 사제직에 대한 종교개혁자들의 주장을 수용하는 관용을 보이지만, 정도의 차이가 아니라 본질적 차이(essentia et non gradu tantum)를 가진 성직자들의 특별 사제직을 고수한다. "신자들의 공동 사제직과 (성직자들의) 사목적 내지 위계체제적 사제직은 단지 정도에 따라 구별되는 것이 아니라 본질에 따라 구별된다. 그렇지만 그들은 함께 속한다. 곧 양자는 각자의 특별한 방법으로 그리스도의 사제직에 참여한다"(Härle 2007, 584).[4]

여기서 제2차 바티칸 공의회는 종교개혁자들이 주장하는 "모든 신자의 사제직"을 인정하지만, 평신도의 "보편 사제직"(sacerdotium universale) 혹은 "신자들의 공동 사제직"(sacerdotium commune fidelium)과는 본질적으로 구별되는 성직자들의 "사목적 내지 위계체제적 사제직"(sacerdotium ministrale seu hierarchicum)을 포기하지 않는다. 평신도는 평신도의 방법으로, 사제들은 사제들의 방법으로 "그리스도의 사제직"에 참여하는데, 양자의 방법은 "본질에 있어" 다르다는 것이다. 신자들의 보편적 사제직과 성직자들의 특별 사제직이 "본질에 있어" 구별된다면, 두 사제직 사이에는 "아무런 참된 아날로기아가 없다"(Legrand 1989, 149). "이 거룩한 공의회는…그리스도의 대리자이며 온 교회의 볼 수 있는 으뜸인 베드로의 후계자와 더불어 살아 계신 하나님의 집을 다스리는, 사도들의 후계자인 주교들에 관한 교리를 모든 사람 앞에 천명하고 선언하기로 결정한다"고 공식 문서는 말한다(한국천주교 주교회의 2009, 104).

---

[4] 라틴어 원문: "*Sacerdotium autem commune fidelium et sacerdotium ministeriale seu hierarchicum, licet essentia et non gradu tantum different, ad invicem tamen ordinantur; unum enim et alterum suo peculiari modo de uno Christi sacerdotio participant*": Lumen Gentium(LS) 10.

사도계승은 성직자의 위계체제를 통해 이루어지기 때문에 교회의 사도적 정통성과 통일성은 주교를 통해 보장된다. 해당 교구의 주교는 교회의 통일성의 "원리와 기초"(*principium et fundamentum*, LG 23)다. 평신도는 사제직과 예언자직에 참여할 수 있지만, 사제들의 왕적 신분과 교회 통치에는 거의 참여할 수 없다. 성례의 집행에도 참여할 수 있지만, 성례의 본래적 집행권과 평신도를 가르칠 수 있는 권한은 성직자들에게 있다. 본질적으로 교회는 하나님이 베푸시는 구원의 법적 기관이요, 성만찬을 통하여 그리스도의 구원을 중재하는 성직자들의 위계체제라는 가톨릭교회의 전통적 기본 교회관은 포기되지 않는다.

현재 세계 많은 나라의 가톨릭교회는 사제의 부족으로 어려움을 당하고 있다. 어떤 나라의 교회는 외국인 사제들을 세우기도 한다. 이것은 이미 오래 전부터 시작된 일이다. 그러므로 제2차 바티칸 공의회는 평신도들, 특히 신학을 공부했지만 사제 서품을 받지 못한 평신도의 참여와 사제직 대행을 요청한다. 그러나 그것은 위로부터 허락되고(*pro facultate*) 또 제한된 범위에서 이루어져야 한다고 조심스럽게 제한한다. 여기서 평신도는 사제의 빈 자리를 일부분 "메꾸어 주는 자"(Lückenbüßer)의 위치에 머물게 된다. "영혼의 완전한 돌봄"(*plena cura animarum*)은 평신도에게 허락되지 않는다(Legrand 1989, 155). 그들은 사제 서품을 받지 못함으로 인해 사도계승을 이어받지 못했기 때문이다.

이 같은 가톨릭교회 교회관의 가장 큰 장점은 교회의 분열과 혼란을 방지하고, "베드로의 후계자"요 "그리스도의 대리자"인 교황을 머리로 하여 질서와 통일성을 유지할 수 있다는 점에 있다. 이와 반대로 가장 큰 문제점은 교회를 성직자 계급에 종속시키고, 성직자 중심의 위계질서로 보는 데 있다. 최승태에 의하면 "이 교회론에서 평신도들에게 요구되는 것은 주교와 성직자들에 대한 절대적인 순종뿐"이다. 교회는 "그리스도의 파송을 받은 사도들의 권위가 계승되는 곳에만…존재할 수 있다.…따라서 이 교회론은 교회의 보편적 일치(the universal unity of the church)를 쉽게 인지

할 수 있다는 장점을 지니고 있다. 사도들의 권위를 계승한 주교를 정점으로 모든 교회는 하나의 단일 공동체를 형성하기 때문이다." 그러나 가톨릭교회의 일치는 "'위로부터'구성원들에게 일방적으로 주어진 계급적(hierarchical) 일치"로서, "성서적인 교회의 일치가 아니다." 교회의 참 일치는 사도권을 계승하는 성직자들의 위계체제에 있는 것이 아니라, "성령의 능력 안에서의 구성원들 사이의 영적인 관계를 바탕으로 하는 '아래로부터의' 일치라고 말할 수 있다." "성서적인 교회의 참 모습은 하나님의 은혜에 응답하여 그리스도를 주님으로 고백하는 자유롭고 평등한 교제의 공동체"다(최승태 2003, 270-271).

B. 정교회, 영국 성공회의 기본 체제

1) 로마 제국 시대에 주로 동로마 지역을 중심으로 형성된 정교회는 초기 기독교로부터 이어온 정통성을 계승하여 정통교회 곧 정교회(Orthodox Church)라 불리는데, 1054년에 분리된 서로마 제국의 가톨릭교회와 매우 다른 체제를 가진다. 가톨릭교회는 교황을 최고의 머리로 가진 단 하나의 통일된 위계체제를 가지는 데 반해, 정교회는 러시아 정교회, 그리스 정교회, 불가리아 정교회, 루마니아 정교회 등 여러 지역교회 내지 민족교회로 구성된 연합체의 체제를 가진다.

달리 말해 가톨릭교회가 교황을 머리로 한 단 하나의 통일체라면, 정교회는 각자 독립적인 여러 지역교회들의 연합체라 말할 수 있다. 근대에 이르기까지 가톨릭교회는 로마 제국의 언어였던 라틴어를 고집하였던 반면, 각 지역의 정교회는 전례와 성서를 각 나라의 언어로 번역하여 사용하였고, 이를 통해 각 나라의 국민 문학 발전에 기여하였다. 러시아의 세계적 문호인 도스토예프스키와 톨스토이가 이를 대변한다. 정교회의 지역교회들 가운데 그리스 정교회와 러시아 정교회가 중심적 위치를 점한다. 가톨릭교회는 법적·분석적 사고를 강조하는 반면, 정교회는 명상과 신비적 연합, 깊은 영성과 성화(신성화)를 강조한다. 전자는 십자가의 특별계시에 집중하는 반면, 후자는 자연의 작은 생물체 속에도 나타나는 하나님의 보편적 계시를 간과하지 않는다.

도스토예프스키의 작품 『카라마조프가의 형제들』에서 볼 수 있는 정교회의 이 같은 특징이 교회론에도 나타난다. 일반적으로 정교회는 교회의 정체성에 대한 명확한 이론을 기술하지 않는 경향을 띤다. 교회에 관한 논리 정연한 교리 체계를 제시하기보다, 교회에 참여하여 몸으로 직접 경험하는 것을 중요시한다. 그러므로 정교회의 신학은 "와서 보아라"(요 1:46)라는 말씀을 즐겨 인용한다. 즉 교회에 와서, 교회가 무엇인가를 눈으로 보고, 몸으로 경험해야 한다는 것이다. 교회는 이론적으로 분석되고 기술될 수 있는 대상이 아니라, 신자들이 자신의 몸으로 참여해야 할 "살아 움직이는 유기체" 내지 생명체이기 때문이다(이에 관해 Kallis 1989, 253 이하). 하나의 생명체를 가장 잘 알 수 있는 길은 논리적 분석과 기술(記述)이 아니라, 몸적 참여와 연합에 있다는 통찰이 정교회의 신학 안에 숨어 있다.

바로 여기에 정교회와 로마 가톨릭교회 교회관의 차이점이 나타난다. 가톨릭교회에서 교회는 본질적으로 하나의 법적 기관 내지 제도라면, 정교회는 교회를 유기적 생명체로 이해한다. 플로로브스키(Florovskij), 지지울라스(Zizioulas) 등 정교회의 많은 신학자들은 유기적 생명체로서의 교회 곧 "그리스도의 몸"으로서의 교회를 강조한다. 교회는 그리스도의 몸이요, "만물 안에서 만물을 충만케 하시는 분의 충만함"이다. 그리스도의 몸과 충만함으로서의 교회는 성육신한 로고스의 연장이다. 교회는 "모든 것을 포괄하는 그의 충만함 속에 계신 그리스도 자신이다."

몸의 각 지체들, 곧 신자들은 그리스도의 몸에 접합되는데, 이 유기체의 머리는 그리스도다. 그리스도의 몸과 지체들의 결합은 그리스도 자신과 신자들의 분리될 수 없는 신비적 연합을 통하여 일어난다. 그리스도와 신자들의 신비적 연합은 성만찬을 통해 일어난다. 성만찬의 예전 속에서 교회는 그리스도와 하나 됨을 경험한다. "내 살을 먹고, 내 피를 마시는 사람은 내 안에 있고, 나도 그 사람 안에 있다"(요 6:56). 그러므로 정교회의 성만찬 예전은 매우 장엄하고 아름다운 특색을 나타낸다.

교회는 성만찬 이전부터 있는 법적 제도가 아니라 그리스도와의 연합이 일어나는 "성례의 사건"이다. 이 사건을 통해 교회가 생성된다. 그러므로 정교회는 교회를 "성만찬의 모임"(eucharistische Versammlung), "성만찬의 사건"(eucharistisches Ereignis)으로 이해한다. 성만찬은 그 이전부터 있는 교회가 행하는 일이 아니다. 도리어 성만찬이 신자들의 모임을 교회로 만든다. 성만찬이 교회의 존재를 가능하게 하며 그리스도의 몸으로 만든다(255). 성만찬 속에서 일어나는 그리스도와의 연합과 친교 속에서 교회는 삼위일체 하나님의 삶에 참여한다. 따라서 성만찬 예전이 교회의 삶과 예배의 중심을 차지한다.

교회의 신비적 삶의 근원은 사도행전이 보도하는 오순절 사건에 있다. 오순절 사건을 통해 신자들은 성령을 받으며, 부활하신 주님의 파송을 받기 때문이다. "성령을 받아라. 너희가 누구의 죄든지 용서해 주면, 그 죄가 용서될 것이요…"(요 20:22). 신자들의 죄의 용서와 신성화가 교회 안에서 일어난다. 이 교회 안에서 오순절 사건과 영원한 생명이 현재화된다. 교회는 성령을 통해 영원한 신적 진리가 그 속에서 경험되고, 영원한 생명이 현재화되는 성령론적 사건이다. 그리스도의 몸으로서 교회는 그 안에 계시는 성령의 능력을 통해 진리를 체현한다. 교회는 "진리의 기둥과 터전"이요(딤전 3:15), "하늘의 현실들의 거울"이다(257).

"그리스도의 몸"은 많은 지체들을 가진다. 지체들이 없는 몸을 우리는 생각할 수 없다. 따라서 정교회의 교회관에서 신자들은 구성적 의미를 지닌다. "두 계층은 없어서는 안 될 교회의 필연적 구성 요소요, 함께 결합되어 있고 분리될 수 없다"(258). 교회에 속한 각 신자들에게 성령이 부어진다. 교회 안에서 모든 신자가 성령 안에서 진리와 영원한 생명을 경험한다. 이단의 심각성은 교리적 이탈에 있는 것이 아니라 교회 공동체로부터의 분리에 있다. 교회 공동체에서 분리될 때, 신자들에게는 영원한 생명도 없고, 진리도 없다. 진리를 보장할 수 있는 것은 개인이나 제도교회의 성직자가 아니라 "교회의 몸 자체, 곧 하나님의 백성 자체"다(257). 따라서 각 지역의 주교는 교회 공동체에 의해 선출되고, 선임주교에 의해 서품을 받는다. 교회 공동체로부터 분리된, 교회 공동체 이전부터 있는 성직자 계급은 존재하지 않는다(258). 각 지역의 주교들은 교회의 머리가 아니라 "동등한 사람들 가운데 있는 제1인자"(*primus inter pares*)다.

"동등한 사람들 가운데 있는 제1인자"를 가능하게 하는 것은 주교를 통한 사도계승이다. 사도계승을 인격적으로 또 집단적으로 소유하고 있는 것은 교회 공동체의 머리인 주교다. 교회의 사도성과 정통성은 주교의 사도계승을 통해 유지된다. 따라서 주교는 막강한 권한을 가진다. 교회는 사도계승의 연결 고리 속에 있는 주교를 통해 통일성과 질서를 가진다. 교회 공동체와 그리스도의 신비적 연합은 성만찬을 집례하는 주교에게서 상징적으로 나타난다.

이리하여 정교회는 권한을 주교에게 집중시킨다. "주교 없이는 교회 안에 성령이 없다. 이 주교가 교회 전체의 일치를 주관하며, 교회의 과거와 미래를 연결하는 고리의 역할을 한다." 주교가 임명한 "사제 없이는 교회가 형성되지 않는다." 성만찬 예전은 사제에 의해서만 집행될 수 있기 때문이다. "그러므로 사제 없이는 교회가 있을 수 없다. 그리고 주교 없이는 교회의 일치가 없다"(이종성 1992, 183).

성직자들과 신자들은 그리스도의 몸의 동등한 지체들이지만, 그들의 기능은 다르다. 따라서 "그리스도의 몸"으로서의 교회는 주교-사제-봉사자의 위계체제를 가진다. 평신도들은 실질적으로 교회정치에 참여할 수 없다. 이를 가리켜 이종성은 동방 정교회의 "성직자 독재주의"라 부른다(122).

그러나 정교회는 로마 가톨릭교회에서 볼 수 있는 교회의 수장으로서의 교황 1인 체제가 아니다. 그것은 교황을 머리로 둔 하나의 전체주의적 체제가 아니라 러시아, 그리스, 시리아, 세르비아 등 각 민족들의 독립된 지역교회들(Autokephalie, auto: 스스로, 자율적, kephale: 머리)로 구성된다. 이 교회들의 통일성은 교황 1인의 지배 체제의 법적·제도적 통일성이 아니라 교리와 제의의 통일성에 있다.

2) 1523년 로마 가톨릭교회에서 분리된 영국 성공회는 로마 가톨릭교회와 개신교회의 중간 노선을 취한다. 그 원인은 에드워드 1세(1547-1553), 엘리자베스 1세(1558-1603), 그리고 웨스트민스터 총회(1643-48) 등의 친개신교회적 개혁과, 메리 1세(1553-58), 크롬웰(O. Cromwell), 그리고 19세기 뉴만(J. H. Newman)의 옥스퍼드 운동 등의 친가톨릭적 개혁이 반복되었기 때문이다. 이리하여 성공회의 교리와 예식 속에는 두 교회의 요소가 혼재한다. 칼뱅의 신학적 통찰이 있는가 하면, 교회론과 성례론에서는 가톨릭교회의 요소들이 많이 발견된다(Hoffmann 1989, 223).

이것은 영국 성공회의 교회 개혁이 철저하지 못하였음을 말한다. 1567년에 시작된 청교도(Puritans) 운동은 이를 비판하면서, "로마 가톨릭적 우상숭배의 잔재들의 청소"와 교회의 민주화를 요구한다. 그들의 요구가 관철되지 않자, 이들은 성공회에서 분리하여 국가로부터 분리된 독자적인 교회를 세운다. 이리하여 청교도들은 "분리주의자"라 불리게 된다(정일웅 2015a, 109).

성공회는 가톨릭교회의 일곱 가지 성례가 아닌 개신교회가 주장하는 세례와 성만찬의 두 가지 성례만 인정한다. 성서만을 신앙과 생활의 기초로 보는 성공회의 입장은 "오직 성서만이"(sola scriptura)를 주장하는 개신교회의 신학적 입장과 일치한다. 마리아 숭배 철폐, 성직자 독신제 폐지에서도 성공회는 개신교회와 입장을 같이한다. 그러나 성공회는 예배의식에서 가톨릭교회의 요소를 대폭 수용한다. 매일 집행하는 성만찬, 복잡한 예배의식, 풍부한 느낌을 주는 음악과 성인상, 십자가상과 촛불, 제단과 설교단의 지붕 등은 가톨릭교회의 의식에 가깝다. 또 성만찬론에서 성공회는 가톨릭교회의 화체설을 따른다.

교회의 기본 체제에 있어 성공회는 가톨릭교회의 입장을 따른다. 성공회의 감독제도는 그 핵심에 있어 가톨릭교회의 성직자 계급체제와 크게 다르지 않다. 그 원인은 성공회가 가톨릭교회의 사도계승과 주교제도를 고수한 데 있다. 교회의 설립자로서 그리스도는 사도직을 제정했다. 사도직은 단 한번 사도들에게 주어지고 끝나는 것이 아니라 감독과 사제들에게 계승된다. 사도계승의 주체는 감독이다. 감독은 사도로부터 계승받은 사도성의 은사를 소유하며, 이 은사를 후임자에게 계승한다. 이로써 교회는 사도성을 이어가며, 내적 연속성과 통일성을 갖게 된다.

본래의 교회는 사도계승을 통해 교회의 사도성과 정통성을 이어가는 성직자들의 계급체제를 말한다. 성직자들의 계급체제는 평신도 이전부터, 평신도 위에 있는 것으로 생각된다. 성직자 계급체제의 최고 수장(supreme governor)은 캔터베리(Canterbury)의 대주교다. 그는 "영국 전체의 수장(Primas)"이다. 그 아래 요크(York)의 대주교 및 41명의 주교들과 87명의 부주교들과 사제들이 그를 따른다.

교회의 중요한 사항들은 주교들에 의해 결정된다. 평신도는 이 사항들에 대해 발언하거나 관여할 수 있는 권한이 없다. 본래 그들은 교회 정치에 참여할 수 없다. 그리스도께서 베드로에게 준 목회권이 사도계승을 통해 감독과 사제들에게 계승되기 때문이다. 그러므로 성공회의 성직 안수식은 매우 엄숙하게 집행된다. "엄숙한 기도가 있은 후 카롤링 시대 찬송가 '창조자 성령이여 오소서'(veni Creator Spiritus)라는 찬송가를 부른 다음에 감독과 그를 돕는 부사제가 손을 후보자의 머리 위에 얹고서, 요한복음 20:22-23(사도들을 파송할 때 준 말)에 근거하여 이렇게 말한다. '하나님의 교회 안에서 제사장의 직무와 사역을 하기 위하여 성령을 받으라. 그 직무를 우리의 손을 얹으므로 그대에게 주노라. 그대가 용서하는 죄는 용서될 것이다. 그대가 그대로 둔 죄는 그대로 있을 것이다. 그대는 하나님의 말씀의 성실한 반포자가 되고 예전의 집행자가 되라.'…"(이종성 1992, 121). 이 같은 "성직 안수의 과정을 통하여 사도들의 권위가…감독들에게로" 계승된다. 감독들은 "교회의 군주로서 혹은 심지어 교회 자체로 생각되었다"(오주철 2013, 365, 364).

지금까지 고찰한 로마 가톨릭교회, 정교회와 영국 성공회의 기본 체제는 크게 다르지 않다. 이들은 교회를 사도계승에 근거한 성직자들의 위계체제로 보는 공통성을 가진다. 정교회는 교회를 법적 제도가 아니라 "그리스도의 몸"과 "성만찬의 사건"으로 보며, 교황을 최고의 머리로 가진 전체주의적 체제가 아니라 여러 민족들의 지역교회들의 연합체로 보지만, 가톨릭교회, 성공회와 마찬가지로 성직자 중심의 체제를 가진다. 이 체제의 특징은 정교회의 예배 형식에 분명히 나타난다. 필자가 탐방한 적이 있는 러시아 정교회의 예배는, 예배실의 특별 공간에 위치한 성직자들에 의해 장시간 계속 집행되는데, 평신도는 예배 중간 중간에 손님처럼 들어와 성상 앞에서 두 손 모아 잠깐 기도한 다음, 헌금함에 동전을 넣고 나가는 형식으로 진행되었다. 교회의 본래 주체는 성직자라는 교회관을 여기서 볼 수 있었다.

C. 개신교회의 기본 체제

종교개혁을 통해 생성된 개신교회의 기본 교회관은 기독교 역사에서 하나의 혁명적 의미를 지닌다고 평가할 수 있다. 그것은 중세까지 이어져 온 로마 가톨릭교회와 정교회, 그리고 영국의 성공회와 매우 다른 교회체제를 보이기 때문이다. 개신교회의 기본 교회관은 로마 가톨릭교회에 대항하는 종교개혁의 과정 속에서 생성되었다. 그러므로 우리는 개신교회의 기본 교회관을 종교개혁의 신학적 맥락에서 파악하고자 한다.

1) 종교개혁의 가장 중요한 신학적 원리는 오직 은혜와 믿음을 통해 하나님의 의롭다하심을 얻는다는 칭의론에 있다. 예수 그리스도는 희생의 죽음을 통하여 모든 인간의 죄를 용서하시고 구원의 사역을 이루었다.

그가 하나님의 의(義)다. 인간은 오직 예수 그리스도의 의를 통하여 구원을 얻을 수 있다. 이 의는 하나님의 자비로 말미암아 모든 사람에게 값없이 선사되는 하나님의 순수한 은혜, 곧 공짜 선물이다. 각 사람은 어떤 다른 중재자를 거치지 않고, 믿음을 통해 이 은혜를 직접 받을 수 있다. 구원의 중재자는 예수 그리스도뿐이다. 히브리서는 그리스도 외에 다른 어떤 중재자도 개입시키지 않는다.

여기서 로마 가톨릭교회의 대표적 주장인 성직자들의 중재자 역할이 배제된다. 따라서 구원의 문제에서 성직자들의 중재는 불필요하게 된다. 모든 신자는 각자의 믿음 속에서 하나님과 직접 관계하며, 직접 하나님의 구원을 받을 수 있다. 이것은 사실상 신자들 위에 있는 중재자들, 곧 성직자 계급의 철폐를 뜻한다. 그것은 공동체의 필요 때문에 있을 수 있지만, 반드시 있어야 할 당위성을 갖지 못하게 된다. 교회는 구원을 중재하는 성직자들의 위계체제가 아니라, 하나님과 직접 교통하는 신자들의 공동체(communio, Gemeinde)로 생각될 수밖에 없다. 교회는 그의 기본 체제에 있어 신자들의 공동체, 형제자매들의 공동체다. 바로 여기에 개신교회 기본 교회관의 출발점이 있다.

2) 종교개혁에 의하면 "오직 그리스도만이"(solus Christus) 교회의 머리다. 하나님과 직접 관계하며 직접 구원을 받는 신자들의 공동체 속에서 어떤 사람도 머리가 될 수 없다. 신자들의 모임 위에서 신자들의 모임을 지배할 수 있는 초월적 권위로서의 제도적 기관은 인정될 수 없다. 원칙적으로 모든 그리스도인은 "하나님의 자녀들"이요 "형제자매들"이다. 따라서 로마 교황이라는 특정한 사람이 세계 기독교의 수장(Prius)으로서 지배권을 주장할 수 없게 된다. "수장"이라는 말 자체가 불합리한 것이다. 그리스도의 교회에 수장이 있다면, 그것은 그리스도 자신이다. 칼뱅에 의하면 "그리스도가 유일한 주교다"(Calvin, Inst. IV.2,6).

성령은 성직자들의 중재를 통해 활동하는 것이 아니라 말씀 속에서 각 신자들과 그들의 공동체에서 직접 활동하신다. 그리스도는 성령 안에서 각 신자들의 공동체에 직접 현존하신다. 그리스도는 선포되는 말씀 속에서 그의 현존을 약속한다. "두세 사람이 내 이름으로 모여 있는 자리, 거기에 내가 그들 가운데 있다"는 예수의 약속은 개신교회의 대헌장(Magna Charta)과 같다. 공동체의 각 신자들이 성령을 받고, 그리스도를 옷 입을 수 있다. 각 신자들이 "그리스도 안에", "성령 안에" 있을 수 있다.

성령을 통하여 그리스도께서 직접 모든 신자와 그들의 공동체 안에 현존한다면, 가톨릭교회만이 참교회고, 가톨릭교회에만 하나님의 구원이 있다고 주장할 수 없다. 그것은 가톨릭교회의 자의적 주장에 불과하다. 가톨릭교회에서 분리된 교회와 신자들에게도 하나님의 구원이 있을 수 있다. 선포되는 말씀과 성령을 통해 그리스도께서 그들 가운데 계시기 때문이다. 교회의 성장을 통해 많은 교회들이 있게 되는데, 이 모든 교회는 한 태양에서 비치는 수많은 빛들과 같다. 그들은 사실상 "하나의 교회다"(Calvin, *Inst*. IV.2.5).

3) 종교개혁의 또 하나 중요한 신학적 원리는 "오직 성서만이"(*sola scriptura*)라는 명제에 있다. 믿음에 관한 모든 진리와 규칙들은 오직 성서에 있다. 성직자들이 제정한 교회의 법과 교리나 전통이 아니라, 성서만이 교회와 믿음으로 살아가는 삶의 기초다. 구원을 얻기 위해 인간이 알아야 할 모든 것이 성서 안에 있다. 성서는 그 자체로서 충분하다. 그것은 그 자체로서 해명될 수 있다. 즉 성서는 그 자신이 해석자다. 성령이 성서의 말씀 안에서 작용하기 때문이다. 물론 공의회의 결정들, 교부들의 성서 해석과 신학 연구, 교회의 신앙고백들과 기도문 등의 전통이 신자들과 교회 내에서의 삶에 도움을 줄 수 있다. 그러나 그것은 언제나 다시금 비판적으로 성서의 빛을 통해 고찰되어야 한다.

따라서 개신교회에서는 성서가 교황의 자리를 대신하게 된다. 그래서 근대 개신교회 신학에서 성서는 "종이 교황"이라 불리게 된다. 교회 안에서 최고의 권위를 가진 것은 교황이나 주교가 아니라 하나님의 말씀 곧 성서다. 구원에 필요한 모든 진리가 성서 안에 기록되어 있으며, 성서가 그 자신의 해석자라면, 성서의 말씀을 해석하고 그 안에 있는 구원의 진리를 가르쳐야 할 성직자 계급은 불필요하다.

4) 가톨릭교회는 세례, 성만찬, 견신례, 결혼 예식, 참회(고해성사), 성직자 서품식, 종유식의 일곱 가지 성례(가톨릭교회는 "성사"라 부름)를 주장한다. 이에 반해 개신교회는 세례와 성만찬의 두 가지 성례만을 인정한다. 세례와 성만찬만이 신약성서에 기록되어 있기 때문이다.

중요한 것은 성례가 어떤 의미를 가지는가의 문제에 있다. 가톨릭교회, 정교회, 성공회는 성례에 대해 구원의 중재 기능을 인정한다. 즉 예수 그리스도의 구원은 성례를 통하여, 특히 성만찬의 성례를 통하여 신자들에게 중재된다는 것이다. 또 성만찬은 죄를 용서하는 희생제물의 의미를 갖는다는 것이다.

그러나 개신교회는 성만찬이 갖는 희생제물의 의미를 철저히 부인한다. 따라서 성만찬이 갖는 구원의 의미를 부인한다. 하나님께 바치는 희생제물은 예수 그리스도 뿐이다. 그것은 인간 사제가 바치는 것이 아니라, 하나님의 아들 자신이 바치는 것이다. 그것은 일회적인 것이지, 예배(미사) 때마다 반복될 수 있는 것이 아니다. 따라서 사제가 나누어주는 성만찬은 구원의 기능을 가질 수 없다. 더구나 도덕적으로 타락한 사제가 분여하는 빵과 포도주가 구원을 준다는 것은 상상할 수 없다. 사제가 나누어주는 성만찬은 구원을 가져오는 자동기계와 같은 것이 아니다. 신자들에게 믿음을 선사하는 것은 사제가 나누어주는 성만찬이 아니라 성령이 함께 하는 하나님의 말씀이다. 하나님의 구원은 말씀을 듣는 데서 온다. "믿음은 들음에서 생기고, 들음은 그리스도를 전하는 말씀에서 비롯된다"(롬 10:17).

이 문제와 연관하여 개신교회는 가톨릭교회의 화체설, 곧 성만찬에 사용되는 빵이 그리스도의 살로 변화되고, 포도주가 그의 피로 변화된다는 교리를 거부한다. 단지 그리스도께서 영적으로 현존한다는 영적 임재설(개혁교회), 그리스도의 몸과 피가 빵과 포도주에 함께 한다는 공재설(루터교회), 그리스도의 수난을 상징한다는 상징설(츠빙글리)을 주장한다(아래 제11부 성례론 참조). 예배를 드릴 때마다 그리스도의 희생제물을 하나님께 반복하여 바치고 성만찬을 통해 구원을 분여하는 구원의 기관(Heilsanstalt)으로서의 교회관은 여기서 설 자리를 상실한다.

5) 「아우크스부르크 신앙고백」 7장은 교회에 대하여 다음과 같이 말한다. "또한 다음과 같이 가르친다. 즉 거룩한 기독교 교회는 항상 있어야 하고 존속해야 하는데, 이 교회는, 그 안에서 복음이 순수하게 설교되고, 거룩한 성례가 복음과의 일치 속에서 관리되는 모든 성도들의 모임(congregatio sanctorum)이다."

루터가 쓴 슈말칼트 조항(Schmalkalden Artikel) 12조는 다음과 같이 말한다. "일곱 살 된 아이도 교회가 무엇인지 안다. 즉 교회는 거룩한 신자들이요, 목자의 음성을 듣는 양들이라는 것이다."

이 두 가지 진술은 개신교회의 기본 교회관을 요약한다. 교회는 신자들 위에 있는 법적 기관이 아니라 "거룩한 신자들", "목자의 음성을 듣는 양들", 곧 "신자들의 모임"이다. 교회는 성직자들의 위계체제에 있는 것이 아니라 신자들이 모인 바로 거기에 있다. 교회는 성직자들의 위계체제가 아니라 신자들의 모임이다. 그것은 그리스도께서 복음의 말씀과 올바른 성례전의 집행을 통해 신자들을 모으시는 공동체, 곧 사도신경이 말하는 "성도들의 공동체" 내지 "성도들의 친교"다. "거룩한 신자들", "목자의 음성을 듣는 양들"이 곧 교회다.

6) 참교회의 표식(nota)은 성직자들의 위계체제와 교회의 법적 권위에 있는 것이 아니라, 하나님의 말씀의 온전한 설교 곧 말씀과, 그리스도께서 세운 성례의 집행에 있다. 이 두 가지가 있는 곳에 교회가 있다(Calvin, *Inst.* IV.1.9). 두 가지 표식 가운데 개신교회는 성례보다 말씀을 더 중요시한다. 말씀은 교회의 가장 본질적 표식이다. 말씀을 통해 교회가 생성되고 유지되기 때문이다. 루터에 따르면 "교회는 믿음을 통하여 말씀을 수단으로 하여 태어난다.…다시 말해 교회를 통해 하나님의 약속이 세워지는 것이 아

니라, 하나님의 약속들을 통해 교회가 세워진다."[5] 교회는 "말씀의 피조물"(creatura verbi)이다.

칼뱅에 따르면 사도계승은 사제 서품을 받은 성직자들의 "연속"(Reihenfolge) 곧 "주교들의 지속적 연쇄"(Aufeinanderfolge)에 있지 않다 (IV.2.2). 타락한 주교들에게 사도직이 계승되거나, 그들이 있는 곳에 교회가 있다고 말할 수 없다. 사도계승은 "복음을 설교하고, 믿는 자들에게 죄의 용서를 위해 세례를 베풀며" 주님의 몸과 피를 나누는 데 있다(IV.3.6).

칼뱅에 따르면 교회는 "사제 제도에 근거한 것이 아니라, 사도들과 예언자들의 가르침" 곧 말씀에 근거한다(참조. 엡 2:20). 말씀이 있는 거기에 교회가 있다. 곧 주님께서 말씀하시고, 그 말씀을 듣는 곳이 교회다. 교회의 "진리에 속한 사람은, 누구나 내 말을 듣는다"(요 18:37), "내 양들은 내 목소리(말)를 듣는다"(요 10:27)는 여기에 참교회의 표식이 있다. "교회는 그리스도의 나라다. 그리스도는 그의 말씀을 통해서만 다스린다"(Inst. IV.2.4).

또한 성례도 교회의 중요한 표식에 속한다. 그러나 성례보다 더 중요한 표식은 말씀이다. 말씀이 없는 성례는 무의미하다. 성만찬 예식에서 빵과 포도주가 무엇을 뜻하며, 빵과 포도주를 받는 것이 무엇을 뜻하는지가 말씀을 통해 밝혀질 때, 성만찬은 제 기능을 다하게 된다. 빵과 포도주 자체는 아무것도 말하지 않는다. 약속의 말씀이 성만찬을 동반할 때, 성만찬은 신자들에게 자동적으로 구원을 베푸는 "마술의 서약"(Zauberbeschwörung)이 되지 않을 수 있다(Calvin, Inst. IV.17.39).

이로써 개신교회는 가톨릭교회의 "마술적 성례주의"와 "법적 제도주의"를 거부하며, 이에 근거한 성직자 독재를 거부한다(magischer Sakramentalismus, gesetzlicher Institutionalismus, Kreck 1981, 108). 교회는 그리

---

5) 라틴어 원문: *Ecclesia enim nascitur verbo promissionis per fidem*…; *hoc est, ipsa per promissiones dei constituitur, non promissio dei per ipsam*: Luther, WA 6, 560, 33.

스도의 권위를 계승받은 성직자들이 기계적으로 베푸는 성례를 통해 구원을 전달하는 성직자들의 법적 제도가 아니다. 교회는 주님의 몸을 받고 그의 구원을 확신하며, 그리스도의 뒤를 따라 거룩함에 이르고자 하며, "그리스도의 예를 따라 형제자매들에게 자기를 바치며", "모든 형제자매들을 자기의 몸의 지체로 인정하고", "자기의 지체들처럼 그들을 돕고 보호하며 지원하고자" 하는 신자들의 공동체다(Calvin, *Inst.* IV.17.40). "성도들의 공동체"(*communio sanctorum*)는 "교회의 특징을 매우 잘 표현한다"(IV.1.3).

7) 교회론에 관한 논쟁에서 가장 예민한 문제는 성직자의 직분 곧 교직(Amt)의 문제다. 종교개혁자들의 교회관의 가장 중요한 핵심은 모든 신자의 "보편적 사제직" 혹은 "만인사제직"에 있다. 칼뱅에 의하면, 짐승을 제물로 바치는 구약의 사제들과는 달리, 그리스도는 자기 자신을 제물로 바친다. 이를 통해 그는 하나님과 인간의 화해를 이루며 "우리로 하여금…그의 아버지 하나님을 섬기는 제사장으로" 세우신다(계 1:6). "우리는 우리 안에서 죄로 더러워져 있다. 그러나 그리스도 안에서 우리는 사제다. 우리는 우리 자신과, 우리 존재의 모든 것과, 우리가 가진 모든 것을 하나님께 제물로 바치며, 하늘에 계신 가장 거룩한 분께 자유롭게 나아갈 수 있다"(*Inst.* II.15.6).

만인사제직에 대한 가장 명백한 성서적 근거는 베드로전서 2:9에 있다. "여러분은 택하심을 받은 족속이요, 왕과 같은 제사장이요…." 모든 신자가 제사장 혹은 사제라면 "성직자"와 "평신도"의 계급적 차이는 부인된다. 이로써 종교개혁자들은 교회의 모든 신자가 교회의 모든 일에 대해 공동의 책임을 진다는 것을 강조한다. 만일 모든 신자들이 사제라면, 그들은 사제답게 살아야 한다고 루터는 강조한다.

물론 종교개혁자들도 말씀의 설교와 성례의 올바른 집행을 감당해야 할 특별한 직분, 곧 성직자의 직분을 인정한다. 그러나 그들이 감당하는 일들은 사실상 공동체의 모든 신자들이 함께 감당해야 할 성격의 것이다. 설교와 성만찬 분여는 오직 교직자에게만 속한 권한이 아니라, 원칙상 평신도도 행할 수 있는 것으로 간주된다. 교직자가 행하는 설교와 성만찬 분여는 평신도를 대리하여 혹은 그들의 위임으로 성직자가 행하는 것으로 간주된다. 성직자의 권위는 사도계승을 통해 위로부터 자동적으로 전수되는 것이 아니라 교회 공동체에 의해 부여된다.

한 마디로 개신교회는 성도의 공동체 위에, 성도의 공동체 이전부터 있는 성직사 제도를 인정하지 않는다. 성도들 곧 "우리"가 교회다. 교회는 어디까지나 성도들의 공동체요, 성도들이 곧 교회이기 때문에, 교회의 모든 일은 원칙상 모든 성도들에 의해 처리되어야 한다. 이른바 성직자들은 성도들이 수행해야 할 사명들을 위임받아 처리하는 피위임자에 불과하다. 한국 장로교회에서 실시하는 이른바 "위임목사" 제도는 이 같은 교회관에 근거한다.

D. 개신교회 교회관의 극단적 형태들

1) 우리는 먼저 16세기에 생성된 메노파 교회(Mennonite Church)에서 개신교회 교회관의 극단적 형태를 볼 수 있다. 메노파 교회는 네덜란드 가톨릭교회의 사제였던 메노 시몬스(Meno Simons, 1559년 사망)가 사제직을 버리고 재세례파 운동에 참여하였다가, 25년간 목축업으로 생계를 유지하면서 네덜란드에 세운 교회다. 이 교회는 가톨릭교회와 개신교회의 유아세례가 비성서적이라 주장하면서, 다시 태어남과 새로운 계약의 표식으로서 성인 세례와 침수식 세례를 주장한다. 교회의 권징을 엄격히 지키며, 예수의 산상설교를 글자 그대로 지키고자 한다. 그들은 국가의 병역 의무와 모든 공적 서약을 거부하고, 무조건적 원수 사랑과 비무장을 주장한다. 메노파 교회는 "종교와 세상을 분리하고, 외적으로 은문 생활을 하며, 내적으로는 엄격한 집단 규율을 통하여 강한 문화적 연대감을 갖게 하고 있다"(정일웅 2015a, 137). 이들은 현재 유럽, 러시아, 미국 등지에 50만 내지 60만 명의

신자들이 있는 것으로 추산된다.

메노파 교회에 따르면 교회는 건물이 아니라 신자들의 모임 곧 성도의 공동체다. 성전과 성소 등 특별히 거룩하다는 장소를 구별하는 것은 옳지 않다. 그리스도의 뒤를 따르는 제자들의 모임이 교회라면, 모든 신자가 성직자다. 모든 신자는 그리스도의 제자로서 세상에서 빛과 소금으로 살아가며, 그리스도의 뒤를 따르는 사제들이다. 성직과 속직, 성직자와 평신도의 구별은 타당하지 않다. 신자들이 세상에서 각자의 직업과 역할을 통해 제사장 역할을 한다면, 목회자는 교회에서 그 역할을 한다.

메노파 교회에서는 목회자가 반드시 필요하지는 않다. 사도행전의 가정 공동체는 전문 목회자를 갖지 않았다. 단지 공동체의 규모가 커지면서, 역할 분담을 통한 효과적 운영을 위해 집사, 장로, 목사 등의 직분이 세워졌다. 세워진 목회자는 특별한 성직자가 아니었다. 교회의 모든 일은 모든 신자가 함께 할 수 있기 때문에 전임 목회자가 반드시 필요하지는 않다. 필요에 따라 공동체는 목회자를 세울 수 있지만, 세워진 목회자는 특별한 성직자가 아니다. 그는 신자들 가운데 한 사람에 불과하다.

목회자의 자격은 신학교나 교단 본부에서 부여하는 것이 아니라 해당 공동체가 부여한다. 세워질 목회자를 가장 잘 알고 가장 바르게 판단할 수 있는 사람은 신학교 교수나 교단 본부가 아니다. 오히려 공동체의 형제자매들이 가장 잘 분별하고 판단할 수 있다. 목회자는 공동체의 형제자매들을 통하여 세워진다. 모든 신자가 신학 공부와 관계없이 목회자가 될 수 있다. 목회자는 자기의 생활을 스스로 책임져야 하며, 사례비를 받지 않는 것을 원칙으로 한다.

목회자의 권위는 사도계승을 통하여 자동적으로 주어지지 않는다. 그것은 사람들과 관계없이 위로부터 계승되는 것이 아니라, 함께 삶을 나누는 공동체의 형제자매들에 의해 인정받고 부여된다. 일반 교회에서는 교회에서 사역하지 않아도 교단이 인정하는 목사 신분을 유지하지만, 메노파 교회에서는 목사가 사역을 중단할 때, 그의 목사 신분은 중단되고, 그는 평신도의 위치로 돌아간다(역사와 교리의 자세한 내용에 관해 Cornelius 2013).

2) 개신교회 기본 교회관의 극단적 형태를 우리는 회중교회(Congregational Christian Church)에서도 볼 수 있다. 회중교회는 1620년 메이플라워호를 타고 미국에 이주한 102명의 영국 청교도에게서 발원한 교회로, 장로교회, 침례교회와 함께 영국 개신교회 3대 교파를 형성한다. 국가로부터 교회의 분리를 주장하기 때문에 분리파 교회라고 불리기도 한다. 이들은 "영국에는 수많은 아카데미를, 미국에는 후에 예일, 하버드 등 유수한 대학을 세우기도 하였다"(정일웅 2015a, 127).

회중교회에 따르면 교회는 한 마디로 회중(Congregation)이요, 회중이 곧 교회다. 그리스도의 이름으로 모이는 회중 가운데 그리스도께서 현존한다. 그러므로 회중은 예배·설교·성례·교육·봉사 등 교회의 모든 일을 치리하고, 교회의 문제들을 해결할 수 있는 권리와 능력이 있다. 따라서 회중교회는 회중 위에 있는 교직자 제도를 철저히 반대한다. 그리스도 외에 그 누구도 교회를 지배할 수 없다. 그러므로 회중교회에서는 회중이 목사를 선출한다. 어떤 회중교회는 직업적 성직자를 세우지 않는다. 그 대신 회중이 평신도 대표자를 선출하고, 그 대표자가 목사로서 교회의 일들을 치리한다. 대표자의 임기는 각 교회에 따라 다른데, 몇 년 단위로 대표자가 연임되거나 교체된다.

회중교회는 지교회 위에 있는 어떤 상급기관도 인정하지 않고, 지교회의 완전한 자유와 자치를 주장한다. 따라서 교회에 대한 왕의 주권과 감독의 통치도 거부한다. 장로교회처럼 지교회 위에 노회나 총회를 설치하여 행정적으로 지교회의 자유를 통제하는 것도 반기독교적인 것으로 반대한다. 교회는 모든 상급기관의 간섭과 통제를 벗어나 모든 신자들의 자유로운 신앙고백을 토대로 구성된 하나의 사지단체와 같은 성격을 띤다.

3) 플리머스 형제단(Plymouth Brethren)과 퀘이커교도 역시 개신교회 교회관의 극단적 형태를 보여준다. 플리머스 형제단은 1831년 영국의 다비(John Nelson Darby)가 성공회의 제도화·형식화에 반발하여 조직한 것으

로, 영국 플리머스에 중심지를 두고 시작되었다. 그것은 신자들로부터 구별되는 성직자 또는 목사의 지위를 일체 인정하지 않는다. 단지 교회 지도자를 세워 교회의 일들을 치리하도록 위임한다. 개교회 위에서 개교회를 간섭하거나 지배할 수 있는 교단을 인정하지 않으며, 개교회의 완전한 독립을 주장한다.

퀘이커 교도는 성령 충만에 의한 "내적 빛"(Inner Light)을 중요시하여 교회라는 조직체를 반대한다. 하나님의 말씀은 내적 빛을 통하여 각 사람에게 직접 주어지고 체험되기 때문에 외적인 형식이나 의식은 불필요하다. 사제, 목사와 같은 "특정한 공직들을 포함하는 조직은 필요하지 않다"(오주철 2013, 371). 외적 신앙고백과 의식 없이는 구원에 이를 수 없다는 기성 교회의 주장은 악마의 유혹과 같은 것이다. 중요한 것은 성령 충만 속에서 각자가 깨닫는 "내적인 빛"과 영적 체험이다. 교회가 있다면, 그것은 일정한 장소에 모인 신자들의 모임일 뿐이다. 이 모임은 서로 가르치고 배우며 배려하는 하나의 가족과 같다. 이 가족을 인도하는 인물은 전문적 성직자가 아니라 회중이 세운 봉사자다. "부한 사람이나 가난한 사람이나 노예나 주인이나 젊은이나 늙은이나 남자나 여자나 할 것 없이" 모든 사람이 봉사자가 될 수 있다(이종성 1989, 128).

일본의 우치무라 간조의 무교회주의도 이 같은 맥락에 속한다. 그것은 교회 제도와 성직자 제도는 물론 교회의 모든 외적 의식들을 거부하고, 주로 가정에 모여 성서연구에 열중하면서 신자들의 친교를 도모한다. 여기서 제도로서의 교회는 완전히 거부되고, 교회는 공공성을 상실한다.

지금까지 우리는 가톨릭교회, 정교회와 성공회, 그리고 자유교회를 포함한 개신교회의 기본 교회관을 고찰하였다. 개신교회의 교회관의 가장 중요한 장점은 성직자 계급의 독재를 파괴하고 교회를 민주화시키는 데 있다. 교회의 신자들 곧 "우리가 교회다." 그러나 교회가 통일성을 갖지 못하고, 거듭 분열과 무질서에 빠지는 데 개신교회 교회관의 가장 큰 약점이 있다. 이 약점 때문에 한국 개신교회의 많은 신자들이 가톨릭교회로 넘어가고 있다. 이 문제를 해결할 수 있는 길은 무엇인가?

이 문제를 해결하기 위해 개신교회가 여타 다른 교회들의 성직자 중심의 교회체제를 도입할 수는 없다. 개신교회는 사도신경과 종교개혁자들이 주장한 "성도들의 친교"(*communio sanctorum*, "성도가 서로 교통하는 것과"), "신자들의 공동체", "형제자매들의 공동체"로서의 기본 교회관을 포기할 수 없다. 문제 해결의 길은 나누어진 교회들의 친교와 연합을 통해 연대성과 공통성을 회복하는 데 있다고 생각된다. 더 이상의 분리는 불필요하다. 개신교회는 분리될 만큼 분리되었기 때문이다. 더 이상의 분리는 교회의 신뢰성을 실추시킬 뿐이다. 더 이상의 분리는 사탄의 역사이다. 종교개혁의 전통을 이어받아 몰트만은 "형제자매 공동체로서의 열린 우정을 강조하는 친교 공동체를 대안으로" 제시한다(신옥수 2009, 321). 이에 관해 우리는 아래에서 한 걸음 더 깊이 고찰할 수 있을 것이다.

8
국가교회 체제와 자유교회 체제
- 교회와 국가의 관계 문제와 연관하여 -

세계 교회는 크게 나누어 국가교회(Staatskirche) 체제와 자유교회(Freikirche) 체제로 구별된다. 국가교회 체제는 기독교가 로마 제국의 국가종교로 승격되면서 등장케 된, 국가의 공적 기관으로서의 교회를 말하며, 자유교회는 국가와 관계없이 자신의 신앙 양심과 신학적 소신에 따라 자유롭게 세워진 교회를 말한다. 대부분의 자유교회는 종교개혁과 함께 생성된 개신교회에 속한다. 20세기에 일부 국가교회들이 국가로부터 분리되었지만, 과거의 국가교회 체제를 여전히 유지하는 모습을 보인다. 이 두 가지 체제를 비교함으로써, 우리는 개신교회의 체제가 지닌 장점과 단점을 파악하고, 단점을 극복할 수 있는 길을 모색하고자 한다.

A. 국가교회 체제의 유래와 현황

1) 국가교회 체제는 초기 교회가 로마 제국의 국가교회로 격상되면서 시작하였다. 로마 제국의 국가종교였던 황제숭배 대신에 기독교가 국가종

교가 된 것이다. 388년 테오도시우스(Theodosius) 황제의 칙령으로 로마 제국은 기독교 국가가 되었고, 박해를 당하던 기독교는 자유로운 공동체(Gemeinde)의 형태를 버리고 로마 제국의 종교 업무를 감당하는 국가기관, 곧 국가종교가 되었다. 이로써 "기독교의 국가화", "국가의 기독교화"가 일어났다. 기독교 외의 모든 다른 종교들이 제도적으로 금지되고, 제국에 속한 모든 사람이 하루아침에 법적으로 그리스도인이 되어버린 셈이다. 이를 거부하는 사람은 로마 제국을 떠나야만 했다. 1054년 로마 가톨릭교회가 정교회에서 분리되면서, 서로마 제국에서는 로마 가톨릭교회가, 동로마 제국에서는 정교회가 국가교회가 되었다.

국가교회 제도를 통해 교회와 국가, 종교와 국가가 하나로 결합된다. 국가는 교회를 보호하고 지원하는 종교적 국가, 기독교적 국가가 된다. 로마 황제의 이름으로 선포되는 공교회의 교리적 결정에 반대되는 이론들은 교회를 분열시키는 "이단"(Schisma, 분열)으로 처벌 대상이 된다. 이에 상응하여 교회는 국가를 인정하고 국가의 질서와 평화(Pax Romana)를 지켜주는 국가의 교회, 국가의 종교가 된다. 교회와 국가의 이 같은 밀월관계는 고대 사회의 보편적 현상이었다. 그러나 교회의 역사에서 이 밀월관계는 갈등과 대립의 관계로 변하기도 한다.

루터의 두 왕국설, 곧 하나님 나라와 세속의 나라의 구별은 국가와 교회를 분리시키고, 국가교회 제도를 철폐할 수 있는 이론적 기초를 마련하였다. 그러나 종교개혁과 함께 등장한 개신교회 역시 국가교회 체제를 유지하였다. 한 가지 중요한 변화는, 가톨릭교회만이 인정되는 국가교회 체제에서 루터교회 및 개혁교회가 공존하는 국가교회 제제로 바뀌었고, 영주의 종교에 따라 그 지역 백성의 종교가 결정되는 원리(cuius regio, eius religio, "누구의 지역"인가에 따라 "그의 종교"가 결정됨)가 도입되었다는 점이다. 1555년 개신교회의 독립을 인정한 아우크스부르크 종교화의는 봉건 영주들에게 자신의 영지에 대한 종교 선택권을 주었지만, 개인에게 종교의 자유를 허락하지 않았다. 이로 인해 종교개혁과 아우크스부르크 종교화의는

"개인의 종교의 자유를 부정하고 군주 혹은 지배자의 종교의 결정권을 결정한 'Landeskirche'(영방교회, 領邦敎會)라는 국가종교 체제를 확립했다"(김승철 2014, 106).

그러나 1642-51년의 청교도혁명 및 1688년의 명예혁명을 통해 영국의 전제군주제가 철폐되고 입헌군주제가 세워지면서, 개인의 종교의 자유에 대한 요구가 유럽 전역에 퍼졌다. 그 여파 속에서 1789년 7월에 일어난 프랑스 혁명은 "국가종교의 폐지를 초래한 '계몽주의의 승리'"였다(J. Wallmann, 김승철 2014, 116). 그 당시 프랑스 사회는 세 가지 신분, 곧 제1신분의 가톨릭교회 사제들, 제2신분의 귀족들, 제3신분의 평민들로 구성되어 있었다. 사회 최상층에 속한 사제들은 왕과 귀족들의 편에 서서 사회적 특권(면세권 등)을 누렸다.

혁명이 일어나자 혁명당은 사제들의 월급을 제한하고 교회의 재산을 국유화하였다. 주민투표를 통해 사제를 세우고, 국가기관이 주교를 임명하였다. 공화정을 선언한 혁명당은 1793년 교회력을 폐지하고 기독교적 공휴일을 금지했으며, 기독교를 완전히 제거하고자 하였다. 그 와중에 약 2,000개의 교회가 파괴되었고, 교회의 문화재들이 약탈당하거나 파괴되었다. 1795년 혁명당은 종교의 자유를 회복하고, 종교 없는 공화국을 세우고자 하였다(Heussi 1971, 423). 1804년 프랑스 제1통령 나폴레옹은 "혁명정신에 만민의 법 앞에 평등, 국가의 세속성, 종교의 자유를 선포하는 '프랑스 민법'(나폴레옹 법전)을" 공포하였다(김승철 2014, 115).

프랑스 혁명의 여파로 종교의 자유가 유럽 전역에 확대되면서 국가교회 체제는 허물어지고, 교회와 국가의 분리가 일어나기 시작하였다. "국가는 종교 때문에 세워진 것이 아니며" 그것은 시민들의 계약으로 이루어진 것이라 보는 루소의 사회계약설과, 왕권신수설에 대한 계몽주의의 반대는, 교회와 국가의 분리 및 국가교회 제도의 붕괴에 대한 이론적 기초가 되었다. 이 같은 시대적 흐름 속에서 1791년 미국 헌법은 국가와 종교를 분리하고, 모든 시민이 누리는 종교의 자유를 선언한다.

이 같은 시대적 흐름에 반해 독일은 전제 군주제와 국가교회 체제를 유지한다. 1848년의 소상공인을 중심으로 한 시민혁명도 실패로 돌아가고, 개혁과 자유에 대한 시민들의 요구에 대해 언론 검열과 투옥과 고문으로 대응한다. 그러나 1918년 혁명을 통해 군주제를 폐지한 바이마르 공화국은, 1919년 "국가교회는 존재하지 않는다"는 바이마르 헌법(Weimarer Verfassung) 137조 1항을 통해 국가와 교회의 분리를 선언한다. 그러나 모든 국민이 부당하는 교회세(Kirchensteuer) 내지 종교세 납부 의무, 교회 성직자의 학교에서의 기독교교육, 군목제도, 감옥 수감자 목회 등을 유지한다. 곧 국가와 교회 상호 간의 자유를 인정하되, 양자의 협동관계를 유지한다.

개인의 종교의 자유라는 대 전제 속에서, 현재 유럽의 여러 나라에서는 교회로부터의 자유로운 탈퇴, 교회세 내지 종교세 면제 신청이 허용되고 있다. 이로 인해 유럽교회의 교세는 현저하게 약화되고 있다. 교회가 문을 닫으며, 성직자 수가 감소하는 추세에 있다. 타 종교를 믿는 옛 식민지 인구의 유입, 이슬람 신자들의 유럽 진입으로 인해 다종교·다문화 사회가 형성되면서 로마 제국에서 시작된 국가교회 제도의 존립은 더욱 어려워지고 있다. 그 대신 감리교회, 침례교회, 회중교회 등의 자유교회들이 부흥하는 현상을 볼 수 있다. 아울러 각종 신령주의적 미신들이 사회 저변에 나타난다.

교회와 국가, 종교와 국가가 분리될 때, 개인의 종교적 자유가 가능해진다. 국가에 대한 교회의 간섭과 지배, 교회에 대한 국가의 간섭과 지배가 폐기되고, 양자는 각자의 자유를 갖게 된다. 이에 따라 국가는 아무런 종교성을 갖지 않은, 따라서 종교 일반에 대해 중립적인 세속적 기관이 된다.

그러나 교구세도에 기초한 국가교회의 기본 틀은 아직도 유지되고 있다. 교회는 유아세례, 학교 기독교교육, 견신례, 결혼 예식, 장례식, 군대 목회 등 과거 국가교회의 과제를 계속 수행한다. 물론 이것은 본인이 원하는 경우에만 가능하다. 교회와 국가의 협동 관계도 유지되고 있다. 국가와 지역의 중요 행사에는 교회 지도자들이 참여한다. 유럽이 다종교 사회로 변천하면서 상황이 매우 어렵게 되었지만, 학교에서의 기독교교육도 여전히 유지되고 있다. 교회세 혹은 종교세는 교회가 직접 징수하지 않고, 국가 세무서에서 징수하여 교회에 넘겨주고, 교회가 자신의 예산 계획에 따라 이를 관리한다. 이 같은 교회를 가리켜 독일에서는 "국가교회"라 부르지 않고 "국민교회"(Volkskirche)라 부른다. 유럽의 많은 국가들은 이와 비슷한 상황을 보이고 있다.

2) 국가교회는 국가의 종교적 과제를 담당하는 국가기관의 성격을 가진다. 따라서 교회의 체제는 국가의 그것과 비슷한 형태를 따른다. 국가의 모든 국민이 자동적으로 그리스도인이 되어, 자신이 거주하는 교구의 교인이 된다. 교구는 대개 국가의 행정단위에 따라 결정되는데, 한 교구는 대략 3천 명 정도의 주민을 가진다. 한 교구 당 하나의 교회가 세워지고, 한 사람의 목사가 배정된다. 독일에서 "politische Gemeinde"는 국가의 행정 단위체를 가리키며, "kirchliche Gemeinde"는 교회의 단위체 곧 교구를 가리킨다. 교구는 대개 국가의 행정 단위체에 따라 결정된다. 국가교회에 속한 어떤 성직자가 자기 마음대로 교회를 세우는 것은 불가능하다. 미리 정해진 교구에 교회가 이미 서 있기 때문이다.

어린아이가 태어나는 순간, 그 아이의 종교는 부모의 종교에 따라 자동적으로 결정되어 호적등본 종교란에 기재된다. "ev"는 "evangelisch"의 약자로 개신교회 신자임을 뜻하며, "kath"는 "katholisch"의 약자로 가톨릭교회 신자임을 뜻한다. 부모의 교파가 다를 경우, 아버지의 교파를 따른다. 아이는 출생 직후 교회에서 유아세례를 받고 부모가 속한 교구 신자로 등록된다. 학교에 취학하면, 교구 목사에게서 매주 2시간 성서교육 내지 기독교교육을 받는다. 교육이 끝난 후 취업을 하면, 교회세 혹은 종교세가 자신의 수입에서 자동으로 공제된다. 성년 예식에 해당하는 견신례(Konfirmation), 결혼 예식, 장례 예식을 교회가 담당한다. 교회는 유아세례에서 시작하여 장례식에 이르기까지 삶의 전 과정을 동반한다.

교구 목사는 이 같은 일을 담당하는 "종교 공무원"으서로의 성격을 가진다. 목사의 월급은 교회세 혹은 종교세에서 통일적으로 지불된다. 따라서 목사들 사이에 월급 차이는 별로 없다. 한 평생 교회에 출석하지 않아도, 모든 국민이 법적으로 그리스도인이다. 그래서 이들에게 전도를 하면, "나는 이미 그리스도인이다"라고 대답한다. 여기서 종교의 자유는 사실상 존재하지 않으며, 타 종교가 이 사회에 자리를 잡는 것은 거의 불가능하다. 그러나 국가와 종교의 분리, 개인의 종교적 자유를 주장하는 계몽주의 정신에 따라 국가교회 제도가 약화되면서 타 종교가 유입되고 다양한 자유교회들이 자유롭게 세워질 수 있게 되었다.

국가교회에 대칭하는 자유교회는 국가와 교회가 분리된 교회 체제를 말한다. 자유교회 체제에서 국가는 교회와 관계없는 세속의 기관으로 규정되며, 교회는 국가와 아무 관계가 없는 사적 기관으로 간주된다. 이로써 "교회의 국가화", "국가의 기독교화"가 해체된다. 종교로부터 국가의 자유, 국가로부터 종교의 자유가 실현되고, 모든 국민에게 종교의 자유가 허용된다. 각 사람은 자기의 종교, 자기의 교회를 스스로 선택할 수 있다. 교단과 교회를 자유롭게 세울 수도 있다. 따라서 교구제도는 있을 수 없다.

자유교회 체제에서 교회는 출생과 함께 자동적으로(그러나 사실은 부모의 종교에 의해 타의적으로) 그리스도인이 되어버린 주민들이 소속된 "교구교회"가 아니라, 자신의 신앙적 결단과 함께 교회에 다니기로 결정한 주체적 "신자들의 공동체"다. 목사는 교구의 "종교 공무원"이 아니라 "신자들의 공동체"의 목자로서, 그의 목회 활동은 자신이 맡은 교회 공동체에 제한된다. 따라서 그는 지역 주민 전체의 유아세례, 기독교교육, 견신례, 결혼 예식, 장례식을 담당할 필요가 없다. 그는 자기의 교회 공동체에 속한 신자들을 돌보기만 하면 된다. 교회의 중요한 지분들은 국가에 의해 파송되지 않고, 교회 자체에 의해 파송되며, 지교회의 목사는 지교회 자체에 의해 청빙된다. 따라서 그는 국가 세무서가 징수한 교회세에서 월급을 받지 않고, 교회 공동체의 헌금에서 월급을 받는다. 아시아, 아프리카 등의 피선교지 교회들은 이 같은 자유교회 체제의 모습을 취한다. 또 그렇게 할 수밖에 없다. 전통적인 타 종교들이 그 사회에 뿌리박고 있기 때문이다.

B. 국가교회 체제의 장점과 문제점

1) 국가교회 체제의 몇 가지 장점을 열거한다면 다음과 같다.

　a. 국가교회 체제는 니케아-콘스탄티노플 공의회가 고백하는 교회의 통일성과 보편성을 쉽게 유지할 수 있고, 개교회주의의 혼란을 피할 수 있는 장점이 있다. 교구제도로 말미암아 교회의 난립이 일어날 여지가 없다. 교회 옆에 교회가 세워지는 상식 이하의 현상을 볼 수 없다. 해외 선교, 해외 원조, 사회봉사, 교회교육 등 교회의 모든 일이 통일성 있고 질서 있게 이루어질 수 있다. 신학교육도 통일되어 있기 때문에 목회자의 신학적 수준도 거의 동일하다. 약간의 차이는 있지만, 목사의 월급과 연금도 전체적으로 통일되어 있다.

　b. 국가교회 체제에서 교회는 하나의 사적 단체가 아니라 국가의 종교적 과제를 수행하는 공적 기관으로서 공공성을 가지며, 국가 전체를 하나님 나라의 현실로 바꿀 수 있는 가능성을 가진다. 교회는 국가와의 협력 속에서 국가의 질서와 안녕에 기여할 수 있다. 교회의 사회봉사 역시 공공성을 갖게 된다. 그것은 개인의 사적 차원을 넘어 국민 전체의 복지 차원으로 발전한다.

　c. 자녀들이 일찍부터 학교에서 성서교육과 기독교교육을 받기 때문에 국민 전체의 도덕성을 향상시킬 수 있다. 국가는 기독교를 국가종교로 가진 "기독교적 국가"이기 때문에 기독교적 정신이 모든 국민의 의식 형성에 영향을 주게 되고, 국가의 통치자들은 기독교 정신에 따라 국가를 통치해야 한다는 의식을 갖게 된다. 기독교적 정신이 국가의 법 제정에도 영향을 준다. 현재(2017년) 독일 총리 앙겔라 메르켈(Angela Merkel)이 자신의

정치 생명의 위험에도 불구하고 유럽에서 유일하게 제한 없는 전쟁난민 수용 정책을 주장하는 것은 기독교 정신에서 온 것이라고 볼 수 있다. 그녀가 목사의 딸이기 때문이다.

2) 그러나 국가교회 체제는 많은 문제점을 노출하기도 한다. 그중 몇 가지를 든다면 다음과 같다.

a. 계몽주의자들이 주장한 것처럼, 원칙상 국가교회 체제는 각자가 자신의 종교를 선택할 수 있는 종교의 자유를 침해하고, 모든 국민에게 특정한 종교를 강요하는 문제점이 있다. 국가교회 체제는 "개인의 자유와 평등에 기초한 민주주의와 종교의 자유를 존중하는 기독교의 근본정신과 부합하지 않는다"(김승철 2014, 132).

이 문제점은 유아세례에서부터 시작된다. 갓 태어난 아기는 자신의 의사와 무관하게 교회법에 따라 세례를 받고 호적등본에 기독교 신자로 등재된다. 부모가 유아세례를 거부할 때, 그 아기는 사실상 국가 공동체에 속하지 않게 되고 여러 가지 불이익을 당할 수 있다. "기독교 세계"(Christendom) 안에서 자기 혼자 세례를 받지 않음으로 인해 심리적 불안감과 소외감을 갖게 된다. 그래서 부모가 교회에 전혀 다니지 않고 신앙적 결단이 없음에도 불구하고, 심지어 교회를 비판하면서도 교회에 가서 아기에게 유아세례를 받게 하는 일이 지금도 일어나고 있다. 이것은 신앙의 결단을 전혀 내릴 수 없는 아기에 대한 인권 침해라 볼 수 있다.

성인이 되었을 때, 이 아기는 교회에 전혀 다니지 않음에도 불구하고 교회세를 내야만 하는 "억울함"을 당한다. 법적으로 교회세를 거부할 수 있게 되었지만 쉽지가 않다. 민원 개방시간 내에 시청에 가서 사유서를 써야 하고 4-5만 원의 수수료를 내야 한다(액수는 지방에 따라 다름). 교회세 거부와 함께 발생하는 "기독교 세계"와의 관계 단절은 심리적 부담이 되므로, 많은 사람들이 교회에 다니지 않음에도 불구하고 교회세 징수를 수용한다.

b. 교회 성직자는 종교 업무를 담당하는 국가 공무원의 성격을 갖게

된다. 또 교구에 속한 모든 주민의 신생아에 대한 세례, 매주 6시간 내지 8시간 정도의 학교 기독교교육, 매주 2시간의 견신례 준비 교육, 결혼식, 장례식, 교구 내의 다양한 봉사 활동(노인과 환자 방문 등), 해당 도시와 교단의 갖가지 공적 행사 및 회의 참여만 해도 상당한 시간과 에너지를 소모한다.

이로 인해 성직자는 자신의 영성 훈련 및 경건 훈련에 소홀하기 쉽다. 또 이에 대한 필요성을 느끼기도 어렵다. 그는 공동체의 양떼를 영적으로 돌보는 성직자라기보다, 자기에게 배정된 교구의 종교적 업무를 담당하는 "종교 공무원"이기 때문이다. 이리하여 영성의 결핍이 초래된다. 교회 옆에 있는 양로원 노인들 10여 명만 텅 빈 예배실에 앉아 주일 예배를 드리는 진풍경이 벌어지기도 한다. 목사의 설교는 영성이 느껴지지 않는 교양 강좌처럼 들리고, 텅 빈 예배실에 수백 년 된 오르간 소리만 요란하다. 교회의 사회적 책임에 대한 이야기는 자주 들을 수 있지만, 예수의 십자가의 죄 용서에 대한 설교는 거의 들을 수 없다. 주민들은 호적등본에만 "그리스도인"으로 등재되어 있을 뿐이지, 교회에 거의 다니지 않는다. 이들은 교회세를 내기 때문에, 교회에 가도 헌금을 거의 내지 않는다. 기껏해야 1-2유로짜리(약 1,300-2,600원) 동전을 헌금함에 넣을 뿐이다. 십일조는 이들에게 생소한 단어다. 그렇다고 서구의 기독교가 거의 죽었다고 말할 수는 없다. 상당수의 신자들이 자유교회로 가서 십일조도 내고, 사회봉사 활동에 적극 참여하기도 한다.

c. 국가교회 체제의 더 깊은 문제점은, 교회의 타락과 불의한 국가의 정당화에 있다. 국가교회 체제에서 성직자는 국가 공무원으로서 그 사회의 특권층에 속하여 다양한 사회적 특권을 누리게 된다. 로마 제국의 콘스탄티누스 황제가 기독교를 공인했을 때, 갑자기 필요하게 된 성직자 수를 충당하기 위해 여러 가지 사회적 특권을 제시하였다. 예를 들어 사업을 하던 사업가가 성직자가 될 경우, 그는 세금을 내지 않고 계속 사업을 해도 좋다는 특권을 제시하였다. 이리하여 자격 미달의 인물들이 성직자가 되었고, 이는 필연적으로 교회의 타락을 초래하였다. 교회 성직자들이 세속

의 부와 권세를 탐하였던 중세 가톨릭교회의 역사는 국가교회 제도로 말미암은 교회의 타락을 예시한다.

또 교회가 국가교회가 될 때, 국가는 기독교를 자신의 종교로 가진 기독교적 국가가 된다. 이로써 국가는 자신을 기독교적 국가로 형성해야 할 과제를 부여받는 동시에, 자신의 불의와 거짓에도 불구하고 기독교적 국가로 자처할 수 있게 된다. 곧 기독교 국가로서 자기 정당화의 길을 얻게 된다. 국가의 질서는 하나님이 내린 질서로, 황제의 권력은 하나님이 주신 권력으로 정당화될 수 있다. 바로 이것이 근대의 왕권신수설이다. 교황은 종교의 영역에서 하나님의 대리자요, 황제 혹은 왕은 정치의 영역에서 하나님의 대리자다. "그러므로 왕이 곧 법이다"라는 말이 나오게 된다.

마르크스는 국가교회 제도로 말미암은 교회와 국가의 미묘한 관계를 다음과 같이 비판한다. "이른바 기독교적 국가는 국가의 기독교적 부인이지, 결코 기독교의 국가적 실현이 아니다.…이른바 기독교적 국가는 불완전한 국가요, 이 국가에 대해 기독교 종교는 그의 불완전함에 대한 보충과 성화(Ergänzung und Heiligung seiner Unvollkommenheit)를 뜻한다. 그러므로 종교는 그에게 필연적으로 수단이 되며, 그는 위선의 국가(Staat der Heuchelei)다.…이른바 기독교적 국가는 자기를 국가로서 완전케 하기 위해 종교를 필요로 한다. 이른바 기독교적 국가는 종교에 대해 정치적으로 관계하고, 정치에 대해 종교적으로 관계한다"(Marx 2004, 250). 이 국가에 대해 종교는 하나의 "가면"(Deckmantel)이다(253).

국가의 가면 역할을 하면서 종교는 "지배의 종교"가 된다. "게르만족의 기독교적 국가에서 종교의 지배(Herrschaft der Religion)는 지배의 종교(Religion der Herrschaft)다"(252). 국가종교는 국가를 섬기는 것 같지만, 사실상 국가를 지배하며 세속의 영광을 누린다. 이 종교 앞에서 국가는 무력하다. 국가의 통치자는 경질되지만, 교회의 통치자는 권좌를 지킨다. 국가가 "그의 내적 괴로움에서 구원받을 수 있는" 길은 "가톨릭교회의 앞잡이(Schergen)가 되는" 데 있다. 세상을 섬기기 위해 "세상적 힘"(weltliche

Macht)으로 자처하는 교회에 대해 "국가는 무력하다"(253). 그러므로 국가 통치자들은 종교에 대해 매우 조심스럽다. 바로 여기에 국가교회의 영광과 거짓이 있다.

마르크스에 따르면 참 국가는 모든 종교로부터 자유로운 민주주의 국가다. "참된 국가 곧 민주주의 국가는 자기를 정치적으로 완전하게 하기 위해 종교를 필요로 하는 것이 아니다. 오히려 그는 자기를 종교에서 분리시킬 수 있다. 그 안에는 종교의 인간적 기초가 세속의 방법으로 실현되어 있기 때문이다"(252). "참으로 기독교적인 것"은 기독교를 국가종교로 가진 국가가 아니라, 모든 종교에서 분리된, 그러므로 모든 종교에 대해 중립적인 "정치적 민주주의"에 있다. "그 속에는…모든 사람이 절대적인 (souveränes) 최고의 존재로 인정받기 때문이다"(254).

여기서 마르크스는 국가와 종교가 분리된, 그러므로 모든 종교에서 분리된 민주주의 국가를 "참국가"로 본다. 그 안에는 모든 사람이 "절대적 최고의 존재"로 인정되며, 그러므로 "어떤 인간도 다른 인간에 의해 억압당할 수 없다"는 기독교 정신이 실현된다. 기독교란 종교가 아니라 "기독교의 인간적 근거(Grund)"가 민주주의 국가의 근거다(253).

그러나 마르크스의 기대와는 반대로, 하나님과 종교 없이 "니나 나나 차등 없이 서로가 서로럴 사람 대접험스로 사는 시상을 맹글자는"(조정래 1996, 150) 공산주의적 민주주의 국가, "해방된 인민이 주인인 새 나라"는 (188) 예외 없이 무서운 독재국가로 변질하고, 하나님과 종교의 자유를 허용하는 자본주의적 민주주의 국가는 자기의 배와 돈을 하나님처럼 섬기는 무신론적·유물론적(물질주의적) 국가로 변질한다는 것이 우리의 역사적 경험이다. 전자에서는 공산당 권력이 하나님의 자리를 차지하고, 후자에서는 돈이 하나님의 자리를 차지한다.

d. 국가교회의 또 한 가지 위험성은, 종교가 국가의 모든 일을 지배하고 결정하는 일종의 "신정국가"가 등장할 수 있다는 점에 있다. 국가의 정치는 물론 개인의 생활도 교회가 가르치는 신(神)의 계율을 따라야 한다.

토마스 모어의 "유토피아"는 바로 이 같은 국가를 묘사한다. 심지어 남녀의 성교 날짜와 시간까지 최고 제사장에 의해 결정된다. 이와 비슷한 일이 로마 가톨릭교회가 지배했던 중세에 일어났다. 교황은 "신의 대리자"이고, 왕이나 황제는 교황 아래 있는 "신의 심부름꾼"이다. 따라서 최고의 통치자는 황제가 아니라 사실상 교황이다. 교황은 국가의 모든 사안에 간섭할 수 있고, 황제는 국가의 중요한 현안에 있어 원칙상 교황의 허락을 받아야 한다. 이로 인해 교황과 황제 사이에 알력과 대립이 일어나기도 한다. 16세기 영국의 국왕 헨리 8세는 교황으로부터 자신의 이혼에 대한 허락을 받지 못하자, 영국교회를 로마 가톨릭교회에서 분리시키고, 자신이 영국교회 곧 영국 성공회의 교황이 된다.

신정(Theonomie)의 이름으로 국가교회는 교리에 어긋나는 새로운 학문의 발전을 억압하고, 이를 "이단"으로 처벌하기도 한다. 지동설을 주장한 브루노(G. Bruno, 1548-1600)의 화형(火刑)은 이를 예시한다. 갈릴레이(G. Galilei, 1580-1638)는 자기의 지동설을 철회함으로써 생명을 유지할 수 있었다. 종교재판(Inquisition)을 통하여 집단 추방과 학살이 일어나기도 하였다. 교회의 기존 교리에 모순되는 모든 새로운 것이 "이단"으로 정죄됨으로써 역사의 새로운 발전이 저지되었다.

교회와 국가, 종교와 국가의 결합에서 비롯된 독재 체제와 국민의 기본권 침해에 대한 전형적 예를 오늘 우리는 이슬람권에서 볼 수 있다. 이슬람은 "국가종교의 전형적 예"다. 나라에 따라 약간의 차이가 있지만, 전체적으로 이슬람은 "국가의 종교"요, 국가는 이슬람이다. 이슬람 신도 곧 무슬림들이 다스리는 국가는 "이슬람의 질서와 원칙들, 곧 삶의 모든 영역들을 포괄하는 샤리아(shariah)에 따라 통치되어야 한다"(Golzio 2001, 67). 국가의 현존 질서는 곧 신의 질서다. 그러므로 모든 국민은 국가의 현존 질서에 복종해야 한다. 국가의 질서에 대한 불복종은 곧 신에 대한 불복종이다.

이슬람권에서 일어나는 왕족들의 권력세습과 축재, 여성의 인권에 대한 억압, 심지어 여성 할례까지도 신적 질서에 따른 것으로 정당화된다. 우리는 종교적 권위를 지닌 성직자가 국가 최고 명령권자의 위치에 있을 때 성직자의 무서운 독재가 신의 이름으로 정당화되고 국가의 정치적 파국을 초래할 수 있다는 사실을 20세기 이슬람권의 신정체제 내지 제정일치 사회에서 볼 수 있었다. 그러므로 오늘날 많은 학자들은 종교와 국가의 분리를 주장한다. 그들은 타 민족에 대한 배타성과 공격성, 왕족들의 독재와 여성에 대한 억압 정책 등을 버리고 국제사회에 통합될 수 있는 길은 종교와 국가의 분리에 있다고 주장한다.

C. 자유교회 체제의 장점과 문제점

1) 위에 기술한 국가교회 체제의 문제점에 대한 반응으로 등장한 것이 자유교회 제도다. 따라서 자유교회 제도는 교회와 국가, 종교와 국가의 분리를 기본 이념으로 가진다. 국가와 종교의 결합은 개인의 종교적 자유의 침해는 물론, 종교를 빙자한 무서운 독재체제를 초래할 수 있고, 타 종교에 대한 억압과 탄압을 일으킨다. 종교는 종교로, 국가는 국가로 구별되어야 한다. 종교는 사적인 일로서 개인의 자유에 맡겨야 할 문제이지, 국가화 (Verstaatlichung) 할 수 있는 일이 아니다. 이 같은 원칙에 입각한 자유교회 체제는 그 나름대로 장점을 가진다.

    a. 자유교회 체제는 국가와 교회의 상호 개입과 간섭을 배제하고 양자의 독립성을 지키는 장점을 가진다. 종교 혹은 교회가 국가종교나 국가교회가 될 때, 필연적으로 종교 혹은 교회의 세속화와 타락이 일어난다. 그 반면 국가가 국가종교나 국가교회 체제를 취할 때, 국가는 세속적 기관으로서 자기의 현실을 은폐하고, 신이 함께 하는 "종교적인 국가"가 아님에도 불구하고 종교적인 국가 혹은 기독교적 국가로 자기를 가장한다. 그러므로 청년 마르크스는, 기독교의 국가교회화는 기독교의 타락이요, 국가

의 거짓이라 비판한다.

자유교회 체제는 국가와 종교, 국가와 교회의 분리를 통해 이 같은 문제를 해결하고자 한다. 교회는 종교적 기관이요, 국가는 세속적 기관이다. 이른바 종교적 국가, 기독교적 국가는 거짓이다. 국가적 기독교는 기독교의 실현이 아니라 기독교의 세속화 및 기독교의 타락을 초래한다. 그러므로 자유교회 체제는 국가와 교회를 분리시킨다. 교회의 최고 지도자가 국가의 최고 명령자 역할을 해서도 안 되고, 국가의 최고 통치자가 교회의 수장이 되어서도 안 된다. 양자는 각자의 사명에 충실하면서 서로를 견제하고자 한다.

b. 자유교회 제도는 개인의 종교적 자유를 실현한다. 종교는 개인이 스스로 선택해야 할 일이지, 국가가 제도적으로나 법적으로 강요할 수 있는 일이 아니다. 자유교회는 "국가교회에서 자유로운 교회", "국가에서 자유로운 교회"를 뜻하는 동시에, 개인이 자유롭게 선택할 수 있는 교회를 뜻한다. 국가교회에서 자유롭다는 것은 세속의 일에 대한 국가교회의 개입과 간섭에서 자유롭다는 것을 뜻한다. 따라서 국가교회에서의 자유, 곧 종교적 자유는 세속의 모든 일에 있어서의 자유를 뜻한다. 이로써 학문적 자유, 사상적 자유, 정치적 자유가 가능하게 되고, 신의 이름을 빙자한 거짓된 권위와 체제들이 상대화된다. 근대의 역사에서 자유교회의 등장과 자유운동 및 해방운동이 함께 일어난 것은 전혀 우연이 아니다. 이 둘은 결합되어 있었다.

c. 자유교회는 교구를 갖지 않는다. 그것은 교구교회가 아니라 자유로운 신앙의 결단과 자유로운 선택을 통하여 모인 "신자들의 공동체"요, "형제자매들의 공동체"다. 따라서 자유교회의 신자들은 살아 있는 인격적 신앙을 가진 적극적 신자들이다. 그들은 이름만의 신자들이 아니라 "주일마다 교회에 다니는 신자들"이며, 따라서 예배와 친교와 봉사 등 교회의 삶에 적극 참여한다.

자유교회의 신자들에게 세속의 세계는 기독교를 국가교회로 가진 "교회적인 세계", 이른바 "기독교 세계"(Christendom)가 아니라 거짓과 죄와 불의와 고난과 죽음이 가득한 세계, 신정의 세계가 아니라 사탄의 세력이 지배하는 세계다. 그러므로 자유교회는 이 세계를 향하여 적극적으로 전도하고 선교하는 교회가 되고자 한다. 따라서 자유교회는 개인 전도와 선교 사업에 적극성을 가지게 된다. 또 국가교회는 사실상 국가에 속한 국가의 한 기관이기 때문에 국가에 대한 비판이 어려운 반면, 자유교회는 국가로부터 독립되어 있기 때문에 국가의 불의를 지적하고 이에 저항할 수 있는 장점을 가진다.

d. 국가교회 목사의 임무가 약 3천 명에 달하는 교구 주민들을 공적으로 돌보는 데 있다면, 자유교회 목사의 일차적 임무는 교회 공동체에 속한 신자들을 돌보는 데 있다. 신자에 대한 그의 돌봄은 학교 교육, 견신례, 결혼 예식, 장례식 등의 공적 업무 수행에 있는 것이 아니라 신자들의 믿음 생활을 돌보는 데 있다. 전자는 국가 공무원의 성격을 가진다면, 후자는 목자의 성격을 가진다. 그러므로 자유교회 목사는 자신의 영성에 관심을 갖지 않을 수 없다. 목사의 영성이 부족하면, 신자들의 영성이 자라나지 않게 되고, 교회가 침체에 빠지기 때문이다. 그러므로 자유교회 목사는 기도 생활과 자신의 경건 훈련, 영성 훈련에 관심을 가진다. 이리하여 주일 예배 때 국가교회의 예배실은 텅 비어 있는 반면, 자유교회의 예배실은 살아 있는 믿음을 가진 신자들로 가득 차 있음을 볼 수 있다. 그래서 서구의 국가교회 지도자들이 한국에 오면, 수백 수천 명이 모인 교회를 보고 찬사를 아끼지 않는다. 그러나 그 뒤에 숨어 있는 문제점에 대해서는 침묵한다. 손님으로서 예의를 갖추기 위함이다. 그러므로 우리는 이들의 찬사에 넘어가서는 안 된다. 오히려 그 뒤에 숨어 있는 자유교회 체제의 문제점을 직시하고, 해결의 길을 모색해야 한다.

2) 자유교회 체제가 가지는 몇 가지 문제점을 제시하면 다음과 같다.

a. 가장 대표적 문제점은 교단과 교회의 난립에 있다. 종교와 교회는 사적인 일이요, 모든 사람은 종교의 자유를 갖기 때문에 누구든지 새로운

교단과 교회를 세울 수 있다. 교회 바로 옆에 교회를, 교회 바로 위에 교회를 세워도, 아무도 간섭할 수 없다. 이 같은 교회의 난립은 눈에 보이지 않는 교회 간의 알력, 교인 빼앗아 오기 등 여러 가지 문제들을 초래한다. 예장보수, 보수개혁, 개혁보수, 정통보수, 합동개혁 등 그 이름으로는 도저히 구별할 수 없는 수많은 교단들이 난립한다. 교회 안에서도 끝없는 갈등과 대립과 분열이 일어난다. 회중교회의 경우, "지교회에서 문제가 발생할 때에 호소(呼訴, Appeal)할 곳이 없게 된다"(이범배 2001, 815).

b. 자유교회는 개교회주의를 갖는다. 개교회주의는 개교회들이 교회의 모든 일에 있어 독립성을 가지는 체제를 말한다. 따라서 자유교회의 교단들은 개교회에 대해 강한 권위를 갖지 못한다. 그 결과 개교회에 대한 교단의 통제가 어렵고, 교단 전체의 통일성을 이루기 어렵다. 개교회 목사마다 신학적 입장과 목회 방침이 다르고 목사 월급도 천차만별이다. 많은 해외 선교사를 파송하고 사회봉사 활동을 하지만, 거의 대부분 개교회가 독자적으로 하기 때문에 교단 차원의 규모 있는 사업을 추진하기가 어렵다. 장로제도, 목사 임기 제도, 원로목사 제도, 은퇴목사 은급 제도 등의 교회 운영 체제도 교회에 따라 다양하다. 교단마다 신학생 입학 자격과 교육 과정 및 교육 내용 등이 다르고 목사 안수 자격도 다르다. 심지어 6개월짜리 성경공부 과정만 이수하면 목사 안수를 받을 수 있는 소교단도 있다고 한다.

c. 한국 개신교회의 경우, 자유교회는 자주 이단 시비에 시달린다. 종교는 개인의 사적인 문제이기 때문에 각 신자와 목회자는 자신의 신학적 입장을 스스로 결정할 수 있는 자유를 가진다. 교단이 이를 통제할 수 있지만, 자유교회 체제에서 개교회를 통제할 수 있는 교단의 권위는 매우 약하다. 교세가 큰 교회 목시가 오히려 교단을 호령한다. 이로 인해 자의적 성서 해석, 그릇된 목회철학과 이단 시비가 쉽게 일어날 수 있다. 교단과 교단, 보수와 진보 사이에 대립과 분열이 일어나도 이를 중재할 수 있는 권위를 가진 기관이 없다. 그러므로 끊임없는 논쟁과 분열에 빠질 수 있는

것이 자유교회의 심각한 문제점이다. 한 마디로 자유교회의 "자유"가 분열과 무질서를 초래할 수 있다. 자유교회의 종교적 자유는 "교회를 분열(分裂)시킬 요인(要因)을 함축한다"(이범배 2001, 815).

자유교회의 이 같은 문제점을 극복하고 질서와 통일성을 회복할 수 있는 길은 무엇인가? 그것은 결코 국가교회 제도를 도입하는 데 있지는 않다. 전통적 종교들이 뿌리내리고 있는 다종교사회에서는 원천적으로 불가능할 뿐 아니라, 위에 기술한 국가교회 제도의 문제점을 고려할 때 바람직하지도 않다. 현대사회는 개체성(Individualität)과 복수성(Pluralität)의 사회요, 획일성의 사회가 아니라 다양성의 사회다. 이 같은 사회에서 교회의 질서와 통일성을 회복할 수 있는 길은 수직 계열화된 구조적 획일성에 있지 않다. 위계질서적 구조의 획일성은 창조성과 생동성을 저하시킨다.

3) 우리는 자유교회가 끝없는 분열과 무질서를 극복할 수 있는 몇 가지 방향을 다음과 같이 제시할 수 있다. 첫째, 더 이상의 교회 분열, 교단 분열, 기독교 연합기관(한기총, 한기련 등)의 계속적 분열을 삼가야 한다. 상대방이 이단이라고 아무리 반박 성명을 내도, 분열은 기독교의 위상을 실추시킬 뿐이다.

둘째, 기존의 분열된 교단과 기독교 연합기관이 질서와 통일성을 회복할 수 있는 길은 상호 화해와 연합에 있다. 서로의 차이를 존중하면서 연합하고자 하는 정신 곧 "다양성 속에서의 일치"가 필요하다. 공통된 신학생 입학 자격과 신학교육 과정, 목사 안수 조건, 개척 교회 설립 요건, 교단들 사이에 서로 지켜야 할 질서, 공동의 선교사 훈련 및 파송 정책 등을 세우고, 공동의 사회봉사 사업을 추진할 수 있을 것이다.

셋째, 극단적 개교회주의를 지양하고, 교단에 속한 모든 교회 사이의 공동체 의식이 필요하다. 물론 개교회의 자율성을 파괴해서는 안 되겠지만, 목사 은급 제도, 장로제도를 위시한 교회의 중요한 사안 및 정책을 수립하는 데 있어 교단 차원의 제도적 통일성이 있어야 할 것이며, 이를 위해 특히 대형교회의 협조가 필요하다.

결론적으로 자유교회의 통일성은 모든 것이 획일화된 단 하나의 교회를 세우는 것이 아니라, 나누어진 교회와 교단들이 서로의 다양성을 존중하면서 연합하고 협동하는 데 있다. 계속되는 분열과 상호 경쟁과 저주는 사탄이 원하는 일이요, 연합과 일치는 하나님께서 원하는 일이다.

교회와 국가의 관계 문제에 있어 국가교회 제도는 양자의 결합을 보여주는 반면, 자유교회는 양자의 분리를 보여준다. 그러나 교회와 국가의 결합도 적절하지 않지만, 양자의 완전한 분리도 적절하지 않다. 사실 하나의 민족 공동체 안에서 양자는 어쩔 수 없이 연결되어 있기 때문에, 양자의 완전한 분리는 사실상 있을 수 없다.

하나님 나라 곧 하나님의 통치는 교회에서는 물론 국가의 영역에서도 이루어져야 한다. 그러므로 교회와 국가는 서로의 독자성을 지키면서, 공동의 선을 위해 협동하는 것이 바람직하다. 종교 지도자가 국가의 정책에 간섭하고 이를 결정하려는 것도 타당하지 않지만, 국가의 통치자가 교회를 감시·감독하고 지배하려는 것도 타당하지 않다. 교회와 국가는 상대방의 영역과 전문 지식과 자유를 존중해야 한다. 이와 동시에 국민의 행복을 위해 서로 협조하고 협동해야 한다. 우리는 교회와 국가의 이 같은 관계를 독립 속에서의 협동, 협동 속에서의 독립이라 요약할 수 있다.

그러나 교회와 국가의 협동은 국가의 모든 일을 교회가 무조건 수용하는 것을 뜻하지 않는다. 국가가 불의한 일을 행할 때, 교회는 옛 예언자의 입장에서 이를 지적하고 정의를 세울 것을 요구해야 한다. 국가의 불의에 대한 비판과 정의에 대한 요구는 모든 국민의 권리인 동시에 의무이기도 하지만, 하나님 나라를 이 땅에 세우기 위해 하나님이 교회에 맡긴 사명이다. 거꾸로 교회가 불의를 행하거나 국가의 법을 지키지 않을 때, 국가는 이를 지적하고 시정을 요구할 수 있다 교회는 물론 국가제도 역시 하나님 나라를 세우기 위한 하나님의 임시방편적 질서라 볼 수 있기 때문이다.

9

성직자 제도는 있어야만 하는가?

교회에 관한 세계교회의 토의에서 가장 어려운 문제는 교직 혹은 성직(Amt, Office)의 문제에 있다. 가톨릭교회, 정교회, 성공회는 사도계승에 근거하여 교회 공동체 이전부터 있는 교직 내지 성직자 계급을 법적 제도로 인정한다. 그 반면 개신교회는 루터의 만인사제직에 근거하여 교회 공동체 이전부터 교회 공동체 위에 있는 법적 제도로서의 성직자 계급을 부인하고, 이른바 성직자가 감당하는 일은 사실상 공동체의 모든 신자가 감당해야 할 일을 위임받은 것으로 간주한다. 위에서 고찰한 메노파 교회, 회중교회 등 일부 소교단 내지 종파들은 한 걸음 더 나아가 직업적 성직자 계급을 인정하지 않는 극단적 입장을 취한다. 무교회주의는 교회제도 자체를 부인한다.

여기서 다음과 같은 질문이 제기된다. 직업으로서의 성직자 제도는 반드시 있어야만 하는가? 만일 직업적 성직자가 있어야 한다면, 성직자와 교회 공동체는 어떤 관계에 있는가? 성직자는 하나님에 의해 위로부터 세워진 "하나님의 종"인가, 아니면 교회 공동체의 모든 신자가 감당해야 할 사명을 대신하여 감당하는 위임자에 불과한가? 그의 권위는 사도계승을 통해 위로부터 주어지는 것인가, 아니면 아래로부터 곧 교회 공동체로부터 주어지는 것인가? 성직자는 하나님께서 세우신 "하나님의 대리자"(vicarius dei)인가, 아니면 공동체에 의해 세워진, 그러므로 공동체 아래에서 공동체를 섬기는 공동체의 피고용인과 같은 존재인가?

A. 만인사제직의 성서적·신학적 근거

로마 가톨릭교회는 교회 공동체와 관계없이, 교회 공동체 이전부터 존재하는 특별한 영적 계급 곧 성직자 계급을 지금도 주장한다. 성직자는 공동체로부터, 공동체에 의해 세워지는 것이 아니라, 공동체와 관계없이 베드로에게서 시작되는 사도계승을 통해 세워진다. 그는 신자들의 청빙으로 세워지는 것이 아니라, 법적 정통성과 권위를 가진 주교의 안수를 통해 세워진다. 성직자는 베드로가 예수에게서 받은 교회의 전권을 사도계승을 통해 물려받는다. 그는 구원의 중개자다. 교황은 땅 위에 있는 그리스도의 대리자다. 교황을 최고의 머리로 가진 성직자는 신자들이 왈가왈부할 수 없는 법적 권위를 가진다. 원칙에 따라 신자들에게 주어진 것은 성직자에 대한 복종 뿐이다. 이리하여 가톨릭교회는 내적 질서와 평화를 유지하게 된다.

이에 반해 루터는 1520년 8월 『독일 그리스도인 귀족에게 보내는 글』에서 "만인제사장직" 혹은 "만인사제직"을 주장한다. 이에 대한 동인은 성직 내지 교직에 대한 신학적 성찰에 있다기보다, 종교개혁 당시 가톨릭교회의 교황과 사제들의 부패와 타락에 있다. 교황 "이노센트 8세는 문화적 생활을 한다는 명목으로 사치와 방종에 빠졌으며 결혼해서는 안 되는 성직자가 16명의 자녀를 두었다. 알렉산더 6세는 건축하는 일과 사치한 생활로 많은 돈을 썼으며 부인과 첩을 두고 살았다. 인문주의적 교황들은 그들의 문화적 생활을 위해 많은 돈이 필요하였으며 이 돈을 마련하기 위해 성직을 팔았고, 이미 있는 성직만으로는 부족했기 때문에 새 성직을 만들어 팔아서 충당하였다"(이양호 2016, 221).

1517년 루터가 발표한 95개조는 교황을 위시한 사제들의 부패와 타락의 단면을 아래와 같이 고발한다. 그리스도의 복음은 본래 "부유한 사람들을 건져 올리는 그물"이었는데(65조), 교황과 사제들이 시행하고 있는 면죄의 성례는 "사람들의 부를 건져 올리는 그물"이 되었다(66조), "설교자들이 가장 큰 은혜라고 외치는 면죄는 사실상 이익 챙기기 수단으로 간주될 수 있다"(67조), 각종 성례와 교회법을 통해 교황은 "오늘날 가장 부유한 사람들보다 더 부유한" 사람이 되었다(86조).

루터는 이 같은 현실을 보면서 성직자와 평신도 사이에 차이가 없다고 주장한다. 그리스도는 "교회의 열쇠"를 베드로에게만 맡긴 것이 아니라 "공동체 전체에 맡겼다." 그러므로 "우리 모두가 사제다"(Luther 2012a, 17-17). 여기서 루터는 "특별한 영적 성품을 소유한 자로서…교황의 직분을 전적으로 거부"하고, "그 대신 모든 믿는 자들이 참된 영적인 신분을 소유하게 된 제사장들임을" 선언한다(정일웅 2015b, 18). 루터를 위시한 종교개혁자들이 주장한 만인사제직의 성서적·신학적 근거는 다음과 같이 정리될 수 있다.

1) 지상의 예수는 자기 자신과 그의 제자들을 사제 곧 제사장이라 부르지 않으며, 특별히 성별된 성직자의 모습을 전혀 보이지 않는다. 오히려 그는 당시의 성직자 곧 제사장들에 대해 비판적 태도를 취한다. 여리고로 가다가 강도를 만난 사람의 이야기에서 예수는 성직 계급 곧 제사장과 레위인의 위선을 폭로한다(마 23장). "나는 자비를 원하고, 제사를 원하지 않는다"(마 12:7)는 예수의 말씀은 사제직에 대한 예수의 비판적 입장을 반영한다.

일련의 신학자들과 목회자들은 예수의 열두 제자가 성직자 제도의 뿌리가 된다고 말한다. 그런데 예수는 한번도 그의 제자들을 사제라 부르지 않는다. "어떤 구절에서도 신약성서는 교회의 한 봉사자에게 이 칭호를 부여하지 않는다(롬 15:16도 예외가 아니다)"(Legrand 1989, 147). 우리는 지상의 예수께서 사제 제도를 세웠다는 기록을 성서 어디에서도 볼 수 없다.

구약의 빛에서 볼 때 하나님의 모든 백성이 성직자라고 말할 수 있다. 하나님의 선택을 받은 이스라엘 백성 전체가 "나를 섬기는 제사장 나라"(출 19:6), "주님의 제사장", "하나님의 봉사자"라 불린다(사 61:6). 예수 그리스도를 통하여 "주님의 제사장"은 이스라엘 백성을 넘어 세계 모든 민족으로 확대된다. 세계 모든 민족이 하나님의 제사장적 백성으로 초대를 받는다.

2) 루터는 사도신경이 고백하는 "성도들의 교제"(communio sanctorum), 바울 서신이 말하는 "그리스도의 몸"을 만인사제직의 중요한 근거로 제시한다. 특히 "'그리스도의 몸'으로서 교회론은 루터에게 있어서 핵심을" 이룬다(김경재 2015b, 11). 그리스도의 몸은 지체들로 구성된다. 모든 지체는 평등하다. 단지 그들의 위치와 기능이 다를 뿐이다. 약하고 천해 보이는 지체들이 더 귀중하다(고전 12:22).

에베소서 4:11에 따르면, 그리스도가 "어떤 사람은 사도로, 어떤 사람은 예언자로, 어떤 사람은 복음 전도자로, 또 어떤 사람은 목사와 교사로 삼으셨다"고 한다. 여기서 목사의 은사는 일반 신자들과는 구별된 특별한 은사가 아니라 일반 신자들이 받는 여러 가지 은사들 가운데 한 은사일 뿐이다. 따라서 "그리스도의 몸"에 속한 지체들 사이에 계급적 차이가 있을 수 없다. 모든 신자가 그리스도의 몸을 위해 함께 봉사해야 할 "하나님의 동역자들"(고전 3:9) 내지 하나님의 사제들이다.

3) 루터는 "믿음으로만 얻게 되는 칭의의 은혜"에서 만인사제직의 중요한 근거를 발견한다(정일웅 2015b, 18). 하나님의 값없는 칭의의 은혜를 믿는 사람은 누구나 하나님으로부터 직접 의롭다 하심을 얻고 구원에 이른다. 각 사람은 "그리스도 예수 안에서 얻는 구원으로 말미암아 하나님의 은혜로 값없이 의롭다는 선고를 받는다"(롬 3:24). 모든 신자는 하나님의 의롭다 하심을 통해 하나님 나라의 유업을 받는다(갈 5:21). "그러므로 기독

를 속죄제물(희생제물)로 바친 예수 그리스도만이 구원의 중재자요, 대사제 곧 대제사장이다. 그는 구약의 사제들처럼 먼저 자기의 죄를 위해 속죄제물을 바친 다음 백성을 위해 속죄제물을 바칠 필요가 없다. "그는 자기 자신을 바치셔서 단 한번에(ef-hafax) 이 일을 이루셨기 때문이다." 그러므로 그는 "영원히 제사장이다." 그는 "영원히 계시는 분이므로, 제사장직을 영구히 간직"하시며 "자기를 통하여 하나님께 나아오는 사람들을 완전하게 구원하실 수 있다. 그는 늘 살아 계셔서 그들을 위하여 중재의 간구를 하신다"(히 7:21-27).

그리스도께서 바친 속죄제물은 구약의 제사장이 바치는 속죄제물과 비교될 수 없다. 구약의 제사장이 바치는 "황소와 염소의 피가 죄를 없애 줄 수는 없다." 인간 제사장은 "날마다 제단에 서서…똑같은 제사를 거듭 드리지만, 그러한 제사가 죄를 없앨 수는 없다." 하나님은 인간 제사장이 바치는 "제사와 예물과 번제와 속죄제를 원하지도 기뻐하지도" 않으신다(히 10:4-8).

칼뱅에 따르면 그리스도의 속죄제물은 구약의 제물과는 전혀 다르다. "대제사장이신 그 자신이 제물이다"(Calvin, *Inst*. II.15.6). 이 제물은 황소나 염소의 피가 아니라 "거룩하시고, 순진하시고, 순결하시고, 죄인들과 구별되시고, 하늘보다 높이 되신" 하나님의 아들 자신이다(히 7:26). 거룩하고 완전하신 하나님의 아들이 자기를 속죄제물로 바침으로써 "단 한번의 영원히 유효한 제사를" 드렸다. "죄와 불법이 용서되었으니, 죄를 사하는 제사가 더 이상 필요 없다"(히 10:10-18). "성전보다 더 큰 이가 여기에 있다"는 예수의 말씀은 이를 암시한다(마 12:6).

구약시대에 지성소에 들어갈 수 있는 인물은 대제사장뿐이었다. 그런데 바울은 이제 모든 그리스도인이 지성소에 들어갈 수 있다고 말한다. "우리는 예수의 피를 힘입어서 담대하게 지성소에 들어가게 되었다"(히 10:19). 이로써 신자들에게 구원을 중재하는 특별사제직은 폐기된다. 그리스도는 "모든 제물과 모든 다른 사제직을 종식시키며, 그러므로 그가 '하나님과 사람들 사이에 있는 유일한 중재자'다(딤전 2:5 이하).…그가 자신의 몸으로 바친 제물 외에 다른 제물들을 첨가하도록 하지 않으며, 그가 하나님과 인간 사이의 유일한 현실적 중재자이기 때문에, 사제직은 오직 그리스도에게만 해당한다"(Legrand 1989, 147). 루터는 이에 근거하여 가톨릭교회의 미사의 속죄제물(Messopfer)을 거부한다(Luther 2016a, 62 이하).

5) 요엘서의 환상에 의하면, 마지막 때에 하나님은 "모든 사람에게" 그의 영을 부어 주실 것이다. 하나님의 영 안에서 "너희의 아들딸은 예언을 하고, 노인들은 꿈을 꾸고, 젊은이들은 환상을 볼 것이다. 그때가 되면, 종들에게까지도 남녀를 가리지 않고 나의 영을 부어주겠다"(욜 2:28-29). 구약성서는 곳곳에서 하나님의 영이 그의 백성 모든 사람에게 내릴 것이라 예언한다(사 44:3; 63:14; 겔 36:27 등).

성령 곧 하나님의 영은 종말의 시간의 은사다(사 44:3; 63:14; 겔 36:27; 슥 4:6). 특별히 선택을 받은 예언자들과 왕들 뿐 아니라 모든 하나님의 백성이 새롭게 창조하는 하나님의 영으로 충만할 것이다. 하나님의 영이 "모든 육체 위에" 부어질 것이다. 이리하여 모든 사물들의 새 창조가 일어나고, 하나님이 영광스럽게 될 것이다.

구약의 이 예언은 그리스도인들에게서 성취된다. 그리스도를 주님이라 고백하는 모든 신자에게 성령이 부어진다(행 2:1). 성령은 "너희에게 모든 것을 가르쳐 주실" 것이며(요 14:26), "너희를 모든 진리 가운데로 인도하실 것이다"(요 15:13). 하나님의 영 안에서 각 사람은 하나님을 직접 만나고, 그의 말씀을 직접 듣고, 하나님의 친교 안에서 그리스도의 복음을 증언한다. 여기서 인간 중재자직 곧 성직자들의 특별 사제직은 폐기된다. 따라서 어느 누구도 다른 누구를 가르치는 일이 없을 것이다. "그가 기름 부어 주신 것이 여러분 속에 머물러 있으니, 여러분은 아무에게서도 가르침을 받을 필요가 없습니다. 그가 기름 부어 주신 것이 여러분에게 모든 것을 가르쳐 줍니다"(요일 2:27).

하나님의 구원 역사가 완성될 마지막 때에 성전은 더 이상 존재하지 않을 것이다. "전능하신 주 하나님과 어린 양이 그 도성의 성전이시기 때문이다"(계 21:22). 성령이 그 안에 거하는 모든 신자가 "하나님의 성전"이요 "성령의 전"이다(고전 3:16; 6:19). 모든 신자가 사제의 위치에서 그리스도의 복음을 증언해야 할 하나님의 부르심을 받는다. 모든 신자가 "예수의 죽임 당하심을" 그들 자신의 몸에 짊어지고 다녀야 하며 "예수의 생명"이 그들 안에 나타나게 해야 한다(고후 3:10). 모든 신자가 "그리스도의 사절"이 되어야 한다(5:20).

B. 만인사제직의 교회론적·사회정치적 의의와 그 위험성

1) 종교개혁자들이 주창한 만인사제직은 중요한 교회론적 의미를 가진다. 첫째, 만인사제직은 평신도의 주체 의식의 회복을 요구한다. 교회의 주인은 성직자가 아니라 예수 그리스도와 그의 모든 형제자매들 곧 평신도다. 교회가 필요로 하는 돈을 제공하는 사람들도 성직자가 아니라 평신도다. 평신도는 성직자와 함께, 성직자와 동등한 위치에서 각자의 은사에 따라 교회를 위해 봉사하고, 이 세계 속에 하나님 나라를 확장시켜야 할 "하나님의 동역자들"이다.

정일웅에 의하면 만인사제직은 "세상을 향한 복음 전파의 사역"은 물론 "사회구원(사회정의와 평화)과 자연 생태계의 구원과도 연결된 총체적인 창조세계 전체의 구원"을 위한 "평신도들의 적극적인 활동을 기대"한다. 모든 신자가 "세상을 향하여 복음을 전하는 일과 가난한 자들을 돕는 선행 등의" 제사장적 기능과 책임에 참여해야 한다. 사제 혹은 제사장의 기능과 책임은 특정한 성직자 계급에 제한되어 있는 것이 아니라 모든 신자에게 개방되어 있다. 만인제사장직 혹은 만인사제직은 모든 신자에 대한 "제사장 직분의 개방성"을 뜻한다(정일웅 2015b, 19, 20).

둘째, 만인사제직은 사제와 신자들의 동등한 존엄성과 평등과 자유를 시사한다. 그들 사이에는 위-아래의 계급적 차별이 있을 수 없다. 모든 신자가 사제의 위치에 있다면, 신자들로부터 구별되며 신자들 위에 있는 특별한 사제계급이나 장로계급은 있을 수 없다. 만인사제직은 "교회 직분의 상하관계의 질서가 엄격하게 적용된 직분의 수직성과 계급성"을 부인하고 모든 "직분의 동등성"을 주장한다(19).

물론 교회 안에는 사제, 장로, 권사, 안수집사, 집사 등의 직분이 있다. 그러나 이 직분들은 특별한 계급이 아니라 공동체를 위해 봉사하고 공동체를 함께 책임지는 동등한 봉사자일 뿐이다. 그러므로 바울은 말씀을 위해 봉사하는 신자들에게 "감독"의 칭호를 부여한다. 빌립보서 1:1에서 바울은 한 교회 안에 있는 여러 감독들에게 인사를 전한다. 사도행전에서 바울은 에베소의 "장로들"을 부른 다음(행 20:17), 이들을 "감독들"이라 부른다(20:28). 장로의 자격과 감독의 자격을 연달아 규정하는 디도서 1:5-7의 말씀은 장로와 감독이 엄격하게 구별되지 않았고, 장로가 감독이라 불리었음을 암시한다.

칼뱅에 따르면 초기 그리스도인들의 공동체에서 교회의 직분은 계급적으로 엄격하게 구별되어 있었던 것이 아니라 매우 유동적이었다(이에 관해 Calvin, *Inst.* IV.3,8). 감독, 목사, 장로 등 교회의 직분은 공동체에 봉사하기 위한 것이기 때문이다. 만인사제직은 교회 평신도들의 "직분으로 인한 소외성과 차별성을 극복하고, 당당한 신분으로 활동하게 되는 근거를 제공"하며 "교회의 독재적인 교권의 남용에 대항하여 교회의 민주화를 요구"할 수 있는 "민주주의적인 가치"를 제시한다(정일웅 2015b, 20).

셋째, 만인사제직은 평신도의 존엄성과 평등과 권리만을 말하는 것이 아니라 "그만큼 책임이 더해진다"는 것을 말한다. 권리가 있는 곳에 책임도 뒤따른다. 모든 평신도가 사제와 같은 존재라면, 하나님의 구원 역사에 대한 평신도의 책임도 그만큼 더 커진다. 교회에서 그들은 더 이상 누구 아래에 있는 사람이 아니라 "그리스도의 몸"의 지체로서 동등한 책임을 가진다. "교회의 부패와 타락에 성직자와 평신도 모두가 책임이 있다"(12).

김경재에 의하면 "오늘날 한국 개신교의 타락과 교회 권위의 몰락 책임은 일차적으로 기독교 목사들에게 있다. 일부 목사들은 자신들의 '오만한 권위, 소유물, 명예'를 지키려고 목양의 양들을 자기 양이나 소유물처럼 생각하며, 주님의 거룩한 교회를 유능한(?) 목회자 개인의 종교기업체라고 생각하는 경지에 이르고 있다.…성직매매, 목회직 자녀 승계, 심지어 교회당과 교회 공동체의 명의를 팔고 사는" 기막힌 일들이 일어나고 있다(김경재 2015b, 9-10). 평신도는 이 같은 교회의 타락에 대해, 또 타락한 교회의 개혁에 대해 "공동책임"을 가진다(13). 그 까닭은 평신도들이 이 같은 현실을 방치했기 때문이기도 하지만, 평신도는 교회 전반에 대한 책임을 가진 사제와 같은 존재이기 때문이다. 루터의 만인사제직은 평신도의 힘과 능력을 동원하여 "오늘날 한국 기독교의 개혁을 추진하기 위한 추동력이 되고 발판의 근거"가 될 수 있다(10).

정일웅은 오늘날 한국교회 지도자들의 교권주의의 개혁을 위한 근거로서 만인사제직을 제시한다. 한국교회의 이른바 "선교의 기적" 속에서 목사들은 "당회장권, 강단권, 설교권, 목양권, 축도권, 안수권 등의 이름으로 제사장적 기능을 특수화하고 교권을 강화하였다. 그리고 목사의 교권 남용은 교회 재정의 횡령, 목회 세습, 목회자의 성윤리 문제 등 비도덕적인 문제로 나타나게 되었다.…목사는 교인에게 절대 순종을 강요하며,…그에게 순종하지 않고 대항하면 벌을 받게 된다고까지 주장하면서, 한국교회 평신도들의 우민화정책을 수행하였던 것이다. 만일 그러한 목사의 문제를 지적하고 비판하면, 오히려 사탄 악마의 세력으로 몰아 교회를 해치는 사람으로 낙인찍혔다"(23).

성직자들의 교권주의의 타락과 횡포에 대해 루터의 만인사제직은 "평신도들이 한국교회를 개혁하는 일"에 앞장서며(24), "교회 연합운동의 주역으로서의 책임과 사명"을 다할 것을 시사한다(26). "평신도들도 그리스도의 교회를 새롭게 하는 일에 제사장으로 부름 받은 자들이기 때문이다"(27). "그리고 한국교회의 지도자들도 만인 제사장의 교리를 새롭게 이해하고, 자신들만이 제사장이라는 독단적인 생각에서 벗어나 교권의 횡포와 남용을 신속히 중지하고, 그간의 교만의 실수를 하나님과 한국교회 앞에서 회개하며, 한국교회를 새롭게 하는 일에 앞장서야" 한다(24).

넷째, 만인사제직은 평신도의 사제다운 생활을 요구하는 측면도 가진다. 모든 신자는 사제답게 살아야 한다. 그들은 유일한 사제이신 그리스도의 형상을 닮아야 한다. 그들은 그리스도의 뒤를 따라 하나님 나라의 복음을 선포하고 하나님 나라를 앞당겨 오고자 노력해야 하며, 그리스도의 고난과 영광에 참여해야 한다. "왕 같은 제사장"이라는 말씀은 모든 신자가 왕 같은 제사장답게 살아야 함을 말한다.

참 사제는 교만하지 않고 겸손하다. 그는 교회를 분열시키지 않고 도리어 분열된 것을 화합시킨다. 따라서 만인사제직은 교회 내에서 신자들의 교만과 교회 분열에 대한 근거가 될 수 없다. 교회 내에서의 교만과 교회 분열은 만인사제직 때문이 아니라 만인사제직의 "남용과 왜곡"일 뿐이다(정일웅 2015b, 23). 만인사제직은 모든 신자가 대제사장이신 그리스도의 뒤를 따라 자기를 낮추며, 분열이 있는 곳에 화해와 일치를 이룰 것을 요구한다. 교회를 분열시키는 무책임한 행위를 버리고, 분열된 교회의 연합과 일치를 이루는 책임적 행위를 요구한다.

다섯째, 모든 신자가 사제와 같은 존재라면, 가톨릭교회가 말하는 "사도계승"은 인정될 수 없다. 그리스도께서는 교회의 열쇠를 맡겼다고 하는 베드로를 사제라 부른 적이 없다. 더구나 베드로를 통하여 사제직을 계승한다고 말한 적도 없다. 그리스도의 제자들이 가진 사도직은 일회적인 것이지, 후임주교나 사제의 머리 위에 손을 얹고 안수함으로써 자동적·법정적으로 넘겨질 수 있는 것이 아니다. 모든 신자가 사제라면, 교회의 사도성은 사제들에게만 있는 것이 아니라 모든 신자에게 있다. 루터에 의하면 교회의 "열쇠는 성 베드로에게만 주어진 것이 아니라 공동체 전체에 주어졌다." 교회의 가르침이나 통치의 열쇠는 물론, 죄를 용서할 수 있는 열쇠도 공동체 전체에 주어졌다(Luther 2012a, 17).

2) 루터가 말한 만인사제직은 사회정치적으로도 중요한 의미를 가진다. 종교개혁이 일어난 중세 말에 그것은 유럽사회 전체를 뒤흔드는 혁명적 의미를 가지고 있었다. 종교개혁 당시 중세 유럽사회는 한 마디로 "기독교 세계"(Christendom)였다. 이 세계에서 성직자 계급은 막강한 힘을 가지고 있었다.

르네상스기의 독일 화가 크라나흐(L. Cranach, 1472-1553)의 목판화에 대한 종교개혁자 멜란히톤의 해설은 중세 로마 가톨릭교회 성직자들의 막강한 힘과 횡포를 다음과 같이 소개한다. "콘스탄티누스 황제는 교황에게 황제의 면류관, 자색 망토, 자색 튜닉, 황제의 것과 같은 다른 예복들, 그리고 홀을 주었다"(옥성득 2015, 33), "의심의 여지없이 우리는 황제보다 우월한 권세를 가지고 있다. 왜냐하면 우리는 만왕의 왕 그리스도의 권세에 복종하기 때문이다. (제국의 황제는…교황의 목회를 받아야 한다고 엄중히 선언하는 바이다)"(31), "사제들의 재물은 영적, 세속적 수단으로 보호되어야 하며, 물질을 도난당했을 시에는 반드시 그 소유권을 돌려받아야 한다.…이것은 사제들이 사적 재산을 축적할 수 있다는 의미로, 재물을 얻기 위해서라면 그리스도인의 피를 흘려도 상관없다는 뜻이다"(45). "모든 성직자는 왕이며, 그들은 머리 위에 관을 써 이를 나타내는 증표로 삼는다.…로마 교황은 모든 민족과 왕국 위에 군림하는 존재로 임명되었다"(47). 사제들은 "성경을 무시하고, 사면장, 면죄부, 교직을 매매하며, 재산을 축적하고, 교인들의 돈을 뺏고, 결혼제도를 무너뜨리고, 양심을 상하게 하고, 임의대로 법을 만들고, 성인을 축성하고, 교인들을 축복하거나 저주하며, 자신의 목소리를 마치 하나님의 목소리처럼 여기라 명령한다. '누구도 그에게 이의를 제기할 수 없다'(교회법)"(53).

교황 인노센트 3세(Innocenzo III, 1198-1216)는 중세 성직자들의 세력이 얼마나 강했는가를 모범적으로 보여준다. 그는 "완전히 정치적 교황"이었다. 세속의 왕이나 황제는 "교황의 봉토 보유자"(Lehnsträger)로 간주되었다. 교황은 황제를 세울 수도 있고 폐위시킬 수도 있었다. 그는 "베드로의 대리자"일 뿐 아니라 "그리스도 혹은 하나님의 대리자"로 자처하였다. 12세기 중엽부터 교황은 "그리스도의 대리자"(vicarius Christi)라 불리었다(Heussi 1971, 211).

이 같은 역사적 상황 속에서 루터는 교황과 사제들의 특권을 보호하고 교회 개혁을 불가능하게 하는 "세 가지 담벽"을 지적한다. ① 교회의 영적 권세는 세속의 권세 위에 있고, ② 교황만이 성서 해석의 권한을 가지며, ③ 교황만이 공의회를 소집할 수 있다는 것이다(Luther 2012a, 9). 첫째 담벽은 교황과 사제들이 범죄를 저질러도 세속의 권세에 따라 재판과 벌을 받지 않도록 그들을 보호해 준다. 둘째 담벽은 교황의 성서 해석 외에 모든 다른 성서 해석을 차단함으로써 교회의 기존 질서의 개혁을 막아버린다. 셋째 담벽은 교회를 바로 세우기 위해 공의회 소집을 요구하면, 교황 외에는 아무도 공의회를 소집할 수 없다는 "거짓말로" 공의회 소집을 무산시킨다(김경재 2015b, 7 참조).

이 세 가지 "담벽"을 허물기 위한 대책으로, 루터는 만인사제직을 주장한다. "모든 그리스도인은 사실상 영적 신분에 속하며, 그들(평신도와 사제들) 사이에는 직책상의 차이가 있을 뿐이다.…세례를 통해 우리는 모두 사제로 성별되었다"(Luther 2012a, 10). "평신도, 사제, 영주, 주교 등의 성직자와 세속인은 직책이나 사역의 차이를 가질 뿐, 아무런 다른 차이를 갖지 않는다. 그들은 신분의 차이를 갖지 않는다. 그들은 모두 영적 신분을 가지며, 정말 사제고, 주교고, 교황이다"(12). "구두 제작자, 대장장이, 농부를 위시한 각 사람은 자기가 하는 일의 직책과 사역을 가진다. 그럼에도 이들 모두는 성별된 사제요 주교다"(13).

그리스도께서는 교회의 열쇠를 모든 신자에게 맡겼다. 신자들 곧 "하나님의 백성"이 바로 교회다. 교황이 아니라 "오직 그리스도만이"(solus Christus) 교회의 머리다. 성직자를 포함한 모든 신자는 그리스도를 머리로 가진 한 몸의 지체들이다. 그러므로 "교황, 주교들, 사제들 및 승려들을 '영적 계급'이라 부르고, 영주들, 직공들 및 농부들을 '세속적 계급'이라고 부르는 당시 통상적인 '영적-세속적 직업의 이분법적 신분 구별'과 후자에 대한 전자의 상위일서론"은 "순전히 거짓, 조작, 위선"이다(김경재 2015b, 7). 칼뱅에 의하면 "교회의 모든 봉사자를 '사도'라 부를 수 있다. 그들 모두가 주님에 의하여 파송을 받은 그의 사자(使者)들이기 때문이다"(Inst. IV.3.5).

가톨릭교회에서 우리는 많은 성화(聖畵)를 볼 수 있다. 그런데 성화의 본래 목적은 기독교 미술을 장려하고 교회를 아름답게 장식하기 위한 데 있었던 것이 아니었다고 한다. 중세기에 성서는 각국의 언어로 번역되지 않고 오직 라틴어 번역만 사용되었다. 교회 예식에서 성직자들은 라틴어로 말하였다. 라틴어를 배우지 못한 민초들은 성서를 읽을 수도 없었고, 성직자들의 강론을 이해할 수도 없었다. 이 같은 민초들에게 최소한 예수님의 생애가 어떠했는가를 보여주기 위해 예수의 생애를 묘사하는 성화를 그려 교회에 붙여두게 되었다고 한다. 이것은 민초들을 "바빌론 포로신세"에 묶어두었던 가톨릭교회 성직자 계급의 억압을 예시한다. 이 같은 상황에서 루터가 외친 만인사제직은 가톨릭교회 성직자들의 억압과 횡포와 착취로부터 민초들의 해방이라 말할 수 있다. 그것은 중세기 마지막에 일어난 새로운 출애굽(Exodus)을 향한 외침이요, 근대 자유운동의 시작이었다.

교황의 권위가 지배하던 중세기 유럽 사회에서, 교황 및 사제들의 권위와 억압으로부터의 해방은 정치적·사회적 해방이기도 하였다. 루터의 만인사제직은 종교적 차원의 해방인 동시에 사회적·정치적 차원의 해방의 씨앗을 그 속에 담지하고 있었다. 그것은 성직자 계급의 특별한 권위를 철폐하고, 그들의 지배와 억압 속에서 살던 민초들에게 사제적 존엄성을 선언하였다. 이를 통해 개인의 종교적 자유와 양심의 자유, 세속의 지배계층의 거짓과 불의에 저항할 수 있는 자유에 대한 근거가 되었다.

또 루터의 만인사제직은 남성에 의한 여성의 성적 차별과 억압, 인간에 의한 인간의 계급적 차별과 억압을 부인하며, 하나님 앞에서 모든 사람의 동등한 가치와 존엄성 및 자유와 평등에 대한 선포였다. 이것을 루터는 "종교개혁 3대 문헌"(1520) 가운데 하나인 『그리스도인의 자유』 첫 명제에서 다음과 같이 말한다. "그리스도인은 모든 사물들 위에 있는 자유로운 주인이요, 그 누구의 아래에도 있지 않다"(Luther 2012b, 117). 여기서 루터가 외치는 "자유의 정신"(Luther 2012a, 18)은 근대 "자유의 역사"의 기초가 되었다.

3) 만인사제직은 이같이 중요한 의미를 갖지만, 오용될 수 있는 위험성도 있다. 교회에 입교했지만 하나님의 진리를 잘 알지 못하는 신자들, 인격적으로 성숙하지 못한 신자들이 교회의 각종 회의에서 목을 곧게 세우고 고함을 지르며, 자기 주장을 하고 자기 교만 속에서 끊임없이 분란을 일으키는 일들이 일어난다. 목사에게 삿대질을 하는 일도 일어난다. 한 마디로 만인사제론은 교회 안에서 사제답지 못한 교만과 무책임한 방종, 이로 인한 교회 분란을 야기할 수 있는 위험성을 가진다.

더 심각한 문제는 교회 분열에 있다. 루터가 주장하듯이, 교황만이 성서 해석의 권리를 가진 것이 아니라 모든 신자가 사제의 영적 신분과 성서 해석의 권리를 가진다면(Luther 2012a, 16 이하), 하나님의 진리에 대한 각 신자의 이해에 따라 교회가 분열될 수 있다. 그러므로 어떤 신학자는 "개신교회가 만인사제직을 주장하는 한, 교회의 분열은 불가피하지 않느냐"고 말한다.

그러나 개신교회의 분열은 만인사제직의 본래 의도가 아니라 그것을 오용한 결과일 뿐이다. 루터가 말한 만인사제직의 본래 의도는 교회를 민주화하여 모든 사람이 평등한 "형제자매들의 공동체", "그리스도의 몸"으로서의 교회를 이루는 데 있다. 만인사제직은 "하나님으로부터 소명을 받아 훈련받고 사제직으로 서품받아 성실하게 직무에 충실한 '참 성직자들'의 권위와 기능을 무시하고 평신도들이 모든 것을 관여하고 지배하겠다는 이론이 아니다." 본래 그것은 "교회 개혁의 일차적 책임자들인 성직자 집단이 그 책임을 직무 유기하고, 도리어 은밀하게 교회의 부패와 타락의 원인을 제공하고 있기 때문에, 그리스도의 몸 된 교회를 살려내기 위하여 평신도들이 들고 일어나야 된다는 것과, 그 권한과 책임을 강조하는 가운데서 자연스럽게 도출된 지론"이다(김경재 2015b, 8). 그것은 "특별한 영적 성품을 소유한 자로서 제사장 직분 수행의 권한자로 주장되는 교황의 직분을 전적으로 거부"하고, "그리스도를 믿는 모든 신자가 다 제사장들로 부름 받은 신적 신분과 권위를 지닌 동등한 존재들임을" 드러낸다(정일웅 2015b, 18, 19).

C. 성직자 제도의 필요성과 교회 공동체와의 관계

모든 신자가 사제와 같은 존재라면, 성직자 제도 내지 사제직은 불필요한가? 메노파 교회나 회중교회처럼 성직자 제도는 폐기되어야 하는가? 만일 성직제도가 있어야 한다면, 성직자는 교회 공동체와 어떤 관계에 있는가? 성직자 계급이 먼저 있었는가, 아니면 신자들의 다양한 은사들과 교회 공동체가 먼저 있었는가?

1) 이 질문에 대해 우리는 두 가지 극단적 입장을 거부해야 할 것이다. 첫 번째 극단적 입장은, 교회 공동체와 신자들의 은사들이 있기 이전에 먼저 성직자 계층이 있었으므로, 성직자 계층은 교회 공동체 위에 있는, 공동체로부터 구별되는 특별한 조직 내지 기관이다. 성직은 성직자 계급의 특별한 소유라는 입장이다. 이 입장의 대표자는 로마 가톨릭교회다.

그러나 우리는 공동체 이전부터 있었고 공동체로부터 구별되는 특별한 계층으로서의 성직자 제도를 신약성서가 알지 못한다는 점을 위에서 고찰하였다. 성직자도 죄의 유혹을 받고, 평신도도 죄의 유혹을 받는다. 루터가 말하듯이, 평신도보다 더 영적이지 않으며 심지어 더 타락한 성직자도 있다. 여하튼 성직자나 평신도나 모두 한 아버지 하나님의 형제자매들이다. 여기에 기능적 차이는 있지만, 계급적 차이는 없다.

신약성서는 "교직"(kirchliches Amt) 혹은 성직이라는 "기술적 개념"을 알지 못한다. 바울은 교직이란 개념 대신에 "은사들"(charismata)이란 개념을 사용하는데, 믿음(롬 12:3), 사랑(고전 13), 다양한 형태의 봉사(롬 12:7), 나눔(롬 12:8) 등 공동체의 매우 평범한 사명들이 은사라 불린다(Weber 1972, 636). 따라서 은사는 공동체의 특별한 직분들에게만 주어지는 것이 아니라 공동체를 위해 봉사하는 모든 신자들에게 주어진다. 메시아적 공동체에 속한 모든 지체는 성령의 은사를 받은 사람들 곧 "은사자들"(Charismatiker) 이다. 은사는 "더 이상 개별의 선택된 사람들을 가리키는 명칭이 아니라 주님의 이름을 부르는 모든 사람에게 주어진 것이다"(Moltmann 1975, 324). 바울은 "각 신자가 각자의 은사를 가진다"는 것을 전제한다(롬 12:6; 고전 1:7; 특히 고전 7:7; 벧전 4:10; Weber 1972, 632).

따라서 은사들 사이에 계급적 차이가 있을 수 없다. "기능적 차이"는 있지만, "본질적 차이"는 없다. 그러므로 성직자와 평신도의 계급적 차이와 분리는 있을 수 없다. 교직자들이 받은 영과 일반 신자들이 받은 영이 다르지 않다. 루터에 의하면 "성직은 예수 그리스도의 '섬기는 종으로서의 대리직'을 지상에서 수행하는 것이지, 부활하신 그리스도의 주권'을 대행하는 것이 아니다"(김경재 2015b, 9).

한국 개신교회의 많은 신자들은 목사 혹은 성직자를 가리켜 "주의 종"이라 부른다. 이로써 그들은 목사에 대한 신뢰와 존경을 나타낸다. 그러나 모든 신자가 주의 종이다. 성직자는 은혜를 담고 있는 그릇이 아니라 은혜의 통로다. 평신도도 은혜의 통로가 될 수 있다. 성직자를 뜻하는 그리스어 *kleros*, 라틴어 *klerus*는 "평신도 계층에서 구별되는, 그들보다 더 높은 영적 지도자"가 아니라 제비를 뽑아 얻은 몫 혹은 상속(기업)을 뜻한다. 성직은 성직자들의 "종교적 소유물"이 아니라 공동체가 위임한 봉사직이다(Weber 1972, 631).

골로새서 1:12에서 "성도들의 몫의 부분"(*merida tou klerou ton hagio*)이라 할 때, *kleros* 곧 "몫"은 하나님의 구원의 몫 혹은 상속을 뜻한다. 구원의 몫, 구원의 상속은 성직자라는 특정 인물들에게만 주어지는 것이 아니라 모든 신자에게 주어진다. 그러므로 골로새서 1:12는 구원의 몫을 "성도들이 받을" 것이라 말한다. 히브리서 6:17에서 "약속을 상속받는 자들"(kleronomois tes epaggelias) 역시 모든 신자를 가리킨다. 한 마디로 성직자와 신자들은 하나님 앞에 있는 그들의 존재에 있어 평등하다. 몸의 모든 지체가 사실상 평등한 존엄성과 가치를 갖는 것과 마찬가지다. 성직자 서품은 위에서 지배하는 "사제직을 부여하는 것이 아니라, 사제적 봉사의 사명을 맡긴다"(Legrand 1989, 148).

2) 거부되어야 할 두 번째 극단적 입장은, 교회 공동체와 신자들의 은사들이 성직자보다 먼저 있었으므로 성직자 제도 내지 교직 제도는 폐지되어야 한다는 입장이다. 이 입장을 우리는 메노파 교회, 회중교회, 무교회주의에서 대표적으로 볼 수 있다. 이 같은 입장은 사도행전이 보도하는 최초의 공동체를 그 근거로 삼는다. 사도행전의 공동체 안에는 성직자 계급이 없었다. 물론 예수의 제자들이 공동체를 이끌어나가는 주도적 인물들이었지만, 이들은 자기를 가리켜 사제 혹은 제사장이라 부른 적이 없다. 그들은 오늘 우리가 경험하는 성직자가 아니었다. 사제 혹은 감독은 교회가 점차 제도화되는 과정 속에서 등장하기 시작한 바울 서신 후기문서의 칭호들일 뿐이다.

그러나 교회의 삶 속에서 우리는 전문 성직자의 필요성을 인정하지 않을 수 없다. 교회의 삶의 중심은 예배에 있다. 예배 속에서 신자들은 예수 그리스도와 연합되고 하나의 공동체로 결속된다. 그런데 예배는 그것을 준비하고 인도하는 사람을 항상 필요로 한다. 물론 평신도가 예배를 준비할 수도 있다. 그러나 예배의 모든 사항을 전문적으로 연구하고 시행하는 전문 교직자 내지 성직자의 필요성을 우리는 인정하지 않을 수 없다.

특히 설교는 성서와 신학에 대한 전문적 지식을 필요로 한다. 바로 여기에 신학교육의 필요성이 있다. 설교의 기술은 물론 성서 본문의 올바른 해석을 위해 히브리어와 고대 그리스어를 배우고, 보다 더 깊은 신학적 통찰을 얻기 위해 라틴어를 배워야 한다. 물론 신학적 지식만을 가지고 설교를 할 수 없지만, 우리는 신학적 지식의 토대가 없는 설교를 상상하기 어렵다. 이러한 설교는 성서의 말씀 전체에 대한 조망이 결핍된 주관적 만담이 될 수 있다. 또 여성신학, 해방신학, 생태학적 신학, 정치신학, 과학신학, 과정신학 등은 새로운 통찰들을 제시한다. 이 통찰들은 설교는 물론 교회의 목회 방침과 친교와 교육과 선교에 대해서도 중요한 영향을 준다.

성서에 기록된 하나님의 말씀은 수천 년 전의 신자들에게 주어진 것이다. 설교의 중요한 과제는 과거에 주어진 성서의 말씀을 오늘 우리의 상황과 연결하여, 오늘 우리에게 주시는 하나님의 말씀으로 선포하는 데 있다. 따라서 설교는 성서에 대한 지식은 물론 이 시대의 인간과 세계의 상황에 대한 폭넓은 지식과, 성서의 말씀과 이 시대의 상황을 연결하여 하나님의 말씀을 선포할 수 있는 해석학적 기술이 필요하다. 또 신자들, 특히 초신자들에 대한 교육도 신학교육을 받은 전문 성직자를 필요로 한다.

또 교회는 언제나 특정 지역의 종교적·문화적 전통 속에 있다. 의식적이든 무의식적이든, 교회는 이 전통들과 교류하지 않을 수 없다. 이 전통들에게 영향을 주는 동시에 이들의 영향을 받는다. 이 과정 속에서 하나님의 진리가 왜곡될 수 있는 위험성이 따른다. 교회의 예배 장소를 불교 사찰의 제단과 비슷하게 차리기도 하고, 목사를 무당과 비슷한 존재로 생각하기도 한다. 성서의 말씀에 대한 자의적·이단적 해석이 등장하여 신자들을 미혹하기도 하고, 이단적 소종파 집단으로 발전하기도 한다. 그동안 한국교회를 혼란케 했던 시한부 종말론, 휴거론, 전도관, 통일교, 오늘날의 신천지는 이 같은 위험성을 대변한다. 이에 대응하여 교회의 사도성과 정통성을 유지하고 신자들의 신앙을 바르게 인도할 수 있는 특별한 성직의 필요성을 우리는 인정하지 않을 수 없다.

세계교회협의회(WCC)를 통해 교회 연합을 위한 토의가 20세기 중반부터 동방 정교회, 로마 가톨릭교회, 개신교회, 그리고 영국 성공회 사이에 진행되고 있다. 그런데 한국에서는 이 같은 신학적 토의를 발견하기 어렵다. "연합해야 한다" 혹은 "일치해야 한다"는 구호는 들을 수 있지만, 그 기초가 되는 신학적 토의는 거의 보이지 않는다. WCC가 정말 이단이고 용공인지에 대한 진지한 토의가 있어야 한다. 이 토의를 위해 전문적 지식을 가진 성직자 및 신학자가 필요하다.

또한 교회는 다양한 사회적 문제에 맞서 자신의 사명을 수행해야 한다. 정치, 경제, 사회, 교육, 환경 문제 등 우리 사회의 현안들을 연구하고, 이에 대한 교회의 입장을 표명하며, 개혁을 요구해야 한다. 불의와 부패가 있는 곳에 하나님의 정의를 요구해야 한다. 서로 대립하는 단체들의 중재와 남북한의 화해를 위한 노력도 필요하다. 이 같은 사명을 전문적으로 추진하는 전문 성직자들이 필요하다.

만인사제직을 주장한 루터도 성직 내지 교직의 필요성을 인정한다. 모든 신자가 동일한 직분을 맡을 수 없다. 사제들과 수사들마저도 똑같은 일을 할 수 없다(Luther 2012a, 12). 그러므로 성직 내지 교직을 맡는 사람이 있어야 한다. 성직은 설교와 성례의 사명을 감당하도록 하기 위해 하나님이 세운 "사도들의 직", "그리스도의 직"이다(WA 38.241.14). 성직자 서품의 본래 주체는 "우리의 영혼의 감독"(벧전 2:25)이신 예수 그리스도시다(WA 12.193.28).

칼뱅에 따르면 그리스도만이 교회를 다스려야 하며, 가장 높은 자리를 차지해야 한다. 그러나 그는 "인간의 '대리하는 활동'을 필요로 한다." 그것은 자기의 권리와 영광을 인간에게 넘겨주기 위해서가 아니라 "그들의 입을 통해 그의 사역을 스스로 행하기 위함일 뿐이다." 이것은 목수가 도구를 사용하는 것과 같다(Inst. IV.3.1). 그리스도는 "모든 것을 충만하게" 하시기 위해(엡 4:10) 성직의 의무를 부여받은 "봉사자들"을 필요로 한다. 우리의 몸의 건강을 유지하기 위해 음식과 음료가 필요한 것처럼, "교회의 보존을 위해 사도와 목자의 직분은 필연적이다"(Inst. IV.3.2). 칼뱅의 뒤를 이은 개혁교회는 루터교회가 중요시하는 설교의 직분 외에 "목자의 직분"과 교회 치리를 위한 성직의 필요성을 강조한다.

1981년에 열린 사제직에 관한 루터교회와 가톨릭교회의 토의, 1982년의 「리마문서」도 교회의 치리를 위한 성직의 필요성을 인정한다. 교회는 "공동체 내에서의 하나 됨과 공동체들 사이의 하나 됨"을 추진하는 목자로서의 성직자, 곧 "다양한 은사들의 하나 됨의 중심점을 나타내야 할 공적이며 지속적 책임을 가진 인물들"을 필요로 한다(Pannenberg 1993, 421-422).

사도행전이 보도하는 최초의 공동체는 오늘 우리의 교회가 가진 성직자 제도를 갖지 않았지만, 구심점을 가지고 있었다. 그 구심점은 예수의 제자들 곧 사도들이었다. 사도들은 스스로를 사제라 부르지 않았지만, 복음의 증언자인 동시에 공동체의 인도자이자 대표자였다. 그들은 그리스 계열의 유대인 과부들에 대한 구호 음식 배급의 차별 문제를 처리하였다. 또 일곱 명의 제자들을 뽑게 한 다음, 이들을 위해 기도하고 이들에게 안수한다. 그리고 사도들은 "기도하는 일과 말씀을 섬기는 일"에 헌신한다(행 6:1-6). 이 사실은 성직의 필요성을 시사한다.

3) 그러나 사도행전의 공동체에서 사도들이 먼저 있고, 그다음에 공동체가 있었던 것은 아니었다. 거꾸로 공동체가 먼저 있고, 그다음에 사도들이 있게 된 것도 아니었다. 이들은 동전의 양면처럼 애초부터 함께 있었다. 달리 말해 사제직과 공동체가 동시에 있었다.

물론 사제직도 많은 은사들 가운데 하나의 은사다. 그러므로 바울은 사도직을 은사의 목록에 포함시킨다. "그들은 첫째는 사도요, 둘째는 예언자요, 셋째는 교사요…"(고전 12:28). 그러나 모든 신자가 동일한 은사를 가질 수 없다. 모든 신자가 "왕 같은 제사장" 곧 사제의 위치에서 공동체를 위한 책임을 지고 있지만, 현실적으로 모든 신자가 사제일 수 없다(고전 12:29-30). 공동체는 신자들의 다양한 은사를 통해 유지되지만, 내적 질서와 평화와 하나 됨을 위해, 또 대외적으로 공동체를 대표할 수 있는 구심점을 필요로 한다. 그러므로 바울은 사도직을 첫째 은사로 열거한다. "그들은 첫째는 사도요, 둘째는 예언자요…"(고전 12:28).

몸에 속한 모든 지체가 다른 지체들로부터 구별되듯이, 성직자 역시 교회와 다른 지체들로부터 구별된다. 그는 그리스도의 몸을 구성하는 공동체의 지체들 가운데 한 지체로서, 다른 지체들과 혼동될 수 없는 그 자신의 사명을 가진다. 그는 공동체 안에 있지만, 성직자로서의 특별한 교육을 받았고, 말씀을 선포하고 성례를 주관하며, 신자들을 양육해야 할 공동체의 구심점으로서 공동체에 대칭한다. 그는 공동체의 청빙을 받아 공동체에 의해 세워지는 동시에(행 6:3-6; 고후 8:19), 삼위일체 하나님에 의해 세워진다(행 20:28; 엡 4:11). 그는 공동체의 피고용인과 같은 인물이 아니라 공동체의 목자로서 존엄성을 가진다. 그는 자신의 존엄성을 지켜야 한다.

그러나 사제직의 뿌리는 사도계승에 있는 것이 아니라 교회 공동체에 있다. 그것은 이른바 사도계승을 통해 위로부터 세워지는 것이 아니라, 공동체로부터 나오며 언제나 공동체와 함께 있다. 그것은 공동체가 행해야 할 바를 위임받아 공동체를 대리하여, 공동체의 이름으로 행한다. 이와 동시에 사제 혹은 성직자는 그리스도를 대리하여, 그리스도의 이름으로 행한다. 그는 공동체 안에 뿌리를 가진 공동체의 대리자인 동시에 그리스도의 대리자다.

그리스도와 그의 공동체를 대리하는 성직자의 대리직은 성례와 설교에서 가시적으로 나타난다. 그리스도와 공동체를 대리하여 성직자는 성례를 집례하고 말씀을 선포하며 죄의 용서를 선언한다. 그러나 루터가 말하듯이, 성례의 집례, 설교와 죄 용서는 성직자만이 행할 수 있는 성직자의 전유물이 아니다. 성직자는 공동체 전체에 맡겨진 사명을 대리하여 이를 행할 뿐이다. 공동체는 이것을 그리스도께서 하시는 일로 받아들인다. 이런 점에서 「리마문서」는 성직자 혹은 사제가 "교회 공동체의 삶과 증언의 구심점"이라고 말한다. 1973년 교직의 문제에 관한 성공회와 가톨릭교회 국제위원회도 이 같은 입장을 천명한다(Meyer 1991, 151).

4) 성직자와 교회 공동체는 어떤 관계에 있는가? 한 마디로 그들은 동등한 형제자매의 관계에 있다. 성직자가 공동체 위에 있는 것도 아니고, 공동체가 성직자 위에 있는 것도 아니다. 그들은 한 몸의 지체들로서 그리스도의 몸을 위해 봉사하는 유기적 관계에 있다. 한스 큉에 의하면 "양자의 관계는 상호 존중과 상호 견제의 관계가 되어야 한다"(정지련 2009, 294).

양자는 서로 존중하고 협동하면서 서로를 견제하며, 견제 속에서 서로를 존중하고 공동체를 위해 협동해야 한다. 어느 한편의 독재는 위험하다. 또한 견제 속에서 대립과 갈등과 교회 분열이 일어날 위험성도 있다. 그리스도의 사랑의 영 안에서 공동체는 이 위험성을 극복해야 한다.

교회의 삶에서 현실적으로 가장 중요한 문제는 재정관리에 있다. 어떤 신학자는, 성직자는 설교와 성례에만 관심을 가져야 하고, 재정관리는 평신도 대표 곧 장로에게 맡겨야 한다고 말한다. 또 그렇게 하는 교회들도 있다. 그러나 교회의 재정관리를 성직자에게 일임하는 것도 적절하지 않지만, 재정장로에게 일임하는 것 역시 적절하지 않다. 성직자의 목회 활동은 교회 재정과 분리될 수 없기 때문이다. 그러므로 교회 재정은 성직자와 신자 대표들이 공동으로 관리되어야 할 것이다.

한번은 필자가 목회를 하는 한 제자에게 "교회 장로 때문에, 목회자들이 목회를 제대로 하기 어렵다는 얘기가 들린다"고 말했다. 그러자 제자는 이렇게 대답하였다. "물론 힘들다. 그렇다 하여 교회의 모든 일을 목회자에게 완전히 맡기는 것도 위험하다고 본다. 목회자를 견제할 수 있는 장치도 있어야 한다고 생각한다."

성직자와 공동체가 위-아래의 관계에 있지 않고 형제자매의 관계에 있다면, 교회의 모든 일은 공동으로 관리되어야 한다. 이 과정에서 의견의 대립과 불화가 일어날 수 있다. 이로 인해 신자들이 성직자를 교회에서 쫓아내거나, 성직자가 신자들을 쫓아내는 일이 일어난다. 그러나 이것은 적절하지 않다. 모든 문제는 그리스도의 사랑 안에서 기도와 대화를 통해 공정하게 해결되어야 할 것이다.

성직자와 교회 공동체 사이에 원만한 협동과 평화를 이루기 위해서는 성직자와 평신도 모두 순수한 믿음과 인격적 성숙을 가져야 한다. "자기를 비워서 종의 모습을 취하신"(빌 2:7) 그리스도를 닮아야 한다. 늘 자기를 주장하고 자기 뜻대로 모든 것을 휘두르고자 하는 사람은 큰 사람이 아니라 소인배에 불과하다. 자기를 비우고 양보하며, 공동체의 평화를 이루는 사람이 큰 사람이다. 그러므로 그리스도는 이렇게 말한다. "너희 가운데서 위대하게 되고자 하는 사람은 누구든지 너희를 섬기는 사람이 되어야 하고, 너희 가운데서 으뜸이 되고자 하는 사람은 너희의 종이 되어야 한다"(마 20:26-27).

5) 모든 신자가 성직자와 동일한 영적 신분을 가진다면, 신자들은 성직자와 동일한 존엄성과 권리를 주장할 수 있게 된다. 그 결과 성직자의 권위가 약화되고, 교회 공동체의 혼란과 분열이 쉽게 일어날 수 있다. 성직자와 평신도 대표 사이에 끊임없이 갈등이 일어나기도 한다. 바로 여기에 만인사제직의 치명적 약점이 있다. 그렇다 하여 성직자와 신자들의 상하 계급질서(Hierarchie)를 도입하는 것은 적절하지 않다. 상하 계급질서는 만인사제직에 기초한 개신교회의 기본 교회관에 어긋난다.

계급질서 내지 위계체제는 신속한 의사결정과 계획성 있는 실천과 발전을 가능하게 하며, 내적 하나 됨과 질서와 평화를 유지할 수 있다. 이를 통해 대외적 신뢰를 얻을 수 있다. 그래서 오늘날 많은 개신교회 신자들이 가톨릭교회로 간다. 그러나 명령과 복종의 계급체제는 구성원들의 다양성과 창의력을 억제하고, 성직자 계층이 교회의 모든 일을 지배할 수 있는 위험성을 가진다. 그 반면 개신교회의 민주주의 체제는 신속한 의사결정과 계획성 있는 행동과 발전이 어렵고 분열이 쉽게 일어날 수 있는 약점을 가진 동시에, 신자들의 다양성이 인정되고 그들의 창의력이 장려될 수 있는 강점을 가진다.

위계체제를 가진 교회의 예배에 참석해보면, 교사가 미리 준비한 순서에 따라 미성년자들이 일사분란하게 움직이는 훈련소와 같은 인상을 받는다. 모든 신자가 국정 교과서처럼 미리 인쇄된 기도문을 낭송하고, 사제의 말씀에 통일된 공식으로 응답한다. 여기에는 질서와 평화가 있는 대신에 획일성이 강하며, 신자들은 수동적 위치에서 사제의 통치를 받는 인상을 준다.

이에 반해 개신교회는 개인들의 개성과 다양성이 살아 있는 인상을 준다. 획일성과 조용한 질서 대신 역동성이 느껴지는 동시에 약간 무질서한 느낌을 주기도 한다. 우선 모든 여신도들이 머리에 하얀 수건을 쓰고 있는 획일적인 모습을 볼 수 없다. 개교회주의의 문제점이 있지만, 자기의 교회에 대한 개신교회 신자들의 사랑과 충성심은 매우 강하다. 전체적 계획성과 통일성이 없는 약점이 있지만, 개신교회의 사회봉사가 어느 다른 종교보다 훨씬 더 많고 활발하다. 중국에서 탈북자를 돕는 대부분의 목사 및 전도사들은 개신교회에 속한다. 군종 신부나 군종 승려에 비해 개신교회 군종 목사들은 대개 열심히 일한다고 한다. 필자의 대학원 조교로 일하다 군목이 되어 최전방에서 근무하는 한 제자는, 자기의 군종병과 함께 캔 음료와 초코파이로 가득 채운 배낭을 짊어지고 높은 감시초소(GP)에 땀을 흘리며 올라가서 밤새 총을 겨우고 어둠을 지키며 경계 근무하는 초병을 위로하고 밤 2-3시에 내려온다고 한다. 그는 이 일을 거의 매일 밤마다 한다고 말하였다.

개신교회는 만인사제직에 근거한 자신의 교회관의 특징을 유지할 수밖에 없다. 이 특징 때문에 개신교회가 가톨릭교회에서 독립되었기 때문이다. 그 대신 개신교회는 자신의 약점을 극복하고자 노력해야 할 것이다. 개신교회의 가장 큰 약점은 교단 분열, 내적 질서와 통일성의 결핍이다. 그런데 교단을 분열시키는 사람은 평신도가 아니라 성직자들이다. 성직자들로 말미암아 한국의 개신교회는 450여개의 교단으로 분열되어 있다. 성직자들은 회개해야 한다! 교단을 분열시키는 일을 중지하고 교단 연합을 이루어야 한다. 그래야 교회의 사회적 신뢰도를 회복할 수 있고, 신자들이 가톨릭교회로 옮겨가는 것을 막을 수 있다. 걸핏하면 "이단이다"라는 말을 삼가야 한다. 교회가 서로 화해하고 연합하지 못하면서, 세상을 향해 "화해해야 한다", "남북이 통일되어야 한다"고 외치며 기도하는 것은 허공을 때리는 것과 마찬가지다. 그리스도께서는 지금도 교회의 연합을 원한다. "우리가 하나인 것 같이, 그들도 하나가 되게 하여 주십시오"(요 17:11).

D. 만인사제직의 빛에서 본 여성 성직자, 종신직 장로와 당회 제도, 원로목사 제도

1) 영국 성공회와 개신교회 일부 교단은 여성 성직자 제도를 시행하고 있다. 그러나 로마 가톨릭교회와 정교회, 그리고 개신교회의 많은 교단들은 지금도 여성 성직자 제도를 거부하고 성직을 남성의 전유물로 삼고 있다. 가톨릭교회는 여성 부제(副祭)를 고려하고 있지만 내부의 반대가 만만치 않다고 한다. 여성 성직자 제도를 도입한 개신교회 일부 교단에서도 여성 성직자들의 진출은 눈에 보이지 않는 여러 가지 방법으로 제한을 받고 있는 실정이다.

루터가 말한 만인사제직의 빛에서 볼 때, 여성 성직자 제도는 당연한 것이다. "만인" 곧 모든 사람이 사제라면, 여성도 사제다. 여기에 남성과 여성의 계급적 차이는 존재하지 않는다. 남자나 여자나 그리스도 안에서 모두 하나다. "종도 자유인도 없으며, 남자와 여자가 없다. 여러분 모두가 그리스도 예수 안에서 하나이기 때문이다"(갈 3:28). 여성도 "그리스도의 몸"의 지체다.

여성 성직자 제도의 반대자들은 다양한 성서적 근거를 주장한다. 그들의 주장에 따르면, 구약에서 여성은 제사장이 될 수 없었다. 창세기 2-3장에 의하면 여성의 가치는 남성의 갈비뼈 하나의 가치에 불과하며, 여성은 온 인류의 원죄의 원인자다(딤전 2:13-14). 또 사도 바울은 여성이 교회에서 말을 하는 것은 부끄러운 일이므로 침묵을 지켜야 한다고 가르친다(고전 14:34-35; 딤전 2:11-12). 남자가 "여자의 머리"요 "하나님의 형상"이라면, 여자는 "남자의 영광"이다. "남자가 여자에게서 난 것이 아니라, 여자가 남자에게서 났다. 또 남자가 여자를 위하여 지으심을 받은 것이 아니라, 여자가 남자를 위하여 지으심을 받았다"(고전 11:3-10). 그러므로 여성은 남성과 동등한 성직자가 될 수 없다는 것이다.

그러나 바울 서신은 초기 기독교 공동체에서 여성들이 적극적 위치에 있었음을 시사한다. 여신도 뵈뵈는 "교회의 봉사자(diakonon)"였고, 브리스길라와 아굴라는 "그리스도 예수 안에 있는 나의 동역자(synergous mou)"였다. 또 여성들은 가정 공동체의 인도자 내지 협조자로서 일했고(롬 16:1-5; 골 4:15), 어떤 여성들은 복음 전도자로 활동하였다(빌 4:3). 유니아란 여성은 안드로니고와 함께 사도권에 속하였던 것으로 보인다(롬 16:7). 이 여성들은 적극적으로 그리스도의 복음을 증언하고 초신자들을 가르치며 공동체를 위해 봉사하였던 것으로 보인다.

여성이 교회 안에서 잠잠해야 한다는 고린도전서 14:34-35의 말씀은 여성들이 교회 안에서 적극적 위치에 있었던 상황을 반증한다. 여성들이 적극적으로 봉사하고 자신의 의사를 주저 없이 피력함으로 인해 교회 분란이 있었기 때문에 "여성들은 교회에서 잠잠해야 한다"고 바울은 가르친다. 기원후 2세기 몬타누스와 함께 교회 정화운동을 일으킨 프리스카(Prisca)와 막시밀리아(Maximilia)도 여성 지도자였다.

그러므로 바울은 그리스도 안에서 여성과 남성이 평등한 관계에 있다고 말한다. "주님 안에서는 남자 없이 여자가 있지 않고, 여자 없이 남자가 있지 않다. 여자가 남자에게서 난 것과 마찬가지로, 남자도 여자의 몸에서 났다. 그리고 모든 것은 다 하나님에게서 났다"(고전 11:12). 그리스도 예수 안에서 그들은 모두 "하나"다(갈 3:28).

여자가 남자의 갈비뼈로 창조되었다는 창세기 2장의 이야기는 남성에 대한 여성의 하위 질서를 말하는 것이 아니라 양자의 동질성과 일체성, 여성의 존재 없이 남성이 있을 수 없는 삶의 진리에 대한 고대인들의 표현 방식으로 이해될 수 있다. 여성과 남성이 함께 "하나님의 형상"으로 창조되었다는 창세기 1장의 말씀은 이 해석을 지지한다. 그러므로 예수의 공동체는 여성과 남성의 위계질서를 상대화한다.

2) 남성과 여성의 위계질서를 상대화할 수밖에 없는 신학적 뿌리는 바울의 구원론, 곧 그의 칭의론에 있다. 구약에 따르면, 하나님의 백성이 되는 길은 태어난 지 7일 만에 할례를 받는 데 있다. 그런데 할례는 남자 아

이들만 받을 수 있다. 따라서 남성만이 하나님 백성의 표식을 자신의 몸에 지니게 된다. 이리하여 남성과 여성의 상하 계급이 자동적으로 성립된다. 할례 받은 남성만 제사장이 될 수 있고, 할례 받지 못한 여성은 제사장 직을 맡을 수 없게 된다.

할례에 대한 바울의 반대와 칭의론은 여성해방의 의미를 내포한다. 구원의 길은 할례에 있는 것이 아니라(참조. 롬 2:25-29) 하나님의 의롭다 하심을 믿는 믿음에 있다. 이 믿음은 여성과 남성 모두에게 열려 있다. 성령은 남자에게만 내리는 것이 아니라 여자에게도 내린다. 성령으로 말미암은 자유는 여자에게도 주어지며, 남녀를 포함한 모든 사람이 주님의 형상으로 변화하여 더 큰 영광에 이르러야 한다(고후 3:17-18). 이로써 남성과 여성의 상하 계급적 차이는 설 자리를 잃어버린다.

세례와 성만찬은 이 사실을 가시적으로 보여준다. 남성만이 받도록 규정되어 있는 구약의 할례에 반해, 세례는 남성과 여성 모두가 받을 수 있는 구원의 표식이다. 모든 사람이 "세례를 받아 그리스도와 하나가 되고, 그리스도를 옷으로 입은 사람들"이 된다. 남자는 물론 여자도 그리스도의 몸과 피를 받으며 "그리스도의 몸"에 속한 지체들로 연합된다. 여기에는 "유대 사람도 그리스 사람도 없으며, 종도 자유인도 없으며, 남자와 여자가 없다. 여러분 모두가 그리스도 예수 안에서 하나이기 때문이다"(갈 3:27-28).

3) 여성 성직자 제도에 가장 큰 걸림돌이 되는 것은 삼위일체 하나님을 남성으로 표상하는 데 있다. 아버지 하나님, 그의 아들 예수 그리스도, 남성으로서의 성령, 이렇게 삼위일체 하나님이 남성으로 생각되므로, 남성이 하나님을 대리하는 "하나님의 종" 곧 성직자가 되고, 여성이 성직에서 배제되는 것은 매우 자연스러운 것으로 수용된다. 여성 성직자 제도를 수용하는 교단에서도 여성이 담임목사로 청빙을 받는 것을 매우 어려워한다. 그러므로 일단의 여성신학자들은 "아버지 하나님"의 칭호를 버리고 "어머니 하나님"의 칭호를 사용해야 한다고 주장한다.

그러나 "아버지 하나님"이란 칭호와 마찬가지로 "어머니 하나님"이란 칭호도 하나님 자신과 일치하지 않는다. 하나님은 남성성과 여성성을 가진 인간이 아니기 때문이다. 그는 인간의 성(性)을 초월하는 "전적으로 다른 분" 곧 "전적 타자"(totaliter aliter)다. 우리가 하나님에 대해 말하는 모든 칭호는 하나의 상징일 뿐이다. "하나님은 우리에게 신비이시기 때문에 우리는…하나님에 대한 인간의 제한적인 상징적 이해만을 말할 수 있다"(백충현 2015, 293).

한동안 많은 신학자들이 바르트가 말한 "전적 타자"로서의 하나님 개념을 비판하였다. 이 개념은 세계와 인간에 대한 하나님의 관계성을 부인하고 하나님을 고독한 "타자"로 전제함으로써 하나님과 세계, 하나님과 인간을 분리시켰고, 세계를 하나님 없는 세계로, 하나님을 세계 없는 하나님으로 만들었다고 이들은 비판하였다.

그러나 "전적 타자"의 개념은 여성신학적 의미를 명료하게 드러낸다. "전적 타자"로서의 하나님은 "하나님을 남성으로만 표현하고 제한시키려는 편협한 남성 중심적 신학에 대한 비판의 근거가 될 수 있다"(정미현 2005, 282). "전적 타자"로서의 하나님은 자신에 대한 남성의 상(像)도, 여성의 상도 거부한다"(283). 하나님은 남성도 아니고 여성도 아니라면, 남성만이 성직자이어야 한다는 주장은 근거를 상실한다.

"하나님은 사랑이다." 완전한 사랑 안에는 인간에 의한 인간의 차별과 억압이 있을 수 없다. 교회가 하나님 나라의 빛이 되고자 한다면, 먼저 교회 안에 있는 남성 중심주의를 철폐하고, 여성 성직자 제도를 도입해야 한다. 지교회는 기꺼이 여성 담임목사를 모실 수 있어야 한다. "남녀의 불평등, 그리고 남녀의 고통스러운 삶"은 하나님 나라의 질서가 아니라 "모두 우리의 교만 내지는 불복종에서" 나온 것일 뿐이다(이경숙 2005, 52).

초기 기독교 공동체에서는 물론 구약의 역사에서도 여성의 활동은 중요한 위치를 차지하였다. 왕조 이전 시기의 여자 예언자였던 미리암과 여자 사사 드보라, 요시야 왕 시대의 훌다(왕하 22:14-15), 포로 시대의 에스더는 이스라엘 백성을 대량학살에서 구하였다. 그러나 기원후 3세기 이후부터 여성들은 성직에서 배제된 것으로 추정되는데, 그것은 서방 교회에서 12세기 이탈리아 볼로냐(Bologna)의 수도승이요 교회법학자인 그라티아누스의 『그라티아누스의 교령집』(Decretum Gratiani)를 통해 교회법적 표준으로 자리잡았다(Pannenberg 1993, 425).

19세기 말 서구 선교사들이 기독교를 한국에 선교할 때, 한국 사회는 한 마디로 남존여비의 사회였다. 의료 선교사 홀은 다음과 같이 보도한다. "서울시와 근교의 인구는 약 1백만 명이다. 서울에는 넓은 거리와 좋은 건물이 몇 채 있지만 전체적으로 볼 때 이 도시는 내가 본 도시 중 가장 더럽고 보잘 것 없다. 거리의 더러움은 말하지 않는 게 좋을 정도다. 거리에 나가보면 서민 계층 여자들이 두어 명밖에 눈에 띄지 않는다. 이런 여자들도 눈만 제외하고는 머리와 얼굴을 천으로 다 가리고 다닌다. 그들이 거리에 나올 때는 동반자가 있다"(Hall 2009, 90). "그 당시 조선에서는 여자가 결혼하면 이름이 없어졌다. 대개 열네 살쯤 결혼을 하는데 애기를 낳아야 그때부터 '누구의 엄마'로 불린다. 그러나 선교사들은 조선 부인이나 소녀들에게 세례명을 주었다"(122). 세례명을 준다는 것은 여성의 존엄성을 회복함을 말한다. 선교 초기에 선교사들은 여성의 존엄성과 권리를 신장하고, 선교 사역에 적극 동참토록 하였다.

이리하여 한국 기독교 선교 초기에 여성들은 복음전도를 위해 열심히 봉사하였고, 일제에 적극 항거하기도 하였다. "1938년 장로교 교단이 교단 총회에서 신사참배를 하기로 가결하였을 때, 여전도회 연합회가 이를 거부"하였다. 또 1942년 경상남도 여전도회 연합회가 열렸을 때 당시 최덕지 회장(후에 전도사가 됨)이 한국교회로서는 최초로 공식적인 자리에서 신사참배를 거부하였다. "애국부인회, 송죽회, 조이스회 등의 여성 단체들의 항일운동과 애국 운동은 말할 것도 없고, 유관순 열사나 김세지, 이효덕, 양진실, 하란사(유관순의 스승) 등의 감리교 여성들의 항일운동사"와 "장로교 여전도회 연합회의 항일운동사"는 한국 기독교 초기 역사에서 여성들의 적극적 참여와 기여를 보여준다(이경숙 2015, 81-82).

이 같은 역사를 고려할 때, 여성 성직자 제도를 거부할 이유가 없다. 동등한 하나님의 자녀요 하나님의 형상으로서 남성 성직자와 여성 성직자가 함께 하나님의 구원 역사에 참여해야 할 것이다. 교회는 여성이 국가와 기업의 최고 통치자 및 최고 경영자가 되는 사회 현실을 고려해야 할 것이다.

4) 한국의 장로교회는 그 이름대로 장로제도를 가지고 있다. 그것의 뿌리는 종교개혁자 칼뱅에 있는데, 칼뱅은 로마 가톨릭교회의 성직자 중심의 제도주의와, 성직자 제도의 완전한 철폐를 주장하는 급진적 교회 개혁자들의 반제도주의의 양 극단 속에서, 성서적 직제로서의 장로제도를 도입한다. 이를 통해 그는 평신도가 교회 치리에 참여할 수 있는 문호를 개방하고, 1,400년 동안 성직자들에 의해 지배되었던 교회가 평신도 참여의 민주적 교회로 전환하게 되는 교회사적 출애굽을 이룬다.

그 당시 장로제도는 교회에 대한 제네바 시 정부의 간섭과 국가 권력의 독주를 견제하고, 교회의 권위와 독립을 회복하려는 민주주의적 제도였다. 그것은 근대 서구 사회의 민주화에 크게 기여하였다. 그러나 칼뱅은 장로제도를 영원히 고수해야 할 교회의 유일한 제도로 보지 않았다. 고린도전서 14:34-37을 주해하면서 그는 교회의 외적 통치나 직제는 시대의 변천에 따라 달라질 수 있는 것으로 간주한다.

스위스, 네덜란드, 영국의 개혁교회와 미국으로 이주한 청교도들을 통해 장로제도는 장로교회 전체의 제도로 확산된다. 칼뱅의 제자였던 스코틀랜드의 존 녹스(John Knox, 1505-1572년경)는 교회 신자들이 장로를 선출하고, 선출된 장로들이 목사를 청빙하는 제도를 도입한다. 이 제도는 영국 의회 제도의 모범이 된다.

한국의 장로제도는 미국 장로교회 선교사들을 통해 도입되었다. 1887년 미국 선교사들에 의해 처음으로 장로가 세워졌다. 그 당시는 장로라 불리지 않고 "영수"(領袖)라 불리었는데, 교회의 행정적인 일들을 관리하였다(이정석 2001, 55). 20년 후인 1907년 최초의 목사가 임직되면서, 장로는 "평신도의 대표"로서 목사를 도와 교회 행정을 감당하고, 목사는 설교와 신자들의 양육을 전담하는 인물로서 그 역할이 구별되었다(이형기 2003, 30). 그러나 목사와 장로의 역할 분담은 교회에 따라 매우 다양한 모습을 보인다.

장로교회를 통해 도입된 한국의 장로제도는 장로교회를 넘어 거의 모든 개신교회의 보편적 제도가 되었다. 본래 감리교회는 장로제도를 갖지 않았다. 그러나 한국의 감리교회는 1943년 교회 헌법을 개정하여 장로제도를 신설하였다(김홍수 1992, 71). 침례교회는 장로제도를 갖지 않고, 목사와 집사의 직분만 가지고 있었다. 그런데 신실하고 영향력 있는 장로교회 장로를 교인으로 받아들이고, 그를 "호칭장로"라 부르면서 침례교회는 장로제도를 갖게 된다(도한호 1990, 57 이하). 성결교회, 그리스도의 교회 등 한국의 거의 모든 개신교회 교단이 장로제도를 가지고 있다. 그것은 한국 유교의 신분주의적 사고에 부합하기 때문으로 보인다.

장로제도의 역사적 뿌리에 대해 학자들은 여러 가지 이론을 제시한다. 고대 그리스 문화에서, 혹은 고대 근동 지역에서 유래한다는 이론도 있고, 사해 서북부에 있었던 쿰란 공동체에서 유래한다는 이론도 있다. 그러나 기독교의 장로제도는 유대교의 회당에서 유래한다는 이론이 가장 큰 설득력을 가진다.

사실 구약성서는 일찍부터 "장로"에 대해 언급하고 있다. "수염이 난 사람", "나이가 많은 사람"을 뜻하는 히브리어 "자켄"은 가족과 부족의 대표자 내지 인도자를 뜻한다. 이스라엘 백성이 이집트에서 노예 생활을 할 때, 그들 가운데 "장로"가 있었던 것으로 출애굽기는 보도한다(출 3:16). 하나님과의 계약을 갱신하기 위해 모세는 "아론과 나답과 아비후와 이스라엘의 장로 70명과 함께" 산으로 올라갔다(출 24:9). 왕정시대에 70명의 장로들은 예루살렘 성전 안에 있는 내밀한 공간 사면에 "온갖 벌레와 불결한 짐승들과 이스라엘 족속의 모든 우상"을 그려놓고 그것을 섬기기도 하였다(겔 8:10-11).

장로제도는 이스라엘의 왕정시대를 거쳐 예수 시대에 이르기까지 계속되었다. 공관복음서에 따르면 이미 예수와 그의 제자들이 유대교의 장로제도를 잘 알고 있었다(참조. 마 15:2, "당신의 제자들은 어찌하여 장로들의 전통을 어기는 것입니까?"). 따라서 사도행전이 보도하는 초기 기독교 공동체가 일찍부터 장로제도를 도입한 것은 매우 자연스러운 일이었다(행 11:30; 14:23). 그러나 장로제도는 이스라엘 백성의 독특한 현상이 아니라 고대 유목 사회와 농경 사회의 보편적 현상이었다.

장로의 사명에 대한 신약성서의 보도는 몇 가지에 불과하다. 장로들은 디모데와 같은 하나님의 일꾼들에게 안수하였고(딤전 4:14), "말씀을 전파하는 일과 가르치는 일"(5:17), 또 병든 사람들에게 "기름을 바르고, 그를 위하여 기도"하는 일(약 5:14), 박해와 고난 속에 있는 신자들을 돌보는 일을 감당하였다(벧전 5:2). 불의한 이익을 탐하지 않고, 신자들을 지배하려고 하지 않으며, 존경받을 만한 "양떼의 모범"이 되는 것이 그들의 중요한 사명이었다고 신약성서는 보도한다(벧전 5:2-3).

그런데 한국 장로교회는 오늘날 세계 어느 교회에서도 보기 어려운 종신직 장로제도를 가지고 있다. 교회에 따라 다르지만, 일반적으로 만 70세까지 시무장로로 활동하다가, 은퇴장로가 되어 명예 장로직을 유지한다. 어떤 교회에서는 65세에 은퇴하는 경우도 있고, 은퇴 없이 죽을 때까지 시무장로 직을 유지하는 경우도 있다. 장로들 가운데 가장 먼저 장로가 된 사람, 혹은 가장 나이가 많은 장로가 이른바 "선임 장로"로서 당회의 실권을 장악하는 일도 있다. 심지어 장로들이 장로연합회를 구성하여 자신을 세력화하기도 한다.

물론 장로제도는 여러 가지 장점을 가진다. 그것은 성직자의 독주를 견제하고, 성직자와 신자의 대표들이 함께 교회를 운영하는 민주적 제도다. 신자의 대표로서 장로는 교회를 유지하는 기둥으로 교회의 전통을 이어간다. 그러므로 많은 장로들이 자신의 공동체에 대한 강한 책임의식과 희생정신을 가지고 봉사하는 모습들을 볼 수 있다. 성직자는 바뀌지만, 장로는 이변이 없는 한, 교회를 떠나지 않고 그 교회를 유지하는 힘이 된다.

그러나 장로 종신직과 이에 기초한 당회 제도는 심각한 문제점을 가진다. 교회의 특정한 인물이 수십 년 간 당회원이 되어 당회를 이끌어나가는 것은 민주주의 원칙에 어긋난다. 만인사제직의 빛에서 볼 때, 당회는 소수의 특정 인물에 제한될 수 없다. 그것은 임기제를 통해 많은 교인들이 참여할 수 있도록 개방되는 것이 마땅하다. 국가의 통치권력과 마찬가지로 당회 제도는 민주화되어야 한다. 교회가 정말 그리스도의 사랑으로 충만하다면, 가능한 한 많은 사람들이 당회에 참여할 수 있는 장로 임기제를 채택해야 할 것이다. 여성 교인의 수가 60% 정도라면, 여성 당회원의 수 역시 약 60% 되는 것이 마땅하다. 당회도 평등한 "형제자매들의 공동체"가 되어야 한다.

장로 종신직이 가진 또 하나의 문제는 교회를 시대의 변화에 뒤떨어진 구시대의 경직된 기구로 노화시키는 데 있다. 한국 개신교회에 처음으로 장로가 세워진 1887년에 비해, 오늘의 한국 사회는 엄청나게 변화되었다. 한국인의 교육 수준, 경제 수준, 의식구조, 사고방식, 삶의 방식, 정치제도, 사회적 에토스 등이 크게 달라졌다. 이 같은 시대적 변화에 적응하기 위해 교회는 새로운 인물들의 참신한 아이디어가 필요하다. 새 술은 새 가죽부대에 담아야 한다.

물론 나이가 들면서 사람은 하나님의 진리에 대한 더욱 깊은 이해와 통찰과 지혜를 얻을 수 있다. "50세가 되어야 인생 철이 든다"는 속담도 이를 시사한다. 그러나 일반적으로 나이가 들수록 사람의 사고는 차츰 굳어지고, 기존의 것에 고착하려는 경향성을 가진다. 기억력도 약해지고, 새로운 것을 배울 수 있는 능력도 감소된다.

따라서 60세가 넘은 노인들이 당회를 구성하고 교회를 지배할 때, 교회의 새로운 변화와 발전이 어렵게 된다. 젊은이들의 참신한 아이디어가 교회 운영에 반영되기 어렵다. 그래서 "한국 사회에서 새롭게 변화되지 못하는 가장 수구적인 집단은 교회다"라는 얘기가 나오게 된다. 대부분의 교회에서 여성 성직자 제도가 수용되지 않으며, 여성 장로를 발견하기 어려운 현실은 이를 증명한다.

장로 종신직 역시 구시대의 제도다. 기업을 제외한 모든 공공기관은 임기제를 실시한다. 이제 한국교회는 더 이상 100여 년 전 농경 시대의 관료주의적 사회에서 살고 있지 않다. 새로운 시대의 새로운 발전 속에서 교회의 체제도 변화되어야 한다. 60세 넘은 노인들이 교회의 주역 노릇을 할 때, 뜻 있는 젊은이들이 교회를 떠나게 되고, 교회는 장례식을 기다리는 노인들의 모임으로 변하게 된다.

영국 장로교회의 시조인 존 녹스는 교회의 직분을 목사(pastor), 박사(doctor, 교수), 장로(elder), 집사(deacon)로 구별했는데, 여기서 장로는 목사를 보좌하여 교인들을 돌보는 직무를 감당하였고, 집사가 재정을 포함한 교회 관리를 담당하였다. 따라서 한국교회의 종신직 장로제도와 당회 제도는 존 녹스의 장로 직분과는 별개의 것으로 발전된 하나의 변종이라 말할 수 있다.

오늘의 현실에서 종신직 장로제도와 당회 제도는 임기제 교회 운영위원회 혹은 교회임원회로 교체되어야 한다. 서울 향린교회를 위시한 일부 교회들은 이미 이 제도를 시행하고 있다. 거룩한빛광성교회의 정성진 목사는 스스로 개척한 교회에서 목사 정년은 65세, 장로는 6년 단임, 시무장로 정년 65세 등의 규약을 만들어 실시하고 있다.

5) 한국 개신교회는 "원로목사"라는 또 하나의 독특한 제도를 가지고 있다. 교단에 따라 다르지만, 원로목사 제도는 한 교회에서 20년 이상 시무하다가 정년퇴임한 목사를 원로목사로 추대하고, 그에게 매달 일정액의 생활비를 지급하는 제도를 말한다. 지급액은 교회에 따라 다르다. 그러나 원로목사가 죽을 때까지 매달 사례비를 지급하는 것은 많은 교회에 부담이 된다. 특히 시무목사 사례비조차 제대로 지급하지 못하는 교회는 더 말할 필요가 없다.

그러므로 교회에 다니는 많은 신자들이 원로목사 제도에 대한 재고를 요청한다. 어떤 교회는 원로목사를 모시지 않기 위해 20년을 채우기 전에 목사를 다른 교회로 옮기도록 조처하는 아름답지 못한 일도 일어난다. 또 원로목사가 정년퇴임 이후에도 계속 교회에 출석하면서 새로 임직된 담임목사의 목회에 간섭하고, 교인들의 관심을 끌고자 하는 일도 일어난다. 그래서 어떤 교회는 원로목사에게 월 생활비를 지급하되, 교회 출석을 금하는 경우도 있다.

이 문제에 대해 우리는 다음과 같은 해결책을 제안할 수 있다. 원로목사 제도는 한국 사회에 연금 제도가 도입되기 이전에 있었던 제도다. 이제는 국민연금이 있고, 교단 별로 목회자 은급 제도 혹은 최저생활비 보장 제도를 시행하기도 한다. 그러므로 원로목사 제도를 폐지하고, 국민연금, 목회자 연금 제도 혹은 은퇴목회자 은급 제도로 대체하는 것이 적절하리라 생각된다. 앞서 언급한 거룩한빛광성교회의 정성진 목사는 원로목사 제도를 폐지하였다.

그런데 목회자의 연금이나 은급금을 감당할 능력이 없는 교회들, 특히 농어촌의 미자립 교회들은 어떻게 할 것인가? 이 문제는 교단 차원에서 해결할 수 있을 것이다. 교단 총회는 은퇴목사 기본생계비 기준을 정하고, 월 부담금을 담당할 수 있을 것이다. 이를 위해 교단에 속한 모든 교회, 특히 대도시 및 중소도시의 큰 교회는 교회 재정의 일정 부분을 매월 총회에 납부해야 할 것이다. 또 모든 지교회들은 "나눔의 정신"을 가지고 이에 참여해야 할 것이다. 사회를 향해 나눔을 말하기 전에, 교회 자체 내에서 나눔이 실천되어야 할 것이다.

그런데 열심히 노력하여 대교회를 이룬 목회자와 시골의 미자립 교회의 목회자가 똑같은 액수의 연금이나 은급금을 받는 것은 불공평하지 않은가? 이 문제에 대해 이상론을 제안하는 것은 적절하지 않다고 생각된다. 즉 그리스도의 사랑 안에서 모든 목회자가 은퇴 후 똑같은 연금을 받는 것이 성서적이므로 모든 은퇴목회자들의 연금은 획일화되어야 한다는 주장은 현실적이지 않다. 이들 사이에는 어느 정도의 차이가 있을 수밖에 없을 것이다. 그럼 이 차이를 어떻게 정할 것인가? 지교회에 맡겨둘 것인가?

이 문제에 대해 우리는 다음과 같은 방법을 제안할 수 있다. ① 교단의 모든 은퇴목회자들이 받아야 할 기준연금과 최저연금 액수를 교단에서 정하여 은퇴목회자들의 기본생활을 보장하고, ② 그 이상의 액수는 지교회의 결정에 맡길 수 있을 것이다. 사실 지교회도 이 문제에 대해 어느 정도의 자유를 갖는 것이 타당할 것이다.

목회자들의 능력과 열심의 차이를 무시하고 모든 목회자의 은급을 획일화하는 것도 타당하지 않지만, 과도한 차이와 양극화를 방치하는 것도 주님의 뜻이 아닐 것이다. 그러므로 각 교단은 사회주의적 은급 획일화와 자본주의적 은급 양극화의 중간 지점을 찾아야 할 것이다. 이 문제와 연관하여 교회는 최대한 하나님 나라의 빛이 되도록 노력해야 할 것이다.

10
그리스도의 교회는 연합해야 한다

근대 한국의 역사에서 기독교는 희망의 횃불이었다고 말할 수 있다. 그리스도의 복음을 전함은 물론, 교육과 계몽에 헌신하였던 선교사들의 헌신적 활동 속에서 많은 사람들이 새로운 희망을 발견하고 교회로 모여들었다. 1898년 조선조 말, 기울어져 가는 나라와 민족을 구하기 위해 형성된 독립협회의 주요 인물들은 서재필, 남궁억, 윤치호, 이승만, 이상재 등 그리스도인이었다(김재준 2014, 471). 이리하여 1894년 청일전쟁 당시 1천 명 미만이던 그리스도인은 러일전쟁을 겪고 난 1905년에는 5만 5천 명으로 급증하였다. 1905년 을사늑약, 1910년 한일병합조약과 함께 조선이 일본의 식민지 통치를 받게 되었을 때, "기독교는 민족의 자주 독립과 해방과 자유를 위한 정신적 무기이며 교회는 그 정치 활동의 마당이" 되었다(서광선 2014, 323). 3.1 만세운동을 주도한 인물도 그리스도인이었던 이승훈 장로였고, 전국적 조직망을 가진 교회가 그 운동의 기저가 되었다.

이 같은 역사에도 불구하고 오늘날 한국 개신교회에 대한 무종교인들의 사회적 신뢰도는 한국의 대표적 종교들 가운데 가장 낮은 수준에 있다. 2010년 기독교윤리실천운동이 발표한 "한국교회 사회적 신뢰도 조사"에 따르면 로마 가톨릭교회(천주교)는 45%, 불교는 35%, 개신교회는 12%의 순위를 보인다. "향후 종교를 가질 경우 희망하는 종교를 묻는 질문"에도 개신교회를 믿겠다는 응답은 7%로, 로마 가톨릭교회의 14%의 절반밖에 되지 않는다(김형석 2015, 41).

사회적 신뢰도의 실추는 교인 수 감소와 직결된다. 교인 수 감소로 인해 "해마다 문을 닫는 교회들이 기하급수적으로 늘어나고 있다. 설상가상으로 계속되는 경기 침체에다 실업률이 상승하여 신도들의 생활고가 갈수록 심각해지다 보니 헌금이 확연히 줄어서 하루아침에 급매물로 전락하는 교회들이 속출하고, 무리한 금융권 대출로 파산당한 교회들이 경매시장에 쏟아져 나오고 있다. 더욱 참담한 현실은…교회들이 떠나버린 자리에 이단이나 다른 종파의 시설들이 들어서고 있는 일이다"(곽혜원 2015, 170).

이 같은 결과를 초래한 원인들 가운데 "교단 난립과 교권 쟁탈"이 중요한 원인으로 지적된다(허호익 2009, 507). 교단 난립은 "신학교의 난립"과 신학교육의 부실로 이어지고, 신학교육의 부실은 "저질 신학생의 배출과 목회자의 양산", "교세 확장을 위한 무분별한 교회 개척과 해외선교", 교회의 "신학적 빈곤과 반(反)지성주의, 무속적·주술적 성령 운동과 쇼로 변질된 예배", "타 종교에 대한 지나친 배타주의와 독선", "교단 간의 대립과 패권주의" 등의 문제를 연쇄적으로 일으킨다.

오영석은 "교파 분열의 가장 큰 원인은 미국의 신학교와 교회 안에서 일어난 신학 사상전과 교리 싸움이 한국교회로 이전되었기 때문이다. 그리고 선교사들의 선교지 분할 싸움도 한몫했다"(오영석 2015, 54)고 한국 개신교회 분열의 원인을 분석한다. 이 분석은 한국 개신교회의 선교 초기단계에 대해서는 타당하다. 그러나 오늘날 한국교회의 분열과 교단 난립의 원인은 미국의 신학교와 교회 분열에 있는 것이 아니라 한국인 교회 성직자들의 교권싸움에 있다. 16세기 종교개혁처럼 교회가 나누어질 수밖에 없는 뚜렷한 신학적 명분도 없이, 수를 헤아릴 수 없을 정도로 "분열만을 거듭해 온 한국교회(개신교회)의 고질적인 병"이 개신교회 위기의 중요한 원인이란 점을 많은 신학자들과 목회자들이 지적한다.

따라서 한국 개신교회가 오늘의 위기상황을 극복하기 위해 반드시 이루어야 할 과제는 교회 연합의 과제이다. 정확한 숫자를 파악할 수도 없는 크고 작은 교단들, 정부 관계 부처에 등록조차 되지 않은 무교단 독립교회들의 난맥상을 극복하지 않는다면, 한국 개신교회는 미래가 없을 것이다. 우리는 부끄럽더라도 기장, 예장, 기감, 예감, 기성, 예성, 예장통합, 예장합동, 합동진리, 개혁진리, 합동정통, 정통보수, 보수정통, 개혁, 보수개혁, 개혁보수, 순복음, 순복음정통, 기하성, 예하성 등 그 차이를 도저히 구별할 수 없는 교회들의 난립을 극복해야 한다.

여기서 필자는 "교회의 통일" 대신 "교회의 연합"을 제안한다. 교회의 통일을 위한 준비과정으로 먼저 나누어진 교회들의 연합을 추구하는 것이 현실적일 것이다. 여기서 교회의 연합은 각 교단들이 자신의 교리와 전통을 유지하면서, 서로 상대방을 인정하고, 하나의 연합체제를 형성하여 친교하며, 공동의 과제를 위해 협동하는 것을 말한다.

교회 연합은 교단 차원에서는 물론 지교회들이 속한 지역(교구) 단위로 이루어져야 할 것이다. 먼저 교회 강단의 교류, 신도회 별 연합예배, 운동경기, 지역을 위한 공동의 봉사 활동, 3.1절 및 광복절 등의 국경일의 지역 연합예배 등에서 시작하여, 교리적 차이에 대한 토의를 시도할 수 있을 것이다. 이 같은 연합체제 속에서 서로의 마음을 열고, 상대방을 이해하며, 대화를 통해 통일에 방해가 되는 요소들을 제거해나가는 것이 지혜로울 것이다. 중요한 것은 연합하고자 하는 마음이 있느냐 없느냐에 있다.

A. 교회 연합의 성서적·신학적 필연성

분열된 교회의 연합은 해도 되고, 하지 않아도 되는 것이 아니다. 교회 연합은 교회가 그것을 꼭 이루어야만 참교회라 말할 수 있는 성격의 것이다.

달리 말해, 연합을 이루고자 노력하는 교회만이 참교회고, 그렇지 않은 교회 곧 분리 상태에 머무는 교회는 참교회가 아니다. 어떤 근거에서 이런 과격한 얘기를 할 수 있는가?

1) 참교회가 무엇인가를 가리키는 신약성서의 거의 모든 개념은 교회 연합의 필연성 내지 당위성을 담지하고 있다. 이 개념들 가운데 가장 중요한 개념은 "그리스도의 몸"(soma Christou, 고전 12:27; 롬 12:5; 고전 10:16; 엡 1:23; 5:30; 골 1:24 등) 개념이다.

몸은 많은 지체들로 구성되어 있다. 모든 지체는 한 몸에 속한다(고전 12:14-17; 참조. 롬 12:3-8). 위치와 형태와 기능이 제각기 다르지만, 그들은 몸을 구성하는 지체들이다. 땅 위에 있는 그리스도의 모든 교회는 "그리스도의 몸"의 지체들이다. 그들은 다양하지만, 그리스도의 몸의 지체들로서 사실상 하나다. 칼뱅에 의하면 "그리스도의 몸"인 교회는 성장 과정 속에서 다양성(Vielheit)을 갖지만, "하나의 교회다. 이것은 태양의 빛들이 많지만, 빛은 하나인 것과 같다. 또 나무의 가지들은 많지만, 하나의 단단한 뿌리에 서 있는 나무는 단 하나인 것과 같다"(Inst. IV.2.6).

몸은 하나의 유기체다. 그것의 모든 지체는 다양성 속에서 하나로 결합되어 있다. 어느 한 지체에게 일어나는 일은, 사실상 모든 지체에게 일어나는 일이다. 손가락이 바늘에 찔리면, 손가락만 아픈 것이 아니라 몸 전체가 아픔을 느끼는 것과 마찬가지다. "한 지체가 고통을 당하면, 모든 지체가 함께 고통을 당합니다. 한 지체가 영광을 받으면, 모든 지체가 함께 기뻐합니다"(고전 12:26). 모든 그리스도인들은 "세례를 받아서 한 몸이 되었고, 또 모두 한 성령을 마시게" 되었기 때문이다(고전 12:13).

따라서 교회의 연합은 해도 좋고 하지 않아도 좋은 것이 아니라 "교회의 '교회다움'을" 회복하기 위해 반드시 해야만 할 당위적인 것이다. "교회의 하나 됨"은 "교회의 교회다움을 회복하기 위한 것"이다(장윤재 2013, 215). 한 아버지 하나님, 한 주님, 한 성령을 믿는다면, 땅 위의 모든 교회는 연합하지 않을 수 없다. 서로 연합하지 않는 것은 사실상 그리스도의 몸을 쪼개는 일이다. 눈과 귀와 팔과 다리 등 몸의 모든 지체가 연합되어 있듯이, 땅 위의 모든 교회는 모두 연합되어야 한다. 그들은 한 몸을 이루어야 한다. "지체는 여럿이지만, 몸은 하나"이기 때문이다(고전 12:20). 연합되지 않는다면, 교회는 자신을 가리켜 "예수 그리스도의 교회"라 말할 자격이 없다. 신자들이 분열된 상태에서 나누는 성만찬이 "무가치한" 것처럼, 서로 분열된 상태에서 드리는 교회의 예배도 무가치한 것이다.

그러나 "그리스도의 몸"은 교회의 연합이 모든 교회의 획일성(Uniformität)을 목적으로 하지 않는다는 것을 시사한다. 몸의 지체들은 다양한 형태와 기능을 가진다. 다양한 형태와 기능을 통하여 이들은 그리스도의 몸을 위해 봉사한다. 따라서 교회가 연합한다 하여 모두 획일성을 가질 필요는 없다. 각 교단들은 교리, 헌법, 교회의 구조와 질서, 예배의식 등에서 자신의 특징을 가질 수 있다. 타 종교들과 마르크시즘에 대한 입장, WCC 참여 문제에 있어 다른 입장들을 가질 수도 있을 것이다. 그러나 나의 입장과 다르다 하여 다른 이를 "이단"이라고 정죄할 수 없다. 특별히 이단으로 지정되지 않는 한, 기독교의 모든 교단들은 서로를 "한 몸의 지체들"(엡 4:25)로 인정해야 할 것이다.

따라서 교회의 연합은 "다양성 안에 있는 통일성"(Einheit in Vielfalt) 혹은 "통일성 안에 있는 다양성"(Vielfalt in Einheit)을 지향한다. "교회는 하나다. 그것은 그리스도의 몸이다. 이와 동시에 그것은 지체들의 다양성과 친교(Vielheit u. Gemeinschaft)이다"(Bonhoeffer 1967, 215). 가톨릭교회 신학자인 한스 큉도 "다양성 안에서의 하나 됨"을 교회 연합운동의 방향으로 제의한다. 그는 "WCC가 지향하는 교파들의 다양성을 통한 일치를 주장한다"(이형기 2005, 69).

2) "하나님의 백성"이란 개념 역시 교회의 연합과 일치의 당위성 내지 필연성을 강력히 시사한다. 이 개념의 뿌리는 이스라엘 백성의 출애굽 사건에 있다. 하나님은 출애굽을 통해 이스라엘 백성의 하나님이 되고, 이스라엘 백성은 하나님의 소유인 하나님의 백성이 된다. "그래서 너희를 나의

백성으로 삼고, 나는 너희의 하나님이 될 것이다"(출 6:7). 가나안 입주 당시 이스라엘 백성은 12지파로 구별되었지만, 한 분 하나님에게 속한 "하나님의 백성"으로서 내적 통일성을 가진다. 12지파 연합체제(Amphiktyonie)는 이를 가리킨다.

초기 기독교 공동체는 자신을 가리켜 새로운 "하나님의 백성" 혹은 "주의 백성"이라 부른다(히 4:9; 11:25; 벧전 2:10; 계 21:3; 롬 15:10). 특별히 할례 문제와 관련하여 이들은 자기를 "참 이스라엘"이라 주장하면서, 옛 이스라엘 백성을 가리키는 칭호들 곧 "선택을 받은 족속", "왕과 같은 제사장들", "거룩한 민족", "하나님의 소유가 된 백성"이란 칭호를 자기 자신에게 적용한다(벧전 2:9).

우리는 "하나님의 백성"의 개념에서 교회 연합의 당위성 내지 필연성을 볼 수 있다. 땅 위에 있는 모든 교회들은 한 분 하나님의 소유된 백성이다. 그러므로 그들은 연합해야 하며, 하나님의 구원 역사를 위해 협력해야 한다. 이스라엘 12지파가 한 하나님의 백성으로 연합된 것처럼, 모든 교회도 한 하나님의 백성으로 연합해야 한다. 연합하지 못하면서 자기를 "하나님의 소유된 백성", "하나님의 자녀"라 부른다면 그것은 빈 말이다. 빈 말을 하지 않으려면, 서로 연합해야 한다. 하나님이 그 아들의 피로 사신 "하나님의 자녀"(롬 9:8) "하나님의 가족"(엡 2:19), "성령의 전"(고전 6:19), "하나님의 집"(고전 3:9; 엡 2:22) 역시 교회 연합의 당위성 내지 필연성을 강력히 요구한다. "그리스도의 몸", "하나님의 백성"과 마찬가지로 "하나님의 가족", "성령의 전", "하나님의 집"도 하나의 유기체라 말할 수 있다. 이들 역시 다양한 지체들로 구성된다. 거기에는 기둥, 벽, 지붕 등 다양한 부분들이 있다. 모든 부분이 연합하여 "성전" 혹은 "집"을 이룬다. 각 부분은 서로 결합되어 있다. 아무리 작을지라도 건물 어느 한 부분에 생긴 일은 건물 전체에 영향을 준다. 하이젠베르크의 자서전 제목이기도 한 "부분과 전체"(Der Teil und das Ganze)는 분리될 수 없는 유기적 관계에 있다.

땅 위에 있는 그리스도의 교회들은 "하나님의 가족", "성령의 전" 혹은

"하나님의 집"의 지체들이다. 이들은 서로 합하여 성령의 전, 하나님의 집을 이룬다. "여러분은 사도들과 예언자들이 놓은 기초 위에 세워진 건물이며, 그리스도 예수가 그 모퉁잇돌이 되십니다. 그리스도 안에서 건물 전체가 서로 연결되어서, 주님 안에서 자라서 성전이 됩니다"(엡 2:20-21). 예수 그리스도의 모든 교회들은 동일한 "모퉁잇돌" 위에 서 있고, 모두 합하여 하나님의 집 혹은 "하나님의 성전"을 이룬다. 그러므로 땅 위에 있는 모든 그리스도의 교회는 연합해야 한다. 그들 안에 정말 그리스도의 사랑이 있다면, 그들은 서로 결합되어야 한다. 결합하지 못하고 나누어져 있다면, 성령과 삼위일체 하나님이 그들 안에 계신다고 말할 수 없다. 그러므로 바울은 이렇게 말한다. "성령이 여러분을 평화의 띠로 묶어서 하나가 되게 해 주신 것을 힘써 지키십시오"(엡 4:3).

3) 세례와 성만찬 역시 교회 연합의 당위성 내지 필연성을 보여준다. 세례는 "옛 사람"은 죽고 "그리스도와 하나가 되며 그리스도를 옷으로 입은 사람"(갈 3:28) 곧 "새 사람"으로 살게 됨을 뜻한다. 바울은 이것을 다음과 같이 요약한다. "우리가 그리스도와 함께 죽었으면, 그와 함께 우리도 또한 살아날 것임을 믿습니다"(롬 6:8). 나아가 세례는 그리스도의 몸의 지체로서 "그리스도께 속한 사람"이 되며, 모든 그리스도인과 "한 몸"으로 연합되고, 하나님 나라의 "상속자"가 되는 것을 뜻한다(갈 3:29; 5:21). 그들은 한 성령으로 세례를 받으며, 한 성령을 마신다. "모두 한 성령으로 세례를 받아서 한 몸이 되었고, 또 모두 한 성령을 마시게 되었습니다"(고전 12:13). 이로써 그들은 과거-현재-미래의 시간적 차이와 다양한 지역의 공간적 차이, 민족과 인종의 차이를 초월하여 하나가 된다. 그러므로 세례는 "하나"(엡 4:5)라고 신약성서는 말한다. 모든 그리스도인이 "하나의" 세례를 받았다면, 그들은 교단의 차이를 초월하여 이미 "하나"다. 그렇다면 나누어진 교회들이 최소한 연합을 이루는 것은 당연한 일이다.

땅 위에 있는 모든 교회가 연합해야 하는 당위성 내지 필연성은 성만찬의 말씀에도 나타난다. "우리가 축복하는 축복의 잔은 그리스도의 피에 참여함이 아닙니까? 우리가 떼는 빵은 그리스도의 몸에 참여함이 아닙니까? 빵이 하나이므로 우리가 여럿일지라도 한 몸입니다. 그것은 우리가 모두 그 한 덩이 빵을 함께 나누어 먹기 때문입니다"(고전 10:16-17).

땅 위의 모든 그리스도인은 성만찬을 통하여 그리스도의 피와 그리스도의 몸에 참여한다. "그의 몸을 받아들임으로써 신자들은 그의 몸의 지체가 된다"(Schlink 1983, 580). 그리스도의 몸의 지체들로서 그들은 한 몸을 이룬다. 그리스도의 몸이 하나라면, 이 몸에 접붙여지는 모든 지체는 한 몸으로 연합되어야 한다. "빵이 하나이므로 우리가 여럿일지라도 한 몸이다"(고전 12:17). 한 몸에 속한 지체들로서 모든 교회는 친교를 가진다. 이 친교는 한 교회 공동체의 친교에 머물지 않고, 세계 모든 교회를 친교와 연합으로 초대하는 "에큐메니칼적 함의"를 가진다(Pannenberg 1993, 361).

몰트만에 따르면, 신자들을 삼위일체 하나님과 결합시키는 성만찬은 그들을 "메시아적 공동체로 결합한다. 함께 나누는 빵과 잔은 한 분 그리스도 안에 있는 모든 참여자들과 또…모든 시대와 모든 장소의 모든 참여자와 하나임을 가리킨다." 성만찬은 "땅 위에 있는 모든 그리스도인과의 친교"를 나타낸다. "소외와 분리와 분열의 모든 경향"이 성만찬을 통해 근본적으로 극복된다. 성만찬은 "교회의 보편성(Katholizität)에 대한 가시적 표징이다(Moltmann 1975, 284).

고린도전서 11장의 성만찬 제정사에서 바울은 "합당하게" 주의 만찬에 참여해야 한다고 말한다. "그러므로 누구든지 합당하지 않게 주님의 빵을 먹거나 주님의 잔을 마시는 사람은, 주님의 몸과 피를 범하는 죄를 짓는 것입니다"(고전 11:27). 이 본문에서 "합당하지 않게"(ἀναξίως)라는 말은 "무가치하게"(unworthy, worthless)로 번역될 수 있다.

그럼 "합당하게" 곧 "가치 있게" 주의 만찬에 참여할 수 있는 길은 무엇인가? 이 본문의 전후 문맥에서 볼 때, 성만찬 참여의 기준은 신자들의 도덕적 상태에 있는 것이 아니라 신자들이 분열하지 않는 데 있다. 이것은 성만찬 제정사 앞에 나오는 바울의 말씀에 분명히 나타난다. "그렇지만 여러분이 분열되어 있으니, 여러분이 한 자리에 모여서 먹어도 그것은 주님의 만찬을 먹는 것이 아닙니다"(고전 11:20). 즉 서로 분열된 상태에서 주의 만찬을 먹는 것은 "먹는 것이 아니다"라고 바울은 말한다.

판넨베르크의 해석에 따르면, 주의 만찬에 "가치 있게" 참여할 수 있는 기준은 만찬 참여자의 "도덕적 상태"에 있는 것이 아니라 "공동체의 분열"에 있다(Pannenberg 1993, 360). 바꿔 말해, 성만찬에 "가치 있게" 참여할 수 있는 길은 서로 화해하며 연합하는 데 있다.

세계의 모든 교회는 시대와 장소를 초월하여 성만찬을 가진다. 그러나 연합하지 못하고 나누어진 상태에서 교회들이 거행하는 성만찬은 무가치한 것이다. "여러분이 분열되어 있으니…그것은 주님의 만찬을 먹는 것이 아닙니다"(고전 11:20). 땅 위의 모든 교회가 서로 연합할 때, 그들이 거행하는 성만찬은 참여한 모든 신자와 교회가 그리스도의 한 몸을 이루는 참 의미를 갖게 된다. 연합하지 못한 상태, 서로 나누어진 상태에서 거행하는 성만찬은 사실상 교회에 대한 심판이다. 그들은 그리스도의 몸을 욕되게 하기 때문이다. "분리된 교회들이 함께하는 성만찬에서 예수 그리스도는 신자들에게 구원을 주기 위해 현존하지만, 또한 그리스도인들의 분열에 대한 심판으로 현존하실 것이다"(Pannenberg 1993, 362).

결론적으로 세례와 성만찬은 모든 신자가 그리스도의 몸에 참여하여 그의 지체가 되는 사건인 동시에, 땅 위의 모든 교회가 그리스도의 몸을 받고 그 몸의 지체가 되는 사건이다. 세례와 성만찬을 통해 모든 교회는 그리스도의 몸으로 연합된다. 세례와 성만찬은 나누어진 교회들의 연합과 하나 됨(일치)을 요구한다.

4) 칼뱅은 사도신경의 고백에 근거하여 교회의 연합과 일치를 주장한다. 첫째, 사도신경은 교회를 "보편적 교회"(ecclesia katholica)라 고백한다. "보편적 교회"란 땅 위의 모든 교회를 포괄하는 교회를 말한다. "만일 우리가 우리의 머리 되신 그리스도 아래에서 모든 다른 지체와 하나로 결합되어 있지 않다면 미래의 상속을 받을 희망이 없을 것이다. 그러므로 교회는

'가톨릭' 혹은 '보편적'이라 불린다. 그리스도께서 여러 조각들로 갈라지지 않고서야 두 개 혹은 세 개의 교회들이 있을 수 없을 것이다.…그들은 한 믿음과 한 희망과 한 사랑과 하나님의 동일한 영 안에서 함께 사는…자들로서 진정으로 하나가 되었다"(Inst. IV.1.2).

둘째, 사도신경은 "거룩한 사람들의 친교"(성도가 서로 교통하는 것, sanctorum communio)를 고백한다. 칼뱅에 따르면, 이 칭호는 "교회의 특징을 매우 잘 표현한다." 최초의 기독교 공동체에서 성령이 주시는 "은사들의 다양성은" 폐기되지 않고 유지되었다. 누가는, 은사는 다르지만 "많은 신도가 다 한 마음과 한 뜻이 되었다"(행 4:32)고 보도한다. 바울에 따르면 "그들은 한 희망으로 부르심을 받은 것처럼, '한 몸과 한 영'이어야 한다(엡 4:4). 하나님이 그들 모두의 공통된 아버지요, 그리스도는 그들 모두의 머리라고 정말 확신한다면, 그들은 형제자매의 사랑 안에서 함께 결합될 수밖에 없고, 그들의 소유를 서로 나눌 수밖에 없을 것이다"(Inst. IV.1.3).

5) 기독교는 삼위일체 하나님을 믿는다. 삼위일체 하나님은, 하나님이 하나이면서 셋이고 셋이면서 하나라는 것을 말하는 것이 아니라, 성부·성자·성령이 동등한 신적 인격으로 서로 구별되지만 사랑 안에서 하나임을 말한다. 한 몸을 이루면서 서로 구별되고, 구별 속에서 한 몸을 이루는 것, 바로 여기에 사랑이 있다. 하나님의 삼위일체는 바로 이 사랑을 말한다.

교회의 연합과 하나 됨에 대한 가장 깊은 근거는 삼위일체 하나님의 사랑에 있다. 사랑은 분열을 극복하고 연합과 결합을 이룬다. 정말 하나님의 사랑이 있다면, 나누어진 교회들은 대립과 갈등과 분열을 극복하고 연합과 결합을 위해 노력할 수밖에 없을 것이다. 교회가 자신의 분열을 극복하지 못하면서 세상을 향해 서로 화해하고 하나가 되어야 한다고 말한다면, 세상 사람들이 웃을 것이다. 교회가 하나가 되지 못하면서 남북통일을 위해 기도하는 것도 우스운 일이다.

교회가 자기를 삼위일체 하나님의 백성이라 고백한다면, 교회는 삼위일체 하나님을 닮아야 한다. 곧 서로 구별되지만 하나로 연합되어야 한다.

그렇지 않으면서 하나님을 믿는다는 것은 사실상 빈 말이다. 삼위일체 하나님은 "구별 속에서의 하나 됨"(unity in distinguishment)을 지향하는 교회 연합에 대한 모범이 되신다. 그러므로 예수는 "우리가 하나인 것 같이, 그들도 하나가 되게 하여 주십시오"라고 간구한다(요 17:11). 곧 성부·성자·성령, 삼위의 하나님이 하나인 것처럼 교회도 하나가 되어야 한다는 것이다. "삼위일체적 하나 됨에 따라서" "교회의 하나 됨이" 이루어져야 한다(Volf 2012, 484).

"나는 포도나무요, 너희는 가지다"라는 요한복음 15:5의 말씀도 교회 연합의 당위성 내지 필연성을 강력히 시사한다. 그리스도는 포도나무요, 모든 그리스도인과 그들의 공동체는 가지들이다. 모든 가지는 그리스도의 "친구들"이다(요 15:14). 그들은 각기 다른 모습을 갖지만, 포도나무로부터 동일한 자양분을 받으며, 삶을 함께 나누는 유기체의 관계에 있다. 그들은 사실상 하나로 결합되어 있다. 유기체의 관계에 머물러 있을 때, 그들은 "많은 열매를" 맺을 수 있다.

따라서 교회 연합은 해도 되고 하지 않아도 되는 것이 아니다. 교회 연합은 참교회를 판가름하는 기준이다. 연합하는 교회가 참교회라면, 연합을 거부하는 교회는 거짓 교회다. 우리는 이것을 성만찬에서 눈으로 볼 수 있다. 나누어진 상태에서의 성만찬은 "무가치한" 것이라고 신약성서는 말한다. 400여개로 나누어진 개신교회의 교단들, 특히 150개가 넘는 장로교회 교단들은 부끄러워서라도 연합해야 한다. 그래야만 땅에 떨어진 개신교회의 신뢰성을 회복할 수 있다. "우리가 우리의 머리 되신 그리스도 밑에서 모든 다른 지체와 하나로 결합되어 있지 않다면, 우리에게는 미래의 상속에 대한 희망이 없을 것이다.…그리스도께서 여러 조각들로 찢어지지 않고서는, 두 개 혹은 세 개의 교회가 있을 수 없다"(Calvin, *Inst*. IV.1.2).

어떤 신학자는 교리 문제가 해결되지 않는 한, 교회의 연합은 있을 수 없다고 주장할지 모른다. 사실 종교다원주의, 성서문서설과 축자영감설, 만인 구원설, 용공 시비, 사회구원, 동성애, WCC 문제 등을 빌미로 한국

기독교의 보수 계열은 진보 계열과의 화해와 연합을 강력히 거부하는 태도를 보인다.

그러나 교리적 차이나 신학적 견해의 차이가 교회 연합의 장애물이 될 수 없다. 그 이유는 "그리스도의 몸은 하나"라고 신약성서가 말하기 때문이다. 몸의 지체들이 다르듯이, 각 지체 교회는 다양한 교리를 가질 수 있다. 그러나 그들은 한 몸에 속한다. 그들은 한 성령과 한 세례를 받았고, 한 하나님과 한 분 그리스도를 믿으며, 한 믿음을 가지며, 한 희망을 갖기 때문이다(엡 4:4-5). 또 모든 교회는 성만찬에서 한 분 그리스도의 몸을 받으며 그와 연합하기 때문이다. 하나님의 진리에 대한 이해가 다르다 하여 반드시 나뉠 필요는 없다. 카자흐스탄에는 50여 개의 종교들이 있지만, 국가의 종교 통합 정책에 따라 이들은 사이좋게 잘 지내고 있다. 무슬림과 정교회와 로마 가톨릭교회의 사제들이 친구로 지내기도 한다.

모든 그리스도인은 그리스도의 한 피를 통해 구원을 받았고, 한 분 주님의 통치 안에 있는 "하나님의 자녀들"이다. 세계의 화해와 남북통일을 위해 기도하기 전에 먼저 분열된 교회들이 화해하고 연합하는 모습을 보여야 한다. 화해와 연합의 정신 속에서 신학적 입장의 차이는 인내심 있는 상호 대화를 통해 극복될 수 있을 것이다. 생각의 차이가 극복되지 않을 경우, 서로 비방할 것이 아니라 자신의 입장을 지키면서 상대편의 입장을 존중하는 관용의 태도를 취해야 할 것이다. 상대방을 비난하는 성명서 발표는 불신자들에게 기독교에 대한 부정적 인상을 심어주며, 결국 선교의 문을 닫는 결과를 낳는다는 것을 지금 우리는 눈으로 보고 있다.

신약성서는 교회의 상호 비난과 분열을 강력히 경고한다. "여러분 가운데에서 시기와 싸움이 있으니 여러분은 육에 속한 사람이고, 인간의 방식대로 살고 있는 것이 아닙니까"(고전 3:3). "누구든지 하나님의 성전을 파괴하면, 하나님께서도 그 사람을 멸하실 것입니다. 하나님의 성전은 거룩합니다. 여러분은 하나님의 성전입니다"(고전 3:17).

그리스도 역시 나누어진 교회의 연합과 일치를 강력히 요구한다. "우리가 하나인 것 같이, 그들도 하나가 되게 하여 주십시오"(요 17:11). "아버지께서 내 안에 계시고, 내가 아버지 안에 있는 것과 같이, 그들도 하나가 되어서 우리 안에 있게 하여 주십시오"(17:21). 381년에 열린 니케아-콘스탄티노플 공의회는, 참교회의 표식(nota)은 "하나의 교회"(una ecclesia)로 연합하는 데 있음을 시사한다.

B. 세계교회 분열의 역사와 WCC의 연합운동

1) 초기 교회는 일찍부터 다양한 이단설과 싸워야만 했다. 신학적으로 가장 중요한 이단설은 영지주의와 아리우스주의였다. 영지주의는 예수의 인간적 본성을 부인한 반면, 이집트의 알렉산드리아에서 시작된 아리우스주의는 예수의 신적 본성을 부인하였다. 이 문제로 초기 교회는 니케아 공의회(325), 콘스탄티노플 공의회(381), 에베소 공의회(431), 칼케돈 공의회를(451) 소집하여 예수는 신적 본성과 인간적 본성을 함께 공유한 "참인간"인 동시에 "참하나님"(vere homo, vere deus)이라 선언하였다.

그러나 이를 반대하는 로마 제국의 여러 지역교회들이 자신을 분리시켰다. 페르시아 일대의 네스토리우스교회, 이집트 및 에티오피아 지역의 단성론자들의 교회(오늘의 콥트교회), 시리아 지역의 야곱파교회, 소아시아 일대의 아르메니아교회가 5-6세기에 분리되었다. 네스토리우스교회는 중국 북경까지 전해졌으나 중국문화에 흡수되어버렸다. 현재 약 400만 명의 교인이 있는 콥트교회는 이슬람 측의 박해에도 불구하고 명맥을 유지하고 있다.

기독교가 로마 제국의 공인종교에서 제국종교로 발전하였던 기원후 4세기에 로마 제국은 서로마 제국과 동로마 제국으로 구별되어 있었다. 본래 이 구별은 로마 제국을 나누기 위한 것이 아니라, 로마 제국의 영토가 너무도 컸기 때문에 두 사람의 황제가 영토를 분할하여 제국의 방위선을 지키기 위한 조치에 불과했다. 기원후 284년 약 마흔 살의 나이에 황제가 된 디오클레티아누스(Diocletianus)는 그의 친구 막시미아누스(Maximianus)에게 제국 서방을 맡기고, 자신은 제국 동방을 맡음으로써 이른바 로마 제국의 "이두정치"(diarchia)가 시작된다.

388년 테오도시우스 황제가 원로원의 동의를 얻어 기독교를 국가종교로 확정할 때, 이두정치는 잠시 중지되고, 테오도시우스 황제 한 사람이 제국의 동방과 서방 전체를 통치하고 있었다. 따라서 테오도시우스가 제국종교로 채택한 기독교는 제국 동방과 제국 서방을 아우른 로마 제국 전체의 제국종교가 된다.

395년에 세상을 떠나면서 테오도시우스 황제는 18살, 10살밖에 안 된 두 아들에게 제국을 "동로마 제국"과 "서로마 제국"으로 양분하여 나누어 준다. 이에 따라 교회도 서로마 제국의 교회와 동로마 제국의 교회로 구별된다. 서로마 제국 기독교의 중심은 지금의 로마에 있었고, 동로마 제국 기독교의 중심은 콘스탄티노플(1453년부터 이스탄불이라 불림)에 있었다. 이같이 교회가 동서로 구별되었지만, 독립된 교단으로 분열되지는 않았다.

그러나 1054년에 발생한 "필리오케"(Filioque) 문제와 서로마 교회 교황의 수위권 주장으로 인해 두 제국의 교회가 분리되었다. 서로마 제국의 교회가 오늘의 로마 가톨릭교회이고, 동로마 제국의 교회가 오늘의 정교회다. 정교회의 본래 이름은 "올바른 신앙을 가진 보편적이며 사도적인 동방교회"다(orthodoxos katholikekai apostolike ecclesia tes anatoles).

16세기에 루터의 종교개혁을 통해 개신교회가 로마 가톨릭교회에서 분리되었다. 본래 루터의 목적은 교회의 분리가 아니라 가톨릭교회의 개혁에 있었다. 그러나 양자의 신학적 입장이 도저히 화해할 수 없다는 사실이 드러나면서 개신교회가 생성된다. 개신교회는 독일과 스칸디나비아 지역의 루터교회, 스위스, 홀란드, 스코틀랜드와 프랑스 일대의 개혁교회로 나누어져 발전한다.

종교개혁이 진행되고 있던 1523년에 스위스의 그레벨(K. Grebel, 1498-

1526)은 종교개혁자 츠빙글리와 작별하고 재세례파 교회를 세운다. 그의 신념에 따르면 국가교회 제도는 타당하지 않다. 교회는 오직 믿음의 확신이 있는 신자들로 구성되어야 하기 때문이다. 그러므로 재세례파는 유아세례를 폐지하고, 자유로운 결단의 능력을 가진 성인 세례를 주장한다. 1535년에 독일 뮌스터 지역에서 일으킨 혁명이 실패로 끝나자 재세례파는 국가교회의 극심한 박해로 인해 소규모 공동체로 축소되어 홀란드, 스위스, 러시아, 북미와 라틴아메리카 등지에 산재하게 된다. 재세례파는 그 이후에 생성된 다양한 자유교회의 모체가 된다. 메노파 교회는 재세례파에서 분파한 교회다.

1534년에 영국 국왕 헨리 8세(1491-1547)는 자신의 이혼 신청에 대한 로마 교황의 거부에 반발하여 영국교회를 로마 가톨릭교회에서 분리시키고, 자신이 영국교회의 수장이 된다. 이로써 영국 성공회(Anglican Church 혹은 Church of England)가 로마 가톨릭교회에서 분리된다. 최초의 명칭은 "법에 의해 세워진 영국의 개혁교회"(The Reformed Church of England as by Law Established)다. 이런 사정으로 성공회는 영국의 국가교회가 될 수밖에 없었다.

17세기에는 개신교회 내에서 다양한 자유교회들이 독립하게 된다. 영국 성공회의 개혁이 미흡한 데 반발한 청교도들이 가톨릭교회의 잔재 청산을 주장하면서 독립교회를 세운다. "이들은 최초로 영국 개신교회 내에서 분리주의자들로 불린다"(정일웅 2015a, 109). 그 뒤를 이어 침례교회, 회중교회가 독립한다.

18세기 영국에서 일어난 웨슬리(J. Wesley, 1703-1791)의 대각성운동은 감리교회를 일으키는 계기가 된다. 그는 본래 영국 성공회에서 분리된 새로운 교단을 세우려 한 것이 아니라, 성공회의 제도적 형식주의를 극복하고 영적 부흥과 영국 사회의 갱신을 일으키고자 하였다. "메소디스트(Methodist)란 말은 웨슬리 운동의 참여자들의 '일관된 삶의 방식의 원칙과 격식'에서 유래한다. 이 운동은 영국이 아니라 미국에서 공식 교단으로 발전하였다"(정일웅 2015a, 114). 19세기에 미국을 중심으로 일어난 부흥운동과 세계 선교를 통해 아프리카 및 아시아 등지에 서구 교회가 확장되는 동시에, 서구의 전통 교회와 무관한 다양한 기독교 공동체들이 생성되고, 교회 분열이 일어난다. 그 가운데 대표적인 것은 19세기 후반 영국과 미국에서 일어난 성결운동(Holiness Movement)에서 발전된 성결교회(강근환 2015, 159), 한국의 고신 교단과 장로교회의 분열, 장로교 내에서의 예장과 기장의 분열, 예장 내에서 합동과 통합의 분열이다. 20세기의 성령 운동과 함께 등장한 오순절교회는 급격한 교세 확장 속에서 기성 교회의 전통주의와 형식주의를 극복하고자 한다. 그러나 신학적 정체성의 결핍으로 인해 혼란을 일으키는 현상도 나타난다.

개신교회의 끊임없는 분열의 역사에 반해 가톨릭교회는 아무런 분열을 알지 못하는 것처럼 보인다. 그러나 가톨릭교회는 수많은 수녀원과 수도원을 가지고 있는데, 이들 수녀원과 수도원들은 사실상 가톨릭교회로부터 독립되어 있다고 한다. 따라서 수녀원과 수도원의 재정 상황은 가톨릭교회에 전혀 보고되지 않는다고 한다.

2) 분리된 교회들 사이의 대화와 연합운동이 19세기 말에 일어나기 시작한다. 이 운동은 세계교회협의회(WCC)에서 큰 결실을 맺게 된다. 본래 WCC는 1910년 에든버러 선교대회(Edinburgh Missionary Conference) 이후 1921년에 창설된 국제선교협의회(IMC, International Missionary Council)에서 유래한다. IMC는 "제1차 세계대전 이후 정치적으로 나눠진 교회들과 그들의 선교사역들을 함께 그리고 효율적으로 수행하기" 위한 "에큐메니칼 운동"이었다(방연상 2013, 37). 이 같은 배경 속에서 1938년에 열린 네덜란드의 위트레흐트(Utrecht) 총회에서 WCC(World Council of Churches)가 설립되었다. WCC는 6년 내지 7년마다 총회를 소집하기로 결정했으나, 제2차 세계대전으로 인해 총회가 연기되었다.

대전이 끝난 후 1948년 8월 네덜란드 암스테르담에서 제1차 총회가 열리면서 WCC의 교회 연합운동이 본격적으로 시작된다. 이 운동은 크게 나누어진 교회들의 교리와 직제의 차이를 극복하고자 하는 "신앙과 직제"(Faith & Order), 세계에 대한 공동의 책임을 수행하고자 하는 "삶과 봉사"(Life & Work)의 두 가지 영역으로 이루어진다. 이를 통해 WCC는 "그리스도의 교회의 보편성과 모든 교회들 공통의 본질적 일치를 드러내며, 다양한 교회들 사이의 관계들과 세계를 향한 공동의 파송을 이행하고자"한다. WCC의 역대 총회의 연대, 장소 그리고 주제는 다음과 같다.

- 제1차 1948년 네덜란드 암스테르담:
  "인간의 무질서와 하나님의 계획"(Man's Disorder and God's Design)
- 제2차 1954년 미국 에반스톤:
  "그리스도 - 세상의 소망"(Christ - the Hope of the World)
- 제3차 1961년 인도 뉴델리:
  "예수 그리스도 - 세상의 빛"(Jesus Christ - the Light of the World)
- 제4차 1968년 스웨덴 웁살라:
  "보라, 내가 만물을 새롭게 하노라"(Behold, I make all things new)
- 제5차 1975년 케냐 나이로비:
  "예수 그리스도는 자유하게 하시고 하나 되게 하신다"(Jesus Chist Frees and Unites)
- 제6차 1983년 캐나다 밴쿠버:
  "예수 그리스도 - 세상의 생명"(Jesus Christ - the Life of the World)
- 제7차 1991년 호주 캔버라:
  "오소서! 성령이여, 만물을 새롭게 하소서"(Come, Holy Spirit - Renew the whole Creation)
- 제8차 1998년 짐바브웨 하라레:
  "하나님께 돌아가서 소망 중에 기뻐하자"(Turn to God - Rejoice in Hope)
- 제9차 2006년 브라질 포르투 알레그리:
  "하나님, 당신의 은혜로 세상을 변화시키소서"(God, in your grace, transform

the world)

- 제10차 2013년 한국 부산:
"생명의 하나님, 우리를 정의와 평화로 이끄소서"(God of Life, lead us to Justice and Peace)

이 같은 주제들을 통해 WCC는 세계교회들의 연대 속에서 시대적 상황과 문제들에 대해 응답하고, 그리스도께서 선포한 하나님 나라의 복음을 증언하고자 한다. 정교회, 성공회, 개신교회의 중요한 교단들 거의 모두가 회원국으로 가입되어 있다. 로마 가톨릭교회는 "삶과 봉사 위원회"에만 회원으로 가입되어 있다. 그러나 그 밖의 다른 활동과 대화에도 적극 참여한다.

C. 연합을 위한 세계교회의 에큐메니칼 대화

교회의 연합과 일치를 위해 WCC는 교리적 차이를 다루지 않을 수 없었다. 입장들의 차이를 드러내는 동시에, 서로의 공통분모를 발견하고자 하였다. 또한 다양한 형태의 경건과 예배의식과 신자들의 공동체의 형태들을 드러내어, 더욱더 풍요로운 경건과 믿음의 삶과 신자들의 친교와 일치에 이르고자 하였다. 이를 위한 토의들 가운데 아래 몇 가지 신학적 문제들을 살펴보기로 하자.

1) 1054년에 정교회와 로마 가톨릭교회가 나누어진 가장 중요한 신학적 문제는 "필리오케"(Filioque) 문제였다. 325년의 니케아 공회는, 성령이 "아버지로부터 나온다"(procedit ex Patre)고 고백하였다. 그러나 로마를 중심으로 한 서방지역의 교회는, 성령이 "아버지와 그리고 아들로부터 나온다"고(procedit ex Patre Filioque) 생각하여 "Filioque"를 삽입하였다. 이 문제로 인해 동로마의 정교회와 서로마의 로마 가톨릭교회가 분리된다.

로마 가톨릭교회가 *Filioque*를 삽입한 이유는 성서에 근거한다. 요한복음에 의하면 예수께서 성령을 보낼 것이라 말한다. "내가 아버지께로부터 너희에게 보낼 보혜사…"(15:26), "저희를 향하사 숨을 내쉬며 말씀하시기를 '성령을 받으라…'"(20:22). 예수께서 성령을 보내신다면, 성령은 "아버지와 그리고 아들로부터 나온다"고 고백할 수밖에 없다. 로마 가톨릭교회의 입장에서 볼 때, 성령이 단지 "아버지로부터" 나온다면, 아들과 성령의 관계는 아버지와 성령의 관계만큼 긴밀하지 못하게 된다. 이리하여 성부·성자·성령의 삼위일체적 관계가 불확실하게 되고, 엄밀한 의미의 삼위일체를 말하기 어렵게 된다.

이에 대해 정교회는 다음과 같이 주장한다. 만일 성령이 "아버지와 그리고 아들로부터" 나온다면, 성령은 두 가지 출처를 갖게 된다. 하나의 사물이 두 가지 출처를 가진다는 것은 불가능하다. 성령이 두 가지 출처를 가질 경우, 근원자이신 아버지 하나님의 왕권(*monarchia*)이 위험스럽게 된다. 먼저 천지를 창조하신 아버지 하나님이 계시고, 그 아버지로부터 아들과 성령이 나온다고 보아야 할 것이다.

이 문제에 대한 에큐메니칼 대화는 다음과 같은 공통분모에 도달하였다. 즉 "성령은 아버지로부터 아들을 통하여" 나온다는 것이다. 이를 통해 근원자 되신 아버지 하나님의 왕권에 대한 정교회의 관심을 살리는 동시에, 아들과 성령의 직접적 관계성과 성부·성자·성령의 삼위일체를 유지하고자 하는 로마 가톨릭교회의 관심을 살리고자 한다. 이와 동시에 세계를 새롭게 창조하고자 하는 성령의 새 창조의 역사를 활성화시키고자 하는 신학적 관심에 부응하고자 한다.

필자의 소견에 의하면, 최초의 근원자이신 아버지 하나님이 먼저 계시고, 그 아버지 하나님으로부터 아들과 성령이 나온다는 표상은 적절하지 않다. 오히려 하나님은 영원 전부터 성부·성자·성령으로서의 삼위일체 하나님이었다고 보아야 할 것이다. 그래야 엄밀한 의미의 삼위일체가 가능하다. 하나님의 영 안에서 성령을 통한 태초의 창조는 이를 암시한다.

성부 하나님이 먼저 계시고, 그에게서 성자와 성령이 나온다는 표상은, 성부 하나님을 근원자 내지 출발점으로 전제하는 유일신론의 틀을 벗어나지 못한다. 성부·성자·성령 하나님이 영원 전부터 삼위일체의 관계 속에서 함께 계시다고 생각할 때, Filioque 논쟁은 불필요하게 된다. 따라서 이 문제로 인해 정교회와 로마 가톨릭교회가 분리될 필요가 없다. 해방신학자 레오나르도 보프(Leonardo Boff)도 그의 사회적 삼위일체론에서 동일하게 주장한다.

2) 로마 가톨릭교회가 주장하는 로마 교황의 수장권(首長權) 문제는 정교회와 로마 가톨릭교회의 문제인 동시에, 로마 가톨릭교회와 모든 기독교 교회의 문제이기도 하다. 가톨릭교회는 로마 교황의 수장권에 대한 가장 직접적 근거를 마태복음 16:18-19에서 발견한다. 이 본문에서 예수는 베드로를 교회의 "바위"로 삼으시고 그 위에 교회를 세우겠다고 말씀하시면서 "네가 무엇이든지 땅에서 매면 하늘에서도 매일 것이요, 땅에서 풀면 하늘에서도 풀릴" "하늘나라의 열쇠"를 베드로에게 맡겼다.

그런데 "하늘나라의 열쇠"를 받은 베드로가 로마교회의 첫 주교가 되었다. 그러므로 베드로의 사도직 계승을 통해 세워지는 가톨릭교회의 교황이 땅 위에 있는 모든 교회의 수장, 곧 머리가 된다. 따라서 참교회는 로마 가톨릭교회이며, 다른 모든 교회는 로마 가톨릭교회에 통합되어야 한다고 말하게 된다. 여기서 우리는 교황의 수장권 및 가톨릭교회에만 하나님의 참 구원이 있다는 주장이 마태복음 16:18-19에 근거하고 있음을 볼 수 있다. 그러므로 개신교회의 수많은 신학자들은 이 본문이 과연 지상의 예수께서 하신 말씀인지 의문을 제기한다.

역사적 관점에서 볼 때 가톨릭교회의 교황이 수장권을 주장할 수 있는 근거가 전혀 없는 것은 아니다. 왜냐하면 동서로 나누어지기 전에 로마 제국 전체의 수도는 로마에 있었고, 따라서 로마 제국교회의 중심은 로마교회 곧 오늘의 로마 가톨릭교회에 있었다고 볼 수 있기 때문이다. 이 사실을 분명히 확보함으로써, 모든 교회의 하나 됨과 통일성을 유지하기 위해 가톨릭교회는 교황의 수장권을 주장한다.

그러나 가톨릭교회 교황의 수장권은 여타 기독교 교회들의 독립된 권위를 약화시킬 뿐 아니라, 이 교회들이 가톨릭교회로 통합되어야 한다는 의미를 내포하고 있다. 본래의 교회는 가톨릭교회요, 참 구원은 가톨릭교회에 있기 때문이다. 이것은 기독교의 다른 교회들이 도저히 인정할 수 없는 문제다.

3) 이 문제와 연관된 또 하나의 문제는 정교회나 가톨릭교회 모두 자신이 참된 예수 그리스도의 교회라 주장하며, 상대방의 교회가 자신에게로 돌아와야 한다고 주장하는 데 있다. 본래 교회는 하나였다. 그런데 정교회는 11세기에 가톨릭교회가 *Filioque* 문제를 중심으로 정교회에서 떨어져나갔다고 하며, 그러므로 "자신만이 성도들에게 전달된 신앙을 완전하고 순수하게 지킨" 모교회요, "일곱 차례의 에큐메니칼 공의회를 거친 옛날의 분리되지 않은 단 하나의 교회의 신앙으로…돌아오는 것만이 분리된 모든 그리스도인의 궁극적 통일을 실현할 수 있다"고 주장한다(Hoffmann 1989, 233). 이에 반해 로마 가톨릭교회는 베드로 위에 세워진 자신 안에 참 그리스도의 교회가 있다고 주장한다.

이 같은 대립은 성공회와 개신교회의 입장을 통해 중재된다. 성공회에 따르면, 사도들의 뒤를 따르는 사제직과 함께 사도적 신앙이 있는 곳에는 어디서나 그리스도의 교회가 있다. 개신교회에 따르면, 복음이 선포되고 성례가 올바르게 집행되는 거기에 그리스도의 교회와 모든 교회의 하나 됨이 있다.

로마 가톨릭교회의 제2차 바티칸 공의회는 성공회와 개신교회의 주장을 수용하여 자신의 전통적 입장을 수정한다. 곧 기독교의 다른 교회들에게도 "성화와 진리의 다양한 요소들"이 있다는 것을 인정하고, 이들을 형제자매의 교회로 수용하는 입장을 취한다. 그리하여 가톨릭교회만이 참 예수 그리스도의 교회요, 따라서 모든 그리스도인들은 가톨릭교회로 돌아와야 한다는 배타적 입장을 버리고 예수 그리스도의 교회가 가톨릭교회 안에 "실현되어 있다"(subsistit)는 매우 완화된 입장을 표명한다.

4) 종교개혁의 가장 중요한 논쟁점은 "오직 은혜로"(sola gratia), "오직 믿음으로"(sola fide) 구원을 받을 수 있다는 루터의 구원론에 있었다. 따라서 가톨릭교회와 개신교회의 에큐메니칼 대화에서 이 문제가 중점적으로 다루어질 수밖에 없었다. 단지 믿음만으로 구원을 받는가, 아니면 우리 자신의 선한 행위나 공적이 있어야 구원을 받는가의 문제는 단지 두 교회 사이의 문제가 아니라 모든 기독교 교회의 문제다.

에큐메니칼 대화에서 개신교회는 다음과 같은 입장을 취한다. 그리스도는 십자가의 죽음을 통해 하나님의 의를 이루셨다. 이 의는 오직 하나님의 자비하심으로 말미암아 주어지는 하나님의 은혜다. 우리는 이 은혜에 대한 믿음을 통해 구원을 얻을 수 있다. 그러나 참 믿음은 선한 행위를 동반하며, 선한 행위가 없는 믿음은 거짓된 믿음이요, 구원의 길이 될 수 없는 "죽은 것"이다(약 2:26). 여기서 개신교회는 선한 업적을 강조하는 가톨릭교회의 입장을 수용한다.

이에 상응하여 가톨릭교회는 구원은 인간의 선한 공적이나 행위에 대한 대가로 주어지는 것이 아니라 믿음을 통해 주어지는 하나님의 은혜라는 개신교회의 입장을 수용한다. 신자들의 선한 행위는 구원의 조건이 아니라 하나님의 구원과 분리될 수 없는 구원의 필연적 귀결로 간주된다. 믿음과 선한 행위는 동전의 양면처럼 분리될 수 없다는 것을 가톨릭교회도 인정한다.

오늘날 한국 개신교회의 위기와 연관하여 많은 개신교회 신학자들도 믿음과 선한 행위의 불가분리를 주장한다. "오직 믿음으로" 구원을 얻을 수 있다는 개신교회의 가르침은 "도덕 불감증 혹은 후천성 도덕 결핍증", "성화에 대한 무관심", "신앙생활 가운데서 도덕과 윤리, 선행과 행위가… 경시 혹은 도외시되는 경향"을 초래한다(김득중 2015, 276 이하). 어떤 목사는 "'한번 구원은 영원한 구원이다'라는 구호를 외치면서 '그러므로 신자는 어떻게 사는가에 대해서는 괘념치 말고 오직 구원의 확신을 가지고 살면

된다'라는 생각을…고취"한다(김세윤 2013, 21). "정말 구원이 행위와 무관하다면, '은혜 아래 있으니 마음 놓고 죄를 짓자'거나 '은혜를 더 크게 하려고 계속 죄를 지으며 살자'라는 논리를 막을 수 없다(롬 3:5-8; 6:1, 15). 일부이겠지만, '일단 구원을 받았으니, 이젠 사람을 죽여도 지옥엔 못 간다'라고 외치는 목사들"도 있다(권연경 2013, 83).

믿음과 행위, 구원과 삶을 분리함으로 말미암아 신자들의 비윤리적 행위와 삶이 용인되고, 상식을 벗어난 이단집단들의 타락상과 비리들이 한국 사회에 큰 파문을 일으키고, 교회의 신뢰도를 실추시킨다. 이 같은 상황을 극복하기 위한 대안으로 개신교회의 많은 신학자들은 로마 가톨릭교회가 중요시하는 행위의 측면을 강조한다. "*sola fide*"는 "*fide cum opera*"(행함이 있는 믿음)로 대체되어야 한다(김득중 2015, 323). "'오직 믿음'과 '오직 은혜'로 포장된 값싼 은총"(권연경 2013, 81)은 책임적 행위와 삶을 동반하는 은총으로 대체되어야 한다.

개신교회 신학자들의 이 같은 주장은 가톨릭교회의 입장과 거의 동일하다. 참 믿음은 성화를 동반한다. 그러나 행위로 구원을 얻을 수 있는 것은 아니다. 우리 가운데 자신의 행위를 통해 구원을 받을 수 있는 사람은 아무도 없다. 달리 말해 "인간은 자신의 행위로 구원을 따낼 수는 없다.…구원은 절대적으로 하나님의 주권적 행위이다"(유승원 2015, 272). 만일 우리가 자신의 행위로 구원을 따낼 수 있다면, 믿음은 "인간 중심의 공로주의"로 전락할 것이다(272). 그것은 하나님과 우리 자신을 동격에 세우고, 사실상 하나님 없이 살아가는 무신(無神)으로 빠질 것이다. 은혜로운 하나님은 사라지고, 인간의 행위에 따라 판단하는 하나님만이 있게 될 것이다. 행위가 없는 믿음에 대한 비판은 타당하지만, "*sola fide*" 속에 숨어 있는 종교개혁자들의 깊은 통찰을 우리는 잊어서는 안 될 것이다.

5) 개신교회와 로마 가톨릭교회의 에큐메니칼 대화에서 또 하나의 문제는 성서와 전통의 관계 문제다. 개신교회의 입장에 따르면, 구원을 얻기 위해 알아야 할 모든 신앙의 지식은 성서에 기록되어 있다. 성서는 그

안에서 살아 움직이는 성령으로 말미암아 그 자체로 충분한 "자신의 해석자"요, 교회와 신자들에 대한 궁극적 권위다. 이 권위는 신자들의 마음과 공동체 안에서 활동하는 성령의 내적 증언을 통하여 그 스스로 작용한다.

그러나 오늘의 개신교회 신학은 교회의 전통, 곧 에큐메니칼 공의회의 신앙고백서, 교부들과 교황들, 역대 성인들의 가르침을 배격하지 않는다. 이들은 하나님의 진리에 대한 더 깊고 더 분명한 이해를 위해 도움이 될 수 있다. 그러나 교회의 전통은 성서의 빛을 통해 비판적으로 검증되어야 한다는 다소 완화된 입장을 취한다. 이에 상응하여 로마 가톨릭교회의 신학도 신약과 구약의 성서가 궁극적 규범임을 부인하지 않는다. 파울 틸리히(Paul Tillich)와 같은 개신교회 신학자는 로마 가톨릭교회의 신학자들보다 훨씬 더 극단적 입장을 취한다. 그에 따르면 교회의 전통은 물론 세속의 문헌들과 문화 속에도 하나님의 계시가 있다.

6) 에큐메니칼 대화의 가장 큰 어려움은 교회론의 문제다. 성직자들의 위계체제(Hierarchie) 및 법적 제도로서의 교회관을 포기하지 않는 로마 가톨릭교회에 반해, 개신교회는 교회를 신자들의 공동체 내지 친교로 본다. 교회는 제도가 아니라 "말씀의 사건"이요, "말씀의 피조물"이다. 참교회의 표식은 법적 제도에 있는 것이 아니라 선포되는 하나님의 말씀과 올바르게 집행되는 성례에 있다. 그리스도의 현존은 교회를 통해 중재되는 교회의 소유물과 같은 것이 아니다. 그는 말씀과 성령을 통해 교회에 직접 현존하고, 교회를 깨우며 인도한다. 그의 현존은 보증수표처럼 교회에 주어진 것이 아니다. 그것은 말씀과 성령을 통해 언제나 새롭게 갱신된다. 사도계승은 안수를 받은 성직자들의 계승이 아니라, 설교와 가르침의 계승을 말한다.

사제직(성직)의 문제도 일치에 이르지 못한 어려운 문제로 남아 있다. 종교개혁자들은 "만인사제직"을 주장하면서, 성직자와 평신도의 계급적 차별을 부인한다. 사제는 교회 공동체에서 분리된 하나의 특별한 신분이 아니라 평신도가 할 수 있는 일을 대리하여 처리하도록 세움을 받앉을 뿐이다. 사제의 모든 권한은 공동체에 의해 위임된 것이다. 그러므로 개신교회는 사제 곧 목사가 "성별된다"(weihen)고 말하지 않고 "임직된다"(ordinieren)고 말한다.

이에 반해 로마 가톨릭교회에서 사제직은 객관적 정당성을 지닌 특별한 제도다. 이 제도는 사도계승을 통해 이루어지므로, 교회 공동체로부터 독립된 것이다. 그러므로 사제는 교회 공동체에서 독립된 객관적 권위를 가진다. 교회의 하나 됨은 사제들과 그들의 머리가 되는 교황에게 있다. 교회의 주체는 평신도가 아니라 사제들이다. 평신도는 사실상 손님과 같은 위치에 있다. 제2차 바티칸 공의회 이후 로마 가톨릭교회는 이 같은 전통적 입장을 수정하여 사제와 평신도의 "공동의 사제직"을 실현하고자 노력한다. 세속 안에서 복음의 진리를 증언해야 할 평신도의 위치와 중요성을 충분히 인정하며, 미사와 교회 운영에 평신도를 적극 참여시키기도 한다. 그러나 평신도로부터 구별되는 특별사제직을 포기하지는 않는다.

세계교회의 에큐메니칼 대화에서 아직도 일치에 이르지 못하는 많은 문제들이 남아 있다. 예를 들어 가톨릭교회는 일곱 가지 성례를 주장하는 반면, 개신교회는 세례와 성만찬의 두 가지 성례만을 인정한다. 특히 개신교회는 가톨릭교회의 화체설을 반대한다. 따라서 성만찬에 사용되는 빵과 포도주를 속죄의 능력이 있는 "희생제물"로 보고, 예배 때마다 그리스도의 희생제물을 바치는 미사제도를 반대한다. 그리스도께서 성만찬에 실제로 현존한다는 루터교회의 입장과, 영적으로 현존한다는 개혁교회의 입장도 서로 일치에 이르지 못하고 있다.

아직 일치에 이르지 못한 많은 차이점들이 있지만, 그럼에도 이 차이점들이 교회의 연합과 세계를 위한 봉사를 방해할 수 없다. 땅 위의 모든 교회는 동일한 창조자 아버지 하나님, 구원자 예수 그리스도, 새 창조자 성령, 곧 삼위일체 하나님을 고백한다. 그들은 하나의 세례를 받으며, 성만찬을 통하여 그리스도의 몸으로 연합된다. 바로 여기에 교회의 연합과 일치의 근거가 있다.

사랑은 상대방의 다름과 자유를 관용한다. "너는 나처럼 되어야 한다"고 요구하지 않는다. 서로의 자유와 다름 속에서 하나가 되고, 하나 됨 속에서 서로의 자유와 다름을 관용하는 여기에 사랑이 있다. 그러므로 교회연합운동은 모든 교회의 획일성을 요구하지 않는다. 오히려 다양성 안에서의 친교와 연합을 지향한다.

D. WCC에 대한 한국 개신교회의 논쟁

한국교회연합회(KNCC)는 일찍부터 WCC의 교회 연합운동에 참여하여 한국 사회에 대한 교회의 책임을 다하고자 노력하였다. 1970년대 이후 군사정권에 대한 저항, 정치적·경제적 정의의 실현, 노동자를 위시한 사회 빈민계층의 인권 옹호, 한국 사회의 민주화, 북한과의 화해에 앞장섰다. WCC는 한국교회연합회의 이 같은 노력을 지원하였다.

그러나 한국 개신교회의 보수 및 근본주의 계열은 대략 아래와 같은 이유로 WCC의 교회 연합운동을 거부한다. ① WCC는 용공이다. ② 정경분리의 원칙을 깨뜨리며, 폭력 사용을 인정하고 폭력단체를 지원한다. ③ 종교다원주의 및 종교혼합주의를 추구한다. ④ 성경무오설과 예수의 동정녀 탄생 등의 교리를 불신한다. ⑤ 복음의 토착화를 관용하며 동성애를 인정한다.

KNCC가 정치·경제·사회문제에 주요 관심을 가지고 남한 정부의 반공 노선을 비판하며 남북한의 화해를 추구하는 데 반하여, 1989년 한경직 목사를 주축으로 한 보수 계열의 지도자들은 한국기독교총연합회(한기총)를 결성하고 교회와 정치의 분리 및 교회의 정치적 중립을 주장하면서, 성서의 권위와 개인 영혼의 구원과 체험적 신앙을 강조하는 이른바 "복음주의"를 표방하였다. 그러나 한기총은 "한국교회연합"(한교연)과 분열되었다. 이리하여 한국 개신교회는 WCC와 KNCC를 지지하는 진보 계열과, 한기총과 한교연이 대표하는 보수 계열로 분열되어 있다. 2013년 10월에 열린 WCC 제10차 부산총회에 대한 보수 계열의 반대 운동은 이 분열을 더욱 심화시켰다. 여기서 우리는 WCC의 교회 연합운동에 대한 보수 계열의 비판 가운데 아래 몇 가지 중요 사항을 간단히 고찰하고자 한다.

1) 가장 주요한 비판은 WCC가 용공이라는 비난이다. 이 문제로 인해 1959년 예수교 장로회가 통합과 합동으로 분열되었다. 그 동기는 러시아 정교회를 중심한 구 공산권 교회들의 WCC 가입, 공산권 국가 통치자의 WCC 방문, 그리고 WCC가 시도한 기독교와 마르크시즘의 대화에 있었다.

그러나 결정적 동기는 남아프리카공화국의 인종차별주의에 대한 흑인들의 저항과 해방운동에 있었다. 1994년에 넬슨 만델라가 석방될 때까지 남아공의 백인 정권은 백인, 흑인, 여타 유색인종을 철저히 분리하는 인종분리와 인종차별 정책을 실시하였다. 이에 1968년 WCC 제4차 웁살라 총회는 인종차별을 단순한 인권문제가 아니라 그리스도의 복음에 위배되는 신앙적 문제로 인식하고 인종차별 철폐 운동을 벌인다. 이것은 마틴 루터 킹(Martin Luther King) 목사의 흑인해방운동을 반대하던 미국의 백인 보수 세력, 유럽의 백인 우월주의에 근거한 식민사관을 가진 자들에게는 눈엣가시와 같은 것이었다. 이에 미국의 극우 반공주의자인 칼 맥킨타이어와 그가 이끄는 국제기독교교회협의회(ICCC), 이들과 연계한 남아공의 백인 정권은 WCC를 비롯하여 인종차별 철폐와 해방운동을 지지하는 세계 모든 단체를 용공으로 매도했다. 곧 WCC에 참여한 러시아 정교회 성직자들은 "공산당의 지령을 받은 KGB 요원"이요, WCC는 "마르크스를 따르는 복음"(The Godpel according to Marx)을 대변한다고 비난했다.

그러나 WCC가 용공 곧 공산주의를 수용한다는 비판은 적절하지 않다. WCC는 공산주의나 자본주의의 이데올로기를 초월하여 하나님께서 부여하신 인권, 자유, 평화, 신앙의 자유, 그리고 예수 그리스도를 고백하는 교회를 지키기 위한 사명을 감당하고자 할 뿐이다. 그래서 WCC는 러시아 정교회를 포함한 당시 공산권 국가들의 교회들을 회원으로 받아들였다. 그리고 공산권 국가 지도자들의 방문을 수용하면서, 동서 양 진영의 냉전체제를 완화하는 데 기여하고자 하였다. 이를 가리켜 용공이라 말할 수 없다. 만일 WCC가 용공이라 비난한다면, 한때 소련의 최고 통치자였던 고르바초프에게 차관을 준 한국 정부도 용공이라고 비난해야 할 것이다. 공산주의 체제가 무너져버린 오늘의 상황에서 용공 시비는 무의미하다.

칼 마르크스의 공산주의가 구약의 메시아 왕국에 대한 기다림(메시아니즘)에 그 뿌리를 둔다는 것은 널리 알려진 사실이다. 본래 마르크스는 유대인이었기 때문에 구약성서의 핵심 문제가 무엇인지 잘 알고 있었다. 그러므로 그는 청년기의 문헌 『유대인 문제에 관하여』(*Zur Judenfrage*, 책세상 역간)에서 "성서의 모든 글자는 거룩하다"고 말한다(die Schrift ist heilig bis auf das Wort, Marx 2004, 252). 사도행전이 보도하는 최초의 기독교 공동체는 모든 소유를 함께 나누는 소규모 공산사회였다. "믿는 사람은 모두 함께 지내며, 모든 것을 공동으로 소유하였다. 그들은 재산과 소유물을 팔아서 모든 사람에게 필요한 대로 나누어주었다"(행 2:44-45). 그것은 노예와 자유인, 야만인과 문화인, 여자와 남자의 차별이 없는, 모든 사람이 평등하고 자유로운 형제자매들의 공동체였다(갈 3:28; 고후 3:17).

물론 우리가 경험한 20세기 공산주의 국가들은 마르크스가 기대했던 공산주의 사회와는 정반대 사회였다. 그것은 모든 사람이 평등하고 자유로운 "계급 없는 사회"가 아니라, 당이 인민을 지배하고 억압하며 "당"의 이름으로 인민을 가차 없이 죽이는 무서운 "계급 사회"요, 독재 사회였다. 20세기 마지막 공산주의 국가인 북한의 실상을 한 언론인은 다음과 같이 소개한다. "조선노동당은 북에선 권력과 부를 독차지하는 통로다.…300만 명 남짓으로 추정되는 당원들이 뇌물 먹이사슬의 정점에 얽혀 있다. 성상납이 자본주의 사회 뺨치는 수준이라는 탈북자들의 증언도 많다.…이들에겐 '공포 정치'란 말도 과하다. 정치가 아니라 압제일 뿐이다"(조선일보

2016. 5. 6. A30).

러시아 혁명(1918-19년)이 일어난 지 12년 후인 1931년, 베를린에서 시베리아 횡단철도를 타고 조선을 향하던 한 선교사는 레닌그라드에서 목격한 러시아의 "계급 사회"를 다음과 같이 생생하게 보도한다. 여행 중에 알게 된 소련계 미국인 "파인은 우리가 계급 없는 사회의 식사 시간을 보고 싶을 것이라고 생각해 공장 식당도 구경시켜주었다. 건물 2층까지는 일반 노동자들의 식당이었다. 노동자들에게는 러시아 쇠고기 스프 한 사발과 검은 빵만이 있을 뿐이었다. 높은 사람들은 맨 위층에서 식사하고 있었는데 그들은 먹고 싶은 러시아 요리들을 보드카와 함께 마음대로 골라가며 먹고 있었다"(Hall 2009, 504-505).

한 마디로 하나님 없는 공산주의 사회는 실현될 수 없다. 왜 실현될 수 없는가? 공산사회를 이루어야 할 무산계급자들은 하늘의 천사들이 아니라 죄의 본성을 벗어날 수 없는 죄인이기 때문이다. 그들도 공금을 사취하고 뇌물을 요구하며, 자신의 권력을 유지하기 위해 수많은 사람을 죽일 수 있는 죄인이란 사실을 우리는 잘 알고 있다.

그러나 마르크스의 공산주의 이론 자체를 전면 부인하는 것은 사려 깊지 못한 일이다. 그것은 많은 문제점을 갖지만, 자본주의 사회가 지향해야 할 방향, 곧 "계급 없는 사회", 모든 사람의 자유와 평등, 인간에 의한 인간의 억압과 소외가 없으며, 빈부의 차이가 없는 사회의 비전을 제시한다. 그러므로 오늘날 세계의 많은 국가들은 공산주의의 타당한 부분을 수용하여 이른바 "수정 자본주의" 혹은 "사회적 자본주의"를 표방하고 있다. 노동자의 권익을 보호하기 위한 노동조합과 노동자 사주제도, 의료보험을 포함한 각종 사회보장제도는 공산주의 이론에서 수용한 것이다. 따라서 "WCC는 용공이다"라는 비판은 사려 깊지 못한 것이다.

1959년에 예장 합동과 통합이 분열된 내면적 원인은 WCC의 용공 문제에 있었던 것이 아니라, 사실은 교권자들의 권력욕에 있었다. 용공 시비는 이를 정당화하기 위한 간판이었다. 이 사실을 민관홍은 다음과 같이 증언한다. 당시 "근본주의 계파의 지도자로서…총회신학교의 교장으로 있던 박형룡이 신학교 부지자금 3천만 환을 부도덕하게 사용하다가 사기당한 사건으로 인해 교장직에서 물러나게 되었다. 박형룡의 퇴진과 함께 교단 내에서 자신들의 정치적 실권을 우려하던 NAE 계파는[6] NCC 계파를 세계교회협의회와 함께 묶어 초교회, 용공주의 등으로 몰아세우기 시작했고, 그럼으로써 자신들을 불리하게 만든 문제의 초점을 흐리고 교단 내 권력을 장악하려고 하였다. 세계교회협의회는 결국 예장 내에서 정치권력의 빌미로 이용되었고, 양 계파의 대립으로 인해 1959년 제44차 총회에서 예장은 통합과 합동으로 분열되었다. 이때부터 예장 합동 측은 철저한 반(反)-세계교회협의회 입장 명분을 고수하게 되었다"(민관홍 2013, 19).

2) 비난의 둘째 중요 사항은, WCC가 정경분리의 원칙을 깨뜨리고 세속의 정치 문제에 개입하며, 폭력 사용을 용인하고 이를 지원한다는 점에 있다. 이 비판은 미국의 극우단체와 극소수 근본주의 기독교 조직들의 주장을 대변하는 보수 언론인 「리더스 다이제스트」(Readers Digest)에 의해 제기되었는데, WCC가 폭력적 해방운동과 게릴라 군대를 지원하였고, 아프리카민족전선(ANC)의 무기 구입자금을 지원하였다는 것이다.

한국의 보수 계열은 이 같은 비판을 여과 없이 수용하여, WCC가 정경분리의 원칙을 깨뜨렸다고 비판한다. 교회는 영적·정신적 문제에만 관심을 가져야 하며, 세속의 정치적 문제에 개입해서는 안 된다고 주장한다. 또 일부 폭력단체들에 대한 지원은 기독교의 비폭력주의에 위배된다고 주장한다. 그러나 "장로 대통령 세우기" 운동이야말로 저질적 정치 활동에 속한다는 사실과, 불의한 권력의 조직적·구조적 폭력에 대해서는 함구한다. 목사와 정치인이 자리를 함께 하는 청와대 조찬기도회에 대해서도 침

---

[6] "NAE는 원래 1942년 미국 St. Louis에서 분열주의적 근본주의자들과 구별된 단체로 조직되었는데, 한국의 분열주의적 근본주의자들은 NAE가 세계교회협의회의 대립단체인 것으로 잘못 이해하여 자신들을 NAE라고 지칭했다. 후에 한국의 근본주의자들은 NAE와도 거리를 두게 되었다"(민관홍 2013, 25, 각주 13).

묵을 지키며, 오히려 대통령 가까이에 앉는 것을 큰 영광으로 생각하는 저질의 정치적 태도를 보인다.

WCC가 서구 열강의 인종차별주의 철폐, 세계 각지의 소수민족과 원주민들의 인권 회복운동을 지지하고 이를 지원한 것은 사실이다. 또한 한국의 민주화 운동, 인권 회복운동도 지지하였다. 그러나 폭력단체들의 폭력 사용을 공식적으로 지지하거나, 무기 구입자금을 제공하였다는 비판은 대개 해당 국가의 정부나 극우단체의 주장에서 나온 것이다.

여기서 중요한 문제는 폭력 사용의 문제에 있다. "칼을 쓰는 사람은 모두 칼로 망한다"(마 26:52)는 예수의 말씀과 십자가의 죽음의 빛에서 볼 때, 비폭력은 기독교의 대원칙이라 말할 수 있다. 그러나 폭력 사용이 허용될 수밖에 없는 상황이 있을 수 있다. 여성이 남성에게 성폭력의 위협을 당할 때, 여성은 해당 남성에게 폭력을 사용하여 자신의 몸을 지킬 수밖에 없다. 만일 모든 폭력 사용이 잘못된 것이라면, 일제에 대한 조선 독립군의 무력 항쟁, 김원봉을 단장으로 한 의열단 활동, 안중근 의사의 이토 히로부미 저격도 폭력 사용이라 비난해야 할 것이다. 또한 우리는 가문의 전 재산을 독립운동에 바친 이회영 선생의 형제들을 가리켜 "폭력운동을 지원했다"고 비난해야 할 것이다. 그러나 이들은 오히려 나라를 위해 자기의 생명을 희생한 애국자라고 온 국민의 존경을 받는다.

3) 또 하나의 중요한 비난 사항은 WCC가 종교다원주의 및 종교혼합주의를 지향한다는 데 있다. 이 비난은 이화여자대학교 교수였던 정현경이 WCC 제7차 캔버라 총회에서(1991. 2.7.-20.) "한국의 전통적인 흰색 의상을 입고…호주 원주민들과 함께 춤을 추고, 죽은 영혼들을 불러들여 그들의 한을 풀어주는 일종의 제사 의식", 곧 초혼제를 거행함으로써 본격화되었다(민관홍 2013, 22). 그러나 초혼제는 WCC의 공식 입장이 아니라, 정현경의 개인적 퍼포먼스에 불과했다. 그것을 진지하게 받아들인 참여자들도 있었지만, 동방 정교회를 위시한 세계 여러 나라 참석자들은 상당한 거부감을 나타냈다고 한다.

WCC는 수많은 회원 교회와 위원회로 구성된 매우 복합적 기구다. 그것은 "교회 일치 운동이지만 다양한 교파의 정체성을 존중하는 일치로서, '다양성 안에서의 일치'를 추구"한다(이찬석 2014, 292). 그러므로 WCC 안에는 다양한 신학적 입장이 공존한다. 보수-근본주의적 입장도 있고, 진보적 입장도 있다. 따라서 어느 위원회 참석자가 발표한 논문 내용을 마치 WCC 전체의 공식 입장인 것처럼 이야기하는 것은 타당하지 않다. 이찬석에 의하면 "WCC의 종합보고서를 꼼꼼하게 읽어보면 WCC 안에는 종교적으로 배타주의적인 선언과 포괄주의적인 선언이 함께 공존하고 있다. WCC의 에큐메니칼 신학은 이웃 종교와 대화의 필요성을 강조하지만… 복음의 증거라는 전통적인 선교적 입장을 포기하지 않고 기독교(기독론) 중심성을 잃지 않는다"(이찬석 2013, 32).

여기서 우리는 이른바 "종교다원주의"를 다시 한번 살펴볼 필요가 있다. Pluralism은 본래 "다원주의"가 아니라 "복수성"을 뜻한다. 곧 문화·인종·종교 등 세계 모든 사물들의 다양성 내지 복수성을 인정하고 존중해야 함을 말한다. 따라서 Pluralism을 "다원주의"라 번역하는 것은 적절하지 않다. "복수주의"란 표현이 원어의 뜻에 더 가깝다.

여하튼 기독교 일각에서 비난하는 종교다원주의는 "모든 종교에 구원의 길이 있다", "무슨 종교를 믿든지 상관없다"는 종교적 상대주의를 말하지 않는다. 오히려 이웃 종교들을 적대시하지 않고, 이들을 존중하고 공존해야 함을 뜻한다. 존중하지 않고 적대시할 때, 갈등과 싸움이 일어난다. 종교 간의 싸움에서는 궁극적 진리가 문제되기 때문에 어느 한편도 양보할 수 없는 혈투로 발전한다.

오늘 세계의 문제들, 곧 경제적 불평등과 사회 양극화, 인종차별과 성차별, 전쟁과 테러리즘, 자연의 오염과 파괴, 지구의 온난화로 인한 대규모 자연재해들과 죄 없는 생물들의 떼죽음 등은 모든 종교인의 단결과 협력을 요청한다. 이 문제들 가운데 "오직 그리스도인들만이 해결할 수 있는 문제는 하나도 없다. 모든 종교 공동체가, 나아가 전 인류 공동체가 '초당적'으로 함께 대화하고 협력하지 않고서는 안 된다. 그런데 대화에서 가장 중요한 것은 상대방의 '다름'을 존중하는 것이고, 상대방의 말을 '경청'하며 자신의 이야기를 말하는 태도다"(장윤재 2013, 230).

그러므로 종교다원주의에 대해 비판적인 신학자들도 이웃 종교들과 대화의 필요성을 인정한다. "김영한은 '종교 간의 대화는 종교 간의 분쟁과 갈등을 막기 위하여 필요하다'라고 주장"하며, "WCC의 종교다원성을 비판하는 최덕성은 '한국교회는 종교 간의 불화를 극소화하기 위해 타종교 지도자들을 만나고 협력해야 한다…'라고 주장한다"(이찬석 2013, 29). "WCC 5차 나이로비 총회는 '어떠한 형태의 혼합주의에도 반대하지만 상호 이해와 실제적인 협력의 수단으로서 타종교인들 및 이데올로기를 신봉하는 자들과 대화해야 할 필요성을 확신한다"고 선언한다(29-30).

4) 한국 개신교회 보수 계열은 WCC와 WEA(세계복음주의연맹)를 대립시키고, WEA를 자신의 정당성에 대한 지지 기반으로 삼는다. 그러나 방연상에 의하면 WEA는 1846년에 시작된 영국 복음연맹(Evangelical Alliance)에서 시작된 것으로, WCC와 거의 동일한 선교 목적을 지향한다. 그것이 형성된 동기는 19세기 중엽의 "산업혁명, 이에 따른 사회문제들(도시빈민, 노동력 착취, 도덕상실 등)과 사회적 불의들(social injustices)의 증가와 이에 대응한 사회적 신앙운동에 있었다.…그 이후 영국의 '세계복음주의연맹'은 제2차 각성 운동에 신앙적인 기초를 가지고…주일 성수, 주일 노동(Sunday labor) 금지, 조직적인 도박에 대한 문제제기를 비롯해 특히 미국에서의 노예해방운동을 적극적으로 지지했다"(방연상 2013, 37). 그 후 이 연맹은 1942년에 조직된 미국의 복음주의연맹(National Association of Evangelists)과 연합하여 세계복음주의협회(World Evangelical Fellowship)로 발전했다가, 2001년에 "세계복음주의연맹"(World Evangelical Association)으로 명칭을 바꾸었다(38).

방연상에 의하면, WCC와 WEA는 형성 동기와 목적에 있어 상당한 유사성을 가지고 있다. 그럼에도 불구하고 양자를 "'진보와 보수'의 대립적

구도로 설정하고", WEA를 "분열에 대한 교회정치적 이념과 정당화의 도구로 선전하고 활용"하는 것은 옳지 않다. 동서의 이념적인 갈등이 사라져버린 오늘, "세계교회는 새로운 주제와 문제들을 가지고 씨름하고 있다. 그럼에도 불구하고 아직도 WCC와 WEA에 대한 편견이 한국교회를 갈등과 분열의 국면으로 몰아가고 있는 것은 아마도 한국교회가 세계교회의 변화에 무지하고 어두운 까닭일 것이다. 지금 세계의 교회들은 더는 구시대의 이분법적인 사고의 틀에 규정되기를 거부하고 다양한 관계로 유기적으로 연합해 가고 있다는 사실을 인식해야 할 것이다"(39-40).

오늘날 세계교회는 보수와 진보, 개인구원과 사회구원의 이분법적 도식을 버리고 서로 관용하고 협동하는 추세에 있다. 정교회와 가톨릭교회, 가톨릭교회와 개신교회가 연합예배를 드리기도 한다. 이 같은 추세에 따라 한국 개신교회도 관용과 연합과 협동의 정신을 보여야 할 것이다. 땅바닥에 떨어진 사회적 신뢰성을 회복하고, 거짓과 죄악으로 가득한 이 세계 속에 하나님 나라의 건설을 위해 함께 일해야 할 것이다.

장윤재에 의하면 한국 개신교회의 또 하나의 잘못은 "에큐메니칼"과 "에반젤리칼"을 대립시키고, WCC의 에큐메니칼 운동은 비복음적이요, 이를 반대하는 보수 계열은 복음적인 것으로 규정하는 데 있다. 에큐메니칼의 모어(母語) "오이코스"(oikos)는 "집"을 뜻하며, "에쿠메네"(Oekumene)는 "피조물들이 살고 있는 땅"을 뜻한다. 이 같은 어근에서 나온 "에큐메니칼"은 "모든 피조물에 해당하는" 것, 모든 것을 아우르는 "보편적인" 것을 뜻한다. 따라서 에큐메니칼의 반대말은 "에반젤리칼"이 아니라 "'섹테리안'(sectarian), 즉 '분파주의' 혹은 '당파주의'다"(장윤재 2013, 213). 구체적으로 그것은 "'분파주의/당파주의'와 동의어인 "근본주의"다(232).

근본주의는 대개 "다섯 개의 근본교리, 즉 성서의 무오류성, 예수의 처녀 탄생, 예수의 신성과 기적의 사실성, 인간의 죄로 인한 예수의 대속의 죽음, 그리고 예수의 육체적 부활과 재림을 믿는 종교 운동"을 말한다(233). 그런데 이 다섯 가지 교리에 대한 이해가 다를 수 있다. 그럼에도 자신의 이해를 "근본적"인 것, "절대적"인 것으로 고집할 때, 다르게 이해하는 사람들과의 싸움 및 분리가 불가피하다. 이리하여 근본주의는 "끊임없는 '싸움과 분리'", "분파주의 혹은 당파주의"를 자신의 특성으로 갖게 된다(237, 233). 박형룡의 근본주의를 기본 정신으로 한 예장 합동이 200개가 넘을 정도의 수많은 교단으로 분열된 원인은 여기에 있다.

"그리스도의 몸"의 개념에서 볼 때, 참된 에반젤리칼 곧 "복음적인" 것은 자기와 다른 것을 배격하고 정죄하는 것이 아니라 나와 다르지만 함께 하고자 하는 태도라 말할 수 있다. 서로의 차이를 관용하면서 그리스도의 한 몸을 이루며, 삶의 모든 영역 속에 하나님 나라를 확장하고자 하는 에큐메니즘이 복음적이라 하겠다. "에큐메니즘은 어떤 프로그램이나 활동을 지칭하는 것이 아니다. 그것은 교회가 하나 되고 교회를 교회 되게 하려는 본질적인 신앙 운동"이요, "교회의 일치"에서 "인류의 일치"로 그리고 "창조세계의 일치"로 확장되는 복음적 운동이다(장윤재 2013, 214, 221).

WCC의 교회연합운동은 2,000년의 기독교 역사에서 처음으로 있는 세계적 차원의 교회연합운동이다. 이 운동에 잘못된 부분이 있을 수 있다. 그러나 부분적으로 잘못이 있다하여 전체를 부정하는 것은 적절하지 않다. 땅 위의 어느 교회도, 어느 교단도 완전하지 못하다. 그 속에는 알곡도 있고 가라지도 있다. 자기 자신에게도 가라지가 있음을 인정하고, 서로 연합하여 "그리스도의 몸"을 이루는 것이 주님의 뜻이다.

E. 성서영감설과 성서비평의 대립을 넘어
– 한국 개신교회의 보수와 진보의 화해를 위하여

한국 개신교회의 보수와 진보의 분열은 상당히 오랜 역사를 가진다. 그것은 성서에 대한 역사비평적 연구, 성서의 축자영감설과 무오설, 서구의 자유로운 학문적 신학의 수용 문제로 말미암은 예장(예수교 장로회)과 기장(기독교 장로회)의 분열에서 시작하여, WCC 문제로 인한 예장 합동과 예장 통합의 분열, 한교협(한국교회협의회) 계열의 진보 계열과 한기총/한교연 계열의 보수 계열의 분열로 이어진다.

그러나 이유가 어디에 있든지 간에, 교회 분열은 비신자들은 물론 교회의 신자들에게도 좋게 보이지 않는다. 한 마디로 그것은 하나님의 뜻에 위배된다. 그것은 하나님의 영광을 가리며, 한국 개신교회의 대 사회적 신뢰도를 실추시킨다. "합동"과 "통합", "한교협"과 "한기총"과 "한교연"이 비그리스도인들에게는 모두 비슷한 것으로 보일 것이다. "이웃을 사랑해야 한다", "서로 용서하고 화해해야 한다"고 말하기 전에 먼저 나누어진 교회들이 서로 사랑하고 화해해야 할 것이다. 교회가 화해하지 못한다면, 남한과 북한이 화해해야 한다고 말할 자격이 없을 것이다.

1) 분열의 가장 중요한 문제는 보수 계열의 성서영감설과, 진보 계열의 역사비평적 성서연구의 대립에 있다. 보수 계열에 의하면 성서는 글자 한 자, 점 하나에 이르기까지 성령의 감동으로 기록되었다(축자영감설). 그러므로 성서는 시대와 장소를 초월하는 영원한 하나님의 진리의 말씀으로서의 권위를 가진다. 그것은 글자 한 자, 점 하나에 이르기까지 오류가 없는 절대 진리요(성서무오설), 모든 시대의 모든 신자에 대한 하나님의 직접적 말씀이다.

이에 비해 진보 계열의 입장에 의하면, 성서의 말씀은 특정한 시대의 특정한 상황에 처한 다양한 신앙의 공동체에 주어진 것이다. 이 말씀들은 오랜 시대에 걸쳐 입에서 입으로 전달되는 구전(口傳)의 단계를 거치는 중에 변형이 불가피하였고, 구전의 과정을 거쳐 글자로 기록된 것을 편집한 책이다(문서설). 고대시대의 여러 사본이 보여주는 것처럼 동일한 말씀을 복사·번역·전승하는 과정 속에서 변형을 보이기도 한다. 그 속에는 고대시대의 다양한 문화적·종교적 영향들, 문서를 전승받은 공동체들의 다양한 특징과 배경의 차이가 나타나기도 한다. 이로 인해 성서에는 서로 상충되는 것처럼 보이는 기록들도 발견된다.

예를 들어 하나님이 사람을 말씀으로 지으셨다는 말씀(창 1:27)과 흙으로 빚어 만드셨다는 말씀(2:7), 남자와 여자를 함께 "하나님의 형상"으로 지으셨다는 말씀(1:26)과 남자를 먼저 지으시고 여자를 남자의 갈비뼈로 지으셨다는 말씀(2:22), "오직 믿음으로, 오직 은혜로" 구원을 받는다는 바울의 말씀(롬 3:21-28)과 "행위가 없는 믿음은 죽은 것"이라 보는 야고보서의 말씀(약 2:26), 하나님의 무조건적 용서와 구원에 관한 말씀(롬 6:10; 엡 2:9)과 인간의 행위에 따른 심판에 관한 말씀(시 62:12; 벧전 1:17)은 상충하는 것처럼 들린다. 세계를 죄악이 가득한 "어둠"으로 보는가 하면(특히 요한문헌), 세계를 하나님의 계시와 하나님의 광채로 파악하기도 한다(시 19; 롬 1:20). 하나님이 세상을 사랑한다고 말하는가 하면(요 3:16), 하나님의 자녀들은 세상과 세상에 속한 것을 사랑하지 말아야 한다고 말한다(요일 2:15). 율법은 거룩하고 영적인 것이라 말하는가 하면(롬 7:12), 율법은 하나님의 저주를 가져온다고 말한다(롬 3:20; 갈 2:16; 3:10). 행위를 따지지 않고 "은혜를 따라" 구원한다고 말하는가 하면(롬 3:24; 딤후 1:9), "행위대로 심판"할 것이라 말하기도 한다(벧전 1:17).

진보 계열에 의하면, 이와 같은 상충되는 진술들이 있기 때문에 성서의 글자 자체를 절대 진리라고 말할 수 없다. 성서는 첫 글자에서 시작하여 마지막 글자에 이르기까지 단번에 하나님이 성령을 통해 불러주신 것이 아니라 역사의 오랜 과정 속에서 다양한 시대와 공동체의 상황에 주어진 말씀이 편집된 것이므로, 성서에 대한 역사비평적 연구는 불가피하다는 것이다.

이에 대해 보수 계열은, 진보 계열이 성서의 권위를 실추시키고 하나님의 진리로서의 성서 말씀에 대한 불신앙을 조장한다고 비판한다. 역사비평적 성서연구는 성서를 인간의 이성으로 분석해야 할 하나의 역사적 문헌으로 간주하며, 우리가 믿고 복종해야 할 하나님의 "생명의 말씀"(빌 2:16)을 역사비평적 분석 대상으로 객관화시킨다는 것이다.

보수 계열의 이 같은 비판은 일면 타당성이 있다. 특히 성서를 역사-

비판적으로 분석할 때, 성서는 지금 나를 향한 하나님의 절대 진리의 말씀이 아니라, 과거의 신앙 공동체에 주어진 말씀으로서 객관적 분석의 대상이 되어버린다. 따라서 성서의 권위가 약화되고, 성서의 말씀으로부터 지금 나를 향한 하나님의 말씀을 듣는 것은 어렵게 된다. 이리하여 하나님과의 인격적 관계가 중단되고, 머리에 지식은 있지만 마음에 아무런 감동이 없는, 그래서 지식과 삶이 분리된 사람이 되어버린다.

또 성서에 대한 역사비평을 배운 사람은 성서를 비판적으로 분석하는 데 익숙하기 때문에 성서를 읽을 때 성서의 본문을 분석하며 읽게 된다. 예를 들어 복음서의 말씀들은 모두 예수 자신의 입에서 나온 것이 아니라 그것을 전해준 제자들과 공동체의 말들이 섞여 있는 것으로 생각된다. 그래서 어느 말씀이 과연 예수 자신의 말씀인지, 어느 말씀이 어느 공동체에서 나온 것인지, 어떤 역사적·지역적·교회적 상황에서 나온 것인지 구별하며 읽게 된다. 이로 인해 지금 나를 향한 하나님의 말씀을 듣는 것이 어렵게 된다. 마음으로 성서를 읽지 않고, 머리로 성서를 읽는다. 이리하여 성서에 대한 신학적 지식은 얻게 되지만, 성서의 말씀이 자신의 마음을 감동시키지 못한다.

이리하여 "신학을 공부할수록 신앙이 없어진다"는 말이 신학생들 가운데 회자하게 된다. 마음의 감동과 자신의 구원에 대한 확신이 없는 신학자들이 나타나게 되고, 이들이 행하는 신학교육은 신학 지식은 공급하지만, 믿음의 확신과 목회와 선교에 대한 사명감을 일으키지 못한다. 그러므로 보수 계열은 진보 계열의 역사비평적 성서연구를 결사적으로 반대한다. 보수 계열과 진보 계열의 이 같은 대립을 우리는 어떻게 극복할 수 있을까? 어떻게 양자의 화해에 이를 수 있을까?

2) 우리는 보수와 진보의 화해를 위해 성서에 대한 역사비평을 버리고, 보수 계열의 주장대로 성서에 기록되어 있는 모든 글자 하나하나를 절대 진리라고 믿어야 하는가?

성서의 글자 자체를 절대 진리라고 믿을 때, 우리는 여러 가지 어려움에 부딪치게 된다. 먼저 고대인들의 자연과학적 지식을 절대 진리라고 고집해야 한다. 예를 들어 "하늘"은 튼튼한 막으로 만들진 "궁창"이고, "궁창 위에" 물이 있다는(창 1:7) 창세기 1장의 세계상을 절대 진리라 주장해야 한다. 또 "해 그림자를 십 도 나아가게" 하며(왕하 20:10), "구름 속으로 이끌려 올라가서 공중에서 주님을 영접"하며(살전 4:17), 하늘 공간 어디에 "하나님의 보좌"가 있고(마 5:34), 구원의 "도장이 찍힌" "십사만 사천 명"만(계 7:4) 구원을 받을 것이라고 주장해야 한다.

또 글자 자체를 절대 진리라고 생각할 때, 성서의 상충되는 진술들을 전체적 연관 속에서 균형 있게 파악하지 못하고, 이것이 진리라고 말했다가, 저것이 진리라고 말하는 역설에 빠지게 된다. 어떤 때는 무조건 구원받는다고 말했다가, 어떤 때는 "행위에 따라" 심판을 받을 것이라 말한다. 남자와 여자가 함께 "하나님의 형상"으로 창조되었으므로(창 1:27) 남녀는 평등하다고 말하다가, 여자는 남자의 갈비뼈에서 만들어졌으므로 남자 아래에 있다고 말하게 된다. 성서의 모든 글자가 절대 진리라면, 바울과 초기 기독교 공동체가 상대화시킨 구약의 계명들도 글자 그대로 지켜야 할 것이다. 바울의 말씀대로 여자는 교회 안에서 일체 말을 하지 않아야 하며, 가톨릭교회처럼 예배드릴 때 머리에 수건을 써야 할 것이다.

여기서 우리는 성서에 대한 역사비평적 연구의 필요성을 인정할 수 있다. 우리는 역사비평적 연구를 통해 성서의 말씀들을 전체적 연관 속에서 균형 있게 파악할 수 있고, 자연과학적 세계상과 불필요한 충돌을 피할 수 있다. 그리고 과거의 교의학이 발견하지 못했던 수많은 진리들을 발견할 수 있다. 동일한 신앙의 진리에 대한 다양한 이해들을 발견하며, 새로운 시대의 새로운 상황에 대한 하나님의 새로운 뜻을 발견할 수 있다. 그러므로 "하나님의 말씀"으로서 "성경에 대한…확신과 경외심을 약화시킬 것을 우려해서 역사비평을 비롯한 여러 가지 비평 방법들을 적절히 활용하는 법을 가르치지 않고, 성경을 그냥 문자주의와 율법주의적으로 이해하도록" 가르치는 것은 적절하지 않다(김세윤 2003, 32).

그러나 우리는 역사비평의 단계에 머물러서는 안 된다. 역사비평의 단계를 넘어 우리는 성서에서 지금 나에게 말씀하시는 하나님의 말씀을 들을 수 있어야 한다. 지금 나를 향한 하나님의 말씀을 듣고, 마음의 감동이 있어야 한다.

칼 바르트 역시 목회 현장에서 이 문제로 고민했던 것으로 보인다. 그는 성서의 역사비평과 성서영감설 중에 어느 것을 택하겠느냐고 질문한다면, 자기는 성서영감설을 택하겠다고 『로마서 강해』 서문에서 말한다. 본질적으로 중요한 것은 "성령의 감동을 통하여 성서로부터 들려오는 하나님의 말씀을 듣는" 데 있다(김균진 2014, 55). 그렇지만 역사비평을 버릴 필요는 없다. 역사비평은 하나님의 말씀을 이해하는 데 예비적 도움을 주기 때문이다.

그럼 역사비평의 단계를 넘어, 지금 나에게 말씀하시는 하나님의 말씀을 들을 수 있는 길은 무엇인가? 성서비평학이 주장하듯이, 성서에는 수천 년에 달하는 다양한 시대의 다양한 신앙 공동체에 주어진 말씀들이 기록되어 있다. 고대시대의 다양한 문화적 영향들도 나타난다. 그러나 하나님이 어느 시대에 누구를 통해 말했든지, 어느 공동체를 향해 말했든지, 어떤 역사적·문화사적 상황에서 말했든지, 성서의 말씀 전체는 모든 시대의 사람들에게 주어진 하나님의 말씀이요, 성령의 영감 속에서 기록되었다. 이들을 향한 하나님의 말씀은 오늘 우리에 대한, 나에 대한 말씀이기도 하다.

물론 성서에는 반복되는 비슷한 말씀들도 있고, 상충되는 것처럼 들리는 말씀들도 있다. 그러나 상충되는 말씀들이 있다 하여 성서 속에 오류가 있다고 말할 수 없다. 상충되는 말씀들이 성서에 기록된 이유는, 하나님의 말씀이 주어진 시대와 공동체의 상황이 다양하기 때문이다. 주어진 상황에 따라 이 말씀이 타당할 수도 있고, 저 말씀이 타당할 수도 있다. 그래서 같은 책 안에도 심판에 대한 말씀과 용서와 구원에 관한 말씀이 공존한다. 따라서 성서의 말씀들은 전체적 연관 속에서 균형 있게 파악되어야 한다.

상충되는 것처럼 보이는 말씀들의 전체적 조화 속에서 우리는 오늘 우리를 향한 하나님의 말씀을 들을 수 있다.

그러므로 우리는 성서의 글자 자체가 아니라, 글자 뒤에 숨어 있는 하나님의 뜻에 있어 성서는 하나님의 "생명의 말씀"이요(빌 2:16), 시대를 초월한 "진리의 말씀"이라(고후 6:7) 말할 수 있다. 닐스 보어(Niels Bohr)의 "상보성"의 원리가 말하듯이, 하나의 대상은 다양한 관점과 관찰 방법을 통해 파악될 수 있다. 다양한 관점과 방법은 서로 모순되기도 하고 서로를 배척하기도 하지만, 그럼에도 서로를 보완한다. 하나의 사태는 서로 모순되는 관점들을 통해 보다 더 적절히 파악될 수 있다.

일반적으로 우리는 "객관성"을 신뢰한다. 진리는 객관성에 있다고 생각하기 때문이다. 그러나 미시세계에서 "공간과 시간 속에 있는 객관적 세계"란 존재하지 않는다. 고정되어 있기 때문에 언제나 동일하게, 곧 객관적으로 파악될 수 있고 그 미래를 확정할 수 있는 객관적 "사실"(das Faktische)은 물리적 세계에서도 인정되지 않는다. 관찰자의 관찰 과정 속에서 언제나 새롭게 인식될 수 있는, 그러나 그 미래를 예측할 수 없는 "가능한 것"(das Mögliche)이 있을 뿐이다(Heisenberg 1971, 115).

객관성과 획일성이 없는 것처럼 보이는 바로 여기에 성서의 역동성이 있고, 새로운 가능성이 있다. 세계의 어떤 사물도 획일적으로 설명될 수 없다. 수학 공식 속에도 획일적으로 파악되지 않는 부분들이 숨어 있다. 모든 시대와 상황에 대해 타당한 객관성이란 존재하지 않는다. 새로운 가능성은 객관성과 획일성에 있는 것이 아니라 획일화되지 않는 다양성에 있다. 새로운 가능성은 획일성에 있지 않고 다양성에 있다.

하나님은 다양한 상황에서, 다양한 사람들과 공동체를 통해 말씀하신다. 하나님은 예수와 제자들, 바울과 그의 제자들, 초기 기독교 공동체의 지도자들을 통해 말씀하신다. 성서에서 하나님은 다양한 시대적·문화사적 상황에서 말씀하신다. 상황에 따라 강조점이 다르다.

시대적·역사적 상황은 다르지만, 인간의 세계는 공통성이 있다. 그 속에는 아름다움도 있지만 또한 거짓과 죄악과 죽음이 곳곳에 있는 공통성이 있다. 모든 시대의 모든 인간은 죄 가운데서 하나로 결속되어 있다. 그러므로 성서에 기록된 하나님의 말씀은 모든 시대의 모든 사람을 향한 하나님의 말씀이다. 옛 시대에 주어진 하나님의 말씀은 또한 이 시대의 우리를 향한 하나님의 "생명의 말씀"이기도 하다(빌 2:16). 그것은 단지 과거의 말씀이 아니라 지금 우리를 향한 현재적 말씀이다. 예를 들어 요한복음과 바울 서신에 기록된 영과 육, 빛과 어둠은 단지 고대 헬레니즘의 이원론적 개념에 불과한 것이 아니라, 고기 덩어리(육)와 영적인 것이 첨예하게 대립하며, 어둠의 세력이 빛의 세계를 삼키려고 하는 오늘 우리의 시대를 묘사하는 개념이란 사실을 인정하지 않을 수 없다.

또 우리가 성서의 말씀을 읽을 때, 과거에 기록된 성서의 말씀은 그 안에 거하는 성령의 역사로 말미암아 지금 나를 향한 말씀으로 읽힌다. 성령의 역사로 말미암아 우리는 성서의 말씀을 "사람의 말로 받아들이지 아니하고, 실제 그대로, 하나님의 말씀으로" 읽게 된다(살전 2:13). 어느 시대, 어떤 상황에 주어졌든지 간에, 성서의 말씀은 성령의 감동 속에서 전승되었고 기록되었다. 우리는 시대를 초월하는 성령을 통해 성서영감설과 역사비평의 대립을 넘어, 지금 우리를 향한 하나님의 음성을 말씀 속에서 들을 수 있고, 지금 우리에게 오시는 예수 그리스도를 만날 수 있다. 죄를 깨닫고 하나님의 새로운 피조물로 다시 태어나며 세상을 향한 하나님의 부르심을 들을 수 있다.

3) 일반적으로 보수 계열은 학문으로서의 신학과 그 다양성을 인정하지 않는 입장을 취한다. 하나님의 진리에 관한 교회의 공식적 문서 곧 교리 외에 원칙상 어떤 다른 인식도 인정될 수 없기 때문에 자유로운 학문으로서의 신학은 허용될 수 없다. 신자들의 구원을 위해서는 성서의 말씀과 교회의 교리로 충분하다. 그러므로 보수 계열은 현대의 다양한 상황신학들을 거부하고 교의학만 인정하며, "성서의 탈신화화", "복음의 비종교적 해석", "하나님의 죽음의 신학", "세속화 신학", "혁명가 예수", "흑인 예

수", "예수 없는 기독교" 등 매우 "위험스러운" 개념을 말하는 현대신학에 대해 "복음주의" 신학을 대칭시킨다. 그런데 아쉬운 점은 "복음주의"가 무엇인지, 분명하지 않는다는 점이다.

본래 "복음적"이란 개념은 로마 가톨릭교회(구교)에 대칭하는 "개신교회"(신교)를 가리킨다. 예를 들어 "Evangelische Kirche"는 "복음주의 교회"가 아니라 가톨릭교회에 대칭하는 "개신교회"를 뜻한다. "Evangelische Fakultät"은 "복음주의 신학부"가 아니라 "가톨릭 신학부"에 대칭하는 "개신교회 신학부"를 뜻한다. 그런데 한국에서는 "evangelisch" 곧 "개신교회"란 말을 "복음주의"란 말로 번역하여, 보수 계열의 대명사로 사용하고 있다. 또 "복음주의"란 용어는 그리스도의 복음을 공산주의, 자본주의, 민주주의 등과 같은 세속적 이데올로기의 차원으로 끌어내리는 문제점이 있다. 그러나 그리스도께서는 또 하나의 이데올로기 곧 "…주의"를 주시려고 이 세상에 오신 것은 아니다.

여하튼 진보 계열의 신학은 하나의 통일된 신학이 아니다. 그것은 하나님의 진리에 대한 다양한 이해들의 복합체. 그것은 획일성을 거부하고 다양성을 지향하며, 교리적 공식(Axiom) 대신에 삶의 상황과 결부된 "이야기 신학"의 형태를 취한다. 그것은 "교리적 신학"이 아니라 "상황적 신학"의 성격을 지닌다. 곧 새로운 시대의 새로운 상황에 대해 "응답하는 신학"(Answering Theology, Tillich)이고자 한다.

인간의 삶의 상황은 고정되어 있지 않다. 그것은 언제나 새롭게 변화한다. 이 같은 변화 속에서 하나님은 진리에 대한 새로운 통찰을 우리에게 주실 수 있다. 이 통찰은 시대와 장소에 따라 다를 수 있다. 그러므로 시대와 지역과 상황에 따라 하나님의 진리에 대한 다양한 인식과 다양한 신학이 등장하게 된다. 이 다양성을 거부하고, 자기의 신학적 견해와 조금만 다르면 해당 신학자를 이단시 하고, 그를 신학교에서 추방하려는 태도야말로 "비복음적"이라 하겠다.

2017년 종교개혁 500주년을 기념한 "독일 개신교회 협의회 기초 문서"

에 따르면,[7] 신학의 복수성 내지 다양성은 종교개혁의 필연적 산물이다. 종교개혁의 "만인사제직"에 따르면 "모든 그리스도인은 사제로서 하나님 앞에 직접 서 있다. 하나님과 그들 사이에 중재자는 불필요하다"(91). 그러므로 각 신자는 성서 본문을 스스로 읽고 해석할 수 있는 자유와 권리를 가진다. 성서 해석은 결코 교황의 전유물이 아니다. 이로써 종교개혁은 근대 "유럽의 자유의 역사"를 개척한다(22). 그런데 "성서 본문을 해석하는 사람은, 해석 방법들의 정당한 다양성 가운데 하나를 선택할 수 있다"(37). 그러므로 신학의 다양성은 불가피하다. 여기서 "모든 형태의 근본주의는 거부된다"(36). 보수 계열은 종교개혁이 불러일으킨 "개인의 권리"와 사고의 "자유", 신학적 해석의 "다양화"를(Pluralisierung, 21) 인정해야 할 것이다.

그 반면, 진보 계열의 신학자들은 신자들의 신앙에 회의를 일으킬 수 있는 극단적 표현들, 예를 들어 "하나님의 죽음의 신학", "무신론적 기독교", "예수 없는 기독교" 등의 표현을 삼가야 할 것이며, 신자들이 연착륙할 수 있는 방향으로 신학을 전개해야 할 것이다. 본래의 의도가 아무리 좋아도 충격적 표현을 사용할 때, 불필요한 오해와 거부를 초래할 수 있다.

4) 이웃 종교의 문제에서 우리는 두 가지 극단적 입장을 발견한다. 첫째 입장은 "모든 종교에 구원의 길이 있다. 목적은 하나인데, 길이 다를 뿐이다. 그러므로 어느 종교를 믿든지 상관없다"는 극소수 진보 계열 신학자들의 종교상대주의를 말한다. 필자가 잘 아는 어느 감리교회 목사는 불교의 절에 가서 스님들과 함께 예불을 드리기도 하였다. 정현경은 WCC 제7차 총회에서 무당의 초혼제를 연기하여 국내외에 많은 물의를 일으켰다. 유동식은 무당종교를 가리켜 "적극적인 문화사적 의미"를 지닌다고 높이 평가한다(유동식 1978, 4, 15). 우리는 여기서 조선 시대의 무당종교에 대한

---

[7] Rechtfertigung und Freiheit. 500 Jahre Reformation 2017, Ein Grundlagentext des Rates der Evangelischen Kirche in Deutschland(EKD), 2. Aufl. 2014, Gütersloh: Gütersloher Verlagshaus.

의료 선교사 홀 박사의 체험담을 들어보기로 한다.

초저녁마다 이 집, 저 집에서 들리는 단조로운 다듬이질 소리, 짝을 잃었는지 슬프게 울부짖는 듯한 개 짖는 소리, 이 모든 소리들 중에서도 가장 참기 힘든 소리는 무당들이 치는 북소리와 고막을 찢는 듯한 징소리였다. 이 북소리와 째지는 쇳소리는 밤이 깊을수록 점점 강렬해지다가 이윽고 그 맹렬도가 클라이맥스에 이르면 갑자기 모든 소리는 중단된다. 그러다가 다시 이 전 과정이 처음부터 반복된다. 이것이 되풀이 되고 또 되풀이 되어 한밤 내내 들리면 그 밤은 참으로 길고 으스스한 밤이 된다.

서낭당으로 가는 사람들은 우리 집 뒤에 있는 가파른 언덕을 통과해야 했다. 환자의 가족과 친지들은 악귀를 몸에서 내쫓는다면서 환자들 몸에 바늘을 찔러 상처를 내기도 하고 신체의 특정 부위를 불에 달군 쇠붙이로 지진 다음 등에 업거나 나귀등에 태워서 무당집으로 데리고 간다. 소독하지 않은 바늘로 놓은 침 때문에 병균이 감염되어 고통스러운 염증이 생기기도 한다. 이 불쌍하고 어처구니없는 방법으로 희생된 환자들은 무당이 병마를 내쫓기만을 바라고 매달리는 것이다. 무당집에서 병이 낫지 않을 경우 이들 중 어떤 이들은 마지막 시도로 병원을 찾아온다(Hall 2009, 360-361).

둘째 극단적 입장은, 이웃 종교에는 "구원이 없다", 그것은 "우상숭배다"라고 정죄하는 보수 계열의 극단적 배타주의의 입장이다. 북한산 큰 바위 벽에 새겨져 있는 석가모니 이마에 새빨간 페인트로 십자가를 그려놓거나(이것은 필자가 직접 눈으로 본 것임), 석가모니와 단군 상의 머리를 자르는 극단적 배타주의는 종교 간의 대립과 싸움을 초래할 수 있다.

극단적 배타주의가 얼마나 위험한가를 우리는 오늘날 이슬람의 수니파와 시아파의 싸움에서 볼 수 있다. 약 400만 명에 달하는 콥트교회 신자들은 지금도 이슬람 극단주의자들에 의해 사회적 불이익과 박해와 추방과 살해를 당한다. 전쟁 중에서 가장 무서운 전쟁은 종교 전쟁이라 한다.

종교 전쟁에서는 진리가 문제되기 때문에 목숨을 걸고 끝까지 싸우기 때문이다. 이럴 바에야 모든 종교를 없애버리는 것이 세계의 평화에 도움이 되지 않겠느냐는 얘기가 나올 정도다.

그럼 위의 두 가지 극단이 화해할 수 있는 길은 무엇인가? 한 마디로 그 길은 상호 존중과 공존의 정신에 있다. 필자는 각 종교가 추종하는 신들이 참신이라 생각하지 않는다. 앞서 기술한 바와 같이, 거의 모든 세계 종교는 자신의 상상에 따라 신들을 만든다. 이들 가운데에는 사람보다 못한 윤리성을 가진 신들도 많다. 성서의 하나님만이 참신이라고 필자는 확신한다. 그렇다 하여 우리는 다른 종교를 이단시하고 저주할 필요는 없다. 오히려 내 자신의 종교에 충실하면서, 이웃 종교인의 신앙을 존중하고, 공동의 선을 위해 협동하면서 평화롭게 공존하면 된다. 나의 종교가 존중 받기를 원한다면, 다른 사람의 종교도 존중해 주어야 한다. 자신의 종교에 충실하면서 다른 종교를 존중할 때, 종교 간의 대화가 가능하고, 서로의 유산을 더욱 풍요롭게 만들 수 있다.

중앙아시아의 카자흐스탄에는 유대교, 이슬람교, 정교회, 로마 가톨릭 교회, 개신교회 등 50여 개의 종파들이 있다고 한다. 그런데 이 나라는 종교 공존정책을 실시하고 있다. 각 신자는 자신의 종교에 충실하면서 이웃 종교를 존중하고, 좋은 이웃 관계, 친구 관계를 유지한다. 타종교인을 설득할 수 있는 길은 "나의 종교에만 구원이 있고, 너의 종교에는 구원이 없다"는 자기주장이 아니라, 그를 감동시킬 수 있는 올바른 삶의 길에 있다.

5) 구원의 문제에서도 상호 인정과 협동이 가능하다. 진보 계열은 하나님의 구원의 사회적·정치적 측면을 강조하는 반면, 보수 계열은 개인 영혼의 구원을 강조한다. 박만에 의하면 "에큐메니칼 진영에서는 예수님의 '하나님 나라 선포'를 강조하는 경향이 있는 반면, 복음주의 진영에서는 속죄론적으로 해석된 예수의 십자가 죽음과 부활의 복음을 강조하는 경향이 있다." 그러나 이 두 가지 입장은 모순된 것이 아니라, 하나님의 구원의 두 가지 측면이라 말할 수 있다. 그러므로 "이 둘은 기독교 신앙의 핵

심적 주장으로서 통전되어야" 할 성격의 것이다(박만 2015, 272).

김명용의 "온신학"은 바로 이 통전성 곧 "온"을 추구한다(김명용 2016). 하나님의 구원은 부분적이 아니라 통전적으로 파악되어야 한다. 즉 구원에 대한 보수 계열의 개인구원·영혼 구원의 측면과, 진보 계열의 사회구원적 측면이 하나님의 구원의 두 측면으로 인정되어야 한다는 것이다.

최태영은 "통전"의 개념을 보다 더 명료하게 설명한다. 통전이란 "통합하여 하나로 만드는 것이 아니라 양극단을 그대로 유지시키는, 즉 병행시키는 것이다. 그렇게 양극단이 병행, 보존됨으로써 끊임없는 상호작용이 일어나 훨씬 더 역동적이고 살아있는 신학으로 기능할 수 있는 것이다.… 만약 통합하여 중도적인 위치에서 하나로 만드는 순간 온전성은 상실되고 말 것이다"(최태영 2015, 212).

20세기 후반기 이후 세계의 보수 계열과 진보 계열은 서로를 존중하는 입장을 취하면서 일치에 이르고자 노력한다. 그 대표적 사건이 1974년 스위스 로잔에서 열린 "세계복음화 국제대회"에서 채택된 「로잔언약」(Lausanne Covenant)이다. 이 문서의 제5항은 "그리스도인의 사회적 책임"에 대해 다음과 같이 천명한다.

> 사람은 하나님의 형상대로 창조되었기 때문에 인종, 종교, 피부색, 문화, 계급, 성 또는 연령의 구별 없이 모든 사람은 천부적 존엄성을 지니고 있으며, 따라서 누구나 존경받고 섬김을 받아야 하며 착취당해서는 안 된다. 이 사실을 우리는 등한시해왔고, 때로 복음 전도와 사회 참여를 서로 상반된 것으로 여겼던 것을 뉘우친다. 물론 사람과의 화해가 하나님과의 화해는 아니며, 또 사회 참여가 복음 전도일 수 없으며, 정치적 해방이 곧 구원은 아닐지라도, 우리는 복음 전도와 사회 정치적 참여가 우리 그리스도인의 의무의 두 부분임을 확언한다(Packer 2014, 262).

1977년에 발표된 「시카고 선언」(The Chicago Call: An Appeal to

Evangelicals)도 진보 계열의 입장을 수용한다. "우리는 구원을 오직 개인적, 영적, 내세적 문제로 이해하고, 하나님의 구원 활동의 공동체적, 물리적, 현세적 함의를 무시하는 복음주의자들의 경향을 개탄한다. 그러므로 우리는 복음주의자들이 복음에 대한 전체적인 견해를 되찾기를 촉구한다"(219).

이에 첨가하여 필자는 진보와 보수 계열이 서로 상대방의 입장을 관용할 것을 제의한다. 상대방의 다름을 인정하고 존중하는 것이 성숙한 그리스도인의 태도일 것이다. 진보 계열은 그리스도의 구원에 대한 보수 계열의 속죄론적 해석을 존중하며, 보수 계열은 하나님 나라를 이 땅 위에 세우기 위한 진보 계열의 사회구원의 노력을 존중해야 할 것이다. 두 계열 모두 "다른 사람의 생각과 행동방식을 존중하는 톨레랑스(tolerance)의 문화"를 세워야 할 것이다(장윤재 2013, 211). "비행기가 두 날개를 가지지 않고는 날 수 없듯이, 교회도 복음의 두 차원을 강조하지 않고는 온전한 복음을 증언할 수 없다. 그러므로 적절한 역할 분담이나 상호 협력이 요구된다"(이신건 2016, 58).

바울에 따르면 "모든 비밀과 모든 지식"보다도 더 중요한 것은 사랑이다(고전 13:2). 교리와 제도보다 사랑이 더 중요하다. 사랑은 교리의 차이, 제도의 차이를 넘어선다. 사랑하며 살아가는 사람에게 예장 합동과 통합, 한교협과 한기총, 성서무오설과 역사비평, 용공과 비용공 등의 문제들은 아무 의미도 없는 교권자들의 논쟁거리에 불과하다. 거의 모든 평신도는 이런 문제에 대해 관심도 갖지 않는다.

문제는 교권자들의 마음에 달려 있다. 신자들은 교권자들이 결정하는 대로 따라간다. 거짓말을 해도 쉽게 따라간다. 그러므로 교권자들이 먼저 마음을 비워야 한다. 상호 비방과 분열과 정죄는 사탄의 역사요, 연합과 협동과 일치는 성령의 역사다. 분열과 상호 비방 속에서 세인들의 욕을 얻어먹을 것인지, 그래서 전도의 문을 닫아버릴 것인지, 아니면 연합과 협동을 통해 세인들의 존경을 받을 것인지, 교권자들은 결단해야 한다. 예수님은 지금도 이렇게 기도하실 것이다. "우리가 하나인 것 같이, 그들도 하나가 되게 하여 주십시오"(요 17:11).

11
참교회의 표식은 무엇인가?

언젠가 필자는 초등학교 시절의 친구 부부에게 교회에 나갈 것을 권유하였다. 이에 그 부인이 말하기를, 자기 집 앞에 교회가 여러 개 있는데, 어느 교회가 믿고 나갈 수 있는 교회인지 알 수가 없어서 쉽게 교회에 나가지 못하고 있다고 하였다. 달리 말해 교회라 하여 모두 믿을 수 없다는 것이다. 우리는 이 같은 현상을 보면서 다음과 같이 질문하게 된다. 우리 주변에 있는 이 많은 교회 중 어떤 교회가 참교회인가? 참교회임을 보여주는 표지 내지 표식(*nota*)은 무엇인가?[8]

A. 니케아-콘스탄티노플 신앙고백의 네 표식에 대한 토의

1) 초기 교회는 네 차례의 공의회를 소집하였다. 곧 325년에 니케아 공의회, 381년에 콘스탄티노플 공의회, 431년에 에베소 공의회, 451년에 칼케

---

8) 이 책에서 필자는 "표지"(*nota*)를 "표식"으로 표현함.

돈 공의회를 소집하였다. 마리아 숭배 문제에 관한 제3차 에베소 공의회를 제외한 세 번의 공의회의 주요 문제는 예수의 인간적 본성과 신적 본성의 관계에 관한 문제였다. 각 공의회는 그 결과를 신앙고백 혹은 신조(Credo: 나는 믿습니다)의 형식으로 발표하였다.

381년의 「콘스탄티노플 신앙고백」은 그리스도의 두 본성에 관한 325년의 「니케아 신앙고백」을 수용한다. 그러므로 「콘스탄티노플 신앙고백」은 일반적으로 「니케아-콘스탄티노플 신앙고백」이라 불린다. 밀리오리처럼 그냥 「니케아 신앙고백」이라 부르는 신학자도 있다(오주철 2013, 328).

그런데 제1차 「니케아 신앙고백」은 성령에 관해 "그리고 성령을 믿습니다"라고 간단히 말하면서 끝나는 반면, 제2차 「니케아-콘스탄티노플 신앙고백」은 성령과 세례에 관해 자세히 고백하고, 「니케아 신앙고백」에는 없었던 교회에 관한 조항, 곧 "하나의 거룩하고 보편적이며 사도적인 교회를 믿습니다"(Credimus...in unum sanctam catholicam et apostolicam ecclesiam)라는 조항을 첨가한다. 여기서 교회의 하나 됨(통일성), 거룩함, 보편성, 사도성이 참교회의 표지 혹은 표식으로 제시된다. 즉 하나 됨, 거룩함, 보편성, 사도성이 있는 교회가 참교회라는 것이다. 381년에 콘스탄티노플 공의회가 발표한 이 네 가지 개념이 기독교 최초의 "교회의 표식"(notae ecclesiae)이 된다.

초기 교회가 이 네 가지 표식을 발표한 동기는 무엇인가? 첫째 동기는 기원후 4세기의 교회적 상황에 있다. 기원후 4세기에 교회는 오랜 박해의 시대를 끝내고, 로마 황제의 우호적 지원 속에서 지금의 프랑스, 스페인, 동유럽, 그리스, 터키, 시리아, 이집트를 위시한 북아프리카 등 로마 제국 전체로 확산되었다. 각 지역에 산재한 교회들은 다양한 민족적·문화적·신학적 차이로 말미암아 분열을 피할 수 없었다. 특히 예수의 신적 본성(homoousios)에 관한 시리아의 안디옥 지역과 북아프리카 알렉산드리아 지역의 대립은 451년의 칼케돈 공의회 이후에도 계속되었다.

또 이단적 이론들이 끊임없이 교회를 분열시켰다. 도나투스파, 영지주의파, 아리우스파, 시리아의 단성론파, 네스토리우스파, 이집트의 콥트교회 등이 교회를 교란시켰다. 심지어 법학자로서 초기 교회의 유명한 교부였던 테르툴리아누스(Tertullianus)마저 영지주의로 넘어갈 정도였다. 한 마디로 "콘스탄티누스 황제 이후 로마 제국이 추구했던 교회의 하나 됨은 심각한 교리적 대립들로 말미암아 위험스럽게 되었고, 초기 교회는 이 위험성을 안고 있었다"(Heussi 1971, 24). 성직자들과 신자들의 도덕적 타락도 심각한 문제였다. 이에 초기 교회는 혼란과 분열을 막기 위해 내적인 하나 됨을 추구하지 않을 수 없었다. 제2차 콘스탄티노플 공의회가 고백한 교회의 네 가지 표식은 교회의 내적인 하나 됨 내지 통일성을 회복함으로써 교회를 결집시키기 위한 초기 교회의 신학적 관심의 산물이었다.

그런데 초기 교회의 신학적 관심은 로마 제국의 평화(Pax Romana)를 지키기 위한 로마 황제의 정치적 관심과 결합되어 있었다. 로마 제국 각지에 산재한 교회들 사이의 격렬한 신학적 논쟁과 분열은 로마 제국의 평화와 정치적 하나 됨에 방해물이 되었다. 교회의 하나 됨은 로마 제국의 정치적 통일성과 분리될 수 없었다. 이에 로마 황제는 교회의 신학적 논쟁을 해결하고자 네 차례의 공의회를 소집하고, 황제 자신이 회의를 인도한다. 네 가지 표식들 가운데 "하나의 교회"(unam ecclesiam), 곧 교회의 하나 됨이 첫째 자리를 차지하게 된다.

2) 이 같은 역사적 상황에서 생성된 교회의 네 가지 표식들 곧 "하나 됨, 거룩함, 보편성, 사도성"은 그 이후 신학의 역사에서 참교회를 나타내는 표식으로 인정되었다. 그러나 종교개혁자들은 고전적 네 가지 표식들은 참교회의 표식이 될 수 없다고 주장한다. 루터의 제자 멜란히톤이 주도한 「아우크스부르크 신앙고백」은 교회를 "거룩한 사람들(성도들)의 모임"이라 정의하면서, 복음의 온전한 가르침과 성례의 올바른 집전을 참교회의 표식으로 제시한다.[9] 즉 복음이 올바르게 선포되고 성례가 바르게 집

---

9) 원문은 다음과 같다. "*Est autem ecclesia congregatio sanctorum, in quia evangelium*

전되는 곳에 참교회가 있다는 것이다. 교회는 신자들 위에 있는 제도적 기관이 아니라 "성도들과 참신자들의 모임"이다(congregatio sanctorum et vere credentium, CA VIII). 종교개혁자들은 신자들에게 복음이 온전히 선포되고 그리스도의 가르침에 따라 성례가 올바로 집전되어야 참교회라고 주장한다. 그런데 종교개혁 당시의 재세례파는, 복음의 선포와 성례가 있을지라도 올바른 "그리스도인의 삶"이 없다면 참교회가 아니라고 주장한다. 그래서 재세례파는 재산의 공유를 포함한 "그리스인의 삶"이 참교회의 표식이라 주장한다(이양호 1989, 105).

칼뱅 역시 말씀의 선포와 성례의 올바른 집행을 참교회의 표식으로 간주한다. "하나님의 말씀이 온전히 설교되고 경청되며 성례가 그리스도께서 제정하신대로 관리되는 것이 인지되는 곳에서는 어디서나 우리 앞에 하나님의 교회가 있다는 사실은 어떤 방법으로든지 의심할 수 없다"(Inst. IV.1.9). 칼뱅은 여기에 "권징"(Zucht)을 첨가한다. 땅 위의 어떤 공동체도 권징이 없이는 유지될 수 없다. 교회는 더욱 그러하다. "우리에게 구원을 주는 그리스도의 가르침이 교회의 영혼이라면, 교회의 권징은 인대의 위치에 있다"(IV.12.1).

권징의 목적은 교회를 거룩하고 깨끗하게 유지하며, 선한 신자들이 악한 자의 영향을 받아 멸망하지 않도록 그들을 지키며, 악한 자가 회개하고 돌아오도록 하는 데 있다(IV.12.5). 권징은 "개인적 권고"-장로들에 의한 공적 "경고"-"교회의 재판"-출교의 순서로 진행된다(IV.12.2). 그러나 우리는 권징을 받은 자들의 죄는 미워하되 그들의 인격을 미워해서는 안 된다. "우리는 그들을 주님의 판단에 맡기고, 그들에게 더 낳은 미래를 희망해야 한다"(IV.12.9).

개혁교회는 칼뱅의 입장에 따라 말씀의 온전한 선포와 성례와 권징을 참교회의 표식으로 이해한다. 「벨직 신앙고백」에 의하면 "만약 복음의 순

---

pure docetur et recte administrantur sacramenta"(CA VII).

수한 교리가 교회 안에서 선포된다면, 그리고 만약 교회가 그리스도에 의해 제정된 성례전의 순수한 시행을 유지하고 있다면, 그리고 만약 교회 치리(권징)가 죄에 대한 처벌로 실시되고 있다면,…바로 여기에 참된 교회가 확실하게 알려질 수 있다"(오주철 2013, 329). 「웨스트민스터 신앙고백」에 따르면 교회의 권징은 "충고 및 권고와 수찬정지 그리고 출교"의 순서로 진행된다(361). 하이델베르크 요리문답은 "권징을 당한 그들이…참으로 자신들의 과거를 고치기로 약속하고 이를 보인다면 다시 그리스도와 교회의 회원으로 받아들여야 한다고" 가르친다(361).

로마 가톨릭교회의 반(反)종교개혁 운동은 종교개혁자들의 두 가지 표식을 거부한다. 광신주의자들 내지 열광주의자들, 기독교 내의 이단적 소종파들도 복음을 온전히 선포하고 성례전을 올바르게 집행한다고 주장한다. 따라서 순수한 복음의 선포와 성례의 올바른 집행이 참교회의 객관적 표식일 수 없다. 그러므로 가톨릭교회는 니케아-콘스탄티노플 공의회가 고백하는 교회의 네 가지 속성을 참교회의 표식으로 간주하고, 로마 가톨릭교회만이 단 하나의 거룩하고 보편적이며 사도적인 교회라 주장한다. 그러나 제2차 바티칸 공회는 가톨릭교회 외의 기독교의 타 교단을 형제자매의 교회로 인정하는 방향을 취한다.

3) 참교회의 표식에 대한 현대 신학의 토론은 매우 다양하다. 루터교회 신학자인 엘러트(W. Elert), 킨더(E. Kinder)는 루터교회의 전통적 입장에 따라 복음의 말씀과 성례를 참교회의 표식이라 주장하는가 하면, 칼 바르트는 말씀을 참교회의 표식으로 이해한다(이신건 1988, 737). 곧 "하나님께서 말씀하시고 인간이 그 말씀을 듣는 사건이 일어나는 그곳에 교회가 있다"(김명용 2009, 202). 이로써 바르트는 "성례의 교회"를 강조하는 로마 가톨릭교회에 반해 "말씀의 교회"를 강조한다. 스위스 바젤(Basel)의 로흐만은 개혁교회의 전통에 따라 교회의 권징과 선한 행위의 열매가 참교회의 표식이라 말한다(Lochman 1972, 64).

일단의 현대 가톨릭 신학자들도 교회의 전통적 네 가지 표식에 대해

회의적 태도를 취한다. 그 대표자는 한스 큉이다. 네 가지 고전적 표식은 법적으로 가톨릭교회에 주어진 것이 아니다. 네 가지 표식이 가톨릭교회에서 "제도적으로 견고히 확립되고 가시화되었지만, 이 제도가 생명이 없는 공허한 형식일 때", 그것들은 더는 참교회의 표식이 아니다. 그러므로 큉은 가톨릭교회의 네 가지 표식이 개신교회가 말하는 두 가지 표식, 곧 "온전한 복음과 참된 세례, 그리고 의미에 충실한 주의 성만찬"에 기초해야 한다고 주장한다.

그러나 큉은 참교회의 표식에 대한 개신교회의 입장에 전적으로 동의하지 않는다. 개신교회의 두 가지 표식도 참교회를 나타내기에는 불충분하다. "광신주의자들도 온전한 복음을 선포하고 성례를 올바르게 관리한다고 주장하기" 때문이다. 교회가 하나님의 말씀 곧 성서를 가지고 있다 할지라도 복음의 힘과 능력이 인지되지 않는다면, 그것은 참교회의 표식이 될 수 없다. 성례전도 미신과 우상숭배로 변질될 수 있으므로 참교회의 표식이 될 수 없다.

큉에 의하면 가톨릭교회의 네 가지 표식과 개신교회의 두 가지 표식이 서로 보완되어야 하며, 교회의 삶 속에서 생동적으로 실현되어야 한다. 중요한 문제는 "교회의 삶 속에서 표식들의 생동적 실현에 있다." 복음의 말씀이 정말로 선포되고 경청되고 삶으로 실천되며, 성례전이 정말로 본래의 뜻에 따라 집행되며, 하나 됨과 거룩함, 보편성과 사도성이 "생동적 교회 안에서 생동하는 사람들에 의해 실천되는 것, 곧 교회의 표식들(notae Ecclesiae)이…그리스도인들의 표식들(notae Christianorum)이 되는 것이 중요하다." 한 마디로 "특정한 표식들의 형식적 있음이 아니라, 그들의 사용과 집행이 중요한 문제다"(Küng 1985, 318-320).

개신교회 신학자 푈만(H. G. Pöhlmann)에 따르면 참교회의 표식은 교회 신자들의 양이나 도덕성이나 교회법에 있지 않다. 교회의 일차적 표식은 사도성에 있다. 곧 눈으로 볼 수 있는 말씀(성례)과 눈에 보이지 않는 말씀(입을 통한 말씀)이 신약성서에 기록된 사도들의 증언과 일치하는 데 있다.

그러나 사도들의 증언(엡 2:20)은 예수 그리스도에게 근거한다. "그리스도에게 교회의 사활이 걸려 있다.…그리스도는 사도적 증언의 규범(Kanon) 중의 규범이다.…" 그러므로 예수 그리스도가 교회의 본질을 구성하는 본질적 요소이며 "교회의 본래적 표식"이다.

쾰만은 이 같은 해석의 근거를 본회퍼와 칼 바르트에게서 발견한다. "예수 그리스도는 공동체다", "교회는 공동체로 실존하는 그리스도다"라는 두 신학자의 명제는 "그리스도의 몸"으로서 교회의 "가장 깊은 본질적 특징"을 나타낸다. "그의 몸으로서 교회는 그리스도를 표식으로서 인식케 한다. 교회는 언제나 '그리스도 안에 있는 하나님의 교회'다"(Pöhlmann 1973, 239-240).

한스 큉의 뒤를 이어 미국의 밀리오리는 「니케아-콘스탄티노플 신앙고백」의 네 가지 표식과 종교개혁의 두 가지 표식의 상호 보완을 제안한다. "종교개혁의 목록이 없다면 니케아 신조의 교회 묘사는 승리주의적이거나 도덕주의적으로 이해될 수 있다. 또한 니케아 신조의 표현이 없다면 종교개혁의 목록은 분열주의적으로 들릴 것이다"(Migliore 2012, 449). 그러나 밀리오리는 이에 머물지 않고 "귀의 교회"(말씀의 교회)와 "눈의 교회"(성례의 교회)의 차이를 넘어 "지상의 불쌍한 사람들"에게 "손을 내밀어 도와주는 교회"를 "참된 교회"라 말한다(450).

4) 지금까지 우리는 「니케아-콘스탄티노플 신앙고백」이 말하는 참교회의 네 가지 표식에 대한 토의를 살펴보았다. 여기서 우리는 다음의 사실을 볼 수 있다. 즉 많은 신학자가 말하는 교회의 표식은 그 시대 교회의 상황에 대한 성찰에서 나온 것으로서 각자 타당하면서도 제한적이기도 하다. 사실 종교개혁자들이 주장하듯이, 말씀의 선포와 성례가 없는 네 가지 고전적 표식이 참교회를 증명하는 규범이 된다고 보기는 어렵다.

그러나 종교개혁자들이 말하는 두 가지 표식도 한계를 가진다. 이단적인 교회도 복음을 바르게 선포하며 성례를 올바르게 집행한다고 주장할 것이기 때문이다. 또 복음에 대한 이해도 교회에 따라 매우 다양하다. 보수 계열은 개인의 회개와 죄 용서에 복음이 있다고 보는 반면, 진보 계열은 하나님 나라가 세워지는 데 있다고 본다. 오순절교회는 죄 용서와 함께 질병의 치료 및 현세적 축복에 복음이 있다고 본다. 따라서 복음의 올바른 선포가 참교회의 표식이라 말하기 어렵다.

뮐만은 예수 그리스도가 참교회의 표식이라 주장한다. 그러나 이 땅 위에 있는 교회 중에서 예수 그리스도를 구원자라 고백하지 않는 교회는 없을 것이다. 이단적인 교회도 이렇게 말할 것이다. 그러므로 예수 그리스도가 참교회의 표식이라는 해석 역시 제한적이다.

참교회의 표식에 대한 이 같은 토의를 고려할 때, 우리는 「니케아-콘스탄티노플 신앙고백」의 네 가지 표식을 포기할 수 없다. 이 네 가지 표식들 역시 제한성을 가진 동시에 타당성을 가진다. 그러므로 이 네 가지 표식은 "교회의 본질에 대한 기본 규정" 내지 "기본 규범"으로 인정된다(Brunner 1964, 141).

필자의 관점에서 볼 때 이 네 가지 표식들 속에는 교회가 지향해야 할 메시아적 요소들이 숨어 있다. 그러므로 기독교 신학은 이 네 가지 표식을 과거 로마 제국 시대의 것이라 하여 간단히 포기해서는 안 될 것이다. 이제 우리는 네 가지 고전적 표식 속에 숨어 있는 가르침을 메시아적 빛 속에서 찾아보기로 하자.

B. 하나 된 세계를 앞당겨 오는 교회의 하나 됨

1) 오늘날 개신교회의 분열은 교단 숫자를 정확히 파악할 수 없을 정도로 심각하다. 교회 간판에 "예수교 장로회"라 기록되어 있지만, 예수교 장로회 내의 어느 교단인지 밝히지 않으며, 정부 관계기관에 신고하지 않은 군소 교단들도 있다. "종교의 자유"의 이름으로 새로운 교단들이 계속 생겨날 수 있다. 이것은 자유교회의 피하기 어려운 운명이다.

이 같은 상황에 대해 "단 하나의 교회"(unam ecclesiam)에 대한 「니케아-콘스탄티노플 신앙고백」은 다음의 내용을 시사한다. 참교회의 표식은 분열에 있지 않고 "하나의 교회"를 향한 연합과 일치에 있다. 연합과 일치를 추구하지 않는 교회는 참교회가 아니다! 아우구스티누스에 의하면 "교회의 일치를 반대하는 자는 성령을 반대하는 자며 그런 사람은 더 이상 성령을 가지지 못한다"(정홍열 2009, 55).

신약성서는 교회의 연합과 일치에 대한 이유를 다음과 같이 말한다. "그리스도의 몸도 하나요, 성령도 하나입니다. 이같이 여러분도 부르심을 받았을 때에, 그 부르심의 목표인 희망도 하나였습니다. 주님도 한 분이시오, 믿음도 하나요, 세례도 하나요, 하나님도 한 분이십니다"(엡 4:4-6). 이 말씀을 정말 오류가 없는 하나님의 말씀이라 믿는다면, 교회는 연합과 일치를 위해 노력해야 한다. 세계의 모든 교회는 인종과 민족과 문화적 배경을 달리하지만 "그리스도 예수 안에서 하나이기 때문이다"(갈 3:28).

2) 그러나 교회의 하나 됨은 생동성 없는 획일성(Uniformität)을 뜻하지 않는다. 그것은 다양한 민족과 언어와 문화의 역동적 풍성함을 가진 다양성 안에서의 하나 됨이다. 따라서 교회의 하나 됨은 생동성 없는 획일성, 생명 없는 동일성(똑같음)이 아니라 다양성 안에 있는 하나 됨이다. 그것은 "one"이 아니라 "unity"를 말한다(오주철 2013, 320). 칼뱅 역시 "다양성 속에서 일치를 추구하는 교회의 모습을 추구하였다.…분열이나 기계론적 연합이 아닌, 다양성의 가치가 인정되고 성령의 힘을 통한 교회 연합은…칼뱅에게서 가장 중심적 원칙"이었다(정미현 2009, 425-426).

일반적으로 사람들은 다양성 대신 통일성을 좋아하는 경향이 있다. 다양성은 무질서와 혼란을 초래하는 반면, 통일성은 질서와 평화와 더 큰 효과를 거둘 수 있다고 생각한다. 통치자들 역시 다양성 대신 통일성 내지 획일성을 좋아한다. 모든 것이 획일적일 때, 통치가 쉬워진다. 교회도 동일한 경향을 드러낸다. 특히 보수 계열의 교회는 이른바 "다원주의"(다양성주의로 번역하는 것이 더 적절할 것이다)를 결사적으로 반대한다.

그러나 오늘 우리는 다양성의 시대를 살고 있다. 오늘 우리는 새로운 정보통신 기술, 사이버 공간, 세계화, 국경을 초월한 인종들의 이동, 경제적·문화적 교류를 통하여 다양한 인종, 문화, 종교, 사고방식, 생활방식, 도덕적 관념, 삶의 질서들이 혼재하는 다양성의 시대를 피할 수 없게 되었다. 이제 우리는 다양성 안에서의 통일성을 찾을 수밖에 없게 되었다.

성서는 다양성 안에서의 통일성을 권유한다. 우리는 이것을 먼저 요엘의 약속에서 발견한다. 하나님의 영이 "모든 육체 위에" 부어질 때, "노인들은 꿈을 꾸고, 아들들과 딸들은 환상을" 보게 된다. "그때가 되면, 종들에게까지도 남녀를 가리지 않고 나의 영을 부어 주겠다"(욜 2:28-29). 요엘의 이 약속에서 노인과 젊은이들, 여자들과 남자들이 같은 영을 받는다. 그들은 늙음과 젊음, 여성과 남성의 다양성 속에서 공동의 꿈과 환상의 일치성을 가진다. 비가 온 땅을 적시듯이, 하나님의 영은 각자에게 부어질 때에 차이와 다양성을 띠면서, 서로 의존하고 교통하면서 공동의 꿈과 미래를 향해 살아가는 일치성 안에서의 다양성, 다양성 안에서의 일치성을 창조한다.

사도행전의 성령강림은 이것을 가시적으로 보여준다. 이집트, 리비아, 메소포타미아, 소아시아, 로마 등 로마 제국 각지에서 온 사람들이 성령을 받는다. 그들은 국적과 문화와 언어가 각각 다르고 다양하지만, 성령 안에서 서로를 잘 이해한다. 민족과 민족, 유대인과 이방인, 여자와 남자, 노인과 젊은이, 남종과 여종으로서 다양성이 유지되지만, 성령 안에서 "새 술에 취한"(2:13) 공동체의 일치가 생성된다.

바울에 의하면 몸의 지체들은 모양과 위치와 기능을 달리한다. 그들은 이 같은 다양성 안에서 한 몸을 이룬다. "몸은 하나이지만 많은 지체가 있고, 몸의 지체는 많지만 그들이 모두 한 몸"이다(고전 12:12), "지체는 여럿이지만 몸은 하나다"(12:20), "여러분은 그리스도의 몸이요, 따로 따로는 지체들이다"(12:27). 그들은 "한 몸의 지체들이다"(엡 4:25).

우리는 다양성 안에서의 통일성에 관한 더욱 깊은 신학적 근거를 하나님의 삼위일체에서 발견할 수 있다. 하나님의 삼위일체는 성부·성자·성령의 세 신적인 인격들이 각자의 다양성을 유지하면서 한 몸을 이루며, 한 몸을 이루는 동시에 각자의 다양성을 유지하는 것을 말한다. 하나님의 삼위일체는 획일적 체제가 아니며, 다양성 안에서의 일치, 일치 안에서의 다양성에 있다.

다양성 안에 있는 일치는 성만찬에서 가시적으로 나타난다. 만찬에 참여하는 교인들은 외모와 성격과 생활방식에 있어 모두 다르다. 그들이 받은 성령의 은사도 다르다. 그러나 그리스도의 한 몸을 받음으로써 그들은 하나로 결합된다. 바울은 이것을 다음과 같이 말한다. "우리가 축복하는 잔은, 그리스도의 피에 참여함이 아닙니까? 우리가 떼는 빵은, 그리스도의 몸에 참여함이 아닙니까? 빵이 하나이므로, 우리가 여럿일지라도 한 몸입니다. 그것은 우리가 모두 그 한 덩이 빵을 함께 나누어 먹기 때문입니다"(고전 10:16-17).

다양성 안에 있는 일치는 강요된 일치를 거부한다. 그리스도의 몸을 분열시키는 것도 잘못된 일이지만, 자신의 교리나 생각을 강요함으로써 일치에 이르고자 하는 것도 잘못된 일이다. 다양성 안에 있는 일치는 타 교회의 다름을 허용한다. 그것은 "자유 안에 있는 하나 됨"이다(Moltmann 1975, 369).

벨커에 의하면 교회는 "다양성의 문화", "창조적인 차이의 문화"를 두려워하지 않고 이를 수용해야 한다. "정의의 창조적인 영"은 다양한 피조물들을 함께, 서로를 위해 생동케 함으로써 이웃에 대한 무관심과 냉정함, 대립과 절망에 저항한다(Welker 1995, 51). 그는 "의롭지 못한 차이에 대한 감수성, 불이익을 당하는 사람들, 연약한 사람들, 소외된 사람들에 대한 감수성"을 일으키며 더욱더 완전한 정의를 찾는다. 다른 문화권에도 정의와 자비, 가난한 사람들과 힘이 없는 사람들의 보호와 정의, 더 큰 정의를 위한 자기 비판과 자기 변화의 가능성이 있음을 인정한다. 창조적 성령은 다른 종교들도 보다 더 완전한 공동체성에 참여케 하며, 보다 더 완전한 정의를 열어준다(53).

3) 로마 가톨릭교회의 제2차 바티칸 공의회는 분열된 교회들의 일치에 대한 동경과 희망을 인정하고, 그리스도를 믿으며 세례를 받은 모든 그리스도인을 "주님 안에 있는 형제들"로 인정한다. 그러나 이들이 완전한 구원에 이르고자 한다면, 가톨릭교회에 속해야 한다. "구원의 보편적 도움의 수단인 그리스도의 가톨릭교회만을 통해 구원의 수단의 모든 충만함에 이를 수 있다. 베드로가 그 꼭대기에 있는 사도단에게만 주님께서…새 계약의 모든 은총을 맡기고, 땅 위에 있는 그리스도의 몸을 구성하고자 하였다. 어떤 방법으로든지 이미 하나님의 백성에 속한 모든 사람은 이 그리스도의 몸에 편입되어야 한다"고 가톨릭교회는 주장한다(Kreck 1981, 263-264). 그러나 교회의 참 일치 곧 하나 됨은 모든 교회가 특정 교단에 흡수·통합되어 거기에 속하게 되는 획일성이 아니다. 그것은 서로의 다름을 인정하는 가운데 이루어지는 친교와 연대를 말한다.

그러므로 "다양성 안에서의 하나 됨"은 "관용 안에서의 하나 됨" 혹은 "자유 안에서의 하나 됨"이라 말할 수 있다. 상대방에 대한 관용과 자유를 인정함이 없는 하나 됨이나 흡수 통일에 의한 하나 됨은 참 하나 됨이 아니다. 거기에는 강요된 하나 됨이 있을 뿐이다. 각자가 자신의 다름을 유지하며 대화 속에서 서로의 진리를 새롭게 탐구할 수 있는 자유, 자기를 절대화시키지 않고 비판적으로 성찰하며 상대방의 다름과 자유를 인정하는 관용, 이 같은 자유와 관용 속에서 서로 친교하고 연대하는 데 참된 하나 됨의 길이 있다. 다양성이 지배하는 오늘의 세계 속에서 교회의 하나 됨은 흡수·통일이 아니라 서로에 대한 관용과 연합에 있다.

4) 오늘 우리의 세계는 분열과 대립과 갈등으로 가득하다. 정당과 정당, 정당 내의 주류와 비주류, 기업인과 근로자, 대기업과 중소 협력업체, 천문학적 액수의 연봉을 받는 부자들과 한 달에 200만 원도 받지 못하는 비정규직 근로자들, 남성과 여성, 갑과 을, 남한과 북한, 제1세계와 제3세계, 자연과 인간의 분열은 물론, 유산 문제로 인한 형제들 사이의 분열, 고

부 사이의 분열 등 이루 헤아릴 수 없을 정도다.

하나님의 구원은 이 같은 분열과 갈등이 해소되고 모든 것이 "그리스도 안에서 그분을 머리로 하여" 하나로 연합되고 통일되는 데 있다(엡 1:10). 바로 여기에 하나님 나라가 있다. 만물의 연합과 통일은 먼저 교회 안에서 시작되어야 한다. 만물의 화해와 남북통일을 부르짖기 전에 먼저 나누어진 교회들이 화해하고 하나로 통일되어야 한다. 그래야 남북통일을 위한 교회의 기도와 부르짖음이 사회적 신빙성을 얻을 수 있다.

교회는 하나님과 만물의 화해, 그리스도 안에서 만물의 하나 됨을 이루기 위한 하나님의 도구다. 곧 하나님 나라를 이 땅 위에 세우기 위한 하나님의 메시아적 백성이다. 교회의 하나 됨은 단지 구조적 하나 됨을 뜻하는 것이 아니라, 서로 대립하는 것들을 화해시키고 하나로 통일시켜 하나님 나라를 확장시키고자 하는 공동의 노력 속에 있다. 아우구스티누스에 의하면 교회의 하나 됨은 "가톨릭교회와의 외적인 연결을 넘어서 참되고 거룩하신 그리스도의 몸과의 연합을 향해 나아가는 것이고 성령 자신이 보이지 않는 방식으로 성도들을 교회 안으로 편입"함으로써 이루어진다(정홍열 2009, 56). 주님의 다시 오심과 함께 이루어질 만물의 하나 됨이 앞당겨 일어나는 교회, 바로 여기에 참교회의 표식이 있다.

C. 거룩한 세계를 앞당겨 오는 교회의 거룩함

1) 오늘 한국 개신교회는 "개독교"라는 비난을 받고 있다. 필자의 견지에서 볼 때 이 비난은 매우 일면적인 과격한 비난이라 생각된다. 그것은 선교 초기부터 지금까지 개신교회가 한국 사회의 발전에 기여한 바를 조금도 고려하지 않고, 개신교회의 부정적인 측면만 보기 때문이다. 이 비난에는 "똥 묻은 개가 겨 묻은 개를 욕하는" 측면이 없지 않다.

그러나 한국 개신교회는 왜 이 같은 비난을 받게 되었는지 심각하게 반성해야 할 것이다. 근본 원인은 거룩해야 할 교회가 거룩하지 못하기 때문이다. "거룩한 사람들의 공동체"이어야 할 교회가 아니라 세속 사람들과 별로 다를 바가 없는 사람들의 공동체로 보이기 때문에, 이 같은 극단적 비난을 받게 되는 것 같다.

그러나 어느 시대를 막론하고 완전히 거룩한 교회가 존재한 적은 없다. 이 세계 속에서 그것은 하나의 이상일 뿐이다. 교회는 "거룩한 사람들의 공동체인 동시에 죄인들의 공동체"이기 때문이다(Schlink 1983, 587). 신약성서가 보도하는 초기 기독교 공동체들도 죄인들의 공동체였다. 우리는 갈라디아서의 "육체의 행실" 목록에서 공동체에 교만과 시기, 파당과 분열, 음행과 방탕 등이 있었음을 볼 수 있다(갈 5:19-21). 바울은 공동체 안에서 일어난 신자들의 심각한 죄로 인해 출교를 권고할 정도였다(고전 5:2).

초기 기독교 공동체의 이 같은 상황은 도나투스파 논쟁에서 첨예화된다. 초기 기독교 공동체가 로마 제국의 극심한 박해를 받을 때, 일부 성직자들이 배교를 하는 일이 일어났다. 이것은 도저히 용서받을 수 없는 "죽음에 이르는 죄"로 간주되었다. 그런데 388년 기독교가 로마 제국의 국가종교로 공인되면서 이들 성직자들이 다시 교회로 들어와 성직을 맡게 된다. 그러자 박해를 견디어 낸 북아프리카 지역의 많은 성직자들은 "박해 당시 성경을 내어준 자들"(traditores)이 거행하는 세례와 성찬은 무효하다고 주장한다. 그 대표자가 도나투스(Donatus)였고, 그의 추종자들은 도나투스파라 불리었다. 이들은 자신들의 교회가 "거룩한 교회"요, 배교했던 성직자들이 포함되어 있는 로마교회는 참교회가 아니라고 주장하였다. 이들의 세력이 커지자 로마교회는 황제의 개입과 처벌을 요구한다. 그 대표자는 아우구스티누스였다. 이것이 초기 교회의 유명한 도나투스파 논쟁이다. 이 논쟁에서 패한 도나투스주의자들은 로마 제국의 처벌 대상이 되어 주로 스페인 지역으로 도피한다(Heussi 1971, 101-102).

이 논쟁에서 아우구스티누스는 성례의 효력은 "성례전 자체도 아니고 성례전을 거행하는 사람도 아닌 오직 그리스도로부터 임한다는 주장을 피력한다." "진정으로 일하는 이는 그리스도이며, 사제는 다만 그의 기관일 뿐이다.…나는 내게 세례를 베푼 사역자를 믿는 게 아니라 그리스도를 믿는다. 그만이 죄인을 의롭다 하시며, 죄책을 사하실 수 있다." 아우구스티누스에 의하면 "교회의 거룩은 사제에게 있지 않고 그리스도와 삼위일체 하나님께 있다"(정홍열 2009, 54). 도나투스주의자들은 교회의 거룩함을 성직자들에게 의존하는 것으로 보는 반면, 아우구스티누스는 교회 안에서 일하시는 그리스도로 말미암아 교회에 주어지는 것으로 간주한다. 따라서 성직자와 신자들이 도덕적으로 어떤 상태에 있든, 교회는 거룩하다고 말하게 된다.

아우구스티누스의 생각은 그 이후 기독교 신학의 정론으로 수용된다. 거의 모든 신학자들이 그의 생각을 따른다. 교회의 거룩함은 성직자와 신자들의 도덕적 상태에 의존하는 것이 아니라 "예수 그리스도 안에 계시된 하나님의 거룩성"에 있다(오주철 2013, 321), "성도들의 교제로서의 참된 교회는 그 지체들의 고유한 신앙이나 거룩성으로 살지 않고 은혜의 방편인 성례전을 통해 역사하시는 성령에 의해 그리스도로 사는 것이다"(E. Kinder, 정홍열 2009, 54에서 인용). 그럼 성직자들과 신자들이 아무리 도덕적으로 타락해도, 교회는 거룩하다고 볼 수 있는가? 이것은 교회의 아전인수 격인 자기 변명이 아닌가?

2) 신약성서에 의하면 그리스도인들은 예수 그리스도의 십자가의 죽음과 죄의 용서를 통해 "거룩하게 되었다"(행 20:32). 그들은 "거룩함을 얻었다"(히 10:10). "하나님께서 여러분을 사랑하셔서 그의 거룩한 백성으로 부르셨다"(롬 1:7). "주 예수 그리스도의 이름과 우리 하나님의 성령으로…거룩하게 되고 의롭게 되었다"(고전 6:11). "하나님께서는…여러분을 택하셔서…성령의 능력으로 거룩하게 해 주셨다"(살후 2:13). 그들은 속되고 타락한 세계로부터 구별되는 하나님 나라의 거룩한 백성이다.

거룩함은 "속"에 대칭하는 개념이다. "속"을 뜻하는 라틴어 *profanus*는 *fanum*(성전, 성소) 앞(*pro*)에 있는 것, 곧 성전 바깥에 있는 것, 하나님이 통치하는 특별한 영역에 속하지 못한 것을 뜻한다. 이에 반해 *sancire*(제한하다, 확정하다, 거룩하게 하다)에서 유래하는 "거룩함"(*sanctus*)은 신적 통치 영역에 속한 것을 뜻한다. 따라서 "거룩한 사람들"이란 하나님의 통치 영역에 속한 사람들을 가리킨다.

그런데 하나님의 통치 영역에 속한 거룩한 사람들은 세속을 떠날 수 없다. 그들은 하나님의 통치 영역에 속하지만, 죽는 순간까지 세속 안에서, 세속의 유혹을 받으며 살 수밖에 없다. 또 그들은 인간으로 존재하는 한, 인간의 제한성을 완전히 벗어날 수 없다. "성령이 임해도 우리의 육체가 살아 있기 때문에 죄의 습성이 완전히 근절되지 않는다. 죽을 때까지 죄성은 사라지지 않고 그대로 남아 있다"(김영한 2014, 243).

그러므로 신약성서는 그리스도인들을 가리켜 "거룩하게 되었다"고 선언하는 동시에 거룩한 사람으로 "변화되어야 한다"고 명령한다. "이제는 여러분의 지체를 의의 종으로 바쳐서 거룩함에 이르도록 하십시오"(롬 6:19), "하나님의 뜻은 여러분이 거룩하게 되는 것입니다"(살전 4:3), "모든 사람과 더불어 화평하게 지내고, 거룩하게 살기를 힘쓰십시오. 거룩해지지 않고서는 아무도 주님을 뵙지 못할 것입니다"(히 12:14), "여러분을 불러 주신 그 거룩하신 분을 따라 모든 행실을 거룩하게 하십시오. 성경에 기록하기를 '내가 거룩하니 너희도 거룩하여라' 하였습니다"(벧전 1:15-16). "이제는 여러분의 지체를 의의 종으로 바쳐서 거룩함에 이르도록 하십시오.…이제 여러분은 죄에서 해방을 받고, 하나님의 종이 되어서 거룩함에 이르는 삶의 열매를 맺고 있습니다"(롬 6:19-22).

종합적으로 말해 "거룩하게 되었다"라는 서술은 "그러므로 거룩하게 되어야 한다"는 명령을 내포한다. 그리스도인들은 하나님 나라에 속한 거룩한 하나님의 백성이기 때문에 하나님 백성답게 거룩하게 살아야 한다. 예수 그리스도를 통해 그들이 얻은 "거룩함"(히 10:10)은 삶의 과정을 통해 완성해야 할 종말론적 목적으로서 그들 앞에 서 있다. 그리스도로 말미암아 거룩함을 "얻었다", 거룩한 사람이 "되었다", "거룩하게 하였다"는 과거

형은, 거룩한 사람으로 변화되어야 할 새로운 미래를 열어준다. 그러므로 신약성서는 그리스도를 통해 얻은 거룩함을 완성해야 한다고 권면한다. "육과 영의 모든 더러움에서 떠나서 자신을 깨끗하게 하며, 하나님을 두려워하는 가운데 거룩함을 완성합시다(*epitelountes*)"(고후 7:1).

   3) 신약성서의 이 말씀들은 현실의 교회가 거룩하지 못하다는 것을 전제한다. 그러므로 신약성서는 그리스도인들이 "거룩하게 되어야 한다"고 거듭 강조한다. 땅 위에 있는 어떤 교회도 완전히 거룩하지 못하다. 어떤 교회도 하나님 나라 자체가 아니다. 사탄의 세력은 교회를 세속과 별다른 차이가 없는 속된 공동체로 만들고자 성직자들과 신자들을 유혹한다. 빛의 공동체가 아니라 어둠의 공동체로 만들고자 한다. 이를 위해 가장 먼저 교회의 성직자들을 타락시키고자 공격한다. 교회 성직자가 타락하면, 적에게 성문이 열리는 것과 같기 때문이다.

   "거룩한 교회"를 고백한 초기 기독교 공동체는 외적으로 로마 제국의 박해를 받는 동시에 내적으로 로마 제국의 타락한 사회적 풍조 속에서 끊임없이 죄의 유혹을 받는 상황에 있었다. 분열과 음란과 배교가 일어나기도 하였다. 그러므로 바울은 다음과 같이 말한다. "여러분은 진리의 허리띠로 허리를 동이고 정의의 가슴막이로 가슴을 가리고 버티어 서십시오.…온갖 기도와 간구로 언제나 성령 안에서 기도하십시오. 이것을 위하여 늘 깨어서 끝까지 참으면서 모든 거룩한 사람들을 위하여 간구하십시오"(엡 6:14-18).

   바울의 이 말씀은, 거룩함이 교회에 주어진 교회의 소유와 같은 것이 아니라 성직자와 신자들이 쟁취해야 할 종말론적 미래임을 시사한다. 아무리 그리스도와 성령이 교회 안에서 일한다 할지라도, 성직자들과 신자들이 타락할 때, 교회는 거룩하지 못한 집단으로 보이게 되고 "개독교"라는 비난을 받게 된다. 성직자와 재정장로가 헌금을 사취하고, 수십 억 원의 돈을 써서 총회장이나 감독에 당선되며, 교회를 팔아먹고, 성직자가 음란하며, 신자들이 파를 나누어 싸우면서 교회가 거룩하다고 말하는 것은 교회의 자기 주장에 불과하다. 그리스도와 성령께서 그 안에 계실지라도 그 교회는 더는 거룩한 교회가 아니다.

4) 참교회의 표식은 거룩함에 있다. 거룩한 교회가 참교회다. 이것은 거룩하지 못한 교회는 참교회가 아니라는 것을 뜻한다. 거룩한 교회, 교회다운 교회가 되는 길은 무엇인가? 몇 가지 예를 제시한다면 다음과 같다.

a. 먼저 성직자들이 죄를 짓지 않아야 한다. "색욕"과 "더러움"에 빠져서는 안 된다(살전 5:5-8; 4:5-7). 교회 매매, 헌금 유용, 교단 내에서의 돈거래를 중지해야 한다. 먼저 성직자들이 섹스와 돈에서 깨끗한 청렴성을 보여야 한다. 교회를 통해 세속적 명예와 권세를 얻으려는 더러운 욕심을 버려야 한다.

b. 성직자와 신자들은 하나님의 말씀을 지켜야 한다. 정의롭게 살아야 하며, 예언자의 뒤를 따라 세상의 불의에 대해 하나님의 정의를 요구해야 한다. 그리스도인으로서의 올바른 삶을 세속 안에서 살아야 한다. 불의한 돈을 교회에 헌금하지 않도록 해야 한다.

c. "기독교적 성품과 미덕을 지닌 사람들이 이 공동체 내에서" 양육되어야 한다(Migliore 2012, 447). 인간적인 인간, 이웃의 아픔을 함께 느낄 수 있는 사람이 되어야 한다. "네 이웃을 네 몸과 같이 사랑하라"는 그리스도의 말씀을 실행해야 한다.

d. 다른 교단이나 교회 연합기관을 비난하지 않고 감싸주며, 분열하지 말고 연합해야 한다. "그리스도 안에서 한 몸이 되어야 한다" 또는 "서로 일치해야 한다"고 설교하면서, 교회의 분열을 일으키면 안 된다. "주님도 한 분이시오, 믿음도 하나요, 세례도 하나요, 하나님도 한 분이십니다"라고(엡 4:5-6) 가르치면서, 타 교단이나 연합기관을 "이단이다", "이단에 물들었다"고 비난하고, 이웃집 행사를 축하해 주지는 못할망정 그 집 앞에 가서 피켓을 들고 데모하는 상식 이하의 모습을 보이지 않아야 한다. 서양에서는 WEA와 WCC가 협동하는데, 우리는 이들이 마치 대립하는 것처럼 설정하는 유치한 일을 중지해야 한다. 만일 이런 일을 계속한다면, "거

룩한 보편적 교회와 거룩한 사람들의 친교를 믿습니다"(*Credo…in sanctam ecclesiam catholicam, sanctorum communionem*)라는 사도신경을 고백하지 말아야 할 것이다.

e. 예수 그리스도는 거룩하신 하나님의 아들이다. 그는 하나님의 거룩하심을 계시한다. 따라서 참으로 거룩하신 분은 예수 그리스도다(눅 1:35; 벧전 1:15). 거룩하고 참교회가 되는 길은 예수 그리스도의 뒤를 따라 세상의 낮은 자들과 함께 하고, 그리스도처럼 청빈하며, 세상의 짐을 짊어지는 데 있다.

f. 온 세계가 하나님의 것이라면, 온 세계가 하나님의 거룩한 세계로 변화되어야 한다. 곧 하나님의 뜻이 모든 것을 결정하는 하나님 나라가 이루어져야 한다. 그리스도께서 이 세상에 오신 목적도 여기에 있다. 거룩한 교회가 되는 길은 그리스도의 이 뜻에 복종하는 데 있다.

D. 분열된 교회들의 연합 속에 있는 교회의 보편성

1) "보편적"(*katholikos*)이란 말은 모든 것을 아우르는 일반적인 것, 우주적인 것을 가리킨다. 따라서 "보편적 교회"(*ecclesia catholica*)는 로마 제국 전역에 있는 모든 교회, 즉 지역과 종족과 문화와 언어를 달리하는 모든 교회를 아우르는 보편성을 지닌 교회, 곧 로마 제국의 제국교회를 뜻한다. 여기서 교회의 보편성은 로마 제국 전역을 포괄하는 공간적 보편성을 뜻한다. 한국의 "천주교" 혹은 "구교"는 바로 로마 제국의 "보편적 교회" 곧 "로마 가톨릭교회"를 말한다.

공간적 보편성은 역사의 모든 시대의 교회들을 포괄하는 시간적 보편성으로 확대된다. 이리하여 로마 제국의 제국종교 곧 "로마 가톨릭교회"는 모든 공간과 모든 시대를 초월하는 보편적 교회로 규정된다. 이단자들과 교회 분리자들, 특히 도나투스파와의 논쟁에서 교회의 보편성은 로마 제국이 공인한 제국교회만이 유일하게 참된 교회요, 질적 보편성과 법적 정당성을 가진 교회를 뜻하게 된다.

한국에서 "천주교"로 알려진 로마 가톨릭교회는 "가톨릭" 곧 "보편적"이라는 단어를 자기 자신에게 적용함으로써 공간적·시간적·질적 보편성과 법적 정당성을 가진 유일한 교회로 자기를 규정한다. "가톨릭교회"(ecclesia katholica)라는 말은 공간적, 시간적, 질적 보편성과 법적 정당성을 가진 "보편적 교회"임을 뜻한다. 그러므로 로마 가톨릭교회에만 참 구원이 있다고 말할 수 있게 된다.

따라서 "가톨릭교회" 혹은 "보편적 교회"라는 개념 속에는 기독교적 제국주의와 배타주의가 숨어 있다. 로마 가톨릭교회가 "보편적 교회" 곧 "가톨릭교회"이고 진리는 로마 가톨릭교회에만 있다면, 로마 가톨릭교회가 "어머니 교회"(ecclesia mater)요, 공간과 시간을 초월한 땅 위의 모든 교회는 로마 가톨릭교회에 통합되어야 한다. 로마 가톨릭교회만이 참교회요, 기독교의 다른 교단들과 기독교 공동체들은 이 교회에 통합되어야 한다는 배타적 주장이 그 속에 숨어 있다.

이 같은 배타성 때문에 로마 가톨릭교회는 자신의 모체가 되며 자신보다 더 오랜 역사를 가진 정교회와 콥트교회, 16세기 종교개혁을 통해 분리된 개신교회와 성공회에 속한 그리스도인들의 구원을 충분히 인정하지 않으며, 최근까지 이들에게 성만찬 분배를 거부하였다. 교회의 역사에서 이 배타성은 종교재판(Inquisition)을 통한 강제적 개종, 추방과 사형, 심지어 집단 학살을 야기하였다. 가톨릭교회의 종교재판을 피하기 위해 수많은 개신교회, 이슬람 그리고 유대교 신자들이 고향을 등지는 역사가 유럽 각지에서 일어나고, 라틴아메리카의 수많은 원주민들이 종교재판을 통해 죽임을 당하였다. 따라서 로마 가톨릭교회가 주장하는 교회의 "보편성"은 타자를 포용하는 참 보편성이 아니라 가톨릭교회 외의 모든 교회를 부인하는 배타적 보편성이라 말할 수 있다.

2) 여기서 교회의 보편성과 교회의 하나 됨은 "상관개념"으로 나타난

다. 모든 교회가 하나일 때, 교회는 보편성을 가진다. 단 하나로 통일된 교회가 보편적 교회고, 보편적 교회는 단 하나의 교회다. 하나 됨은 교회의 "내적 보편성"을 가리킨다면, 보편성은 교회의 "외적 하나 됨"을 가리킨다. "질적인 측면에서 보편성은" 교회의 분열을 거부하고, 분리된 교회들을 인정하지 않는 "교회의 내적 전체성"을 가리킨다"(Moltmann 1975, 374). 여기서 교회의 하나 됨과 보편성은 자신의 교회를 유일하게 보편적 교회, 참된 교회로 절대화시키고, 이 절대화를 정당화시키며, 타 교단과 타 종교를 배타하는 수단이 된다.

그러나 배타적 의미의 보편성은 참된 보편성이 아니다. 그것은 사실상 거룩하지도 못한 특정 교회의 자기 주장일 뿐이다. 교회의 참 보편성은 창조자 하나님, 구원자 예수 그리스도, 새 창조자 성령, 곧 삼위일체 하나님의 보편성에 있다. 교회는 모든 민족을 포괄하는 삼위일체 "하나님의 백성"이요, 삼위일체 하나님 나라의 현실이기 때문에 보편성을 가진다. 교회 안에 현존하는 하나님 나라는 모든 시대와 지역 및 모든 민족과 인종과 문화와 언어를 포괄한다. 그 안에는 "유대 사람도 그리스 사람도 없으며, 종도 자유인도 없으며, 남자와 여자가 없다." 모든 사람이 "그리스도 예수 안에서 하나"다(갈 3:28). 이런 뜻에서 하나님 나라는 보편적이다. 교회는 모든 민족을 포괄하는 하나님 나라의 현실이기 때문에 보편성을 가진 "보편적 교회"다. 이 교회의 보편성은 다양성을 포괄하는 포괄적 보편성이다.

웨스트(W. Joest)는 다음과 같이 교회의 보편성을 적절히 묘사한다. 교회의 보편성은 "모든 나라와 민족에 대한 교회의 공간적 확장"으로 생각해서는 안 된다. "민족적, 인종적, 사회적 한계 혹은 교육과 지위의 한계"를 초월하여 "평화의 형제관계로 화해된 하나님의 새로운 인류의 시작이기 때문에 교회는 보편적 교회다"(Joest 1986, 544, 545).

다양성이 지배하는 오늘의 세계에서 교회의 다양성을 폐기하고, 특정한 교회로 획일화시킴으로써 교회의 보편성을 회복한다는 것은 불가능하다. 자기 교회 이외의 다른 모든 교회를 불완전한 것, "이단에 물든 것"으로 간주하고, 자기 교회가 이들을 흡수·통일함으로써 교회의 보편성을 이룰 수 있다는 생각은 구시대의 자기중심적 착각이다. 이것은 하나의 종교적 제국주의라 말할 수 있다.

땅 위에 있는 어느 교회도 완전하지 못하다. 따라서 교회의 보편성은 구조적 통일성과 획일성에 있는 것이 아니라 나누어진 교회들의 연합과 위기에 빠진 세계를 위한 협동에 있다. 교회의 보편성은 "신앙의 보편성을 상실한 그리스도인들과 교회의 보편성을 무시하고 분열로 치닫는 교회들에게 다시금 보편적 신앙을 회복하고 그리스도 교회의 일치 운동 및 교회 연합운동에 힘을 모아야 할 과제를 일깨워 주는 경종"이 된다(정홍열 2009, 62). 큉에 따르면 "가톨릭성이란…그리스도 안에서의 대화적인 자세를 말하며, 이로써 교회 일치를 지향하는 대화야말로 가톨릭적임을 시사한다"(정지련 2009, 292).

3) 세계는 국부적·자기중심적 관심들로 가득하다. 이 관심들은 배타적 민족주의, 인종차별주의, 제국주의와 식민주의, 세계기업들의 경제적 제국주의, 권력층 및 부유층의 정치적·경제적 이기주의, 을에 대한 갑의 횡포와 착취, 여성에 대한 남성의 자기중심주의, 자연에 대한 인간의 자기중심주의, 가족 안에서의 자기중심주의 등으로 나타난다. 이로 인해 세계는 갈등과 투쟁, 신음과 고통으로 가득하다. 이 같은 세계에 반해 하나님 나라는 전체적·보편적 관심이 모든 것을 결정하는 현실이다. 그것은 국부적인 것이 아니라 땅 위의 모든 것이 하나로 통합된 전체적인 것, 곧 보편적인 것이다.

교회는 하나님이 다스리는 하나님 나라의 현실이다. 그러므로 교회는 이기적이고 국부적인 관심을 위해 봉사하지 않아야 한다. 그것은 하나님 나라의 보편적 관심사를 추구해야 한다. 모든 피조물이 하나님의 정의와 평화 속에서 더불어 사는 하나님 나라를 추구해야 한다. "보편적 교회"가 될 수 있는 길은 모든 피조물의 보편적 관심을 위해 개입하는 데 있다. 교회의 보편성은 교회의 구조적 통일성에 있는 것이 아니라, 하나님 나라를 향한 교회의 메시아적 지향성에 있다. 그것은 "교회의 상태의 술어가 아니라" 하나님 나라를 향한 "교회의 운동, 교회의 선교, 교회의 희망의 술어다"(Moltmann 1975, 375).

참 "가톨릭교회" 곧 "보편적 교회"는 특정 교회를 가리키는 것이 아니라, 모든 피조물이 기다리는 하나님 나라의 보편적 관심을 추구하는 메시아적 교회를 말한다. 교회의 참 보편성은 죄와 고통과 신음과 죽음이 가득한 이 세계 속에 "하나님 나라와 하나님의 정의"를(마 6:33) 세우고자 하는 교회의 메시아성에 있다. 그것은 타 교단에 대한 배타성과 자기절대화, 공간적 자기 확장에 있는 것이 아니라, 타 교단과의 친교와 협동 속에서 하나님의 보편적 관심을 추구하는 교회의 노력에 있다.

오늘 우리의 세계는 모든 것이 화해되고 하나로 통일되어 있는 보편적 세계가 아니라, 수많은 이익집단들의 자기 관심이 충돌하는 당파적 세계다. 그것은 힘없고 약한 자들이 고통을 당하며 신음하는 세계, 어떤 사람은 수십억 원의 연봉을 받고 어떤 사람은 1-2천만 원의 연봉을 받는 세계다. 복음서에서 예수는 후자의 편에 서서, 그들의 생명을 회복하고자 한다. 그는 "이스라엘의 잃어버린 자들"을 찾으신다. 그는 굶주린 자, 목마른 자, 헐벗은 자, 병든 자, 억울하게 감옥에 갇힌 자와 자기를 동일시한다(마 25:40, 45). 그는 "세리와 창녀들"의 편에 선다. "세리와 창녀들이 오히려 너희보다 먼저 하나님 나라에 들어간다"고(21:31) 그는 말한다.

교회의 보편성은 예수의 뒤를 따라 이 세상의 약한 자들 편에 서는 편애성 내지 당파성으로 나타날 수밖에 없다. 참 보편성은 "이것도 좋고, 저것도 좋다"는 의미의 보편성이 아니라 세상의 약한 자들에 대한 사랑에 있다. "먼저 잃어버린 자들, 소외된 자들, 악압당하는 자들을 찾고 이들의 존엄성을 회복할 때, 교회는 전체와 연관될 수 있고 가톨릭적일 수 있다"(Moltmann 1975, 378). 교회의 참 보편성은 세계의 보편성 곧 전체성을 회복하여, 더는 약한 자들의 신음이 들리지 않게 하려는 노력에 있다. "너희를 원망하여 외치는 소리가 주께 들려 너희에게 죄가 돌아오지 않도록 해야 한다"(신 24:14). 교회는 장차 완성될 보편성의 세계가 앞당겨 일어나는 종말론적 현장이다.

E. 사도들의 삶의 길을 따르는 교회의 사도성

1) 사도성은 네 가지 고전적 표식 가운데 독특한 위치에 놓인다. 하나 됨, 거룩함, 보편성이 교회의 내적 구조와 관계된 것이라면, 사도성은 사도들의 뒤를 따르는 교회의 증언과 파송을 시사한다. 하나이면서 거룩하며 보편적인 교회는 사도들의 뒤를 따라 복음의 증언을 위해 하나님의 파송을 받는다. 교회의 하나 됨, 거룩함, 보편성은 사도들의 증언들의 기초 위에서 밝혀질 수 있다. 따라서 사도성은 그 앞의 세 가지 표식의 "규범"이 된다(Schlink 1983, 589). 앞의 세 가지 표식이 "하나님 나라의 규정들"이라면, 사도성은 "하나님 나라를 향한 규정"으로 구별될 수 있다(Moltmann 1975, 384).

가톨릭교회는 교회의 사도성을 기계적으로 이해한다. 그것은 로마 가톨릭교회가 지금도 주장하는 "사도계승"(successio apostolica)을 말한다. 곧 신약의 사도들과 역사적 연속성 속에 있는 주교가 성직자 서품식(Weihe)에서 후임 사제들에게 안수함으로써 교회의 사도성이 계승된다는 것이다.

그러나 주교의 안수를 통해 교회의 사도성이 자동적으로 전승된다는 것은 불합리한 생각이다. "이런 안수 행위가 사도 교회와의 연속성을 알려주는 표식이 될 수는 있지만, 교회의 사도성 자체는 외적이고 기계적인 계승으로 보장될 수 없다"(Migliore 2012, 448). 가톨릭교회가 주장하는 사도계승은 "사도적이 아니다." 그것은 "직위의 법적 계승의 정치적·세속적 요소를" 내포한다(Brunner 1960, 144).

교회의 참 사도성은 사도들의 증언과 교회의 연속성에 있다. 교회가 선포하는 복음의 말씀과 가르침이 사도들의 증언에 근거할 때, 교회는 "사도적 교회"(*ecclesia apostolica*)가 될 수 있다. 교회는 사도들의 증언에 기초한 교회이어야 한다. "여러분은 사도들과 예언자들이 놓은 기초 위에 세워진 건물이며, 그리스도 예수가 그 모퉁잇돌이 되십니다"(엡 2:20).

2) 왜 교회는 사도들의 증언에 근거해야 하는가? 사도들은 예수 그리스도의 사건에 대한 최초의 목격자요, 그의 말씀을 직접 들은 사람들이었기 때문이다. 그들은 예수와 함께 삶을 나누었고, 부활하신 주님을 눈으로 보았고, 그의 파송을 받았다(마 28:19). 그들의 증언과 순교의 죽음 속에서 최초의 교회가 생성되었다. 따라서 교회의 사도성은 사도들의 증언에 근거하는 데 있다. 교회의 설교와 가르침과 모든 봉사 활동은 사도들의 증언을 통해 정당화될 수 있어야 한다. 이때 교회는 "사도적 교회"가 될 수 있다.

사도들의 증언의 중심점은 예수 그리스도에 있다. 따라서 "교회에서 예수가 중심점에 있을 때, 그 교회는 사도적이다"(Brunner 1960, 142). 복음서에서 예수 그리스도의 말씀과 활동의 중심점은 하나님 나라에 있다. 그리스도는 "하나님 나라 자체"였다. 예수가 계신 그곳에 하나님 나라가 있다.

지상에 살아 계셨던 예수에게서 사도들이 귀로 들었고 눈으로 본 것의 핵심은 하나님 나라의 사건이었다. 지상의 예수는 제자들에게 주로 "하나님 나라"에 관해 말씀하셨다. 부활하신 후에도 그는 40일 동안 제자들에게 "여러 차례 나타나시고, 하나님 나라에 관한 일들을 말씀하였다"(행 1:3). 이 예수의 뒤를 따라 사도들은 "하나님 나라와 예수 그리스도의 이름에 관한 기쁜 소식"을 전하였다고 사도행전은 보도한다(행 8:12; 참조. 14:22). 바울도 "하나님 나라"를 증언하였다(19:8; 20:25; 28:23).

그렇다면 교회의 사도성은 메시아 예수와 하나님 나라를 증언하고 이를 가르치는 데 있다. 사도들이 증언한 메시아 예수와 하나님 나라를 증언할 때, 교회는 사도들과 연속성을 갖게 되고 "사도들의 기초 위에 세워진" 사도적 교회가 될 수 있다. 이를 통해 교회는 자신의 "머리"요 "모퉁잇돌"(골 1:18; 엡 2:20) 되신 예수 그리스도 위에 세워진 교회가 될 수 있다.

그런데 에베소서 2:20은 "예언자들"을 첨가함으로써 교회가 "사도들과 예언자들의 기초" 위에 서야 한다고 말한다. 여기서 "예언자들"은 신약의 예언자들일 수도 있고, 구약의 예언자들일 수도 있다. 여하튼 이 본문이 말하는 "예언자들의 기초"는 하나님의 "구원의 역사 전체"를 가리킨다(Brunner 1960, 142). 따라서 교회의 사도성은 구약의 구원사의 빛 속에서 하나님 나라의 복음에 대한 사도들의 말씀을 증언하는 데 있다.

3) 그런데 사도들은 단지 그리스도의 복음을 증언하기만 한 사람들이 아니었다. 그들은 하나님 나라의 새로운 생명의 세계를 위해 자신이 속한 이스라엘 공동체를 떠나 고난의 길을 택한 사람들이었다. 그들은 옛 것을 버리고 "새로움"을 앞당겨 오기 위해 순교의 죽음을 당하기도 하였다. 그들의 사도직을 증명한 것은 단순히 그들의 증언이 아니라 그들이 당한 박해와 고난의 삶이었다. 바울은 이것을 다음과 같이 말한다. "나는…여러 번 죽을 뻔하였습니다. 유대 사람들에게서 마흔에서 하나를 뺀 매를 맞은 것이 다섯 번이요, 채찍으로 맞은 것이 세 번이요,…파선을 당한 것이 세 번이요,…주리고, 목마르고, 여러 번 굶고, 추위에 떨고, 헐벗었습니다"(고후 11:23-27).

오늘날 한국의 많은 교회는 불의하고 썩어진 옛 것을 고치려 하기보다, 그것을 못 본 척 하면서 주어진 체제에 순응하고, 그 속에서 무난하게 지내려는 모습을 보인다. 예수가 선포한 하나님 나라 대신에 죄 용서와 영혼 구원과 축복이 설교의 중심을 차지한다. 이에 대해 교회의 사도성에 대한 「니케아-콘스탄티노플 신앙고백」은 다음과 같이 말한다. 교회의 사도성은 사도들의 뒤를 이어 하나님 나라의 복음을 증언하며 사도들의 삶의 길을 따르는 데 있다. 그것은 "어떤 외적이거나 기계적인 의미에서 사도적 계승의 사슬을 잇고 있음을" 뜻하는 것이 아니라 "예언자들과 사도들에 의해 증거된 예수 그리스도의 복음에 삶의 모든 영역에서 순종"하는 데 있다(오주철 2013, 323). "교회는 그리스도의 해방하는 주권을 땅끝까지, 그리고 시간의 마지막까지 말과 행동과 친교를 통해 증언해야 한다." 그것은 민족들에게 복음을 전하고, "새로운 공동체로서 세계 속에 있는 하나님 나라의 형태"가 되어야 한다. 그것은 사람들에게 회개하라고 요청하는 동시에 그 스스로 "이 회개의 형태가 된다. 그것은 하나님 나라에 대한…희망을 증언하며, 가난한 공동체로서 그 스스로 산 희망이 된다. 이 같은 사도적 활동 속에서 교회는 부활하신 그분의 나타나심 속에 있는 자신의 근원을 언제나 다시금 확인하고, 사도들의 선포를 확인해야 한다"(Moltmann 1975, 386).

지금까지 우리는 「니케아-콘스탄티노플 신앙고백」의 네 가지 참교회의 표식들을 살펴보았다. 이 표식들은 하나님 나라를 향한 메시아적 방향성을 내포하고 있다. 이들은 기존하는 교회의 자기 정당성을 부여하는 것이 아니라 교회의 자기 비판과 참회와 새로운 출발을 요구한다. 하나 됨, 거룩함, 보편성, 사도성의 네 가지 표식 앞에서 교회는 지금 자기가 어떤 상태에 있는지, 자기 자신을 비판적으로 성찰하고 참회하며 올바른 방향을 정립해야 한다. 이런 뜻에서 「니케아-콘스탄티노플 신앙고백」의 네 가지 표식은 땅 위의 모든 교회가 지향해야 할 메시아적·종말론적 표지라 말할 수 있다.

F. 그리스도의 사랑과 그의 뒤를 따르는 교회

1) 교회는 "그리스도의 몸"이다. 본회퍼에 의하면 교회는 "땅 위에 있는 그리스도의 형태"다. 따라서 교회의 중심은 그리스도다. 그가 "교회의 머리"다. 그가 있는 곳에 교회가 있다. 그러므로 예수 그리스도가 교회의 표식이라고 일단의 신학자들은 말한다.

그런데 예수 그리스도의 말씀과 사역의 중심은 하나님 나라에 있었다. 그리스도는 "하나님 나라 자체"(*autobasileia*)였다. 그렇다면 그리스도가 선포하였고 또 앞당겨 온 하나님 나라가 그 안에 나타나는 교회가 참교회라 말할 수 있다. 칼 바르트에 의하면 교회는 "지상적-역사적 실존 형식 속에 있는" "하나님 나라다"(Barth 1964b, 742). 이 같은 신학적 통찰에 근거하여 필자는 1993년에 출판된 『기독교 조직신학』 제4권에서 "하나님 나라의 표징"을 참교회의 표식으로 제의하였다. "하나님 나라는 오늘의 교회가 그것에 따라 측정되어야 할 참교회의 규범과 기준(Norm und Kriterium)이다. 교회는 그 자신을 위하여 존재하는 것이 아니라, 성령 가운데서 오고 있는 하나님 나라를 증언하고 그것의 확장을 위하여 존재한다. 성령 가운데서 오고 있는 하나님 나라를 나타내는 교회가 참교회다"(김균진 1993, 308).

그럼 하나님 나라는 교회 안에서 구체적으로 어떻게 나타나는가? 하나님 나라의 가장 직접적 형태는 무엇인가? 그것은 사랑이라 말할 수 있다. 교회 안에서 하나님 나라는 사랑의 형태로 나타난다. 사랑이 있는 곳에 하나님 나라가 있다. 올바른 복음의 선포와 성례의 집행이 있을지라도, 산을 옮길 만한 믿음과 탁월한 지식과 교리 체계가 있을지라도, 사랑이 없는 곳에는 하나님 나라가 없다. 따라서 참교회의 참 표식은 하나님 나라가 그 안에 있는 사랑에 있다고 말할 수 있다. 참교회는 하나님의 사랑이 그 안에 있는 교회다.

하나님을 사랑하는 사람은 하나님의 계명을 지키며 사람의 가치를 외모로 판단하지 않는다. 소유와 사회적 지위와 헌금 액수에 따라 사람의 가치를 판단하지 않고 사람의 생명 그 자체를 귀중하게 여긴다. 가난한 사람과 장애인, 탈북자와 외국 노동자를 무관심하게 대하지 않고 오히려 이들을 따뜻하게 영접한다. 이들이 "교회의 보물"이요, 그리스도께서 참교회와 거짓 교회를 판단하는 잣대이기 때문이다. 이 같은 사랑이 있는 곳에 하나님 나라가 있고, 참교회가 있다.

하나님의 사랑은 자기를 내세우지 않고 자기를 비운다. 교회 안에서 파당을 만들거나, 자기가 교회의 모든 실권을 쥐려 하지 않고, 이름 없이 봉사한다. 그리스도께서 우리를 용서하신 것처럼 이웃을 용서한다. 형제자매를 헐뜯는 얘기를 하지 않고 좋은 얘기를 하며, 교회 안에 평화를 이루고자 한다. 이웃의 기쁨과 슬픔을 함께 나누며 어려운 이웃을 돕고 격려

한다. 무례히 함부로 말하지 않고 예의 있게 말하며, 가난한 이웃을 고려하여 자기의 헌금 액수를 밝히지 않는다. 이 같은 사랑이 있는 곳에 하나님 나라가 있고, 참교회가 있다.

하나님의 사랑은 연약한 생명의 고통과 신음을 함께 느끼며, 세상의 불의를 거부하지 않을 수 없다. 불의는 부유하고 강한 자들을 더욱 부유하고 강하게 만드는 반면, 가난하고 힘이 없는 사람들을 억울하게 만들기 때문이다. 이리하여 불의는 공동체를 내적으로 와해시키고 결국 공동체의 멸망을 초래한다. 그러므로 하나님의 사랑이 그 안에 있는 신자들과 그들의 공동체는 세상의 불의에 저항하는 자세를 취하지 않을 수 없다. 그들은 하나님의 정의가 다스리는 세계가 이루어지기를 기도하며 또 이를 위해 노력한다. 전 세계 상위 1%의 부자가 보유한 재산이 나머지 99%의 재산보다 더 많은 인간의 세계, 한계를 알지 못하는 인간의 탐욕과 무지로 말미암아 오염되고 파괴되는 자연의 세계 속에 하나님 나라의 새로운 생명의 세계가 이루어지기를 기도하지 않을 수 없다. 그들은 연약한 생명의 신음이 더는 들리지 않는 새로운 생명의 세계가 도래하기를 합심하여 기도한다. 이 같은 사랑이 있는 곳에 하나님 나라가 있고, 참교회가 있다.

하나님의 사랑이 그 안에 있는 목회자는 교인들의 생명을 가장 귀중하게 여긴다. 그러므로 그는 교인들의 생명을 구원하고 하나님 앞에서 바르게 양육하는 것을 자기가 감당해야 할 가장 중요한 사명으로 생각한다. 목자가 양 떼를 위해 자기의 생명을 희생하는 것과 같은 마음으로 교인들의 생명을 돌보며, 자기로 말미암아 교인들이 시험에 들지 않도록 한다. 이것은 목회자가 갖추어야 할 최소한의 덕목이요, 목회자가 지켜야 할 기본 의리에 속한다. 교인의 생명과 교회에 대한 이 같은 사랑과 의리가 있는 곳에 하나님 나라가 있고, 참교회가 있다.

하나님의 사랑이 그 안에 있는 목회자는 교회를 자신의 교권과 명예를 신장시키기 위한 수단으로 삼지 않는다. 이른바 "목회 성공"을 통한 자기 자랑과 자기 영광을 목표로 삼지 않고, 하나님께 영광을 돌리고 이웃 사람들의 존경을 받는 교회를 세우고자 한다. 그리스도께서 자기를 포기한 것처럼, 그는 자기를 포기한다. 자신을 위한 교회가 아니라 세상의 연약한 생명을 위해 봉사하는 교회가 되도록 노력하며, 연약한 생명들의 신음 소리가 들리지 않는 세계가 오기를 기도하고, 이들의 생명을 비참하게 만드는 세상의 불의에 저항한다. 이 같은 사랑이 있는 곳에 하나님 나라가 있고, 참교회가 있다.

우리의 삶을 아름답고 풍요롭게 만드는 것은 소유가 아니다. 그것은 하나님의 사랑이다. 아무리 소유가 많고 지식과 명예가 많아도, 사랑이 없는 삶은 메마르고 비참한 삶이다. 이웃에 대한 사랑이 없을 때, 인간은 결국 자기사랑의 노예가 되어버린다. 그는 더 많은 소유와 정욕의 노예가 되어버린다. 그는 "귀신 들린 사람", "자기가 무엇을 하는지 모르는 사람"이 되어버린다.

사랑은 나누어진 것을 연합할 수 있고 파괴된 것을 회복할 수 있다. 죽어가는 생명을 살릴 수 있고, 비인간적인 인간을 인간적인 인간으로, 비인간적인 세상을 인간적인 세상으로 만들 수 있다. 사랑은 연약한 생명들의 신음 소리가 들리지 않는 평화로운 세상, 정의가 있는 세상을 이룰 수 있다. 우리가 죽을 때 평안한 마음으로 마지막 눈을 감게 하는 것도 사랑이다. 하나님의 사랑이 있는 곳에 하나님 나라가 있고, 참교회가 있다. 참교회의 표식은 하나님의 사랑에 있다.

2) 하나님은 사랑이다(요일 4:8, 16). 그리스도는 하나님의 사랑의 성육신이다. 세리와 죄인들의 친구가 되신 그분, 모든 인간의 죄를 짊어지고 십자가에 달린 그분(*crucifixus*)은 하나님의 사랑의 계시다. 그 사랑이 우리를 죄에서 구원하고 새로운 생명을 선물한다. 그리스도인들은 그리스도의 소유가 된 사람들, "그리스도 안에" 있는 사람들을 말한다. 따라서 그리스도인들과 교회 공동체는 그리스도의 뒤를 따를 수밖에 없다. 그들은 세상 짐을 짊어지신 그분의 뒤를 따라 세상의 짐을 짊어질 수밖에 없다.

신약성서 신학에 따르면, 예수의 생애를 기술하는 네 가지 복음서는 한 사람이 쓴 것이 아니라 초기 기독교 공동체들 속에 산재하던 문서들을 편집한 것이다. 각 복음서의 기자들은 예수에 대한 역사적 사실들을 전달하기보다, 예수에 대한 그들의 신앙을 증언하기 위해 복음서를 기록하였다. 그들은 이른바 "역사적 예수"에 관해 기술하지 않고, 신앙의 눈으로 해석된 그리스도 곧 "신앙의 그리스도"를 기술한다. 그들의 신앙의 눈, 곧 예수에 대한 관점들은 차이를 보인다. 특히 공관복음서의 관점과 요한복음서의 관점은 뚜렷한 차이를 나타낸다. 전자는 지상의 예수의 삶에 집중한다면, 후자는 지상의 역사를 완성하고 하나님의 오른편에 계신 그리스도의 관점에서 지상의 예수를 조명한다. 마태는 "하늘나라"를, 마가와 누가는 "하나님 나라"를 이야기하는데, 요한은 "영원한 생명"을 이야기한다.

그런데 네 복음서에는 한 가지 공통된 객관적 사실이 발견된다. 그것은 자기를 이 세상의 낮은 곳으로 낮추시고 십자가의 고난과 죽음을 향한 예수 그리스도의 삶의 길이다. 이것은 부인할 수 없는 역사적 사실이다. 나사렛 예수가 대제사장들과 로마 제국의 유다 총독 폰티우스 필라투스(Phontius Pilatus)의 합작으로 십자가의 죽음을 당한 것은 유대인 제사장 출신으로 로마 제국의 역사가가 된 요세푸스(Josephus)도 인정하는 사실이다.

궁극적으로 교회는 예수 그리스도로 말미암아 생성되었다. 교회는 예수 그리스도의 교회다. 그렇다면 참교회임을 보여주는 교회의 표식은 예수 그리스도의 삶의 길을 뒤따르는 데 있다. 하나님의 사랑을 계시하는 예수 그리스도의 삶의 길을 뒤따르는 교회, 거기에 참교회가 있다. 바로 거기에 하나님 나라가 있다.

본회퍼에 의하면 지상의 예수는 "나를 따르라"고 그의 제자들을 부른다. 제자들은 교회의 제도나 교리와 같은 중간 매개물 없이 그의 뒤를 따른다. 아무런 중재 없이 "부르심을 받은 자의 복종하는 행위가 뒤따른다." 나를 따르라는 "부르심과 복종의 직접적인 대칭"이 있을 뿐이다(Bonhoeffer 1967, 28). "그리스도의 뒤를 따르지 않는 기독교는 언제나 예수 그리스도 없는 기독교다"(30). 부르시는 그리스도와 올바른 관계를 가질 수 있는 길은 그의 뒤를 따르는 데 있다. 달리 말해, 그리스도의 뒤를 따르지 않을 때, 우리는 그리스도와 올바른 관계를 갖지 못한다. 우리는 관념적으로만 그를 우리의 주님, 우리의 구원자로 생각한다. "나를 따르라"는 그의 부르심에 복종하지 않을 때, 그는 사실상 우리의 주님, 우리의 구원자가 아니다. "믿음에 이르는 길은 그리스도의 부르심에 대한 복종을 통해 가능하다"(34). "믿는 자만이 복종하며, 복종하는 자만이 믿는다"(35).

달리 말해 그리스도를 자기의 주님으로, 자기의 구원자로 믿는 자만이 그의 뒤를 따르며, 그의 뒤를 따르는 자만이 그를 믿는다. "전자에서는 믿음이 복종의 전제가 되고, 후자에서는 복종이 믿음의 전제가 된다." 한 마디로 "믿음과 복종의 하나 됨"은 결코 해체될 수 없다(36).

물론 그리스도의 뒤를 따름 자체가 믿음을 가능하게 하는 믿음의 전제가 될 수 없다. 그러나 그리스도인들의 믿음이 "경건한 자기 기만"이 되기를 원치 않는다면, 그들은 그리스도의 부름에 복종하여 그의 뒤를 따라야 한다. 그의 뒤를 따르지 않을 때, 우리는 불신앙에 머물게 된다. 수백 번 죄의 용서를 받았다 할지라도, 우리는 사실상 죄의 용서를 받은 것이 아니다. 단지 죄의 용서를 받았다고 자기를 속일 뿐이다. 사실상 은혜를 받지 못했음에도 불구하고, 은혜를 받았다고 자기를 기만한다. 그는 "싸구려 은혜"를 받았을 뿐이다. "불신앙은 싸구려 은혜로 영양분을 섭취한다. 그는 불신앙에 머물고자 하기 때문이다"(41).

본회퍼의 통찰에 따르면, 나의 뒤를 따르라는 그리스도의 부르심에 복종하지 않는 교회는 불신앙 가운데 머물러 있다. 그는 그리스도를 믿는다고 하지만 사실상 그를 믿지 않는다. 그의 믿음은 자기 기만에 불과하다. 그는 "은혜 받았다"고 하지만, 불신앙 속에서 하나님의 은혜를 받았다고 착각할 뿐이다. 이 교회는 불신앙 가운데 머물러 있는 불신앙의 교회, "싸구려 은혜"로 자기를 기만하는 교회다. 그것은 참교회가 아니다. 참교회는 그리스도의 부르심에 복종하여 그리스도의 뒤를 따르는 교회다. 따라서 그리스도의 뒤를 따름이 참교회의 표식이 된다.

그리스도는 무엇을 향해 자기의 뒤를 따르라고 말하는가? 이 질문에 대해 그리스도는 다음과 같이 대답한다. "나를 따라오려고 하는 사람은 자기를 부인하고, 자기 십자가를 지고, 나를 따라오너라"(막 8:34). 이 말씀에 따르면, 그리스도는 십자가의 고난을 향해 자기의 뒤를 따르라고 말한다. 그리스도의 명령에 따라 십자가의 고난을 향해 그의 뒤를 따르는 여기에 참교회의 표식이 있다.

참교회는 십자가에서 고난당하신 그리스도의 뒤를 따른다. 이 땅 위에서 "세리와 죄인들의 친구"가 되는 자는 이들처럼 세상의 버림을 받고 고난을 당할 수밖에 없다. 이 땅 위에서 그리스도는 영광을 받은 자가 아니라 십자가의 고난 속에서 버림을 받은 자였다. 제자들은 세상의 버림을 받은 그분의 고난에 참여함으로써 그의 참 제자가 된다. "그리스도는 오직 고난당하는 자, 버림을 받은 자로서 그리스도인 것처럼, 제자도 오직 고난당하는 자, 버림을 받은 자로서, 함께 십자가에 달린 자로서 제자다. 예수 그리스도의 인격과 결합시키는 그리스도의 뒤를 따름은, 그의 뒤를 따르는 자를 그리스도의 법 아래, 다시 말해 십자가 아래 세운다"(62).

이 같은 본회퍼의 생각에서 우리는 참교회의 표식에 관한 다음의 통찰을 얻을 수 있다. 참교회의 표식은 그리스도의 고난에 참여하는 데 있다. 참교회는 이 세상의 영광스러운 자리에 서려고 하는 교회가 아니라, 그리스도처럼 이 세상의 버림을 받은 자들, 고난당하는 자들의 자리에서 그리스도의 고난에 참여하는 교회다. 그것은 그가 주님이라 부르는 그리스도처럼 이 세상을 대리하는 교회, 이 세상을 책임지는 교회, 이 세상이 짊어져야 할 고난을 대신 짊어지는 교회다. 이 교회를 가리켜 신약성서는 땅 위에 있는 "그리스도의 몸", "그리스도의 형상"이라 부른다. 그것은 "성령 가운데서 현존하는 그리스도"다(215).

교회가 십자가에 달린 예수를 주님으로, 구원자로 믿는다면, 주님이 가신 그 길을 가야 한다. 그가 당하신 고난에 참여해야 한다. 초기 기독교 공동체는 축복의 공동체가 아니라 고난의 공동체였다. 그것은 박해와 순교의 죽음 속에서 자신의 정체성을 지키고 세상의 빛이 되었다. 특히 베드로서는 교회가 고난의 자리에 설 것을 강력히 요청한다. 교회는 우리를 위해 고난당하신 그리스도의 "발자취를" 따라야 한다(벧전 2:21). "정의를 위하여 고난을 받으면 여러분은 복이 있습니다. 그들의 위협을 무서워하지 말며, 흔들리지 마십시오"(3:14). "그리스도인으로서 고난을 당하면 부끄러워 하지 말고 도리어 그 이름으로 하나님께 영광을 돌리십시오"(4:16).

오늘 그리스도는 어디에 계신가? 이 질문에 대해 그리스도는 "두세 사람이 있는 곳에 내가 함께 할 것이다"라고 대답한다. 두세 사람이 모여 기도하고 예배드리는 곳에 그리스도께서 함께 계신다. 마태복음 25장의 "최후 심판"에 관한 말씀에 의하면 그리스도는 가난하고 배고픈 사람들, 병들고 갇힌 사람들 가운데 계신다. 그는 하나님을 예배드리는 곳에 계신 동시에 이 세상의 불쌍한 사람들 가운데 계신다. 그는 힘 있는 사람들에 의해 소외와 버림을 받은 "세리와 죄인들의 친구"가 되신다. 그는 모든 인간의 죄짐을 짊어지고 자기의 생명을 내어준다.

교회다운 교회, 참교회가 될 수 있는 길은 자신의 생명을 내어주신 그리스도의 뒤를 따르는 데 있다. 그가 행한 사랑을 뒤따라 행하는 데 있다. 한국 개신교회가 사회적 신뢰를 회복할 수 있는 길이 여기에 있다. 입으로는 사랑을 얘기하면서도 자기 확장과 세상 명예를 추구하는 모습을 버리고, 이 세상의 연약한 생명과 연대해야 한다. 세상 욕심을 버리고, 하나님의 사랑을 계시하는 그리스도의 삶의 길을 따르는 모습을 보여야 한다. 십자가에 달린 그분 안에 계시되는 하나님의 사랑이 교회를 지배해야 한다. 바로 여기에 참교회의 표식이 있다.

한국 개신교의 거의 모든 교회는 지붕에 십자가를 달아둔다. 이로써 교회가 여기에 있다는 것을 나타낸다. 따라서 십자가가 교회의 표식이라 말할 수 있다. 십자가는 이 세상을 구원하기 위한 하나님의 자기 비움과 고난, 곧 하나님의 사랑을 나타낸다. 그러나 십자가를 교회 지붕에 달아 놓는 것만으로는 부족하다. 십자가에 달린 그리스도의 뒤를 따르는 삶이 있어야 한다. 말씀과 기도와 찬양과 성만찬 속에서 신자들이 "그리스도의 몸"으로 하나가 되고, "하나님 나라와 하나님의 정의"(마 6:33) 때문에 십자가를 지신 그분의 뒤를 따르는 거기에 참교회가 있다.

이 땅 위에서 하나님의 아들 예수는 소유가 없는 분이었다. 그에게는 쌓아둔 돈이 없었다. 그는 돈 곧 맘몬 숭배를 엄격히 금지하였다. 돈이 하나님의 자리를 대신해서는 안 된다! 그는 이 말씀을 스스로 충실히 지켰다. 그래서 돈 한 푼 없이 빈손으로 십자가의 죽음을 당하였다. 교회는 이 예수의 뒤를 따라야 한다. 예수의 뒤를 따라 청빈한 교회가 되어야 한다. 돈을 쌓아두어서는 안 된다. 돈이 쌓이는 곳에는 반드시 부패가 따른다. 물론 교회는 어떤 목적을 위해 돈을 적립할 수 있을 것이다. 그러나 교회의 모든 돈은 신빙성 있게 공개되어야 하며, 헌금의 사용(私用)을 철저히 금해야 한다. 어떤 교회는 교회 재정상황을 인터넷에 공개하기도 한다.

예수의 청빈을 실천하는 교회도 있다. 서울 건국대학교 새천년관을 예배장소로 사용하는 대학연합교회(김형민 담임목사)는 매년 연말이 되면 교회 재정이 "제로"(0)가 된다. 그 까닭은 교회에 돈을 남기지 않기 위해서다. 이 교회를 개척한 김 목사는 이렇게 말한다. "돈이 쌓이면 교회가 타락합니다. 교회가 무너지는 이유는 돈과 이성과 명예욕 때문입니다. 우리 교회는 모든 재정을 남김없이 선교에 사용합니다"(조선일보 2016. 3. 18. A25).

*

교회는 끊임없이 개혁되어야 한다
- 교회론을 맺으며 -

2014년에 열린 한국조직신학회 학술대회에서 최일도 목사는 한국교회의 현실을 다음과 같이 고발한다.

130년의 역사 속에 최악의 위기를 맞고 있는…한국교회는 부흥이라는 이름으로 성장 위주의 발전을 거듭했다. 이러한 급성장은 세계교회사를 보더라도 놀라운 일이 아닐 수 없었지만, 덩치만 커진 한국교회는 압축 성장에 따른 진통과 어려움을 제대로 겪고 있으며 오늘날 사회 문제로 대두되고 있다.

급성장한 교회의 1대 목사와 2대 목사간의 갈등과 대립 혹은 부자 세습으로 인한 많은 아픔들, 대형화된 교회와 더불어 많은 미자립 교회들 간의 불균형, 한국교회의 대부분을 차지하고 있는 중·소형 교회의 패배 의식, 수평 이동으로 개교회주의·교단주의의 병폐가 그대로 노출되어 있다는 것은 누구나 아는 사실이다.

더군다나 종교 분포 통계를 보면 그리스도인의 수는 나날이 줄어가고 있는데, 목사는 여전히 배출되고 있다. 교회에서 다음 세대라 불리는 청소년과 어린이들이 사라지고 있는데, 교회는 새 건물을 건축 중에 있다. 50년 전 유럽의 교회들이 고령화되고 사람들이 사라진다고 하였을 때 먼 나라 이야기로만 생각하던 현실이 우리 앞에 현실로 다가왔다. 교회를 떠나는 사람들 중에는 종교 없이도 잘 살아간다는 마음도 강하다"(최일도 2014, 1).

오늘날 많은 개신교회 신학자들도 개신교회의 문제점을 신랄하게 지적한다. 그중 몇 가지를 살펴본다면 다음과 같다. "오늘 21세기 한국교회는 세상에서 힘을 잃었다. 한국교회는 골방에 갇혀버렸다.…한국교회는 세상에서의 역할을 제대로 몰랐으며, 알아도 그 역할에 소홀했으며, 동시에 세상을 따라가는 친구가 되어버렸다. 썩어져 가는 세상의 소금과 어두워져가는 한국 사회의 빛이 되어 세상을 변화시키는 자가 되기를 포기했다. 그러면서 한국교회는 예배당 건물에 갇힌 신앙으로 만족하고 말았다"(주도홍 2016, 19).

김영주는 한국교회의 위기의 원인으로 윤리와 도덕, 즉 행함의 부족을 지적한다. "특히…목사들이 성추행하고, 교회 재정을 횡령하고, 사기 행각을 벌이는 일들이 오랫동안 지속되고 있다. 또 총회장 선거, 신학교 총장 선거, 심지어는 교회의 각종 위원회의 선거에서까지 금품이 오고가는 타락한 선거가 치러지고 있는 것이 오늘날 한국교회의 모습이다. 세상 선거에서는 부정행위가 드러나면 선거가 무효화되는데, 교회 선거에서는 어떤 부정행위가 드러나도 무효화되지 않는다. 세상 선거보다도 훨씬 부패하고 타락한 것이 교회 선거다. 성직 매매가 공공연하게 자행되고 있는 것이 한국교회의 현실이다"(김영주 2015, 8).

김영한은 개혁해야 할 한국교회의 문제들을 다음과 같이 제시한다. ① 교회 연합기관(한기총) 임원 선임 비리, ② 교회 연합체의 분열: 한기총에서 분리되어 설립된 한교연, ③ 대형교회들의 세습 관행, ④ 도덕성 위기에 관한 대형교회 목회자의 각종 비리 사태, 전임 목사와 후임 목사의 갈등(충현교회, 광성교회), 재정 횡령 사건의 사례(제자교회), 성추행 사건의 사례(삼일교회), 설교 및 논문 표절 사건의 사례(사랑의교회) 등, ⑤ 성직 매매와 장로 신분의 권력화, ⑥ 기복 및 번영 추구의 저급 신앙 형태, ⑦ 이단 감별사들에 의한 임의적 이단 양산, ⑧ 소속 없는 "가나안 교인" 증후군, ⑨ 개신교회의 비대칭적 교회 구조, ⑩ 교리적 극단주의(김영한 2015, 76-93).

임태수는 한국교회가 개혁해야 할 중요한 문제점을 아래 다섯 가지로 정리한다. ① 교회 성장주의 신학, ② 믿음과 행함의 불일치, ③ 말과 행동의 불일치, ④ 지나친 명예 추구, 사치, 성범죄, ⑤ "믿음으로만" 의롭게 된다는 신학(임태수 2015, 306). 임태수, 김세윤, 권연경, 김득중, 유승원 등 많은 신학자들은 종교개혁의 "*sola fide*"로 말미암아 믿음과 삶의 괴리 현상이 야기되었다고 지적한다.

이 같은 교회의 상황을 볼 때, 그동안 한국교회가 자랑하였던 "선교의 기적"이란 말이 부끄러울 정도다. "하나님의 집을 장사하는 집으로 만드는"(양명수 2014, 225) 자본주의적 교세 확장주의와 맘몬 숭배, "성서와 별 상관없어 보이는 웃기는 이야기, 혹은 눈물샘을 자극하는 이야기" 같은 설교들(안덕원 2014, 103), 목회자의 영웅화, 세계 어디에서도 볼 수 없는 막강한 힘과 재력을 가진 대형교회(Mega Church), 이와 대조되는 약 80%의 미자립 교회들, 생계유지를 위해 자동차 대리운전 등의 노동을 하는 미자립 교회 목회자들, 교회 헌금의 불투명한 관리와 사적 유용, 금권 선거로 타락한 교단 총회장 선거, 타 교단과 타 종교에 대한 배타주의와 자기절대화, 여성에 대한 교회 내의 성차별, 변화를 거부하는 교회의 경직성, 교회 내의 갈등과 대립 등 수많은 문제들이 교회 안에 숨어 있다(보다 포괄적 분석에 대해 손규태, 2014).

교회 수의 감소에 비해 목회자 수의 증가도 심각한 문제다. 선교사 수를 제외한 2003년 한국교회 18개 주요교단의 목회자 수는 43,389명이었던 것이, 2011년 76,608명으로 54.6%가 증가하였다. "반면 교회 수는 2003년 33,451곳에서 44,011곳으로 그 성장률이 21.7%에" 그쳤다. 부교역자 수를 감안할 때, 현재 약 30,000명 이상의 목회자들이 남아돈다. "이것은 한국교회의 성장기인 70-80년대 급격히 확장된 신학대학과 비정규

신학교의 무분별한 신학생 증가의 결과"요, "소명보다는 학교의 정원수를 늘리며 목회 현장의 수요보다는 막연한 교회 성장에 대한 환상이 불러일으킨 현상"이다(연규홍 2014, 48).

이리하여 교인 수 100명 규모의 교회 목회자 청빙에 "거의 1백여 통의 지원서가 들어오고, 교인 수 1,000명 규모의 교회에는 거의 1천여 통의 지원서가 들어온다….""이러한 목회자 과잉 배출은 과도한 교회 개척으로 이어져…목회자들 사이에 지나친 경쟁의식을 유발시키고 교회의 권위와 신뢰성을 상실시켜 결국 기독교 선교에 악영향을 미치고 있다"(정재영 2014, 33). 어느 안티 기독교 사이트에 실린 "한국교회 딱 세 마디, 모여라, 돈 내라, 집 짓자"라는 문구는 "오늘날 일반 비신자들의 눈에 각인된 한국교회에 대한 보편화된 모습이다"(김영한 2015, 75).

개신교회에 대한 사회적 선호도 역시 추락 일로에 있다. 한국갤럽에서 실시한 1984년부터 2014년까지 30년간 한국인들의 종교와 종교 의식 변화를 비교한 "한국인의 종교 실태" 조사에 따르면, 한국의 3대 종교 중 "무종교인이 가장 선호하는 종교는 불교였고, 가장 선호하지 않는 종교로 개신교를 꼽았다. 불교 25%, 천주교 18%, 개신교 10%"라는 통계 수치는 국민들로부터 신뢰와 존경을 상실해 가고 있는 한국교회의 현실을 증명한다(김홍일 2015, 46).

"한국교회는 지금 병들어 있고 위기에 처해 있다"는 얘기가 사방에서 들리고 있다(임태수 2015, 5). 곽혜원에 의하면 "현재 개신교는 존폐의 역사적 기로에 서 있다고 말하는 것이 정확한 표현일 것이다. 한국교회는 과연 우리나라의 기틀을 바로잡고 국가의 새로운 역사를 일구어 낼 수 있는가?…아니면 서구 세계에서 기독교 왕국(Christendom)이 몰락했던 것처럼, 한국교회도 한국 사회에서 몰락의 위기를 맞이할 것인가?"(곽혜원 2015, 173). 교회가 선한 일을 한다 하지만, "본질적 부패를 감추는 포장용 혹은 정당화하는 생색내기로" 보이는 경우도 없지 않다(박득훈 2013, 152).

그런데 개신교회에 대한 비판들은 개신교회의 긍정적 측면은 묻어버리고 부정적 측면만 지적하는 일면성을 보인다. 일제 강점기에 "애국적 종교로서의 역할", "현대 한국사의 새로운 시민문화 창출과 공동체 정신 함양 및 국민 계몽운동", "군부독재 시대의 민주화 운동과 인권 회복운동 및 분단 시대를 극복하기 위한 통일 운동" 등 "한국 사회를 선도하는 진보적 사회운동의 요람과 같은 역할을 함으로써 한국 사회의 진보적 표상처럼" 인식되었던 "한국교회의 역사적 공헌마저도 폄하되어 버리는 경향"을 보인다. 2001-2003년 사이 인도적 대북 지원금 1억 3,664만 달러 가운데 종교 단체가 54.0%를 지원하였는데, "그 절반 이상은 개신교(51.1%)의 지원이었다"는 사실도 묵과되어버린다(곽혜원 2015, 184-186, 189). 사실 우리 주변에는 민족의 미래를 염려하면서 성실하게 목회에 전념하는 수많은 목회자들이 있다. 한국에서 가장 많이 봉사 활동을 하는 종교는 개신교회다. 군대에서도 가장 열심히 봉사하며, 중국에서 탈북자를 돕는 대부분의 성직자들은 개신교회 목사들이라고 한다.

그렇다 하여 한국 개신교회는 자신의 문제점을 간과해서는 안 될 것이다. 루터가 말한 것처럼, 교회에는 "의인인 동시에 죄인"(*simul iustus et peccator*)인 사람들이 모여 있기 때문에 교회는 타락할 수 있다. 예수를 믿는다 하지만 인간적 욕심과 욕정으로 말미암아 갖가지 비리와 범죄들이 그 안에서 일어난다. 시대의 새로운 발전을 따라가지 못하고 "전통"의 이름으로 과거의 것을 고집하며, 세상의 빛과 소금이 되기는 고사하고 세상 사람들의 비웃음을 받을 수 있다.

개신교회는 로마 가톨릭교회에서 개혁된 교회다. 그러나 개혁된 교회는 끊임없이 개혁되어야 한다(*ecclesia reformata, semper reformanda*). "우리는 다시 한번 새로운 종교개혁 운동을 일으켜야 한다. 어느 기구든지 역사를 더하여 오래되면 기구와 제도가 가진 구조적 문제점들이 드러난다. 가톨릭교회도 개혁될 수밖에 없었기에 종교개혁이 일어났던 것이다. 개신교도 500년의 역사가 흘렀다. 이제 환골탈태(換骨奪胎)하는 각오로 새로워질 때가 되었다"(유석성 2015, 14).

2017년은 종교개혁 500주년 기념의 해다. 이미 몇 년 전부터 세계 여러 나라에서 기념행사들이 일어나고 있다. 그러나 이 기념행사는 "기념"으로 끝나지 않고, 개신교회의 새로운 개혁으로 이어져야 할 것이다. 총회 위원회 자리 하나 얻기 위해 돈을 써야만 하는 오늘의 한국 개신교회가 자신을 개혁하지 않는다면, 이 교회는 미래가 없을 것이다. 개혁에 대한 많은 지도자들의 제안에 첨가하여, 필자는 아래 몇 가지 사항을 제의하고 싶다.

1) 교회를 이끌어가는 주요 인물은 목회자들이다. 따라서 교회 개혁은 목회자들의 개혁과 함께 시작되어야 한다. 2015년 9월 29일 모 공영방송의 다음과 같은 뉴스는 목회자들의 자기 개혁이 얼마나 절실한가를 보여준다. "마사지 업소에서 마사지를 잘못 받아 아프다며 합의금을 요구하고 행패까지 부린 목사에게 실형이 선고됐습니다. 서울 남부지방법원은 업무방해와 협박 등으로 재판에 넘겨진 목사 57살 양 모 씨에게 징역 2년을 선고했습니다.…양씨는 지난 7월 서울 영등포구에 있는 마사지 업소에서 마사지를 받은 뒤 종업원에게 전화를 걸어 아프다고 하는 수법으로 합의금을 요구하며 벽돌을 들고 영업까지 방해한 혐의 등으로 구속 기소됐습니다."

"교회가 세상을 바꾸려면…교회가 먼저 바뀌어야 한다"(장왕식 2009, 379). 교회가 바뀌려면, 먼저 교회를 이끌어가는 목회자들, 그리고 목회자 후보생들을 가르치는 신학자들이 그리스도 안에서 계시되는 "새 사람"으로 개혁되어야 한다. 철저히 회개하고, 바르게 살아야 한다.

"새 사람"으로 변화되었는지, 변화되지 못했는지 판단할 수 있는 기준은 무엇일까? 그 기준은 매우 간단하다. 그 기준은 가까이 있는 사람들의 존경을 받느냐 받지 못하느냐에 있다. 아무리 목회에 성공하고 우수한 신학적 지식을 가졌다 할지라도, 자기와 가장 가까운 사람들의 존경을 받지 못하고 비웃음을 당한다면, 하나님의 구원 역사는 그에게서 실패한 것이다. 그는 목회자로서의 자질을 상실한 것이다. 존경을 받으려면, 자기 자신에게 진실한 사람, 이웃이 신뢰할 수 있는 사람이 되어야 한다. 교회 개혁은 이웃의 신뢰와 존경을 받는 신학자들과 목회자들의 인격과 삶에서부터 시작해야 한다. 그렇지 않으면 이 교회는 미래가 없다.

2) 신학교육의 개혁이 필요하다. 학교는 재정 때문에 신입생을 무분별하게 입학시키는 일을 지양하고 신입생을 엄선해야 한다. 엄선된 신입생에게는 지식과 경건, 지식과 영성이 최대한 조화되고, 신학교육과 목회 현장이 접목되는 신학교육이 시행되어야 할 것이다.

이와 동시에 신학교육은 이웃의 존경을 받을 수 있는 좋은 인품과 인간성을 소유한 목회자 양성을 목적해야 할 것이다. "좋은 인간은 좋은 목회자가 되기 위한 바탕이다." "인간성이 훌륭할 때, 인간의 욕망을 정화하고 사회의 정신적 질서를 세우는 데 공헌할 것이다. 그러므로 신학교에서는…좋은 인간을 양성하는 교육을 해야 한다. 자기 내면을 다스리고, 자기 수양을 하며, 영적인 가치에서 기쁨을 가지는 훈련을 신학교에서 할 수 있어야 한다"(양명수 2014, 65-66). 이를 위해 매일 성경 말씀을 읽고 특정 본문을 외우는 것도 필요하지만, 문학·역사·철학에 관한 동서양의 문헌들과 신문을 폭넓게 읽는 이른바 "인문학 훈련"이 있어야 할 것이다. 웨슬리도 장래 사역자들에게 많은 인문학 서적을 읽게 하였다.

3) 교회 지도자들은 교회 개혁에 대한 요청을 진지하게 경청하고 이를 실천할 것을 제안한다. "신학이 없어야 목회가 잘 된다"는 과거의 헛된 주장을 반복해서는 안 된다. 신학 없이 이른바 "선교의 기적"을 일으켰다는 결과가 무엇인지, 지금 눈으로 보고 있지 않은가!

그런데 교회 개혁을 각 목회자와 지교회의 임의 사항으로 맡길 경우, 교회 개혁은 고양이에게 생선을 맡기는 것과 마찬가지다. 신학자들이 아무리 교회 개혁을 외쳐도 별다른 열매를 맺지 못하는 이유가 여기에 있다. 그러므로 각 교단 총회는 "교회개혁 특별위원회"(가칭)를 구성할 것을 필자는 제안한다. 위원회는 개혁의 세부 목적과 실천 방안을 세우고, 교단 총회는 교단의 모든 개교회가 이를 시행하도록 결정해야 할 것이다. 그리고 위원회는 교회 개혁이 얼마나 충실히 이루어지고 있는지를 정기적으로 점검하여 이를 교단 총회에 보고하고, 교단 총회는 인터넷에 이를 공개할 수 있을 것이다. 목회자의 자질 향상을 위한 목회자 재교육 프로그램을 실시하고, 교단 내에서 돈거래 한 목사에 대해서는 교단 추방의 극약 처방을 내려야 할 것이다.

다행히 2014년 가을에 열린 개신교회 각 교단 총회는 교회 개혁을 향한 몇 가지 교회 선진화 법안을 상정하였다. "목회 대물림을 금지하는 세습금지법과 금품선거 등을 막기 위한 교단선거법, 교회 안에 남발하는 고소·고발과 갈등을 보다 원만하게 처리하기 위한 제도 도입 등"을 다루었다. 예장통합 총회는 세습금지에 관한 시행세칙을 통과시켰으나, 예장합동과 예장고신 총회는 세습금지 규정을 부결시켰다(권혁률 2014, 216-217). 여하튼 교단 차원의 개혁의 노력들이 보다 더 광범위하고 또 면밀하게 이루어지기를 기대한다.

4) 현재 한국 개신교회는 400개 이상의 교단으로 분열되어 있다고 한다. 어떤 사람은 그 숫자를 파악조차 할 수 없다고 말한다. 그중 예장보수개혁, 정통보수 등의 유사한 명칭의 교단들이 수십 개가 된다고 한다. 이같은 난립과 무질서를 극복하기 위해 개신교회는 교회 연합운동을 교회 개혁의 일환으로 추진해야 할 것이다. 나누어진 모든 교단이 연합하여 "한국 개신교회 연합"(가칭)을 만들고, 신학생 입학 자격, 목사안수 조건, 목사 재교육, 개척교회 설립조건, 선교사 파송 등에 관한 공동 지침을 세워야 할 것이다. 나아가 사회봉사활동 및 각종 연합사업을 공동으로 기획하며, 각 교단의 교리적 차이에 대한 신학적 대화를 꾸준히 추진해야 할 것이다. 그리스도는 지금도 이렇게 기도하실 것이다. "우리가 하나인 것 같이, 그들도 하나가 되게 하여 주십시오"(요 17:11).

5) 교회는 돈에서 깨끗해야 한다. 이를 위해 각 지교회는 재정을 공정하게 관리하고 교회 홈페이지에 공개할 것을 제의한다. 개신교회의 어떤 교회는 이미 모든 수입과 지출을 공개하고 있다. 한국 불교계의 몇 사찰도 재정 공개를 약속하였다. 당회장 목사가 재정을 혼자 관리하거나, 특정 장

로가 15-20년 이상 교회 재정을 관리하는 일이 있어서도 안 된다. 각 교단 총회는 지교회의 재정관리 및 재산관리 지침서를 작성하여 각 지교회가 이를 지키도록 지시하고, 시행 여부를 확인해야 할 것이다. 교단 총회는, 지교회의 재정이 하나님의 뜻에 따라 공정하게 집행되는지 조사하는 위원회를 설치하고, 교회 재정이 교회 본연의 사명을 위해 최대한 효과 있게 사용되도록 지도할 것을 제안한다.

제11부

하나님 나라를 앞당겨 오는 구원의 방편들

-성례론-

1

구원의 방편들은 불필요한가?

1) "구원의 방편"(media salutis)이란 2천 년 전 예수 그리스도 안에서 일어난 하나님의 구원의 사건을 오늘 우리에게 전달 내지 중재하는 수단 혹은 매개체를 말한다. 전통적으로 구원의 방편은 말씀과 성례(혹은 성사, 성례전)를 가리킨다. 말씀이 인간의 이성에 호소하는 방편이라면, 성례는 인간의 감성에 호소하는 방편으로 대별될 수 있다.

말씀은 예수 그리스도의 성육신된 말씀, 성서에 글자로 기록된 말씀(성서), 설교자를 통한 선포의 말씀(설교)으로 구별된다. 성례 곧 *sacramentum*은 신약성서 *mysterion*(비밀, 신비)의 라틴어 번역으로, 하나님의 구원의 은혜를 전달하는 동시에, 인간이 그의 믿음을 하나님께 고백하는 교회의 특별히 "거룩한 행위"를 뜻한다(자세한 내용에 대해 아래 C항 참조). 성례의 수는 교회에 따라 다르다. 로마 가톨릭교회는 세례, 견신례, 성만찬, 결혼식, 참회, 종유식, 사제 서품의 일곱 가지 성례를 가진 반면, 개신교회는 세례와 성만찬의 두 가지만을 가진다.

그러나 초기 교회에서 성례의 수는 확정되어 있지 않았다. 동방 정교회는 예배, 기도문, 신앙고백 등도 성례로 인정하였다. 본래 가톨릭교회에서도 성례의 수는 일곱 가지로 확정되지 않고 매우 유동적이었다. 아우구스티누스는 예배의식을 성례라고 불렀다.

가톨릭교회의 일곱 가지 성례를 처음으로 확정한 인물은 페트루스 롬바르두스(Petrus Lombardus)였다. 가톨릭교회는 1439년의 피렌체(Florenz) 공의회에서 이를 교리로 확정하였다. 16세기 종교개혁에 반대하여 개최된 트리엔트 공의회는, 일곱 가지 성례의 수는 더 증가할 수도 없고 감소될 수도 없는 것으로 확정하고, 이를 변경하는 것을 이단으로 금하였다. 이리하여 가톨릭교회는 지금도 일곱 가지 성례(성사)를 시행하고 있다. 동방 정교회도 현재 일곱 가지 성례를 시행하고 있지만, 본래 교부들의 전통은 성례의 수를 제한하지 않았다.

이에 반해 루터는 『교회의 바빌론 포로신세』(De captivitate Babylonica ecclesiae)에서 세례와 성만찬의 두 가지만 "하나님이 원하신 성례"로 인정하였다. 중요한 기준은, 구원을 나타내는 감각적 표징인가, 구원에 대한 약속의 말씀과 결합되어 있는가, 그리고 예수께서 세운 것인가에 있었다. 처음에 루터는 참회를 성례로 인정했으나, "눈으로 볼 수 있고, 하나님에 의해 세워진 표징"이 결여되어 있기 때문에 참회를 성례에서 제외하였다 (Luther 2016, 127).

칼뱅 역시 세례와 성만찬의 두 가지 성례만 인정한다. 세례가 교회에 입교하는 것, 믿음으로 성별되는 것을 뜻한다면, 성만찬은 그리스도께서 그의 형제자매들에게 끊임없이 나누어주는 음식과 같다. 세례는 단 한번 뿐임에 반해 성만찬은 반복되어야 한다. 그래서 교회에 들어온 신자들이 그리스도 안에서 거듭 그들의 양식을 받아야 한다. 하나님께서 제정하신 이 두 가지 성례 외에 어떤 다른 성례도 인정될 수 없다(Inst. IV.18.19). 여하튼 성례의 수는 교회에 따라 다를 수 있다. 그러나 세례와 성만찬을 성례로 인정하는 점에서 세계의 모든 교회들은 일치한다(Härle 2007, 543, 544).

그런데 구원의 방편이 필요하지 않다, 그것은 폐기되어야 한다는 주장을 우리는 기독교 역사에서 자주 발견할 수 있다. 하나님과 인간의 직접적 만남과 연합을 중요시하는 신비주의 계열은 구원의 외적 방편을 불필요한 것으로 보는 경향을 띤다. 하나님의 진리에 대한 깨달음은 꿈, 환상, 계시, 명상, 내적인 빛과 조명, 고행 등을 통해 하나님으로부터 직접 얻을 수 있기 때문에 외적인 구원의 방편은 반드시 필요하지 않다는 것이다.

구원의 방편에 대한 거부는 제도교회의 형식주의, 성직자들의 타락과 참 경건의 상실로 말미암은 경우가 많다. 참된 믿음이 사라지고 제도화·형식화된 교회, 경건의 형식은 있지만 참 경건이 없는 성직자들의 타락과 세속적 권세에 대한 저항으로, 교회가 소유하고 있다는 구원의 방편을 거부하고 하나님과의 직접적 만남, 진리에 대한 직접적 깨달음, 직접적 구원을 주장한다.

이 같은 현상을 우리는 종교개혁 시대의 재세례파에게서 볼 수 있다. 재세례파는 자신의 원리의 대부분을 루터에게서 이어받았지만, 루터의 입장을 극단화시킨다(Tillich 1983, 301). "오직 은혜로", "오직 믿음으로" 하나님의 구원을 직접 받을 수 있다면 구원의 외적 방편들은 반드시 필요하지 않다. 성령이 모든 신자 안에 계시며, 그들에게 내적으로 직접 말씀하신다. 그러므로 "외적인 말씀" 곧 성서는 중요하지 않다. 성령은 성직자가 집행하는 성례의 중재 없이 직접 신자들을 감화 감동시킬 수 있고, 구원으로 인도할 수 있다. 따라서 구원의 방편을 전담하는 성직자 계급은 필요하지 않다.

영국의 조지 폭스(George Fox, 1624-1691)가 세운 퀘이커파도 구원의 방편을 거부한다. 각 사람은 그리스도의 빛을 직접 체험할 수 있고, 하나님의 진리에 직접 이를 수 있으므로, 설교의 말씀과 세례와 성만찬 등의 외적 구원의 방편들은 불필요하다고 이들은 생각한다. 모든 신자가 성직자이므로, 성직자의 설교 말씀은 물론 직업적 성직자 제도가 아예 필요하지 않다. 침묵과 명상 속에서 각 신자는 스스로 그리스도의 빛의 내적 조명에 이를 수 있다. 그러므로 퀘이커파는 성서보다 각 신자의 내적 조명과 성령의 직접적 임재를 중요시하며, 모든 형식적인 것을 혐오하고, 영혼의 내적 경험 및 진리의 조명을 강조한다. 현대 뉴에이지 운동은 퀘이커파와 비슷한 맥락 속에 있다.

그러나 세계의 거의 모든 교회는 구원의 방편을 인정한다. 우리는 성서에 기록된 말씀을 읽고, 설교의 말씀을 들어야 하며, 세례와 성만찬에 참여해야 한다. 루터에 따르면 인간은 감각을 지닌 존재다. 그러므로 하나님은 우리 인간의 감각을 통해 하나님의 말씀을 마음에 받아들이도록 하기 위해 성례를 세우셨다. 성례는 하나님의 말씀이 우리의 감각을 통해 전달되는 형태요, 우리의 믿음을 강화시키는 기능을 담당한다.

칼뱅에 따르면 복음에 대한 믿음을 통해 우리는 그리스도와 연합되고 그의 구원에 참여할 수 있다. 이를 위해 우리는 "외적 방편들을 필요로 한다." 믿음이 우리 안에서 생성되고 성장하며 목적에 이를 때까지 지속되어야 하기 때문이다. 그래서 하나님은 교회와 목자들과 교사들과 말씀의 직분을 세우시고, 이들에게 권위를 부여하였다. "특별히 그는 믿음을 유지하고 강화하기 위해 가장 효과가 큰 방편인 성례를 세우셨다." 우리는 "아직도 우리의 육의 종의 집에 갇혀 있고, 천사의 단계에 이르지 못하였기 때문이다"(*Inst.* IV.1.1).

성례는 "참 경건을 위한 도움의 수단"이기도 하다. 그것은 "사역자들과 종들이 단 하나의 믿음과, 이 하나의 믿음에 대한 고백을 갖도록 하기 위해" 필요하다. 아우구스티누스가 말한 바와 같이, 인간은 "눈으로 볼 수 있는 표징에 함께 참여함으로써 서로 결합되지 않는다면 종교적 성장에 이를 수 없다." 하나님은 이 필요성을 미리 보시고, "애초부터 그의 종들을 위해 특별한 경건의 훈련(구원의 방편)을 장치하였다"(IV.14.19).

구원의 방편의 필요성에 대한 종교개혁자들의 확신은 다음과 같은 신학적 통찰에 기초한다.

① 인간은 자기 자신을 구원할 수 없다. 하나님과의 관계를 깨어버린 인간 자신이 그 관계를 회복하는 것은 불가능하다. 이 관계는 오직 하나님에 의해 회복될 수 있다. 이를 위해 인간은 외적 방편 내지 수단을 필요로

한다.

② 구원을 받았다 할지라도 인간의 죄된 본성은 사라지지 않는다. 그는 육을 벗어날 수 없다. 그러므로 인간은 끊임없이 경건의 훈련을 해야 한다. 이를 위해 그는 구원의 방편을 필요로 한다.

③ 하나님은 예수 그리스도 안에서 자기를 계시하였다. 이 계시를 인간은 말씀과 성례의 외적·객관적 방편을 통해 인식해야 한다. 그렇지 않을 때, 인간의 인식은 주관적 자의와 오류에 빠질 수 있고, 자의와 오류에도 불구하고 자기를 절대화시킬 수 있다.

그러므로 하나님은 일찍부터 구원의 방편을 세우셨다. 이스라엘 백성에게 그는 율법의 말씀 외에 할례, 정화와 씻음, 속죄제물의 세 가지 성례를 구원의 방편으로 세웠다.

① 할례는 "인간의 씨로부터 나오는 모든 것, 곧 인간의 모든 본성이 썩었기 때문에", 이 모든 것을 잘라버리는(할례하는) 구원의 방편이다. 유대교의 할례는 기독교의 세례로 대체된다.

② 정화와 씻음은 인간의 본성에 스며있는 더러움을 씻기 위한 구원의 방편인데, 이 방편은 그리스도로 말미암은 "새로운 목욕"으로 대체된다(요일 1:7; 행 1:5).

③ 속죄제물은 하나님의 의로운 심판을 면하기 위해 하나님께 보상물을 바치는 구원의 방편으로, 하나님과 인간 사이의 중재자, 곧 인간의 죄를 용서하기 위해 자기의 피를 흘리고 자기를 속죄제물로 바치는 대제사장을 가리킨다. 이 대제사장은 그리스도다(히 4:14; 5:5; 9:11). 세례는 죄 씻음을 위한 구원의 방편이요, 성만찬은 그리스도의 속죄제물을 통한 죄로부터의 구원을 위한 방편이다. 구원에 이르기 위해 우리는 이 방편들이 필요하다(Calvin, *Inst.* IV.14.21).

2) 종교개혁자들의 이 같은 생각에 우리는 충분히 동의할 수 있다. 사실 한국교회의 저변에서 우리는 성령의 직접계시 혹은 직통계시를 받았다, 하나님의 내적 음성을 직접 들었다는 사람들을 발견할 수 있다. 성령

님의 직접계시 혹은 직통계시를 받았고 하나님의 음성을 직접 들었기 때문에, 이들은 자기의 생각을 절대화하고, 타인의 절대 복종을 요구하며, 사회적으로 허용될 수 없는 비행을 저질러 사회적 물의를 일으키기도 한다. 자기 자신을 "재림주"로 신격화하기도 하고, "한번 구원은 만년 구원"이란 미명 하에 상식을 벗어난 타락한 생활을 계속하는 사람도 있다.

우리 인간은 어떤 사물을 인식할 때 반드시 하나의 매개물을 사용한다. 최소한 인간의 이성과 언어와 문화적 배경의 매개물을 사용한다. 이 같은 매개물 없이 직접적으로 주어지는 인식은 존재하지 않는다. 하나님의 구원의 진리도 매개물을 필요로 한다. 매개물이 없이 직접적으로 주어질 경우, 그것은 자신의 진실됨을 검증할 수 있는 외적 규범을 갖지 못하게 되고 주관적 자의에 빠지기 쉽다.

그러므로 우리는 하나님의 말씀과, 예수께서 세우신 성례를 구원의 방편으로 인정하지 않을 수 없다. 전통적으로 말씀과 성례는 개인의 죄 용서와 영혼 구원과 관계된 것으로 생각된다. 그리스도의 살과 피를 하나님께 희생제물로 바치는 로마 가톨릭교회의 미사와 성만찬에서도 성례는 죄 용서와 영혼 구원과 관계된 것으로 이해된다. 성례에 대한 이 같은 속죄론적 이해는 해방신학, 민중신학을 위시한 현대 상황신학들에게는 진부하고 왜소한 것으로 보일 수 있을 것이다. 이들 신학은 혁명이나 해방을 구원으로 이해하기 때문이다.

그러나 우리는 전통적인 구원의 방편들, 곧 말씀과 성례 속에는 죄악된 인간과 이 세상 안에 하나님의 통치를 세우고자 하는 메시아적 변혁의 힘이 숨어 있다는 사실을 간과해서는 안 되겠다. 한 인간이 자기의 죄를 깨닫고 그리스도의 용서를 받으며 하나님의 새로운 피조물로 다시 태어날 때, 하나님의 통치, 하나님 나라가 이 세계의 운명을 자신의 손에 쥐고 있는 이 세계의 가장 중요한 부분 곧 인간 안에 세워진다. 하나님의 구원 역사의 초석이 여기에 마련된다. 바로 여기에 전통적인 구원의 방편들의 중요성이 있다. 구원의 방편들, 곧 하나님의 말씀과 성례는 죄 용서와 영혼 구원을 넘어서는 하나님 나라의 더 넓은 지평을 그 속에 담지하고 있다. 그들은 하나님이 모든 것 안에 계시고, 또 하나님이 모든 것을 다스리는 하나님 나라의 표징들이다. 우리는 이것을 아래에서 보다 더 상세히 고찰하고자 한다.

2
말씀과 성례의 관계

기독교의 전통에 의하면 구원의 방편은 말씀과 성례에 있다. 그런데 동방 정교회와 로마 가톨릭교회는 성례를 중요시하는 반면, 개신교회는 말씀을 중요시한다. 그래서 전자의 두 교회는 성례와 의식 중심의 예배를 드리는 반면, 후자의 교회는 말씀 중심의 예배를 드린다. 특히 가톨릭교회는 예수의 살과 피를 하나님께 속죄제물로 바치고, 예수의 살로 변한 빵을 신자들에게 나누어 주는 성만찬을 예배의 중심으로 삼는다. 설교 순서가 있지만, 오랫동안 라틴어로 설교를 하기 때문에 대부분의 신자들은 설교를 이해하지 못하였다. 필자가 참관한 동방 정교회의 예배에는 평신도를 위한 설교가 없었다. 성직자들끼리 예배를 드리고, 평신도들은 예배 도중에 들어와 제단 앞에서 묵례를 드린 다음 헌금함에 헌금을 넣고 나가버렸다.

이에 비해 한국 개신교회의 경우, 성례 곧 세례와 성찬은 일 년에 몇 차례만 거행된다. 그 반면, 매주일 설교는 예배 시간의 절반 이상을 차지한다. 어떤 설교자는 50-60분 이상 설교할 정도로, 개신교회는 설교의 말씀을 중요시한다. 정교회와 가톨릭교회 그리고 개신교회의 예배 사이에 차이가 생긴 원인은 무엇인가? 우리는 말씀과 성례를 어떤 관계에 있는 것으로 보아야 하는가?

A. 말씀과 믿음 없는 성례 자동주의는 있을 수 없다

1) 초기 교회는 성례에 대한 두 가지 이해를 가지고 있었다. 첫째는 키프리아누스(Cyprianus), 알렉산드리아 학파의 클레멘스(Clemens)와 그의 제자 오리게네스(Origenes)가 대변하는 상징론적 성례론으로, 성례는 상징에 불과하다는 것이다. 둘째는 성만찬 속에 "영혼의 약"(藥)이 들어 있다고 보았던 안디옥의 이그나티우스(Ignatius), 빵과 포도주가 그리스도의 몸으로 변한다고 보았던 다마스쿠스의 요한네스(Johannes Damaszenus)의 실재론적 성례론으로, 성례 속에는 구원의 객관적 효력이 실재한다는 것이다.

초기 교회의 성례론을 체계화시킨 대표적 인물은 아우구스티누스다. 그는 먼저 상징론적 성례론의 타당성을 인정한다. 성례의 물질(materia)과 성례 의식 그 자체는 하나님의 구원의 은혜를 일으킬 수 없다. 그것은 자기가 아닌 어떤 다른 것을 가리키는 상징일 뿐이다(signum est res significans). 그러나 "물질의 요소에 말씀이 첨가될 때, 성례가 있게 된다"(Accedit verbum ad elementum et fit sacramentum, Pöhlmann 1973, 215).

구원의 방편들은 말씀과 성례로 구별되는데, 성례의 본질은 말씀에 있다. 말씀은 귀로 "들을 수 있는 말씀"(verbum audibile)이요, 성례는 눈으로 "볼 수 있는 말씀"(verbum visibile)이다. 물론 성례에 사용되는 물질, 곧 물과 빵과 포도주 자체는 말씀이 아니다. 그것들은 눈으로 볼 수 있고 손으로 만질 수 있는 물질들이다. 그러나 이 물질들은 하나님의 구원을 가리키는 표징으로서 말씀의 성격을 가진다. 그것들은 하나님의 말씀을 눈으로 볼 수 있고, 손으로 만질 수 있고, 입으로 맛볼 수 있고, 또 냄새 맡을 수 있는 물질의 형태로 나타나는 하나님의 말씀이다. 눈으로 볼 수 없는 말씀은 인간의 언어와 지성에 집단적으로 호소하고, 눈으로 볼 수 있는 성례는 각 사람의 감성적 지각에 개별적으로 호소한다. 그러나 성례는 그 자체로서 말씀의 성격을 가질 수 없다. 말씀이 성례에 주어질 때, 그것은 눈으로 "볼 수 있는 말씀"의 성격을 갖게 된다.

도나투스 논쟁에서 아우구스티누스는 실재론적 성령론을 주장한다. 도나투스파는 기원후 4세기에 북아프리카의 교회를 거의 장악할 정도로 큰 교세를 이루고 있었는데, 한때 로마 가톨릭교회와 비슷한 교인 수를 가지고 있었다. 이들은 "황제가 교회와 무슨 상관이 있는가"라고 주장하면서 교회와 국가의 결합을 반대하고, 진실된 믿음과 도덕적 순결을 가진 사람만이 교회에 들어올 수 있으며, 박해 때 배교한 적이 있거나 도덕적으로 타락한 성직자들과 교인들을 교회에서 추방해야 한다고 주장하였다.

이같이 도덕적·신앙적 순결을 중요시하는 도나투스파는 유아세례를 반대하였다. 하나님의 말씀을 알아듣지 못하며 믿음을 알지 못하는 유아에게 세례(당시의 침례)를 주는 것은 부당하다는 것이다. 이에 대해 아우구스티누스는 415년 다음과 같이 말한다. "어머니의 태에서 태어난 아이들은 죄를 안고 더럽게 태어나기 때문에 그 원죄를 없애기 위해 모든 아이들은 세례를 받아야 한다." 여기서 우리는 아우구스티누스의 실재론적 성례론을 간파할 수 있다. 유아가 하나님의 말씀을 듣지 못하며 믿음을 갖지 않아도, 세례는 그 자체 안에 원죄를 없애고 영원한 생명을 줄 수 있는 효력을 가진다. 즉 세례는 하나님의 말씀과 믿음과 상관없이 그 자체로서 구원의 객관적 효력을 가진다는 실재론적 성례론이 여기에 숨어 있다.

또 도나투스주의자들은 배교했다가 다시 입교한 성직자와 신자가 베풀고 받는 성례는 무효하다고 주장한다. 이들은 "성경을 버렸기 때문이다." 이에 대해 가톨릭교회는, 성례는 그것을 베풀고 받는 성직자와 신자의 신앙적·도덕적 상태에 의존하지 않는 그 자체의 객관적 효력을 가진다고 주장한다. 성례 속에서 하나님 자신이 구원을 일으키기 때문이다. 이같은 생각은, 성례는 스스로 구원의 은혜를 일으킨다는 (opus operatum) 성례관으로 발전한다. 성례 자체의 힘과, 성례를 거행하는 성직자에게 부여된 전권으로 말미암아 성례는 구원의 은혜를 전달한다. 여기서 성직자에 의해 거행되어진 성례 그 자체로부터(ex opere operato) 구원의 은혜가 성례 참여자에게 주어진다는 성례 자동주의(Automatismus)가 생성된다.

로마 가톨릭교회의 제4차 라테란 공의회(1215)가 교리로 결정한 화체설은 실재론적 성례론을 요약한다. 빵과 포도주는, "이것은 나의 살이다", "이것은 나의 피다"라고 사제가 말하는 순간 그리스도의 살과 피로 변한다. 가톨릭교회는 이 살과 피를 매일 미사를 드릴 때마다 하나님에게 속죄제물로 바친다. 하나님께 속죄제물로 바치는 그리스도의 살과 피는 그 자체로서 구원의 효력을 가진다. 여기서 성례는 성례를 베푸는 성직자와 그것에 참여하는 신자들의 신앙적·도덕적 상태에 의존하지 않는, 그 자체의 물리적·객관적 효력을 가진 것으로 생각된다.

중세 스콜라신학에 따르면, 성례는 ① "그리스도의 고난에 대한 기억(회상)의 표징"(signa rememorativa)이요, ② "그리스도의 고난으로 말미암은 하나님의 은혜를 나타내는 표징"(signa demonstrativa)이요, ③ 장차 올 하나님의 "영광을 미리 나타내며 영원한 생명의 보증을 나타내는 예시적 표징"(signa prognostica)이다. 토마스 아퀴나스(Thomas Aquinas, 1225-1274)에 따르면 하나님은 구원을 일으키는 원인자이지만, 그 하나님의 활동은 성례의 "표징에 내재하는 활동의 힘을 통하여" 일어난다. 둔스 스코투스(J. Duns Scotus, 1266-1308)에 따르면 성례는 예수 그리스도 안에서 일어난 하나님의 개입으로 말미암은 하나님의 "은혜 혹은…하나님의 활동(Wirkung)을 나타내는 표징"이다(Müller 2005, 634, 638). 여기서 성례는 그 자체 안에 하나님의 구원을 일으키는 힘을 지닌 것으로 이해된다.

실재론적 성례론은 교회와 사제의 법적 권위를 강화하는 기능을 가진다. 성례는 그 자체 속에 구원의 은혜를 일으키는 객관적 힘을 지니고 있다. 구원을 얻는 길은, 사도계승을 이어가는 사제의 성례에 참여하는 데 있다. 구원은 사도계승권과 성례권을 가진 가톨릭교회에만 있다. 로마 가톨릭교회 바깥에는 구원이 없다. 가톨릭교회는 구원을 중재하는 법적 기관이다. 피렌체 공의회는 이를 다음과 같이 말한다. "오직 교회 안에 머무는 사람에게만 교회의 성례가 구원이 되고,…누가 아무리 많은 자선을 하고 그리스도의 이름을 위해 피를 흘렸다 해도 그가 가톨릭교회와의 일치 속에서 그 품안에 머물지 않으면 구원될 수 없다." 교회의 머리는 교황이다. 따라서 교황은 구원을 전달할 수 있는 최고의 권위를 가진다. 구원의 최고 권위자인 교황에게 교리적 오류가 있어서는 안 된다. 이리하여 로마 가톨릭교회는 교황 무오설을 교리로 삼게 된다.

2) 종교개혁은 중세 로마 가톨릭교회의 성례론에 일대 혁명을 일으켰다. 루터에 따르면, 성례는 감각적 표징들이 첨가된, 하나님의 약속의 말씀이다. 세례에 사용되는 물, 성만찬에 사용되는 빵과 포도주는 복음의 말씀을 감각적으로 나타낸다. 인간은 오직 이 말씀을 믿을 때 하나님의 의롭다 하심(칭의)과 구원을 얻을 수 있다. 성례 혹은 미사의 "힘과 본성과 모든 본질"(*vis, natura et tota substantia*)은 말씀에 있다(Luther 2016, 65). 인간은 몸을 소유한 감성적 존재이기 때문에 죄의 용서와 구원에 대한 하나님의 약속의 말씀은 감각적 표징들을 취한다.

그러나 감각적 표징들, 곧 물과 빵과 포도주 자체는 물질에 불과하다. 그러므로 감각적 표징들을 사용하는 성례는 말씀과 동반되어야 한다. 말씀이 없을 때, 성례는 내용이 없는 빈 형식일 뿐이다. 구원의 은혜를 일으키는 것은 성직자에 의해 거행되는 성례 자체의 힘(*ex opere operato*)이 아니라 성례를 위해 선포되는 말씀의 힘이다. 따라서 말씀은 성례를 위한 준비물이 아니라 구원의 방편 자체다. 하나님의 구원을 약속하는 말씀은 성례의 본뜻을 밝히고, 성례를 성립시키는 성례의 구성 요소다. "이것은 나의 살이요, 피다"라는 말씀이 없다면, 성만찬의 빵과 포도주는 하나의 물질에 불과하다. 말씀 속에서 하나님은 우리를 만나고, 우리에게 구원의 은혜를 베푸신다. "가장 중요한 것은 하나님의 말씀이다"(71).

그러나 말씀이 선포된다 하여 성례가 자동적으로 구원의 효력을 갖는 것은 아니다. 여기에는 말씀에 대한 믿음이 필요하다. "약속하는 하나님의 말씀이 있는 곳에는, 그것을 받아들이는 인간의 믿음이 필요하다.…말씀에서 믿음이 나오고, 믿음에서 사랑이 나온다. 사랑은 모든 좋은 일을 행한다. 사랑은…율법의 완성이기 때문이다"(71). 말씀에 대한 믿음은, 성례가 없어도 생길 수 있고 또 유지될 수 있다. 그러나 말씀에 대한 믿음이 없는 성례는 아무런 효력도 갖지 못한다. 죄인을 의롭게 하는 것은 약속의 말씀에 대한 믿음이지, 성례가 아니다.

여기서 루터는 "오직 믿음으로"(sola fide)라는 자신의 종교개혁적 출발점을 견지한다. 성례가 아니라 하나님의 의롭다 하심(칭의)에 대한 약속의 말씀을 믿음으로써 우리는 구원을 얻을 수 있다. 거행되는 성례 그 자체로부터(ex opere operato) 구원의 은혜가 분여될 수 있다는 가톨릭교회의 생각은, 성례를 하나의 마술과 같은 것으로 간주한다. 이로 인해 하나님의 약속의 말씀에 대한 신뢰의 인격적·역동적 차원이 매몰될 수 있고, 하나님의 은혜는 사제들이 나누어줄 수 있는 것으로 전락한다.

루터의 칭의론은 성례 무용론으로 발전할 수 있다. "오직 은혜로", "오직 믿음으로" 구원을 받을 수 있다면 성례는 반드시 필요한 것은 아니다. 그것은 인간이 하나님에게 바치는 인간의 업적으로 평가될 수 있다. 세례와 성만찬에 사용되는 물질적 요소들, 곧 물과 빵과 포도주는 구원을 중재하는 말씀의 부록과 같은 것으로 간주된다. "우리의 구원의 시작은 믿음에 있다"(71). 하나님은 "오직 약속의 말씀을 통하여 인간과 관계하신다. 우리는 그의 약속의 말씀에 대한 믿음을 통하여 하나님과 관계한다"(79). "표징보다도 말씀 속에 더 큰 힘이 있는 것처럼, 성례보다 약속의 말씀 속에 더 큰 힘이 들어있다. 우리는 표징이나 성례가 없어도 말씀 내지 약속을 가질 수 있고 이를 사용할 수 있기 때문이다"(85). "성례는 그 자체의 힘이 아니라 믿음의 힘을 통해 그가 행하는 바를 행한다. 믿음이 없다면, 성례는 아무것도 행할 수 없다"(162, *sacramenta non sua sed fidei virtute faciunt quod faciunt, sine qua nihil prorsus faciunt*). "한때 광야에서 생활했던 (초기 교회의) 거룩한 교부들은 수년 동안 성례를…받지 않았다"(45).

루터에 따르면, 중요한 것은 성례 그 자체가 아니라 "생명의 주요 원천(*fontem principalem vitae*), 곧 모든 선한 것이 거기서 흘러나오는 말씀에 대한 믿음을 얻는"데 있다(87). 죄의 용서에 대한 약속의 말씀을 믿고, 이 믿음으로부터 솟아나는 희망과 사랑을 행하는 데 성례의 생명이 있다. 성례는 이를 위한 하나의 방편에 불과하다. 루터의 칭의론 속에 숨어 있는 이 생각은, 종교개혁 당시 재세례파의 성례 무용론으로 구체화된다.

루터의 성례론에서 또 한 가지 혁명적인 것은 성례를 사제들의 전유물로 생각하지 않고 모든 신자에게 맡겨진 것으로 보는 점에 있다. 루터는 이것을 평신도에게 분잔을 하지 않는 가톨릭교회의 관습과 연관하여 말한다. 그리스도께서는 사제들만이 아니라 "모든" 사람을 위해 자기를 희생하였다. 사도 바울은 "주님으로부터 전해 받은 것"을 사제들에게만 전해주지 않고, "여러분에게" 곧 모든 그리스도인에게 전해주었다(고전 11:23). 그러므로 "성례는 사제들에게 속하지 않고, 모든 사람에게 속한다. 사제들은 주인이 아니라 봉사자들이다"(43).

루터에 따르면 그리스도께서 세우셨고 죄 용서와 구원에 대한 약속의 말씀을 부여하신 성례만이 성례로 인정될 수 있다. 따라서 세례와 성만찬 두 가지만이 성례로 인정될 수 있다(291). 결혼식이나 견신례처럼 죄의 용서에 대한 약속의 말씀이 결여된 의식은 성례로 인정될 수 없다.

3) 성례에 관한 칼뱅의 생각은 기본 원칙에 있어 루터의 그것과 크게 다르지 않다. 그는 성례를 다음과 같이 정의한다. "성례는 외적 표징들을 강화시킨, 우리를 위한 신적 은혜의 증언이다. 이와 동시에 하나님에 대한 우리의 믿음의 증언이 거기서 일어난다"(*Inst.* IV.14.1). 약속의 말씀이 미리 주어지지 않은 성례는 있을 수 없다. 성례가 먼저 있고 약속의 말씀이 뒤에 오는 것이 아니라, 약속의 말씀에 성례가 부록처럼 첨가된다. 성례의 목적은 그 자체에 있는 것이 아니라, 하나님의 "약속 자체를 강화하고 봉인하며 우리를 위해 그것을 보다 더 잘 증언하는" 데 있다. 또 "말씀에 대한 우리의 믿음을 강화하는" 데 있다. 하나님의 진리는 그 자체로서 능력

을 가진다. 그러나 우리의 믿음이 약하기 때문에 하나님은 성례의 외적 요소들을 세우셨다. 그러므로 "말씀 없는 성례의 올바른 관리는 있을 수 없다"(*Inst.* IV.14.3).

설교의 말씀이 있을 때, 성례의 의미가 밝혀지고, 신자들은 그 의미를 깨닫고 성례에 참여하여 그 열매를 얻을 수 있다. 일반 서민들이 알아듣지 못하는 라틴어로 성직자들이 입례사를 중얼거리는 것으로 충분하다는 생각은 "비밀(성례)의 기괴한 탈성화"(脫聖化, Entheiligung)이다(IV.14.4). 그리스도께서도 제자들과 함께 최후의 만찬을 가질 때, 빵과 잔을 받으라고 말씀하시며, 자기의 몸과 피에 대한 참여를 약속하였다. 구원의 약속이 말씀을 통해 선포되고 이를 통해 성례의 의미가 해석될 때, 성례는 열매를 맺을 수 있다(IV.17.39). 성례는 어떤 다른 과제를 갖는 것이 아닌, 말씀과 동일한 과제를 갖는다. 곧 "우리에게 그리스도를 보여주고,…그분 안에 있는 하늘의 모든 보화를 보이는" 과제를 가질 뿐이다(IV.14.17).

칼뱅은 말씀과 더불어 믿음이 필요하다는 점에서도 루터와 생각을 같이한다. 아우구스티누스가 말한 것처럼, 성례의 효력은 "말씀의 작용에서" 온다. 그러나 "단지 말해지기 때문이 아니라, 그 말씀이 믿어지기 때문이다." 이 말씀은 "사도가 말한 대로, 우리가 설교하는 믿음의 말씀이다"(롬 10:8, IV.14.4). 주께서 그의 은혜를 주시는 말씀과 성례는 "믿음을 가지고 받아들이는" 사람에게만 효력을 가진다(IV.14.7). 우리가 성례를 믿음 가운데서 받지 않으면, 성례는…우리에게 아무 도움이 되지 않는다"(IV.14.17).

그런데 약속의 말씀과 믿음 외에 칼뱅은 성령의 필요성을 역설한다. 성령은 칼뱅의 성례론에서 중요한 위치를 차지한다. 이런 점에서 칼뱅의 성례론은 성령론적 성례론이라 말할 수 있다. 믿음을 가능하게 하는 것은 성령이다. "믿음은 성령의 본래적이고 완전한 사역이다.…첫째로 주님은 그의 말씀을 통해 우리를 가르치고 지도하며, 둘째로 성례를 통하여 우리를 강화시키며, 마지막으로 그는 성령의 빛을 통하여 우리의 지성을 밝혀주며 말씀과 성례가 우리의 마음에 이를 수 있는 길을 열어준다." 성령의 사역이 없다면, 우리의 귀는 들어도 듣지 못하며, 우리의 눈은 보아도 보지 못할 것이다(IV.14.8). "하나님의 은혜의 선물들을 가져오며, 성례에 대해 우리의 마음을 열어주며, 성례가 열매를 맺도록 작용하는 것은 성령이다"(IV.14.17).

성례는 우리의 믿음을 강화할 수 있다. 그러나 성례의 이 힘은 성례 자체 안에 숨어 있는 것이 아니라 성령으로부터 온다. "내적 교사인 성령이 오실 때 비로소 성례는 그의 직분(곧 믿음을 강화할 수 있는 직분)을 완성할 수 있다.…성령께서 함께 하지 않는다면, 성례는 우리의 마음에 아무것도 선사할 수 없다." 성례가 "사역자"(Diener)라면, 성령은 "사역의 힘"(Kraft zum Wirken)이다. "성령의 활동이 없는 사역은 공허하고 내용이 없다. 성령이 사역의 내면에 계시고 그의 힘을 계시할 때, 사역은 큰 힘으로 충만케 된다." 성례를 통해 믿음이 강화되는 것은 "성령의 사역"이다. "성령의 힘이 없다면, 성례는 우리에게 아무것도 전할 수 없다. 성례는 우리의 마음이 미리 장인(즉 성령)의 지도를 받았을 때, 우리의 마음 속에서 믿음을 더 강하고 크게 만들 수 있다"(IV.14.9).

루터처럼 칼뱅도 성례를 받아야만 구원을 받을 수 있다는 생각을 반대한다. 성례가 없어도 구원을 받을 수 있다는 것을 칼뱅은 다음과 같이 말한다. "구원의 확신은 성례의 참여에 의존하지 않는다." 하나님의 의롭다 하심 곧 칭의는 성례에 있는 것이 아니라 "오직 그리스도에 근거하며…복음의 설교를 통해 우리에게 전달된다." 아우구스티누스에 따르면 "눈으로 볼 수 있는 표징(곧 성례)이 없어도, 눈으로 볼 수 없는 성화는 있을 수 있다. 그 반면 참된 성화가 없다면, 눈으로 볼 수 있는 표징은 있을 수 없다"(IV.14.14).

스위스의 종교개혁자 츠빙글리는 성례를 상징에 불과한 것으로 이해한다. 따라서 성례가 그 자체 안에 구원의 은혜의 힘을 가진다는 가톨릭교회의 생각은 애초부터 성립될 수 없다.

종교개혁자들에 반하여 가톨릭교회의 트리엔트 공의회는 1547년 다음과 같이 선언한다. 성례는 구원을 위해 반드시 필요하다. 성례는 "오직 믿음을 통하여 얻은 은혜에 대한 외적 표징에 불과하지 않다." 오히려 "성례는 은혜를 내포하고 있다. 이 은혜를 성례는 그것을 반대하지 않는 사람들에게 분여한다." 하나님이 인정될 때, "은혜는 올바른 생각 속에서…성례를 받는 모든 사람에게 언제 어디서나 성례를 통해 주어진다." "성례는 거행되어진 예전(opus operatum)의 힘으로 은혜를 분여한다. 은혜를 얻기 위해 하나님의 약속에 대한 믿음만으로는 부족하다." "죽을 죄의 상태에 있는 성례 분여자(사제)도, 성례의 구성과 중재에 속한 모든 본질적인 것을 지킬 때, 성례를 성립시키며, 성례를 분여한다"(Müller 2005).

근대 경건주의적 사조 속에서 생성된 개신교회의 많은 교단들, 예를 들어 감리교회, 회중교회, 침례교회, 성결교회는 종교개혁의 통찰을 따른다. 그리하여 성례 대신에 말씀과 성령의 내적 체험, 다시 태어남과 성령을 통한 성화를 중요시한다. 바르트에 따르면 말씀의 선포가 "교회의 가장 높은 직분"이요, "교회의 모든 행위의 중심"이다. 성례가 설교를 위하여 있는 것이지, 설교가 성례를 위하여 있지 않다. 트릴하스(W. Trillhaas)는 개신교회의 입장을 보다 더 극단적으로 말한다. "말씀 없는 성례는 아무것도 말하지 않는다. 다시 말해 그것은 성례가 아니다"(Trillhaas 1972, 357).

4) 여기서 우리는 종교개혁자들의 기본 통찰을 인정하지 않을 수 없다. 신약과 구약에서 가장 중요한 구원의 방편은 하나님의 말씀이다. 하나님의 말씀은 그 속에 생명의 힘을 갖기 때문에, 말씀은 그것을 듣는 사람들에게 구원을 일으킨다. "십자가의 말씀이 멸망할 자들에게는 어리석은 것이지만, 구원을 받는 사람인 우리에게는 하나님의 능력이다"(고전 1:18), 복음의 말씀은 "모든 믿는 사람을 구원하는 하나님의 능력이다"(롬 1:16).

공관복음서에서 예수는 말씀을 통하여 기적을 일으킨다. 예를 들어 중풍병 환자에게 "이 사람아! 네 죄가 용서받았다"하고 말씀하셨다"(막 2:5). 그러자 병이 치유된다. 또 손이 오그라든 사람에게 "네 손을 내밀어라"(3:5)라고 말씀하시자 그 사람의 손이 회복된다. 구원을 일으키는 말씀의 능력은 죄의 용서에서도 나타난다. "너희가 누구의 죄든지 용서해주면, 그 죄가 용서될 것이요…"(요 20:23).

말씀을 통한 하나님의 구원은 구약성서에 그 뿌리를 둔다. 하나님은 말씀을 통하여 세계를 창조하며, 말씀을 통하여 아브라함을 부르신다. 말씀을 통하여 그는 모세와 예언자들을 부르시며 그들을 파송한다. 그의 말씀을 통해 "모든 것이 견고하게 제자리를" 잡는다(사 33:9). 예언자들은 말씀을 통하여 하나님의 뜻을 증언한다. 구약성서는 말씀을 "불"이라 부르기도 한다(렘 5:14; 23:29). 말씀은 하나님의 일을 대행하는 자로 표상되기도 한다. "나의 입에서 나가는 말도, 내가 뜻하는 바를 이루고 나서야, 내가 하라고 보낸 일을 성취하고 나서야, 나에게로 돌아올 것이다"(사 55:11).

구약의 전통에 따라 요한복음은 예수 그리스도를 인간의 몸으로 변한 하나님의 "말씀"으로 이해하고, 이 말씀을 하나님 자신과 동일시한다. "태초에 '말씀'이 계셨다.…그 '말씀'은 하나님이셨다"(요 1:1). 예수 그리스도는 성육신된 하나님의 말씀이다. 믿음과 구원은 그에 관한 말씀을 들음으로써 온다. "예수는 주님이다"라는 말을 입으로 고백하고, 하나님께서 그를 죽은 사람들 가운데서 살리셨다는 말씀을 믿을 때, 구원을 얻는다(롬 10:9-10).

우리는 성서에 근거해서 다음과 같이 말할 수 있다. 예수가 성육신 한 하나님의 말씀이라면, 말씀 없는 성례는 무의미하다. 그것은 내용이 없는 의식에 불과하다. 성례에는 반드시 말씀이 동반되어야 한다. 말씀이 있을 때, 성례 곧 세례와 성만찬이 무엇을 뜻하는지 이해될 수 있다.

현대 가톨릭 신학자들도 성례에 대한 말씀의 구성적 의미와, 말씀이 지닌 구원의 능력을 인정한다. 칼 라너에 따르면 말씀은, 그것이 말하는 바를 일으킬 수 있다. 말씀 속에는 무에서 유를 창조할 수 있는 힘이 들어있기 때문이다. 예수 그리스도의 성육신된 말씀 안에서 우리를 찾아오신 하나님은, 이제 글자로 기록된 성서의 말씀 속에서, 또 설교자의 설교 말씀 속에서 우리를 찾으시며, 우리를 만나신다. 하나님은 말씀을 통하여 오늘 우리가 어떻게 살아야 할 것인지, 무엇을 행해야 할 것인지 가르치신다.

그러나 종교개혁자들이 말하듯이, 말씀을 받아들이려면 믿음이 필요하다. 믿음이 없을 때, 말씀은 하나님의 말씀으로 인정되지 않는다. 말씀에 대한 믿음이 있을 때, 성례는 의미를 가질 수 있다. 따라서 말씀과 믿음이 없는 성례 자동주의는 인정될 수 없다. 말씀과 믿음이 없어도, 성례는 그 자체 안에 객관적 은혜의 힘을 갖기 때문에, 특별히 반대 의사가 없는 한, 모든 신자에게 구원의 은혜를 중재할 수 있다는 성례 자동주의는 허구에 불과하다. 종교개혁자들의 "오직 믿음으로"(sola fide)의 원리는 여기서도 타당하다. 우리는 복음의 말씀에 대한 믿음으로 구원을 받는 것이지, 믿음이 없는 성례를 통해 구원을 받을 수 없다. "말씀도, 성례전도 자동적으로 작용할 수 없다. 믿음이 없다면, 이들은 아무것도 일으킬 수 없다"(Küng 1985, 214).

그런데 믿음은 성령의 작용의 열매다. 따라서 말씀과 믿음 외에 성령이 성례의 구성 요소다. 성례가 목적하는 바는 성령의 작용 속에서 이루어질 수 있다. 그러므로 교회가 성례를 거행할 때, 먼저 성령의 오심을 간구해야 한다. 「리마문서」(1982)는 이 통찰을 수용하여 성만찬 모범 예식서에서 "성령의 임재"를 기원한다.

B. 회복되어야 할 성례의 중요성

성례에 관한 위의 통찰에 근거하여 개신교회는 말씀을 본질적 구원의 방편으로 간주한다. 이리하여 개신교회는 말씀 중심의 예배를 드린다. 그 결과 개신교회는 성례를 말씀의 부록과 같은 것으로 간주하는 또 하나의 극단적 경향을 보인다. 예배시간의 절반 이상을 목회자의 설교 말씀이 차지하고, 세례와 성만찬은 부활절, 추수감사절, 성탄절 등 교회의 중요한 절기에 몇 차례 지킬 정도다. 거룩해야 할 예배가 재담에 능한 설교자의 "원

맨 쇼"와 비슷한 모습을 보일 때도 있다.

물론 성례는 말씀의 가시적 형태요, 그 본질에 있어 말씀에 속한다고 말할 수 있다. 그렇다 하여 성례를 말씀의 부록과 같은 것으로 과소평가하는 것은 타당하지 않다. 성례는 가시적 행위의 말씀으로서, 말씀이 갖지 못한 독특한 기능과 차이를 가지며 말씀을 보완하는 위치에 있다. 또 성례(개신교회의 경우 세례와 성만찬)는 예수께서 직접 행하신 것이요, 또 이를 행하라고 명령한 것이다. "너희는 가서 모든 민족을 제자로 삼아서 아버지와 아들과 성령의 이름으로 세례를 주고"(마 28:19). "내가 여러분에게 전해 준 것은 주님으로부터 전해 받은 것입니다. 곧 주 예수께서 잡히시던 밤에…"(고전 11:23). 그러므로 우리는 말씀을 하나님의 본질적 구원의 방편으로 인정하지만, 말씀과 함께 성례를 구원의 방편으로 함께 인정하지 않을 수 없다. 교회의 삶에서 말씀과 성례는 항상 같이 있어야 한다.

말씀과 성례의 차이를 우리는 언어적 이해(Verständnis)와 감각적 지각(Wahrnehmung)의 차이로 파악할 수 있다. 어떤 사물에 대한 인간의 이해는 언어적 구조에 기초한다. 비록 그것이 언어로 표현되지 않을지라도, 인간의 이해 밑바닥에는 언어의 구조가 전제되어 있다. 그러므로 인간의 이해는 언어적 이해라 말할 수 있다.

그런데 사물에 대한 인간의 언어적 이해는 감각적 지각에 기초한다. 곧 시각, 청각, 후각, 미각, 촉각을 통하여 지각하는 바를 인간은 언어의 구조 속에서 해석하고, 또 해석한 대로 이해한다. 시각, 청각, 후각, 미각, 촉각이라는 감각적 매개체를 통한 지각이 없다면, 우리는 아무것도 이해할 수 없을 것이다. 꿈이나 환상을 통해 무엇을 이해하게 될 경우에도 인간의 감각이 사용된다.

거꾸로 감각기관을 통한 지각은 그 나름대로 언어적 해석과 이해의 바탕 위에서 이루어진다. 아무리 단순한 지각일지라도, 우리가 어떤 사물을 지각할 때, 그 속에는 이미 언어적 해석과 이해가 숨어 있다. 심지어 인공지능의 지각 속에도 인간에 의해 미리 입력되어 있는 언어적 해석과 이해의 구조가 전제되어 있다.

종합적으로 말하여 언어적 해석과 이해는 감각기관을 통한 지각에 의존하며, 감각기관을 통한 지각은 언어적 해석과 이해에 의존한다. 따라서 언어적 해석과 이해, 그리고 감각적 지각은 구별되지만 분리되지 않는다. 양자는 구별 속에서 서로 결합되어 있다. 감각적 지각 없는 언어적 해석과 이해가 있을 수 없듯이, 언어적 해석과 이해 없는 감각적 지각도 있을 수 없다.

이와 마찬가지로 말씀과 성례도 구별 속에서 결합되어 있다고 말할 수 있다. 물론 말씀은 세례와 성만찬의 성례가 없어도 구원의 진리를 전할 수 있다. 그러나 성례는 말씀이 갖지 못한 그 자신의 특징과 기능을 가지며 말씀을 보완하는 기능을 가진다. 따라서 성례는 교회의 삶에서 없어서는 안 될 중요성을 가진다. 그럼 성례의 중요성은 무엇인가? 성례 자체의 독특한 기능은 무엇인가?

1) 말씀이 하나님의 구원의 진리에 대한 언어적·지적 이해를 제공한다면, 성례는 구원의 진리에 대한 감각적 지각과 체득을 제공한다. 인간은 언어적·지적 존재인 동시에 감성을 지닌 감성적·미적 존재다. 그는 대상에 대한 구별 속에서 그 대상에 대한 지식을 갖는 동시에, 그 대상과의 감성적 만남과 정서 속에서 자신의 몸으로 그 대상을 체험한다. 지식이 대상 곧 객체와 주체의 구별에 근거한다면, 체험은 지식에 기초한 대상과의 만남과 느낌에 근거한다.

하나님의 말씀은 구원의 진리에 대한 지식을 제공한다. 그러나 이 지식이 반드시 인간의 마음을 감화감동시키고 따뜻하게 만드는 것은 아니다. 정서가 결여된 지식 자체는 인간을 종교적 냉혈한으로 만들 수 있다. 정서가 배제된 지식은 인간의 마음을 감격시키지 못하기 때문이다. 그래서 자기가 아는 지식대로 살려고 노력하지만, 영적인 죄 곧 교만과 독선, 율법주의와 권위주의, 이웃에 대한 심판에 빠진다. 예수 시대의 바리새인들은 이를 전형적으로 보여준다. 교리에 관한 많은 지식을 가진 신학자들에게서도 이것을 볼 수 있다. 이웃을 배려하고 이해하기보다, 교리적 기준에 따라 판단하고 심판하는 자기 독선과 권위주의를 그들의 얼굴 표정에서 볼 수 있다. 필자가 잘 아는 어떤 교의학자의 음성은 듣는 사람을 압도할 정도로 위엄스럽고 때로 냉정하게 들린다. 그는 사랑하는 사람에게 아마 이런 음성으로 말하지 않을 것이다.

지식은 있지만 마음의 감격이 없을 때, 인격과 삶이 변화되지 않는다. 이웃을 진심으로 사랑하지도 못하고, 삶 자체가 전도가 되어야 한다는 핑계를 앞세워 "예수 믿고, 교회에 나가보시라"고 이웃에게 전도도 한번 하지 못한다. 믿음과 희망과 사랑에 대한 교리적·신학적 지식은 있지만, 마음의 감격이 없기 때문이다. 이 같은 문제점을 극복할 수 있는 것이 인간의 감성이다. 지식이 감성과 결합될 때, 우리의 마음은 감격할 수 있다. 마음의 감격이 있어야 인격과 삶이 변할 수 있고, 또 전도할 수 있다. 물론 지식이 우리를 감격시킬 때도 있다. 그러나 지식을 통해 얻게 되는 감격 역시 감성을 통해 주어진다.

말씀이 구원의 진리를 언어의 형태로 전달한다면, 성례는 하나님의 구원의 진리를 감각적 형태로 나타낸다. 말씀이 구원의 진리를 지식의 형태로 전달한다면, 성례는 그것을 체험의 형태로 전달한다. 곧 물과 빵과 포도주를 눈으로 보고, 피부로 느끼고, 혀로 맛보고, 빵과 포도주를 먹고 마심으로써 그리스도와 하나로 연합되는 것을 몸으로 체험한다. 말씀을 통한 지식도 필요하지만, 성례를 통한 미적·감성적 체험도 필요하다. 이성을 통해 얻게 되는 지식보다, 감성을 통한 몸적 체험이 인간의 마음에 더 깊은 감동을 줄 수 있다. 이성 없는 감성은 맹목적인 인간을 만들 수 있는 반면, 감성 없는 이성은 인간을 냉혈한으로 만들 수 있다.

말씀도 사실은 감각을 통하여 우리에게 주어진다. 곧 설교의 말씀을 귀로 듣거나, 성서에 기록된 말씀을 눈으로 읽음으로써 우리에게 주어진다. 따라서 말씀에도 감각적 요소와 체험의 요소가 포함되어 있다. 그렇기 때문에 우리가 말씀을 듣고 읽을 때 마음의 감동을 얻게 된다. 그러므로 우리는 말씀과 성례를 이분화시킬 수 없다. 말씀은 지적 이해와 지식의 차원에 속한 것이요, 성례는 감각적·몸적 체험의 차원에 속한 것으로 엄격히 나눌 수 없다. 말씀에 대한 지적 이해와 지식도 청각과 시각에 의존하기 때문이다. 단지 말씀에는 지적 이해가 중심적 위치에 있다면, 성례에는 감성적 체험이 중심적 위치에 있을 뿐이다. "종교개혁 500주년 기념 독일 개신교회 총회 백서"도 이렇게 말한다. "말씀은 감성적 존재인 인간에 대한 것이다. 이 감성이 성례에서는 말씀보다 더 강하게 표현된다. 여기서 인간은 하나님의 약속을 몸으로 맛본다. 성례는 눈으로 볼 수 있는 말씀이다"(Rechtfertigung und Freiheit 2014, 71). 말씀과 성례 모두 사실상 감성에 의존한다. 양자 사이에는 상대적 차이가 있을 뿐이다. 상대적 차이 속에서 양자는 동일한 진리를 전달한다.

2) 언어의 매체, 곧 소리나 글자를 통해 전달되는 말씀은 듣는 사람에 따라 다양하게 이해될 수 있다. 심지어 말씀이 전하고자 하는 바가 왜곡되어 청자에게 잘못 전달될 수도 있다. 말씀에 대한 왜곡된 해석과 이해로 인해 이단 시비가 일어나기도 한다. 글자로 기록된 성서의 말씀은 인간이 마음대로 바꿀 수 없는 객관적 형태를 갖지만, 설교의 말씀은 매우 주관적이고 자의적일 수 있다. 그것은 하나님의 말씀이 아니라 사탄의 말일 수도 있다. 어떤 설교자의 말씀은 설교가 아니라 만담으로 들릴 때도 있고, 성서의 말씀을 자기 마음대로 해석하는 경우도 있다. 한 마디로 말씀은 듣는 사람에 따라, 설교하는 사람에 따라 다르게 해석되고 이해될 수 있는 주관성의 위험을 가진다. 이에 비해 성례는 단순하고 고정된 형태를 가진다. 그것은 객관적인 상징과 의식을 통해 말씀의 순수성을 지킬 수 있다.

구체적으로 말하여, 세례를 받을 때 물속에 잠기는 것은 옛 사람이 그리스도와 함께 죽는 것을 뜻하고, 물속에서 일어나는 것은 부활하신 그리스도와 함께 다시 살아나는 것을 뜻한다. 이것은 옛 사람은 죽고, 새 사람으로 다시 태어나는 그리스도인의 새로운 존재를 가리킨다(롬 6:3-5; 엡 6:22-24; 고후 5:17). 세례는 이 진리를 단순하고 객관적인 형태로 나타냄으로써 말씀의 순수성과 객관성을 지킨다.

3) 글자로 성서를 읽거나 설교 말씀을 들을 때, 그 말씀은 자신의 존재와 관계되지 않은 것으로 지나가버릴 수 있다. 수십 년 동안 말씀을 읽고 들어도 믿음이 성장하지 않고 인격이 변하지 않는 것은 말씀이 그 사람의 마음에 뿌리를 내리지 못하고 지나가버리기 때문이다. "너희가 듣기는 들어도 깨닫지 못하고, 보기는 보아도 알아보지 못한다"는 말씀은 바로 이를 가리킨다. 말씀을 눈으로 읽고 귀로 듣지만, 그들의 마음 문이 닫혀 있기 때문이다(사 6:9-10; 마 13:14-15). 아니면 설교자가 논리성 없이 횡설수설하거나, 말이 되지 않는 것을 하나님의 말씀으로 설교하기 때문일 수도 있다. 여하튼 말씀은 각 사람을 향한 것인데, 사람의 마음 문이 닫혀 있을 때, 말씀은 그 사람 자신의 존재와 무관한 것으로 머물게 된다.

이에 반해 우리가 세례를 받거나 성만찬에 참여할 때 우리는 우리 자신의 몸으로 이에 참여한다. 곧 몸으로 세례(본래는 침례였음)를 받으며, 빵과 잔을 손으로 받아 입으로 먹고 마신다. 그러므로 긴장이 풀린 표정으로 설교를 듣던 신자들도 성만찬 순서가 오면 진지한 표정과 몸가짐을 보이는 것을 우리는 교회에서 목격할 수 있다. 자신의 존재가 성만찬에 참여되기 때문이다. 세례를 받을 때도 마찬가지다. 세례를 받는 사람은 세례에 담긴 구원의 의미를 자신의 몸으로 받아들이고, 자신의 온 존재를 가지고 이를 체험한다. 비록 그가 형식적으로 세례를 받을지라도, 그의 몸은 세례의 사건을 피해갈 수 없다. 그는 이 사건을 자신의 몸으로 받을 수밖에 없다. 알트하우스(P. Althaus)에 따르면, 성례는 자신의 존재와 관계없이 말씀을 단순히 듣기만 하는 것을 지양하고, "말씀을 내가 받아들이고 그것을 고백한다는 것을 시인하는 행위"로 부른다(Althaus 1972, 538). 이리하여 성례는 각 사람에 대한 말씀의 인격성과 직접성을 회복하고 이를 유지하는 기능을 가진다.

4) 중세에 건축된 유럽의 오래 된 교회에 들어가 보면 왕과 왕의 가족들, 귀족들, 평민들의 자리가 구별되어 있음을 볼 수 있다. 왕족들과 귀족

들의 자리는 제단 가까운 곳에 각 사람이 혼자 앉을 수 있도록 품위 있고 아름답게 만들어져 있는 반면, 평민들의 자리는 제단에서 좀 떨어진 곳에 많은 사람들이 한 줄로 앉을 수 있는, 아주 평범한 나무의자로 만들어져 있다.

한국의 어떤 대형교회에서도 이와 비슷한 자리 구별이 있음을 볼 수 있다. 장로들, 재벌 가족들, 고위 정치인들의 고정석이 눈에 보이지 않게 정해져 있다. 그들은 자기에게 정해진 특석에서 하나님의 말씀을 듣는다. 부자와 가난한 자, 지위가 높은 사람과 낮은 사람, 힘 있는 사람과 힘없는 사람의 사회계급이 하나님의 말씀을 듣는 그 시간에도 유지된다. 그들은 말씀을 듣지만, 그 말씀이 신자들 사이의 사회적 계급을 극복하지 못한다. "형제자매들의 공동체" 곧 "계급 없는 사회"가 되어야 할 교회가 계급으로 나누어진 세속 사회의 모습을 크게 벗어나지 못한다. 교회 내에서 여성 차별, 장애인에 대한 차별도 크게 극복되지 않는다.

성례는 말씀의 이 같은 한계를 극복한다. 최소한 성례에 참여하는 바로 그 시간에 신자들의 모든 신분적·계급적·성적 차이가 사라진다. 신분과 계급과 성을 초월한 모든 신자가 똑같은 물속에서 세례(침례)를 받고, 하나님의 새로운 피조물로 다시 태어난다. 모든 신자가 똑같은 양의 빵과 포도주를 받고, 예수 그리스도의 몸의 지체가 된다. 성례는 혼자 말씀을 들으면서 개체화되어 있는 신자들을 하나의 공동체 곧 그리스도의 몸으로 결합시킨다. 다양성을 가진 많은 지체들이 하나의 유기체 곧 그리스도의 몸을 이룬 공동체의 모습이 성례를 통하여 가시적으로 나타난다. 특히 성만찬에서 우리는 여성과 남성, 노인과 젊은이, 장애인과 비장애인이 하나의 공동체로 결합되는 것을 눈으로 볼 수 있다. 이같이 성례는 교회의 공동체성을 회복한다.

한 마디로 성례는 모든 신자를 계급의 차별이 없는 형제자매의 공동체, 그리스도의 몸으로 결속시킨다. 최소한 성례전이 거행되는 순간에라도 교회는 "계급 없는 사회"가 된다. "여러분은 모두 세례를 받아 그리스도와 하나가 되고, 그리스도를 옷으로 입은 사람들이기 때문입니다. 유대 사람도, 그리스 사람도 없으며, 종도 자유인도 없으며, 남자와 여자가 없습니다. 여러분은 모두가 그리스도 예수 안에서 하나이기 때문입니다"라는 (갈 3:27-28) 바울의 말씀이 바로 여기에 눈으로 볼 수 있도록 나타난다. 마르크스가 예언한 "계급 없는 사회"가 성례의 공동체 안에서 실현된다. 예수 그리스도를 통하여 시작된 하나님 나라의 말씀이 바로 여기에 가시화된다. 필요보다 더 많이 거두는 사람도 없고 더 적게 거두는 사람도 없는 세상, "제각기 먹을 만큼씩" 거두어들이는(출 16:17-18) 세상이 여기에 앞당겨 일어난다. 하나님 나라는 모든 사람이 물질을 함께 나누는 세계요, 그러므로 굶주림이 없는 세계다. 예수와 세리와 죄인들의 만찬과 오병이어의 기적은 이 같은 하나님 나라를 시사한다. 사도행전이 보도하는 최초의 그리스도인들의 공동체도 이를 보여준다. 이 하나님 나라가 성례를 통하여 가시적으로 나타난다. 성례는 하나님 나라에 관한 성서의 말씀을 눈으로 볼 수 있도록 나타내는 사건이다.

5) 말씀을 읽거나 들을 때, 우리는 그리스도와 영적·정신적으로만 관계하며 그와 친교를 가진다. 이에 비해 성례에서 우리는 그리스도의 몸과 친교를 가진다(Bonhoeffer 1958, 163 참조). 우리는 영으로만 세례를 받는 것이 아니라 몸을 가지고 세례를 받으며, 우리의 몸으로 빵과 포도주를 먹고 마신다. 우리의 영과 정신은 물론 우리의 몸도 그리스도의 친교에 참여하며, 그의 몸의 지체가 된다. 인간의 영은 물론 그의 몸도 하나님의 구원에 참여한다.

여기서 그리스도의 친교는 영적·정신적 것일 뿐 아니라 인간의 몸적 친교란 사실이 드러난다. 그리스도는 우리의 영과 친교를 나눌 뿐 아니라 우리의 몸과 친교하기를 원하신다. 그는 우리의 몸도 사랑하신다. 그는 우리의 영 안에는 물론 우리의 몸 안에도 거하시기를 원한다. 따라서 성례는, 우리의 영은 물론 우리의 몸도 그리스도 안에 있어야 한다는 사실을 나타낸다.

이것은 하나님의 구원에도 해당한다. 인간의 영과 정신은 물론 인간의 몸과 물질도 하나님의 피조물이요, 본래 하나님의 것이다. 물질이 속한 자연의 세계도 마찬가지다. 그러므로 인간의 영과 정신, 그의 몸과 물질과 자연의 세계, 이 모든 것이 하나님의 사랑과 구원의 대상이다. 성례는 이것을 시각적으로 보여주며 몸으로 느끼게 한다.

성만찬은 오늘날 우리에게 중요한 생태신학적 의미를 가진다. 땅과 공기가 오염되면, 세례에 사용되는 물도 오염되고, 성만찬에서 먹고 마시는 빵과 포도주도 오염된다. 결국에는 인간의 몸이 오염되고, 그의 영과 정신 작용에 해를 일으킨다. 인간은 결국 자연에 속한 자연의 일부이고, 자연과 유기체의 관계에 있기 때문이다. 인간이 자연에게 행하는 모든 악행은 결국 인간 자신에게 돌아오기 마련이다. 바다에 내다버린 비닐과 쓰레기는 바닷물을 오염시키고, 그 물 속에서 생활하는 바다의 모든 생물을 오염시키며, 결국 우리 자신의 몸을 오염시킨다. 물론 우리는 자연과 인간의 유기체적 관계성을 말씀을 통해 인식할 수 있다. 그러나 성례는 자연에 속한 물과 빵과 포도주를 통해 이것을 시각적으로 보여준다. 성례를 행할 때, 우리는 주님과 친교할 뿐 아니라 성례에 참여한 모든 형제자매들과 친교하며, 성례에 사용되는 물질을 통해 자연의 세계와 유대를 갖는다.

이 같은 내용을 고려할 때 우리는 성례의 중요성을 인정하지 않을 수 없다. 말씀을 성례의 부가물처럼 생각하는 것도 옳지 않지만, 성례를 말씀의 부가물처럼 생각하는 것도 옳지 않다. 교회의 삶에서 말씀과 성례는 중요하다.

따라서 성례 위주의 예배도 타당하지 않지만, 말씀 위주의 예배도 타당하지 않다. 교회의 예배에서 성례와 말씀은 적절히 조화되어야 한다. 말씀이 없거나 말씀이 약화된 성례 위주의 예배는 교인들을 무지 상태에 묶어둘 수 있다. 평신도는 성서를 잘못 이해할 수 있으므로 성서를 읽어서는 안 된다고 금지하는 것은 있을 수 없는 일이다. 성서는 결코 성직자의 전유물이 아니다. 하나님은 성직자에게만 말씀하시지 않고 모든 신자에게 말씀하시며 그들과 직접 친교하고자 하신다. 로마 가톨릭교회에는 성화가 많이 있음을 우리는 볼 수 있는데, 그것은 단지 교회를 아름답게 장식하기 위해서가 아니었다고 한다. 평신도가 성서를 읽는 것이 금지되어 있었기 때문에, 성서의 내용을 눈으로 볼 수 있도록 하기 위해 성화를 그려 붙이게 되었다고 한다. 이러한 예는 말씀이 약화된 성례 위주의 예배가 가지는 문제성을 드러낸다.

그 반면 성례가 거의 없는 개신교회의 설교 위주의 예배는 신자들의 정서를 메마르게 한다. 설교 위주의 예배는 신자들의 지적 수준을 향상시킬 수 있지만, 신자들의 정서를 메마르게 하는 취약성을 가진다. 또 그것은 하나님의 진리에 대한 설교자의 잘못된 이해를 신자들에게 주입할 수 있는 위험성도 가진다. 경건해야 할 예배가 신자들을 웃기고 울리는 설교자의 "원맨쇼"(one man show)나 만담장으로 전락될 수도 있다. 그러므로 개신교회는 성례 곧 성만찬을 일 년에 몇 차례가 아니라 자주 거행해야 할 필요가 있다. 칼뱅도 성만찬을 자주 거행하라고 권유한다(Inst. IV.17.44).

창세기 1장에 의하면 세계는 하나님의 말씀으로 창조되었다. 이 말씀 곧 로고스가 인간의 육(肉)이 되었다. 그러므로 하나님의 말씀은 듣기만으로는 부족하다. 그것은 몸으로 체득되어야 한다. 우리 인간은 지성만 가진 것이 아니라 또한 감성도 가지고 있기 때문이다. 그러므로 개신교회는 말씀 위주의 예배를 지양하고, 말씀과 성례가 조화를 이룬 예배를 드려야 할 것이다. 적어도 한 달에 한번 정도 성만찬을 지키는 것이 좋을 것이다. 설교자의 만담 비슷한 설교보다, 가톨릭교회에서 볼 수 있는 체계 있는 성서 공부와 교리 공부가 신자들의 지성의 발전에 더 큰 도움이 될 것이다.

개신교회 안에는 성화나 성상이 전혀 없다. 어떤 개신교회는 예수의 십자가마저 우상이라 하여 십자가를 예배실 안에 세우지 않는다. 거의 대부분의 개신교회 예배실은 미적 감성이 보이지 않는 메마른 교실처럼 보인다. 흰색의 벽과 창문과 커튼이 있을 뿐이다. 이 같은 환경은 신자들의 정서를 메마르게 한다.

인간은 이성을 가진 동시에 감성을 가진 존재다. 그러므로 인간의 감성에 호소할 수 있는 미적 요소들이 교회에 필요하다. 이를 위해 품위 있는 성화를 적절한 곳에 비치할 수 있을 것이다. 또 예배실 안에 십자가에 달린 그리스도의 상(Crucifixus)을 세우는 것도 필요하다. "크루치픽수스"라 불리는 그리스도의 상은 유럽의 거의 모든 교회 안에 있다. 예배시간에 설교자의 설교 시간을 20분 정도로 제한하고, 성서 낭독, 영송과 찬양, 공동기도와 신자들의 신앙을 간증하는 순서를 갖는 것도 좋을 것이다. 때로 신앙에 관한 품위 있는 영상 자료를 보여주는 것도 좋을 것이다. 수난절 예배 때, 주님의 고난에 대한 설교도 필요하지만 좋은 영상 자료를 보게 하는 것도 도움이 될 수 있다. 삼일절, 어린이 주일, 부모 주일, 6.25전쟁, 광복절 등의 기념 주일 예배에서도 이에 관한 영상 자료를 보일 수 있을 것이다. 세계의 많은 교회들이 예배 시간에 이 같은 순서를 실시하고 있다. 이같이 교회는 신자들의 감성에 호소함으로써 신앙의 더 깊은 성숙을 꾀할 수 있을 것이다.

C. 성례의 종말론적·메시아적 의미

일반적으로 교회에서 세례는 교회의 정식 구성원이 되는 입교(入敎) 의식으로 이해되고, 성만찬은 그리스도의 고난에 대한 회상의 의식으로 이해된다. 그래서 세례식의 분위기는 비교적 밝고 명랑한 반면, 성만찬의 분위기는 무겁고 침울하다. 굳은 표정으로 신자들이 빵과 포도주를 받는다. 그러나 세례와 성만찬 모두 종말론적·메시아적 의미를 가진다. 여기서 우리는 이 의미를 해명함으로써 성례의 중요성을 보다 더 깊이 파악하고자 한다.

"성례" 곧 라틴어 *sacramentum*은 본래 하나의 법적 개념으로, 법적 소송에 관계된 원고와 피고가 종교적으로 성별된 장소에 바친 후, 소송에 이길 경우에는 되찾을 수 있으나, 소송에 질 경우 신(神)의 몫으로 돌아가는 소송 보증금을 뜻하였다. 여기서 발전하여 그것은 종교적 성격을 가진 입단식에서 선언하는 충성의 맹세나 법적 구속성을 가진 선서를 의미하였다. 서방 교회 신학자들은 신약성서의 mysterion(하나님의 구원의 경륜의 비밀 혹은 신비, 마 13:11; 막 4:11; 엡 1:9; 3:2-3; 골 1:26-27; 딤전 3:16)을 sacramentum 곧 "성례"로 번역하고, 하나님의 비가시적 구원의 은혜를 중재하는 교회의 특별히 "거룩한 행위들"을 나타내는 개념으로 이해하였다. 그러나 이들은 mysterion을, 나타나지 않고 숨어 있는 인상을 주는 "arcanum"(숨겨진 것)의 개념으로 번역하지는 않았다(Calvin, Inst. IV.14.1).

초기 교회 시대의 영지주의와 이방 세계의 신화적 제의는 신이 비밀스러운 방법으로 알려준 신적 지식(gnosis)을 "비밀"로 이해하였다. 이에 영향을 받아, 북아프리카의 알렉산드리아 학파는 비밀 곧 mysterion을 기독교의 비밀스러운 진리로 파악하였다. 그런데 북아프리카 출신의 법학자였던 테르툴리아누스(Tertullianus)는 "비밀"을 sacramentum으로 번역하였고, 북아프리카의 몇몇 성서 번역도 이렇게 번역하였다. 여기서 우리는 "성례"의 뿌리가 신약성서가 말하는 "비밀"에 있다는 사실을 볼 수 있다. 따라서 우리는 "성례"의 본래 의미를 신약성서가 말하는 "비밀" 개념에서 찾아야 할 것이다.

"비밀" 개념은 구약 다니엘서의 묵시사상에 뿌리를 가진다. 다니엘서에 의하면 "비밀"은 하나님이 미리 계획하신 세계의 마지막에 감추어진 비밀스러운 일들을 말한다(단 2:18-46). 세계의 마지막에 일어날 모든 일은 하늘의 세계 속에 감추어져 있다. 하나님이 영원 전부터 결정하신 비밀스러운 일들이 일어날 그날이 역사의 마지막에 올 것이다. 영원히 망하지 않을 나라를 하늘의 하나님이 세우실 것이다(2:44).

신약의 공관복음서는 이같이 묵시사상의 전통에 속한 "비밀"이란 개념을 사용한다. 공관복음서에서 "비밀" 곧 mysterion은 예수와 함께 일어난 하나님 나라 혹은 하나님의 메시아적 통치의 시작을 가리킨다(눅 4:10-12; 참조. 마 13:10-17; 눅 8:9 이하). "하늘나라의 비밀"(마 13:11), "하나님 나라의 비밀"(막 4:11; 눅 8:10)은 바로 이것을 말한다.

바울 서신에서 "비밀"은 교회의 주님이신 그리스도의 구원의 역사를 가리킨다(엡 1:9; 5:32). 또 그것은 타락한 세상을 구원하기 위해 하나님이 창조 전에 예비하신 예수 그리스도 자신을 가리키기도 한다. 곧 하나님의 아들 예수 그리스도가 하나님의 종말론적 참 비밀이다. 십자가에 달린 그리스도와 그의 복음을 선포하는 것은 하나님의 비밀을 선포하는 것을 말한다. 여기서 하나님의 비밀은 고대시대의 신화적 제의가 아니라 예수 그리스도의 인격적 구원의 사건, 곧 하나님 나라의 종말론적·메시아적 사건을 뜻한다. 그리스도의 선포는 하나님의 비밀에 대한 전달인 동시에 비밀의 사건에 속한다. 이방인들의 회개, 이방인들과 유대인들이 그리스도의 몸으로 통합되는 것도 하나님의 비밀에 속한다. 이를 가리켜 바울은 "그리스도의 비밀"이라 부른다(엡 3:4). 만물이 그리스도 안에서 통일될 종말의 메시아적 비밀이 그리스도의 선포와 이방인들의 회개를 통하여 나타난다. 바울은 그리스도의 구원의 복음을 거부한 이스라엘 백성이 결국 구원을 받을 미래를 가리켜 하나님의 비밀이라 부른다(롬 11:25). 또 마지막에 모든 그리스도인들이 변화되어 썩을 몸이 썩지 않을 것을 입게 되고 "죽음을 삼키고서, 승리를 얻었다"는 "성경 말씀이 이루어질" 미래를 가리켜 비밀이라 부르기도 한다(고전 15:51-55). 신약성서의 이 말씀들은 그리스도의 종말론적 사건 전체를 가리킨다.

여기서 우리는 성례의 종말론적·메시아적 차원을 발견한다. 본래 신약성서가 사용하는 그리스어 "비밀"은 하나님이 계획하였고 감추어두었던, 그러나 메시아 예수 안에서 일어나기 시작한 하나님 나라의 역사를 말한다. 이 역사는 현재적인 동시에 미래에 완성될 미래적인 것이요, 미래적인 동시에 현재적인, 그런 뜻에서 종말론적인 것이다. 따라서 세례와 성만찬은 단지 입교식과 주님의 고난을 회상하고 그의 몸에 속하게 되는 예식이 아니라, 역사의 마지막에 완성될 하나님의 통치, 하나님 나라가 현재화되는 종말론적·메시아적 사건이다. 말씀의 선포와 함께 성례가 거행될 때, 하나님 나라의 새 창조의 역사가 성령의 능력 안에서 새롭게 일어난다. 죄와 죽음의 세력이 물러나고 하나님이 다스리는 새로운 생명의 세계를 향한 메시아적 역사가 그리스도인들 안에서 일어나기 시작한다. 성례에 참여하는 그리스도인들은 믿음과 사랑과 희망 속에서 이 역사에 현재적으로 참여한다. 하나님의 통치, 하나님 나라가 그들의 인격과 삶 속에서 자리를 잡는다.

그러나 하나님 나라는 미래에 완성될 미래적인 것으로 머물러 있다. 하나님 나라가 그들 안에 자리를 잡기 시작했지만, 세계는 아직도 죄와 죽음과 울부짖음과 슬픔으로 가득하기 때문이다. 그러므로 성례에 참여하는 그리스도인들은 만물이 그리스도 안에서 하나로 통일되고(엡 1:10), 만물 속에 하나님 나라가 이루어질 미래를 바라보며 이를 희망하게 된다. 곧 하나님이 그 안에 거하시는 하나님의 집이 피조물들 가운데 계시며, 그러므로 "다시는 죽음이 없고 슬픔도 울부짖음도 고통도 없을" "새 하늘과 새 땅"을 기다리게 된다. 성례는 하나님 나라를 가리키며, 이를 향해 그리스도인들을 인도하는 종말론적·메시아적 표징이다.

이것을 우리는 예수가 일으킨 빵 다섯 개와 물고기 두 마리의 기적에서 볼 수 있다. 이 기적은 단지 예수께서 장정만 오천 명을 배불리 먹이고 남은 것이 열두 광주리나 되었다는 것을 보도하려는 것이 아니라, 이보다 훨씬 더 깊은 진리를 말하고자 한다. 이 기적은 굶주림이 없는 세상, 모든 사람이 음식을 함께 나누며 배부르게 먹을 수 있는 하나님 나라의 새로운 생명의 세계가 예수를 통하여 앞당겨 오고 있음을 시각적으로 보여준다. 하나님 나라는 하나님의 영 안에서 인간적 차별 없이 음식을 함께 나누는 바로 거기에 있다. 성례는 바로 여기에 있다.

이 성례에 사용되는 빵과 물고기 곧 물질은 현재적인 동시에 미래적이요, 미래적인 동시에 현재적인 하나님 나라를 가리키는 종말론적·메시아적 표징이다. 이 성례에 참여하는 사람들은 단지 굶주린 배를 채우는 것이 아니라 모든 사람이 음식을 함께 나누는 하나님 나라의 새로운 삶의 현실을 경험하며 감격한다. 음식을 함께 나누면서 이들은 인생의 참 행복은 수십, 수백, 수천억 원의 돈을 쌓아두는 것이 아니라 함께 나누는 데 있으며, 하나님 나라는 필요 이상의 것을 서로 내어놓는 "아름다운 세상"이란 사실을 체험한다.

한 언론인은 "굶주린 자가 음식 훔친 건 죄가 아니다. 필요보다 훨씬 많이 소유하는 것이 죄다", "아름다운 세상이란 필요보다 훨씬 더 많이 소유하는 자가 없는 세상, 그래서 굶주리는 자가 없는 세상"이라고 말한다. 부자들이 무한한 소유욕을 억제하고 가난한 사람들을 돌볼 때 그들의 부가 오래 갈 수 있고, 아름다운 세상을 이룰 수 있다.

"경주 최 부잣집의 300년간 내려온 부의 비밀"은 이를 보여준다. 최 부잣집은 무려 300년 12대 동안 만석의 재산을 유지했는데, 그 비결은 양반으로서의 신분은 유지하되 권력과 일정 거리를 유지하며, 부에 대한 욕망을 절제하여 재산을 만석 이상 모으지 않으며, 다른 부잣집들이 70% 정도 받던 소작료를 40%로 낮추어 받으며, 과객을 후하게 대접하여 덕을 쌓고, 흉년기에는 재산을 늘리지 않으며, 춘궁기나 보릿고개가 되면 한 달에 약 100석 정도의 쌀을 이웃에게 나누어주어, 사방 백리 안에 굶어 죽는 사람이 없게 하라는 가훈을 지킨 데 있다고 한다. 최 부잣집에서 1년에 소비하는 쌀의 양은 약 3,000석이었다고 하는데 그중 1,000석은 식구들 양식으로, 1,000석은 과객들의 식사 대접에, 나머지 1,000석은 빈민구제에 썼다고 한다. 집안 살림을 담당하는 여자들에게는 근검절약하는 생활을 가르쳐 자신들에게는 박하고 엄격하게, 가난한 사람들에게는 후하고 자비롭게 대하는 것이 최 부잣집의 생활 철학이었다. 1884년 경주에서 태어난 마지막 최부자 최준은 상해 임시정부에 평생 자금을 지원한 애국자였다. 그 아래 동생은 상해 임시정부에서 활약하다가 일본 경찰에 체포돼 모진 고문 끝에 1921년 35세로 순국하였다.

하나님의 아들 메시아(그리스도) 예수께서 세우신 성례는 "아름다운 세상"을 계시한다. 바로 여기에 성례의 참 의미가 있다. 성례는 신자들이 침묵과 슬픔 속에서 그리스도의 고난을 회상하고, 회상 속에서 그리스도와 함께 죽고 그와 함께 다시 살아나는 것을 경험하는 차원을 넘어, 메시아 예수께서 계시하신 하나님 나라의 "아름다운 세상"을 이루기 위해 예수께서 세우신 것이다. 오병이어의 기적의 목적은 빵 다섯 개와 물고기 두 마리로 장정만 5천 명(남녀노소를 합하면 최소한 1만 명)을 먹이고도 열두 광주리가 남는 예수의 초자연적 능력을 과시하기 위한 것이 아니라, 모든 사람이 밥을 함께 나누는 "아름다운 세상", 하나님의 자비와 정의가 충만한 세상이 예수와 함께 시작되었음을 보이는 데 있다. 사도행전이 보도하는 최초의 기독교 공동체는 이 "아름다운 세상"을 우리에게 보여준다. 이 공동체는 하나님의 사랑의 영으로 충만하였기 때문이다.

20세기 가톨릭 신학의 대표자 중 하나인 칼 라너(Karl Rahner)는 예수 그리스도로부터 성례를 파악한다. 그는 이를 통해 말씀과 성례를 화해하고자 한다. 그에 따르면, 말씀이 육신이 된 예수 그리스도는 "원 성례"(Ursakrament)이고, 교회는 그리스도의 원 성례에 근거하는 "기초적 성례"(Grundsakrament)다. 하나님의 말씀과 인간의 육신이 대립하지 않듯이, 말씀과 성례, 말씀의 교회와 성례의 교회도 대립하지 않는다. 오히려 우리는 말씀을 성례의 본질로 인정할 수 있고, 구원을 베푸시는 주님이 말씀 속에 계시다는 것을 인정할 수 있다. 말씀이 성례의 본질이요, 성례에 사용되는 물질은 말씀을 가시적으로 드러내는 이차적 요소에 불과하다. 교회는 역사적 원 성례이신 그리스도 아래 있고, 그리스도에게서 구별되는 동시에 그와 관계되는 한에서 "기초적 성례"일 수 있다(Rahner 1967, 313, 75).

개신교회 신학자인 칼 바르트도 성례의 그리스도론적 전환을 말한다. 그에 따르면 예수 그리스도의 성육신이 "단 하나의, 단번에 일어난 성례"다. 그리스도의 성육신의 성례는 말씀의 선포와 세례와 성만찬을 통해 증언되어야 하지만, 이들 속에서 반복되지 않는다(Barth 1964b, 59). 그것은 모든 성례들의 근거다. 따라서 교회의 성례들은 그리스도론에 근거해야 한다. 곧 그리스도의 성육신의 유일한 성례에 근거하여 그리스도 안에 계신 하나님의 자기 증언으로 파악되어야 한다. 여기서 바르트는 개신교회의 전통에 따라 성례를 하나님의 자기 증언 곧 말씀으로 환원시킨다. 칼 라너는 교회의 성례들을 "구원의 기초적 성례"로 소급시키고 이것을 다시 그리스도의 "원 성례"로 소급시키는 반면, 칼 바르트는 교회에 대한 그리스도의 질적 차이와 우월적 위치를 주장하면서 성례를 그리스도 안에 계신 하나님의 자기 증언 곧 말씀의 가시적 형태로 파악한다.

성례에 대한 라너와 바르트의 그리스도론적 집중은 타당하다. 그러나 이들의 성례론은 성례의 종말론적·메시아적 차원을 충분히 고려하지 않는 문제점을 보인다. 성례는 하나님의 자기 증언, 자기 계시의 차원을 넘어, 하나님의 약속된 미래, 곧 하나님 나라의 현실을 가시화하는 표징이다. 라너의 성례론은 그리스도의 "원 성례"를 계승하는 기관으로서 교회의 권위를 확보하는 데 초점을 두고 있다. 물론 교회는 그리스도의 구원의 복음을 보존하며 그것을 전하는 기능을 가진다. 그러나 예수께서 제도로서의 교회에게 성례의 법적 권리를 맡겼다는 기록을 우리는 신약성서 어디에서도 발견할 수 없다. 성례는 "너희" 곧 삼위일체 하나님을 믿는 모든 신자에게 맡겨진 것으로, 하나님 나라의 종말론적·메시아적 표징이다. 말씀과 함께 그것은 교회의 삶의 구성적 요소로서, 교회가 지향해야 할 방향을 제시한다.

3
구원의 본질적 방편인 하나님의 말씀

A. 하나님 말씀의 특징

1) 유대교와 기독교는 말씀의 종교라 말할 수 있을 정도로 말씀이 중요한 위치를 가진다. 하나님은 말씀으로 천지를 창조하신다. 그는 아브라함, 이삭, 야곱에게 약속의 말씀을 주신다. 모세를 부르시고, 출애굽의 해방의 역사를 이루시며, "율법의 말씀"을 주신다. 예언자들은 말씀을 통해 하나님의 뜻을 전하고 메시아 왕국을 약속한다. 그러므로 사도 바울은 하나님의 말씀을 "약속의 말씀"이라 부른다(롬 9:9).

요한복음에 따르면 예수는 인간의 육이 된 하나님의 말씀이다. 이 말씀은 태초부터 하나님과 함께 계셨다. 요한복음은 이 말씀을 하나님과 동일시한다. "그 말씀은 하나님이었다"(요 1:1). 예수의 말씀은 곧 "하나님의 말씀"이었다(요 17:8; 눅 8:11).

예수의 사역에서도 말씀은 중요한 위치를 차지한다. 그는 말씀으로 하나님 나라를 선포하시며, 비유의 말씀으로 하나님 나라를 설명한다. 그는 말씀으로 병자를 고치시고, 악령 곧 귀신을 추방하며, 죽은 자를 살린다.

하나님의 말씀은 "생명의 말씀" 혹은 "영원한 생명의 말씀"이요(행 5:20; 빌 2:15; 요일 1:1; 요 6:68), "진리의 말씀"이다(요 17:17; 고후 6:7; 딤후 2:15; 약 1:18). 하나님의 말씀은 "구원의 말씀", "은혜의 말씀", "화해의 말씀"이요, "성령의 검"과 동일시되기도 한다(행 13:26; 14:3; 고후 5:19; 엡 6:17). 하나님은 말씀을 통하여 "다시는 죽음이 없고, 슬픔도 울부짖음도 고통도 없음" "새 하늘과 새 땅"을 향한 새 창조를 약속한다. "보아라, 내가 모든 것을 새롭게 한다"(계 21:1-5).

현대신학에서 하나님의 말씀을 가장 중요시한 신학자는 칼 바르트다. 그에 따르면 하나님과 인간 사이에는, 인간이 자신의 힘으로 극복할 수 없는 "질적 차이"가 있다. 하나님은 인간에게 "질적으로 다른 분" 곧 "전적 타자"(totaliter aliter)이기 때문이다. 이 질적 차이를 극복하고, 하나님과 인간이 화해할 수 있는 길은 말씀이 육신이 되신 예수 그리스도 곧 성육신된 하나님의 말씀에 있다. 하나님은 그의 말씀 안에서 세계를 만나며 자기를 계시한다. 그러므로 하나님의 말씀 곧 "하나님이 말씀하셨다"(Deus dixit)는 사실이 신학의 출발점이 되어야 한다. 하나님의 진리는 오직 하나님의 말씀을 듣고 해석함으로써 얻을 수 있다. 이리하여 바르트의 변증법적 신학 혹은 신정통주의 신학은 "말씀의 신학"이라 불리기도 한다.

바르트는 하나님의 말씀을 세 가지로 구별한다. 곧 예수 그리스도의 성육신된 말씀, 성서에 기록된 말씀, 설교의 말씀으로 구별한다. 성서의 기록된 말씀은 성육신된 말씀에 근거하며, 설교의 말씀은 성서의 기록된 말씀을 통해 성육신된 말씀에 근거한다. 설교의 말씀 곧 선포(Verkündigung)도 하나님의 말씀이다. 목회자가 말하는 설교의 말씀 속에서 하나님 자신이 말씀하시며 자기를 계시한다. 하나님은 말씀 속에 계시며, 말씀 속에서 하나님 자신이 말씀하신다. 그러므로 말씀 속에서 우리는 하나님 자신의 말씀(Selbstwort)을 들으며, 하나님 자신을 만난다. 말씀은 "하나님의 말씀하시는 인격"이다(Dei loquentis persona). 말씀은 "말씀하시는 하나님"이요, "지금 여기서" 말씀하시는 하나님의 행위다(Barth 1964a,

141). 말씀 속에서 하나님의 이름과 하나님 자신이 일치한다.

우리는 바르트의 생각에서 중요한 신학적 통찰들을 발견한다. 설교의 말씀은 성서에 기록된 말씀에 근거해야 하며, 성육신된 예수 그리스도의 말씀과 일치해야 한다. 설교의 말씀은 인간의 말이 아니라 하나님 자신의 말씀이어야 한다. 그것은 하나님의 자기 계시이어야 한다. 설교의 말씀 속에서 우리는 하나님을 만날 수 있고, 하나님의 말씀을 들을 수 있어야 한다. 그것은 설교자 자신의 인간적 욕심을 실현하려는 잡담이 되어서는 안 되며, 우리는 이것을 바르트에게서 배울 수 있다.

그러나 성서의 기록된 말씀과 설교의 말씀을 "말씀하시는 하나님", "하나님의 말씀하시는 인격"과 동일시하는 것은 위험하다. 설교의 말씀은 하나님께서 우리에게 말씀하시는 매개체이지, 하나님 자신이 아니다. 하나님은 설교의 말씀 안에 계시고, 말씀의 매개체를 통하여 우리에게 말씀하시고 자기를 계시한다. 그러나 말씀이 하나님 자신의 인격과 동일시될 수 없다.

2) 또 위에 기술한 하나님의 말씀에 대한 성서의 다양한 서술들에 비추어 볼 때 바르트의 생각은 매우 제한되어 있다. 구약성서에서 하나님이 인간에게 말씀하실 때, 단지 하나님의 자기 계시가 일어나는 것이 아니라 하나님의 미래를 향한 새로운 약속의 역사가 시작된다. 창세기 12장에서 하나님이 아브라함에게 말씀하실 때, 새로운 땅과 많은 후손과 하나님의 특별한 보호와 축복이 약속되며, 이 약속의 미래를 향한 새로운 역사가 시작된다. 하나님이 모세를 찾으시고 그에게 "젖과 꿀이 흐르는 땅"에 대한 약속의 말씀을 주실 때, 이 땅을 향한 출애굽의 역사가 시작된다. 또 하나님이 성전에서 이사야에게 말씀하실 때, "새 하늘과 새 땅"(65:17)의 창조를 향한 이사야의 소명이 일어난다.

하나님의 말씀에 의한 새 창조는 예수 그리스도에게서 결정적으로 일어난다. 예수는 성육신된 하나님의 말씀 자체이다(요 1:14). 그는 구약이 예언한 메시아(그리스도)다(요 1:41). 따라서 그의 존재 자체가 하나님의 새 창조, 곧 "새 아담"이다(롬 5:15). 그에게서 모든 피조물들이 하나님의 자비와 정의와 평화 속에서 더불어 사는 메시아 왕국의 새 창조가 앞당겨 일어난다. 병들고 죄인 취급을 받은 사람들이 그의 말씀을 통해 건강하게 되고, 하나님의 자녀로서 존엄성을 회복한다. 악령의 지배가 끝나고, 하나님의 영이 다스리는 새로운 삶의 현장이 창조된다. 거짓과 죄와 죽음의 세계 속에 진리와 생명의 세계가 일어난다. 예수는 "진리의 말씀" 혹은 "생명의 말씀" 자체다. 그는 "하나님 나라 자체"(autobasileia)다. 그의 죽음과 부활을 통해 죄와 죽음의 세력이 깨어진다(고전 15:54).

부활하신 예수가 다메섹 도상에서 바울을 부르심으로 말미암아 하나님의 구원이 이방인의 세계에 일어나는 기적이 일어난다. 유대인과 이방인, 남자와 여자, 자유인과 노예, 문명인(그리스인)과 야만인(게르만족)을 차별하지 않는 새로운 생명의 세계를 향한 새 창조가 시작된다. 하나님이 밧모섬에 유배된 요한에게 나타나 "새 하늘과 새 땅"에 대한 약속의 말씀을 주실 때, 하나님의 구원과 참 생명이 있는 새로운 미래가 열린다. 그러므로 성서는 하나님의 말씀을 가리켜 "약속의 말씀", "생명의 말씀", "구원의 말씀"이라 부른다.

여기서 우리는 하나님의 말씀의 중요한 특징을 발견한다. 성서에 기록된 하나님 말씀의 전체적 특징은 새로운 창조의 힘으로 요약될 수 있다. 하나님의 말씀은 새 창조의 말씀이다. 하나님의 말씀을 통해 하늘과 땅이 창조된다. 하나님이 말씀 속에서 인간을 만날 때 구원의 세계를 향한 새 창조가 일어난다. 말씀을 통해 하나님은 새로운 생명의 세계를 약속한다. 이 약속을 통해 새 창조의 역사가 시작된다.

새 창조의 역사는 먼저 한 인간에게서 일어난다. 하나님의 약속을 받은 아브라함은 아버지의 집과 고향의 땅을 버리고 오직 하나님의 약속을 신뢰하며 자신의 삶을 하나님께 맡기는 새 사람으로 변화된다. 이것을 우리는 모세의 이야기에서도 볼 수 있다. 하나님이 모세를 찾으시고 그에게 말씀하실 때, "네가 서 있는 곳은 거룩한 땅이니, 너는 신을 벗어라"고 명령한다(출 3:5). 여기서 "신을 벗는다"는 것은 "거룩한 땅"에 속한 새 사람으로 창조되는 것을 가리킨다. 새 사람으로 창조된 모세를 통해 출애굽의 역사가 일어난다. 예언자 이사야가 거룩하신 하나님의 부르심을 받았을 때에도 이 같은 일이 일어난다. 스랍들 가운데 하나가 타고 있는 숯을 그의 입에 대면서 "이것이 너의 입술에 닿았으니, 너의 악은 사라지고, 너의 죄는 사해졌다"고 말한다(사 6:7). 이로써 이사야는 하나님의 죄 사함을 받은 새 사람으로 창조된다. 신약성서에서 사울은 바울로 새롭게 창조된다. 그리스도의 구원을 믿는 사람은 "새로운 피조물"로 새롭게 창조된다.

한 인간 안에 일어난 하나님의 새 창조는 이 세계의 가장 중요한 곳에서 하나님의 새 창조가 시작하였음을 말한다. 온 세계 속에 일어나야 할 "부정적인 것의 부정"(Negation des Negativen, Hegel)이 먼저 한 인간 안에서 시작된다. 하나님의 말씀은 모든 인간 속에 숨어 있는 부정적인 것, 곧 거짓되고 악한 것을 드러내 이를 부정하며 "하나님의 형상을 따라 참 의로움과 참 거룩함으로 지으심을 받은 새 사람"(엡 5:24)으로 변화시키는 새 창조의 힘이다.

3) "부정적인 것의 부정"을 통한 새 창조는 인간에게 제한되지 않는다. 그것은 피조물의 세계 전체로 확대될 수밖에 없다. 온 세계의 부정적인 것이 부정되고, 온 세계가 "새 하늘과 새 땅"으로 새롭게 창조되어야 한다. 하나님이 "모든 것 안에서 모든 것"이 되시며(고전 15:28), 하나님의 영광이 모든 것 안에 나타나는 세계로 변화되어야 하기 때문이다(시 40:5; 계 21:11).

그러므로 하나님의 말씀은 죄와 거짓과 불의가 가득한 인간의 세계에 대해 대립의 성격을 가진다. 그것은 인간의 세계에 대해 모순이다. 왜 모순인가? 인간의 세계가 하나님의 말씀을 거스르기 때문이다. 그것은 빛을 싫어하고 어둠을 좋아하기 때문이다. 인간은 왜 어둠을 좋아하는가? 어둠 속에서는 마음대로 죄를 지을 수 있기 때문이다. 그래서 죄인들은 밝은 곳을 싫어하고 어두운 곳을 좋아한다. 그들은 어둠이다.

하나님의 말씀은 어둠에 대립하는 빛이다. 그것은 세상의 부정적인 것에 대해 부정적인 것이다. 하나님의 말씀은 불의하고 거짓된 세상에 대해 타오르는 불과 같고, 바위를 깨뜨릴 수 있는 망치와 같다(렘 23:29). 그것은 "성령의 검"과 같다(엡 6:17). "하나님의 말씀은 살아 있고 힘이 있어서 어떤 양날 검보다도 더 날카롭다." 이 말씀 앞에서 우리는 아무것도 숨길 수 없다. "우리는…모든 것을 드러내 놓아야 한다"(히 4:12-13). 하나님 앞에서 우리는 아무것도 숨길 수 없다.

예수는 검을 주려고 세상에 오셨다(마 10:24). 이 검의 일차 목적은 죽이는 데 있다. "옛 사람"은 죽어야 한다. 악한 것은 부정되어야 한다. 악한 것이 부정되고 지양될 때 새로운 생명의 세계가 이루어질 수 있다. "옛 사람"이 죽을 때 "새 사람"이 태어날 수 있다. 악령이 부정되어야 성령이 들어올 수 있다. 따라서 말씀의 검의 궁극적인 목적은 죽어가는 생명을 살리는 데 있다. 심판하지 않고 용서하는 데 있다. 하나님의 말씀은 생명을 죽이는 검이 아니라 생명을 살리는 검이요, 파괴의 검이 아니라 새 창조의 검이다. 그것은 부정적인 것을 부정함으로써 하나님 나라의 새로운 생명의 세계를 이루는 새 창조의 힘이다. 그것은 인간과 세계를 죄와 죽음의 세력에서 해방하는 해방의 말씀이다.

4) 성서에 따르면, 말씀이 지닌 새 창조의 힘은 하나님의 약속된 미래를 향해 사람을 파송하는 특징을 가진다. 그것은 새 창조의 미래를 약속할 뿐 아니라, 약속 받은 사람을 약속의 미래를 향해 파송한다. 하나님은 새로운 땅을 아브라함에게 약속하는 동시에 이 땅을 향해 그를 떠나보낸다. "내가 보여주는 땅으로 가거라"(창 12:1). 모세와 이스라엘 백성에게 "젖과 꿀이 흐르는 땅"을 약속하신 하나님은, 이 땅을 향해 이집트를 떠나게 한다. 성전에서 "내가 누구를 보낼까?"라는 하나님의 음성을 들은 예언자 이사야는 "저를 보내어 주십시오"라고 응답하면서 하나님의 파송을 받는다. 다메섹 도상에서 "네가 왜 나를 핍박하느냐"라는 주님의 음성을 들은 바울은 로마 제국을 향한 선교자의 길을 걷게 된다. 하나님의 말씀은 하나님이 누구인지 계시하며(Barth), 하나님의 자녀로서 인간의 새로운 "자기이

해"를 줄 뿐 아니라(Bultmann), 하나님의 새로운 생명의 세계를 약속하며, 이 미래를 향해 하나님의 자녀를 파송하는 특징을 가진다.

하나님의 파송을 받은 하나님의 자녀들을 통해 새 창조의 역사가 일어난다. 세계의 폐쇄성이 깨어지고, 참 생명의 세계를 향한 새로운 역사가 개방된다. 하나님의 말씀은 역사의 개방성의 원천이다. 그것은 "고기 가마"에 빠져 있는 인간의 세계에 대한 "새로움"이요, 새 창조의 내적 힘이다. "구름 떼와 같이 수많은 증인들"(히 12:1)이 "새 하늘과 새 땅"에 대한 하나님의 약속의 말씀에 감동하여 자신의 삶을 바친다. 헛된 가치관 속에서 엎어지고 넘어지며 살아가는 이 세계에 미련을 갖지 않고, 하나님의 약속된 미래를 바라보며 순례자의 길을 걷는다. 그들은 "죽은 사람들 가운데서 살아난 사람답게" 자신을 하나님께 바치고, 그들의 몸을 "의의 연장으로" 바친다(롬 6:13). 이들을 통해 하나님의 새 창조의 역사가 일어난다. 희망이 없는 이 세계에 하나님의 희망의 빛이 비친다. 하나님의 말씀은 이 희망의 원천이다. 그것은 새로운 가능성의 원천이다.

5) 그런데 성서에는 천지창조와 인간의 타락, 아브라함을 위시한 족장들의 삶, 출애굽과 계약과 하나님의 율법에 관한 말씀들, 이스라엘 왕조의 역사 기록, 신앙에 관한 시와 삶의 지혜에 관한 말씀, 예언자들의 예언의 말씀, 예수의 생애와 말씀과 사도들의 선교활동에 관한 말씀, 기독교 공동체에 보내는 서신들 등 다양한 말씀들이 기록되어 있다. 이 말씀들 속에는 하나님, 인간과 세계, 예수 그리스도, 성령, 교회, 그리스도인의 믿음과 삶, 세계의 마지막 등에 관한 내용들이 기록되어 있다. 이같이 다양한 말씀들의 특징을 새 창조의 힘, 해방의 말씀, 새로운 가능성과 희망의 원천 등 몇 가지 개념으로 요약하는 것은 무리한 일이 아닌가? 이 같은 몇 개의 개념들 속에서 성서의 말씀들의 구체적 다양성이 간과되지 않는가?

그러나 성서의 모든 말씀은 전체적으로 공통된 특징을 보인다. 즉 이들은 하나님 나라의 새로운 미래를 향한 새 창조의 언어라는 공통성을 보여준다. 성서 안에는 다양한 말씀들이 기록되어 있지만, 이 모든 말씀들은 하나님 나라의 메시아적 세계를 향해 인간과 세계를 새롭게 창조하고자 하는 전체적 특징을 가진다. 구약의 율법은 불의하고 타락한 세계 속에 하나님의 자비와 정의가 다스리는 새로운 삶의 세계를 창조하기 위한 새 창조의 계명이요, 이 계명들은 새로운 미래에 대한 하나님의 약속에 기초한다. 신약성서의 말씀들은 전체적으로 예수 그리스도의 죽음과 부활을 통해 약속된 새로운 생명의 세계 곧 "새 하늘과 새 땅"을 창조하려는 특징을 가진다.

새 창조의 언어로서 성서의 말씀의 특징은 메시아성으로 표현될 수 있다. 전체적으로 성서의 말씀은 메시아적 언어다. 그것은 하나님의 메시아적 통치에 관한 메시아적 말씀이요, 이에 대한 기다림의 말씀이다. 메시아 예수께서 다시 오실 때 완성될 하나님의 메시아적 통치에 대한 꿈과 기다림이 성서의 말씀 전체를 관통한다. 따라서 성서는 하나님의 메시아적 통치에 대한 꿈과 기다림의 책이다. "어둠 속과 죽음의 그늘 아래에 앉아 있는 사람들에게 빛을 비추게 하시고, 우리의 발을 평화의 길로 인도하실 것이다"라는 세례자 요한의 아버지 사가랴의 예언은 이러한 꿈과 기다림을 보여준다(눅 1:79). 요한계시록은 "새 하늘과 새 땅", "새 예루살렘", 메시아 예수의 다시 오심에 대한 기다림으로 끝난다. "'그렇다. 내가 곧 가겠다.' 아멘, 오십시오, 주 예수님!"(계 22:20).

이 같은 성격을 가진 하나님의 말씀이 구원의 방편이 되는 이유는 무엇인가? 그 이유를 우리는 아래와 같이 정리할 수 있다.

첫째, 하나님의 말씀은 "죽음의 그늘 골짜기"(시 23:4) 속에 있는 우리에게 하나님 나라의 미래를 약속하기 때문에 구원의 방편이 된다. 그것은 "죽음과 슬픔과 울부짖음과 고통"이 가득한 이 세계에 대하여, 이 모든 부정적인 것들이 사라진 "새 하늘과 새 땅"을 약속하기 때문이다.

둘째, 하나님의 말씀은 예수 그리스도 안에서 결정적으로 일어난 하나님의 구원을 우리에게 전하여, 우리를 죄에서 회개하게 하고, 하나님의 "새 사람"으로 창조하며, 이를 통해 하나님의 약속된 미래를 우리 안에서 현재화시키기 때문에 우리에게 구원의 방편이 된다.

셋째, 하나님의 말씀은 부정적인 것으로 가득한 어둠의 세계에 대하여 하나님 나라의 빛의 세계를 대립시키고, 어두운 세계의 부정적인 것의 부정을 일으키는 부정의 힘 곧 새 창조의 힘으로 작용하며, 새 창조의 역사를 향해 그리스도인들을 부르시기 때문에 구원의 방편이 된다. 새롭게 창조된 그리스도인들은 새롭게 창조되지 못한 사람들과 그들의 타락한 세계를 향해 하나님의 파송을 받는다. 그들은 새 창조의 일꾼 곧 "하나님 나라의 일꾼들"이다.

하나님의 말씀은 그 자체 속에 힘을 담지하고 있다. 그것은 무에서 유를 창조할 수 있고, 죽은 생명을 살릴 수 있는 힘이 있다. 그러므로 하나님의 말씀은 "거저 되돌아오지는 않는다"(사 45:23). 그가 하신 말씀은 반드시 이루어질 것이다. "내가 말하였으니, 내가 그것을 이루겠으며…"(46:11). "나의 입에서 나가는 말도, 내가 뜻하는 바를 이루고 나서야, 내가 하라고 보낸 일을 성취하고 나서야, 나에게로 돌아올 것이다"(55:11). 이같이 하나님의 말씀은 그 속에 담긴 바를 반드시 이루는 힘을 담지하기 때문에 구원의 방편이 된다.

유구한 역사와 전통 종교를 자랑하는 인도에서는 지금도 수천만 명의 사람들이 굶주림과 질병 속에서 허덕이고 있다. 힌두교가 가르친 카스트(사회계급) 제도가 사회적 부패와 빈곤의 근본 원인이라 한다. 20세기 공산권의 맹주였던 러시아는 장기 집권을 꾀하는 푸틴의 정치적 억압과 경제난을 겪고 있고, 올림픽 국가선수들의 "도핑 천국"이라 불릴 정도로 도덕이 땅에 떨어진 상태에 있다. 한때 "꿈의 대륙"이라 불리었던 미국에서는 방 한 칸 월세가 1,000불이나 되는 도시의 수많은 사람들이 노숙자로 전락하여 쓰레기통 안에서 먹을 것을 찾는 반면, 부자들은 초호화 생활을 누린다. 자본주의적 "세계화"의 망령은 온 세계를 파멸로 이끌어 가고 있다. 땅 속에 묻힌 각종 쓰레기와 방사능 폐기물로 인해 심층수까지 오염되고 있다.

이 같은 세계를 구원할 수 있는 길은 무엇일까? 인간의 상을 신의 상으로 섬기는 전통 종교일까? 인간의 도덕과 학문일까? 더 많은 경제 발전과 달러 박스일까? 아니면 공산주의 혁명일까? 자본주의 세계를 뒤엎고 이상적 세계를 만들겠다고 약속했던 공산주의 혁명도 무서운 독재 체제로 끝나고 말았지 않았던가? "방천 막는 계에 쌀 한 되 안 낼라는 놈들이 공산주의 해갖고 나눠묵자 안 하나"라는 (이병주 2006, 221) 이야기는, 인간 본성의 밑바닥을 보지 못한 공산주의의 한계를 시사하지 않는가? 답답함을 견디지 못해 "뒤엎어 놓고 보자"라고 생각할 수 있지만, 뒤엎어 놓은 다음에는 무엇이 올까?

만일 이 세계의 구원이 가능하다면 그 길은 하나님의 말씀밖에 없을 것이다. 세계의 희망이 있다면, 말씀 속에서 하나님의 부르심을 받는 그리스도인들에게 있을 것이다. 사람의 말에 힘이 있는 것처럼, 하나님의 말씀에도 힘이 있다. 그러므로 신학생들은 민중해방이나 토착화 신학을 공부하기 전에 먼저 성서를 읽어야 한다. 설교자는, 하나님의 말씀은 반드시 열매를 거둔다는 것을 확신하면서 말씀을 증언해야 할 것이다. 그것은 살아 계신 하나님의 말씀이기 때문이다. 설교자가 이것을 확신할 때, 그의 설교는 사람들의 마음을 움직일 수 있고, 이들을 통해 하나님은 "새 일"을 일으킬 수 있을 것이다 (사 48:6). 종교개혁자 루터는 일년에 성서를 두번이나 읽는 일을 몇 해 동안 거듭할 정도로 성서를 열심히 읽었다. 그는 말씀을 읽음으로써 종교개혁을 이끌 수 있는 내적 동력을 얻었다.

B. 복음이란 무엇인가?

1) 일반적으로 기독교는 예수 그리스도의 말씀을 가리켜 복음이라 부른다. 그래서 "예수 그리스도를 믿으시오"라고 말하는 대신 "복음을 믿으시오"라고 말한다. 복음은 그리스도의 말씀의 총괄 개념인 동시에 그 핵심이

라 말할 수 있다.

일반적으로 그리스도의 복음은 십자가의 죽음을 통한 죄 용서와 죄에서의 구원으로 이해된다. 그러나 신약성서가 말하는 "복음" 곧 *euaggelion*(막 1:15)은 본래 "기쁜 소식"을 뜻하며, 오랜 전통을 가진다.

"복음" 곧 "기쁜 소식"은 구약성서에 그 뿌리를 가진 메시아적·종말론적 개념이다. 메시아적·종말론적 개념으로서 "복음" 곧 "기쁜 소식"의 의미는 특히 출애굽 이야기와 제2, 제3이사야서에 명백히 나타난다. 복음 곧 기쁜 소식은 이집트의 노예살이, 바빌론과 페르시아에서의 포로살이로부터의 해방에 있다(출 12:37-42; 사 51:11). 이스라엘 백성의 해방과 연관하여 제2이사야는 하나님의 기름부음을 통해 하나님의 영을 받은 메시아의 오심과 메시아 왕국의 기쁜 소식을 전한다. 메시아는 "가난한 사람들에게 기쁜 소식을 전하고, 상한 마음을 싸매어 주고, 포로에게 자유를 선포하고, 갇힌 사람에게 석방을 선언하고,…모든 슬퍼하는 사람들을 위로하게" 하실 것이다(61:1-2). "기쁜 소식을 전하려고 산을 달려오는" 메시아는 아무 값없이 그들을 속량하실 것이며, 평화와 구원과 하나님의 통치를 선포하실 것이다(52:1-10).

메시아 왕국의 기쁜 소식 곧 복음은 이스라엘 백성에 머물지 않는다. 그것은 땅 위의 모든 민족과 자연의 세계를 포괄하는 새로운 시대로 확대된다. 장차 오실 메시아는 하나님을 알지 못하는 민족들을 부를 것이며, 그들에게 "공의를 베풀 것이다"(55:5; 42:1). 하나님의 백성이 아닌 민족들이 하나님의 백성이 될 것이다. 메시아의 기쁜 소식은 땅 위의 모든 사람이 하나님께 돌아와 하나님의 구원을 받고, 하나님의 백성과 이방 사람들의 차별이 없어지는 데 있다(45:22-23; 56:3). 한 마디로 메시아의 기쁜 소식은 메시아의 통치에 있다. 곧 하나님의 자비와 정의가 충만한 세계, 더 이상 "울음소리와 울부짖는 소리가 들리지 않는" "새 하늘과 새 땅"이 이루어지는 데 있다(65:17-19).

여기서 특이한 것은, 죄가 없음에도 불구하고 모든 사람의 죄를 대신 짊어지고, 그들이 받아야 할 형벌과 고통을 대신 당하는 메시아의 대리행위에 있다. 메시아는 큰 권능을 가진 영광스러운 존재가 아니라 사람들의 버림과 멸시를 받으며 "고운 모양도 없고, 훌륭한 풍채도 없으니, 우리가 보기에 흠모할 만한 아름다운 모습이" 없는 고난당하는 종으로 묘사된다(53:1-12), 여기서 메시아의 고난을 통한 죄 용서가 메시아적 기쁜 소식의 구성 요소로 나타난다. "내가 더 이상 너의 죄를 기억하지 않겠다"(43:25).

궁극적으로 메시아의 기쁜 소식 곧 복음은 파괴된 자연이 회복되고, 땅 위의 모든 피조물이 하나님의 자비와 정의 속에서 평화롭게 더불어 사는 새로운 생명의 세계가 이루어지는 데 있다. "사막은 꽃이 무성하게 피어 크게 기뻐하며 즐겁게 소리 칠 것이다." "광야에 물이 솟겠고, 사막에 시냇물이 흐를 것이다.…"(35:1-7). 그는 "메마른 산에서 강물이 터져 나오게 하며,…광야를 못으로 바꿀 것이며, 마른 땅을 샘 근원으로 만들" 것이다(41:18). 온 자연의 세계 속에 "기쁨과 즐거움이 깃들며, 감사의 찬송과 기쁜 노랫소리가 깃들 것이다"(50:3). "이리와 어린 양이 함께 풀을 먹으며, 사자가 소처럼 여물을 먹으며, 뱀이 흙을 먹이로 삼을 것이다. 나의 거룩한 산에서는 서로 해치거나 상하게 하는 일이 전혀 없을 것이다"(65:25).

이 같은 메시아 왕국은 메시아가 오시기만 하면 저절로 이루어지는가? 그렇지 않다. 구약의 예언서는 이에 대한 여러 가지 조건들을 요구한다. 먼저 사람의 손으로 만든 것을 신으로 섬기는 "우상숭배"를 버려야 한다(46:6-7). 신이 아닌 것을 신으로 섬길 때, 그 신들의 가르침을 따르게 된다. "정욕에 불타 바람을 피우며, 골짜기 가운데서, 갈라진 바위 밑에서 자식들을 죽여 제물로" 바치며(57:5-6, 사실상 자신을 위해 자녀를 "과외수업 로봇"으로 희생시키는 일은 지금도 일어나고 있다), "죽음과 언약을" 맺는다(28:15). 뇌물과 약탈, 사치와 향락과 음란과 불의에 빠진다. 결국 자연이 황폐하게 되고(42:15), 공동체는 멸망의 길을 걷게 된다.

메시아의 기쁜 소식이 이루어지기 위해서는 각 사람이 이 같은 일을 하지 않아야 한다. 각 사람이 주님께 돌아와 주님의 말씀을 청종하며, 죄악과 불의를 버려야 한다(55:7). 부당한 결박을 풀어주고, 압제받는 사람을 놓아주며, 굶주린 사람에게 먹을 것을 나누어 주며, 헐벗은 사람에게 옷을 입혀 주어야 한다(58:6-7). "지도자라는 것들은 굶주린 개처럼 그렇게 먹고도 만족할 줄" 모르며 "모두들 저 좋을 대로만 하고, 저마다 제 배만"(사 56:11) 채우는 죄의 길을 방치하면서, 메시아가 통치하는 새로운 세계를 기다리는 것은 적절하지 않다. 각 사람이 하나님 앞에 나아와 하나님의 말씀을 들어야 하며, 악을 행하지 않고 "공평을 지키며 공의를" 행하며, 안식일을 거룩하게 지켜야 한다(55:1-2; 56:1-2). 메시아의 통치, 메시아의 새로운 시대는 "겸손한 사람, 회개하는 사람, 나를(주님을) 경외하고 복종하는 사람"과 함께 시작한다(66:2). 이들 안에서, 이들을 통하여 새로운 생명의 세계가 열리는 바로 여기에 메시아의 기쁜 소식 곧 복음이 있다.

후기 유대교 묵시사상에서 메시아의 기쁜 소식은 역사의 과정 속에서 실현되지 않고 역사의 마지막 곧 종말에 실현될 것으로 생각된다. 그것은 죄와 죽음의 세력에 붙들려 점점 더 큰 죄악과 파멸에 빠지는 이 세계에 대해 숨겨져 있는 하나님의 비밀(*mysterion*)이다. 옛 시대가 파멸로 끝나고, 하나님 나라의 새로운 세계가 세워질 때 드러날 이 비밀은 특별한 사람에게만 계시된다(참조. 단 7:9-14). 여기서 메시아의 기쁜 소식 곧 복음은 묵시사상적 기다림의 지평 속에 있다.

2) 지상의 예수는 묵시사상이 기다리던 하나님 나라의 새로운 세계가 지금 눈앞에 와 있다고 선포한다. "때가 찼다. 하나님 나라가 가까이 왔다. 회개하여라. 복음을 믿어라"(막 1:15). 묵시사상이 역사의 마지막에 오리라 기다리던 하나님 나라의 새로운 세계가 예수를 통하여 현재화된다(눅 11:20). 메시아 예수의 오심과 함께 하나님 나라의 새로운 시대가 지금 예수를 통하여 들어오고 있다. 죄와 죽음의 세력이 물러나고 하나님의 통치가 이루어지기 시작한다. 바로 이것이 복음 곧 기쁜 소식이다. 한 마디로 "복음의 중심과 본질"은 "하나님 나라에 있다"(이신건 2016, 37). 예수는 하나님 나라의 새로운 시대를 앞당겨 오는 "하나님의 아들 메시아"(그리스도)다

(마 16:16).

공관복음서에서 복음은 다음과 같은 면모를 가진다. 소외된 사람들(세리와 죄인들)의 인간적 존엄성이 회복되며, 죄와 죽음의 그늘 속에서 살던 사람들이 죄 용서를 받고 하나님의 빛 속에서 살게 되며, 굶주림과 질병과 신체적 장애의 고통에서 해방되어 건강하게 살 수 있게 되며, 악령(로마의 군단을 가리키는 Legion)과 종교적·정치적 억압과 착취에서의 해방이 일어나며(예수의 성전 정화 참조), 지배계층과 피지배계층, 부자와 가난한 자, 유대인과 이방인, 남성과 여성의 장벽과 차별이 허물어지는 데 복음이 있다. 누가복음은 하나님 나라 복음의 사회적·정치적 측면을 다음과 같이 암시한다. 하나님은 악하고 불의한 "제왕들(정치인들)을 왕좌에서 끌어내리시고 비천한 사람들을" 높일 것이다(눅 1:52). 예수의 부활은 시간과 공간의 한계는 물론 죄와 죽음의 세력을 넘어서는 복음의 힘을 나타낸다.

하나님 나라는 각 사람의 회개를 구성 요소로 한다. 각 사람의 회개 없는 하나님 나라는 있을 수 없다. 그러므로 예수는 하나님 나라를 선포하는 동시에 회개를 요구한다(막 1:15). 하나님 없이 사는 자들이 하나님을 인정하고 하나님의 계명에 따라 살게 된다. 이웃을 시기하고 미워하던 사람이 원수마저 사랑하며, 욕심에 찌든 사람이 가난한 마음을 가지며, 교만하고 포악한 사람이 겸손하고 온유한 사람으로 변화되며, 불의를 일삼던 사람이 하나님의 정의를 행하며(산상설교), 소유를 나누어줌으로써 보물을 하늘에 쌓으며, 자기의 인간적 능력을 신뢰하며 살던 사람이 매일 하나님이 주시는 것으로 살며, 소유에 소유를 늘리던 사람들이 자기의 소유를 사회에 환원하는 "주님의 은혜의 해"(눅 4:19) 곧 희년의 계명을 지키게 된다. 한 마디로 각 사람이 "하나님 나라와 하나님의 정의"(마 6:33)를 구해야 한다.

그러나 부유하고 힘 있는 사람들이 하나님 나라의 복음을 수용하는 것은 낙타가 바늘귀로 들어가는 것보다 더 어렵다. 소유에 대한 집착과 욕심이 그들을 놓아주지 않기 때문이다. 그러므로 공관복음서에서 하나님 나라의 복음은 잃어버릴 것이 없는 힘없고 가난한 사람들, 소외와 억압을 당하는 사람들, 이스라엘의 "잃어버린 자들"에게 먼저 수용된다.

3) 사도 바울에게 복음은 십자가에 달려 죽으시고 부활하신 예수 그리스도의 구원의 소식을 말한다. 하나님의 아들 메시아, 주님(Kyrios) 예수, 그의 죽음과 부활, 옛 사람의 죽음과 새 사람의 다시 태어남 등이 복음의 내용을 구성한다. 다메섹 도상에서 부활하신 예수의 부르심, 구원의 길에 대한 유대교 지지자들과의 충돌, 로마 제국 전체를 향한 이방인 선교와 이방인 기독교 형성 과정 속에서 바울은 새로운 구원의 시대의 개척자가 된다.

그런데 바울은 예수가 선포한 "하나님 나라" 대신에 칭의의 개념을 가지고 복음을 설명한다(롬 3:21 이하; 갈 2:16 이하). 곧 하나님 앞에 설 수 없는 불의한 죄인이 메시아 예수의 희생의 죽음을 통한 죄 용서를 믿음으로써 하나님의 의롭다 하심을 얻는 데 복음이 있다는 것이다. 여기서 바울은 예수가 선포한 하나님 나라를 전혀 몰랐거나 아니면 잊어버렸을까? 그렇지 않다. 그는 하나님 나라를 잘 알고 있었다. 그래서 사도행전은 바울이 "아주 담대하게 하나님 나라를 전하였다"고 보도한다(행 28:21). 그런데 바울은 왜 칭의를 복음 해석의 기본 틀로 삼는가?

유대교의 대학자 가말리엘의 문하생이었던 사도 바울은 학문적 조예가 깊은 사람이었다. 그는 유대교의 율법에 정통했음은 물론(행 22:3) 헬레니즘에도 깊은 식견을 가지고 있었음을 우리는 그의 서신을 통해 알 수 있다. 그는 율법으로 극복할 수 없는 인간의 죄된 본성을 깊이 통찰하였다(롬 7장). 하나님 나라가 이 땅 위에 이루어져야 한다면, 그는 그것이 먼저 죄된 본성을 가진 인간에게서 시작되어야 함을 절실하게 느꼈을 것이다. 죄된 본성을 가진 인간이 변화되지 않는 한, 이 땅 위에 하나님 나라를 이룬다는 것은 불가능하기 때문이다. 이 같은 확신 때문에 바울은 칭의의 개념으로 예수의 복음을 풀이한다.

칭의는 예수 그리스도의 죄 용서를 받고 하나님의 의롭다 하심을 받은 새 사람으로 서게 됨을 말한다. 죄와 죽음의 세력에 묶여 있던 "옛 사람"은 죽고, 그리스도 안에 있는 "새 생명"으로 다시 살아난다(롬 6:3-11). 세상 욕심과 육신의 정욕을 탐하던 죄인이 "하나님의 형상을 따라 참 의로움과 참 거룩함으로 지으심을 받은 새 사람"으로 변화된다(엡 4:24). 그는 죄와 죽음의 나라에서 "아들의 나라로" 옮겨진다(골 1:13). 그는 "하나님께 합당하게 살아가는" "하나님의 가족"(살전 2:12; 엡 2:19), "하나님 나라에 합당한 사람"(살후 1:5), 하나님 나라의 "상속자"(1:11; 고전 15:50)가 된다. 이로써 하나님 나라가 한 인간 안에서 자리를 잡게 된다. 바로 여기에 복음이 있다.

그러나 이것은 복음의 전부가 아니라 시작에 불과하다. 메시아 예수의 복음은 인간에게는 물론 "하늘 아래 있는 모든 피조물에게 전파"되어야 한다(골 1:23). 궁극적으로 복음은 그리스도 안에서 모든 것이 하나로 통일되어 하나님과 화해되며(엡 1:10; 골 1:20), 만유 안에 계신 하나님의 뜻에 따라 모든 것이 이루어지는 세계(고전 15:28) 곧 하나님 나라가 총체적으로 세워지는 데 있다. 인간의 칭의는 총체적 하나님 나라의 시작이요 기초다. 예수가 선포한 하나님 나라와 바울이 가르친 칭의는 모순되는 것이 아니다. 오히려 양자는 결합되어 있다. 한 인간의 칭의는 복음의 시작이요, 총체적 하나님 나라는 복음의 궁극 목적이다. 시작과 목적은 분리될 수 없다. 그러므로 바울은 인간의 칭의를 말하는 동시에 하나님 나라를 가르쳤다고 사도행전은 보도한다.

복음의 궁극적인 목적은 단지 먼 미래의 것이 아니라 한 인간의 칭의와 함께 이미 실현되기 시작한다. 하나님의 자비와 정의가 모든 것을 다스리며, 모든 민족(유대인과 이방인, 문명화된 그리스인과 야만족 게르만인), 모든 사회 계층(주인과 노예, 남자와 여자)이 "하나님의 가족"이 되는 메시아적 시대가 예수의 십자가의 죽음과 부활을 통해 열렸다. 하나님의 칭의를 받은 한 인간 안에서 어둠의 시대는 지나고 빛의 시대가 시작되었다(롬 2:12-13, 19; 엡 5:8). 예수의 십자가의 죽음과 죽은 자들로부터의 부활은 어둠의 시대와 빛의 시대, 옛 시대와 새 시대의 전환점이요, 새 시대의 근거와 전제다. 십자가에 달려 죽은 예수의 부활을 통해 죄와 죽음의 세력은 깨어지고 "하나님의 생명"(엡 4:18)의 세계 곧 하나님 나라가 시작되었다. 바로 여기에 복음이 있다.

4) 요한복음은 복음을 한 걸음 더 깊이 파악한다. 요한복음에 따르면 예수 그리스도는 성육신된 하나님의 말씀 곧 인간의 몸의 형태로 나타나는 하나님의 말씀이다(요 1:14). 그가 하신 말씀은 물론, 그의 존재 자체, 그의 삶 자체가 하나님의 말씀이요 "하나님 나라 자체"(autobasileia)다. 그가 곧 "길이요 진리요 생명"이다(14:6). 그가 하신 말씀은 물론, 십자가의 죽음과 부활을 포함한 그의 삶 전체가 하나님 나라의 기쁜 소식 곧 복음이다. 역사의 마지막에 올 하나님 나라는 하나님과 하나인("나와 아버지는 하나다", 10:30) 그리스도 예수 안에 계시되고, 그분 안에서 앞당겨 일어난다. 그는 단지 복음의 전달자가 아니라 복음 자체다. 따라서 그리스도의 복음을 믿는다는 것과, 그리스도를 믿는다는 것은 분리될 수 없이 하나로 결합된다.

요한복음에 따르면 복음은 먼저 "세상 죄를 지고 가는 하나님의 어린 양"(요 1:29)이신 예수를 통해 죄를 용서받고 "영원한 생명"에 참여하는 데 있다(3:16). 달리 말해 새로운 피조물로 다시 태어나 "하나님 나라"에 들어가는 것을 말한다(3:3-5). 죽음의 세계에 속하지 않고 예수의 "영원한 생명"의 세계에 속하며(요 5:24; 6:47, 58; 요일 3:14; "죽음에서 생명으로 옮겨갔다"), 어둠의 세상에 속하지 않고 세상의 빛이신 예수와 그의 아버지 하나님 안에 거하며(요 12:46; 15:19; 17:14-21), "빛의 자녀"로서(12:36) 죄를 짓지 않고 진리를 행하며 사는 데 복음이 있다(3:21).

하나님 나라에 속한 하나님의 자녀들은 "형제자매를 위하여 목숨을" 버리기까지 사랑하며(요 15:13; 요일 3:16), "악마의 세력 아래 놓여" 있는 "세상을 이긴다"(요일 5:1, 9). 세상의 통치자들이 세상을 지배하는 것 같지만, 그들은 "쫓겨날 것이다"(요 12:31). 그들은 이미 하나님의 "심판을 받았다."

어떤 근거에서 이렇게 말할 수 있는가? 어둠이 빛을 이기지 못하는 것은 삶의 진리이기 때문이다. 아무리 어두워도 전등을 켜면, 어둠은 아무 힘없이 사라지는 것과 같다. 빛의 자녀들은 하나님 나라의 빛의 세계가 어둠의 세상을 극복하리라는 약속을 받았다. "그 빛이 어둠 속에서 비치니,

어둠이 그 빛을 이기지 못하였다"(1:5).

바울 서신과 마찬가지로 요한복음도 빛과 어둠, 진리와 거짓, 생명과 죽음, 하늘과 땅 등 헬레니즘의 이원론적 개념들을 사용하지만, 그보다 구약의 메시아 약속에 뿌리를 둔 복음의 메시아적·종말론적 차원을 강조하여 설명한다. 복음은 거짓과 어둠과 죽음의 세상이 부정되고 하나님 나라의 빛과 진리와 생명의 세계가 세워지는 데 있다. 그것은 "빛의 자녀들", "진리에 따라 사는 사람들"(16:13)과 함께 시작하여 하나님의 영광이 충만한 빛의 세계, 진리의 세계를 지향한다.

빛이 어둠에게, 진리가 거짓에게 모순이듯이, 복음은 이 세상에게 모순이다. 그것은 세상에 속한 것이 아니라(18:36) 하늘에 속한, "하늘로부터" 오는 것이기 때문이다(3:31; 6:51). 세상이 미워하는 이 모순 곧 복음 속에 "길과 진리와 생명"이 있다.

복음을 따르는 사람들도 이 세상에 대해 하나의 모순이요 대립이다. 그들은 세상에 속하지 않고(15:19; 17:14, 16), "하나님에게서 난" 사람들 곧 하나님에게 속한 사람들이기 때문이다(1:13; 18:47). 그러므로 복음과 복음을 따르는 사람들은 세상 사람들의 미움을 받으며 환난을 당한다(7:7; 15:19; 16:33). 그러나 부활하신 그리스도의 복음은 이미 "세상을 이겼다"(16:33). 어둠의 세상이 강한 것 같지만, 세상은 이미 하나님의 심판을 받았다(3:18). 인간이 스스로 택한 어둠과 죄악, 부패와 타락이 세상 자체에 대한 심판이다.

C. 복음에 대한 다양한 이해들

한국 개신교회에서 우리는 복음에 대한 세 가지 대표적 이해를 볼 수 있다. 물론 이 세 가지 이해는 서로 교차하지만, 우리는 그 특징을 다음과 같이 분류할 수 있다. 보수 계열은 예수 그리스도의 죄 용서와 각 사람의 성화를 강조한다면, 진보 계열은 하나님의 정의가 다스리는 새로운 사회구조와 새로운 세계의 도래를 강조하고, 오순절 계열은 영혼의 평안과 몸의 건강과 모든 일이 잘 되는 것(요삼 1:2)을 강조한다. 이것을 가리켜 오순절 계열은 "순복음"이라 부른다. 복음에 대한 이해의 이 같은 다양성을 보면서, 우리는 다시 한번 질문하지 않을 수 없다. 과연 예수 그리스도의 복음 곧 기쁜 소식은 무엇인가? 참 복음은 어디에 있는가?

1) 인간의 생명을 유지하기 위해서 가장 필요한 것은 먹을 것과 마실 것과 입을 것 그리고 잠을 잘 수 있는 잠자리, 곧 의식주다. 한 마디로 요약한다면, 인간의 생명에 기본적으로 필요한 것은 물질이다. 물질이 없으면 인간의 생명이 유지될 수 없다. 물질의 결핍으로 인해 고통을 당하는 사람들에게 가장 기쁜 소식은 생명을 유지할 수 있는 물질을 얻는 데 있다. 물질을 얻어 자기의 생명을 유지하고자 하는 것이 인간을 포함한 모든 생물들의 기본적 욕구다.

성서의 하나님은 인간 생명의 기본적 욕구를 무시하지 않는다. 그는 오히려 이 욕구를 채워주시고자 한다. 그러므로 성서에서 하나님은 생명의 유지에 필요한 물질을 공급하시는 분으로 나타난다. 그는 땅이 없는 히브리들에게 "젖과 꿀이 흐르는 땅", 곧 충분히 먹을 수 있고 안전하게 생명을 유지할 수 있는 땅을 주시겠다고 약속한다. 그는 아브라함을 떠난 하갈의 어린 아들이 브엘세바 빈들에서 갈증으로 죽게 되었을 때 물을 마련해준다(창 21:15-19). 그는 굶주림과 억압 속에서 멸족의 위험에 처한 이스라엘 백성을 "젖과 꿀이 흐르는 땅"으로 이끌어내시며, 광야에서 먹을 것과 마실 것을 공급하신다. 하나님의 법을 지키며 살 때 "너희에게 복을 내려 빵과 물을 주겠고, 너희 가운데 질병을 없애겠다. 너희 땅에 낙태하거나 임신하지 못하는 여자가 없을 것이며, 내가 너희를 수명대로 다 살게 하겠다"고 약속한다(출 23:25-26). 그는 과부와 고아들, 마지막 덮을 겉옷마저 담보로 맡긴 가난한 사람들의 부르짖음을 들어주신다(출 22:23, 27).

이 같은 하나님의 모습에서 볼 때, 복음은 먼저 물질적 결핍으로 인해 고통을 당하는 사람들에게 필요한 물질을 공급하는 데 있다. 절대 빈곤과 굶주림과 질병과 정신적 고통 속에서 죽지 못해 살아가는 사람들에게, 그리스도의 복음은 먼저 이 같은 현실적 고통에서 벗어나도록 돕는 데 있다. 가족을 부양해야 하는데 실직을 당한 가장에게 구원자 예수의 가장 절실한 복음 곧 "기쁜 소식"은 새로운 직장을 얻는 데 있을 것이다. 나라의 땅을 일본인들에게 빼앗기고 멸시와 천대와 가난과 멸족의 위기 속에서 만주와 연해주로 떠나야만 했던 한국인들에게 가장 기쁜 소식 곧 복음은 땅을 되찾는 데 있었을 것이다.

하나님의 사랑은 인간의 현실적 고통을 결코 간과하지 않는다. 따라서 하나님 나라는 절대 빈곤과 굶주림과 질병과 정신적 고통이 없는 세계다. 그러므로 하나님의 아들 예수는 광야에서 먹을 것이 없는 사람들을 먹이시고, 질병에 걸린 사람들과 장애인들과 정신적 고통을 당하는 사람들(귀신 들린 사람들)을 고쳐주신다. 사회적 멸시와 부끄러움 속에서 살아가는 윤락녀들이 위선적 종교 지도자들보다 먼저 하나님 나라에 들어갈 것이라고 말한다(마 21:31). 하나님은 "여종의 비천함"을 보살펴 주시며, "주린 사람들을 좋은 것으로 배부르게" 하시는 분이다(눅 1:48, 53). 그러므로 그리스도의 복음은 절대 빈곤과 굶주림과 질병을 벗어나 충분히 먹고 건강하며, 정신적으로 평안하게 살 수 있게 되는 데 있다. 실직으로 생존의 위기에 처한 사람들이 안전한 직장을 얻고, 자기의 땅을 잃어버린 북미의 인디언들과 남미의 인디오들이 자기의 땅을 되찾아 평화롭게 살 수 있는 데 있다.

그러나 사람은 물질만으로 행복하게 살 수 있는 존재가 아니다. 한 마디로 말하자면, 사람은 "빵으로만 살 수 없다"(마 4:4). 따라서 생명의 유지에 필요한 물질을 얻고, 건강을 회복하며, 수(壽)를 다할 수 있는 것이 복음의 전부일 수 없다. 왜 복음의 전부일 수 없을까? 그 까닭은, 인간은 자기가 지금 가진 것으로 만족하지 않는 본성을 지녔기 때문이다. 인간은 자기의 땅을 되찾고, 안전한 직장을 얻고, 배불리 먹을 수 있고, 건강을 유지하는 것으로 만족하지 않으며 또 행복을 느끼지 않는다. 그는 지금 가진 것에 만족하지 않고 더 많은 소유와 사회적 인정, 더 많은 즐거움과 더 깊은 쾌락을 찾는 존재다.

따라서 복음에 대한 오순절 계열의 이해는 절대 빈곤 속에서 살아가는 사람들에게는 참으로 필요한 것이지만, 더 많은 소유와 번영을 추구하는 인간의 이기심을 정당화시켜 주는 도구로 이용할 수 있는 양면성을 가진다. 또 그것은 신자들의 인격적·도덕적 성화를 충실히 이루지 못하는 약점을 가진다. 그래서 성령으로 충만하다는 오순절 계열의 지도자들 가운데 심각한 도덕적 과오를 범하는 인물들이 나타나게 된다. 성령 충만하다는 신학생들이 시험 시간에 커닝을 하며, 예배시간에 가장 좋은 자리를 얻기 위해 신자들이 예배실을 향해 달리기 경주를 하는 모습을 보이게 된다. 그러므로 우리는 복음의 물질적 차원에 머물지 않고 더 승화된 차원에서 복음을 보아야 할 것이다.

2) 한국 개신교회 보수 계열은 그리스도의 복음을 주로 개인의 회개와 죄 용서, 하나님의 칭의(의롭다 하심)와 성화에 있는 것으로 보는 경향을 가진다. 곧 개인의 구원을 그리스도의 복음과 동일시하는 경향을 가진다. 오순절 계열도 복음의 이 차원을 간과하지 않는다.

보수 계열의 입장은 충분한 성서적 근거를 가진다. 성서에 따르면 하나님은 애초부터 인간의 죄를 용서하시는 분으로 나타난다(아담과 가인에 대한 하나님의 용서). 그는 인간의 죄를 일일이 기억하지 않으시고 그 죄를 용서하는 분이다(출 32:1-14; 사 1:18). 그러므로 성서의 인물들은 거듭 하나님에게 죄의 용서를 간구한다(참조. 왕상 8:34; 시 25:7).

이 같은 하나님의 모습에 상응하여, 지상의 예수도 "자기 백성을 그들의 죄에서 구원하실" 분으로 고백된다(마 1:21). 그가 행한 병자의 치유는 죄 용서와 결합되어 있다. "예수께서…중풍병자에게 말씀하셨다. '기운을 내라. 아이야, 네 죄가 용서받았다'"(마 9:2). 메시아 예수는 "세상 죄를 지고 가는 하나님의 어린 양"이다(요 1:29). 물질적·신체적·정신적 고통에서 인간을 해방하는 동시에 죄를 용서하는 데 메시아 예수의 복음이 있다.

성서에서 죄 용서는 죄 용서로 끝나지 않는다. 그것은 더 이상 죄를 짓지 않는 삶(요 8:11), 곧 하나님의 계명에 따라 사는 "새로운 피조물"로서의 삶의 시작을 뜻한다. 곧 "옛 사람"은 죽고 "새 사람"으로 다시 태어나는 것을 말한다. 바로 여기에 복음 곧 기쁜 소식이 있다.

물론 보수 계열도 메시아(그리스도) 예수의 복음은 단지 개인만을 위한 것이 아니라 하나님이 지으신 모든 피조물의 세계를 위한 것임을 잘 알고 있다. 온 세계가 하나님이 지으신 하나님의 것이기 때문이다. 따라서 메시아 예수의 복음은 궁극적으로 모든 피조물에 대한 하나님의 메시아적 통치, 곧 하나님 나라가 이 땅 위에 이루어지는 데 있다. 그러나 보수 계열의 신념에 의하면, 하나님의 메시아적 통치는 개인의 회개와 성화를 통해 이루어질 수 있는 것으로 생각된다. 하나님이 지으신 세계를 지옥과 같은 세계로 만든 것은 인간이다. 따라서 인간이 하나님의 거룩한 백성으로 변화될 때 이 세계 역시 거룩한 세계로 변화될 수 있다는 생각에서 보수 계열은 개인 전도와 개인의 성화 곧 "복음화"에 주력한다. 세계를 파괴하는 것도 인간이요, 세계를 건설할 수 있는 것도 인간이기 때문이다.

그러나 인간은 누구를 막론하고 한계를 가진다. 개인의 구원과 성화 곧 개인의 "복음화"에 집중할 때, 메시아 예수의 복음이 의미하는 사회적·세계적 차원에 대해 관심을 갖기 어렵다. 매일의 일상생활 속에서 지은 죄에 대한 그리스도의 용서를 간구하고 죄 없는 생활에 주요 관심을 가질 때, 죄와 죽음의 세력에 묶인 사회와 세계가 처한 현실과 그 고난을 보기 어렵다.

또 올바른 믿음과 성화에 대한 보수 계열의 관심은 율법주의에 빠지는 현상을 보이기도 한다. 교회가 가르치는 계명들, 예를 들어 주일 성수와 십일조를 잘 지키고, 십계명을 충실히 지키면 죄에 빠지지 않게 되고, 올바른 믿음과 성화, 구원이 완성된다고 생각한다(이것은 어릴 때 필자 자신이 보수 계열의 교회에서 배운 것이다). 여기서 그리스도인들의 믿음은 자기 자신의 성화와 구원의 완성에 집중하는 개인주의적 믿음, 율법주의적 믿음으로 빠지기 쉽다. 예를 들어 이웃에게 얼마나 사랑을 행했는가를 생각하기보다, 주일 성수를 얼마나 잘 했는가, 십일조를 얼마나 정확히 바쳤는가에 집중한다. 메시아 예수의 복음은 공적 차원을 상실하고 개인의 사적 영역으로 제한되며, 교회가 가르치는 율법적 계명들을 잘 지키는 것으로 축소된다.

또한 교회가 교리주의에 빠질 때 교회는 "하나님 나라와 하나님의 정의"를 세우는 일을 망각하고, 교리적으로 "누가 정통이고 누가 정통이 아니냐"의 문제에 주요 관심을 두게 된다. 예수 그리스도의 복음 대신에 특정 신학자의 신학이나 교리나 신앙고백(예를 들어 「웨스트민스터 신앙고백」)이 정통성 판단의 기준이 되기도 한다. 여기서 메시아 예수의 복음은 교리적 정통성의 문제로 대체되어버린다. 많은 사람들이 교리적 정통성을 지키는 것을 복음을 수호하는 것이라고 생각한다. "저 사람의 가르침이 정통이냐, 정통이 아니냐"에 관심을 집중함으로 말미암아 메시아 예수의 복음에 대한 올바른 통찰이 사라진다. 그 대신 이단 시비가 끊임없이 일어난다.

3) 진보 계열은 사회와 세계적 차원에서의 복음을 중요시한다. 궁극적으로 메시아 예수의 복음은 하나님 나라의 메시아적 통치가 온 세계에 이루어지는 데 있다. 그러므로 진보 계열은 현존하는 불의하고 잔인한 사회 및 세계의 구조적 변혁에 주요 관심을 가진다. 20세기의 다양한 상황신학들, 곧 종교사회주의, 하나님 나라 신학, 혁명의 신학, 흑인신학, 해방신학, 민중신학, 정치신학, 여성신학, 생태신학, 과학신학은 이 같은 관심들의 구체적 형태들이다. 이들 신학들의 영향 속에서 식민주의, 인종차별, 원주민 인권 박탈, 약소국에 대한 강대국의 경제적 착취와 식민지화, 독재 체제와 인권 탄압, 노동자 착취와 소외, 남성중심주의와 여성의 억압, 빈부격차에 따른 사회의 양극화, 자연의 오염과 파괴에 대한 저항과 해방운동이 일어난다.

20세기에 일어난 남아프리카공화국의 인종차별주의 철폐와 흑인 원주민들의 인권 회복, 라틴아메리카의 정치적·경제적 해방운동, 한국 사회의 민주화, 여성 호주제 도입, 노동자들의 인권 회복 등은 이 같은 노력들의 열매라 말할 수 있다. 그 밖에도 정치, 경제, 사법, 행정, 교육, 사회, 자연 생태계 등 삶의 다양한 영역에 하나님의 자비와 정의를 세우고자 하는 노력들이 세계 곳곳에서 일어나고 있다. 이 같은 노력들은 계속되어야 할 것이다. 이 세계의 부정적인 것들에 대한 부정은 끊임없이 일어나야 할 것이다.

그런데 정치적 민주화, 경제 정의의 실현, 사회 양극화의 극복, 인권 회복, 자연 생태계의 평화가 이루어졌다 하여 하나님 나라가 이루어졌다고 볼 수 있는가? 정의로운 세계질서와 사회구조가 세워졌다 하여 그리스도의 복음이 실현되었다고 말할 수 있는가? 물론 그리스도의 복음 곧 하나님 나라는 이 모든 일이 이루어지는 것을 포함한다. 그러나 여기에는 한 가지 전제가 있다. 그것은 예수 그리스도의 구원과 그 안에서 계시되는 삼위일체 하나님에 대한 믿음, 그리고 회개를 통한 인간의 개혁이다. 하나님이 모든 것 안에서 중심이 되어야 한다. 아무리 좋은 세계질서와 사회구조를 만들어도, 하나님이 중심이 되지 않을 때, 그리고 하나님 앞에서 인간의 자기 개혁이 없을 때, 그 질서와 구조는 또다시 부패와 타락과 비인간성에 빠지기 마련이다. 왜 그런가? 그 이유는 인간이 죄성을 지닌 죄인이기 때문이다.

진보 계열은 이 점을 진지하게 생각하지 않는 경향을 보인다. 그 이유는 다음과 같은 진보 계열의 확신에 있다. 즉 사회구조가 인간을 결정한다. 사회구조 앞에서 개인은 무력하다. 그러므로 먼저 사회구조가 개혁되어야 한다는 것이다. 또 인간의 생명이 억압과 착취를 당하고, 고문과 암살을 당하는 현실에서 당장 필요한 것은 사회의 구조적 개혁이지, 인간의 죄성의 문제에 대한 논구가 아니라는 생각이 진보 계열의 입장을 지배한다.

그러나 사회구조와 개인은 상관관계에 있다. 사회구조가 인간의 존재를 결정하기도 하지만, 그 사회구조는 결국 인간 자신이 만든 것이다. 사회구조가 인간을 결정하는 동시에, 인간이 사회구조를 결정하고 이를 운영한다. 따라서 "무슨 체제를 만들건 근본 문제는 인간"이다(이병주 2006, 184). 기독교적으로 말한다면, 죄성을 지닌 인간이 근본 문제다. 20세기 공산주의의 역사는 이를 예시한다. "입으론 계급의 타파를 부르짖으며 속으론 소시민적인 영달 의식, 편의주의, 독선주의, 영웅주의에"(283) 사로잡힌 사람들, 곧 "자기 개혁"이 없는 사람들이 이 땅 위에 공산주의 사회라는 지상의 유토피아를 이룬다는 것은 불가능하다.

그러므로 예수는 하나님 나라를 선포하면서 각 사람의 회개를 요구한다. 바울은 각 사람의 칭의와 성화를 하나님 나라의 출발점으로 세운다. 하나님 나라는 하나님의 칭의를 받은 사람이 "성령 안에서 누리는 의와 평화와 기쁨"에 있다(롬 14:7). 각 사람이 "하나님 나라의 상속자"가 되어야 한다(엡 5:5).

그러므로 보수 계열은 각 사람의 회개와 구원에 복음의 본질이 있다고 보고 개인 전도와 성화에 주요 관심을 가진다. 이 세상과 사회가 구원을 받아야 한다면, 먼저 인간 자신의 변혁이 있어야 한다. 자기 자신이 하나님 앞에서 철저히 변혁되지 못하고 세상 명예와 힘을 탐하면서 사회와 세계를 변혁하겠다는 것은 거짓말이다. 자기 자신은 "하나님 나라의 상속자"가 되지 않으면서 사회와 세계 속에 하나님 나라를 세우겠다는 것은 "그 양심에 화인이 찍힌 거짓말쟁이의 속임수"다(딤전 4:2). 이 같은 사람들은 현대판 "거짓말쟁이" 혹은 "거짓 선생들"이다(딛 1:12; 벧후 2:1).

그러나 세상의 불의와 이 불의로 인한 민초들의 고난과 공동체의 위기를 못 본 척하고, 그리스도의 복음을 오직 개인구원에 있다고 자기를 정당화하는 것 역시 옳지 않다. 하나님의 사랑은 하나님이 지으신 생명을 억압하고 착취하며 고문하고 살해하는 불의한 사회구조를 결코 방관하지 않을 것이다. 하나님 나라 곧 메시아 예수의 메시아적 복음은 인간의 자기 변혁과, 불의한 사회와 세계의 변혁이 함께 일어나는 거기에 있다. 그리스도의 십자가 앞에서 인간의 자기 부정과, 사회와 세계의 부정적인 것의 부정이 있는 거기에 메시아 예수의 "기쁜 소식" 곧 복음이 있고, 성령의 새 창조가 있다. 그러나 인간은 사회와 세계의 부정적인 면을 부정할 수 있다. 근본 문제는 인간이다. 그러므로 인간의 자기 부정과 개혁을 이야기하지 않으면서 하나님 나라의 새 시대, 대변혁, 새 질서, 혁명, 해방 등을 얘기하는 것은 공중에 뜬 구름을 잡으려 하는 것과 같다. 해방신학이 일어났던 라틴아메리카의 좌파 정권들이 저지른 부패와 사회적 혼란은 이를 증명한다.

위에 기술한 내용을 고려할 때, 우리는 복음에 대한 특정 계열의 입장만이 이른바 "순복음" 혹은 "정통 복음"이라 말할 수 없다. 각 입장이 타당성을 가진 동시에 일면성에 빠질 수 있는 위험을 가진다. 그러므로 자기의 입장만이 복음적이요, "순복음", "정통 복음"은 자기 교단에게만 있다고 말할 수 없다. 세 가지 입장 모두 복음의 요소를 가진 동시에 비복음으로 변할 수 있는 위험성을 가진다. 이 위험을 극복하는 길은, 자신의 타당성을 유지하되 다른 입장들의 타당한 점을 수용하는 데 있다. 사실 정도의 차이는 있지만, 우리는 복음에 대한 세 가지 이해가 결합되어 있는 것을 많은 교회에서 볼 수 있다. 진보 계열의 교회에도 오순절 계열과 보수 계열의 요소들이 있고, 오순절 계열과 보수 계열의 교회들 가운데 진보 계열에 대해 개방적 태도를 취하는 교회도 있다. 어떤 보수 계열의 교회는 진보 계열의 교회보다 더 진보적 모습을 보이고, 진보 계열의 교회들 중에서 보수 계열의 교회보다 더 보수적인 모습을 보이는 교회도 있다. 복음에 대한 지금까지의 토의에 근거하여 우리는 복음이 어디에 있는가를 정리해보기로 하자.

　a. 굶주린 사람들과 질병에 걸린 사람들, 소외와 억압 속에서 살아가는 사람들이 인간적인 삶의 기본 조건을 얻으며, 실직한 사람들이 일자리를 얻게 되는 거기에 복음이 있다.

　b. 하나님 없이 죄 가운데 살던 사람이, 하나님 앞에서 자기의 죄를 고백하고 그리스도의 용서를 받은 새 사람으로 다시 태어나며, 더는 죄를 짓

지 않고 믿음과 희망과 사랑 안에서 살아가는 거기에 복음이 있다.

c. 자기 자신을 모든 관계의 중심으로 삼고 이기적으로 살던 사람이 하나님을 삶의 중심으로 삼고 하나님의 통치 안에서 살며, 부패와 타락 속에서 살던 사람이 거룩한 하나님의 자녀로 변화되는 거기에 참 복음이 있다. 잔인한 마음이 온유한 마음으로, 욕심으로 가득한 마음이 청결한 마음으로, 불화를 일삼던 사람이 평화를 세우는 사람으로, 불의를 일삼던 사람이 의를 추구하는 사람으로 변하는 데 복음이 있다(산상설교 참조).

d. 하나님이 아닌 것 곧 "금송아지"(더 많은 소유, 명품, 권력, 명예 등)를 하나님처럼 모시고 살던 사람이 참하나님을 인정하고 거짓된 신을 버리며, 하나님의 계명에 따라 이웃에게 사랑과 정의를 행하는 사람으로 변화되는 거기에 복음이 있다.

e. 세상에 속한 것을 구하며 살던 사람이 예수 그리스도의 뒤를 따라 세상 짐을 짊어지는 존재, "책임적 존재"가 되는 거기에 복음이 있다.

f. 불의한 사회구조와 세계질서를 개혁하여 하나님의 정의를 이 땅 위에 세우며, 연약한 생명을 보호하고, 인간에 의해 파괴된 자연의 세계를 회복하며, 법과 질서가 다스리는 깨끗한 생활환경을 이루는 거기에 복음이 있다.

성서의 인물들 가운데 그리스도의 복음을 자신의 몸으로 실천한 가장 대표적 인물은 사도 바울이라 생각된다. 바울은 미래가 보장된 유대교 지도자였다. 그는 바리새파 사람들 중 바리새파 사람이요, 대학자 가말리엘의 문하생이요, 타고 나면서부터 로마 제국 시민권의 소유자였다. 그러나 다메섹 도상에서 부활하신 예수를 만나면서, 그는 보장된 삶의 길을 "오물"처럼 버리고 로마 제국을 향한 복음 전도자로서 고난의 길을 택한다. 사도행전은 그가 당한 고난의 단면들을 전해준다. 마지막에 그는 로마 황제의 재판을 받기 위해 로마로 압송되어 결국 사형을 당한 것으로 전해진다. 바울의 무덤이 어디 있는지, 찾을 길이 없다.

구약의 인물이지만, 모세도 복음의 정신을 실천한 대표적 인물로 평가

될 수 있다. 이집트 공주의 양자가 되어 황제 후계자의 위치에 있었던 모세는 땅 위의 모든 영광을 버리고 미디안 광야로 피신하여 목자의 신세로 전락한다. 그는 목자로서의 안정된 삶을 버리고 백만 명에 가까운 히브리 노예들을 해방하여 조상들의 땅으로 인도하는 무거운 과업을 짊어진다. 마지막에 그는 자신의 무덤도 남기지 않고 하나님에게 돌아간다. 죽은 뒤 거대한 무덤을 남기거나 "생가"나 "기념관"을 세우는 것은 모세와 바울의 가르침에 모순된다. 우리는 자신의 무덤을 남기지 않고 자기의 삶을 바친 모세와 바울에게서 복음을 볼 수 있다.

그러나 이 모든 일은 복음의 다양한 측면들이지, 복음 자체가 아니다. 복음 자체는 세상 죄를 짊어지신 하나님의 아들이신 메시아 예수의 삶과 십자가의 죽음과 부활에 있다. 죄 없으신 하나님의 아들이 세상 죄를 짊어지고 죽임을 당하며, 죄와 죽음의 세력을 깨뜨리고 다시 살아나신 그분의 부활과 사랑에 복음 곧 "기쁜 소식"의 뿌리가 있다.

4
하나님 나라의 사건으로서의 세례

앞서 언급한 바와 같이, 개신교회는 세례와 성만찬의 두 가지 성례만 인정한다. 이 두 가지 성례는 약 2천 년 전 예수 그리스도 안에서 일어난 하나님의 구원을 오늘 우리에게 전달하는 공통성을 가진다. 그러나 세례와 성만찬은 다음과 같은 차이를 가진다.

세례는 본래 수세자의 온몸이 물속으로 들어갔다가 물 위로 다시 올라오는 침례였다. 그러나 교회가 형제들의 공동체에서 국가교회로 대형화되면서 침례는 매우 어렵게 되었다. 그리하여 침례는 수세자의 머리 위에 성부·성자·성령의 이름으로 세 번 물을 뿌리는 의식으로 간편화되었다. 어떤 형식으로 거행되든지, 세례는 죄의 용서와, 죽으신 그리스도와 함께 죽었다가, 부활하신 그리스도와 함께 새 사람으로 태어난다는 것을 시각적으로 나타낸다. 이에 비해 빵과 포도주를 함께 나누는 성만찬은 "그리스도의 몸"에 참여하는 동시에, 성만찬에 참여한 모든 신자가 하나가 되는 식탁의 친교를 감각적 형태로 나타낸다.

또 세례는 각 사람에게 베풀어진다. 각 사람이 물속으로 들어갔다가 다시 나오든지, 아니면 세 번의 물뿌림을 받는다. 이에 비해 성만찬은 참여한 모든 사람에게 동시적으로 베풀어진다. 전자가 개별적 사건이라면, 후자는 공동체적 사건이다. 세례가 각 사람이 하나님의 참 생명으로 다시 태어나는 사건이라면, 성만찬은 다시 태어난 신자들을 그리스도의 몸에 결합시키며, 그들을 한 형제자매로 결속시키는 사건이다. 세례가 하나님과 신자들의 계약관계를 이루는 사건이라면, 성만찬은 이 계약관계를 유지하는 사건이다. 전자가 반복될 수 없는 단 한번의 사건인 반면, 후자는 언제나 다시금 반복될 수 있는 사건이다.

세례를 받을지라도 신자들은 죄의 유혹과 의심과 시련 속에서 살게 된다. 의인인 동시에 죄인이요, 죄인인 동시에 의인으로 살 수밖에 없는 것이 그들의 실존이다. 따라서 신자들 안에서 시작된 새로운 생명은 완성된 것이 아니라 완성을 향한 싸움을 피할 수 없다. 세례가 새로운 생명의 시작의 사건이라면, 성만찬은 시작된 것을 완성해나가는 사건이다. 세례가 "시작의 성례(*sacramentum initiationis*)와 은혜의 문(*porta gratiae*)이라면, 성만찬은 확정의 성례(*sacramentum confirmationis*)와 은혜의 길(*via gratiae*)이다. 세례를 통해 인간이 영원한 생명으로 다시 태어난다면, 성만찬을 통해 영원한 생명이 유지된다. 세례를 통해 은혜의 계약으로 들어가게 된다면, 성만찬을 통해 신자들은 은혜의 계약 속에서 유지된다"(Moltmann 1975, 253). 세례는 반복될 수 없는 단 한번의 시작의 사건으로서, 성만찬에 앞선다. 루터에 따르면 세례는 "그것 없이는 어떤 다른 성례도 받을 수 없는 제1성례요, 모든 성례의 근본"(*primum et fundamentum omnium sacramentorum*)이다(Luther 2016, 125).

A. 세례의 역사적 배경과 근원

1) 사도행전의 보도에 의하면 기독교의 세례는 유대교의 할례를 대신하는 의식이었다. 따라서 세례는 구약의 할례를 역사적 배경으로 가진다. 이

스라엘 백성에게 할례는 출애굽의 하나님을 알지 못하는 이방 민족들로부터 "하나님의 백성"을 구별하는 의식이었다(삿 14:3; 삼상 14:6). 할례를 받은 사람만이 하나님의 계약의 백성에 속하며, 이 백성의 제의에 참여할 수 있었다. "할례를 받지 않은 사람은 아무도 제물을 먹어서는 안 된다"(출 12:48). 할례를 통해 이스라엘 백성은 할례 받은 하나님의 백성으로서 하나님의 영의 부으심과 영원한 계약과 함께 메시아적 통치에 대한 하나님의 약속에 참여한다(렘 31:31-33; 겔 36:26; 욜 3:1-5).

그러나 구약성서는 "몸의 할례"보다 "마음의 할례"를 중요시한다. 몸의 할례의 본질은 사실상 마음의 할례에 있다(신 10:16; 30:6; 렘 9:25). 몸의 할례는 마음의 할례에 대응하는 외적 표징에 불과하다. 중요한 것은 마음의 할례를 받는 것, 곧 온 마음으로 하나님의 거룩한 백성이 되어 그의 율법을 지키는 데 있다. 하나님이 진정으로 바라는 것은 마음의 할례다. "너희는 나 주가 원하는 할례를 받고, 너희 마음의 포피를 잘라 내어라.…"(렘 4:4; 참조. 롬 2:25). 마음의 할례를 받은 참하나님의 백성으로서 이스라엘 백성은 하나님의 율법에 복종하여 하나님 사랑과 이웃 사랑, 이웃에 대한 정의를 실천하며, 하나님의 거룩하심에 따라 자기를 성화해야 할 의무를 가진다. 이 의무를 지킬 때, 이스라엘 백성은 참으로 할례 받은 하나님의 백성이 되고, 하나님은 그들의 하나님이 된다.

그러나 이스라엘 백성은 이 의무를 버리고 우상숭배와 성적 타락과 이웃에 대한 불의에 빠진다. 이에 예언자들은 이스라엘 백성의 회개를 요구하며, 하나님의 심판을 경고하는 동시에 마지막 때의 용서와 구원을 예언한다. 이 같은 역사적 과정 속에서 "물"의 요소가 등장한다. "내가 너희에게 맑은 물을 뿌려서 너희를 정결하게 하며.…너희에게 새로운 마음을 주고 너희 속에 새로운 영을 넣어 주며.…너희가 나의 모든 율례대로 행동하게 하겠다"(렘 36:25-27). 여기서 물에 의한 정화는 죄의 용서, 인간의 새 창조, 계약관계의 회복을 뜻한다.

고대의 많은 종교에서 물은 속된 것을 정화하며 죄를 씻는 기능을 가진 것으로 생각되었다. 그리하여 물로 몸을 씻거나 물을 뿌리는 의식은 고대의 보편적 종교 현상이었다고 종교사학자들은 말한다.

구약에서도 물은 속된 것을 깨끗하게 하며 죄를 씻는 기능을 가진 것으로 생각되었다. 그래서 제사장과 레위인이 봉헌할 때, 또 제사장이 속죄 제물을 바칠 때 물로 몸을 씻거나 속죄의 물을 뿌려야 한다고 율법은 명령한다(레 8:6; 민 8:7 19:7). 남자와 여자가 부정하게 되었을 때 자기의 몸을 물로 씻어야 한다(레 15:6, 16, 27 민 19:19). 물은 "속죄의 물", "부정을 씻어내는 하는 물"이라 불린다(민 8:7; 19:9). 앞서 인용한 에스겔 36:25-27에서 물은 죄를 씻는 동시에 새로운 마음과 영을 창조하는 기능을 가진다.

물에 대한 이 같은 표상은 예수 당시 바리새인들과 에세네파와 쿰란 공동체에 의해 계승되어 물에 의한 정화의식이 이들 공동체에서 거행되었다. 세례자 요한이 요단강에서 행한 세례도 이와 같은 역사적 맥락 속에 있었다. 예수도 자신의 공적 생애를 시작하기 전에 세례자 요한의 세례를 받았다고 공관복음서는 보도한다(마 3:13-17; 눅 3:21-22).

2) 그런데 지상의 예수께서 세례를 베풀었다는 이야기를 우리는 공관 복음서에서 발견할 수 없다. 복음서 중 가장 오래 된 것으로 보이는 마가복음은 예수의 세례에 대해 아무것도 말하지 않는다. 그러므로 많은 신학자들은 지상의 예수에게서 세례의 근거를 발견할 수 없다고 생각한다. 마가복음 16:16은 세례가 구원의 전제 조건인 것처럼 말한다. "믿고 세례를 받는 사람은 구원을 얻을 것이요." 마태복음 28:19에서 예수는 제자들에게 "아버지와 아들과 성령의 이름으로 세례를" 주라고 명령한다.

그러나 이 본문들이 보도하는 예수는 지상의 예수가 아니라 부활하신 예수다. 따라서 많은 학자들은 이 본문들이 부활하신 예수 자신의 말씀이 아니라 초기 기독교의 신학적 성찰에서 나온 것으로 간주한다. 초기 기독교 공동체는 유대교의 할례를 거부하고, 그 대신에 세례 의식을 도입하였다. 유대교의 할례는 구원의 표징으로서의 의미를 상실하였고, 로마 제국의 모든 민족에게 할례 받으라고 요구하면서 그와 동시에 그리스도의 복음을 전하는 것은 불가능하였기 때문이다. 그러므로 초기 기독교 공동체는 할례 대신에 세례를 도입하고 유대교와 결별한다. 이 같은 정황에서 도입된 세례 의식을 정당화시키고자 하는 관심에서, 위의 두 본문들이 기록되었다는 것이다.

이와 연관하여 마태복음 28:19은 삼위일체에 대한 상당한 신학적 성찰을 보이는데, 이것은 후기 기독교 공동체의 신앙을 반영한 것으로 추정된다고 많은 학자들은 말한다. 사실 최초의 기독교 공동체가 거행한 세례 의식에는 삼위일체 하나님에 대한 고백이 없었던 것으로 나타나기 때문이다(롬 6:3; 갈 3:27; 행 2:38; 8:16 등).

그런데 요한복음 3:22-24에 따르면, 세례자 요한이 감옥에 갇히기 전에 예수께서 유대 지방으로 가서 많은 사람들에게 세례를 주었다고 한다. 그러나 일반적으로 학자들은, 이 보도는 역사적 사실로 보기 어렵다고 말한다. 요한복음은 지상의 예수의 빛으로 그의 사역을 기록한 것이 아니라, 지상의 사역을 완성하고 부활하여 그의 아버지 하나님에게 돌아간 그리스도의 빛으로 기록한 것이기 때문이라는 것이다.

그러므로 많은 신학자들은 지상의 예수에게서 세례의 근거를 발견할 수 없다는 입장을 취한다. 그 대신 예수가 요단강에서 세례자 요한의 세례를 받았다는 마태복음 3:13-17, 누가복음 3:21-22의 말씀에서 세례의 근거를 발견한다. 요단강에서 있었던 세례자 요한에 의한 예수의 수세는 역사적으로 의심할 수 없는 사실로 보이기 때문이라는 것이다.

3) 여기서 우리는 다음과 같은 질문을 제기할 수 있다. 그럼 기독교의 세례 의식은 역사의 예수와 무관한 것인가? 그것은 초기 기독교 공동체의 신학적 성찰의 산물인가? 모든 사람에게 세례를 주라는 부활의 예수의 말씀과, 예수의 세례에 대한 요한복음의 보도 역시 초기 기독교 공동체의 신학적 관심의 표현에 불과한가? 필자는 그런 것 같지 않다고 생각한다. 복음서 기자들이 보도하는 "신앙의 그리스도"와 "역사의 예수" 사이에 일말의 연속성이 있다면, 세례에 관한 마태, 누가, 요한복음의 기록과 지상의

예수 사이에도 연속성이 있을 것이다.

많은 신학자들이 말하는 바와 같이, 예수는 세례자 요한의 회개운동에 참여했던 것으로 보인다. 그런데 세례자 "요한이 잡힌 뒤에…"(마 1:14) 예수는 자신의 공적 활동을 시작한다. 그때까지 두 사람은 함께 회개운동을 하였던 것으로 추정된다.

일반적으로 많은 신학자들은 세례자 요한과 예수의 관계를 스승과 제자 관계로 이야기한다. 그러나 두 사람은 스승과 제자가 아니라 친척이었다. 세례자 요한의 어머니 엘리사벳과 예수의 어머니 마리아가 친척이었기 때문이다(눅 1:36). 또 두 사람의 연령 차이는 6개월에 불과했다. 엘리사벳이 임신한지 여섯 달 후에 마리아가 임신하였기 때문이다. 따라서 세례자 요한과 예수는 스승과 제자가 아니라 친척으로서 회개운동의 동역자였을 가능성이 크다.

그러나 세례자 요한이 회개운동을 먼저 시작하였고, 예수는 그의 세례를 받은 다음 요한의 회개운동에 참여했던 것으로 보인다. 따라서 우리는 요한이 투옥된 후 예수가 자신의 공적 활동을 시작하면서 세례를 주었을 가능성을 충분히 상상할 수 있다. "나보다 더 능력 있는 분이 오실 터인데,…그는 여러분에게 성령과 불로 세례를 주실" 것이라는(눅 3:16; 마 3:11) 요한의 말은 이를 뒷받침한다.

물론 요한복음 저자가 전하는 예수의 말씀과 행적 속에 초기 기독교 공동체의 신학적 성찰이 첨가되었음을 우리는 배제할 수 없다. 그러나 지상의 예수께서 세례를 전혀 행하지 않았는데, 요한복음 저자가 마치 행했던 것처럼 보도할 가능성은 상식적으로 크지 않다. 세례자 요한의 회개운동이 보여주는 것처럼, 예수 당시 세례는 유대인들 사이에 잘 알려져 있던 것이었고 예수 자신도 세례자 요한의 세례를 받았기 때문에, 예수도 세례자 요한의 뒤를 이어 세례를 베풀었을 가능성이 크다. 요한복음의 기록들이 헬레니즘의 역사적 배경 속에서 기록되었음은 사실이지만, 역사적 근거가 전혀 없는 신학적 해석에 불과한 것은 아니다. 그것은 신학적 공상 내지 환상(Phantasie)이 아니다. 그것은 역사의 예수에 뿌리를 내리고 있다. 따라서 예수의 세례에 관한 요한복음의 기록 역시 역사의 예수에 근거한다고 보아야 할 것이다.

부활하신 예수께서 모든 사람에게 세례를 주라고 명령했다는 마태복음과 누가복음의 말씀 역시 신학적 성찰의 산물이 아니라, 지상의 예수가 베푼 세례의 역사적 사실에 근거한다고 볼 수 있다. 비록 지상의 예수 자신이 세례를 베풀지 않았다 할지라도, 세례를 인정하였다는 것은 확실하다. 예수 자신이 스스로 원하여 세례자 요한의 세례를 받았기 때문이다. 초기 기독교 공동체의 신학적 성찰에서 예수의 세례가 마치 있었던 사실처럼 근거된 것이 아니라, 최소한 세례에 대한 지상의 예수의 태도에 근거하여 세례에 대한 초기 기독교 공동체의 신학적 성찰이 첨가되었다고 말할 수 있다.

그리하여 예수께서 부활하시고 하나님 오른편으로 올라가신 후, 마가복음은 지상의 예수가 베푼 세례에 대한 회상 속에서 세례를 예수의 수난과 연관하여 이해한다. "내가 마시는 잔을 너희가 마실 수 있고, 내가 받는 세례를 너희가 받을 수 있느냐"(막 10:38). 나아가 마가복음은 모든 민족의 구원을 향한 선교 명령과 연관하여 세례를 파악한다. "너희는 온 세상에 나가서 만민에게 복음을 전파하여라. 믿고 세례를 받는 사람은 구원을 얻을 것이요"(16:15-16). 여기서 마가는 하나님의 구원이 모든 민족에게 전해지는 새로운 시대의 도래를 암시하면서 세례와 구원의 연결성을 부각시킨다.

마태복음 역시 세례를 이렇게 이해하면서 세례를 삼위일체 하나님의 사건으로 이해한다. "아버지와 아들과 성령의 이름으로 세례를 주고…"(마 28:19). 오순절 성령강림을 경험한 누가는 성령으로 충만한 하나님의 아들 예수와 함께 새로운 시대가 열린 표징으로 세례를 파악한다(눅 3:21-22). 이에 대한 증거로 누가는 성령의 오심과 예수의 성령 충만함을 강조한다. "예수께서 성령으로 가득하여…"(4:1). 이와 연관하여 누가는 새로운 시대를 개방하는 자로서 예수의 세례를 부각시킨다. "나는 여러분에게 물로 세례를 주지만…그는 여러분에게 성령과 불로 세례를 주실 것이요"(3:16). 세례에 관한 공관복음서의 본문들을 면밀히 살펴보면, 약간의 강조점의 차이를 가지면서 동일한 내용을 말하고 있음을 볼 수 있다.

B. 세례는 무엇을 의미하는가?

많은 학자들이 말하는 것처럼, 예수께서 자신의 공적 생활을 시작하기 전에 요단강에서 세례자 요한이 베푸는 세례를 받았다는 것은 의심의 여지가 없는 역사적 사실로 보인다. 마태복음에 따르면 예수는 스스로 세례자 요한의 세례를 받기를 원했고, 이것이 "하나님의 의를 이루는 것"이라 생각했다(마 3:15). 이 사실은 예수께서 세례 의식을 인정하였고 이를 수용하였다는 것을 말한다. 이것 역시 예수도 세례를 베풀었을 가능성을 시사한다.

여기서 중요한 것은 세례자 요한의 세례와 예수의 세례가 연결되어 있다는 사실이다. 누가복음에 따르면 요한의 어머니 엘리사벳과 예수의 어머니 마리아는 친척이었다(눅 1:36). 그래서 마리아가 예수의 임신을 알게 되었을 때 엘리사벳을 방문하여 "엘리사벳과 석 달쯤 있다가 자기 집으로" 돌아갔다고 누가복음은 전한다(1:56). 요한과 예수는 출생 때부터 하나님의 구원의 역사 속에서 서로 연결되어 있었던 것으로 누가복음은 보도한다.

앞서 언급한 바와 같이, 요한과 예수는 스승과 제자가 아니라 이스라엘 백성을 향한 회개운동의 동역자였을 가능성이 크다. 그런데 동생 빌립의 아내 헤로디아를 자신의 정부로 취한 분봉왕 헤롯의 비도덕성과 타락을 비판함으로 인해 세례자 요한이 투옥되자, 예수는 자신의 공적 활동을 시작한다(마 1:14). 그러므로 "회개하여라. 하늘나라가 가까이 왔다"(마 3:2)는 세례자 요한의 기본 선포와, "때가 찼다. 하나님 나라가 가까이 왔다.

회개하여라. 복음을 믿어라"(막 1:15)고 외쳤던 예수의 선포는 거의 동일하다. 이것은 예수와 요한 사이에 깊은 정신적 유대관계가 있었음을 말한다. 그러므로 분봉왕 헤롯이 예수의 소문을 들었을 때, "이 사람은 세례자 요한이다. 그가 죽은 사람들 가운데서 살아났다"고 말한다(마 14:2).

세례자 요한과 예수 사이의 정신적 유대관계는 메시아 왕국에 대한 약속의 기다림에 있었다. 두 사람 모두 메시아 왕국 곧 하나님의 통치에 대한 기다림의 전통 속에서 실존하였다. 그러므로 예수는 세례자 요한의 세례를 받았고, 두 사람의 세례는 연속성을 가질 수밖에 없었다. 그럼 세례자 요한의 세례와 연속성 속에 있는 예수의 세례는 어떤 의미를 가지고 있는가?

마태복음 3:1-12, 누가복음 3:7-20에 따르면 세례자 요한은 민족 회개의 운동가였다. 그는 금욕자로서 주로 광야에 살면서 메뚜기와 들꿀을 먹고 살았다(마 3:4). 그의 말씀의 핵심은 가까이 온 "하늘나라" 곧 하나님의 메시아적 통치를 선포하면서 회개를 요구하는 데 있었다(눅 3:3-6). 메시아적 통치와 회개에 관한 그의 설교는 사회 비판적인 것이었다. 그는 통치자를 포함한 모든 사람에게 하나님의 정의를 요구한다. "너희에게 정해 준 것보다 더 받지 말아라"(눅 3:13). 군인들이 대변하는 통치자들은 백성을 "협박하여 억지로 빼앗거나, 거짓 고소를 하여 빼앗거나, 속여서 빼앗지 말고, 너희의 봉급으로 만족하게 여겨라"(3:14). 각 사람은 "회개에 알맞은 열매를" 맺어야 한다(마 3:8). 즉 하나님의 자비와 정의를 행하며 살아야 한다는 것이다. 결국 세례자 요한은 분봉왕 헤롯의 부패와 타락을 비판하다가 투옥되어 목숨을 잃어버린다(마 14:1-12). 그의 죽음은 헤롯과 헤로디아의 합작품이었음은 상식에 속한다. 분봉왕 헤롯에게 세례자 요한은 그의 통치 체제를 위협하는 인물이었기 때문이다.

세례자 요한의 세례는 그 당시 헬레니즘 문화권에 속한 신비종교의 물로 몸을 씻는 의식이나, 비밀 결사의 입단의식으로서 몸을 씻는 의식과는 성격을 달리하였다. 또 세속에서 자신을 분리한 에세네파 신도들이 일상적으로 행하던 정화의식과도 구별되었다. 세례자 요한의 세례는 "죄 사함을 받게 하는 회개의 세례"(눅 3:3)로서, 예언자 이사야를 통하여 하나님이 약속하신 메시아적 통치의 오심에 대한 표징의 성격을 가지고 있었다. "너희는 주님의 길을 예비하고 그 길을 곧게 하여라. 모든 골짜기는 메우고…, 모든 사람이 하나님의 구원을 보게 될 것이다"(3:4-6; 사 40:3-5). 이같은 역사적 근원에서 볼 때 세례는 다음과 같은 의미를 가진다.

1) 세례는 하나님이 예언자들을 통해 약속하신 메시아적 통치의 새로운 시대가 현실적으로 시작함을 뜻한다. 곧 하나님의 자비와 정의가 충만한 새로운 세계가 열리게 됨을 뜻한다. 예수께서 세례를 받을 때 성령이 그에게 내려오셨다는 마태와 누가의 보도는, 성령의 새로운 창조가 일어나는 새로운 시대의 도래를 시사한다.

새로운 시대는 어떻게 열리는가? 혁명이나 체제 전복을 통해 열리는가? 새로운 과학기술의 발견과 경제 발전을 통해 열리는가? 성서에 따르면 그것은 먼저 한 인간의 죄 씻음을 통해 열리기 시작한다. 세례는 죄 씻음을 나타낸다. 이미 구약에서도 물은 "속죄의 물", "부정을 씻어내는 물"로 이해되기 때문이다(민 8:7; 19:9). 예수 당시 많은 유대인들이 그들의 죄를 자백하며 세례자 요한의 세례를 받았다는 마태복음 3:6의 말씀은 이를 시사한다. 그러므로 사도행전의 누가는 세례와 죄 씻음을 결합시킨다. "세례를 받고, 당신의 죄 씻음을 받으십시오"(행 2:38; 22:16).

죄 씻음을 받는다는 것은 죄로 인해 우리가 더럽게 되었음을 전제한다. 다시 말해, 우리가 죄를 지을 때, 우리 자신이 우리를 더러운 존재로 만들어버린다. 또 죄는 우리가 살고 있는 땅을 더럽게 한다(레 18:24-25). 죄인들이 사는 곳은 땅도 더럽다. 땅을 더럽히면, 그 땅이 우리를 토해낸다는 것은 역사의 진리다. "너희가 그 땅을 더럽히면…너희보다 앞서 그 땅에 살던 민족을 그 땅이 토해냈듯이, 너희를 토해낼 것이다"(18:28). 우리가 하나님과 이웃과의 관계에서 부끄러움이 없는 깨끗한 존재가 되고 우리의 땅을 지키고자 한다면, 먼저 죄를 고백하고 죄의 씻김을 받아야 한다. 자기 자신은 물론 땅을 더럽힌 죄인의 죄 씻김이 없는 새로운 시대의 도래, 성령의 새 창조는 허공을 치는 말이나 마찬가지다.

물론 세례에 사용되는 물이 우리의 죄를 씻는 것은 아니다. 물이 우리의 더러운 마음을 깨끗하게 할 수 없다. 우리의 죄는 십자가에 달린 그리스도의 생명 곧 그의 피를 통해 씻김을 받는다. 예수 그리스도만이 우리가 행한 죄, 또 우리 마음 속 깊이 숨어 있는 죄를 용서할 수 있다. 구원의 사건은 세례 그 자체가 아니라 그리스도의 십자가다. 그리스도의 십자가를 통한 죄의 씻김, 곧 죄에서의 구원을 신자들은 세례 의식 속에서 체험한다. 그러므로 신자들은 "예수 그리스도의 이름으로" 혹은 "주님의 이름을 불러서" 세례를 받는다(행 2:38; 19:5). 그들은 "그리스도 예수 안으로" 세례를 받는다(eis Christon Iesoun, 롬 6:3). 그리스도의 용서를 통한 죄의 씻김, 곧 죄에서의 구원이 세례 의식 속에서 확증된다. 이런 점에서, 세례는 죄에서 구원한다(벧전 3:21).

그러나 머리에 물을 세 번 뿌리는 행위가 죄에서의 구원을 일으키는 것은 아니다. 세례 의식 그 자체는 구원을 일으키는 마술적 힘을 지니고 있지 않다. 그것은 하나의 의식일 뿐이다. 그러나 이 의식 속에서 수세자는 그리스도의 죄 용서를 통한 구원을 체험한다. 2천 년 전에 일어난 그리스도의 구원이 수세자의 체험 속에서 오늘 "나의 구원"으로 현재화된다. 이런 점에서 세례는 칼 바르트가 말한 것처럼 그리스도의 구원에 대한 상징이나 증언에 불과한 것이 아니라 그것이 지금 일어나는 현재적 구원의 방편이다.

2) 죄는 죽음의 세력이 맺는 열매다. 그러므로 죄를 짓는 사람은 죽음의 세력에 묶인 사람이 된다. 그는 살아 있다 하지만, 죽음의 세력의 지배 속에 있다. 이 같은 우리를 하나님은 세례를 통해 부활의 그리스도와 함께 살리시고 "우리의 모든 죄를 용서하여 주셨다"(골 2:13). 죄 씻김을 받는다는 것은 죄의 용서를 받는다는 것을 말한다.

루터에 따르면 "죄 씻음"(*ablutio a peccatis*)이란 개념은 세례의 본질을 표현하기에는 충분하지 못하다. 오히려 죽었다가 살아남, 곧 죽음과 살아남이란 개념이 더 적절하다. 죄인이 총체적으로 새로운 피조물로 변화되어 그리스도의 죽음과 부활에 상응하기 위해서는 죄의 씻음만으로 부족하다. 그는 십자가에 달려 죽은 그리스도와 함께 죽었다가, 부활하신 그리스도와 함께 다시 살아나야 한다는 것이다. 그러므로 루터는, 세례는 "두 가지 곧 죽음과 부활을 뜻한다. 다시 말해 완전하고 완성된 칭의를 뜻한다"고 말한다(Luther 2016, 147.145: *Significat itaque baptismus duo, mortem et resurrectionem, hoc est, plenariam consumatamque iustificationem*).

필자의 생각에 따르면 "죄 씻음"은 옛 사람의 죽음과 새 사람의 태어남을 다르게 표현한 것일 뿐이다. "죄 씻음"을 받는다는 것은 죄 가운데 살던 옛 사람은 그대로 남아 있고, 그의 죄만 씻김을 받는 것이 아니다. 우리가 "죄 씻음"을 받을 때, 죄로 물든 옛 사람은 죽고, 더는 죄를 지어서는 안 될 하나님의 "새로운 피조물" 곧 새 사람으로서 새로운 삶을 시작한다. 우리는 옛날의 자기를 영적으로 포기하고, 옛날의 자기를 죽일 때만 죄 씻음을 받을 수 있다. 죄 가운데 살던 옛날의 자기 곧 "옛 사람"을 버리지 않으면, 죄 씻음 곧 죄의 용서를 받을 수 없다.

여하튼 신약성서가 말하는 십자가에 달린 그리스도와 함께 죽고 부활하신 그리스도와 함께 다시 살아나는 것(*mortus et vivificatio*)은 세례의 깊은 의미를 나타낸다. 세례 곧 그리스어 *baptisma*와 라틴어 *mersio*는 *baptizo, mergo*에서 파생된 명사로서 물속에 "잠기다"를 뜻한다. 그러므로 기독교의 세례는 본래 온몸을 물에 잠기게 하는 침례였다. 물속에 잠기는 것이 죄와 죽음의 세력에 묶여 살던 "옛 사람"의 죽음을 상징한다면, 물속에서 다시 나오는 것은 죄와 죽음의 세력을 벗어난, 그러므로 더는 죄를 지어서는 안 될 "새 사람"으로 다시 태어나는 것을 상징한다. 침례교회는 이것을 글자 그대로 지키는데, 필자는 수세자의 머리 위에 물을 세 번 뿌리는 약식 행위보다 온몸을 물에 잠그는 침례교회의 침례 의식이 더 적절하다고 생각한다.

여하튼 바울은 세례의 이 같은 의미를 다음과 같이 말한다. "우리는 죄에는 죽은 사람인데, 어떻게 죄 가운데서 그대로 살 수 있겠습니까?…우리는 세례를 통하여 그의 죽으심과 연합함으로써 그와 함께 묻혔던 것입니다. 그것은 그리스도께서…죽은 사람들 가운데서 살아나신 것과 같이, 우리도 또한 새 생명 안에서 살아가기 위함입니다"(롬 6:2-4), "여러분은 세례로 그리스도와 함께 묻혔고…그리스도 안에서, 그리스도와 함께 살아났습니다"(골 2:12). 그러므로 디도서는 세례를 "다시 태어남의 욕탕"이라 부른다(딛 3:5).

루터에 따르면 수세자의 영적 죽음과 다시 살아남은 "새 창조, 다시 태어남과 영적 출생"(novam creaturam, regenerationem et spiritualem nativitatem)을 뜻한다(145). 또 그것은 하나님 앞에 설 수 없는 불의한 죄인이 하나님 앞에 설 수 있는 의로운 사람으로 인정받는 칭의라 말할 수도 있다. 칭의 곧 세례를 받는 한 사람에게서 하나님 나라의 새 창조가 시작된다. 하나님의 메시아적 통치가 그 안에 앞당겨 일어난다. 세례는 하나님의 메시아적 통치가 이루어지기 시작하는 하나님 나라의 사건이다.

한번 받은 세례의 효력은 없어지지 않는다. 수세자가 나중에 죄를 다시 짓는다 할지라도 세례의 효력은 폐기되지 않는다. 인간은 하나님을 배반할지라도, 세례와 함께 주어진 하나님의 약속은 변하지 않는다. 신실하신 하나님은 그의 약속을 버리지 않는다. 그러므로 재세례는 불필요하다.

루터는 한번 받은 세례를 배(船)에 비유한다. 어떤 사람은 약속에 대한 믿음을 버리고 죄에 빠진다. 그는 배에서 물속에 떨어져 익사하기도 한다. 그러나 배는 파괴되지 않는다. 변하지 않는 하나님의 약속에 대한 믿음을 되찾는 사람은 튼튼한 이 배로 돌아가 목숨을 건진다(Luther 2016, 129).

그러나 옛 사람이 죽고 새 사람으로 다시 태어났다 하여 순식간에 완전한 사람이 되는 것은 아니다. 그러므로 우리의 옛 사람은 항상 죽고 새로운 피조물로 다시 살아나야 한다(semper moriendum semperque vivendum, 149). 세례와 함께 주어진 삶의 양식이 우리의 삶 전체를 지배해야 한다.

그래서 우리의 삶이 세례에 담긴 의미의 형태가 되어야 하며, 세례의 성례는 우리의 삶으로 채워져야 한다. 이리하여 우리의 삶 전체가 성령의 새 창조이어야 하며, 하나님 나라가 우리 안에서 형태를 얻게 되는 과정이어야 한다.

3) 죄 가운데 살던 옛 사람이 죽고 새 사람으로 태어남으로써 수세자는 그리스도와 연합한다. 세례는 그리스도와 연합하여 그리스도에게 속하게 됨을 말한다. 수세자는 "부활하신 주님에게 넘겨져 그의 통치와 그의 보호 아래 있게 된다. 그는 부활하신 주님의 소유가 되며, 그에게 참여하고, 그의 삶과, 그의 영과, 그의 아버지 하나님과의 관계에 참여한다"(Küng 1985, 248).

바울에 따르면 "우리가 그의 죽으심과 같은 죽음을 죽어서 그와 연합하는 사람이 되었으면, 우리는 부활에 있어서도 또한 그와 연합하는 사람이" 된다(롬 6:5). 그리스도와의 연합 속에서 우리는 죄와 죽음의 세력에서 자유롭게 된다. "하나님께서는 여러분을…자유를 누리게 하셨습니다"(갈 5:13). 세례는 죄와 죽음의 세력에서의 해방과 자유를 나타낸다. 세례는 죄와 죽음의 세력이 우리를 다스리는 주인이 되지 않고 그리스께서 우리를 다스리는 우리의 주인(Kyrios)이 되었음을 나타낸다. 이제는 "어둠의 자녀"가 아니라 하나님의 "빛의 자녀들"이 되었고, 그리스도의 친구로서 그리스도와 하나가 되어 그리스도와 함께 살며, 그리스도를 입은 사람이 되었음을 확증한다. "여러분은 모두 세례를 받아 그리스도와 하나가 되고, 그리스도를 옷으로 입은 사람들입니다"(갈 3:27).

그리스도와 연합할 때, 우리는 그리스도의 몸에 속한 사람들과 연합한다. 그리스도의 연합과 그의 몸에 속한 형제자매들과의 연합은 분리될 수 없는 동전의 양면과 같다. 모든 그리스도인은 한 포도나무에 속한 나뭇가지들이기 때문이다(요 15:5). 신자들은 세례를 통해 서로 연결되어 모든 것을 함께 나누는 하나의 유기체를 이루며, 삶을 함께 나누는 "하나님의 가족"이 된다(엡 2:19-22). 그들은 형제자매들과의 친교 곧 "성도의 친교"(communio sanctorum) 속에서 산다(4:5-6). 세례는 신자들이 국경과 인종과 민족과 사회적 신분을 초월하는 범세계적 형제자매들, 성도의 친교 안으로 들어가는 사건이다. 그것은 이웃으로부터 분리된 고독한 개인들이 모든 세상적인 한계를 초월한 그리스도의 공동체 안에서 살게 하는 사건이다.

바울은 이것을 다음과 같이 말한다. "몸은 하나이지만 많은 지체가 있고, 몸의 지체는 많지만 그들이 모두 한 몸이듯이, 그리스도도 그러하십니다. 우리는 유대 사람이든지 그리스 사람이든지, 종이든지 자유인이든지, 모두 한 성령으로 세례를 받아서 한 몸이 되었고, 또 모두 한 성령을 마시게 되었습니다"(고전 12:12-13).

세례와 함께 그리스도인들은 새로운 자기 정체성을 갖는다. 그들은 세상 안에서 살지만 세상에 속하지 않는다. 그들은 그리스도의 몸에 속한 형제자매들의 지체들이다. 그들은 학연, 지연, 혈연 등 세상의 연(緣)에 묶이지 않고, 이 모든 것을 초월하는 범세계적 그리스도의 공동체 곧 그리스도의 친교에 속한 사람들이다.

그리스도의 공동체, 그리스도의 친교는 자기 안에 폐쇄된 것이 아니라 세계를 향해 개방되어 있다. 그것은 자기 자신을 위한 공동체가 아니라 세상을 위한 공동체다. 그러므로 이 공동체에 속한 신자들은 세상을 위한 존재, 타자를 위한 존재가 된다. 세례는 바로 이것을 나타낸다. 그것은 그리스도의 친교 안에서 세상을 위한 존재, 타자를 위한 존재의 새로운 삶의 시작을 나타낸다.

사도신경이 고백하는 "성도의 친교"는 내 교회 안에 있는 성도들은 물론 세계 모든 곳에 있는 성도들과의 친교를 포함한다. 세례를 받은 그리스도인들은 세계를 향해 열려 있고, 세계 모든 성도들의 친교 속에 있는 세계인이다. 성도의 친교는 지금 살아 있는 성도들과는 물론 이미 세상을 떠난 성도들, 장차 올 성도들과의 친교를 포함한다. 수세자는 이 모든 성도와 유대하며, 이들에 대해 책임적 존재가 된다(참조. 고전 15:2).

일반적으로 세례는 정식 그리스도인으로서 "입교"하는 것으로 이해된다. 그래서 성만찬을 거행하기 직전에 "세례 받고 입교하신 사람만 성만찬에 참여하기 바란다"는 말을 자주 듣게 된다. 그러나 "입교"란 단어는 위에 기술한 세례의 깊은 의미를 충분히 나타내지 못하고, 세례를 "입교" 곧 "교회로 들어오는 것"으로 축소시키는 인상을 준다.

4) "그리스도의 몸"의 지체인 신자들은 그리스도를 머리로 가진다. 그들은 머리 되신 그리스도의 뜻을 따른다. 그리스도의 뜻이 곧 그들의 뜻이다. 그리스도의 역사가 곧 그들 자신의 역사가 된다. 비록 의식하지 못할지라도, 수세자가 세례를 받을 때 그는 그리스도와 하나가 되어 그리스도의 역사 안에 있게 된다. 그러므로 그들은 그리스도께서 이루고자 하는 바를 이루고자 하며, 다시 오실 그리스도의 미래를 기다리며 이를 동경한다. 그들은 그리스도께서 이루고자 하시는 그리스도의 미래를 바라고 기다리며 살게 된다. 여기에 "그리스도의 친교"의 비밀이 있다. "마라나 타, 우리 주님, 오십시오"(고후 16:22)라는 간구는 이 비밀을 표현한다.

그리스도의 미래란 무엇인가? 그것은 하나님의 자비와 정의가 충만한 하나님 나라, "이제는 죽음과 고통과 울부짖음과 슬픔이 더 이상 있지 않는" 새로운 생명의 세계 곧 "새 하늘과 새 땅"이다. 그리스도는 바로 이 미래 때문에 이 세상에 오셨다. 그는 이 미래 때문에 십자가의 죽음을 당하시고 죽음에서 부활하였다. 세례를 받고 그리스도와 연합한 사람은 그리스도의 미래를 바라며 기다린다. 그리스도께서 그의 주님이요 그의 머리이기 때문이다. 수세자 자신이 의식하지 못할지라도, 세례는 수세자가 그리스도의 미래를 바라고 기다리며 살게 되는 사건이다. 사실상 그것은 이 미래를 향해 그리스도의 부르심을 받는 "소명의 사건"이다(Moltmann 1970, 264). 그는 자기 자신을 위해 살지 않고, 그리스도께서 바라시는 미래를 위해 산다. 세례를 받은 신실한 신자들의 얼굴 표정이 밝아지는 이유는 여기에 있다. 그들에게는 미래의 꿈과 기다림이 있기 때문이다.

어둠 속에 있는 사람은 자신의 어둠을 보지 못한다. 보아도 그것을 외면하고, 자신이 어둠 속에 있음을 부인한다. 빛이 그에게 비칠 때 그는 자신의 부끄러운 모습을 보게 된다. 그러나 그는 어둠을 좋아하기 때문에 빛을 거부한다. 그것은 어둠의 맛이 달콤하기 때문이요, "자기 행위가 드러날까 보아 두려워하기 때문이다"(요 3:20). 그러나 어둠 속을 걷는 자는 언젠가 절벽 아래로 떨어진다. 그는 이미 절벽 아래에 있는 어둠의 세상 속에서 살고 있다.

빛을 영접하고 빛 안에 있는 사람들 곧 "빛의 자녀들"(엡 5:8)은 세상의 어둠을 직시한다. 뇌물과 부패와 타락과 불의와 몰인정 속에서 파멸의 길을 걷는 세계의 현실을 본다. 죽을 줄 모르고 꿀단지의 꿀맛에 빠져 반쯤 취해 살아가는 모습들을 본다. 이와 동시에 죽지 않고 살기 위해 발버둥치는 민초들, 소리 없이 죽어가는 생명들의 신음 소리를 듣는다. 하나님의 사랑의 영이 그 안에 있기 때문이다.

하나님의 빛의 세계 곧 "새 하늘과 새 땅"을 기다리는 사람은 어둠의 세계 곧 "이전의 하늘과 이전의 땅"을 거부하고 이를 극복하고자 한다. 그는 불의한 세계 속에 하나님의 공평과 정의를 세우며, 몰인정한 세계 속에 하나님의 자비를 이루고자 한다. 그는 신음과 울부짖음이 들리지 않는 세상이 이루어지기를 바란다. 하나님의 사랑의 영이 그 안에 있기 때문이다.

수세자가 의식하지 못할지라도, 세례는 수세자가 성령의 새 창조에 참여하게 되는 사건이다. 세례를 통하여 그는 "새 술"(행 2:13) 곧 "한 성령을 마시게" 되었기 때문이다(고전 12:13). 예수도 세례를 통해 성령을 받고 하나님 나라의 새로운 창조의 역사에 자신의 삶을 바친다. 수세자가 의식하지 못할지라도, 그가 행하는 조그만 사랑과 친절 속에서, 하나님의 법과 정의가 있는 세계를 이루기 위한 작은 노력들 속에서, 성령의 새 창조의 열매들이 맺히기 시작한다.

세례는 과거에 그리스도의 죽음 속에서 일어난 죄의 씻김을 확증하는 동시에, 죄와 죽음의 세력에서 수세자를 해방하고 하나님 나라의 새로운 생명의 세계를 그 안에 앞당겨 온다. 그러나 이것은 시작에 불과하다. 세례는 "이제는 죽음과 슬픔과 울부짖음과 고통이 없는" 하나님 나라의 새 창조를 향한 하나님의 부르심을 계시한다. 세례는 하나님의 부르심의 사건이요, 이 하나님의 부르심에 응답하는 창조적 삶의 시작이다.

성령의 새 창조, 하나님 나라의 새로운 시대는 허공에서 시작되지 않는다. 그것은 세상 욕심을 버리지 못한 신학자들의 미사여구나, 교권자들의 끝없는 교리 논쟁과 이단 시비에 있는 것도 아니다. 그것은 십자가에 달려 죽은 하나님의 아들 예수 그리스도의 죄 씻김을 받고 "새 사람"으로 다시 태어난 사람들, "성도의 친교" 속에서 "그리스도의 몸"을 위해 헌신하며 하나님의 부르심과 양심의 명령에 응답하여 "하나님 나라와 하나님의 정의"를 구하는 사람들에게서 시작된다. 그것은 아름답고 신실한 마음을 가진 사람들 안에서 싹트기 시작한다. 세례는 이 과정의 시작이다. 그것은 희망 없는 세계 속에서 새로운 희망의 시작이요, 구원의 가능성이 보이지 않는 세계 속에서 새로운 가능성의 사건이요, 어둠 속에서 새로운 희망의 빛이 밝혀지는 사건이다.

C. 세례는 구원의 자동기계인가?

세례에 관한 신학적 토의에서 중요한 문제는, 세례가 그 자체 안에 구원의 효력을 가지는가, 아니면 이미 받은 구원을 나타내는 하나의 상징 내지 표징(*signum*)일 뿐인가의 문제다. 만일 세례가 그 자체 안에 구원의 효력을 가진다면, 수세자는 믿음이 없고 죄 가운데 살지라도 구원을 받을 수 있다고 말하게 된다. 나아가 세례는 구원의 필수적 방편이 된다. 곧 구원의 방편으로서의 필수성(*necessitas medii*)을 가진다. 세례는 인간의 원죄를 씻고, 타락 이전의 본래의 의(*iustitia originale*)를 회복하는 힘을 그 안에 가진다고 생각하기 때문이다. 따라서 구원을 얻고자 하는 사람은 교회의 사제가 베푸는 세례를 반드시 받아야 한다.

그 반면 세례가 이미 받은 구원을 나타내는 표징에 불과하다면, 우리는 세례를 받지 않아도 구원을 받을 수 있다고 말하게 된다. 따라서 세례는 구원의 방편으로서의 필수성을 상실한다. 전자가 로마 가톨릭교회, 정교회, 영국 성공회의 전통적 입장이라면, 후자는 개신교회의 입장으로 분류될 수 있다.

1) 루터는, 세례에 사용되는 말씀과 물속에 구원의 은혜를 일으키는 "어떤 숨은 영적 힘"이 있다는 생각을 철저히 거부한다. 구원의 은혜는 세례로부터 오는 것이 아니라 "오직 하나님으로부터" 주어진다(Luther 2016, 137). 세례의 주체는 인간 곧 성직자가 아니라 하나님이다. 따라서 성직자가 세례를 행하는 것이 아니라 하나님이 세례를 행하고 구원의 은혜를 주신다. 성직자는 하나님을 대신하여 이를 행할 뿐이다. 여기서 우리는 심부름꾼으로서의 인간과 주인으로서의 하나님(*ministrum hominem et autorem deum*)을 구별해야 한다. 성직자는 "하나님을 대신하는 도구"(*instrumentum vicarium dei*)일 뿐이다(131, 133). 그러므로 성직자는 자기의 이름으로 세례를 주지 않고, 삼위일체 하나님의 이름으로 세례를 베푼다. 따라서 세례의 성례 자체가 구원의 은혜를 주는 것이 아니라, 성직자의 대리행위를 통해 세례를 베푸는 하나님이 구원의 은혜를 베푸신다.

그러나 여기에는 약속의 말씀과 믿음이 필요하다. 세례가 인간을 의롭게 하는 것이 아니라, 구원에 대한 약속의 말씀에 대한 믿음이 그를 의롭게 한다. 믿음 또한 옛 사람이 죽고 새 사람으로 다시 태어나는 것을 말한다. 세례는 바로 이것을 보여준다. 곧 "옛 사람의 잠김과 새 사람의 솟아오름"(*submersio veteris homine et emersio novi hominis*, 140)을 보여준다. 세례가 보여주는 이것은 믿음을 통해 성취된다. 그러므로 부활하신 예수는 "믿고 세례를 받는 사람은 구원을 얻을 것이요, 믿지 않는 사람은 정죄를 받을 것이다"라고 말한다(막 16:16). 만약 믿음과 은혜가 없어도 세례 자체가 구원의 효력을 그 자신 속에 가진다면, "죽을 죄 가운데 있는 자들"(*qui in peccatis mortalibus*)도 세례를 통해 구원을 받을 것이다. 따라서 계속 죄를 짓는 것을 두려워하지 않을 것이다(137).

약속의 말씀과 믿음은 결합되어 있다. 약속의 말씀이 없다면, 우리는 믿을 수 없을 것이다. 그 반면, 약속의 말씀은 그것에 대한 믿음을 통해서 자기를 증명한다. 말씀과 믿음이 결합되어 있을 때, 그들은 성례에 대해 확실한 구원의 작용을 부여한다. 약속의 말씀과 이 말씀에 대한 믿음 없는 성례는 구원의 효력을 갖지 못한다. 그러므로 루터는 믿음이 성례의 필수 요건이라 말하면서, 믿음은 "성례가 없어도 구원할 수 있다"(sine sacramento servare possit)고 말한다. "믿지 않고 세례를 받지 않는 자는 정죄를 받을 것이다"라고 말하지 않고, "믿지 않는 자는 정죄를 받을 것이다"라고 말한다(145). 루터의 이 말에 근거하여 일단의 개신교회 신학자들은 세례의 필연성을 인정하지 않는다. 즉 세례를 받지 않아도, 믿음을 통해 구원을 받을 수 있다는 것이다.

세례에 관한 루터의 이 생각은 성례 전체에 해당한다. "오직 믿음으로" 하나님의 칭의를 받을 수 있다는 루터의 기본 생각은 믿음 없는 성례의 유효성을 애초부터 거부한다. 루터에 따르면, 믿음 없는 성례가 그 자체 안에 인간을 의롭게 하는 힘을 가진다는 주장은 믿음을 땅바닥에 내팽개치는 일이다. 하나님 없는 자들과 믿지 않는 자들에게 성례는 아무런 도움을 주지 못한다. "성례가 나에게 은혜를 준다면…나는 믿음을 통해서가 아니라 내 자신의 노력을 통해 은혜를 얻으며, 성례에서 하나님의 약속을 붙들게 되는 것이 아니라 하나님이 세우시고 나에게 미리 주어진 표징을 붙들 뿐이다"(143). 약속의 말씀에 대한 믿음 속에서 옛 사람은 죽고 새 사람으로 다시 태어나는 삶의 길을 가르치는 대신, 구원의 효력을 그 자체 안에 지닌 성례에 관한 각종 규정을 만들어 이득을 챙기는 교황 제도는 "바빌론 왕국이요 참 적그리스도의 왕국(regnum Babylonis et veri Antichristi) 일 뿐이다"(158). 성례는 "오직 믿음의 힘을 통해서" 구원의 효력을 가지며, "믿음 없이 그것은…아무 소용도 없다"(162).

2) 스위스의 종교개혁자 츠빙글리는, 세례에 사용되는 물에 구원의 효

력이 내재한다는 생각은 하나의 미신적 생각이라고 본다. 그에 따르면, 세례는 죄인이 십자가에 달린 그리스도와 함께 죽고 하나님의 칭의를 얻어 하나님 나라를 향해 헌신하는 새로운 생명으로 다시 태어나는 것에 대한 표징이다.

칼뱅 계열의 개혁교회에 따르면, 세례에 사용되는 물에는 구원의 효력이 내재하지 않는다. 그것은 물질적인 물일 뿐이며, 하나님이 그의 말씀과 성령을 통해 일으키는 구원을 확증하는 표징에 불과하다. 물론 하나님은 세례가 표징하는 것을 세례 의식 속에서 이루신다. 그러나 세례는 하나님이 말씀과 성령을 통해 영적으로 이루시는 일에 대한 외적·물질적 표징일 뿐이다. 그러므로 세례가 구원의 필수 조건이라 볼 수 없다(이장식 1966, 258). 세례는 그 자체 안에 구원의 효력을 갖지 않으므로 구원을 얻기 위해 반드시 필요하지 않다. 우리는 "하나님이 세례 받지 않은 사람을 저주하였다"는 말을 어디서도 들을 수 없다(Calvin, *Inst.* IV,16,26).

따라서 믿음은 있는데 아직 세례를 받지 않은 사람이 갑자기 죽게 되었을 때, 그래서 성직자가 와서 세례를 베풀 시간적 여유가 없을 경우, 평신도가 그 사람에게 베푸는 긴급 세례는 불필요하다. 또 임종을 앞두고 그리스도를 구원의 주로 영접한 사람도 반드시 긴급 세례를 받을 필요가 없다. 그의 믿음이 그를 구원하는 것이지, 세례가 그를 구원하는 것은 아니기 때문이다. 죄를 알지 못하는 어린 아기가 죽게 되었을 때, 그 아기도 반드시 세례를 받을 필요가 없다. 하나님은 그 아기가 세례를 받지 않았다 하여 지옥에 보내지 않을 것이다.

칼뱅에 따르면, 긴급 세례를 허용할 경우, 반드시 필요하지 않음에도 불구하고 평신도가 긴급 세례를 베푸는 일이 남발될 수 있다. 그것은 성직자의 직분의 찬탈일 수 있다. 또 세례를 주님의 뜻에 맞게 "경건하게" 베푸는지 알 수 없다. 죄의 용서에 대한 하나님의 구원의 말씀은 그 자체로서 충분한 구원의 효력을 가진다. 이 약속의 말씀을 받을 사람은, 그가 태어나기 이전부터 이미 구원받기로 예정되어 있기 때문이다. 하나님의 구원의 은혜는 성례에 좌우되지 않는다(IV. 15,20).

3) 그런데 신약성서는 다음과 같이 말한다. 그리스도인들은 "세례를 통하여(dia tou baptismatos) 그의 죽으심과 연합"한다(롬 6:4), "여러분은 세례로(en toi baptismoi, 세례 안에서) 그리스도와 함께 묻혔고…"(골 2:12). 이 말씀들은, 세례는 표징에 불과한 것이 아니라 표징하는 바가 그것을 통해(dia), 그것 안에서(en) 일어나는 사건임을 시사한다. 그러므로 세례는 표징인 동시에 표징하는 바를 일으키는 표징(signum efficax)이라 말할 수 있다(Weber 1972, 661). 곧 세례는 표징적·인식적 사건이면서, 작용적·창조적 사건이라 볼 수 있다.

사실 그리스도인들은 세례를 받을 때, 그들의 옛 사람이 죽고 새 사람으로 새롭게 태어나는 경험 곧 구원의 경험을 가진다. 이런 뜻에서 세례는 표징적 사건인 동시에, 표징하는 바를 일으키는 작용적 사건이라 말할 수 있다. 그러나 종교개혁자들이 말하는 대로, 이것은 세례 자체 안에 구원의 능력이 내재하기 때문이라 볼 수 없다. 그것은 하나의 미신적 생각이다. 세례가 표징하는 바가 일어나는 것은 세례 의식 안에, 그리고 수세자의 마음 속에 함께 계신 성령으로 말미암아 일어난다. 세례가 표징하는 바를 일으키는 것은 세례 의식 자체 안에 있는 어떤 내재적 힘 때문이 아니라, 그 안에서 활동하는 성령께서 "하나님의 은혜의 선물을 함께 가져오기 때문이다"(Calvin, Inst. 14,17).

결론적으로 세례는 믿음이 있든지 없든지, 그것을 받는 모든 사람에게 구원의 은혜를 베푸는 자동기계와 같은 것이 아니다. 신학적으로 말하여 *ex opere operato*, 곧 단순히 행한다 하여(*ex opere*) 자동적으로 구원의 작용이 일어나는(*operato*) 것이 아니다. 믿음이 없는 사람에게 그것은 아무 의미도 갖지 못한다. 그것은 무의미한 종교적 의식에 불과하다.

이것은 세례의 타당성이 인간의 믿음에 달려 있다는 것을 뜻하지 않는다. 믿음 없는 성례는 무의미하지만, 그렇다 하여 성례의 타당성이 믿음에 의존하는 것은 아니다(Härle 2007, 550에 반하여). 세례의 타당성을 성립시키는 것은 성령이다. 세례 의식에서 구원의 은혜를 일으키는 것은 인간의 믿음이 아니라 성령이기 때문이다. 성령께서 행하는 것을 인간의 믿음은 감사한 마음으로 뒤따를 뿐이다. 그러므로 세례의 타당성은 성령에 의존한다.

선교 현장에서 우리는 세례를 받지 않은 많은 사람들이 하나님의 놀라운 구원을 체험하는 것을 얼마든지 볼 수 있다. 따라서 세례가 구원의 전제 조건이라 말할 수 없다. 우리는 성직자가 베푸는 세례로 말미암아 구원을 받는 것이 아니라 하나님의 말씀에 대한 믿음으로 말미암아 구원을 받는다. 세례를 베풀고 세례를 받는 인간의 행위가 아니라, 하나님의 값없는 은혜를 통해 구원을 받는다. 그러므로 세례는 신자들이 반드시 거쳐야만 할 "구원의 문"이 아니다. 그것은 구원의 문으로 인도하는 방편일 뿐이다. "구원의 문"은 세례가 아니라 예수 그리스도다.

중요한 것은 세례 자체가 아니라 성부·성자·성령 삼위일체 하나님을 믿고 그의 말씀 안에서 살며, 하나님 나라를 바라고 기다리면서 주님의 사랑을 행하는 일이다. 그리고 땅 위의 모든 사람에게 복음을 전하여 하나님 앞으로 인도하는 일이다. 그러므로 부활의 예수는 먼저 "너희가 세례를 주어라"고 말하지 않고, "너희는…만민에게 복음을 전파하여라", "모든 민족을 제자로" 삼으라고 말한다(막 16:15; 마 28:19).

그렇다 하여 우리는 세례를 받을 필요가 없다고 생각해서는 안 될 것이다. 세례는 지상의 그리스도께서 최소한 자신이 세례를 받음으로써 세우신 것이요, 부활의 그리스도께서 명령하신 것이다. 요한복음이 증언하는 것처럼, 지상의 예수께서 스스로 세례를 베풀었다는 것을 우리는 부인할 수 없다. 또 세례는 영적으로 일어나는 것을 시각적으로 보여주며 몸적으로 체험케 한다. 인간은 이성과 함께 감성을 가진 몸적 존재, 감성적 존재다. 그러므로 그리스도와 함께 죽고 다시 살아나는 것을 몸으로, 감각적으로 체험할 필요가 있다.

온몸이 물에 잠겼다가 다시 나오는 세례(침례, *baptisma*)는 영혼의 구원은 물론 몸의 구원도 필요함을 시사한다. "그리스도의 이름으로" 혹은 "성부·성자·성령의 이름으로" 베푸는 세례는 신자들을 그리스도와 연합하는 동시에 "성도의 친교"로 인도한다. 그것은 성도의 친교에 들어가는 문이요, 하나님 나라가 한 인간으로부터 시작되는 하나님 나라의 사건이다. "지난날의 생활 방식대로 허망한 욕정을 따라 살다가 썩어 없어질 그 옛 사람을 벗어버리고, 마음의 영을 새롭게 하여 하나님의 형상을 따라 참 의로움과 참 거룩함으로 지으심을 받은 새 사람"으로(엡 5:22-24) 살게 되는 결정적 전환점이다. 이 같은 세례의 의미는 구원의 방편으로서 세례의 필요성을 시사한다.

D. 유아세례의 문제

1) 유아세례의 법적 효력과 반대 이유: 신약성서에 따르면 세례는 본래 성인세례였던 것으로 보인다. 요단강에서 세례자 요한에게 세례를 받은 사람들은 회개한 성인들이었고, 예수도 성인으로서 그의 세례를 받았다. 또 사도행전도 사도들의 말씀을 듣고 회개하였던 성인들이 세례를 받은 것으로 보도한다(행 2:38-41; 8:12-13). 사도 바울도 성인으로서 세례를 받았다(9:18).

유아세례는 초기 기독교 공동체에서 자연스럽게 실행된 것으로 보인다. 마케도니아 지방의 빌립보에 살던 루디아가 "집안 식구와 함께 세례를" 받았고, 바울과 실라가 갇혀 있던 감옥 간수의 "온 가족이 그 자리에서 세례를 받았다"는 사도행전의 보도는, 유아 혹은 어린아이들도 세례를 받았음을 암시한다(행 16:15, 33).

초기 기독교 공동체는 어떤 동기에서 유아 혹은 어린이들에게 세례를 주었을까? 그 동기는 온 집안이 하나님의 구원을 받으며, 어린아이들이 하나님의 은혜와 보호 속에서 성장하기를 바라는 마음에 있었던 것으로 보인다. 사실 오늘도 많은 부모들이 이런 마음에서 유아세례를 받게 한다. 또 초기 기독교 공동체는 어린아이가 태어난지 8일 만에 할례를 행하던 유대인들의 관습에 상응하여(레 12:3) 어린아이에게도 세례를 주었을 가능성도 있다. 더 깊은 동기를 찾자면, 예수께서 어린아이들이 자기에게 오는 것을 금하지 말라고, 하나님 나라는 어린아이들과 같은 사람의 것이라 말씀하시면서 "아이들을 껴안으시고, 그들에게 손을 얹어 축복하여 주셨다"(막 10:14)는 복음서의 말씀에 따라 어린아이에게도 세례를 주었음에도 추측된다.

사도행전이 보도하는 최초의 기독교 공동체에서 실시되었던 것으로 보이는 유아세례는 그 이후 초기 교회의 보편적 관습이 되었다. 이에 대해 테르툴리아누스는 이의를 제기하였다. 즉 수세자는 자신의 결단과 책임 하에 세례를 받고자 원해야 하며, 믿음 속에서 세례를 받아야 한다, 그러나 유아는 이 같은 능력을 갖지 않으므로 유아세례는 적절하지 않다는 것이다(Barth IV/4, 205). 그러나 테르툴리아누스의 문제 제기는 수용되지 않았고, 유아세례는 로마 제국의 국가종교로 승격된 교회의 법적 제도가 되었다. 세례는 수세자의 믿음 상태와, 세례를 베푸는 자의 도덕적 상태에 의존하지 않는 구원의 능력을 그 자체 속에 가진다는 초기 교회의 실재론적 성례론이 유아세례의 신학적 근거가 된 것으로 보인다.

한국의 자유교회 체제에서 세례는 하나의 사적인 일로 간주된다. 그것은 "교회의 일"에 불과하다. 그러나 국가교회 체제에서 유아세례는 단지 교회의 일이 아니라 국가의 공적 사무로서 법적 효력을 가진다. 갓 태어난 아기의 종교가 유아세례를 통해 결정되고, 그 아기는 법적으로 국가교회의 일원이 된다. 이것이 아기의 호적등본과 주민등록표의 종교란에 기재된다(독일의 경우 종교란의 "ev."는 개신교회 신자, "kath."는 가톨릭교회 신자임을 나타낸다). 이 아기가 자라서 학교에 다닐 때, 그는 의무적으로 기독교교육 내지 성서교육을 받아야 하고, 또 1년 간 교회의 견신례교육을 받아야 한다. 그는 국가교회의 일원이기 때문에 국가의 공적 학교가 실시하는 이 교육을 거부할 권리가 없다. 거부할 권리가 있다 한들, 주변의 모든 아이들이 이 교육을 받는데 자기 혼자 불참하는 것은 아이들의 심리상 어려운 일이다. 또 학교 졸업 후 취직을 하여 얻게 되는 수입에서 2% 정도의 교회세가 자동적으로 공제된다. 이로써 국가교회 체제가 유지된다.

근대에 이르러 유아세례에 대한 다양한 이의가 제기되었다. 특히 경건주의, 침례교회, 무신론자들이 유아세례를 강력히 반대하였다. 침례교회는 유아세례와 침례 문제로 개신교회에서 분리되었다. 20세기에 이르러 칼 바르트를 중심으로 많은 개신교회 신학자들이 이 문제에 참여하면서, 유아세례는 뜨거운 신학적 논쟁의 대상이 되었다. 유아세례를 반대하는 이유는 대략 다음과 같다.

첫째, 세례는 본인의 믿음이 있을 때만 효력을 가진다. 믿음 없는 세례는 무의미하다. 그런데 유아는 믿음을 가질 수 있는 상태에 있지 않다. 부모의 믿음과 교회 공동체의 믿음이 유아의 믿음을 대신할 수 없다. 믿음은 각 사람 자신의 결단과 행위이기 때문이다.

둘째, 세례는 믿음을 가진 신자 자신의 자발적 "원함"이 있을 때에만 집행될 수 있다. 본인의 자발적 원함이 세례의 전제 조건이다. 유아 혹은 어린아이는 세례를 자발적으로 원할 수 있는 상태에 있지 않다. 본인의 원함이 없는 단순한 종교적 습관 내지 제도로서의 유아세례는 일방적 강제 집행이다.

셋째, 세례는 죄의 씻김, 십자가에 달린 그리스도와 함께 죽고 그와 함께 다시 살아남 등의 중요한 의미를 가진다. 세례는 수세자가 그리스도의 역사 속에서 그리스도의 부르심을 받고 그의 미래를 바라고 기다리며 살게 되는 "소명의 사건"이다. 그런데 유아는 세례의 이 같은 의미를 인식할 수 있는 능력이 없다.

넷째, 부모는 유아의 동의 없이 세례를 받도록 한다. 아이 자신이 내려야 할 중요한 결단을 부모가 대신 내린다. 이로써 유아는 자신이 동의하지 않은 세례의 법적 효력의 적용을 일평생 받게 된다. 곧 한 평생 국가교회의 일원이 되고, 학교의 기독교교육과 교회의 견신례교육을 받아야 하며, 교회세를 바쳐야 한다. 그가 사망하면, 교회가 그의 장례식을 치른다. 국가교회가 아닌 자유교회에서 세례는 교회의 정식 구성원으로 등록되는 일종의 법적 "입교" 의식이다. 이 같은 법적 효력을 가진 의식을 아이의 동의 없이 행하는 것은 아이의 자유를 찬탈하는 행위요, 인권침해다. 국가교회 제도 때문에 교회를 탈퇴할 수도 없는 부자유 속에서, 교회세 혹은 종교세를 내고 싶지 않아도 내야만 하는 것은 경제적 착취에 속한다.

다섯째, 세례는 하나의 감성적 사건으로 체험의 성격을 가진다. 그것은 말씀의 감성적 형태다. 그런데 유아는 자신의 감성을 가지고 세례를 받지 못한다. 유아는 자기가 세례를 받았다는 사실조차 기억하지 못한다. 그는 자신의 감성적 체험을 통해 자기가 수세하였다는 것을 알게 되는 것이 아니라 부모의 얘기를 통해, 혹은 호적등본이나 주민등록표를 통해 알게 된다. 이리하여 세례의 중요한 요소인 감성적 체험의 측면이 사라진다.

2) 유아세례의 찬성 이유: 많은 목회자들과 신학자들은 대략 아래와 같은 이유로 유아세례를 변호한다.

첫째, 유아가 세례를 받을 때, 믿음을 가질 수 없으며, 스스로 세례 받기를 원할 수 없음은 사실이다. 그런데 유아는 자신의 능력으로 자기의 생명을 유지할 수 없는 위기상태에 놓여 있다. 이 위기상태를 극복하기 위해 유아의 생명은 철저히 부모에게 의존할 수밖에 없다. 그의 생명은 부모의 손에 달려 있다. 부모는 유아의 대리자로서 그의 생명을 보호하고 유지한다. 이것은 하나님이 정하신 창조질서인 동시에 모든 생명의 자연 질서에 속한다. 자연의 짐승들도 자신의 새끼가 위험에 노출되었을 때 그 새끼를 물어다가 안전한 곳에 도피시킨다. 이때 어미 짐승의 의지가 새끼 짐승의 의지를 대리한다. 유아의 생명의 대리자로서 부모의 믿음과 부모의 원함이 유아를 대리하는 것은 하나님의 창조질서에 속한다고 볼 수 있다.

둘째, 유아가 세례의 모든 의미를 의식할 수 있는 능력을 갖지 못하며, 그 의미를 자신의 감성을 통하여 체험할 수 없다는 말도 사실이다. 또 유아는 자기가 받은 세례를 기억할 수 없음도 사실이다. 유아에게는 그렇게 할 수 있는 능력이 없다. 그러나 부모의 이야기를 통하여 유아는 자기가 세례를 받았다는 사실을 알게 되고, 그 의미가 무엇인지 깨달을 수 있다. 세례라는 사건 자체도 중요하지만, 세례를 받은 후 어떤 환경에서 성장하느냐의 문제도 중요하다. 세례를 받은 유아는 부모와 교회 공동체를 통해 하나님 나라의 환경 속에서 성장할 수 있다.

사실 세례의 모든 의미를 통달하고 세례를 받는 사람은 아무도 없을 것이다. 필자는 고등학교 2학년 때 세례를 받았는데, 그 당시 필자 자신도 세례의 모든 의미를 알고 세례를 받은 것은 아니다. 그 의미는 세례를 받은 후 교회의 가르침과 신학 공부를 통해 깨닫게 되었다. 한 마디로 세례의 의미에 대한 인식과 세례 행위가 완전히 일치하는 경우는 거의 없다 해도 과언이 아닐 것이다. 따라서 유아에게 세례의 의미에 대한 인식이 결여되어 있으므로 유아세례를 폐기해야 된다는 주장은 타당하지 않다. 유아세례를 받은 아이는 부모의 가정교육과 교회교육, 특별히 견신례교육을 통해 그 의미를 알 수 있다.

또 "성부와 성자와 성령의 이름으로" 머리에 물을 세 번 뿌리는 세례 의식을 통해 세례의 의미를 감성적으로 체험한다는 것은, 사실상 빈 말에 가깝다. 그것은 감성적 측면을 결여한 하나의 요식행위다. 만일 감성적 체험의 문제 때문에 유아세례를 반대한다면, 침례교가 행하는 "침례"를 도입해야 할 것이다. 또 침례를 받는 성인 그리스도인도, 과연 그리스도와 함께 죽고 그와 함께 다시 살아나는 체험을 하느냐의 문제 역시 명확히 대답할 수 있는 문제가 아니다.

셋째, 자신의 자녀에게 가장 좋은 것을 주고 싶어 하는 것이 부모의 마음이다. 이 같은 마음에서 부모는 유아에게 세례를 베풀도록 한다. 유아는 물론, 장차 그에게서 태어날 후손들이 세상의 죄와 타락에 빠지지 않고, 하나님의 자녀로서 바르게 살기를 원한다. 유아에게 인격적 믿음과 원함의 능력이 없다고 하여 유아에게 세례를 베풀게 하는 부모의 결단을 잘못된 것이라고 말할 수 없다.

따라서 유아세례는 유아의 생명에 대한 인권침해요, 자유의 찬탈이라는 비판은 타당하지 않다. 자연의 짐승이 천적을 발견하면 새끼의 생명을 보호하기 위해 새끼의 목덜미를 물어 안전한 곳으로 피신시킨다. 이때 어미 짐승은 새끼의 의사를 묻지 않는다. 새끼의 의사를 묻지 않은 채 일어나는 어미 짐승의 행위를 가리켜 우리는 새끼 짐승에 대한 자유의 찬탈이요, 생명의 권리의 유린이라 말하지 않는다.

이와 마찬가지로 부모는 아이를 키울 때, 아이의 의사를 묻지 않고 아이를 먹이고 입히고 예방주사를 맞게 하며, 그를 유치원과 학교에 보낸다. 이를 가리켜 우리는 아이의 인권침해, 자유의 찬탈이라 말하지 않는다. 유아세례도 마찬가지다. 적어도 유아세례를 받게 하는 부모에게 유아세례는 유아의 생명을 위한 것이다. 또 유아가 성장하여 스스로 결단할 수 있는 능력을 갖게 되었을 때, 그는 언제든지 자신의 세례를 취소할 수 있고, 교회를 떠날 수 있다.

넷째, 유아세례를 받은 사람이 바치는 교회세나 교회 헌금이 경제적 착취인가의 문제도 다시 한번 생각해야 할 문제에 속한다. 물론 교회의 수입이 올바르게 사용되지 않고 유용되거나 성직자 계급의 호화생활을 유지하는 데 사용된다면, 그것은 경제적 착취라 볼 수 있다. 성직자 퇴직금으로 수십억 원의 교회 헌금을 지출하는 것은 이 범주에 속한다. 그러나 교회의 수입이 올바르게 사용될 때, 그것은 경제적 착취가 아니라 "하나님 나라와 하나님의 정의"를 세우기 위한 기여라고 볼 수 있다.

현재 독일에서는 개인의 종교의 자유를 위해 교회 탈퇴를 허용하고 있다. 교회를 탈퇴한 사람은 교회세를 내지 않게 된다. 그런데 교회 탈퇴의 자유가 도입된 이후 독일 사회 밑바닥에는 각종 신비적 미신과 점술이 퍼지고 있다. 이들의 공공연한 광고를 지역 신문에서 볼 수 있는데, 이것은 과거에 볼 수 없었던 일이다. 거짓 점술가의 사기에 넘어가 많은 재산과 집을 잃어버린 사람도 있다고 한다. 또 교회 탈퇴 허용 이후 알코올중독, 마약중독, 우울증, 이혼과 범죄가 계속 증가한다. 이로 말미암은 개인의 삶과 가정의 파괴, 정신적·경제적 손실, 사회 전체의 손실은 교회세 액수와 비교할 수 없을 것이다.

다섯째, 지상의 예수는 "어린이들이 내게 오는 것을 허락하고, 막지 말라. 하늘나라는 이런 어린이들의 것이다"라고 말하시면서 아이들을 축복하셨다(마 19:14-16). 그런데 부활하신 예수는 "모든 민족"에게 세례를 주라고 명령한다(마 28:19). 곧 "만민"에게 세례를 주라는 것이다(막 16:15-16). "만민"은 남자 성인만을 뜻하지 않는다. 거기에는 여자와 어린이도 포함된다. 여자와 어린이도 남자 성인들처럼 세례를 받아야 한다. 이들도 하나님 나라에 속한다. 자기의 생명을 부모에게 완전히 맡기고, 부모가 주는 것으로 생명을 이어갈 수밖에 없는 유아를 통해 우리는 하나님 앞에서 인간의 삶의 태도에 관한 원형을 볼 수 있다. 그리고 어린이들의 천진무구한 표정 속에서 하나님 나라를 볼 수 있다. 하나님 나라는 어린이들의 것이다!

3) 유아세례를 베풀 경우, 우리는 아래 사항을 유의해야 할 것이다. 첫째, 부모는 단지 교회 관습상 유아세례를 받도록 해서는 안 될 것이다. 부모는 세례가 무엇을 뜻하는지, 세례의 의미를 알아야 하며, 무엇 때문에 자기의 유아에게 세례를 받게 하려는지, 분명한 동기를 가져야 할 것이다. 이를 위한 교회교육이 필요하다.

둘째, 유아의 생명의 보호자로서 부모는 하나님의 약속의 말씀에 대한 믿음을 가져야 한다. 과연 자기의 믿음이 어떤 상태에 있는지 점검해야 하며, 믿음에 상응하는 삶을 살아야 한다. 믿음 없이 죄 가운데 살면서 자기의 아기에게 세례를 받게 하는 것은 주님의 세례를 모독하며 그것을 무가치하게 만드는 일이다. 부모가 죄에 빠져 사는 모습을 성장한 아이가 보게 될 때, 그는 부모로 말미암아 받게 된 자기의 세례를 마음속으로 내팽개칠 수 있다.

셋째, 부모에게는 유아세례를 받은 자신의 아이에게 세례를 받았다는 사실을 이야기하고, 세례의 의미가 무엇인지를 아이에게 가르쳐야 할 의

무가 있다. 나아가 자신의 아이가 세례의 의미를 실천하도록 양육해야 할 책임이 있다. 가장 좋은 자녀교육은 말에 있지 않고 실천에 있다. 부모 자신이 세례가 의미하는 바를 실천해야 한다. 그렇지 않을 때, 부모가 자녀에게 하는 말은 빈말이 되고, 자녀는 자기가 받은 세례를 무의미한 것으로 생각할 수 있다.

넷째, 교회의 성직자가 유아세례를 베풀 때 "이 아이를 위해 기도하고, 아이의 신앙교육에 대해 함께 책임을 지겠느냐"고 예배 참석자들에게 질문한다. 이에 신자들은 손을 들고 "예"라 대답한다. 그렇다면 교회의 신자들은 어린이 및 청소년들을 위한 교회의 신앙교육에 관심을 가져야 한다.

가장 좋은 교육은 삶의 모범을 보여주는 것이다. 그러므로 신자들은 성장하는 어린이와 청소년들 앞에서 세례 받은 신자답게 살아야 한다. 세례를 받은 신자의 모습이 세례 받지 않은 세상 사람들의 모습과 어떻게 다른지, 어린이와 청소년들이 먼저 교회 안에서 눈으로 볼 수 있도록 해야 한다. 목회자는 참 목회자다운 모습을 보여야 한다. 그래야 이들은 자신이 받은 유아세례를 자랑스럽게 생각하고, 세례의 의미를 몸으로 행하고자 노력하게 된다. 어린이와 청소년들이 성장하여 세례받은 신자답게 살게 하는 길은 교회가 교회다운 모습을 보이는 데 있다.

5
하나님 나라의 현장인 성만찬

성만찬 혹은 성찬은 예수 그리스도의 살을 나타내는 빵과, 그의 피를 나타내는 포도주를 교회의 신자들이 함께 나누는 예전을 말한다. 일반적으로 그것은 그리스도의 고난을 회상하며, 영적으로 그리스도와 결합하는 의미를 가진 것으로 알려져 있다. 동방 정교회와 로마 가톨릭교회는 이를 가리켜 "성체성사"라 부르는데, 이 명칭은 빵과 포도주가 그리스도의 거룩한 몸 곧 성체로 변한다는 화체설의 교리에 근거한다. 종교개혁자들의 뒤를 이은 개신교회는 예수께서 "잡히시던 밤에"(고전 11:23) 제자들과 나눈 저녁식사를 "만찬"(Abendmahl, Nachtmahl)이라 부른다. 초기 교회에서 자주 사용되었고 가톨릭 신학과 세계교회협의회에서 자주 사용되는 "유카리스트"(*Eucharistia*) 곧 "감사의 만찬"은, 예수께서 빵과 잔을 들어서 "감사 기도"를 드렸다는 말씀에 근거한다(마 26:27; 막 14:23; 눅 22:19). "주의 만찬"이란 표현은 "주님으로부터 전해 받은" "주의 만찬"(*kyriakon deipnon*)이라는 바울의 말씀에 근거한다(고전 11:20, 23). 한국 개신교회는 일반적으로 "성찬식"이라 부르는데, 예수와 제자들의 마지막 만찬에 관한 성서의 보도를 고려할 때, "만찬"(*deipnon*) 혹은 "성만찬"이란 개념이 더 적절한 것으로 보인다.

A. 성만찬의 역사적 근원

1) 일반적으로 성만찬은 그리스도께서 로마 군인들에게 체포당하시던 날 저녁에 제자들과 마지막 만찬을 나누시며 몸소 행하심으로 세운 것으로 알려져 있다. 따라서 예수와 제자들의 마지막 만찬이 기독교 성만찬의 역사적 근원이라 생각된다. 이것은 마태복음 26:26-29, 마가복음 14:22-25, 누가복음 22:15-20, 그리고 고린도전서 11:23-25의 말씀에 근거한다.

이 네 가지 보도 중 가장 오래 된 것은 고린도전서 11장에 기록된 바울의 말씀으로 보인다. "내가 여러분에게 전해 준 것은 주님으로부터 전해 받은 것입니다. 곧 주 예수께서 잡히시던 밤에 빵을 들어서 감사를 드리신 다음 떼시고 말씀하셨습니다. '이것은 너희를 위하는 내 몸이다. 이것을 행하여 나를 기억하여라.' 식후에 잔도 이같이 하시고서 말씀하셨습니다.' '이 잔은 내 피로 세운 새 언약이다. 너희가 마실 때마다 이것을 행하여, 나를 기억하여라.'"

마태와 마가의 보도에 따르면, 식사 도중에, 곧 "그들이 먹고 있을 때에"(마 26:26; 막 14:22) 예수께서 빵과 잔을 축복하시고 제자들에게 나누어 주셨다고 한다. 이에 비해 누가와 바울의 보도에 의하면, 빵을 떼어 제자들에게 주고, "저녁을 먹은 뒤에" 혹은 "식후에" 잔을 나누어 주신다(눅 22:20). 그런데 예수의 생존 당시 유대인들의 관습에 의하면, 식사하기 전에 빵을 축복하였고, 식사가 끝난 뒤에 포도주 잔을 축복하였다. 따라서 누가와 바울의 보도가 마태와 마가의 보도보다 더 오래된 것으로 보인다.

누가와 바울의 보도 가운데 바울의 그것이 더 오래 된 것이라고 학자들은 추정한다. 바울의 보도는 복음서의 보도만큼 문장이 세련되지 못하며, 공식화 된 흔적을 볼 수 없기 때문이다. 또 "이것은 많은 사람을 위하여 흘리는 나의 피, 곧 언약의 피", "새 언약의 피"라는 마태, 마가, 누가의 신학적 성찰이 바울의 말씀에는 없기 때문이다.

그러나 이 같은 차이는 중요하지 않다. 중요한 것은, 예수께서 잡히시던 날 저녁, 제자들과 마지막 만찬에서 빵과 잔을 나누었다는 사실이다. 이것은 의심할 수 없는 역사적 사실로 보인다. 자신의 죽음을 예감한 예수께서 제자들과 마지막 작별의 만찬을 나누는 것은 충분히 가능한 일이다. 신학적 해석이 가미되었지만, 다음과 같은 요한복음의 말씀 역시 예수의 마지막 만찬을 시사한다. 즉 예수는 하늘에서 내려온 "생명의 빵"이다. 이 빵을 먹는 사람은 영원히 살 것이다(요 6:51, 58). 예수의 살은 참 양식이요, 그의 피는 참 음료다. "내 살을 먹고, 내 피를 마시는 사람은 영원한 생명을 가지고 있고…"(6:54). 이와 같이 신약성서가 증언하는 예수의 마지막 만찬이 성만찬의 역사적 근원이라 볼 수 있다.

2) 그런데 복음서는 예수께서 체포되던 저녁에만 제자들과 만찬을 가진 것이 아니라 평소에도 많은 사람들과 만찬을 나누었다고 보도한다. 레위가 베푼 잔치 자리에서 그는 "많은 세리와 그 밖의 사람들"과 음식을 나누었다(눅 5:29). 그는 "죄인들과 세리들"과 한 자리에 앉아 만찬을 가졌다(막 2:15-16). 그는 마르다와 마리아의 초청을 받고 그들의 집에서 만찬을 가지며(눅 10:38-42), 바리새파 사람 시몬의 집에서도 만찬을 가진다(7:36). 만찬을 가질 때, 예수는 즐거운 마음으로 만찬을 즐긴 것으로 보인다. 그래서 그는 "마구 먹어대는 자요, 포도주를 마시는 자요, 세리와 죄인의 친구"라는 비난을 받는다(7:34).

예수는 만찬 혹은 잔치 자리를 하나님 나라 혹은 하늘나라에 비유한다. 하나님 나라는 많은 사람이 초대를 받은 잔치 자리 혹은 "혼인 잔치"와 같다(마 22:2-3; 눅 5:34). "많은 사람이 동과 서에서 와서, 하늘나라에서…잔치 자리에 앉을 것이다"(마 8:11; 눅 13:29). "하나님 나라에서 음식을 먹는 사람은 복이 있다"(눅 14:15). 예수의 이 말씀에 의하면, 만찬 혹은 잔치 자리는 예수께서 선포하신 하나님 나라가 앞당겨 일어나는 곳이다. 그것은 하나님 나라가 가시적으로 일어나는 현장이다. 민족과 인종과 사회계급을 초월한 모든 사람이 하나님의 평화와 기쁨 속에서 음식을 함께 나누며 친교하는 종말의 하나님 나라가 예수의 만찬에서 앞당겨 일어난다(참조. 눅

22:16, "유월절이 하나님 나라에서 이루어질 때까지…").

여기서 우리는 성만찬의 더 깊은 역사적 근원을 발견한다. 기독교의 성만찬의 역사적 근원은 단지 예수와 제자들의 마지막 만찬에 있는 것이 아니라 죄인들과 세리들, 마르다와 마리아, 즉 그 사회의 주로 가난하고 힘없는 사람들과 함께 나누던 예수의 만찬에 있다. 그것은 종말에 올 하나님 나라의 만찬이 앞당겨 일어나는 하나님 나라의 잔치 자리였다. 그것은 하나님 나라의 사건이었다. 예수와 제자들의 마지막 만찬은 예수께서 하나님 나라를 선포하면서 가난하고 소외된 사람들과 가졌던 메시아적 만찬과 연결되어 있었다. 우리는 그 뿌리를 구약에서 발견한다. "만군의 주님께서 이 세상 모든 민족을 여기 시온 산으로 부르셔서 풍성한 잔치를 베푸실 것이다. 기름진 것들과 오래된 포도주, 제일 좋은 살코기와 잘 익은 포도주로 잔치를 베푸실 것이다.…주님께서 죽음을 영원히 멸하신다. 주 하나님께서 모든 사람의 얼굴에서 눈물을 말끔히 닦아 주신다"(사 25:6-8).

3) 그런데 공관복음서는 예수의 죽음을 많은 사람들의 죄를 용서하기 위한 죽음으로 생각한다. 이 생각은 구약의 메시아 약속에 그 뿌리를 가진다. 이 약속에서 장차 올 하나님의 종 메시아는 모든 사람의 죄를 위해 고난과 죽임을 당할 자로 묘사된다(사 52:13-15; 53:1-12). 따라서 예수의 죽음은 모든 사람의 죄를 용서하기 위한 "하나님의 어린 양" 곧 유월절 희생양의 죽음이었다. 그가 흘린 피는 새 "언약의 피"였다. 예수는 이 죽음을 앞두고 제자들과 마지막 만찬을 가진다. 따라서 그의 마지막 만찬은 모든 사람의 죄를 용서하기 위한 그의 죽음을 기념하는 유월절 만찬이었다고 공관복음서는 보도한다(마 26:17-28).

이와 동시에 공관복음서는 예수의 마지막 만찬을 종말에 올 하나님 나라, 곧 "나의 아버지의 나라에서 너희와 함께 새 것을 마실" 종말의 대(大)만찬과 연결시킨다(마 26:29; 막 14:25; 눅 22:18). 여기서 예수의 마지막 만찬은 종말에 올 대만찬의 메시아적 지평 속에 있는 것으로 나타난다. 모든 민족이 함께 나눌 종말의 만찬은, 모든 사람의 죄를 용서하기 위한 유월절 희생양이신 예수의 죽음에 근거한다. 그래서 공관복음서에는 유월절 만찬에 대한 말씀과, 종말에 올 하나님 나라의 만찬에 대한 말씀이 서로 연결된다. "이것은 죄를 사하여 주려고 많은 사람을 위하여 흘리는 나의 피, 곧 언약의 피다.…이제부터 내가 나의 아버지의 나라에서 너희와 함께 새것을 마실 그날까지…"(마 26:28-29).

    4) 예수의 마지막 만찬과 죄인과 세리들, 차별과 소외 속에서 살던 사람들과 가진 예수의 만찬이 연결선상에 있었다면, 두 가지 만찬은 별개의 것이 아니라 동일한 종말론적 지평 속에 있었다. 곧 예수의 마지막 만찬과 마찬가지로, 죄인과 세리들과 나눈 만찬도 장차 올 하나님 나라의 대만찬의 지평 속에 있었다. 죄인과 세리들, 그 사회의 차별과 소외 속에서 살던 사람들과 만찬을 가진다는 것은 이들의 편에 서서, 이들의 운명을 함께 나누는 것을 말한다. 따라서 예수의 자기 희생은 단지 십자가의 죽음에서만 일어난 것이 아니라, 그 이전 죄인과 세리들과의 식탁 공동체 속에서 일어나고 있었다.

    부활의 빛에서 볼 때 죄인과 세리들과 나눈 예수의 만찬은 장차 오실 그분의 만찬이었다. 그것은 종말에 올 하나님 나라의 대만찬이 앞당겨 일어나는 현장이었다. 그러므로 우리는 성만찬의 역사적 근원을 단지 예수의 마지막 만찬에서 볼 것이 아니라 하나님 나라의 메시아적 지평 속에서 일어난 죄인과 세리들, 차별과 소외 속에서 죄인 취급을 당하며 살던 사람들과 함께 나눈 예수의 만찬에서 보아야 할 것이다. 성만찬 예식에서 예수는 죄의 용서를 받은 사람은 물론 우리 사회의 죄인과 세리들, 차별과 소외 속에서 사는 사람들을 초대한다. 교회는 이 사람들을 초대하는 열린 공동체가 되어야 할 것이다. 이들이 바로 예수의 "작은 형제자매들"이기 때문이다(마 25:40).

B. 성만찬에 담긴 의미들

1) 일반적으로 성만찬은 주님의 고난과 구원을 잊지 않고 그것을 기억하는 의미를 가진다고 생각된다. 사실 그리스도의 고난과 구원에 대한 기억 혹은 회상(*anamnesis*, 고전 11:24)은 성만찬의 기본 의미를 구성한다. 기억이란 무엇인가? 기억이란 단지 과거에 일어난 일을 다시 한번 생각해보고 지나가버리는 것이 아니라, 과거에 일어난 그 일이 현재화되고, 내 자신의 일이 되며(erinnern), 마음으로 그 일에 참여하는 것을 말한다. 나에게 사랑을 베푼 어떤 사람의 사랑을 기억할 때, 그 사람의 사랑은 오늘 나에게 새롭게 체험된다. 감사하면서 그 사랑에 참여하며, 그 사람과 더욱 깊게 관계를 맺는다. 나를 사랑했던 사람이 과거의 인물로 머물지 않고, 지금 나와 함께 하는 것으로 체험된다.

"그리스도의 피에 참여함", "그리스도의 몸에 참여함"(고전 10:16)은 이를 가리킨다. 유대인들이 유월절 절기를 지킬 때 과거의 출애굽 사건이 그들에게 현재가 되듯이, 우리가 성만찬을 통해 예수의 고난과 구원을 기억할 때 그의 고난과 구원이 우리 자신의 일로 현재화된다. 이에 우리는 감사하며 참여한다.

이것은 그리스도의 오심을 통해 일어난다. 우리가 성만찬을 지킬 때, 장차 오시기로 약속하신 그리스도께서 성령을 통해 우리에게 오신다. 그가 성만찬의 주체로서 자기의 생명을 나누어 주며, 그의 고난과 구원에 참여케 하신다. 우리는 우리를 위해 자기의 생명을 내어주신 그분의 사랑을 먹고 마시며, 그의 고난에 참여한다.

2) 성만찬에서 우리는 예수의 살을 먹고, 그의 피를 마신다. 물론 이것은 빵과 포도주를 통해 일어나는 영적 행위지만, 이를 통해 우리는 "그리스도의 몸"에 연합된다. 그의 생명이 우리 자신의 생명이 된다. 우리는 "그리스도의 친교" 안에서 살게 된다. 이것은 세례를 통해 일어나기도 한다. 그러나 세례를 받았다 하여 한 순간에 완전한 사람이 되는 것은 아니다.

계속되는 마귀의 유혹에 흔들리며 때로 죄에 빠지기도 한다. 성만찬에서 우리는 우리의 죄를 참회하고, 새롭게 그의 몸에 연합되며, 그리스도의 친교를 회복한다. 그의 살을 먹고 그의 피를 마심으로써 그의 생명이 우리 자신의 생명이 되고, 그의 마음이 우리 자신의 마음이 된다. 달리 말해 우리는 그리스도의 마음을 품게 된다.

그리스도는 영지주의가 말하는 무역사적 존재가 아니라 역사적 존재다. 그는 이스라엘 백성을 통한 하나님의 구원 역사 속에서 태어났고, 이 역사 속에서 그 자신의 역사를 가진 분이다. 따라서 그리스도의 몸에 접합된다는 것은 그리스도의 역사에 접합되는 것을 말한다. 성만찬은 그리스도께서 시작하신 하나님 나라의 역사에 접합된 하나님 나라의 백성, 새로운 계약의 백성으로 확인되는 사건이다. 하나님 나라의 역사가 먼저 성찬에 참여하는 새로운 계약의 백성들 가운데서 일어나기 시작한다. 이런 점에서 성만찬은 새 계약 혹은 "새 언약"의 의미를 가진다(고전 11:25). 성만찬의 "기억"은 과거에 있었던 그리스도의 고난의 단순한 반복이 아니라, 그리스도의 새 계약이 갱신되는 사건이요, 하나님 나라의 새로운 시작의 사건이다.

3) "그리스도의 친교"는 그에게 속한 형제자매들의 친교와 결합되어 있다. 그리스도의 친교 속에서 우리는 그의 "친구들", 그의 형제자매들과 친교한다. 성만찬은 그리스도의 친교를 뜻하는 동시에 그를 믿는 형제자매들의 친교가 일어나는 사건이다. 그리스도의 한 몸을 먹고 한 피를 마심으로써 우리는 한 주님을 모신 한 형제자매로 연합된다. 성도의 친교(communio sanctorum), 성도의 하나 됨이 이루어진다. 고린도전서 10:16-17은 그리스도의 친교와 그를 믿는 형제자매들의 친교의 하나 됨을 다음과 같이 말한다. "우리가 축복하는 잔은 그리스도의 피에 참여함이 아닙니까?…빵이 하나이므로, 우리가 여럿일지라도 한 몸입니다. 그것은 우리가 모두 그 한 덩이 빵을 함께 나누어 먹기 때문입니다."

그런데 그리스도는 교회에 속한 형제자매들과의 연합이 이 세상에서 고난당하는 그리스도의 "작은 형제들"과의 연합으로 확대되어야 한다고 가르친다. 이 가르침은 "최후의 심판"에 대한 비유의 말씀에 나타난다(마 25장). 그리스도의 친교, 형제자매들의 친교는 이 세상의 신음하는 피조물들과의 친교로 확대되어야 한다. 이들이 바로 그리스도의 형제자매요, 그리스도는 이들 안에 계시기 때문이다. 이들과 친교할 때, 이들 안에 계신 그리스도와 친교한다. 그리스도의 친교 속에서 형제자매들과 "그리스도의 몸"으로 결속되는 동시에 세상의 신음하는 피조물들과 결속되는 여기에 하나님 나라가 있다.

성만찬은 바로 이것을 시사한다. 성만찬에서 우리와 연합되는 십자가의 그리스도는 이 세상의 작은 형제들과 연합하여 그들과 삶을 나누었다. 그는 "죄인들과 세리들의 친구"였다. 그는 나사로의 여동생 마리아와 그녀를 따라온 유대인들이 나사로의 죽음 때문에 우는 것을 보시고, 함께 슬퍼하며 비통해하시고 "눈물을 흘리셨다"(요 11:35). 그는 성만찬에서 우리 자신이 이 세상의 작은 형제들과 연합할 것을 요구한다. 성만찬은 우리 죄를 위해 십자가에 달린 그리스도를 기억케 하는 동시에 죄인들과 세리들의 친구였던 바로 그분을 기억케 하며, 그분에 대한 기억 속에서 그분의 뒤를 따를 것을 요구한다. 이 요구에 복종하여 신자들은 이 세상의 연약한 자들의 편에 서서 그들의 입장에서 생각해야 한다. 그렇지 않으면 사람다운 사람이 되지 못한다. 그의 살과 피를 먹고 마실 때, 우리는 그의 요구를 따르기로 결단한다.

4) 우리의 생명은 "일용할 양식"을 먹음으로써 유지된다. 먹지 못하면 죽는다. 근본적으로 일용할 양식은 하나님께서 주시는 것이다. 하나님이 땅과 해와 공기와 빛과 물을 주시기 때문에 우리는 일용할 양식을 얻을 수 있다. 우리의 생명은 하나님이 주시는 일용할 양식에 의존한다. 그러므로 우리는 주기도문에서 "일용할 양식을 주옵시고"라고 기도한다. 성만찬에서 신자들이 받는 빵과 포도주는 하나님께서 우리에게 주시는 일용할 양식을 대변한다. 따라서 우리가 성만찬에서 빵과 포도주를 받을 때, 일용

할 양식에 대해 하나님께 감사한다. 우리는 우리의 생명을 가능하게 하는 일용할 양식을 감사한 마음으로 받는다.

성만찬은 우리에게 일용할 양식을 주셔서 우리의 생명을 가능하게 하는 하나님의 은혜에 대한 감사의 의미를 담고 있다. 성만찬은 우리의 생명 자체에 대한 감사의 의미를 가진다. 빵과 포도주를 받을 때 우리는 일용할 양식은 물론 우리의 생명 자체를 감사한 마음으로 받으며, 우리의 생명을 하나님에게 맡긴다. 예수께서도 만찬을 가질 때 아버지 하나님께 감사한다. "감사를 드리신 다음에…"(고전 11:24). "또 잔을 들어서 감사를 드리신 다음에…"(막 14:23). "빵 일곱 개를 들어서 감사 기도를 드리신 뒤에…"(막 8:6; 또한 요 6:11; 눅 24:30; 행 27:35). 그러므로 기원후 100년 경 "감사의 만찬" 곧 "유카리스트"(*Eucharistia*)는 성만찬을 가리키는 확실한 명칭이 되었다 (Nocke 1992, 294). 칼뱅에 따르면 성만찬은 감사를 드리면서 받아야 할 "하나님의 선물"이다(*Inst.* IV.18.7).

일용할 양식은 하나님이 창조하신 자연의 세계에 속한다. 따라서 감사는 하나님이 주신 자연의 세계로 확대된다. 자연이 없다면, 일용할 양식을 얻을 수 없고 빵과 포도주도 있을 수 없다. 빵과 포도주를 받을 때, 그리스도인들은 일용할 양식에 대해서는 물론 그 양식을 생산하는 자연의 세계에 대해서도 감사한다. 감사는 그리스도인의 기본 태도다. 리마문서가 말하듯이, 하나님의 창조와 구원과 인도하심에 대한 감사가 성만찬의 중요한 의미를 구성한다.

오늘날 자연의 세계는 더 많은 소유를 얻고자 하는 인간의 욕심으로 인해 무참히 파괴되고 있다. 수많은 자연 생물들이 삶의 터전을 잃어버리고 소리 없이 죽음을 당하고 있다. 자연은 신음하며 몸부림 치고 있다. 그러므로 자연에 대한 감사는 자연의 고난을 외면한 하나의 낭만적·피상적 감사가 아니라, 자연의 고난을 직시하고 그 고난을 몸으로 함께 느끼는 가운데서 이루어지는 감사다. 이웃을 사랑하며 그의 고난을 함께 느끼는 사람은 이웃을 도울 수 있는 길을 모색한다. 그리스도의 친교는 신음하는 자연과의 친교를 포함한다.

　5) 성만찬에 참여하는 모든 신자는 동일한 자리에서, 동일한 빵을 함께 나누며, 동일한 포도주를 마신다. 여기에 아무 차이가 없다. 모든 사람이 똑같은 성찬을 받는다. 유럽의 많은 교회에서는 성만찬을 거행할 때, 여러 무리를 이룬 신자들이 빵과 포도주가 놓여 있는 성찬대 앞에 둘러서서 성찬을 받는다. 성찬을 받은 다음, 모두 손을 잡고 성만찬 사회자(반드시 성직자는 아님)의 파송의 말씀을 듣는다. 그리스도의 사랑 안에서 하나로 연합되며, 신분과 계급의 차이가 없는 하나님 나라의 현실이 여기에 나타난다.

　성만찬은 신분과 계급의 차이가 없는 새로운 형태의 사회가 이루어지는 현장이다. 최소한 빵과 포도주를 받는 그 순간에는 사회계급의 차이가 사라진다. 모든 사람이 하나님의 형제자매로, 그리스도의 한 몸으로 결합된다. 바울은 이것을 다음과 같이 말한다. "빵이 하나이므로, 우리가 여럿일지라도 한 몸입니다. 그것은 우리가 모두 그 한 덩이 빵을 함께 나누어 먹기 때문입니다"(고전 10:17).

　그리스도의 몸 안에 계급의 차이가 있을 수 없다. 거기에는 기능의 차이가 있을 뿐이다. 마르크스가 말한 "계급 없는 사회"(klassenlose Gesellschaft)는 공산주의 사회가 아닌 성만찬의 자리에 있다. 계급 없는 사회는 피를 동반한 공산주의 혁명을 통해 이루어질 수 없다. 이것은 20세기 러시아 공산주의 혁명, 오늘의 중국과 북한의 공산주의 체제가 증명하는 역사적 사실이다. 계급 없는 사회가 자본주의 경제질서를 통해 이루어질 수 없다는 것은 더 말할 필요도 없다.

　성만찬은 이른바 계급 없는 사회가 그리스도 안에서 가능하다는 것을 보여준다. 그것은 우리 사회가 계급적 차이가 없으며 물질을 함께 나누는 형제자매들의 공동체로 변화되어야 함을 시사한다. 이런 관점에서 볼 때, 대기업의 최고 경영자, 유명한 영화배우나 운동선수들이 일반 직장인들보다 수백 배의 수입을 얻는 미국식 자본주의는 하나님 앞에서 죄악이다. 이 같은 악덕 자본주의 제도는 국가적 차원에서 극복되어야 한다. "주님의 만찬"은 이것을 요구한다.

초기 기독교 공동체에서 성만찬은 신자들이 가정에 모여 음식을 함께 나누는 식탁 친교 속에서 이루어졌다는 사실을 우리는 사도행전과 바울 서신에서 발견한다. 사도행전의 첫 공동체는 "집집이 돌아가면서 빵을 떼며, 순전한 마음으로 기쁘게 음식을 먹고 하나님을 찬양하였다"(행 2:46). 주님의 만찬을 행하면서 "배가 고픈 사람은 집에서 먹어야" 한다는 바울의 말씀도(고전 11:34) 성만찬이 식탁 친교 속에서 이루어졌음을 시사한다. 예수의 마지막 만찬도 "그들이 먹고 있을 때에"(마 26:26; 막 14:22), 잔의 경우 "저녁을 먹은 뒤에"(눅 22:20) 이루어졌다고 공관복음서는 보도한다.

밥을 함께 먹는다는 것은 운명 공동체에 속함을 뜻한다. 그것은 한 형제자매로서의 결속을 나타낸다. 최초의 기독교 공동체는 밥을 함께 먹는 형제자매들의 공동체, "유대 사람도 그리스 사람도 없으며, 종도 자유인도 없으며, 남자와 여자가 없는" 공동체였다(갈 3:28; 고전 12:13; 롬 10:12; 골 3:11). 그것은 기능의 차이는 있지만 계급이 없는 공동체, 모든 사람이 서로 섬기는 섬김의 공동체였다. 이 같은 공동체의 모습이 주님의 살을 먹고 피를 마시는 성만찬에서 가시적으로 나타난다.

성만찬에서 모든 신자는 빵과 포도주를 함께 나눈다. 성만찬은 땅 위의 모든 사람이 먹을 것을 함께 나누는 세상을 비추어준다. 먹을 것 곧 먹거리야말로 인간의 존엄성을 지켜주는 가장 기본적 요소다. 먹지 못하면, 자신의 몸을 팔거나 도둑질이라도 할 수밖에 없는 비참한 존재가 된다. 그러므로 작고한 성인 테레사 수녀도 "먼저 먹이라"고 말한다. 이 세상은 먹을 것을 함께 나누는 세상, 인간의 가장 기본적 존엄성을 지켜주는 세상이 되어야 한다. 성만찬은 바로 이것을 시사한다. 모든 사람이 먹을 것을 함께 나누는 인간다운 세계의 비전이 성만찬에서 나타난다. 새로운 생명의 세계가 성만찬에서 앞당겨 일어난다.

6) 결론적으로 성만찬은 "하나님 나라의 식탁 친교의 전조"(Vorzeichen)

다(Pannenberg 1993, 403). 그것은 장차 올 하나님 나라가 앞당겨 오는 사건이다. 우리를 위해 고난당하신 주님 앞에서 모든 사람이 죄를 참회하고, 주님의 사랑 안에서 한 형제자매가 되며, 위로와 평화와 평등 속에서 물질(빵과 포도주)을 함께 나누는 바로 여기에 하나님 나라가 있다. 인간에 의한 인간의 차별과 소외가 없고 모든 것을 함께 나누는 새로운 생명의 세계가 여기에 있다. 그것은 우리의 세계가 어떤 세계로 변해야 할 것인지, 그 방향을 보여주는 동시에 그것을 앞당겨 실천한다. 성만찬은 하나의 종교적 예식에 불과한 것이 아니라, 인간다운 하나님 나라의 미래를 향해 이 세계의 자기 변화를 자극하고 요구하며, 이 세계를 변화시키는 기능을 가진다. 이 기능은 아마존 원시림 속에서 일어나는 작은 나비 한 마리의 날갯짓에 불과하지만, 이 작은 날갯짓이 사람들의 마음을 변화시키고, 이들을 통해 세계의 변화를 일으킬 수 있다.

성찬대 위에 놓여 있는 빵과 포도주는 주님의 과거를 가리키는 동시에 "하나님 나라에서 새것을 마실 그날"(막 14:25), 곧 종말에 올 대만찬의 미래를 가리킨다. 자신의 살과 피를 내어주시는 주님은 이 미래를 향해 신자들을 부른다. 성만찬은 주님의 고난과 죽음을 가리키는 회상의 표징(signum memorativum)인 동시에 하나님 나라의 영광스러운 미래를 비추어주며, 이 미래를 향해 신자들을 부르는 예시적 표징(signum prognosticum)이다.

교회 예배 시간에 성만찬이 시작되면, 신자들은 주님의 고난을 슬퍼하는 표정으로, 혹은 진지한 표정으로 눈을 지그시 감는다. 눈물을 비치는 사람도 있다. 그러나 성만찬이 "슬픔의 만찬"으로 끝나는 것은 주님이 원하는 바가 아니다. 주님의 고난에 대한 슬픔은 하나님 나라의 미래를 위해 자기를 바치고자 하는 결단으로 이어져야 한다.

지금 이 순간에도 죄와 불의와 죽음과 울부짖음이 세계 곳곳에서 일어나고 있다. 노숙자들이 지하철 역 바닥에 엎드려 손을 벌리고 있다. 이 같은 세계 속에서 주님의 만찬은 무슨 의미를 가지는가? 그것은 장차 올 하나님 나라의 인간다운 세계를 향한 신자들의 동경과 기다림을 자극하는 동시에 이 세계를 향한 신자들의 개입을 요청한다. 성만찬의 자리에서 자신의 살과 피를 주시는 주님은 우리에게 이렇게 질문한다. "요한의 아들 시몬아, 네가 나를 사랑하느냐?"(요 21:16) "나는 너에게 나의 몸을 주는데, 너는 나에게 무엇을 주느냐?"

C. 가톨릭교회의 화체설과 종교개혁자들의 비판

교회가 성만찬을 거행할 때, 주님은 그곳에 함께 계신다. 신자들은 그곳에 계신 주님의 몸에 참여하며 "성도의 친교"를 나눈다. 그들은 한 형제자매로 결합된다. 이 생각은 모든 기독 교회들의 공통된 생각이다. 그럼 주님은 어떤 형태로 함께 계시는가? 신자들은 어떻게 그리스도의 몸에 참여하는가? 성찬대 위에 있는 빵과 포도주는 그리스도의 몸과 어떤 관계에 있는가?

1) 이 질문에 대해 로마 가톨릭교회는 화체설로 대답한다. 화체(化體, Transsubstantiatio)란 성찬대 앞에서 성직자가 "이것은 너희를 위하는 내 몸이다"라고(고전 11:24) 선언하는 순간, 성찬대 위의 빵과 포도주가 그 형태는 변하지 않지만 그 본성이 그리스도의 살과 피로 변한다는 것을 말한다. 화체설의 근거는 내 몸"이다"(est)라는 성서 말씀에 있다. 빵과 포도주가 그리스도의 몸"이다"라면, 빵과 포도주는 그리스도의 살과 피로 변하였다고 생각해야 한다는 것이다.

화체설은 가톨릭교회가 처음으로 교리화시킨 것이 아니라, 이미 초대 교부들의 신학에 그 뿌리를 가진다. 테르툴리아누스에 따르면, 빵과 포도주의 형태(figura) 속에는 그리스도의 몸과 피의 실재가 나타난다. 이 생각은 빵과 포도주, 그리고 그리스도의 몸과 피의 동일성을 말하는 화체설로 쉽게 발전할 수 있는 소지를 보인다.

암브로시우스(Ambrosius, 340?-397)에 따르면, 그리스도의 고난에 대한 신자들의 주관적 회상은 이 동일성을 확실하게 실현할 수 없다. 그리스도만이 하나님의 말씀을 통해 이 동일성을 실현할 수 있다. 하나님의 창조적 말씀은, 빵과 포도주의 자연적 요소들이 그리스도의 몸과 피라 불리거나 그렇게 보일 수 있게 할 뿐 아니라 "성례의 형태 속에서 정말 그렇게 되도록 할 수 있는 힘을 가진다." 이것은 가나의 혼인잔치에서 물이 포도주로 변한 것과 같은 "물질적 변화"가 아니다. 만일 이것이 물질적 변화라면, 신자들은 그리스도의 몸과 피를 입으로 먹고 마시는 꼴이 될 것이다. 그러나 그리스도의 말씀을 통해 자연의 사물들 곧 빵과 포도주는 자연적 특성을 벗어나 하나님의 성령으로 충만케 되어, 그리스도께서 그 안에 현존할 수 있다. 암브로시우스의 이 같은 생각은 "실재론 혹은 변화론"(Metabolismus)이라 불린다(Müller 2005, 692).

암브로시우스 이후 오랜 신학적 토론 끝에, 가톨릭교회는 1215년 제4차 라테란 공의회에서 화체설을 다음과 같이 교리로 채택한다. "신자들의 단 하나의 보편적 교회가 있다. 이 교회 바깥에는 아무도 구원을 얻지 못한다. 하나님의 힘을 통해 빵은 몸으로, 포도주는 피로 본질적으로 변화된 후에(transsubstantiatis pane in corpus, et vino in sanguinem potestate divina), 그리스도는 이 교회 안에서 사제인 동시에 속죄제물이다. 그의 몸과 피는 제단의 성례에 그리고 빵과 포도주의 형태 속에 참으로 포함되어 있다(veraciter continentur)". 여기서 "화체"는 빵과 포도주의 물질적 변화를 말하는 것이 아니라, 하나님의 능력을 통한 빵과 포도주의 "실체의 변화"(conversio substantialis)를 말한다. 그리스도의 몸과 피의 실체로 변한 빵과 포도주 안에 "그리스도의 몸적 임재" 내지 현존이 있다(696). 성만찬 가운데 계시는 그리스도의 임재는 단지 영적 임재가 아니라 "실체의 양태를 통한(per modum substantiae) 몸적 임재"다(697). 따라서 성만찬 가운데 계신 그리스도와 신자들의 친교는 몸적인 것이다.

동방 정교회는 본성(ousia)에 이르기까지 변화됨을 가리키는 "metabole"에서 파생한 "metousiosis"(변화)란 개념을 사용한다. 그러나

"변화"가 "어떻게" 일어나는가를 설득력 있게 설명하지 않는다. 가톨릭교회 역시 화체가 어떻게 일어나는가를 설명하지 못한다. 1971년에 있었던 영국 성공회와 로마 가톨릭교회의 대화도 이를 설명하지 않는다(Tillard 1989, 290). 빵과 포도주의 화학적 변화는 하나님의 경이로운 신비로 간주된다.

그럼 가톨릭교회가 이를 교리를 수용하게 된 동기는 무엇일까? 그 내적 동기는 성만찬에서 그리스도께서 성만찬에 정말 현존한다는 실재적 현존 내지 임재(Realpräsenz)를 말하고자 함에 있었다. 여러 초기 교부들과 중세 신학자들(Berengar of Tours 등)이 말한 상징론은 그리스도의 실재적 임재를 충분히 보장하지 못한다. 그리스도께서 "나의 몸이다"라고 말씀하셨다면, 빵과 포도주는 그의 몸일 수밖에 없다. 그것은 우리가 일상생활에서 사용하는 빵과 포도주와는 질적으로 전혀 다른 그리스도의 몸"이다".

여기서 가톨릭교회는 "이다"(*est*)를 "변한다"로 파악한다. 빵과 포도주가 그리스도의 몸과 피"이다"라면, 빵과 포도주는 그리스도의 몸과 피로 변할 수밖에 없다. 그리스도는 자기의 몸과 피로 변한 빵과 포도주의 형태 속에서 성만찬에 실제로 현존한다. 이것을 먹고 마심으로써 신자들은 그리스도의 고난과 죽음에 몸적으로 참여하며, 그의 구원을 새롭게 경험한다. 그리스도의 무한한 사랑 안에서 그들은 그리스도와 몸적으로 연합하는 동시에 신자들과 한 몸으로 연합한다. 이것은 단지 영적 사건이 아니라 실재적·몸적 사건이다. 그리스도가 그들 안에, 그들이 그리스도 안에 있다. 그들을 위해 생명을 바친 그리스도의 사랑이 그들을 새로운 사람으로 변화시킨다. 빵과 포도주의 화체 혹은 변화는 그리스도인들의 몸적 변화를 목적한다. 여기서 우리는 화체설의 내적 의도를 볼 수 있다. 그리고 그 의도에 있어 루터와 칼뱅의 생각과 일치함을 볼 수 있다.

2) 루터는 『교회의 바빌론 포로신세』(1520)에서 화체설을 "포로신세"의 둘째 항목으로 다룬다. 그에 따르면, 화체설은 빵과 포도주를 신격화시켜 이를 경배하는 "우상숭배의 위험"(*periculum Idolatriae*)을 가진다. 우리

는 그리스도의 살과 피의 "속성"을 경배하는 것이 아니라 "그 속에 숨어 계신 그리스도를 경배한다"(Luther 2016, 53). 그리스도께서 빵을 들어 축사하셨고, 사도행전과 사도 바울이 나중에 빵이라고 불렀다면, "진짜 빵과 진짜 포도주"가 성찬대에 있다고 생각될 수밖에 없다. "하나님의 힘의 작용을 통해 물질적 변화가 일어났다고 생각하는 것은 불필요하다. 이것은 인간의 상상력에서 나온 허구로 간주되어야 한다. 그것은…어떤 성서의 증명이나 이성의 증명에도 근거할 수 없기 때문이다"(51).

화체설의 불가능에 대한 근거를 루터는 그리스도의 신성과 인성의 관계에서 발견한다. 하나님의 신성을 담기 위해 그리스도의 인성은 조금도 변하지 않았다. 그리스도 안에서 두 가지 본성은 변하지 않고 공존하였다. 그래서 "이 사람이 하나님이다, 이 하나님이 사람이다"라고 말한다. 빵과 포도주도 같은 관계에 있다. 이들은 그리스도의 살과 피의 본질로 변하지 않고, 빵과 포도주로 남아 있다. 그러므로 그리스도는 "이 빵이 나의 몸이요, 이 잔이 나의 피다"라고 말한다(61). 만일 빵과 포도주의 본질이 변했다면, 그리스도는 더 이상 "이 빵", "이 잔"이라고 말하지 않았을 것이다.

3) 츠빙글리는 육을 가진 그리스도의 인성과 그의 신성을 엄격히 구별한다. 두 본성이 엄격히 구별된다면, 육적인 빵과 포도주가 천상의 그리스도의 살과 피로 변한다는 화체설은 불가능하다. 하늘에 계신 그리스도께서 인간의 몸과 피를 입고 성만찬이 거행되는 모든 곳에 임재한다는 것은 상식적으로 생각될 수 없다. 부활하신 그리스도의 몸은 하나님의 오른편에 계신다. 몸은 공간성을 그의 본성으로 가진다. 그것은 언제나 특정한 공간에 있다. 따라서 하나님 오른편의 공간에 계신 그리스도께서 땅으로 내려와 성만찬의 떡과 포도주 안에 계신다는 것은 불가능하다. "이것은 나의 몸이다"라고 할 때의 "이다"(est)는 "변한다"로 이해될 것이 아니라 "상징한다"(significat)로 이해되어야 한다. 이에 대해 우리는 아래에서 더 자세히 고찰하고자 한다.

4) 칼뱅에 따르면 "이전에 아니었던 것"이 "다른 것으로" 변한다는 것

은 불가능하다. 그리스도께서 말하는 하늘의 빵은 영적인 빵을 가리키는 것처럼, 성만찬의 빵과 포도주도 영적 의미에서 그리스도의 살과 피를 가리킨다. 그의 피를 가리켜 바울은 "영적인 물"이라 말한다(*Inst.* IV.17.13-15). "이것은 나의 몸이다"라고 할 때의 "이다"는 빵과 포도주가 그리스도의 몸으로 "변한다"는 것을 뜻하지 않는다(IV.19.20). 세례에 사용되는 물이 물로 존속하는 것처럼, 빵과 포도주 역시 빵과 포도주로 존속한다. 그것은 성직자의 성만찬 제정사를 통해 그리스도의 살과 피로 변하지 않는다.

"교회는 그리스도'이다'"라는(고전 12:12) 말이 축자적으로 이해될 수 없듯이, "이것은 나의 몸'이다'"라는 말도 축자적으로 이해될 수 없다. 즉 빵과 포도주가 그리스도의 몸으로 변하였다는 것으로 이해될 수 없다. 하나님에 관한 성서의 여러 가지 신인동형론적 표현들처럼 "이다"는 상징언어로 이해되어야 한다. "성만찬은…그리스도는 하늘에서 내려온 생명의 빵이라는(요 6:48, 51) 약속을 보여주는 가시적 증언일 뿐이다"(IV.17.14). 그리스도의 살과 피가 빵과 포도주의 허무한 물질적 요소들로 변한다는 것은, 하나님 오른편에 계신 그리스도의 초월성과 하늘의 영광을 훼손하는 일이다(IV.17.19). 성만찬에서 우리를 그리스도와 결합시키는 것은 그리스도의 살과 피로 변한 빵과 포도주 자체가 아니라 성만찬에 임재하는 "성령의 숨어 있는 능력"이다(IV.17.33).

화체설과 연관하여 칼뱅은 다음과 같은 우화를 전한다. 성만찬에 사용할 빵을 만든 사람이 그 빵을 사제에게 전하였다. 사제가 빵을 성찬대에 비치하려고 하자 빵을 만든 사람이 급히 말하였다. "사제님, 오늘 빵을 만들다가 실수하여 독극물이 혼합되었습니다. 그러나 빵이 그리스도의 몸으로 변한다고 하셨으니 먼저 사제님이 빵을 먹어보는 게 어떨까요?" 그러자 사제는 얼른 빵을 내버렸다고 한다.

D. 미사의 속죄제물, 빵과 포도주에 대한 숭배
– 평신도에 대한 분잔 거부의 문제와 함께

성만찬의 빵과 포도주가 그리스도의 몸과 피로 변하였다고 생각함으로써 가톨릭교회는 다음과 같은 제도를 갖게 된다.

1) "미사의 속죄제물"(Messopfer): 성찬대 위의 빵과 포도주는 빵과 포도주의 본성을 상실하고 그리스도의 몸과 피로 변하였다. 가톨릭교회는 이 몸과 피를 하나님께 매일의 예배(미사)에서 속죄제물로 바친다. 십자가에 달린 그리스도의 속죄제물이 교회 미사의 속죄제물을 통해 새롭게 현재화된다. 미사의 본질은 사제를 통하여 빵과 포도주에서 변한 그리스도의 몸과 피를 속죄제물로 하나님께 바치는 데 있다. 가톨릭 신학자 김정남에 의하면 "미사는 예수 그리스도의 십자가 위의 제사를 새롭게 하며, 죽음에서 영원한 삶으로의 빠스카(넘어감) 신비의 재현이며, 예수 그리스도의 말씀을 따라 그리스도의 몸과 피를 우리에게 준 최후 만찬의 기념 제사로 우리 인간들과 함께 그리스도 자신을 흠 없고 티 없는 제물로 신비롭게 하나님께 바치는 신약의 유일한 제사이며 성찬이다"(김정남 1988, 31). 그러나 루터와 칼뱅은 "미사의 속죄제물"을 반대한다.

　a. 루터는 "미사의 속죄제물"을 『교회의 바빌론 포로신세』의 셋째 항목으로 다룬다. 그는 화체설보다 이 문제를 더 깊이 다룬다. 그에 따르면, 그리스도의 희생제물은 단 한번 하나님께 봉헌되었다. 그러므로 히브리서는 사제들이 그것을 반복하여 하나님께 봉헌할 수 없다는 것을 분명히 말한다. 그는 "자기 자신을 바치셔서 단 한번에 이 일을" 이루셔서(히 7:27) "우리에게 영원한 구원을 이루셨다"(9:12). 그는 "죄를 사하시려고 단 한번의 영원히 유효한 제사를" 드리셨다(10:12). 루터에 따르면, 예배를 드릴 때마다 성직자가 빵과 포도주를 그리스도의 속죄제물로 하나님께 바치는 것, 곧 미사는 성직자의 권력을 위한 도구가 된다. 그것은 성례의 "가장 무신적 오용"이다(*impiissimus abusus*, Luther 2016, 63).

본래 그리스도의 속죄제물은 하나님이 인간에게 내어주신 것이다. "어떤 행위나 공적 없이, 오직 믿음을 통해 받는 모든 사람에게, 사제의 봉사를 통해 오직 하나님이 속죄제물을 주신다." 그런데 가톨릭교회의 미사에서는 사제 곧 인간이 하나님께 그리스도의 속죄제물을 바친다. "미사는 하나님께 바쳐지는 속죄제물이다"(103). 하나님에게서 속죄제물을 "받는 자" 곧 인간이, 하나님께 속죄제물을 "주는 자"가 되어버린다. 이리하여 미사의 속죄제물은 인간이 하나님께 바치는 인간의 선한 공로(bonum opus)로, "스스로 만들어 낸 업적"(opus operatum)이 되어버린다. 이 업적의 도움으로 인간 자신이 하나님의 뜻을 결정할 수 있다고 생각한다(93). 그는 하나님께 속죄제물을 바치는 업적을 근거로 하나님 앞에서 자기의 의로움과 구원을 요구할 수 있게 된다. 이것은 오직 하나님의 은혜로 말미암아 하나님의 의롭다 하심을 얻는다는 칭의의 신앙에 모순된다. 하나님의 구원은, 속죄제물을 바치는 인간의 공로를 통해 얻을 수 있는 것이 되어버린다. 이리하여 루터는, 미사는 믿음을 불필요한 것으로 폐기하는 것이라고 거듭 주장한다.

성례를 통해 하나님이 주시는 구원의 선물은 오직 인격적 믿음 속에서만 받을 수 있다. 그러므로 죽은 사람들을 위한 미사의 속죄제물은 불가능하다. 미사는 말씀의 선포이어야 한다. 그러므로 그것은 높은 학식을 가진 사람들만이 이해할 수 있는 라틴어로 집례될 것이 아니라 모국어로 집례되어야 한다. "미사의 모든 본질은…이 말씀에 있다. 그 외의 것은 완전히 인간의 노력으로 소급된다"(65). "미사는…하나님이 우리에게 주신 죄의 용서에 대한 약속을 나타내야 한다"(69). "미사를 가치 있게 지키기 위해 믿음 외에 아무 다른 것도 필요하지 않다"(75).

b. 루터의 제자 멜란히톤이 작성한 「아우크스부르크 신앙고백」은 미사의 속죄제물을 다음과 같이 비판한다.

① 로마 가톨릭교회는 다음과 같이 가르친다. 즉 십자가에서 그리스도는 단지 원죄를 없애기 위해 죽었다. 그 이후에 일어나는 인간의 죄에 대

해 추가로 속죄제물을 하나님께 바쳐야 한다. 이를 위해 그리스도는 미사 제도를 세웠다. 행위의 죄에 대한 하나님의 진노의 심판을 면하기 위해 매일의 미사는 필수적이다. 여기서 성직자가 돈을 받고 베푸는 매매미사, 부정한 비밀미사, 연옥에 있는 죽은 사람들을 위한 영혼의 미사 등 각종 폐해들이 일어난다. 이에 대해 성서는 다음과 같이 말한다. 즉 그리스도는 그의 십자가의 속죄제물을 통해 단 한번, 모든 인간의 모든 죄에 대한 값을 치르셨다는 것이다.

② 그리스도는 모든 인간의 죄를 위해 단 한번 죽으셨기 때문에 사제가 매일 미사의 속죄제물을 바치는 것은 불필요하다. 미사는 그리스도의 속죄제물의 반복이거나 보충일 수 없다. 우리는 미사의 속죄제물을 바치는 인간의 공적을 통해서가 아니라 오직 믿음을 통해 죄의 용서를 받을 수 있다. 그러므로 성례의 자동적(ex opere operato) 유효성에 대한 가톨릭교회의 가르침은 거부될 수밖에 없다.

③ 미사는 속죄제물이 아니다. 하나님은 자기에게 그리스도를 물질적 제물로 바치도록 하기 위해 그의 몸과 피를 교회에 선사하지 않았다. 성만찬의 목적은 인간이 하나님께 속죄제물을 바치도록 하기 위한 것이 아니다. 그 목적은 십자가에서 단 한번 일어났고, 말씀을 통하여 우리에게 약속되며, 믿음 속에서 우리가 하나님의 선물로 받아들이는 죄의 용서에 대한 확신을 강화하기 위한 것이다. 미사는 제물이 아니라 성례와 약속(sacramentum, testamentum)이기 때문에 속죄제물과 연관된 모든 단어는 미사집에서 제거되어야 한다(Müller 2005, 703).

c. 칼뱅은 미사의 속죄제물의 문제를 『기독교강요』 IV.18.1-20에서 매우 체계적으로 다룬다.

① 하나님은 그리스도를 영원한 대제사장(사제)으로 세우셨다(히 7장). "그리스도가 유일한 제사장이다." 그는 동역자들을 필요로 하지 않는다. 그럼에도 불구하고 그리스도의 자리에 "후계자나 대리자"를 세우는 것은 유일한 사제이신 그리스도에 대한 "모욕"이다(IV.18.2).

② 그리스도는 "거룩하게 되는 사람들을 단 한번의 희생제사로 영원히 완전하게 하셨다"(10:14). "죄와 불법이 용서되었으니 죄를 사하는 제사가 이제는 필요 없다"(10:18). 그리스도는 "모든 것을 다 이루었기" 때문이다 (요 19:30). 그럼에도 불구하고 마치 그리스도의 속죄제물이 "불완전한 것처럼 매일 매일 수를 헤아릴 수 없는 새로운 제물들을 추가하는" 것은 "그리스도의 십자가와 고난을 억누르고 덮어버리는 것이다"(IV.18.3). 미사의 속죄제물은 예수의 십자가의 속죄제물을 약화시킨다. 하나님이 우리의 구원을 위해 그리스도의 속죄제물을 내어주시는 것이 아니라 인간이 하나님께 속죄제물을 바친다. 이것은 하나님에 대한 불경이요, 칭의의 신앙에 모순된다.

③ 그리스도는 "새 언약"을 세우셨다. 그는 "더 좋은 언약의 중재자"다 (히 8:6). 그는 자기의 죽음으로 이 언약을 확실히 세우셨다. 그럼에도 불구하고 그리스도의 살과 피로 변한 빵과 포도주를 속죄제물로 매일 하나님께 바치는 것은 "그리스도의 참되고 유일한 죽음을 소멸시키며 인간의 기억에서 지우는 것이다." 가톨릭교회의 "미사는 새롭고 완전히 다른 종류의 언약이 아니고 무엇인가?" 미사의 제물은 언약의 의미를 갖기 때문에 그리스도는 수도 없이 많은 언약을 세우는 꼴이 될 것이다(IV.18.5).

④ 그리스도의 속죄제물을 반복해서 드리는 교회의 미사를 통해 죄의 용서를 경험할 때, 그리스도께서 십자가의 자기 희생을 통해 우리의 죄를 용서하였다는 것을 보지 못하게 된다. 따라서 미사는 "그리스도의 죽음으로 말미암아 우리에게 주어지는 열매를 우리에게서 빼앗아버린다." 물론 미사를 통한 죄의 용서는 그리스도의 용서에 근거한다고 변명할 수 있지만, 여기서 그리스도의 고난은 "구원의 모범"으로 변질한다. 그의 속죄제물의 죽음이 우리의 죄를 용서하는 것이 아니라, 사제가 제단에서 드리는 속죄제물 곧 그리스도의 몸으로 변한 빵과 포도주가 우리의 죄를 용서하는 꼴이 된다(IV.18.6).

⑤ 성만찬은 우리가 감사하며 받아야 할 하나님의 은사다. 그것은 하

나님이 우리에게 주시는 것을 받는 것이다. "이에 반해 미사의 속죄제물은, 하나님이 죄에 대한 보상으로서 받아주시는 하나의 값을 인간이 하나님에게 지불하는" 인간의 행위다. 그것은 하나님이 주시는 것을 받는 것이 아니라 인간이 매일 반복하여 하나님에게 바치는 인간의 공적이 되어버린다. 주님의 고난을 기억해야 할 성만찬은, 매일 반복해서 속죄제물을 바치는 미사를 통해 폐기된다(IV.18.7).

⑥ "순종이 제사보다 낫고, 말씀을 따르는 것이 숫양의 기름보다 낫다"고 성서는 말한다(삼상 15:22). 그렇다면 어떤 근거에서 속죄제물을 바치는 것이 하나님을 기쁘게 하는 일이라 볼 수 있는가? 하나님이 속죄제물을 바칠 권한을 가진 제사장직을 세우셨다는 가톨릭 교회의 주장은 성서를 통해 증명되지 않는다(IV.18.9).

「하이델베르크 신앙고백」(1563)은 속죄제물의 미사에 대한 칼뱅 계열의 비판을 다음과 같이 요약한다. "미사는 사실상 예수 그리스도의 유일한 희생제물과 고난의 부인이요, 저주받은 우상숭배에 불과하다"(Steubing 1970, 146).

2) 신격화된 빵과 포도주에 대한 숭배(성체숭배): 이미 초기 교회 시대에 교회는 성별된 빵과 포도주를 예배 시간 이후에도 보관하는 관습을 가지고 있었다. 그것은 미사에 참여할 수 없는 환자들, 예를 들어 임종 환자들에게 베풀거나 다른 교회들과 친교를 나누기 위함이었다. 또 다음 미사에서 사용하기 위해 보관되기도 하였다. 구약에서 만나와 유월절 희생제물의 남은 부분은 폐기 처분되었고, 예수의 마지막 만찬에서 아무것도 남지 않았으므로, 미사에서 사용되고 남은 빵과 포도주가 보존되어서는 안 된다는 비판이 있었지만 초기 교회는 이 관습을 유지하였다.

그런데 교황 호노리오 3세(Honorius III)가 재임하던 1217년부터 가톨릭교회는 빵과 포도주 앞에서 무릎을 꿇고 이를 숭배하는 제도를 도입하였다. 그것은 그리스도의 몸과 피로 변하였기 때문이다. 이리하여 새로운 성만찬 경건의 의식, 곧 성체 축제일(Fronleichnamfest), 성체 행렬, 성체 현시대 앞에서의 경배와 찬양 의식이 생성되었다(Nocke 1992, 302).

종교개혁자들은 이를 "우상숭배"라고 비판하였다. 칼뱅에 의하면, 교회는 빵과 포도주를 주신 분을 경배하지 않고, 그가 주신 빵과 포도주를 경배한다. 하나님의 영광을 빼앗아 그것을 빵과 포도주에게 넘겨준다. 빵과 포도주 자체에는 약속의 말씀이 결여되어 있기 때문에 빵과 포도주를 경배하고 찬양하는 것은 무의미하다. 사도신경은 최초의 신자들이 빵을 떼었다고 하지, 빵을 경배하였다고 전하지 않는다(*Inst*. IV.17.36-37).

가톨릭교회의 사제들은 쉽게 알코올중독에 걸릴 수 있는데 그 원인은 화체설에 근거한 빵과 포도주에 대한 경배에 있다. 빵과 포도주는 그리스도의 살과 피로 변했기 때문에 매일 미사에서 사용되고 남은 포도주를 버려서는 안 되고, 사제가 모두 마셔야 하기 때문이다. 그러나 빵과 포도주가 그리스도의 피로 변하지 않는다면, 성직자는 남은 포도주를 모두 마실 필요가 없다. 또 그것을 신격화시켜 특별히 성별된 공간에 보관하거나 경배할 필요가 없다. 칼뱅은 성만찬에서 빵과 포도주 자체에 대한 경배를 거부한다(IV.17.35).

종교개혁자들에 반하여 트리엔트 공의회는 빵과 포도주의 숭배를 주장했다. "사도들이 전한 성서의 증언에 따르면(마 28:17) 갈릴리에서 숭배를 받으신 그 하나님이 성만찬 속에 계시기" 때문이다(Nocke 1992, 302).

3) 평신도에 대한 분잔 거부: 12세기부터 가톨릭교회는 성만찬을 거행할 때 평신도에게 빵만 주고 포도주를 주지 않는 제도(*communio sub una*)를 가지고 있었다. 그리스도의 피를 받는 과정에서 평신도가 그 피를 땅바닥에 흘릴 수 있는 위험을 피하기 위함이요, 또 그리스도의 "몸"에는 그의 피가 포함되어 있으므로 평신도에게 반드시 분잔을 할 필요가 없다는 것이 그 이유였다. 그래서 분잔은 특별히 하나님의 기름 부으심을 받은 인물들 곧 성직자들에게만 허락되었다. 빵이나 포도주 속에는 그리스도의 온몸이 들어 있기 때문에 반드시 포도주를 줄 필요가 없다는 "*concomitantia*"(동반, Alexander Halesius) 이론이 그 신학적 근거로 제시

되었다(Heussi 1971, 230).

    a. 이 문제를 루터는『교회의 바빌론 포로신세』에서 첫째 항목으로 다룬다. 그에 따르면, 예수는 모든 사람을 위해 그의 피를 흘렸다. 그는 마지막 만찬에서 포도주를 가리켜 성직자만을 위한 것이 아니라 "많은 사람을 위하여"(막 14:24) 혹은 "너희를 위하여"(눅 22:20) 흘리는 그의 피라고 말한다. 여기서 "너희를 위하여"는 사제들을 가리킨다면, "많은 사람들을 위해"는 평신도를 포함한 모든 사람을 가리킨다. 그러므로 그리스도는 "모든 사람이 이를 마셔라"고 말한다. 그리스도의 "피는 모든 사람을 위해 주어졌다." "누가 그리스도께서 평신도를 위해 그의 피를 흘리지 않았다고 말할 수 있겠는가"(Luther 2016, 33). 공관복음서에 의하면 "그리스도는 모든 제자들에게 성례(여기서 성만찬을 말함) 전체를 주셨다. 바울도 두 가지를 모두 전하였다는 것은 확실하다." 마태복음의 보도에 의하면 "그리스도는 빵에 대해 '모두 그것을 먹어라'고 말하지 않고 '모두 이 잔을 마셔라'고 잔에 대해 말하였다. 마가도 '그들이 모두 먹었다'고 말하지 않고 '그들 모두가 그것을 마셨다'고 말한다"(27). 그러므로 포도주는 평신도에게도 분배되어야 한다.

    이 문제와 연관하여 루터는 성례가 사제의 전유물이 아니라 모든 사람에게 주어진 것이라 주장한다. "성례는 사제들의 것이 아니라 모든 사람의 것이다. 사제는 성만찬의 주인이 아니라 봉사자다(*nec domini...sed ministri*, 43). 사제들이 성만찬의 봉사자들이라면, 평신도에게는 빵만 주고, 자신은 빵과 포도주 두 가지 전부를 취할 권리가 없다. 사제들은 성만찬의 두 가지 형태(빵과 포도주)를 원하는 모든 사람에게 주어야 할 의무를 가진다." 성례가 평신도에게도 주어진 것이라면, 두 가지 형태의 성만찬은 평신도에게 거절되어서는 안 된다. 평신도가 분명히 간청함에도 불구하고 그것이 평신도에게 거절된다면, 이것은 양심이 없는 일이요, 그리스도의 행동과 모범과 가르침에 모순된다(29). 평신도에게 포도주 잔을 거부한다면, 빵도 거부해야 할 것이다. 그것은 "전체 교회 곧 하나님의 백성의 동의 없이" 부분교회(성직자 위계질서를 말함)의 스스로를 영광스러워 하는 영도자들이 만든 것이요(33), "로마의 독재"에 의한 "성례의 첫째 포로신세"(*prima captivitas sacramenti*)다(42).

　b. 칼뱅은, 평신도에 대한 분잔 거부는 성만찬의 절반을 "도적질하거나 빼앗는" 것이라 말한다. 그것은 "모두 돌려가며 이 잔을 마셔라"(마 26:27)는 주님의 말씀에 모순된다. 또 그것은 "주님으로부터 전해 받은 것"을 "여러분에게" 곧 모든 사람에게 전해 주었다는 바울의 말씀에도 모순된다(고전 11:23). 초기 교부들은 모든 신자가 온전한 성만찬에 참여할 것을 다음과 같이 말한다. "우리의 영이 하나님에 의해 배부름을 얻기 위해 '육'이…그리스도의 몸과 피를 양식으로 얻어야 한다"(Tertullianus). "제사장들만 먹고 나머지 백성은 먹지 못하는 옛 율법과는 달리, 모든 사람에게 한 몸과 한 잔이 나누어진다. 성만찬은 사제들과 백성에게 공동으로 모든 것을 나누어준다"(Chrysostomus). 칼뱅에 따르면 성만찬에서 사제와 평신도의 구별이 있을 수 없다(IV.17.48-50). 사제들에게는 빵과 포도주를 주고, 평신도에게는 빵만 주어야 한다는 가르침은 성서 어디에서도 발견되지 않는다.

　평신도에게 분잔을 거부한 것에 대한 비판은 15세기 체코슬로바키아의 후스(J. Hus)파에 의해 제기되었다. 후스가 화형에 처해진 이후 지도자로 일했던 야코벨루스(Jacobellus)에 따르면 "모든 사제는 피의 도둑들이다.' 그들은 그들의 독단적인 이용목적으로 그리스도의 피를 저장하였다." 로흐만은 다음과 같이 설명한다. "그리스도의 피는 하나님의 모든 백성들을 위한 구원의 매는 줄이다. 그러므로 그 피가 교회 성직자들의 특권이 되어서는 안 된다. 주님의 면전에서 모든 차이들이 해소되고, 하나님의 모든 사람은 그들의 공동유산에 가담한다. 모든 사람은 사제며 주체들이다. 그들은 예배의 대상들이 아니다.…잔은 사실상 여성과 남성의 종말론적 형제자매애의 상징이다"(Lochman 1997, 68-69).

E. 그리스도의 임재에 대한 종교개혁자들의 이해

1) 화체설이 타당하지 않다면, 성만찬에 계신 그리스도의 현존 혹은 임재는 어떻게 이해되어야 하는가? "이것은 나의 몸'이다"라고 할 때 "이다"(*est*)는 무엇을 말하는가? 이 문제에 대해 루터, 츠빙글리, 칼뱅의 생각은 일치하지 않는다. 이로 인해 개신교회의 교단 분열이 초래된다(아래 내용에 관해 정홍열 2000 참조).

1520년에 출판된 『교회의 바빌론 포로신세』에서 루터는, 부활하신 주님이 빵과 포도주 안에 공간적으로 함께 계시다는 실재론적 임재(Realpräsenz, res-Präsenz) 곧 실재설 내지 공재설을 주장한다. 여기서 "이다"는 축자적으로 생각된다. 빵과 포도주가 그리스도의 "몸이다"라면, 그리스도는 빵과 포도주 안에, 빵과 포도주와 함께 계시다고 생각할 수밖에 없다는 것이다.

루터는 이것을 용광로 속에 있는 쇳물에 비유한다. 뜨겁게 이글거리는 쇳물 속에는 불과 쇠가 섞여 있다. 양자는 분리될 수 없다. 그러나 쇠는 쇠로, 불은 불로 구별된다. "그렇다면 변용되신 그리스도의 몸이 왜 빵의 실체의 모든 부분들 속에 있을 수 없겠는가"(Luther 2016, 55). "단지 그리스도의 몸이 빵 안에 있을 뿐 아니라, 빵이 그리스도의 몸이라는 것을 나는 확실히 믿는다"(59).

또 루터는 "백 굴덴과 그 주머니" 비유를 통해 그리스도의 실재론적 임재를 설명한다. 눈에 보이는 것은 돈 주머니이고, 그 안에 있는 돈은 보이지 않는다. 주머니 속의 돈이 보이지 않지만, 사람들은 주머니 안에 돈이 들어 있다고 생각한다(Staedke 1977, 112).

실재설에 대한 근거를 루터는 그리스도의 신성과 인성의 관계에서도 발견한다. 신성을 담기 위해 그리스도의 인성은 변화되지 않았다. 두 가지 본성은 조금도 변화되지 않고 남아 있었다. 그래서 "이 사람이 하나님이요, 이 하나님이 사람이다"라고 말하게 된다. 주님의 몸과 빵 그리고 포도주도 이와 같은 관계에 있다. 각자는 자신의 실체를 유지하되, 주님이 함께 하시기 때문에 빵과 포도주는 그의 살과 피로서 성찬대 위에 있다. 그래서 "이 빵은 나의 몸이요, 이 포도주는 나의 피다"라고 말하게 된다. 또 이를 거꾸로 말할 수 있게 된다(61).

1527년 츠빙글리와의 성만찬 논쟁에서 루터는 하늘에 계신 그리스도의 몸이 빵과 포도주 안에 임재할 수 없다는 츠빙글리에 반해, 신성과 인성의 교류(communicatio idiomatum)에 근거하여 그리스도의 어디서나 계심 곧 편재(Ubiquität)를 주장한다. 그리스도의 인성은 그의 신성과 교류함으로써 어디서나 계실 수 있다. 신적 편재로 충만한 그의 인성은 성만찬의 빵과 포도주에도 함께 있을 수 있다.

그러므로 빵과 포도주가 신자들에게 나누어질 때, 그 속에, 그 아래에, 그것과 함께(in, sub, cum) 있는 그리스도의 살과 피가 함께 나누어진다. 신자들이 빵과 포도주를 먹고 마실 때, 그들은 그 속에 은폐되어 눈에 보이지 않는 그리스도의 살과 피를 먹고 마신다. 그러나 이것은 눈에 보이지 않는 형태로 일어난다. 그리스도의 살과 피는 눈에 보이지 않는 형태로 빵과 포도주 안에 임재하기 때문이다. 여기서 루터는 가톨릭교회의 스콜라적 전통을 완전히 벗어나지 못한다는 인상을 준다. 그 원인은 "이다"라는 글자에 충실하여 그리스도의 임재를 실제적·몸적 임재(reale, leibliche Gegenwart)로 파악하기 때문이다. 그리스도의 몸과 피가 빵과 포도주와 "함께" 신자들에게 나누어진다면, 그들은 실제로 그의 몸과 피를 입으로 먹고 마신다고 생각할 수밖에 없다(manducatio oralis). 신자는 물론 불신자도 그것을 먹지만(manducatio impiorum), 전자는 구원으로, 후자는 심판으로 그것을 먹는다.

1530년 6월 25일에 발표된 루터파의 「아우크스부르크 신앙고백」(CA)은 "그리스도의 몸과 피가 정말로 현존하며, 주님의 만찬에서 그것을 먹는 사람들에게 나누어진다"고 말한다(CA IX). 1580년에 발표된 루터 계열의 「신조일치서」(Konkordienformel)는 위의 생각을 공고화하여, 신자들이 빵과 포도주를 먹을 때 믿음이 없는 무자격자라 할지라도 그리스도의 몸과 피를 입으로 먹고 마신다고 고백한다(*manducatio oralis et indignorum*, CA VII). 그리스도께서 빵과 포도주 "안에, 그 아래에, 그것과 함께"(*in, sub et cum*) 계신다는 "공재"(*consubstatio*) 개념은 이 문서에 처음 나타난다.

2) 스위스의 종교개혁자 츠빙글리는 가톨릭교회의 화체설과 루터의 실재설을 함께 거부하고 상징론적 성만찬론을 주장한다. "생명을 주는 것은 영이다. 육은 아무 데도 소용이 없다"(요 6:63; 롬 14:17)는 말씀에 따라 그는 영과 육을 엄격히 구분한다. 이에 근거하여 츠빙글리는 속성의 교류를 반대한다. 육을 가진 그리스도의 인성과 신성은 전혀 다른 것이기 때문에 두 본성은 엄격히 구분되어야 한다. 엄격히 구분되지 않고 교류하거나 혼합될 때 하늘에 계신 그리스도의 영광이 훼손된다. 두 본성이 엄격히 구분된다면, 육적인 빵과 포도주가 천상의 그리스도의 살과 피로 변한다는 화체설도 불가능하지만, 그리스도의 인성이 어디에나 있다는 생각은 불가능하다. 따라서 루터의 실재설 내지 공재설은 성립될 수 없다.

또한 츠빙글리는 하나님의 오른편에 계시는 그리스도의 몸의 공간성을 중요시한다. 몸은 언제나 특정한 공간에 있기 마련이다. 그리스도는 공간적으로 하늘에 계시기 때문에 성만찬에 동시적으로 임재할 수 없다. 그러므로 성만찬에서 그리스도의 공간적 임재 내지 공재는 있을 수 없다. 우리를 위한 그리스도의 죽음을 믿고 그의 몸을 먹는다는 것은 정말 그리스도를 먹는다는 것이 아니라 그를 믿는다는 것을 말한다. 여기서 츠빙글리는 그리스도의 자기 희생, 구원의 유일회성, 완결성을 지키고자 한다. 단 한번 일어난 그의 구원은 성만찬을 통하여 반복될 수 없다. 성만찬은 그리스도의 속죄제물과 구원의 반복이 아니라 이에 대한 기억의 만찬으로 이해되어야 하며, 빵과 포도주는 그의 자기 희생과 구원을 나타내는 상징으로 파악되어야 한다. 아우구스티누스가 말한 *memoria* 곧 기억 속에서 그리스도의 고난과 구원이 믿음 속에서 현재화된다.

츠빙글리의 기본 입장은 "*est = significat*"(이다=상징한다)로 요약된다.

즉 "이다"는 "상징한다"로 이해되어야 한다. 빵과 포도주는 그리스도의 살과 피가 아니라 살과 피에 대한 상징이다. 아우구스티누스가 말한 것처럼, 떡과 포도주는 그리스도의 임재 자체가 아니라 그리스도의 임재를 상징함으로써 신자들이 그리스도를 기억케 하는 것에 불과하다. 본질적으로 성만찬은 빵과 포도주의 상징들을 통해 그리스도의 죽음을 다시 생각하는 회상의 만찬이요, 교회 공동체가 행하는 믿음의 고백이다. 성만찬에서 떡과 포도주가 변하는 것이 아니라, 성만찬에 참여하는 교회 공동체의 신자들이 그리스도의 몸으로 연합되는 동시에 다른 신자들과 연합되는 변화가 일어난다. 여기서 화체설이 말하는 빵과 포도주의 물질적 요소는 교회 공동체로 대체되고, 교회 공동체가 성만찬의 주체가 된다(Staedke 1977, 114).

떡과 포도주가 상징에 불과하다면, 그리스도의 속죄제물을 반복하여 하나님께 바치는 가톨릭교회의 미사는 불가능하다. 이것을 츠빙글리는 애초부터 히브리서 7장과 8장에 근거하여 반대하였다. 그리스도의 속죄제물은 매일의 미사에서 반복될 수 없다. 그것은 유일회적인 것이다. 그러므로 성만찬은 속죄제물을 하나님께 바치는 제물의 성격을 상실한다.

루터와 츠빙글리의 입장을 중재하고 모든 종교개혁자 사이의 연합을 이루기 위한 "마르부르크 종교 대화"(Religionsgespräch zu Marburg)가 1529년 10월에 개최된다. 루터의 기본 입장이 견지된 이 회의에서 두 사람은 14개 조항에 동의한다. 그러나 "그리스도의 참되신 몸과 참되신 피가 몸적으로 빵과 포도주 안에 있는가에 대해 우리는 이 시점에서 일치하지 않았으므로" 쌍방 간에 "그리스도의 사랑을 보여야 하며, 하나님이 그의 영을 통해 올바른 이해를 주실 것을 열심히 간구해야 한다"는 15조항을 루터는 반대한다. 이로 인해 화해를 위한 종교간 대화는 무산되어버리고, 루터는 츠빙글리 및 칼뱅 계열의 신학자들을 "형제"라 부르는 것을 거절한다(Heussi 1971, 298).

3) 칼뱅은 루터의 실재론적 성만찬론과 츠빙글리의 상징론적 성만찬

론 사이에서 그 자신의 성만찬론을 전개한다. 가톨릭교회와 루터가 "이다"를 사실언어로 파악함에 반해, 칼뱅은 "이다"를 상징언어로 파악해야 한다고 주장한다. 하나님의 얼굴, 손과 팔 등에 관한 성서의 언어가 상징언어이듯이, "이것은 나의 몸'이다'"라는 말씀도 상징언어로 파악되어야 한다는 것이다. 따라서 그리스도의 현존 혹은 임재는 그리스도의 "몸 자체가 빵 안에 공간적으로 임재하며, 그의 몸은 모든 곳에 계시다"는 것을 뜻하지 않는다. 만일 빵 안에 그리스도의 몸이 공간적으로 임재한다면, 그의 몸은 하늘과 땅만큼 확대되어야 할 것이다. 성만찬에 계신 그리스도의 임재는 그의 몸이 성만찬을 거행하는 "많은 장소에 동시적으로" 계신다는 것을 뜻하지 않는다. 우리는 "그리스도를 이 세계의 허무한 요소들 속으로 가져오거나, 땅에 속한 어떤 피조물들과 결합시킴으로써" "그리스도의 하늘의 영광을 훼손해서는 안 될 것이다." 또한 "인간적 본성에 상응하지 않는 그 무엇" 곧 공간적 무한성과 어디에나 있음(편재)을 "그의 몸에 덮어씌워서는 안 될 것이다"(Inst. IV.17.19).

이 문제와 관련하여 칼뱅은 "구별되지만 분리되지 않는다"(distinctio sed non separatio)는 테르툴리아누스의 통찰을 수용하고, "속성의 교류"를 반대한다. 신성과 인성이 교류한다면, 신성을 땅 위의 육적인 것, 물질적인 것과 결합시킬 수 있고, 이로써 신성을 훼손할 수 있다. 또한 인간의 본성에 속하지 않은 것, 곧 편재 혹은 무소부재(Ubiquität)를 그리스도의 인간적 본성에 첨가함으로써 그의 참인간적 본성을 폐기시킬 수 있다. 그러므로 그리스도의 신성과 인성은 엄격히 구분되어야 한다. 신성과 인성이 엄격히 구분된다면, 하늘에 계신 그리스도께서 인간의 몸을 가지고 어디에나 계신다는 것은 불가능하다. 그러므로 "나는 늘 너희와 함께 있는 것이 아니다"라고 그리스도는 말한다(마 26:11).

그럼 성만찬에 계신 그리스도의 임재를 우리는 어떻게 이해할 수 있는가? 칼뱅은 그것을 성령론적으로 이해한다. 하늘에 계신 그리스도의 몸은 오직 성령을 통하여, 성령 가운데서 어디에나 있을 수 있다. "내가 세상 끝 날까지 항상 너희와 함께 있을 것이다"(28:20)라는 그리스도의 말씀은 성령을 통해, 성령 가운데서 어디에나 계실 것임을 말한다. 따라서 그리스도의 임재는 "몸적 임재"가 아니라 성령을 통한 임재를 의미한다. 그는 성령의 능력 속에서 어디에나 계시며 성만찬에 임재한다. 성령께서 그리스도의 실제적 임재를 실현한다. 우리는 "파악할 수 없는 성령의 놀라운 능력을 통하여" 그리스도의 살과 피와 연합한다. "우리와 그리스도를 결합시키는 것은" 빵과 피 안에 있는 그리스도의 몸이 아니라 "숨어계신 성령의 능력"이다. "숨어계신 성령의 능력은 우리를 그리스도와 결합하는 끈이다"(IV.17.33).

칼뱅은 성만찬을 그리스도에 대한 "기억"으로 보는 츠빙글리의 입장을 수용한다. 그러나 빵과 포도주를 단순한 상징으로 파악하는 츠빙글리의 상징론에 반해, 그리스도의 몸이 빵 안에 현존함(*carnis Christi praesentia in coena*)을 주장한다. 빵과 포도주는 단순한 상징에 불과하지 않다. 상징(*signum*)과 상징되어지는 것(*res signata*)이 성령을 통해 결합된다. 성령께서 그리스도가 하신 일들을 현재화시킨다. 성령을 통하여 그리스도는 성만찬에 임재하시며, 우리에게 그의 몸과 피를 주신다. "거룩한 성만찬에서, 그는 빵과 포도주의 표징 속에서 그의 몸과 그의 피를 받아먹으며 마시라고 우리에게 명령한다. 그러므로 나는, 그리스도께서 정말 나에게 그의 몸과 피를 내어주시며, 나는 정말 이것을 받는다는 것을 의심하지 않는다"(IV.17.32).

그러나 이것은 성령 안에서, 성령을 통해 일어나는 일이다. 그리스도의 몸과 피에 대한 참여는 "성령의 능력을 통하여 일어난다"(IV.17.26). 칼뱅은 그의 예정론에 기초하여 하나님이 태초에 구원으로 예정한 신자들만이 성만찬에서 참으로 그리스도의 몸과 연합한다고 보는데, 이는 성령으로 말미암아 이루어진다. 불신자들과 멸망으로 예정된 사람들은 물질적인 빵과 포도주를 먹고 마실 뿐이다. 가톨릭교회와 루터에 따르면 불신자들과 성만찬 무자격자들도 그리스도의 몸에 실제로 참여함에 반해, 칼뱅에게서 이들은 그리스도의 성만찬 친교에서 배제된다.

1563년에 발표된 「하이델베르크 요리문답」 78조와 79조는 칼뱅의 입장을 다음과 같이 요약한다. 세례식의 물이 그리스도의 피로 변하지 않으며, 또 죄 자체를 씻는 것이 아니라 신적 표지로서 그것을 확정해 주는 것에 불과한 것처럼, 성찬에서의 거룩한 빵도 그리스도의 몸 자체로 변하는 것이 아니다. 그러나 신자들은 성령의 사역으로 말미암아 그리스도의 참되신 몸과 피에 실제적으로 참여한다.

가톨릭교회의 트리엔트 공의회는 위에 기술한 종교개혁자들의 입장을 거부하고 화체설을 다시 한번 확인한다. "가장 거룩한 성만찬의 성례 속에는 참되고 실제적이며 본질적으로(vere, realiter et substantialiter)…우리 주 예수 그리스도의 몸과 피가, 따라서 온 그리스도가 포함되어 있다." 빵과 포도주가 그리스도의 몸과 피로 화체한 다음에 빵과 포도주의 실체들이 남아 있다는 생각은(Remanentismus) 허용될 수 없다(Müller 2005, 705).

영국 성공회는 가톨릭교회의 화체설과 루터의 실재설, 특히 신자들이 입으로 그리스도의 몸과 피를 실제로 먹고 마신다는(manducatio oralis) 루터 계열의 입장을 거부하고, 칼뱅의 성령론적 입장을 수용한다(Staedke 1977, 122).

F. 일치를 위한 노력과 새로운 해석들

1) 위에 기술한 종교개혁자들의 다양한 입장들은 수많은 대화의 노력에도 불구하고 일치에 이르지 못하였다. 이로 인해 종교개혁 진영은 결국 루터 계열의 루터교회와 칼뱅 계열의 개혁교회로 나누어지고 말았다. 이리하여 20세기 초에 이르기까지 두 교단들 사이의 설교단 교환과 공동의 성만찬이 금지되었다. 그런데 20세기 초 독일의 대표적 개신교회 교단들, 곧 루터교회, 개혁교회, 연합교회가 "독일 개신교회"(EKD: Evangelische Kirche

in Deutschland, "Evangelische Kirche"는 "복음주의 교회"가 아니라 "개신교회"를 말함)로 연합되면서 성만찬에 관한 토의가 불가피하게 되었다. 교회의 위임으로 이루어진 이 토의의 열매는 1957년에 「아놀즈하이너 성만찬 명제」(Arnoldshainer Abendmahlsthesen)로 발표되었다.

총 8개의 명제들 가운데 핵심 명제는 명제2의 (1)항이다. "성만찬에서 예수 그리스도는 그의 말씀을 통해 성령 안에 임재하는 주님으로서, 교회가 행하는 것 속에서 행동하신다." 이 구절에서 루터교회의 실재적 임재와 개혁교회의 영적 임재가 결합된다. 명제5는 그리스도의 임재를 "인격적 임재"(Personalpräsenz) 곧 "그리스도의 인격의 임재", "퀴리오스의 임재"로 파악한다. 그리스도께서 성만찬에 임재한다는 사실이 중요하지, 그가 어떻게 임재하는가의 문제는 중요하지 않은 것으로 간주된다(Pöhlmann 1973, 225).

1971년에 "유럽 개신교회 연합"(CPCE: Community of Protestant Churches in Europe)은 모든 개신교회 상호간의 설교단 교환과 성만찬 친교를 목적으로, 스위스 바젤 부근의 로이언베르크에서 합의문을 발표하였다. 이 합의문 곧 「로이엔베르크 합의문」(Leuenberger Konkordie)은 루터의 실재적 임재를 강조하는 인상을 주지만("모든 사람을 위해 주어진 몸과 피 안에서 빵과 포도주와 함께 하는…"), 루터교회와 개혁교회의 분열을 일으킬 만한 차이가 없다는 것을 강조한다.

가톨릭교회 안에서도 전통적 화체설을 새롭게 파악하고자 하는 운동이 20세기 가톨릭 신학자들을 중심으로 일어난다. 화체설은 "실체"(Substanz)를 어떤 사물 그 자체 속에 주어져 있고, 그 사물을 다른 사물로부터 구별하는 것으로 생각하던 고대의 형이상학적 사고의 틀 속에서 생성되었다. 오늘날 "실체"는 형이상학적으로 이해되지 않고 관계론적으로 이해된다. 모든 사물은 홀로 있지 않고 언제나 다른 사물들과 관계 속에 있다는 관계론의 관점에서 볼 때, 빵과 포도주의 "실체"가 변하는 것이 아니라 그들의 "의미"와 "목적"이 변한다고 볼 수 있다. 즉 빵과 포도주는 빵과 포도주로 존속하지만, 성만찬에 참여하는 신자들에게 물질적 빵과 포도주 이상의 의미와 목적을 가진다. 어떤 사람이 사랑하는 애인에게 금가락지를 선물할 때, 이 금가락지는 돈으로 계산할 수 있는 금의 가치와는 비교할 수 없는 새로운 의미와 목적을 갖는 것과 마찬가지다. 그러므로 일단의 가톨릭 신학자들은(E. Schllebeeckx, J. Powers, P. Schoonenberg 등) "실체의 변화"(Transsubstantiation) 대신에 "의미의 변화"(Transsignifikation) 혹은 "목적의 변화"(Transfinalisation)를 제안한다. "실체"란 추상적·형이상학적 개념보다 "의미", "목적"이란 관계론적 개념이 성만찬의 의미를 훨씬 더 깊이 나타낼 수 있다는 것이다(Nocke 1992, 299).

그러나 1965년에 교황 바울 4세는 교서 「믿음의 신비」(*Mysterium fidei*)에서 전통적 화체설을 다시 한번 확인한다. 화체는 인간이 빵과 포도주에 부여하는 의미의 변화, 목적의 변화가 아니라 그 속에 있는 존재적 본질의 변화, 빵과 포도주 및 그리스도의 몸과 피의 동일성을 말한다. 의미나 목적의 변화는 화체설이 말하는 그리스도의 몸적·실제적 임재를 충분히 나타내지 못한다는 것이다(Müller 2005, 708).

1982년 1월 남미 페루의 수도 리마에서 발표된 「리마문서」는 WCC 산하 "신앙과 직제" 위원회가 발표한 것으로, 정교회, 가톨릭교회, 개신교회를 위시한 세계 100여개의 교단들이 성례에 관해 공동으로 연구하여 발표한 것이다. 세례에 관한 21개 항목, 성만찬에 관한 33개 항목, 교회 직무에 관한 54개 항목으로 구성된 이 문서는 기독교 역사상 처음으로 성만찬에 관한 세계교회의 연합과 일치를 시도한다.

이 문서는 성만찬을 "그리스도에 대한 기억으로서의 만찬", "성령 임재로서의 만찬", "성도의 친교로서의 만찬", "하나님 나라의 식사로서의 만찬"으로 파악하면서 성만찬론의 신학적 일치와 실천적 일치를 시도한다. 그리스도의 "실제적이고 생동적이며 능동적인 임재"를 인격적 임재로 이해하고, 성만찬의 친교를 통한 세계교회들의 연대성, 이웃과 세상을 위한 책임적 돌봄과 헌신을 호소한다. "개회의 예전", "말씀의 예전", "성만찬 예전"의 세 항목으로 구성된 성만찬 의식의 모형에 따라 기독교 역사상 처음으로 세계교회의 대표들이 주님의 몸과 피에 참여한다.

결론적으로 필자는 그리스도의 인격적 임재를 제의한다. 인격적 임재는 새로운 사고의 틀을 제시한다. 그것은 빵과 포도주가 그리스도의 몸과 어떤 관계에 있느냐, 하늘에 계신 그리스도의 몸이 성만찬에 임재할 수 있느냐 없느냐, 빵과 포도주를 먹을 때 그리스도의 살과 피를 먹느냐 아니냐의 좁은 사고의 틀을 벗어나 보다 넓은 삼위일체적·종말론적·성령론적 사고의 틀에서 그리스도의 임재를 파악할 수 있게 한다. 그것은 그리스도께서 어떻게 임재하느냐에 집중하지 않고, 그리스도의 인격이 성만찬에 함께 한다는 사실에 집중한다.

인격은 고정되어 있는 실체가 아니라 영과 육을 포함한 삶의 역사를 통해 구성된다. 따라서 인격적 임재는 자신의 삶의 역사를 통해 구성된 그리스도의 임재를 말하고자 한다. 그리스도는 아버지 하나님과 성령 하나님과 하나로 결합되어 있는 삼위일체적 인격이었다. 그는 하나님이 약속하신 종말론적 "하나님 나라 자체"(autobasileia)였다. 그는 "하나님 나라와 하나님의 정의"를 이 땅 위에 이루고자 하는 새 창조자이신 성령의 능력으로 충만하였다. 이런 점에서 그리스도의 인격은 삼위일체적, 종말론적, 성령론적 인격이었다. 이 그리스도의 인격이 성만찬에 현존한다는 것을 그리스도의 임재는 말하고자 한다.

그리스도의 인격적 임재를 우리는 성령론적으로 이해할 수밖에 없다. 그리스도는 그를 주님으로 믿는 두세 사람이 모인 곳에 함께 계신다. 그러나 그리스도께서 사람의 몸을 가지고 계신다는 것은 불가능하다. 그가 두세 사람이 모인 곳에 함께 계신다면, 그는 성령을 통하여 영적으로 함께 계실 수밖에 없다. 부활 후 제자들에게 나타나신 그리스도의 몸 역시 부활 이전의 육적인 몸이 아니라 "영적인 몸"이었다(고전 15:44, *soma pneumatikos*). 따라서 그는 성령을 통하여 영적으로 성만찬에 임재한다. 「리마문서」와 가톨릭 신학계도 성만찬 예식에서 성령의 오심에 대한 간구에 근거하여 성령의 임재와 성화를 인정한다. "성령은 모든 성례의 행위에서 거룩하게 한다.…"(Duffy 1991, 188).

그러나 필자는, 성만찬의 핵심 문제는 그리스도께서 성만찬에 "어떻게" 임재하느냐에 있지 않다고 생각한다. 모든 교회는 그리스도께서 성만찬에 정말 함께 계시며, 신자들이 정말 그의 몸에 참여한다는 사실에 동의한다. 단지 임재의 방법에 대한 이해와 그 역사적 배경이 다를 뿐이다. 예수의 부활은 단 한 가지 사실이지만, 부활에 대한 여인들의 증언이 다른 것과 비슷하다. 고대 및 중세의 형이상학적·실체론적 사고에 따라 실제적으로 임재한다고 생각할 수도 있고, 현대의 관계론적·인격론적 사고에 따라 영적으로 또는 인격적으로 임재한다고 생각할 수도 있다. 중요한 문제는, 성만찬에 함께 하시는 그리스도와 연합하는 동시에 그의 형제자매들과 연합하고, 새로운 생명의 세계를 향한 성령의 새 창조의 부르심에 응답하는 데 있다.

일반적으로 개신교회는 츠빙글리의 상징설을 수용하여 성만찬을 그리스도의 고난에 대한 기념 내지 기억이라 생각한다. 여기서 성만찬은 교회 공동체가 주체가 되어 그리스도의 고난을 기념하는 공동체의 주관적 행위로 생각된다. 이것은 개신교회의 "주의 만찬 경시 현상"의 원인이 된다(이종성 1989, 445).

그러나 성만찬의 주체는 교회 공동체가 아니다. 성만찬의 주체는 성령을 통하여 그의 미래로부터 오시는 그리스도다. 성만찬은 교회의 주관적 행위가 아니라, 성령과 말씀을 통하여 인격적으로 임재하시고 우리를 자신의 역사에 참여하게 하며 하나님 나라의 새로운 생명의 세계를 향해 우리를 부르시는 그리스도의 객관적 사건이다. 그것은 성령 가운데서 삼위일체 하나님이 베푸시는 "하나님 나라의 만찬"이요, 새로운 생명의 세계를 향한 하나님의 부르심이다. 중요한 것은 이 부르심에 응답하는 데 있다. 그리스도의 임재에 대한 이해가 다를지라도, 세계의 모든 교회들은 성만찬의 친교를 나눌 수 있다. 자기와 이해가 다르다 하여 다른 교회를 "이단"

이라 정죄하는 것은 그리스도의 뜻이 아니다.

영적으로 임재하든 아니면 실제적으로 임재하든, 빵과 포도주 안에 임재하는 그리스도의 몸에 참여할 때, 신자들은 한 성령을 받은 그리스도의 "친구"가 된다(요 15:15). 그리스도께서 그들 안에 계시고, 그들이 그리스도 안에 있다(17:26). 그리스도는 성만찬에 참여하는 모든 교회들이 하나가 되기를 원한다. "아버지께서 내 안에 계시고, 내가 아버지 안에 있는 것과 같이, 그들도 하나가 되어서 우리 안에 있게 하여 주십시오"(17:21).

6
새 시대의 새로운 구원의 방편에 대한 성찰

1) 개신교회는 16세기 종교개혁 시대의 「아우크스부르크 신앙고백」(1530)에 따라 말씀과 성례를 구원의 방편으로 인정한다. 그러나 약 500년의 세월이 지난 오늘 우리의 세계에서 말씀과 성례는 매우 협소하다는 느낌을 준다. 첨단 정보기술 및 인공지능을 동반한 제4차 산업혁명을 눈앞에 둔 이 시대의 세계 문화는 500년 전의 문화와 비교할 수 없는 새로운 차원을 보이기 때문이다.

구원에 대한 신학적 이해도 오늘날 큰 변화를 보이고 있다. 전통적으로 하나님의 구원은 예수 그리스도의 십자가의 공로를 통한 죄 용서와 새 사람으로 다시 태어나는 것, 곧 중생이 하나님의 구원으로 이해되었다. 따라서 "구원의 방편"이라 할 때, 그것은 개인의 죄 용서와 영혼 구원을 전달하는 방편을 뜻하였다.

그러나 오늘의 신학에서 하나님의 구원은 개인의 죄 용서와 다시 태어남은 물론, 예수의 죽음과 부활을 통해 시작된 하나님 나라 혹은 하나님의 통치가 이 땅 위에 이루어지는 것으로 이해된다. 죄와 죽음의 세력이 극복되고, 하나님의 자비와 정의와 진리와 평화가 충만한 세상이 이루어지는 총체적 구원을 말한다.

2) 총체적 구원의 관점에서 볼 때, 말씀 그리고 세례와 성만찬으로 이루어진 성례만이 구원의 방편이라 보는 개신교회의 전통적 생각은 개인의 죄 문제에 집중된 매우 협소한 것으로 보일 수 있다. 하나님의 구원이 총체적 구원이라면, 구원의 방편은 개인의 죄 문제를 넘어 하나님 나라의 총체적 구원을 오늘을 살아가는 우리에게 중재하는 방편이어야 할 것이다. 따라서 하나님 나라를 이루기 위한 인간의 사회적 활동도 구원의 방편에 속한다고 말할 수 있을 것이다.

흑인신학, 해방신학, 민중신학, 여성신학, 생태신학 등 현대 상황신학의 입장에서 볼 때, 모든 사람의 평등한 권리 회복과 사회정의를 세우기 위한 노력들, 독재 정권에 대한 투쟁과 해방운동, 모든 사람의 자유와 평등이 있는 사회를 이루기 위한 세계사적 혁명, 여성의 존엄성과 인권 회복, 파괴된 자연을 회복하기 위한 생태학적 노력들이 더 명백한 구원의 방편으로 간주될 수 있을 것이다. 그러므로 현대의 많은 상황신학자들은 전통적 구원의 방편들에 대해 무관심한 입장을 보인다. 그들이 생각하는 하나님의 구원과는 거리가 먼 것으로 보이기 때문이다.

그러나 정치적 혁명, 인권운동, 해방운동 등은 하나님 나라를 확장시킬 수도 있고, 오히려 그것을 훼손할 수도 있는 양면성을 가진다. 이들은 순수한 신앙적·신학적 동기에서 일어날 수 있지만, 인간의 자기중심적·정치적 욕망과 혼합될 수 있는 위험성을 가진다. 본의 아니게 특정 집단의 정치적 관심과 이데올로기에 봉사할 수도 있다. 모든 인간의 자유와 평등이 있는 공산주의 사회 곧 "계급 없는 사회"를 이루고자 했던 20세기 공산주의 혁명은 통치계급의 권력욕 때문에 권력 유지를 위한 수단으로 인민의 생명을 간주하는 무서운 독재 체제로 귀결되고 말았다. 21세기 초 중동 지역에서 일어난 "아랍의 봄"은 계속되는 사회적 혼란과 종파 간의 투쟁과 전쟁, 대규모 학살, 고대 문화재의 파괴와 약탈과 암거래로 이어지고 있다. 그러므로 우리는 정치적 혁명이나 해방운동을 하나님의 구원의 방편으로 인정하기 어렵다. 이들은 정치적 불의와 억압이 지배하는 특수한 상황에서 하나님의 총체적 구원을 이루기 위한 실천으로 평가될 수 있지만, 모든 시대와 상황을 초월한 보편적 구원의 방편으로 인정되기는 어려울 것이다. 특히 폭력을 동반할 경우, 그들은 성서적으로 지지받기 어렵다.

3) 또한 감성과 영감을 중요시하는 현대 세계의 문화에 대해서도 기독교의 전통적 구원의 방편들은 진부한 구시대의 유물로 보일 수 있다. 성서의 내용들을 다루는 연극, 영화, 대중음악, 영상 자료, 문학작품이 보다 더 효과적인 구원의 방편이라 생각할 수 있을 것이다. 사실 성직자의 지루한 설교 말씀보다 한 편의 아름다운 영화나 문학작품이 대중들에게 더 깊은 영감을 주고, 구원의 진리를 깨닫는 데 도움을 줄 수 있다. 자연의 오묘한 질서와 아름다움, 과학으로 해명되지 않는 우주와 생명과 사랑의 신비로움도 이에 기여할 수 있을 것이다.

특히 기독교의 전통적 문화와 형식주의를 배격하고 음악과 명상을 통한 영적 황홀경 속에서 절대 진리를 각성하고 참 자아를 발견하고자 하는 뉴에이지 운동가들에게, 설교를 통해 전달되는 말씀, 세례와 성만찬은 구원의 방편으로서 진부하게 보일 것이다. 오히려 힐링 음악과 명상, 영적 황홀경과 진리에 대한 각성이 현대인에게 보다 더 적절한 구원의 방편으로 보일 것이다.

이 문제는 자연계시의 문제이기도 하다. 자연계시는 하나님의 계시를 예수 그리스도와 성서의 말씀으로 제한하는 것을 반대하고, 하나님이 창조하신 세계 전체 곧 자연 속에 있는 하나님의 보편적 계시의 가능성을 인정한다. 성서가 말하듯이, 하나님은 "모든 것 안에" 계시며(엡 4:6), 그의 "보이지 않는 속성"과 "영원하신 능력과 신성"을 "만물을 보고서" 깨달을 수 있도록 하였다(롬 1:20). 따라서 하나님 인식과 구원으로 인도할 수 있는 방편은 하나님이 지으신 만물 속에 담지되어 있다고 말할 수 있다. 20세기의 신학자 틸리히(P. Tillich)와 브루너(E. Brunner)는 그 대표자들이다. 틸리히에 따르면, 특별한 황홀경의 상황 속에서 세계의 모든 것은 하나님의 계시의 방편이 될 수 있다. 심지어 인간의 집단, 정치적 활동, 인간의 성행위도 계시의 방편이 될 수 있다고 틸리히는 말한다.

그러나 이들 신학자들도 인정하는 것처럼, 세계 속에 있는 하나님의 자연계시는 잠재적인 것이요, 계시를 방해하는 요소들과 혼합되어 있다. 그러므로 하나님의 구원에 대한 잘못된 인식을 제공할 수 있다. 하나님의 결정적·명시적 계시는 말씀이시며 성육신하신 예수 그리스도와 기록된 말씀으로서의 성서에 있다. 따라서 결정적이고 명시적 구원의 방편은 하나님의 말씀과, 예수 그리스도께서 세우시고 자신의 몸으로 행하신 세례와 성찬 곧 성례에 있다.

연극, 영화, 음악, 미술, 문학작품, 힐링 음악, 명상 등이 하나님의 구원을 전하는 방편 내지 매체가 될 수 있다. 그러나 이들은 주관성에 빠질 수 있는 가능성을 갖기도 한다. 모세와 예수의 삶에 관한 영화, 뮤지컬, 문학작품의 관점들이 제각기 다른 것은 이를 예증한다. 그러므로 우리는 성서의 기록된 말씀과, 성례 곧 세례와 성찬이 하나님의 객관적 구원의 방편이라 말할 수 있다.

그러나 교회는 현대의 새로운 상황과 문화에 대해 개방적 자세를 가지고 하나님의 구원을 전할 수 있는 새로운 방편을 개발하는 데 관심을 가져야 할 것이다. 인간의 취향은 시대에 따라 늘 변하기 마련이다. 새로운 교회음악과 미술, 건축 양식, 교회 내부 인테리어, 예배의식, 보다 더 합리적이고 정의로운 사회를 이루기 위한 새로운 대책과 방법 등이 모색되어야 할 것이다. 이와 동시에 교회의 문화가 세속의 저속한 문화 현상과 혼합되지 않고 올바른 영성과 지성을 겸비하도록 유의해야 할 것이다. 이를 위해 건강한 신학적 기초가 있어야 할 것이다.

참고문헌

Althaus, P. (1972), *Die christliche Wahrheit*, 8. Aufl., Gütersloh.

Bailey, K. E. (2016), 『중동의 눈으로 본 예수』, 박규태 역, 서울: 새물결플러스.

Barth, (1964a), *Kirchliche Dogmatik* I/1, Zürich.

____ (1938), *Kirchliche Dogmatik* I/2, Zürich.

____ (1960), *Kirchliche Dogmatik* IV/1, 2. Aufl. Zürich.

____ (1964b), *Kirchliche Dogmatik* IV/2, 2. Aufl. Zürich.

Bernet, W. (1970), *Gebet*, Stuttgart.

Birmele A. u. Ruster Th. (1988), *Allein seligmachend?*, Göttingen.

Bonhoeffer, D. (1967), *Nachfolge*, München.

____ (1969), *Sanctorum Communio*, Thoel. Bücherei Bd. 3, 4. Aufl., München.

____ (1970), *Gemeinsames Leben*, München.

Bornkamm, G. (1963), *Das Ende des Gesetzes. Gesammelte Aufsätze* Bd. I, 4. Aufl., München.

Brunner, E. (1960), *Dogmatik* III, Zürich.

Bulfinch, Th. (1996), 『그리스와 로마의 신화』, 이윤기 역, 서울: (주)대원사.

Buntain, H. (2014), *Das Unvorstellbare wurde Wirklichkeit*, Genf.

Calvin, J. (1963), *Institutio Christianae Religionis*, überset. v. O. Weber, Neukirchen-Vluyn.

Clévenot, M. (1993), 『예루살렘에서 로마로』, 이오갑 역, 1993, 서울: 한국신학연구소.

Dahlheim(2013), W., *Die Welt zur Zeit Jesu*, München.

Dostoevskii, F. M. (2001), 『카라마조프가 형제(상)』, 박호진 역, 서울: 혜원출판사.

Duffy, R. A. (1991), *Sacraments in General*, in: F. Schüssler Fiorenza a. J. P. Galvin(Ed.), Mineapolis.

Dyck, C. J. (2013), 『아나뱁티스트 역사』, 김복기 역, 서울: 도서출판 대장간.

Gilkey, L. (2014), 『산둥수용소』(개정판), 이선숙 역, 서울: 새물결플러스.

Golzio, K.-H. (2001), Art. *Staatskirche/Staatsreligion*, I. Religionsgeschichtlich, in: TRE, Bd. XXXII, Berlin, New York.

Hall, S. (2009), 『닥터 홀의 조선회상』(개정판), 김동열 역, 서울: 좋은씨앗.

Härle, W. (1989), Art. *Kirche* VII. *Dogmatisch*, in: TRE Bd. XVIII, Berlin, New York.

____(2007), Dogmatik, 3. Aufl., Berlin, New York.

Heisenberg, W. (1971), *Der Teil und das Ganze*, München.

Heussi, K. (1971), *Kompendium der Kirchengeschichte*, 13. Aufl., Tübingen.

Hoffmann, J. (1989), *Kirche-Ereignis Jesu Christi*, in: P. Eicher(Hrsg.), *Neue Summe Theologie*, Bd. 3: *Der Dienst der Gemeinde*, Freiburg, Basel, Wien.

Hunter, J. D. (2014), 『기독교는 어떻게 세상을 변화시키는가』, 배덕만 역, 서울: 새물결플러스.

James, K. (2015), 『토머스 머튼-은둔하는 수도자, 문필가, 활동하는 예언자』, 김은해 역, 서울: 비아.

Joest, W. (1986), *Dogmatik*, Bd. 2, Göttingen.

Kasper, W. (1986), *Kirche als communio. Überlegungen zur ekklesiologischen Leitidee des Zweiten Vatikanischen Konzils*, in: F. Kardinal König(Hg.), *Die Bleibende Bedeutung des Zweiten Vatikanischen Konzils*, Freiburg i. B..

Kraus, H.-J. (1983), Systematische Theologie im Kontext biblischer Geschichte und Eschatologie, Neukirchen-Vluyn.

Kreck, W. (1981), *Grundfragen der Ekklesiologie*, München.

Kropotkin, P. A. (2005), 『만물은 서로 돕는다』, 김영범 역, 서울: 도서출판 르네상스.

Kümmel, W. G. (1953), *Jesus und die Amfänge der Kirche*, in: Studia Theologica 7., Göttingen.

Küng, H. (1985), *Die Kirche*, München.

Legrand, H. (1989), *Die Gestalt der Kirche*, in: P. Eicher(Hg.), *Neue Summe Theologie III. Der Dienst der Gemeinde*, Freiburg, Basel, Wien.

Lochman, J. M. (1972), Theol. Zeitschrift, Jahrgang 28 H. 1., hrsg. von der Theol. Fakultät der Uni. Basel.

＿＿＿ (1997), 『살아 있는 유산』, 김원배·정미현 편역, 서울: 한국기독교장로회 신학연구소.

Luther, M. (2012a), *An den christlichen Adel deutscher Nation*, Reclam Ausgabe 18947, Stuttgart.

＿＿＿ (2012b), *Von der Freiheit eines Christenmenschen*, Reclam Ausgabe 18947, Stuttgart.

＿＿＿ (2016), *De captivitate Babylonica ecclesiae*, Reclam Ausgabe 18616, Stuttgart.

Martin H./Schumann H. (2003), 『세계화의 덫』, 강수돌 역, 서울: 영림카디널.

Marx, K. (2004), *Jur Judenfrage*, in: K. Marx, *Die Frühschriften*, hrsg. von S. Landshut, 7. Aufl. Kröner Ausgabe 209, Stuttgart.

Mathews, A. P. (2016), 『여성을 위한 설교』, 장혜영 역, 서울: 새물결플러스.

McGuckin, J. A. (2016), 『비잔틴 전통의 성인들-동방 정교회의 영성』, 이기영 역, 서울: 도서출판 동연.

McKnight, S. (2014), 『하나님 나라의 비밀』, 김광남 역, 서울: 새물결플러스.

Meyer u. a. , H. (1991), *Dokumente wachsender Übereinstimmung*, 2. Aufl.,

Paderborn, Frankfurt.

Middleton, R. (2015), 『새 하늘과 새 땅』, 이용중 역, 서울: 새물결플러스.

Migliore, D. L. (2012), 『기독교 조직신학 개론』, 신옥수·백충현 공역, 서울: 새물결플러스.

Moltmann, J. (1975), *Kirche in der Kraft des Geistes*, München.

____ (1997), *Die Quelle des Lebens*, Gütersloh.

____ (2011), 『하나님의 이름은 정의이다』, 곽혜원 역, 서울: 21세기 교회와 신학포럼.

Müller, G. L. (2005), *Katholische Dogmatik*, Freiburg i. Br.

Nissen, H. (2016), *Mama Heidi*, Asslar.

Nocke, F.-J. (1992), *Spezielle Sakramentenlehre*, in: *Handbuch der Dogmatik*, hrsg. von Th. Schneider, Düsseldorf.

Noth, M. (1962), *Die Welt des Alten Testaments*, 4. Aufl., Berlin.

Packer, T. C. J. (2014), 『복음주의 신앙선언』, 정모세 역, 서울: IVP.

Pannenberg, W. (1993), *Systematische Theologie*, Bd. 3, Göttingen.

Pöhlmann, H. G. (1983), Abriß der Dogmatik, Gütersloh.

Ragaz, L. (1922), *Der Kampf um das Reich Gottes in Blumhardt*, Vater und Sohn und weiter, Zürich, Leipzig.

Rahner, K. (1967), *Wort und Eucharistie*, in: *Schriften zur Theologie VI*, , 5. Aufl. Einsiedeln.

Ratzinger, J. (1986), *Die Ekklesiologie des Zweiten Vatikanums*, in: *Internationale katholische Zeitschrift„Communio* 15, Paderborn.

Rechtfertigung und Freiheit(2014), *500 Jahre Reformation 2017. Ein Grundlagentext des Rates der Evangelishcen Kirche in Deutschland(EKD)*, 2. Aufl., Gütersloh.

Schleiermacher, F. (1884), *Der christliche Glaube*, 6. Aufl., Berlin.

Schlink, E. (1983), *Ökumenische Dogmatik*, Göttingen.

Schneider, W. (2010), *Der Mensch*, Hamburg.

Schreiner, K. (1988), *Die Communio-Ekklesiologie als Grundmodell und Chance der ökumenischen Theologie*, Göttingen.

Staedke, J. (1977), Art. *Abendmahl* III/3, in: TRE Band I, Berlin, New York.

Steubing, hg. v. H. (1970), *Bekenntnisse der Kirche*, Wuppertal.

Tillard, J.-M. R. (1989), Sendung der Kirche, in: P. Eicher(Hrsg.), *Neue Summe Theologie*, Bd. 3., Freiburg i.B.

Tillich, P. (1983), 『폴 틸리히의 그리스도교 사상사』, 송기득 역, 서울: 한국신학연구소.

Trillhaas, W. (1972), *Dogmatik*, Berlin, New York.

Volf, M. (2012), 『삼위일체와 교회』, 황은영 역, 서울: 새물결플러스.

Weber, O. (1972), *Grundlagen der Dogmatik II*, Neukirchen Vluyn.

Welker, M. (1995), *Kirche im Pluralismus*, Gütersloh.

____ (2016), *"Bonhoeffer über Liebe"*, 2016 서울신학대학교-하이델베르크대학교 국제학술대회, 미출판 자료집.

Wiedenhofer, S. (1992), *Ekklesiologie*, in: Th. Schneider, *Handbuch der Dogmatik*, Bd. 2, Düsseldorf.

Willoughby, R. E. (2013), 『새시대 그리스도교의 사명』, 이기영 역, 서울: 도서출판 등잔.

Witherington III, B. (2016), "바울이 기독교를 창안했는가?", 윌리엄 A. 뎀스키 등 편집, 『기독교를 위한 변론』, 서울: 새물결플러스.

Wittstadt, K. (1988), *Die Communio-Ekklesiologie als Grundmodell und Chance der ökumenischen Theologie*, Freiburg, Basel, Wien.

강근환 (2015), "한국 개신교회의 교파성과 연합 및 분열", 『신학과 교회』 제4호, 혜암신학연구소 발행.

곽혜원 (2008), 『현대세계의 위기와 하나님 나라』, 서울: 한들출판사.

____ (2009), 『삼위일체론-전통과 실천적 삶』, 서울: 대한기독교서회.

____ (2011), 『자살문제, 어떻게 할 것인가』, 서울: 21세기 교회와 신학 포럼.

_____ (2014), 『존엄한 삶, 존엄한 죽음-기독교 생사학의 의미와 과제』, 서울: 새물결플러스.

_____ (2015), "한국 교회에 대한 한국 사회의 인식", 『제2종교개혁이 필요한 한국 교회』, 제2종교개혁연구소 시리즈 1, 서울: 기독교문사.

권수영 (2007), 『거울 부모』, 서울: 울림사.

권연경 (2013), "값싼 구원론에서 벗어나기", 강영안 외 20인, 『한국교회, 개혁의 길을 묻다』, 서울: 새물결플러스.

권혁률 (2014), "한국교회, 골든타임을 놓치고 있는 것은 아닌가?", 『기독교사상』, 2014. 11월호.

김경열 (2016), 『레위기의 신학과 해석』, 서울: 새물결플러스.

김경재 (2015a), 『죽음과 부활 그리고 영생』, 서울: (주)도서출판 청년사.

_____ (2015b), "마틴 루터의 만인사제론과 평신도의 권리와 책임", 2015. 12. 7. 혜암신학연구소 제4회 공개강연회 "종교개혁의 만인사제론과 평신도의 사명", 미출판 자료집.

김균진 (1993), 『기독교 조직신학』 제4권, 서울: 연세대학교 출판부.

_____ (2014), 『현대 신학사상』, 서울: 새물결플러스.

_____ (2015), 『죽음과 부활의 신학』, 서울: 새물결플러스.

_____ (2017), "칭의론은 왜 종교개혁의 주제가 되었는가", 『기독교사상』, 2017. 5월호

김금순 (2015), "항상 남에게 억눌려 살았어도 신앙이 있어 행복했습니다", 임희국 엮음, 『여교역자 입을 열다』, 서울: 새물결플러스.

김득중 (2015), "'오직 믿음만'을 강조하는 신앙생활에 대한 성경신학적 반성", 『제2종교개혁이 필요한 한국 교회』, 제2종교개혁연구소 시리즈 1, 서울: 기독교문사.

김명용 (1997), 『현대의 도전과 오늘의 조직신학』, 서울: 장로회신학대학교 출판부.

_____ (2009), "칼 바르트의 교회론", 『교회론』, 한국조직신학회 엮음, 서울: 대한기독교서회.

_____ (2016), "온신학(Ohn/Holistic Theology)의 선교신학", 『온신학』 제1권, 온신학출판부 엮음, 경북 경산: 온신학회출판부.

_____ (2016), 『온신학의 세계』, 서울: 장로회신학대학교 출판부.

김성원 (2013), "자본주의 세계화의 도전과 기독교", 『한국조직신학논총』 제37집, 서울: 도서출판 동연.

김세윤 (2013), "한국교회 문제의 근원, 신학적 빈곤", 강영안 외 20인, 『한국교회, 개혁의 길을 묻다』, 서울: 새물결플러스.

김순례 (2015), "여교역자가 중간에서 중재 역할을 잘해야 합니다", 임희국 엮음, 『여교역자 입을 열다』, 서울: 새물결플러스.

김승철 (2014), "19세기 독일 국가종교와 종교의 자유", 『한국조직신학논총』 제39집, 한국조직신학회 편, 서울: 도서출판 동연.

김영선 (2009), "머리말", 『교회론』, 한국조직신학회 편, 서울: 대한기독교서회.

김영주 (2015), "추천사: 제2종교개혁이 필요한 한국 교회", 『제2종교개혁이 필요한 한국 교회』, 제2종교개혁연구소 시리즈 1, 기독교문사.

김영한 (2014), 『영적 분별』, 서울: 킹덤북스.

_____ (2015), "한국 교회의 개혁", 『제2종교개혁이 필요한 한국교회』, 제2종교개혁연구소 엮음, 서울: 기독교문사.

김응교 (2013), "게토화된 교회 언어, 어떻게 극복할 것인가?", 『한국교회, 개혁의 길을 묻다』, 서울: 새물결플러스.

김재준 (2014), 『장공 김재준의 삶과 신학』, 장공 김재준 목사 기념사업회 간행, 오산: 한신대학교 출판부.

김정남 (1988), "로마 가톨릭의 전례", 『기독교사상』, 1988. 3월호.

김형석 (2015), 『한국교회여, 다시 일어나라』, 서울: 새물결플러스.

김홍일 (2015), "한국교회의 문제와 수도원 영성의 재발견-새로운 수도원 운동(Monasticism)을 중심으로", 『기독교사상』, 2015. 3월호.

김홍수 (1992), "한국 개신교의 정치제도 연구", 『복음과 상황』, 1992년 제10호.

도한호 (1990), "침례교회에서의 장로 문제", 『복음과 상황』, 1990년 제13집.

류장현 (2009), "민중신학과 교회론", 『교회론』, 한국조직신학회 엮음, 서울: 대한기독교서회.

민경진 (2015), "'가나안 현상'과 온신학의 과제", 『온신학』, 제1권 창간호, 온신학회출판부 엮음, 경북 경산: 온신학회출판부.

민관홍 (2013), "세계교회협의회와 한국교회의 관계사를 통해 본 주요 인물들", 『기독교사상』, 2015. 3월호.

박득훈 (2013), "교회 안의 맘몬 숭배 타파", 강영안 외 20인, 『한국교회, 개혁의 길을 묻다』, 서울: 새물결플러스.

박영범 (2012), "신정론과 하나님의 고난", 『한국조직신학 논총』, 제33집, 한국조직신학회 편, 서울: 한들출판사.

박원근 (2012), 『너 자신을 혁명하라』, 서울: 대한기독교서회.

박성권 (2014), "칼 바르트의 교회론", 『한국조직신학 논총』, 제39집, 한국조직신학회 편, 서울: 도서출판 동연.

박형국 (2015), 『죽음과 고통, 그리고 생명-신학적 이해』, 서울: 도서출판 모시는 사람들.

박효섭 (2015), "수도원 전통과 영성에서 무엇을 배울 것인가", 『기독교사상』, 2015. 3월호.

방연상 (2013), "세계교회협의회(WCC)와 세계복음주의연맹(WEA) 그리고 한국교회", 『기독교사상』, 2013년 11월호.

방인성 (2014), "신앙과 행위가 하나되도록", 2014년 한국조직신학회 학술대회 미출판 자료집.

배은숙 (2013), 『로마 검투사의 일생』, 서울: 글항아리.

백충현 (2015), 『내재적 삼위일체와 경륜적 삼위일체』, 서울: 새물결플러스.

서광선 (2014), "한국기독교의 정치사", 『신학과 교회』, 제2호, 서울: 혜암신학연구소.

서정민 (2014), "한국장로교, 한국 그리스도교의 미래를 위한 제언", 『기독교사상』, 2014. 2월호.

손규태 (2014), 『한국 개신교의 신학적-교회적 실존』, 서울: 대한기독교서회.

손은실 (2015), "중세 수도원의 빛과 그림자-수도회 변천의 큰 흐름: 기원에서 13세기 탁발수도회까지", 『기독교사상』, 2015. 3월호.

_____ (2016), "피에르 발데스와 '리옹의 가난한 자들'에게서 배우는 교회개혁", 『신학과 교회』 제5호, 혜암신학연구소 편, 서울: 혜암신학연구소.

신옥수 (2009), "위르겐 몰트만의 교회론", 『교회론』, 한국조직신학회 엮음, 서울: 대한기독교서회.

신준호 (2005), 『아픔의 신학』, 서울: 한들출판사.

안덕원 (2014), "만남과 사랑으로 이루어지는 예배의 깊은 신비", 『기독교사상』, 2014. 5월호.

양명수 (2014), 『한국교회, 인문주의에서 배운다』, 서울: kmc.

양민철·김성률 (2016), 『광장의 교회』, 서울: 새물결플러스.

연규홍 (2014), "한국교회의 목회자 수급과 신학생 진로에 대한 성찰", 『기독교사상』, 2014. 5월호.

오영석 (2015), "한국 교회의 소생과 사회적인 책임 수행을 위한 교회의 개혁", 『제2종교개혁이 필요한 한국교회』, 제2교회개혁연구소 시리즈 1, 서울: 기독교문사.

오승성 (2012), "후기 계몽주의 시대의 신학방법론", 『한국조직신학논총』 제32집, 한국조직신학회 편, 서울: 한들출판사.

옥성득 (2015), 『목판화로 대조한 그리스도와 적 그리스도의 생애』, 서울: 새물결플러스.

유석성 (2015), "교회는 끊임없이 개혁되어야 한다", 『제2종교개혁이 필요한 한국 교회』, 제2교회개혁연구소 시리즈 1, 서울: 기독교문사.

유해무 (1997), 『개혁교의학. 송영으로서의 신학』, 서울: 크리스천다이제스트.

윤철호 (2003), 『현대 신학과 현대 개혁신학』, 서울: 장로회신학대학교 출판부.

_____ (2006), "통전적인 종말론적 하나님 나라의 현실 변혁적 교회", 『한국기독교 신학논총』 제44집, 한국기독교학회 편, 서울: 대한기독교서회.

이경숙 (2005), "창세기 2-3장에 들어있는 신화적 요소와 그 신학적 메시지", 『성서·여성·신학』, 장상 교수 정년퇴임 기념 논문집, 김성재, 이경숙 편, 서울: 한국신학연구소.

_____ (2015), "출애굽 사건과 8.15 해방", 『신학과 교회』 제3호, 혜암신학연구소 편, 서

울: 혜암신학연구소.

이달영 (2016), 『이달영의 장애우 사랑이야기』, 천안: 천안 사랑의 집.

이민재 (2015), "기도가 변하니 모든 게 변하더라-관상기도의 목회적 적용", 『기독교 사상』, 2015. 3월호.

이범배 (2001), 『조직신학』, 서울: 새한기획출판부.

이병주 (2006a), 『지리산』, 제4권, 서울: 한길사.

_____ (2006b), 『그 테러리스트를 위한 만사』, 제4권, 서울: 한길사.

이병학 (2016), 『약자를 위한 예배와 저항의 책 요한계시록』, 서울: 새물결플러스.

이신건 (2009), "디트리히 본회퍼의 교회론", 『교회론』, 한국 조직신학회 엮음, 서울: 대한기독교서회.

_____ (2016), 『구원이란 무엇인가?』, 서울: 신앙과 지성사.

이양호 (1989), "칼빈파의 제네바와 재세례파의 후터 공동체의 이상", 『기독교사상』, 1989년 5월호.

_____ (2016), "문예부흥운동과 종교개혁 운동", 『신학과 교회』 제5호, 혜암신학연구소 발행.

이오갑 (2012), "종말론을 어떻게 볼 것인가?", 『조직신학논총』 제33집, 한국조직신학회 편, 서울: 한들출판사.

_____ (2015), 『두려움으로부터의 자유』, 서울: 도서출판 한동네.

이영란 (2014), "영육을 살리는 기적의 상자", 『기독교사상』, 2014. 5월호.

이장식 (1972), 『기독교 사상사』 제2권, 서울: 대한기독교서회.

_____ (2014), "신앙과 애국", 『신학과 교회』, 제1호 창간호, 서울: 혜암신학연구소.

이정석 (2001), "장로직의 세속화", 『목회와 신학』, 2001년 11월호.

이종성 (1986), 『敎會論 I』, 서울: 대한기독교출판사.

_____ (1992), 『敎會論 II』, 제2판, 서울: 대한기독교출판사,

이찬석 (2013), "한국에서의 에큐메니칼 신학의 정체성과 과제", 『기독교사상』, 2013. 11월호.

_____ (2014), "몰트만의 만유구원론에 대한 고찰", 『한국조직신학논총』, 제39집, 한국

조직신학회 편, 서울: 동연.

이형기 (2003), "칼빈 신학에 있어서 목사직과 장로직", 『교회와 신학』, 2003년 제42권.

____ (2005), 『하나님의 나라와 교회』, 서울: 한들출판사.

익명 (2016), 『당신 안의 그리스도』, 이순임, 유영일 역, 고양: 올리브나무.

임태수 (2015), "한국교회의 위기와 제2종교개혁", 『제2종교개혁이 필요한 한국 교회』, 제2종교개혁연구소 시리즈 1, 서울: 기독교문사.

임헌중 (2015), "한국 교회 개혁의 기초 작업에 관한 단상(斷想)", 『제2종교개혁이 필요한 한국 교회』, 제2종교개혁연구소 시리즈 1, 서울: 기독교문사.

임희국 (2006), "하나님 나라의 증인 블룸하르트", 『한국기독교 신학논총』, 제44집, 한국기독교학회 편, 서울: 대한기독교서회.

____ (2015), "19세기 말에서 20세기 초반 사대부 혹은 유생 출신 기독교인들의 신앙 범주에 관한 소고", 『온신학』, 제1권 창간호, 온신학회출판부 엮음, 경북 경산: 온신학회출판부.

장왕식 (2009), "과정신학과 교회론", 『교회론』, 한국조직신학회 엮음, 서울: 대한기독교서회.

장윤재 (2009), "남미 해방신학과 교회론", 『교회론』, 한국조직신학회 엮음, 서울: 대한기독교서회.

____ (2013), "세계교회협의회(WCC) 제10차 부산총회와 에큐메니칼 운동", 『한국조직신학논총』, 제37집, 한국조직신학회 편, 서울: 한들출판사.

장현승 (2013), 「칼뱅의 성화론의 새 지평」, 서울: 대한기독교서회.

전병호 (2015), "모악산 자락에 뿌리내린 복음의 숲(2)", 『기독교사상』, 2015. 3월호.

전현식 (2009), "생태신학과 교회론", 『교회론』, 한국조직신학회 엮음, 서울: 대한기독교서회.

정동섭 (2015), 『구원 개념 바로잡기. 구원과 교리에 대한 성경적 비판』, 서울: 새물결플러스.

정미현 (2009), "여성신학과 교회론", 『교회론』, 한국조직신학회 엮음, 서울: 대한기독교서회.

정요석 (2016), 『소요리문답, 삶을 읽다』. 서울: 새물결플러스.

정일웅 (2015a), "유럽의 개신교회 분열과 미국 교파주의 역사", 『신학과 교회』 제4호, 혜암신학연구소 발행.

_____ (2015b), "21세기 한국교회 평신도의 사명과 역할", 2015. 12. 7. 혜암신학연구소 제4회 공개 강연회 "종교개혁의 만인사제론과 평신도의 사명", 자료집.

정재영 (2014), "한국 개신교 신학대학의 현황과 실태", 『기독교사상』, 2014. 5월호.

정종훈 (2007), 『기독교 사회윤리와 인권. 함께 누릴 인권을 지향하는 사회』, 제3쇄, 서울: 대한기독교서회.

정지련 (2009), "한스 큉의 교회론", 『교회론』, 한국조직신학회 엮음, 서울: 대한기독교서회.

정홍열 (2000), "그리스도의 인격임재설에 관한 연구", 『신학과 선교』 제4권, 아세아연합신학대학원 편.

_____ (2009), "아우구스티누스의 교회론", 『교회론』, 한국조직신학회 엮음, 서울: 대한기독교서회.

조정래 (1996), 『태백산맥』, 제9권, 제2판 12쇄, 서울: (주)해냄출판사.

주도홍 (2016), "10년의 잔치 독일교회 종교개혁 500주년", 혜암신학연구소 2016년 가을학기 종교개혁 500주년 기념강좌, 11월 28일 강좌 자료집

지원용 (1993), 『말틴 루터의 종교개혁 3대 논문』, 서울: 컨콜디아사.

최승태 (2003), "성만찬적 교회론: 교회의 공동체성 회복을 위하여", 『현대 신학자들의 동향』, 한국조직신학논총 제8집, 한국조직신학회 편, 서울: 한들출판사.

최유진 (2013), "칭의와 성화 교리에 대한 여성신학적 재해석", 『한국조직신학 논총』, 제37집, 한국조직신학회 편, 서울: 한들출판사.

최인호 (2003), 『잃어버린 왕국』, 서울: 도서출판 열림원.

최일도 (2014), "교회에게 듣는다. 오늘날 한국사회 속에서의 교회현황과 성찰", 2014년 한국조직신학회 학술대회 비출판 자료집.

최태영 (2015), "한국신학으로서의 온신학", 『온신학』, 제1권 창간호, 온신학회출판부 엮음, 경북 경산: 온신학회출판부.

추태화 (2012), 『권력과 신앙』, 서울: 씨코북스.

한국천주교 주교회의 (2009), 『제2차 바티칸공의회 문헌』, 서울: 한국천주교 중앙협의회.

허호익 (2009), "한국 교회의 교회론", 『교회론』, 한국조직신학회 편, 서울: 대한기독교서회.

황승룡 (1991), "성령론적 맥락에서 본 교회", 『基督敎思想』, 1991년 1월호.

| 개념 색인 |

"가나안 성도" 21, 25, 27, 28, 42, 43, 63
가치(관) 71, 88, 115, 123, 127, 129, 133, 140, 184, 186, 220-227, 279, 231-233, 235, 238, 240, 246, 258, 261, 269, 278-279, 281, 307, 319, 327, 391, 396, 400, 408, 428, 429, 479, 498, 513, 561, 633, 648
거룩 41, 46, 61, 67, 68, 87, 94, 96, 97, 106, 114, 115, 123-129, 132, 146, 147, 155-157, 159-161, 168, 173, 175, 178-181, 183, 203, 207, 234, 240, 242, 250, 285, 305, 324, 327, 345, 357, 359, 361, 388, 392, 430, 432, 448, 457, 472-476, 483-489, 491, 494, 519, 532, 549, 557-559, 566, 567, 570, 576, 581, 585, 606, 615, 635, 645, 646, 650
공산주의 172, 198-199, 300, 375, 447-449, 463, 564, 579, 624, 654
과학기술 280, 282, 592
교황 무오성 341, 343, 531
교황 수장권 440, 441
교회
　가시적 교회와 비가시적 교회 142
　개교회주의 371, 380, 381, 407, 507
　공동체로서 실존하는 그리스도 109, 110
　교회와 민족(국가)의 관계 329, 288-335, 365-383
　교회연합의 필연성 421-469

국가교회와 자유교회 365-382
그리스도의 나라 109, 110
그리스도의 몸 38, 39, 41, 80, 105-109, 130-142, 144, 145, 148, 150. 152, 180, 235, 281, 285, 348-350, 356, 386, 391, 397, 403, 408, 410, 424-429, 432, 445, 455, 477, 479-483, 497, 503, 505, 528, 544, 545, 550, 584, 596, 597, 598, 600, 620-622, 624, 627-632, 635, 636, 639-646, 648, 649, 651
그리스도의 형상 106, 107, 143-149, 151-155, 503
기도하는 집 186-191
남북통일을 위한 교회의 사명 300-305
메시아적 공동체 85-88, 108-123
범세계적 에큐메니칼 교회 76-78, 93, 171, 172
부활의 공동체 36, 87
빛과 진리와 참 생명의 공동체 88-93
사건으로서의 교회 125-126
새 사람 54, 69, 80-82, 106, 107, 115, 127, 132, 140, 145, 159, 177, 178, 215, 221, 228, 229, 236, 427, 512, 558-560, 562, 569, 570, 576, 580, 583, 594-596, 600-602, 604, 606, 653
삼위일체론적 교제 38
성도들의 친교(공동체) 99, 124-130, 353-357, 359, 360, 364, 597
성령의 전 78, 80, 105-107, 173-186, 390, 426, 427
성만찬의 공동체 39
성직자들의 위계질서 338-347
예수와 교회의 관계 25, 28
에클레시아 28, 124, 163-164, 338
왕과 같은 제사장 106, 156, 160-163,

387, 426
유기적 생명체 348
종말론적 공동체 34-36, 75,76, 79, 96, 98-100
참 교회의 표식 471-505
하나님 나라의 실재(현실) 36, 41, 78-80, 97, 103, 109-123, 194, 328, 333, 371, 491, 492, 554, 624
하나님 나라 자체 108, 110-112, 117, 487, 495, 497, 558, 571, 649
하나님의 가족 40, 80, 106, 130, 135, 136, 148, 328, 426, 570, 571, 596
하나님의 나라와 교회 30, 108-123
하나님의 형상 81, 115, 132, 143-150, 178, 204, 223, 280, 408, 409, 413, 457, 459, 467, 559, 570, 606
희망과 기다림의 공동체 36, 108-123
하나님의 (소유된) 백성 39, 45-55, 97, 155-162, 163-173, 387, 426
하나님의 전(성전) 79, 106, 173-186, 390, 427, 432
하나님의 집 45, 79, 80, 82-85, 106, 121, 176, 185, 281, 345, 426, 427, 509, 551
교회의 머리 81, 86, 111, 117, 134, 137, 140, 141, 194, 339, 343, 350, 354, 395, 497, 531
구원 40-41, 167, 208
구원의 방편 59, 519-656
   필요성 519-525
근본주의 446, 450, 542, 454, 455, 464
기도 186-191, 208, 212-220, 230-231
기적 212-220
돈 222-224
만인사제직 130, 359, 383-419, 444, 464
말씀
   구원의 방편 562-563

말씀과 성례 357, 475, 519, 523, 524, 527-553
말씀과 약속 558
말씀의 특징 555-563
메시아성 120, 493, 562
명상 231-233, 348, 521, 655, 656
몸 130-131
무속신앙(샤머니즘) 25, 213, 234
묵시사상 119, 549, 567
미사의 속죄제물 389, 632-638
민족교회 328, 347
민족주의 158, 172, 268, 277, 286, 288, 290, 327-330, 492
믿음과 행위 442-443
바울의 회심 64-70
복음
   복음의 본질 564-571
   복음의 다양한 이해들 572-582
비밀 549-550, 567
사도계승 28, 340-341, 346, 350, 352, 358, 360, 383, 384, 404, 445, 494, 530
사랑 38-42, 88-101, 115-120, 133-136, 239, 240, 247-249, 500-501
사제직 130, 341, 345, 346, 360, 385, 387-389, 393, 397, 398, 400-407, 441, 444, 445
삼위일체 34, 38, 41, 79, 90, 110, 114, 126, 178, 211, 237-238, 325, 334, 335, 349, 404, 410, 427, 428, 430-431, 439, 440, 445, 481, 491, 587, 601, 605,
성례
   기초적 성례 555-556
   상징론적 성례론 530
   성례와 말씀과 믿음 533-537, 556, 542-545, 604, 649
   성례의 종말론적, 메시아적 의미 548-

554
성례의 중요성 538-554
성례 자동주의(ex opere operato) 528-538
성령의 사역 535
실재론적 성례론 528-530
원 성례 553-554
성령 173-186, 207
성만찬
계급 없는 사회의 현장 172, 198, 448, 449, 544, 545, 624, 654
분잔 거부 632-639
로이언베르크 합의문 647
상징설 356, 642-643, 650
성령론적 임재설 646-649
성만찬의 의미 620-627, 648
성체숭배 636-637
실재성(공재설) 356, 640-642
아놀즈하이너 성만찬 명제 647
인격적, 성령론적 임재설 649-651
하나님 나라의 현장 626
화체설 530, 627-632, 637, 640, 642, 643, 646, 647,648
화체설의 관계론적, 목적론적해석 648
성서(성경) 355
성서와 전통 443-444
성서에 대한 역사비평 455-460
성서영감설 455-462
성전 71, 173-186
성직자 제도 360, 363, 383-407, 521
성화 73, 128-129, 191, 195, 204-206, 237, 309, 348, 396, 443, 535, 536, 547, 548, 575-577, 579, 585, 650
세계화 167, 267-270, 272, 274, 277-281, 480, 563
세례

세례의 다양한 의미 590-600
세례 자동주의 600-606
역사적 배경과 근원 584-589
하나님 나라의 사건 583-600
소유 241-244, 246
약속 121-122
에큐메니칼 대화 125, 156, 438-446
여성 성직자 제도 408-413, 416
예수 그리스도 47, 86, 181
왈도파 26, 337
영성 234-257
원로목사 제도 380, 417-419
위계질서 26, 88, 91, 157, 280, 320, 325, 341, 342, 346, 381, 387, 409, 639
유대교 35, 46, 51-57, 62-72, 171, 338, 414, 415, 555, 586
유아세례 339, 368-370, 372, 529, 606-613
율법 56-57, 68, 167-169
음식물 계명 61, 70
음행 80, 82, 115, 167, 179-180, 200, 484
인종차별주의 87, 280, 285, 328, 330, 447, 451, 492, 577
자본주의 25, 122, 136, 167, 173, 269, 273, 277, 278
자연 281-283
자유 201
장로제도 70, 380, 381, 413-415, 417
전능 209
정의 247-249, 305-321, 325-327
종교 간의 대화 453, 457-469
종교개혁 353-360
종교 다원주의 451-453
종교 상대주의 455
죄 203-204, 239
죽음 261-266
지성 190, 234, 237, 252-257, 528, 534, 547,

656
출애굽 203
치유의 기적 202, 210-211
칭의 72-74, 199, 248, 386, 387, 531, 532, 535, 569, 570-572, 575, 579, 594, 595, 602, 603, 633, 635
칭의와 하나님의 나라 569-571, 579
타 종교의 신들 321-324
폭력사용의 문제 450-451
필리오케(Filioque) 434, 438-441
하나님 121, 160, 184-185
하나님 나라 72-74, 110-111, 200, 205-207, 266-283, 325, 574, 578, 617
하비루 169
할례 48, 52, 53, 56-59, 70, 74, 78, 409, 410, 426, 523, 584-587, 607
    몸의 할례와 마음의 할례 585
홍익인간 330
회개 31, 112
    성직자들의 회개 64, 70, 72
희생(속죄)제물 47, 51, 59-61, 324, 356, 357, 388, 445, 524, 632, 636
구원 34, 36, 47, 51-53, 58-60, 78-82, 85, 86, 93, 94, 143-145, 157-160, 167-173, 199, 207, 208, 210, 211, 228, 235, 239, 248, 250, 253-255, 316-318, 326, 327, 330, 331, 334, 340-346, 353-359, 363, 384, 386-391, 399, 409, 410, 413, 426, 440-443, 454, 457-460, 462, 464-468, 474, 482, 483, 490, 502-504, 519-541, 546, 549, 550, 553-556, 558, 562-565, 569, 574-579, 583, 585, 586, 589, 590, 592, 593, 600-607, 620, 623, 628, 629, 632, 633, 639, 641, 642, 645, 653-656
기도 25, 26, 34, 50, 56, 69, 75, 82, 84, 99, 113, 125, 140, 160, 184, 186-191, 205,
208, 212-220, 230, 231, 244, 250, 251, 255, 257, 266, 303, 310, 316, 326, 334, 335, 352, 353, 379, 403, 405, 415, 548, 613, 615, 622
기적 33, 70, 86, 151, 169, 202, 207, 210-220, 255, 454, 536, 545, 551, 553, 558
돈 50, 64, 70, 71, 113, 114, 128, 129, 151-154, 167, 201, 222-225, 248, 264, 269, 270, 275-278, 308, 314-318, 375, 390, 477, 478, 505, 514, 552, 634
사랑 38-42, 62, 73, 74, 79, 88-101, 113-120, 128, 129, 133-136, 139-141, 146, 148, 168, 208, 209, 211, 215, 226-229, 239-241, 245-250, 302, 303, 312, 316, 318, 324, 325, 331, 335, 360, 398, 411, 416, 430, 446, 468, 488, 493, 497-501, 532, 585,
성령 32-39, 41, 49, 50, 52, 53, 59, 70, 73, 76, 78-80, 82, 83, 85-87, 89, 90, 94, 105-107, 109 ,115, 124, 126, 131, 134, 138, 145-149, 150, 156, 170, 173-186, 207, 208, 210, 211, 232-236, 238, 242, 247, 250, 251, 254, 266, 267, 270, 274, 341, 347, 349, 354-356, 363, 387, 389, 390, 399, 410, 424, 426, 427, 436-440, 444, 468, 472, 479-481, 483, 485-487, 521, 523, 529, 534-536, 538-539, 556, 580, 589-593, 597-600, 603-606, 620, 628, 631, 644-651
성전 46, 51, 71, 173-186, 326, 389-390, 426, 432, 485, 557, 568
성화 73, 128-129, 191, 195, 204-206, 237, 309, 348, 396, 441-443, 535, 536, 547, 548, 575-577, 579, 585, 65

| 인명 색인 |

A

Augustinus(아우구스티누스) 142, 153, 236, 479, 483-485, 522, 528, 529, 534, 535, 642, 643
Althaus, P.(알트하우스) 543

B

Bailey, K. E. 116, 319
Barth, K.(바르트, 칼) 27, 105, 109, 111, 126, 132, 142, 182, 194, 498, 553, 554, 560, 607
Bernet, W. 215n.2, 230
Blumhardt, Ch.(블룸하르트) 136, 199, 210, 279
Boff, L.(보프, 레오나르도) 440
Bohr, N.(보어, 닐스) 461
Bonhoeffer, D.(본회퍼, 디트리히) 107, 109, 116, 117, 131, 132, 143, 150, 151, 177, 209, 246, 291, 425, 477, 497, 501-503, 545
Bornkamm, G. 36
Brecht, B.(브레히트) 207
Brunner, E.(브루너) 478, 494-496, 655
Bulfinch, Th. 323
Bultmann, R. 561
Buntain, H. 228

C

Calvin, J.(칼뱅) 26, 71, 109, 130, 138, 156, 187, 193, 228, 243, 255, 351, 354, 355, 357-359, 388, 390, 391, 396, 402, 413, 424, 429, 430, 474, 479, 520, 522-523, 533-535, 547, 549, 603, 604 623, 629, 630-632, 634-637, 640, 643-646
Clévenot, M. 56, 60
Cornelius, J. D. 362
Cranach, I.(크라나흐) 394
Cyprianus(키프리아누스) 342

D

Dahlheim, W. 48, 53, 54, 57, 59, 322
Dostoevskii, F. M(도스토예프스키) 237, 239, 347, 348
Duffy, R. A. 650

F

Feuerbach, L.(포이어바흐) 324
Florovskij, G.(플로로브스키) 348
Fox, G.(폭스, 조지) 521

G

Gilkey, L.(길키) 195, 197, 198, 202, 207, 229, 241, 243, 253, 263, 278
Golzio, K.-H. 376

H

Hall, S.(홀) 18, 254, 290, 412, 449, 465
Härle, W. 105, 345, 520, 604.
Hegel, G. W. F.(헤겔) 559
Heisenberg, W.(하이젠베르크) 260, 426,
Hildegard v. Bingen(힐데가르트 폰 빙엔) 244
Hoffmann, J. 31, 344, 351, 441

Hunter, J. D. 62, 333, 334
Hus, J.(후스) 639

J
James, K. 245
Joest, W.(웨스트) 341, 491
Jüngel, E. 262

K
Kasper, W. 125
Kinder, E.(킨더) 475
Knox, J.(녹스, 존) 413, 417
Kraus, H.-J. 31, 37, 47, 174
Kreck, W. 29, 358, 482
Kropotkin, P. A. 135
Küng, H.(큉, 한스) 46, 156, 157, 164, 476, 538, 596

L
Legrand, H. 345, 346, 386, 391, 389, 400
Loisy, A.(루아지) 27
Lochman, J. M.(로흐만) 142, 475, 639
Luther, M.(루터, 마르틴) 37, 74, 126, 130, 140, 156, 246, 248, 254, 357-359, 383-387, 389, 392-399, 402, 404, 408, 434, 442, 473, 511, 520-522, 531-535, 564, 584, 594, 595, 601, 602, 629, 630, 632, 638, 640-647

M
Martin, H. 269, 270
Marx, K.(마르크스, 카를) 172, 198, 222, 223, 242, 267, 278, 374, 375, 377, 447, 448, 449, 624
Mathews, A. P. 279, 320
McGuckin, J. A. 191, 237

McKnight, S. 110, 197
Melanchthon, Ph.(멜란히톤) 254, 394, 473, 633
Merton, Th.(머튼, 토마스) 244
Meyer, H. 404
Middleton, R. 282
Migliore, D. L.(밀리오리) 124, 335, 477, 488, 494
Moltmann, J.(몰트만, 위르겐) 87, 88, 137, 212, 232, 236, 247, 250, 311, 318, 322, 326, 328, 364, 387, 399, 428, 481, 491, 493, 494, 497, 584, 598,
Muller, G. L. 530, 536, 628, 634, 646, 648

N
Nissen, H. 129
Nocke, F.-J. 623, 637, 648
Noth, M. 322

P
Packer, T. C. J. 467
Pannenberg, W.(판넨베르크) 25, 27, 39, 41, 54, 55, 125, 130, 156, 158, 167, 291, 403, 412, 428, 429, 626
Pöhlmann, H. G.(푈만) 142, 476-478, 479, 480, 530, 649.
Powers, J. 648

R
Ragaz, L. 279
Rahner, K.(라너, 칼) 553, 554
Ratzinger, J. 125

S
Schleiermacher,(슐라이어머허) F. 127
Schlink, E. 29, 75, 130, 141, 193, 428, 484,

494.
Schllebeeckx, E. 648
Schneider, W. 197, 267, 275
Schoonenberg, P. 648
Schumann, H. 269, 270
Staedke, J. 640 643, 646
Steubing, g. H. 636

T
Tertullianus(테르툴리아누스) 55, 473, 549, 607, 627, 639, 644
Tillard, J.-M. 629
Tillich, P.(틸리히) 444, 463, 521, 655
Tolstoy(톨스토이) 264, 347
Trillhaas, W. 536

V
Valdès, P.(발데스, 피에르) 26
Volf, M. 431

W
Weber, O. 194, 399, 604
Weiß, J.(바이스) 29
Welker, M.(벨커) 116, 135, 138, 481
Wesley, J.(웨슬리) 435
Wiedenhofer, 33, 51, 105, 131, 341
Willoughby, R. E. 51, 328, 329
Witherington, B. 66
Wittstadt, K. 125

Z
Zizioulas, J. 348
Zwingli, H.(츠빙글리) 255, 356, 435, 535, 602, 630, 640, 641, 642,643, 645, 650

ㄱ
강근환 436
곽혜원 21, 38, 42, 153, 234, 235, 261,, 265, 281, 510, 511
권수영 260
권연경 443, 509
권혁률 514
김경열 335
김경재 262, 386, 392, 395-397, 399
김균진 249, 341, 345, 460, 498
김금순 295
김득중 220, 442, 443, 509
김명용 210, 253, 254, 267, 281, 325, 327, 467, 475
김성률 70, 123, 247, 271, 333.
김성원 269, 270
김세윤 220, 443, 459, 509
김순례 295
김승철 329, 367, 372
김영선 23, 104, 105
김영주 508
김영한 21, 22, 234, 236, 250, 453, 486, 508-510
김요한 291
김웅교 25
김재준 28, 30, 148, 149, 169, 170, 288-290, 421
김정남 632
김진홍 208
김형석 153, 291, 296, 300, 302, 422
김홍일 510
김홍수 414

ㄷ
도한호 414

ㄹ
류장헌 199

ㅁ
모택동 298, 299
민경진 21
민관홍 449-451

ㅂ
박득훈 510
박만 116, 466, 467
박성권 23, 40, 125, 142
박성규 199
박영식 209
박옥선 294
박형국 262
박형룡 450, 455
박효섭 198, 252
방연상 436, 453
배은숙 165, 166
백충현 411

ㅅ
서광선 289, 303
서정민 292
손규태 509
손은실 26, 244, 251
시오노 나나미 166
신옥수 194, 364
신준호 129, 133, 196, 305

ㅇ
안덕원 509
양명수 509, 513
양민철 70, 123, 247, 271, 333
연규홍 510
오주철 353, 363, 472, 475, 479, 485, 496
옥성득 161, 162, 394
우치무라 간조 27, 363
유석성 511
유동식 213, 464
유해무 53, 141, 148
유승원 443, 509
윤철호 27, 104, 183, 194, 319 335
이경숙 411, 412
이달영 270
이민재 230
이범배 125, 380, 381
이병학 119
이병주 40, 225, 226, 564, 579
이영란 162
이승훈 290, 421
이신건 108, 110, 174, 187, 205, 212, 214-216, 228, 240, 242, 468, 475, 567
이양호 385, 474
이오갑 54, 227, 282, 288, 296, 306, 310, 321
이장식 289, 603
이정석 413
이종성 109, 111, 118, 341, 343, 344, 350, 352, 363, 650
이찬석 452, 453
이태후 271
이형기 414, 425
임헌준 194, 232, 233, 256
임희국 20, 137, 199, 211, 290

ㅈ
장왕식 71, 199, 255-257, 512
장윤재 30, 111, 156, 157, 169, 197, 199, 424, 453-455, 458
장현승 204, 205, 237,
전병호 288

전현식 199, 281
정동섭 235
정미현 130, 411, 479
정요석 319
정일웅 351, 360, 362, 385-387, 390-393, 398, 435, 436
정재영 510
정종훈 264, 273, 279, 280
정지련 404, 492
정홍열 479, 483, 485, 492, 640
조정래 198, 307, 375

ㅊ

최승태 38, 39, 41, 346, 347
최인호 297
최일도 507, 508
최태영 310, 467
추태화 286

ㅎ

황승룡 173
허호익 220, 422

김균진 저작 전집
04

기독교 신학 4
하나님 나라의 메시아적 신학을 향해

Copyright ⓒ 김균진 2017

1쇄발행_ 2017년 6월 29일

지은이_ 김균진
펴낸이_ 김요한
펴낸곳_ 새물결플러스
편　집_ 왕희광·정인철·최율리·박규준·노재현·한바울·유진·신준호
　　　　신안나·정혜인·김태윤
디자인_ 송미현·이지훈·이재희·김민영
마케팅_ 임성배·박성민
총　무_ 김명화·최혜영
영　상_ 최정호·조용석·곽상원
아카데미_ 유영성·최경환·이윤범

홈페이지 www.hwpbooks.com
이메일 hwpbooks@hwpbooks.com
출판등록 2008년 8월 21일 제2008-24호
주소 (우) 07214 서울특별시 영등포구 양평로 11, 4층 (당산동 5가)
전화 02) 2652-3161
팩스 02) 2652-3191

ISBN 979-11-6129-019-5 94230

책값은 뒤표지에 있습니다.

이 책은 저작권법에 따라 보호받는 저작물이므로 저작권자와 출판사의 동의 없이
이 책의 전부 또는 일부 내용을 복제하거나 다른 용도로 사용할 수 없습니다.

이 도서의 국립중앙도서관 출판시도서목록(CIP)은 서지정보유통지원시스템 홈페이지
(http://seoji.nl.go.kr)와 국가자료공동목록시스템(http://www.nl.go.kr/kolisnet)
에서 이용하실 수 있습니다(CIP제어번호: CIP2017013918).